Otto Ribbeck, Curt Wachsmuth, Justus Hermann Lipsius

Leipziger Studien zur klassischen Philologie

Otto Ribbeck, Curt Wachsmuth, Justus Hermann Lipsius

Leipziger Studien zur klassischen Philologie

ISBN/EAN: 9783741129599

Manufactured in Europe, USA, Canada, Australia, Japa

Cover: Foto ©Andreas Hilbeck / pixelio.de

Manufactured and distributed by brebook publishing software (www.brebook.com)

Otto Ribbeck, Curt Wachsmuth, Justus Hermann Lipsius

Leipziger Studien zur klassischen Philologie

LEIPZIGER STUDIEN

ZUR

CLASSISCHEN PHILOLOGIE

HERAUSGEGEBEN

VON

O. RIBBECK H. LIPSIUS C. WACHSMUTH

ELFTER BAND
SUPPLEMENTHEFT.

LEIPZIG
VERLAG VON S. HIRZEL.
1889.

STRABONIS

ΙΣΤΟΡΙΚΩΝ ΥΠΟΜΝΗΜΑΤΩΝ

FRAGMENTA

COLLEGIT ET ENARRAVIT

ADIECTIS

QUAESTIONIBUS STRABONIANIS

PAULUS OTTO

Strabonis Amasensis geographica, quae senex plus quam octoginta annorum composuit, merito plurimi aestimantur, quod in hoc opere, ut erat vir varia eruditione atque doctrina exquisitissima repletus, non solum rerum, quas aliunde non habemus compertas, quasi thesaurum coacervavit, sed etiam veterum auctorum, quorum memoria abolevit, scriptis diligenter excerptis magnam fragmentorum copiam servavit. Neque tamen potest esse dubium, quin etiam maiore Strabonis nomen floreret gloria, si amplissimum eius opus, ad quod integris viribus in ipso aetatis robore accessit et in quo elaborando haud dubie plurimum operae studiique consumpsit, hypomnemata historica dico, prospera fortuna conservatum ad nostra tempora pervenisset. Etenim in geographicis manifesta senectutis apparere vestigia, quicumque paulo diligentius animum attenderit, facile cognoscet. Nam quod auctorum illustrium index existit saepe iniquus atque iniustus, quod in eorum scriptis percensendis minuta utitur subtilitate, quod res levissimas acerbe reprehendit atque cavillatur, haec omnia sunt profecto senis difficilis atque morosi. Sed accedit aliud longe gravissimum. Nimirum Strabo omnino non erat geographus, sed cum mathematicae et astronomiae, quibus quasi fundamentis nititur omnis geographia, plane esset ignarus, scriptorum geographicorum cogitationes plane non est assecutus. Inde factum est, ut perperam de eis et imprimis de Eratosthene, geographorum principe, iudicaret. Qua re suo iure Muellenhoffius[1]) satis acerbam de Strabone geographo exprompsit sen-

---
1) 'Deutsche Altertumskunde' vol. I pp. 313 sqq.

tentiam. Sed in ipso opere geographico etiam historici Strabo identidem agit partes, neque potest negari, quin hae particulae, quae pertinent ad rerum gestarum historiam vel ad gentium descriptionem, quae cum historia arte cohaeret, longe ceteris praestent. Ad historiam igitur scribendam Strabo natus et aptus erat, non ad geographiam[1]).

Atque una potissimum, qua Strabo maxime insignis est, virtus operi eius historico certe summo fuit decori, diligentiam dico ac fidem[2]). Nam ex geographicis apparet veritatis eum fuisse studiosissimum neque umquam, etiamsi non semper verum assecutus sit, de industria veritatem depravasse aut mendacio contaminasse.

Quo magis dolendum est, quod magnum Strabonis opus historicum ad nostram aetatem non perduravit. Neque tamen prorsus interiit, verum si comprehenderimus, quaecumque de eo extant testimonia, et, quaecumque servata sunt eius frustula, diligenter conquisiverimus, fieri poterit, ut et quae fuerit huius operis ratio accuratius cognoscatur et quaenam ad posterioris aetatis scriptores inde fluxerint certiore indicio disceptetur. Quae res cum a viris doctis adhuc fere omnino neglecta sit[3]), ut de integro eam aggrediar et, quoad eius facere potero, strenue persequar, mihi propositum est.

Ac primum quidem, quid ex scriptorum testimoniis de Strabonis hypomnematis historicis discamus, quaerendum est.

Atque initium videtur faciendum a loco, qui est in Strabonis geogr. I 1, 22 sq. p. 13, ubi ipse de hypomnematis historicis profitetur haec: '*Ἁπλῶς δὲ κοινὸν εἶναι τὸ σύγγραμμα τοῦτο* (sc. geographica) *δεῖ καὶ πολιτικὸν καὶ δημωφελὲς ὁμοίως*

---

1) Sic rectissime iudicavit Benedictus Niese, vir doctus de Strabone optime meritus, in Herm. vol. XIII p. 44 sq.
2) Cf. Groskurd 'Strabons Erdbeschreibung verdeutscht' vol. I p. XXI.
3) Carolus Mueller in fragmentor. historic. Graec. vol. III pp. 490 sqq. pauca de historicis hypomnematis praefatus quindecim omnino collegit fragmenta. Qui praeterea data occasione de hoc opere verba fecerunt, hic enumerare longum est: qui si quid memoratu dignum protulerunt, suo loco moneam.

ὥσπερ τὴν τῆς ἱστορίας γραφήν. Κἀκεῖ δὲ πολιτικὸν λέγομεν οὐχὶ τὸν παντάπασιν ἀπαίδευτον, ἀλλὰ τὸν μετασχόντα τῆς τε ἐγκυκλίου καὶ συνήθους ἀγωγῆς τοῖς ἐλευθέροις καὶ τοῖς φιλοσοφοῦσιν· οὐδὲ γὰρ ἂν οὔτε ψέγειν δύναιτο καλῶς οὔτ' ἐπαινεῖν, οὐδὲ κρίνειν ὅσα μνήμης ἄξια τῶν γεγονότων, ὅτῳ μηδὲν ἐμέλησεν ἀρετῆς καὶ φρονήσεως καὶ τῶν εἰς ταῦτα λόγων. — Διόπερ ἡμεῖς πεποιηκότες ὑπομνήματα ἱστορικὰ χρήσιμα, ὡς ὑπολαμβάνομεν, εἰς τὴν ἠθικὴν καὶ πολιτικὴν φιλοσοφίαν ἔγνωμεν προσθεῖναι καὶ τήνδε τὴν σύνταξιν· ὁμοειδὴς γὰρ καὶ αὕτη καὶ πρὸς τοὺς αὐτοὺς ἄνδρας καὶ μάλιστα τοὺς ἐν ταῖς ὑπεροχαῖς. Ἔτι δὲ τὸν αὐτὸν τρόπον, ὅνπερ ἐκεῖ τὰ περὶ τοὺς ἐπιφανεῖς ἄνδρας καὶ βίους τυγχάνει μνήμης, τὰ δὲ μικρὰ καὶ ἄδοξα παραλείπεται, κἀνταῦθα δεῖ τὰ μικρὰ καὶ τὰ ἀφανῆ παραπέμπειν, ἐν δὲ τοῖς ἐνδόξοις καὶ μεγάλοις καὶ ἐν οἷς τὸ πραγματικὸν καὶ εὐμνημόνευτον καὶ ἡδὺ διατρίβειν κτλ.

Strabo Stoicae sectae erat addictus[1]): quod nisi aliunde haberemus compertum, certe ex hoc loco iure efficeretur cum propter alia indicia tum, quod et in historicis et in geographicis conscribendis ad utilitatem omnia se rettulisse aperte indicat; nempe utrumque opus oportere dicit esse πολιτικὸν καὶ δημωφελές, et hypomnemata historica existimat fuisse χρήσιμα εἰς τὴν ἠθικὴν καὶ πολιτικὴν φιλοσοφίαν. Quod plane convenit cum Stoicorum doctrina, quam secutus etiam Polybius, cuius historiam in ipsis hypomnematis historicis Strabo continuavit[2]), prorsus idem quod Strabo in historia componenda spectavit[3]). Stoicorum igitur ratione ac consilio Strabo hypomnemata conscripsit.

Sed etiam aliud ex illis Strabonis verbis consequitur. Affirmat enim historica hypomnemata et geographica esse ὁμοειδῆ. Similem igitur geographicorum illius quoque operis cogitabimus formam atque indolem. Iam vero in geographicis videmus Strabonem non tam id studuisse, ut nitida atque arti-

---
1) Cf. Groskurd l. l. 1 p. XIX sq.
2) V. infra p. 7 sq.
3) Cf. Hirzel 'Untersuchungen zu Ciceros philosophischen Schriften' II 2 p. 851 sq.

ficiosa narratione legentium animos delectaret, quam ut, quaecumque aut propria observatione didicerat aut ex aliorum scriptorum operibus collegerat, in unum congereret atque simplici et sicca narratione exponeret. Itaque, ut erat vir immensae lectionis et variae doctrinae, ingentem excerptorum copiam summa diligentia contexuit, multos auctores laudavit, saepe eiusdem rei diversas scriptorum memorias attulit: ut breviter dicam, Strabonis geographica sunt opus collectaneum, doctum hercle et laboriosum. Eiusdem igitur consentaneum est etiam hypomnemata historica fuisse generis. Etiam in hoc opere id maxime eum statuendum est egisse, ut quae diversi rerum scriptores memoriae tradiderant, quam plenissime colligeret, excerperet, excerpta componeret atque inter se coniungeret. Sed licet emergere ultra probabilitatem. Talem enim, qualem modo divinando assecuti sumus, re vera hypomnematorum historicorum fuisse indolem vel paucis, quae apud alios scriptores extant, fragmentis luculentissime confirmatur: vide fr. 9 (Mueller), ubi Timagenem totidem verbis exscripsit[1]), et fr. 13, ubi de eadem re et Asinii Pollionis et Hypsicratis profert testimonium ipsum[2]). Elucet igitur hoc quoque doctum fuisse opus summa diligentia elaboratum, in quo non tam compositionis artem et orationis elegantiam sectabatur Strabo quam id, ut omnem undique materiam in unum cogeret.

Quid? Nonne ipso libri titulo hoc idem significatur? Inscriptum fuit hoc opus ἱστορικὰ ὑπομνήματα. Iam vero Ernestus Koepke, qui 'de hypomnematis Graecis' duas publici iuris fecit dissertationes, de universo hoc hypomnematorum genere dicit fere haec[3]): 'Eorum auctores ea, quae legerant, ad memoriae subsidium exscripserunt eamque ob causam consignaverunt, ut ex illis, quae de doctrina aliqua vel de rebus

---

1) Ex Ios. A. I. XIII 11, 3: ὡς μαρτυρεῖ τοῦτο καὶ Στράβων ἐκ τοῦ Τιμαγένους ὀνόματος λέγων οὕτως κτλ.

2) Ex Ios. A. I. XIV 8, 3: μαρτυρεῖ δέ μου τῷ λόγῳ Στράβων ὁ Καππάδοξ λέγων ἐξ Ἀσινίου ὀνόματος οὕτως — — καὶ ἐν ἑτέρῳ πάλιν ἐξ Ὑψικράτους ὀνόματος λέγει οὕτως κτλ.

3) In partic. I progr. gymn. Werderian. Berolin. 1842 p. 9 sq.

historicis memoratu digna ex diversis scriptoribus collegerant, novum conderent libellum.' Itaque hac quoque ex parte nostra sententia praeclare confirmatur. Apparet autem, si haec vera sunt, etiam Strabonis geographica, quae ipse ὁμοειδῆ dicit esse hypomnematis historicis, nihil aliud esse quam ὑπομνήματα. Atque ipse Strabo hoc nomine ea appellavit XVII 1, 36 p. 809: εἴρηται δὲ περὶ τούτων διὰ πλειόνων ἐν τῷ πρώτῳ ὑπομνήματι τῆς γεωγραφίας. Etiam stili neglegentia atque incuria, de qua supra monuimus, universo hypomnematorum generi est communis, ut recte exposuerunt Koepkius l. l. p. 11 et Usenerus in 'Epicureorum' praefatione p. XLII. Huic autem rei consequens est hypomnematorum auctores ea non edidisse, ut a populo delectationis ac voluptatis causa legerentur, sed sibi suisque maxime scripsisse, ut Usenerus l. l. commode monuit. Quid? quod hoc idem de suis operibus profitetur Strabo, quippe qui ea scripta esse dicat πρὸς τοὺς αὐτοὺς καὶ μάλιστα τοὺς ἐν ταῖς ὑπεροχαῖς? Electo igitur legentium circulo opera sua composuit, de quo infra p. 11 accuratiora docebo. Omnia autem haec vide quam bene inter se conveniant et se confirment.

Quodsi Strabonis hypomnemata historica omni orationis ornatu atque cultu caruerunt, unum certissime inde licet concludere, quod haud parvi sane est momenti, nimirum hoc: Strabonem non ipsum composuisse orationes, quas viris illustribus attributas narrationi insereret, ut vividiorem atque iucundiorem eam redderet, qui mos apud veteres historicos latissime patet. Sed potuit fieri, ut iam in fontibus, quos excerpebat, tales orationes inveniret; quas fortasse breviter ac summatim enarravit obliqua, ut opinor, plerumque usus oratione. Longae autem et diligenter perpolitae orationes ab opere eius historico certe afuerunt. Sed satis de his disputavimus.

Iam alterius Strabonis loci ratio est habenda, ubi ipse operis historici inicit mentionem, XI 9, 3 p. 515: Εἰρηκότες δὲ πολλὰ περὶ τῶν Παρθικῶν νομίμων ἐν τῇ ἕκτῃ τῶν ἱστορικῶν ὑπομνημάτων βίβλῳ, δευτέρᾳ δὲ τῶν μετὰ Πολύβιον, παραλείψομεν ἐνταῦθα, μὴ ταυτολογεῖν δόξωμεν, τοσοῦτον εἰπόντες μόνον, ὅτι τῶν Παρθυαίων συνέδριόν φησιν εἶναι Ποσειδώνιος διττόν κτλ.¹). De Parthorum igitur institutis Strabo exposuerat in sexto hypomnematorum historicorum libro, qui erat secundus τῶν μετὰ Πολύβιον. Nam sic Strabonis verba sunt accipienda²). Ergo universum quidem opus inscripserat Ἱστορικὰ ὑπομνήματα, sed libros inde a quinto etiam separatim a reliquis numeravit inscriptos τὰ μετὰ Πολύβιον. Hos autem τῶν μετὰ Πολύβιον libros fuisse quadraginta tres discimus ex additamento in Suidae codice Parisino A ad v. Πολύβιος in margine adscripto, omisso in cod. Vossian. V, in reliquis libris in ipsum contextum recepto, cui non est cur fidem abrogemus³). Quod si verum est, hypomnemata historica continebant libros quadraginta septem.

Ex altero autem illo titulo cognoscitur Strabonem Polybii historias continuasse, id quod iam ante eum fecerat Posidonius, et ipse Stoicus, sed plane diversa ratione: nam Posidonius scripserat ἱστορίαν, Strabo ἱστορικὰ ὑπομνήματα. Iam quoniam Polybius usque ad Carthaginis excidium et ad Graeciae libertatis interitum, id est usque ad annum 146 a. Chr. n., historiam perduxerat, Strabonem inde ab hoc tempore in quinto hypomnematorum libro, qui erat primus τῶν μετὰ Πολύβιον, initium cepisse consentaneum est.

Sed iam oritur quaestio, quidnam in quattuor primis hypomnematorum libris Strabo tractaverit. Ac vix potest dubi-

---

1) Hoc quoque loco Strabonis materiae congerendae diligentia paene anxia elucet. Nam Posidonii de Parthorum conciliis testimonium, quod in hypomnematis videtur eum fugisse, hic religiose addit.

2) Ante Casaubonum vulgata erat sententia, quam nuperrime recoxit Ridgeway in 'The classical review' vol. II 1888 fasc. III., his verbis Strabonem indicare, duo diversa a se scripta esse opera historica: ἱστορικὰ ὑπομνήματα et τὰ μετὰ Πολύβιον. Neque vero ipsa verba hunc sensum admittunt. Nam si hoc volebat Strabo significare, dicendum ei erat ἐν τῇ ἕκτῃ τῶν ἱστορικῶν ὑπομνημάτων βίβλῳ καὶ ἐν τῇ δευτέρᾳ τῶν μετὰ Πολύβιον. Verum primus vidit Casaubonus.

3) Ἰστέον ὅτι διαδέχεται τὴν Πολυβίου ἱστορίαν Ποσειδώνιος Ὀλβιοπολίτης σοφιστής· ἔγραψε δὲ καὶ Στράβων Ἀμασεὺς τὰ μετὰ Πολύβιον ἐν βιβλίοις (λόγοις A) μγ΄.

tari, quin Polybii exemplum imitatus hos libros ut *προπαρασκευὴν* sequentibus praemuniverit¹) eo consilio, ut rebus antea gestis breviter enarratis eae, quas accuratius atque fusius tractare ei propositum erat, res melius intellegerentur.

Sed quaeritur, num possit investigari, quam alte rerum memoriam Strabo in his libris repetiverit. Ac multi quidem viri docti²) loco geographicorum nisi³) putaverunt Strabonem in his quattuor libris Alexandri Magni rerum gestarum et temporum sequentium usque ad annum 146 a. Chr. n. historiam comprehendisse. Qua de re primus addubitavit Carolus Mueller (FHG III p. 490) peculiare de Alexandri rebus Strabonem opus composuisse suspicatus. Quam sententiam unice esse veram nuperrime demonstravit Maximilianus Luedecke⁴). E fragmentis enim, quae ex Strabonis geographicis collegit Millerus l. l., luculenter apparet multo diligentius atque uberius de Alexandri rebus gestis egisse Strabonem quam ut in praefationis uno vel duobus libris locum possint habuisse. Haec hypomnemata de Alexandri Magni rebus gestis, scripta a Strabone ante hypomnemata historica⁵), ipsa quoque nihil aliud fuisse nisi ingentem excerptorum congeriem fragmenta a Millero collecta evidenter docent⁶).

Quae cum extra omnem dubitationis aleam sint posita, iam facile est ad coniciendum, quid quattuor illi primi libri continuerint. Veri enim est simillimum Strabonem ab Alexandri Magni morte exorsum res inde ab hoc tempore usque ad annum 146 a. Chr. n. gestas breviter exposuisse. Ac singu-

---

1) Sic Polybius duos libros operi suo praemisit, cf. Polyb. I 3, 7 sqq.

2) Gerard. Ioann. Vossius: De historicis Graecis II c. 6. Groskurd ad Strab. geogr. I 1, 15 adn. 2. Anton. Miller 'Die Alexandergeschichte nach Strabo' part. I progr. Wirceburg. 1882 p. 1.

3) II 1, 9 p. 70: "Ἄπαντες μὲν τοίνυν οἱ περὶ τῆς Ἰνδικῆς γράψαντες ὡς ἐπὶ τὸ πολὺ ψευδόλογοι γεγόνασι — — καὶ ἡμῖν γ' ὑπῆρξεν ἐπὶ πλέον κατιδεῖν ταῦτα ὑπομνηματιζομένοις τὰς Ἀλεξάνδρου πράξεις.

4) 'De fontibus quibus usus Arrianus Anabasin composuit' in stud. Lips. vol. XI 1898 p. 14.

5) Cf. Luedecke l. l. p. 20 et 49.

6) Cf. Luedecke l. l. p. 15 et 36.

larem quidem rebus Orientis et imprimis Asiae impendisse
videtur operam duplici de causa: et quod hae res ei ut ex
Asia oriundo maxime erant cordi, et quod tam difficiles et
tam implicatae erant, ut posterior singularum civitatum historia vix recte posset intellegi, nisi quis earum initia ac progressus inde ab Alexandri morte diligenter esset persecutus.
Sic regnorum ab Alexandri Magni successoribus, quos diadochos Graeci vocant, conditorum historiam in his libris Strabo
putandus est adumbrasse. Atque Appianum in Syriac. capp.
52—68, ubi Syriae inde ab Alexandri morte historiam breviter
exponit, ex Strabonis hypomnematis hausisse veri simillimum
est, ut demonstravit Luedeckius L l. p. 17 sqq. Qui cum plane
ex mea sententia nec non me suadente haec explanaverit, nolo
eadem hic repetere, sed ad eius dissertationem, si quis accuratiora vult edoceri, remitto.

Quinto deinde hypomnematorum libro Strabo aggressus
est ad enarranda τὰ μετὰ Πολύβιον.

Iam oritur quaestio subdifficilis, ad quem usque terminum
Strabo in his libris quadraginta tribus rerum historiam perduxerit. Sed priusquam in hanc rem inquiramus, iuvabit indagare si modo fieri potest, quonam tempore hypomnemata
historica a Strabone sint composita atque in lucem emissa.

Hypomnemata historica scripta esse constat ante geographica. Geographicum autem opus conditum est a Strabone
primis Tiberii principatus annis vel, ut accuratius dicam, anno
18 p. Chr. n. sqq.[1]). Iam cum inter grandia haec opera aliquantum temporis intercessisse necessario sit statuendum et
cum iam ante annum 18, priusquam scribere inciperet, Strabonem complures annos in materia amplissima conquirenda
pateat consumpsisse, multo ante annum 18 p. Chr. n. hypomnemata historica publicata esso elucet. Neque minus certum
est hoc opus tam magnum et tam doctum non ab adolescente,
sed a viro maturo annis et iudicii firmi esse confectum. Iam
Strabonis vita paucis erit in memoriam revocanda. Natus

---

[1] Cf. Benedict. Niese in Herm. vol. XIII p. 33 sqq.

erat Amasiae anno fere 63 a. Chr. n.¹); deinde Nysae, ubi admodum adolescens Aristodemo magistro usus est, et in aliis Asiae oppidis eum commoratum esse scimus, neque tamen ultra Asiae fines processit ante annum 29 a. Chr. n. Quo ipso anno per mare Aegaeum Corinthum et inde Romam profectus est²). Qua in urbe Strabo paulatim in virorum Romanorum et genere et eruditione insignium videtur venisse familiaritatem, et ita factum est, ut anno 27 vel 26 a. Chr. n.³) L. Aelium Gallum, Aegypti praefectum, a quo in cohortem amicorum erat receptus, in provinciam sequeretur⁴). Cui cum anno 24 a. Chr. n.⁵) succederet Petronius, una cum Aelio Gallo hoc anno Strabonem Romam rediisse veri simile est, quam urbem usque ad mortem non videtur reliquisse⁶).

Harum rerum, quae ad Strabonis vitam pertinent, memores paulo accuratius consideremus locum illum (I 1, 23 p. 13), ubi dicit, se geographica scripsisse eisdem hominibus, quibus historica hypomnemata: πρὸς τοὺς αὐτοὺς καὶ μάλιστα τοὺς ἐν ταῖς ὑπεροχαῖς i. e. 'qui in fastigio aliquo positi sunt.' Quinam autem hi sint, minime obscurum. Nam geographica Strabonem scripsisse civibus Romanis eisque nobilibus, qui in re publica administranda partes habebant, ex multis geographicorum locis elucet, ut recte monuit Niesius l. l. p. 45⁷). In

---

1) Cf. B. Niese l. l. p. 37 sqq. et in mus. Rhen. vol. XXXVIII p. 587 sqq.

2) Cf. geogr. X 5, 3 p. 485. VIII 6, 19 p. 377. 21 p. 379. B. Niese in Herm. vol. XIII p. 42 sq.

3) De anno, quo Aelius Gallus in Aegypti praefectura successerit Cornelio Gallo, non satis constat. Anno certe 26 a. Chr. n. hic maiestatis postulatus manus sibi intulit: cf. Cass. Dio. LIII 23. Itaque aut hoc ipso aut fortasse iam antecedenti anno in eius locum missus est Aelius.

4) Cf. geogr. II 5, 12 p. 118. XVII 1, 29 p. 806. 46 p. 816.

5) Cf. Mommsen 'Res gest. div. Aug.' p. 108 sqq.

6) Cf. B. Niese l. l. p. 44.

7) Conferas velim praeter locos a Niesio laudatos I 1, 16 p. 9, ubi de geographiae utilitate exponit: Τῆς γεωγραφίας τὸ πλέον ἐστὶ πρὸς τὰς χρείας τὰς πολιτικάς. Χώρα γὰρ τῶν πράξεών ἐστι γῆ καὶ θάλαττα, ἣν οἰκοῦμεν, μεγίστη δ' ἡ σύμπασα, ἥνπερ ἰδίως καλοῦμεν οἰκουμένην, ὥστε τῶν μεγίστων πράξεων αὕτη ἂν εἴη χώρα, μέγιστοι δὲ τῶν στρατηλατῶν, ὅσοι δύνανται γῆς καὶ θαλάττης ἄρχειν, ἔθνη καὶ πόλεις

eorundem igitur virorum usum etiam hypomnemata historica
Strabo composuerat. Itaque non ante annum 24 a. Chr.,
quo ex itinere Aegyptiaco Romam revertit, ad illud opus ac-
cessisse putandus est. Nam inde ab hoc demum tempore
tanto operi vacabat. Dubium igitur non est, quin inter an-
nos 24 a. Chr. n. et 18 p. Chr. n. hypomnemata historica com-
posuerit. Verum si reputamus Strabonem in ingenti materiae
copia ex diversissimis fontibus conquirenda atque congerenda
permultos haud dubie desudasse annos, et ipsam deinde operis,
quod quadraginta septem libris constabat, conscriptionem rem
fuisse longinqui temporis, haud, opinor, aberrabimus a vero,
si Strabonem non prius totum opus statuimus absolvisse quam
intra primum p. Chr. n. decennium.

Iam redeamus ad priorem illam quaestionem qua enucleau-
dum est, ad quem usque terminum Strabo rerum historiam
perduxerit. Atque fragmentorum, quae apud alios scriptores
extant, ultimum pertinet ad annum 38 a. Chr. n.[1]). Sed quo-
niam causa extrinsecus allata non impeditus est Strabo, quo-
minus opus perficeret, consentaneum est non quolibet anno
finem eum fecisse scribendi, sed certa usum ratione insigne
aliquod temporis vestigium ac rerum discrimen elegisse, quo
apte subsisteret. Quod cum bene intellegerent Groskurdius[2])
et Muellerus[3]) usque ad pugnam Actiacam (31 a. Chr.) Stra-
bonem narrationem deduxisse, quo anno Octavianus imperio
potitus esset, arbitrati sunt. Quod si fecisset, parum pruden-
ter egisse putandus esset. Quamquam enim post victoriam
Actiacam extincto Antonio Octavianus solus imperator erat
relictus, tamen si universae, qualem scripsit Strabo, historiae

συνάγοντες εἰς μίαν ἐξουσίαν καὶ διοίκησιν πολιτικήν. Δῆλον οὖν, ὅτι
ἡ γεωγραφικὴ πᾶσα ἐπὶ τὰς πράξεις ἀνάγεται τὰς ἡγεμονικάς. — —
Βέλτιον γὰρ ἂν διαχειρίζοιεν ἕκαστα εἰδότες τὴν χώραν ὁπόση τις καὶ
πῶς κειμένη τυγχάνει καὶ τίνας διαφορὰς ἴσχουσα τάς τ' ἐν τῷ περι-
έχοντι καὶ τὰς ἐν αὐτῇ. Quid? Nonne aperte designat Romanos, quorum
imperium totum fere tum amplectebatur orbem terrarum?

1) Fr. 15 (Mueller.) ap. Ios. A. I. XV 1, 2.
2) L. l. vol. I p. 20 adn. 2.
3) F H G vol. III p. 490.

rationem spectamus, hac re neque finis veteris alicuius rei publicae Romanae aevi neque novi initium indicatur. Nam imperator quidem iam antea erat Octavianus, principatus autem nondum erat constitutus, res publica diuturnis bellis civilibus afflicta ac paene eversa nondum in ordinem erat redacta. Immo potius novum aevum incipit anno 27 a. Chr., qui Augusti principatus est natalicius[1]). Quo anno Octavianus re publica composita nomen Augusti accepit et, ut erat penes eum summa imperii, provincias plane nova ratione ordinavit, ita ut inter se et senatum eas distribueret. Inde ab hoc anno Augustorum annos esse numeratos tradit Censorinus[2]); Cassius autem Dio (LIII 17) hoc anno ἀκριβῆ μοναρχίαν esse constitutam testatur. Atque ipsi Straboni id quam maxime laudi est tribuendum, quod omnium aetatis Augustae scriptorum, cum reliqui rerum specie decepti Octavianum hoc anno suam potestatem deposuisse et libertatem pristinam restituisse putarent, solus verum cognovit[3]) In geogr. XVII 3, 25 p. 840, ubi haec dicit: ἐπειδὴ γὰρ ἡ πατρὶς ἐπέτρεψεν αὐτῷ τὴν προστασίαν τῆς ἡγεμονίας καὶ πολέμου καὶ εἰρήνης κατέστη κύριος διὰ βίου, δίχα διεῖλε πᾶσαν τὴν χώραν κτλ. Ut vero novo hoc rerum ordine ab Augusto instituto aptissime opus geographicum finit, ita etiam hypomnematorum historicorum hunc cum posuisse terminum persuasum habeo. — Libri igitur illi, quos inscripsit τὰ μετὰ Πολύβιον, annos 146—27 a. Chr. complectebantur.

Quid ex tanti huius operis ruina nobis relictum est? Quindecim omnino fragmenta apud varios scriptores servata Muellerus congessit. Quodsi nihil praeterea superesset, de singulis rebus accuratius cognoscendis omnino hercle esset desperandum. At reliquus est fons uberrimus, qui adhuc plane neglectus est, ipsius nimirum Strabonis geographica. Res enim historicae per totum hoc opus dispersae inveniuntur. In singulis terris, urbibus, oppidis, locis enumerandis Strabo occasione

---
1) Cf. Mommsen 'Römisches Staatsrecht' II 2² p. 724.
2) De die nat. 21, 8.
3) Cf. Mommsen l. l. p. 724. adn. 1 et Res gest. div. Aug. p. 146.

oblata, quos casus singula diversis temporibus experta sint oppida, quae res memoria dignae ibi gestae sint, pugnas, urbium obsessiones, multaque alia, quae ad historiam pertinent, quasi in transitu breviter commemorat. Quae res quamquam paucis tantum verbis saepenumero a Strabone perstringuntur, tamen haud raro tam singulares sunt, tantaque ex eis enitet doctrina, ut non possit dubitari, quin ex hypomnematis historicis in geographica Strabo eas transtulerit ita quidem, ut quae ibi accuratius atque copiosius exposuerat, hic summatim perscriberet. Qua re quid simplicius, quid magis consentaneum? praesertim cum in hypomnemata omnia undique congesserit velut in thesaurum, ex quo quodcumque in rem esse videbatur commode poterat depromere.

Quae quamquam tam manifesta sunt, ut vix opus sit singulis argumentis, tamen vel haec suppeditant. Nam cum quindecim hypomnematorum apud alios auctores inveniantur fragmenta, peropportune accidit, quod bis fragmentum ex ipsis hypomnematis desumptum cum Strabonis testimonio geographicis inserto licet conferre. Atque utroque loco egregie videmus ea inter se convenire: conferas fragmentorum, quae infra collegi, fr. 65 a et b (Sullam Aedepsi, Euboeae insulae in oppido, thermis usum esse) et fr. 124 a et b (Hierosolyma a Pompeio expugnata esse τῇ τῆς νηστείας ἡμέρᾳ, quae res nusquam alias narratur).

Praeterea luculentissime hoc demonstratur eis, quae in Galliae atque Britanniae descriptione Strabo passim de Caesaris bellis Gallicis breviter adnotat. Quae quin maximam partem ex Caesaris de bello Gallico commentariis hausta sint, nemo potest dubitare [1]; sed insunt etiam res, quas apud Caesarem frustra quaesiveris. Itaque rectissime suspicatus est A. Vogel[2] Strabonem in hac geographicorum parte conscribenda non ipsum Caesarem inspexisse, sed ex hypomnematis historicis haec petivisse, ubi Caesare praecipuo, neque tamen unico usus erat fonte.

[1] De qua re vide quae infra disputavi.
[2] In Philolog. vol. XLI p. 519 sqq.

Nunc video etiam Guilelmum Fabricium in dissertatione, quam inscripsit 'Theophanes von Mytilene und Q. Dellius als Quellen der Geographie des Strabon' (Argentorat. 1888), recte cognovisse multa eorum, quae in geographicis de bellis Mithridaticis et de Antonii bello Parthico hic illic exponit, ex hypomnematis historicis deprompsisse Strabonem.

Quid? Nonne etiam hypomnematis de Alexandri Magni rebus gestis largissime usus est Strabo in geographicis scribendis, quod qui non videat plane caecus sit?

Eodem igitur iure, quo Millerus his usus est ad hypomnematorum de Alexandro detrimentum aliqua certe ex parte resarciendum, nos quoque, quae Strabo in geographicis de annorum 146—27 a. Chr. historia passim expromit, ad hypomnematorum historicorum memoriam, quantum eius fieri potest, redintegrandam atque restituendam utemur. Itaque operae pretium duxi haec fragmina, quae per totum opus geographicum dispersa inveniuntur, colligere atque in certum ordinem redigere. Qua in re quam secutus sim rationem, breviter mihi erit praemonendum.

Recepi eas res solas, quae pertinent ad annorum inde ab a. 146 a. Chr. sequentium historiam, ad τὰ μετὰ Πολύβιον; quae de priorum temporum historia hic illic profert Strabo, omisi causis commotus hisce. Quae Strabo in quattuor primis hypomnematorum libris tractasset, non plane constare supra vidimus, et quamquam hoc licet suspicari, tamen quem in singulis rebus enarrandis adhibuerit modum, omnino nescimus. Quas vero in geographicis illorum temporum res commemorat, pleraeque non tales sunt, ut ex hypomnematis historicis translatae esse necessario sint statuendae. Nam partim sunt res notissimae, partim urbium κτίσεις, quas etiam in geographicis fontibus eum invenisse veri simile est, permulta autem ex ipso Polybio hausit, quem eiusmodi rerum testem profert VII 7, 3 p. 332. VIII 6, 23 p. 381. Verum etiam ubi non diserte eum laudat, saepe Polybio fonte usus est, velut de Carthaginis urbis situ eiusque excidio (XVII 3, 14 sq. p. 832 sq.)[1]. Sed cum

---
[1] Cf. A. Vogel in Philolog. vol. XLIII p. 413.

Polybius inter eos fuerit auctores, quos ad geographica componenda adhibuit Strabo, ex eo ipso, non ex hypomnematis haec eum desumpsisse consentaneum est.

Plane alia ratio eorum est locorum, ubi populi alicuius historiam inde a priscis temporibus usque ad suam aetatem ordine, sed strictim narrat. Eiusmodi conspectum veri simile est Strabonem proposuisse eo hypomnematorum historicorum loco, ubi in historia temporum illorum, quae tractare animum induxerat, primum populi illius facienda erat mentio. Itaque haec non omisi suo loco inserere.

Hypomnematorum historicorum terminum fuisse annum 27 a. Chr. supra studui probare. Itaque si in geographicis Strabo etiam rerum, quae posterioribus annis gestae sunt, saepius facit mentionem, haec certe non ex opere historico petivit, sed de suo adiecit, ut quodammodo suppleret hypomnemata et ad recentissima usque tempora produceret. Et iuvat hercle animadvertere, quantum intersit inter haec et illa, quae ad annos 146—27 a. Chr. pertinent. Cum enim haec, quae iam in hypomnematis historicis accurate enarraverat, breviter et carptim semper fere commemoret, illa haud raro plenius atque uberius explicat, quippe de quibus antea nondum fecerit verba[1]).

Fragmenta autem quaecumque pertinent ad annos 146—27 a. Chr. quam plenissime collegi, quamquam me non fugit nonnulla Strabonem etiam aliunde potuisse desumere. Sic cum brevissime dicit, oppidum aliquod civium Romanorum coloniam accepisse, hoc fortasse in fonte geographico invenit. Sic etiam fr. 253a, ubi Athenodori, Augusti magistri et amici, vitam satis accurate enarrat, non eam prae se ferre speciem concedo, ut ex hypomnematis historicis videatur petitum. Certe quae de Athenodoro profert, ex hoc ipso comperit, cuius familiaritate utebatur. Sed quoniam haec cum rebus politicis arte coniuncta sunt, non putavi praetereunda.

Etiam maiore iure inter fragmenta mihi videor recepisse

---

[1]) Cf. XVI 4, 22—24 p. 780 sqq. XVII 1, 54 p. 820 sq. (de Aelii Galli et Petronii expeditionibus); VII 1, 4 p. 291 sq. XVI 1, 28 p. 748 sq. etc.

Strabonis ἱστορικῶν ὑπομνημάτων fragmenta 17

nonnullas res historicas in geographica a Strabone insertas, quas Guilelmus Fabricius in dissertatione supra laudata ex sua ipsius memoria ac recordatione a Strabone conscriptas esse putat. Nam etiam cum opus historicum conderet et tum quidem multo recentior Straboni suppetebat illarum rerum memoria, quam haud dubie in priore quoque opere conscribendo in usum suum convertit.

Non potest dubitari, quin Strabo in hypomnematis etiam res geographicas accurate tractaverit et singulorum populorum mores atque instituta descripserit. Nam in sexto hypomnematorum historicorum libro περὶ τῶν Παρθικῶν νομίμων multa se dixisse ipse affirmat in geogr. XI 9, 3 p. 515 (v. supra p. 7 sq.)¹). Etiam huiusmodi res Strabonem inde nonnumquam in geographica transtulisse vel eosdem certo saepenumero atque in hypomnematis adiisse fontes non est dissimile veri. Verum haec cum in geographicis haud dubie multo fusius exposuisset quam in hypomnematis, erant omittenda ²). Itaque res geographicas non recepi nisi eas, quas in hypomnematis quoque historicis habuisse locum inde apparet, quod Appianus et Plutarchus, quos certis quibusdam locis ex Strabonis hypomnematis hausisse infra docebo, accuratissime cum Strabonis verbis consentiunt.

Iam de ordine, in quem fragmenta redegi, pauca dicam. Atque valde dolendum est, quod quomodo inter illos quadra-

1) Ceterum moneo, ne quis hoc loco abusus nihil omnino ex hypomnematis historicis in geographica transtulisse Strabonem contendat, quippe qui dicat se Parthorum instituta, quae iam in hypomnematis historicis tractarit, hic praeterituurum esse, μὴ ταυτολογεῖν δόξωμεν. Nam hoc minime est ταυτολογεῖν, si Strabo singulas res, quas illic fuse enarraverat, hic data occasione paucis verbis commemorat.

2) Sic quae Guilelmus Fabricius l. l. ex Theophanis Mytilenaei opere, quo bellum a Pompeio cum Mithridate gestum tractaverat, hausta esse a Strabone studuit demonstrare, ne haec quidem omnia erant recipienda, propterea quod Theophanis historiam in geographicis conscribendis denuo adhibuit Strabo et, quae de rebus geographicis ille docuerat, copiosius certe hic excerpsit quam illic, ut recte ipse Fabricius exposuit l. l. p. 236. Omnino autem illum v. d. Theophani multo plura attribuisse quam, quae re vera Strabo ei debeat, infra demonstrabo.

Leipziger Studien. XI. Suppl. 2

ginta tres τῶν μετὰ Πολύβιον libros Strabo materiam distribuerit prorsus ignoramus. Nusquam enim libri numerus indicatur nisi uno illo geographicorum loco (XI 9, 3 p. 515). Itaque cum omni veri atque genuini ordinis restituendi subsidio simus destituti, optimum factu esse putavi in fragmentis digerendis temporis ordinem servare ita tamen, ut, quae aliqua ratione inter se essent coniuncta, quantum fieri posset componerem neglecta interdum etiam temporum ratione; ubi tempus non accurate potest definiri, loco, qui mihi videbatur esse maxime idoneus, haec fragmenta inserui. Quae vero ad eandem rem spectant fragmenta vel quorum aliud alio suppletur, uno numero comprehendi et distinxi appositis litteris a b c etc. Pauca illa quae apud alios scriptores servata sunt fragmenta a Muellero collecta suo loco inserui asterisco notata.

In Strabonis librorum varietate lectionis adnotanda Kramerum secutus his usus sum codicum siglis: A = Parisiensis n. 1397; B = Mediceus plut. 28, 5; C = Parisiensis n. 1393; D = Venetus n. 640; E = Vaticanus n. 482 (Epitome Vat.); F = Vaticanus n. 1329; g = Vaticanus n. 174; h = Mosquensis; i = Escurialensis; k = Mediceus plut. 28, 40; l = Venetus n. 377; m = Venetus n. 378; n = Etonensis; o = Parisiensis n. 1394; p = Vaticanus n. 173; q = Parisiensis n. 1395; r = Parisiensis n. 1398; s = Parisiensis n. 1408; t = Parisiensis n. 1396; u = Ambrosianus M 53; v = Ambrosianus G 93; w = Venetus n. 379; x = Mediceus plut. 28, 19; y = Urbinas n. 81; z = Mediceus plut. 28, 15; Epit. = Epitome Palatina n. 398; Pleth. = Epitome Gemisti Plethonis.

Verum hoc moneo consulto a me esse omissas lectionis discrepantias, quaecumque levioris sunt momenti, velut sollemnia librariorum menda, quae in paucis tantum codicibus deprebenduntur reliquis libris in vera lectione conspirantibus.

Uncis quadratis [ ] inclusi verba eicienda; uncis bis ⟨ ⟩ circumdedi verba suppleta, quae male omissa sunt in libris manuscriptis.

. . . . . . : hoc signo indicavi lacunam.

— — —: hoc signo usus sum, si quae omisi verba ad rem minus pertinentia.

Restat, ut quas in testimoniis afferendis secutus sum editiones enumerem:

Appiani hist. Rom. ed. Ludovic. Mendelssohn; Plutarchi vitae iterum recogn. Carol. Sintenis; Cassii Dionis hist. Rom. ed. Ludovic. Dindorf; Diodori bibl. hist. ex recens. et cum annotat. Lud. Dindorfii Lips. 1867/68; Iosephi opera recogn. Immanuel Bekker; Eusebii chronica ed. Alfred. Schoene; Sallusti quae supers. rec. Rudolf. Dietsch; Caesaris comment. cum suppl. ed. Carol. Nipperdey, edit. tert. stereotyp.; T. Livi perioch. Iulii Obsequentis prodig. lib. rec. Otto Iahn; Orosii hist. rec. Carol. Zangemeister; Eutropii breviar. rec. Francisc. Ruehl; Flori epit. ed. Carol. Halm; Vellei hist. Rom. ed. Carol. Halm; Iustini epit. rec. Francisc. Ruehl; Plinii nat. hist. recogn. Ludovic. Ianus.

HYPOMNEMATORUM HISTORICORUM RELIQUIAE

* 1

Iosephus c. Apion. II 7 (Mueller FHG III p. 491 fr. 1) 'In hoc enim sacrario (sc. in templo Hierosolymitano) Apion praesumpsit edicere asini caput collocasse Iudaeos et id colere ac dignum facere tanta religione; et hoc affirmat fuisse depa-
5 latum, dum Antiochus Epiphanes et exspoliasset templum (a. 168,7 a. Chr. n.) et illud caput invenisset ex auro compositum multis pecuniis dignum. — — — Quia vero Antiochus neque iustam fecit templi depraedationem, sed egestate pecuniarum ad hoc accessit, cum non esset hostis, et socios insuper nos
10 suos et amicos aggressus est, nec aliquid dignum derisione illic invenit: multi et digni conscriptores super hoc quoque testantur Polybius Megalopolitanus, Strabo Cappadox, Nicolaus Damascenus, Timagenes et Castor chronographus et Apollodorus: qui omnes dicunt pecuniis indigentem An-
15 tiochum transgressum foedera Iudaeorum et spoliasse templum auro argentoque plenum.'

Cf. Ioseph. A. I. XII 5, 4. B. I. I 1, 1. 1. Macc. 1, 21 sqq. Discrepat Diodor. XXXIV 1, 3 (qui sequitur Posidonium: cf. Mueller FHG III p. 256 fr. 14) *Ἀντίοχος γὰρ ὁ προσαγορευθεὶς Ἐπιφανὴς κατακολεμήσας τοὺς Ἰουδαίους εἰσῆλθεν εἰς τοῦ ἀδύτου τοῦ θεοῦ σηκόν, οἱ νόμιμον εἰσιέναι μόνον τὸν ἱερέα· εὑρὼν δὲ ἐν αὐτῷ λίθινον ἄγαλμα ἀνδρὸς βαθυπώγωνος καθήμενον ἐπ' ὄνου μετὰ χεῖρας ἔχον βιβλίον, τοῦτο μὲν ὑπέλαβε Μωυσέως εἶναι κτλ.*

2

Strab. geogr. XVII 3, 13 p. 832 *Ἡ δὲ Ἰτύκη δευτέρα μετὰ Καρχηδόνα τῷ μεγέθει καὶ τῷ ἀξιώματι· καταλυθείσης δὲ*

Cf. Appian. Pun. 135 *λέγα δὲ σφῶν αὐτῶν ἡ βουλὴ τοὺς ἀρίστους ἔπεμπε διαλυσομένους Λιβύην μετὰ Σκιπίωνος ἐς τὸ Ῥωμαίων συμφέρον·*

Καρχηδόνος (a. 146) ἐκείνη ἣν ὡς ἂν μητρόπολις τοῖς Ῥωμαίοις καὶ ὁρμητήριον πρὸς τὰς ἐν Λιβύῃ πράξεις.

— — καὶ ὅσαι (sc. πόλεις) Ῥωμαίοις ἐβεβοηθήκεσαν χώραν ἔδωκαν ἑκάστῃ τῆς δορικτήτου, καὶ πρῶτον μάλιστα Ἰτυκαίοις τὴν μέχρι Καρχηδόνος αὐτῆς καὶ Ἱππῶνος ἐπὶ θάτερα.

3

Str. VIII 6, 23 p. 381 Σχεδὸν δέ τι καὶ τῶν ἄλλων ἀναθημάτων τῶν ἐν Ῥώμῃ τὰ πλεῖστα καὶ ἄριστα ἐντεῦθεν (sc. ex urbe Corintho a Mummio deleta a. 146) ἀφῖχθαι· τινὰ δὲ καὶ αἱ κύκλῳ τῆς Ῥώμης πόλεις ἔσχον. Μεγαλόφρων γὰρ ὢν μᾶλλον ἢ φιλότεχνος ὁ Μόμμιος, ὥς φασι, μετεδίδου ῥᾳδίως 5 τοῖς δεηθεῖσι. Λεύκολλος δὲ κατασκευάσας τὸ τῆς Εὐτυχίας ἱερὸν καὶ στοάν τινα χρῆσιν ᾐτήσατο ὧν εἶχεν ἀνδριάντων ὁ Μόμμιος, ὡς κοσμήσων τὸ ἱερὸν μέχρι ἀναδείξεως, εἶτ᾽ ἀποδώσων· οὐκ ἀπέδωκε δέ, ἀλλ᾽ ἀνέθηκε κελεύσας αἴρειν εἰ βούλεται· φερέως δ᾽ ἤνεγκεν ἐκεῖνος οὐ φροντίσας οὐδέν, ὥστ᾽ 10 ηὐδοκίμει τοῦ ἀναθέντος μᾶλλον.

3 ἀφῖκται Cor.

Cf. Cass. Dio. fr. 76, 2 Ἐς τοσοῦτον γὰρ ἐπιεικείας φύσει προήκων ἦν (sc. ὁ Μόμμιος) ὥστε καὶ τῷ Λουκουλλῳ χρῆσαί τι ἀγάλματα πρὸς τὴν τοῦ Τυχαίου, ὃ ἐκ τοῦ Ἰβηρικοῦ πολέμου κατεσκεύασε, καθιέρωσιν, καὶ μὴ βουληθέντος αὐτὰ ὡς καὶ ἱερὰ ἐκ τῆς ἀναθέσεως γεγονότα ἀποδοῦναι μηδεμίαν ὀργὴν ποιήσασθαι, ἀλλ᾽ ἐπὶ τῷ ἐκείνου ὀνόματι τὰ ἑαυτοῦ λάφυρα περιιδεῖν ἀνακείμενα. Cicero Verr. IV 2, 4.

4

Str. XI 9, 2 sq. p. 515 Νεωτερισθέντων δὲ τῶν ἔξω τοῦ Ταύρου διὰ τὸ πρὸς ἄλλοις εἶναι τοὺς τῆς Συρίας καὶ τῆς Μηδίας βασιλέας τοὺς ἔχοντας καὶ ταῦτα, πρῶτον μὲν τὴν

2 πρὸς ἀλλήλους Ios, πρὸς ἀλλήλοις codd. rell.: corr. Tyrwhitt.

Cf. Cass. Dio. XL 14 Ἐπεὶ δὲ ἥ τε τῶν Περσῶν ἀρχὴ κατεχύθη καὶ τὰ τῶν Μακεδόνων ἤκμασεν οἵ τε τοῦ Ἀλεξάνδρου διάδοχοι στασιάσαντες ἄλλοι ἄλλα ἀπετέμοντο καὶ βασιλείας ἰδίας κατεσκευάσαντο.

Βακτριανὴν ἀπέστησαν οἱ πεπιστευμένοι καὶ τὴν ἐγγὺς αὐτῆς
πᾶσαν οἱ περὶ Εὐθύδημον. Ἔπειτ' Ἀρσάκης ἀνὴρ Σκύθης
τῶν Δαῶν τινας ἔχων, τοὺς Πάρνοις καλουμένους νομάδας
παροικοῦντας τὸν Ὦχον, ἐπῆλθεν ἐπὶ τὴν Παρθυαίαν καὶ
ἐκράτησεν αὐτῆς (c. a. 250). Κατ' ἀρχὰς μὲν οὖν ἀσθενὴς ἦν
διαπολεμῶν πρὸς τοὺς ἀφαιρεθέντας τὴν χώραν καὶ αὐτὸς
καὶ οἱ διαδεξάμενοι ἐκεῖνον, ἔπειθ' οὕτως ἴσχυσαν ἀφαιρούμενοι
τὴν πλησίον ἀεὶ διὰ τὰς ἐν τοῖς πολέμοις κατορθώσεις,
ὥστε τελευτῶντες ἁπάσης τῆς ἐντὸς Εὐφράτου κύριοι κατέστησαν.
Ἀφείλοντο δὲ καὶ τῆς Βακτριανῆς μέρος βιασάμενοι
τοὺς Σκύθας καὶ ἔτι πρότερον τοὺς περὶ Εὐκρατίδαν (regn. a.
a. 175—155), καὶ νῦν ἐπάρχουσι τοσαύτης γῆς καὶ τοσούτων
ἐθνῶν, ὥστε ἀντίπαλοι τοῖς Ῥωμαίοις τρόπον τινὰ γεγόνασι
κατὰ μέγεθος τῆς ἀρχῆς. Αἴτιος δ' ὁ βίος αὐτῶν καὶ τὰ
ἔθη τὰ ἔχοντα πολὺ μὲν τὸ βάρβαρον καὶ τὸ Σκυθικόν, πλέον

6 δατίων codd.: corr. Xylander

Ἐς τε τὸ μέσον τότε πρῶτον ὑπ' Ἀρσάκου τινὸς ἀφίκοντο, ὅθενπερ
καὶ οἱ ἔπειτα βασιλεύσαντες αὐτῶν Ἀρσακίδαι ἐπωνομάσθησαν, καὶ εὐτυχήσαντες
τήν τε πλησιόχωρον ἐκτήσαντο πᾶσαν καὶ τὴν Μεσοποταμίαν
σατραπείαις κατέσχον, τελευτῶντες δὲ ἐπὶ τοσοῦτο καὶ τῆς δόξης
καὶ τῆς δυνάμεως ἐχώρησαν, ὥστε καὶ τοῖς Ῥωμαίοις τότε τε ἀντιπολεμῆσαι
καὶ δεῦρο ἀεὶ ἀντίπαλοι νομίζεσθαι. Applan. Syr. 65 Καὶ Παρθυαῖοι
τῆς ἀποστάσεως τότε (sc. ἐπὶ Ἀντιόχου τοῦ θεοῦ) ἦρξαν ὡς τεταραγμένης
τῆς τῶν Σελευκιδῶν ἀρχῆς. Iustin. XLI 4 sq. *Diductis
Macedonibus in bellum civile cum ceteris superioris Asiae populis Eumenem
secuti sunt* (sc. Parthi), *quo victo ad Antigonum transiere. Post
hunc a Nicatore Seleuco ac mox ab Antiocho et successoribus eius possessi,
a cuius pronepote Seleuco primum defecere primo Punico bello,
L. Manlio Vulsone M. Atilio Regulo consulibus. Huius defectionis inpunitatem
illis duorum fratrum regum, Seleuci et Antiochi, discordia
dedit, qui dum invicem eripere sibi regnum volunt, persequi defectores
omiserunt. Eodem tempore etiam Diodotus, mille urbium Bactrianarum
praefectus, defecit regemque se appellari iussit, quod exemplum secuti
totius Orientis populi a Macedonibus defecere. Erat eo tempore Arsaces,
vir sicut incertae originis, ita virtutis expertae. Hic solitus latrociniis et
rapto vivere accepta opinione Seleucum a Gallis in Asia victum, solutus
regis metu, cum praedonum manu Parthos ingressus praefectum eorum
Andragoran oppressit sublatoque eo imperium gentis invasit. Non magno*

μέντοι τὸ χρήσιμον πρὸς ἡγεμονίαν καὶ τὴν ἐν τοῖς πολέμοις
κατόρθωσιν. (3) Φασὶ δὲ τοὺς Πάρνους Δάας μετανάστας εἶναι 20
ἐκ τῶν ὑπὲρ τῆς Μαιώτιδος Δαῶν, οὓς Ξανδίους ἢ Παρίους
καλοῦσιν· οὐ πάνυ δ' ὡμολόγηται Δάας εἶναί τινας τῶν ὑπὲρ
τῆς Μαιώτιδος Σκυθῶν· ἀπὸ τούτων δ' οὖν ἕλκειν φασὶ τὸ
γένος τὸν Ἀρσάκην, οἱ δὲ Βακτριανὸν λέγουσιν αὐτόν, φεύ-
γοντα δὲ τὴν αὔξησιν τῶν περὶ Διόδοτον ἀποστῆσαι τὴν Παρ- 25
θυαίαν.

21 ξανδίους Crz, Ξανθίους Xyl. | παριους codd.

*deinde post tempore Hyrcanorum quoque regnum occupavit, atque ita
duarum civitatium imperio praeditus grandem exercitum parat metu cum
Seleuci tum et Diodoti, Bactrianorum regis. Sed cito morte Diodoti metu
liberatus cum filio eius, et ipso Diodoto, foedus ac pacem fecit, nec multo
post cum Seleuco rege ad defectores persequendos veniente congressus
victor fuit; quem diem Parthi exinde sollemnem velut initium libertatis
observant e. q. s. — Cf. Arrian. Parthica in Phot. bibl. cod. 58. Hero-
dian. VI 2, 7. Zosim. I 18. Euseb. chron. can. ad a. Abr. 1766
p. 120 sq. (Schoene). Ampel. 31. — In temporibus erraverunt Tacit.
hist. V 8. Amm. Marcell. XXIII 6, 2 sqq.*

COMM. Haec de regni Parthici origine veri simile est narrasse
Strabonem, ubi primum Parthorum ei facienda erat mentio, in sexto hypo-
mnematorum historicorum libro, qui erat alter τῶν μετα Πολύβιον, quo
loco etiam de Parthorum institutis exposuit: cf. fr. 7. — De temporum
ratione conferas Alfredi de Gutschmid librum 'Geschichte Irans und seiner
Nachbarländer' ed. Noeldeke (Tubing. 1888) p. 29 sqq. — Quod Strabo
dicit regnum Bactrianum condidisse τοὺς περὶ Εὐθύδημον, haud dubie
memoria lapsus est, ut recte monuit Gutschmidius l. l. p. 29 adn. 1.
Nam is, qui Bactriam a Syriae regum imperio liberavit, fuit Diodotus: cf.
Iustin. l. l.

5

a. Str. XI 11, 1 sq. p. 516 sq. Τῆς δὲ Βακτρίας μέρη μέν
τινα τῇ Ἀρίᾳ παραβέβληται πρὸς ἄρκτον, τὰ πολλὰ δ' ὑπέρ-
κειται πρὸς ἕω· πολλὴ δ' ἐστὶ καὶ πάμφορος πλὴν ἐλαίου.
Τοσοῦτον δὲ ἴσχυσαν οἱ ἀποστήσαντες Ἕλληνες αὐτὴν διὰ τὴν
ἀρετὴν τῆς χώρας, ὥστε τῆς τε Ἀριανῆς ἐπεκράτουν καὶ τῶν 5

5 τε om. Casaubonus.

Ἰνδῶν, ὥς φησιν Ἀπολλόδωρος ὁ Ἀρταμιτηνός, καὶ πλείω ἔθνη κατεστρέψαντο ἢ Ἀλέξανδρος, καὶ μάλιστα Μένανδρος (regn. c. a. 125—95) — εἴ γε καὶ τὸν Ὕπανιν διέβη πρὸς ἕω καὶ μέχρι Ἰσάμου προῆλθε — τὰ μὲν [γὰρ] αὐτός, τὰ δὲ Δημήτριος (e regno electus c. a. 159) ὁ Εὐθυδήμου υἱός, τοῦ Βακτρίων βασιλέως· οὐ μόνον δὲ τὴν Παταληνὴν κατέσχον, ἀλλὰ καὶ τῆς ἄλλης παραλίας τήν τε Σαραόστου καλουμένην καὶ τὴν Σιγέρδιδος βασιλείαν. Καθ' ὅλου δέ φησιν ἐκεῖνος τῆς συμπάσης Ἀριανῆς πρόσχημα εἶναι τὴν Βακτριανήν· καὶ δὴ καὶ μέχρι Σηρῶν καὶ Φρυνῶν ἐξέτεινον τὴν ἀρχήν. (2) Πόλεις δ' εἶχον τά τε Βάκτρα, ἥνπερ καὶ Ζαριάσπαν καλοῦσιν, ἣν διαρρεῖ ὁμώνυμος ποταμὸς εἰσβάλλων εἰς τὸν Ὦξον, καὶ Ἄδραψα καὶ ἄλλας πλείους· τούτων δ' ἦν καὶ ἡ Εὐκρατίδεια τοῦ ἄρξαντος ἐπώνυμος. Οἱ δὲ κατασχόντες αὐτὴν Ἕλληνες καὶ εἰς σατραπείας διῃρήκασιν, ὧν τήν τε Ἀσπιώνου καὶ τὴν Τουριούαν ἀφῄρηντο Εὐκρατίδην (c. a. 175—155) οἱ Παρθυαῖοι. Ἔσχον δὲ καὶ τὴν Σογδιανὴν ὑπερκειμένην πρὸς ἕω τῆς Βακτριανῆς.

b. Str. XV 1, 3 p. 685 sq. Ἀπολλόδωρος γοῦν ὁ τὰ Παρθικὰ ποιήσας μεμνημένος καὶ τῶν τὴν Βακτριανὴν ἀποστησάντων Ἑλλήνων παρὰ τῶν Συριακῶν βασιλέων τῶν ἀπὸ Σελεύκου τοῦ Νικάτορος, φησὶ μὲν αὐτοὺς αὐξηθέντας

6 ἀτραμυτινὸς ος, Ἀρτεμιτηνός Coraes, ad cl. Steph. Byz. s. v. ‖ 9 Ἰσάμου] Ἰμάου Cas., Ἰομάνου Mannert Geogr. V 295, Σωάνου Cunningham; eandem intellegi Indiae fluvium, quem Σάμβον appellat Arrian. Ind. 4. 4, put. Gutschmid 'Gesch. Irans' p. 104 adn. 4 ‖ 11 παταληνὴν CDhz, πατταληνὴν codd. rell.; sed infra semper Παταληνήν exhib. codd. upl. ‖ 15 φαννῶν codd.: corr. Tzschucke ‖ 17 ἐμβάλλων codd., ἐμβάλλων edd.: corr. Mein. ‖ 18 δίερψα codd.: corr. Mein. ex XV p. 725 ‖ εὐκρατιδία codd.: corr. Mein. ‖ 21 Τουριούαν] Τακουρίαν Du Theil, Ταπυρίαν Mein., Τουρωνίνου vel Τουριάνου susp. Mueller, ut sit satrapae nomen.

7 sq. cf. Trog. Pomp. prolog. 41.
10 cf. Polyb. XI 34.
10 sqq. cf. Iustin. XLI 6, 1 sqq. *Eodem ferme tempore, sicut in Parthis Mithridates, ita in Bactris Eucratides, magni uterque viri, regna ineunt. Sed Parthorum fortuna felicior ad summum hoc duce imperii fastigium eos perduxit. Bactriani autem per varia bella iactati non regnum tantum, verum etiam libertatem amiserunt, siquidem Sogdianorum et Aruchotorum et Drangarum et Areorum Indorumque bellis fatigati ad*

ἐπιθέσθαι καὶ τῇ Ἰνδικῇ· οὐδὲν δὲ προσανακαλύπτει † τῶν
πρότερον ἐγνωσμένων, ἀλλὰ καὶ ἐναντιολογεῖ, πλείω τῆς Ἰνδι-
κῆς ἐκείνους ἢ Μακεδόνας καταστρέψασθαι λέγων· Εὐκρατί- 30
δαν γοῦν πόλεις χιλίας ὑφ' ἑαυτῷ ἔχειν.

29 Lvons corruptus, Kramer recte monet exspectari dativum τοῖς πρ.
ἐγνωσμένοις.

*postremum ab invalidioribus Parthis velut exangues oppressi sunt. Multa
tamen Eucratides bella magna virtute gessit, quibus adtritus cum obsi-
dionem Demetrii, regis Indorum, pateretur, cum CCC militibus LX milia
hostium adsiduis eruptionibus vicit. Quinto itaque mense liberatus Indiam
in potestatem redegit.*

COMM. De omnibus his rebus conferas Gutschmidii librum 'Ge-
schichte Irans' p. 44 sqq. et p. 104, quem etiam in temporibus indicandis
secutus sum.

6

a. Str. I 2, 1 p. 14 Οἱ δὲ Παρθυαῖοι τὰ περὶ τὴν Ὑρκα-
νίαν καὶ τὴν Βακτριανὴν καὶ τοὺς ὑπὲρ τούτων Σκύθας γνωρι-
μωτέρους ἡμῖν ἐποίησαν, ἧττον γνωριζομένους ὑπὸ τῶν πρό-
τερον.

b. Str. II 5, 12 p. 118 Ἀπήγγελται δ' ἡμῖν καὶ ὑπὸ 5
τῶν τὰ Παρθικὰ συγγραψάντων τῶν περὶ Ἀπολ-
λόδωρον τὸν Ἀρτεμιτηνόν, ἃ πολλῶν ἐκεῖνοι μᾶλλον
ἀφώρισαν, τὰ περὶ τὴν Ὑρκανίαν καὶ τὴν Βακτριανήν.

3/4 πρότερον sup. ων A
7 ἀρτεμείτην codd.: corr. Kram. | Post πολλῶν add. ἄλλων Cor. Malim
cum Cas. pro πολλῶν scr. τῶν ἄλλων.

7

Str. XI 9, 3 p. 515 (= fr. 2 Mueller) Εἰρηκότες δὲ πολλὰ
περὶ τῶν Παρθικῶν νομίμων ἐν τῇ ἕκτῃ τῶν Ἱστορικῶν
ὑπομνημάτων βίβλῳ, δευτέρᾳ δὲ τῶν μετὰ Πολύ-
βιον, παραλείψομεν ἐνταῦθα, μὴ ταυτολογεῖν δόξωμεν, το-
σοῦτον εἰπόντες μόνον, ὅτι τῶν Παρθυαίων συνέδριόν φησιν 5
εἶναι Ποσειδώνιος διττόν, τὸ μὲν συγγενῶν, τὸ δὲ σοφῶν
καὶ μάγων, ἐξ ὧν ἀμφοῖν τοὺς βασιλεῖς καθίστασθαι.

6 σύγγενῶν Cor., sed cf. Kramer | 7 καθίστασθαι E Cor., καθίστησιν
codd. rell., καθιστᾶσιν Cas.

8

Str. XVI 1, 16 p. 743 Πλησίον (sc. τῆς Σελευκείας) δ' ἐστὶ κώμη Κτησιφῶν λεγομένη μεγάλη· ταύτην δ' ἐποιοῦντο χειμάδιον οἱ τῶν Παρθυαίων βασιλεῖς φειδόμενοι τῶν Σελευκέων, ἵνα μὴ κατασταθμεύοιντο ὑπὸ τοῦ Σκυθικοῦ φύλου καὶ
5 στρατιωτικοῦ· δυνάμει οὖν Παρθικῇ πόλις ἀντὶ κώμης ἐστὶ καὶ τὸ μέγεθος τοσοῦτόν γε πλῆθος δεχομένη καὶ τὴν κατασκευὴν ὑπ' ἐκείνων αὐτῶν κατεσκευασμένη, καὶ τὰ ὤνια καὶ τὰς τέχνας προσφόρους ἐκείνοις πεπορισμένη. Εἰώθασι γὰρ ἐνταῦθα τοῦ χειμῶνος διάγειν οἱ βασιλεῖς διὰ τὸ εὐάερον·
10 θέρους δὲ ἐν Ἐκβατάνοις καὶ τῇ Ὑρκανίᾳ διὰ τὴν ἐπικράτειαν τῆς παλαιᾶς δόξης.

5 παρθική codd.: corr. Kram. | 6 δεχόμενοι δὲ F

Cf. Ios. A. I. XVIII 8, 9 Τούτοις δὲ ἦν εἰς Κτησιφῶντα ἀποχώρησις, πόλιν Ἑλληνίδα καὶ τῇ Σελευκείᾳ πλησίον κειμένην, ἔνθα χειμάζει τε ὁ βασιλεὺς κατὰ πᾶν ἔτος καὶ ἡ πλείστη τῆς ἀποσκευῆς αὐτοῦ τῇδε ἀποκειμένη τυγχάνει. Cf. Cass. Dio. XL 14. Plin. N. H. VI 122. Tac. ann. VI 42.

9

Str. XVI 1, 18 p. 744 Πολλὴ δὲ οὖσα (sc. ἡ Ἐλυμαΐς) πολὺ καὶ τὸ στρατιωτικὸν παρέχεται, ὥστε καὶ ὁ βασιλεὺς αὐτῶν δύναμιν κεκτημένος μεγάλην οὐκ ἀξιοῖ τῷ τῶν Παρθυαίων βασιλεῖ παραπλησίως τοῖς ἄλλοις ὑπήκοος εἶναι· ὁμοίως δὲ
5 (καὶ πρὸς τοὺς Πέρσας) καὶ πρὸς τοὺς Μακεδόνας ὕστερον τοὺς τῆς Συρίας ἄρχοντας διέκειτο. Ἀντίοχον μὲν οὖν τὸν Μέγαν τὸ τοῦ Βήλου συλᾶν ἱερὸν ἐπιχειρήσαντα ἀνεῖλον ἐπιθέμενοι καθ' αὑτοὺς οἱ πλησίον βάρβαροι. Ἐκ δὲ τῶν ἐκείνῳ συμβάντων παιδευθεὶς ὁ Παρθυαῖος χρόνοις ὕστερον ἀκούων
10 τὰ ἱερὰ πλούσια παρ' αὐτοῖς, ὁρῶν δ' ἀπειθοῦντας, ἐμβάλλει μετὰ δυνάμεως μεγάλης καὶ τό τε τῆς Ἀθηνᾶς ἱερὸν εἷλε καὶ τὸ τῆς Ἀρτέμιδος, τὰ Ἄζαρα, καὶ ἦρε ταλάντων μυρίων γάζαν·

5 καὶ πρὸς τοὺς Πέρσας iure add. Kram., Letronn. voluit eicere ὕστερον vel mutare in πρότερον ‖ 12 τὰ Ζάρα Cas.

9 sqq. cf. Iust. XLI 6, 8 *His viribus auctus Mithridates — — in*

ᾑρέϑη δὲ καὶ πρὸς τῷ Ἡδυφῶντι ποταμῷ Σελεύκεια μεγάλη πόλις· Σολόκη δ' ἐκαλεῖτο πρότερον.

Hyrcaniam proficiscitur. Unde reversus bellum cum Elymaeorum rege gessit, quo victo hanc quoque gentem regno adiecit.

COMM. Haec gesta sunt ab Arsace VI Mithridate I (regn. c. a. 171—136) ultimis eius regni temporibus: cf. Gutschmid 'Geschichte Irans' p. 53 sq.

10

a. Str. XVI 2, 10 p. 752 Δηλοῖ δὲ τὴν δύναμιν ταύτην (sc. τῆς Ἀπαμείας) ἥ τε τοῦ Τρύφωνος ἐπικληϑέντος Διοδότου παραύξησις καὶ ἐπίϑεσις τῇ βασιλείᾳ τῶν Σύρων ἐντεῦϑεν ὁρμηϑέντος. Ἐγεγένητο μὲν γὰρ ἐν Κασιανοῖς, φρουρίῳ τινὶ τῆς Ἀπαμέων γῆς, τραφεὶς δ' ἐν τῇ Ἀπαμείᾳ καὶ συστα- 5 ϑεὶς τῷ βασιλεῖ καὶ τοῖς περὶ αὐτόν, ἐπειδὴ νεωτερίζειν ὥρμησεν, ἐκ τῆς πόλεως ταύτης ἔσχε τὰς ἀφορμὰς καὶ τῶν περιοικίδων, Λαρίσης τε καὶ τῶν Κασιανῶν καὶ Μεγάρων καὶ

4 ἐγεγέννητο Cor. | κοσιανοῖς codd.: corr. Grusk. | 6 λαρίσσης codd.: corr. Kram.

In universum cf. App. Syr. 68 Παρὰ δὲ τὴν ἀναρχίαν τήνδε δοῦλος τῶν βασιλέων Διόδοτος παιδίον Ἀλέξανδρον ἐξ Ἀλεξάνδρου τοῦ νόθου καὶ τῆς Πτολεμαίου θυγατρὸς ἐπὶ τὴν βασιλείαν ἤγαγεν. Καὶ τὸ παιδίον κτείνας αὐτὸς ἐπετόλμησε τῇ ἀρχῇ, Τρύφων ἀφ' ἑαυτοῦ μετονομασθείς. Ἀλλ' αὐτὸν Ἀντίοχος ὁ ἀδελφὸς Δημητρίου τοῦ αἰχμαλώτου — — κτείνει κατιὼν ἐς τὰ πατρῷα σὺν πόνῳ πολλῷ. — Diodor. XXXII fr. 9ᵃ. XXXIII fr. 3. 4ᵃ. 26. 25 ¹. Ios. A. I. XIII 5, 1. 3. 4. 11; 6, 1—5; 7, 1—2. B. I. I 2, 1 sq. 1. Macc. 11—15. Ioann. Antioch. fr. 65 (Mueller FHG IV p. 561). Liv. perioch. 52. 55. Oros. V 4, 17 sq. Trog. Pomp. prol. 35 sq. Iustin. XXXVI 1, 7 sq. XXXVIII 9, 3. Frontin. strat. II 13, 2. Euseb. chron. can. ad a. Abr. 1876 sq. p. 128 sq. Sch.

1 sq. cf. Ios. A. I. XIII 5, 1 Ἀλεξάνδρου τις στρατηγός, Ἀπαμεὺς τὸ γένος, Διόδοτος ὁ καὶ Τρύφων ἐπικληθεὶς κτλ. Posidon. fr. 10 (Mueller III p. 254).

5 sqq. cf. Diod. XXXIII fr. 4ᵃ Ὅτι Διόδοτός τις ἐπικαλούμενος Τρύφων, ὑπάρχων δὲ ἐν πολλῷ ἀξιώματι τῶν παρὰ τῷ βασιλεῖ φίλων — — ἀποστὰς τοῦ Δημητρίου καὶ ταχὺ πολλοὺς εὑρὼν κοινωνοῦντας τῆς προαιρέσεως † τοὺς περὶ τὴν Λάρισαν κτλ.

Ἀπολλωνίας καὶ ἄλλων τοιούτων, αἳ συνετέλουν εἰς τὴν Ἀπά-
μειαν ἅπασαι· ἐκεῖνός τε δὴ βασιλεὺς [ἐκ] τῆσδε τῆς χώρας
ἀνεδείχθη καὶ ἀντέσχε πολὺν χρόνον.

b. Str. XIV 5, 2 p. 668 Πρῶτον τοίνυν ἐστὶ τῶν Κιλίκων
φρούριον τὸ Κορακήσιον, ἱδρυμένον ἐπὶ πέτρας ἀπορρῶγος,
ᾧ ἐχρήσατο Διόδοτος ὁ Τρύφων προσαγορευθεὶς ὁρμητηρίῳ,
καθ' ὃν καιρὸν ἀπέστησε τὴν Συρίαν τῶν βασιλέων καὶ διε-
πολέμει πρὸς ἐκείνους, τοτὲ μὲν κατορθῶν τοτὲ δὲ πταίων.
Τοῦτον μὲν οὖν Ἀντίοχος ὁ Δημητρίου κατακλείσας εἴς τι
χωρίον ἠνάγκασε διεργάσασθαι τὸ σῶμα. Τοῖς δὲ Κίλιξιν ἀρ-
χὴν τοῦ τὰ πειρατικὰ συνίστασθαι Τρύφων αἴτιος κατέστη,
καὶ ἡ τῶν βασιλέων οὐδένεια τῶν τότε ἐκ διαδοχῆς ἐπιστα-
τούντων τὴν Συρίας ἅμα καὶ τῆς Κιλικίας.

c. Str. XVI 2, 19 p. 755 Εἶθ' ὁ Λύκος ποταμὸς καὶ
Βηρυτός· αὕτη δὲ κατεσπάσθη μὲν ὑπὸ Τρύφωνος.

10 ἐκ om. edd. iure
16 ἀρχὴ codd.: corr. Grosk.

17 sqq. cf. Ioa. A. L. XIII 7, 2 Γενόμενος δὲ ἐν τῇ Σελευκείᾳ ὁ
Ἀντίοχος (sc. Sidetes) — — ὥρμησε πολεμήσων τὸν Τρύφωνα καὶ κρα-
τήσας αὐτοῦ τῇ μάχῃ τῆς ἄνω Συρίας ἐξέβαλεν εἰς τὴν Φοινίκην, διώξας
ἄχρι ταύτης, εἰς τε Δώραν φρούριόν τι δυσάλωτον ἐπολιόρκει συμφυ-
γόντα. — — — Ὁ μὲν γὰρ Τρύφων ἐκ τῆς Δώρας φυγὼν εἰς Ἀπάμειαν
καὶ ληφθεὶς ἐν αὐτῇ τῇ πολιορκίᾳ διεφθάρη βασιλεύσας ἔτη τρία. Charax
Perg. fr. 40 (Mueller FHG III p. 644) Τρύφων ἐν Δώρῳ τῆς Κοίλης
Συρίας πόλει πολιορκούμενος ὑπ' Ἀντιόχου ἔφυγεν εἰς Πτολεμαΐδα τὴν
Ἄκην λεγομένην. I. Macc. 15, 11. 25. 37 Καὶ ἐδίωξεν αὐτὸν Ἀντίοχος
ὁ βασιλεὺς καὶ ἦλθε φεύγων εἰς Δωρὰ τὴν ἐπὶ τῆς θαλάσσης. — Ἀντίο-
χος δὲ ὁ βασιλεὺς παρενέβαλεν ἐπὶ Δωρὰ ἐν τῇ δευτέρᾳ προσάγων διὰ
παντὸς αὐτῇ τὰς χεῖρας καὶ μηχανὰς ποιούμενος καὶ συνέκλεισε τὸν
Τρύφωνα. — Τρύφων δὲ ἐμβὰς εἰς πλοῖον ἔφυγεν εἰς Ὀρθωσιάδα. Euseb.
ap. Syncell. 552, 17 Οὗτος Τρύφωνα — — ἐκ Σίδης ἐλθὼν πολιορκεῖ εἰς
Δάρα καταφυγόντα κἀκεῖθεν εἰς Ὀρθωσίαν· ἐξ ἧς διωχθεὶς εἰς πῦρ
ἐναλλόμενος θνήσκει.

COMM. De Tryphonis temporibus cf. Clinton. fast. Hell. III p. 326 sqq.,
qui Maccabaeorum libri 1 maxime nisus testimoniis a. 145 extr. Demetrio
electo Antiochum, Alexandri filium, a Tryphone statuit esse substitutum,
a. 142 hunc regem a Tryphone esse occisum, a. 139 ipsum periisse Try-

phonem (vel potius a. 138: cf. Mendelssohn in act. soc. philol. Lips. ed. Ritschel. V p. 108 adn. 2 et p. 110). Secundum Livium autem, cum quo reliqui auctores fere consentiunt, Antiochus a Tryphone rex factus a. 145 (perioch. 52) ab eodem interficitur a. 137 (per. 55); cf. Mueller FHG II p. XX adn. ad Diod. fr. XXV 5.

11

Str. XVI 2, 26 p. 758 Ἱστορεῖται δὲ παράδοξον πάθος τῶν πάνυ σπανίων κατὰ τὸν αἰγιαλὸν τοῦτον τὸν μεταξὺ τῆς τε Τύρου καὶ τῆς Πτολεμαΐδος. Καθ᾽ ὃν γὰρ καιρὸν οἱ Πτολεμαεῖς μάχην συνάψαντες πρὸς Σαρπηδόνα τὸν στρατηγὸν ἐλείφθησαν ἐν τῷ τόπῳ τούτῳ τροπῆς γενομένης λαμπρᾶς, 5 ἐπέκλυσεν ἐκ τοῦ πελάγους κῦμα τοὺς φεύγοντας ὅμοιον πλημμυρίδι, καὶ τοὺς μὲν εἰς τὸ πέλαγος ἀφήρπασε καὶ διέφθειρεν, οἱ δ᾽ ἐν τοῖς κοίλοις τόποις ἔμειναν νεκροί· διαδεξαμένη δὲ ἡ ἄμπωτις πάλιν ἀνεκάλυψε καὶ ἔδειξε τὰ σώματα τῶν κειμένων ἀναμὶξ ἐν νεκροῖς ἰχθύσι. 10

4 συνῆψαν Cas. | 5 ἐλείφθησαν F, in codd. rell. omissum

Cf. Poseidon. fr. 10 ex Ath. VIII p. 333 B (Mueller FHG III p. 264) Ὑπὲρ Τρύφων ὁ Ἀπαμεὺς ὁ τὴν τῶν Σύρων βασιλείαν ἁρπάσας ἐπολεμεῖτο ὑπὸ Σαρπηδόνος τοῦ Δημητρίου στρατηγοῦ (cf. Diodor. XXXIII fr. 28) περὶ Πτολεμαΐδα πόλιν, καὶ ὡς ὁ Σαρπηδὼν λειφθεὶς ἀνεχώρησεν εἰς τὴν μεσόγαιαν μετὰ τῶν ἰδίων στρατηγῶν, οἱ δὲ τοῦ Τρύφωνος ὥδινον κατὰ τὸ πλησίαιον νικήσαντες τὴν μάχην, ἐξαίφνης πελάγιον κῦμα ἐξαρθὲν μετέωρον εἰς ὕψος ἐξαίσιον ἐπῆλθε τῇ γῇ καὶ πάντας αὐτοὺς ἐπέκλυσε, διέφθειρέ τε ὑποβρυχίοις, ἰχθύων τε πολὺν σωρὸν ἀναχωροῦν τὸ κῦμα μετὰ τῶν νεκρῶν κατέλιπε. Καὶ οἱ περὶ τὸν Σαρπηδόνα ἀκούσαντες τὴν συμφορὰν ἐπελθόντες τοῖς μὲν τῶν πολεμίων σώμασιν ἐφήσθησαν, ἰχθύων δὲ ἀφθονίαν ἀπηνέγκαντο, καὶ ἔθυσαν Ποσειδῶνι τροπαίῳ πρὸς τοῖς προαστείοις τῆς πόλεως.

COMM. Strabo et Posidonius et in re et in ipsis adeo verbis tam mire consentiunt, ut vix possit dubitari, quin Strabo ante oculos habuerit Posidonium. Quo magis mirandum est, quod nos in re, quae haud parvi est momenti, prorsus inter se dissident. Nam exercitus ille, qui maris fluctibus obruitur, ab utroque quidem auctore perhibetur idem, scilicet Tryphonis vel Ptolemaidsium, ut tradit Strabo, quos in Tryphonis fuisse potestate scimus ex I. Macc. 12, 45 sqq.; 13, 12; at victum eum dicit

Strabo, Posidonius victorem. Posidonii autem verba, quae ipsa exhibet
Athenaeus, tam clara tamque perspicua sunt, ut falso intellegi a Strabone
non potuerint. Tamen Strabonem hic errorem commisisse utique statuendum
est et in geographico quidem opere. In historicis hypomnematis Posidonium
secutus haud dubie verum tradidit. At cum postea hanc rem
inde in geographica transferret, in illud miraculum magis quam in res
historicas subsicivas intentus has ipsas confudit. Fortasse etiam languoris
atque animi debilitatis, quae senectutis est propria, hic licet agnoscere
vestigium. Ne hoc quidem ex Posidonii sententia esse videtur, quod dicit
relicta esse τὰ σώματα τῶν πεπμένων ἀναμὶξ ἐν νεκροῖς ἰχθύσι. Nam
Posidonius narrat Sarpedonis milites piscium ingentem copiam abstulisse;
igitur vivos sine dubio eos intellegit.

12

Str. IV 6, 7 p. 205 Ἔχει δὲ καὶ χρυσεῖα ἡ τῶν Σαλασ-
σῶν, ἃ κατεῖχον ἰσχύοντες οἱ Σαλασσοὶ πρότερον, καθάπερ καὶ
τῶν παρόδων ἦσαν κύριοι. Προσελάμβανε δὲ πλεῖστον εἰς
τὴν μεταλλείαν αὐτοῖς ὁ Δουρίας ποταμὸς εἰς τὰ χρυσοπλύ-
5 σια, διόπερ ἐπὶ πολλοὺς τόπους σχίζοντες (εἰς) τὰς ἐξοχε-
τείας τὸ ὕδωρ τὸ κοινὸν ῥεῖθρον ἐξεκένουν. Τοῦτο δ᾽ ἐκεί-
νοις μὲν συνέφερε πρὸς τὴν τοῦ χρυσοῦ θήραν, τοὺς δὲ γεωρ-
γοῦντας τὰ ὑπ᾽ αὐτοῖς πεδία τῆς ἀρδείας στερομένους ἐλύπει,
τοῦ ποταμοῦ δυναμένου ποτίζειν τὴν χώραν διὰ τὸ ὑπερδέξιον
10 ἔχειν τὸ ῥεῖθρον. Ἐκ δὲ ταύτης τῆς αἰτίας πόλεμοι συνεχεῖς
ἦσαν πρὸς ἀλλήλους ἀμφοτέροις τοῖς ἔθνεσι. Κρατησάντων
δὲ Ῥωμαίων τῶν μὲν χρυσουργείων ἐξέπεσον καὶ τῆς χώρας οἱ
Σαλασσοί, τὰ δ᾽ ὄρη κατέχοντες ἀμήν τὸ ὕδωρ ἐπώλουν τοῖς
δημοσιώναις τοῖς ἐργολαβήσασι τὰ χρυσεῖα· καὶ πρὸς τούτους
15 δ᾽ ἦσαν ἀεὶ διαφοραὶ διὰ τὴν πλεονεξίαν τῶν δημοσιωνῶν.
Οὕτω δὲ συνέβαινε τοὺς στρατηγιῶντας ἀεὶ τῶν Ῥωμαίων καὶ

3 εἰς add. Cas. | 6 ῥεῖθρον] ὕδωρ C | 8 στερουμένους codd. uio. A |
9 Ante δυναμένου add. μὴ no | 12 χρυσουργειῶν codd.: corr. Cor. | 14 τούτοις
codd.: corr. Xyl. | 15 δημοσιῶν codd.: corr. Xyl.

Cf. Cass. Dio. fr. 74 Ὅτι ὁ Κλαύδιος ὁ συνάρχων Μετίλλου (a. 143
a. Chr.) — — ἔτυχεν ἐν τῇ Ἰταλίᾳ λαχὼν ἄρχειν καὶ πολέμιον οὐδὲν ἀπο-
δεδειγμένον εἶχε καὶ ἐπεθύμησε πάντως τινὰ ἐπινικίων πρόφασιν λαβεῖν,
καὶ Σαλάσσους Γαλάτας μὴ ἐγκαλουμένους τι ἐξεπολέμωσε τοῖς Ῥω-

πεμπομένους επί τους τόπους ευπορείν προφάσεων, αφ' ών πολεμήσουσι.

μαίοις. Ἐπέμφθη γὰρ ὡς συμβιβάσων αυτούς τοῖς ὁμοχώροις περὶ τοῦ ὕδατος τοῦ ἐς τὰ χρωστα ἀναγκαίου διαφερομένους, καὶ τὴν τε χώραν αυτών πάσαν κατέδραμεν.... κτλ. cf. Liv. per. 53. Oros. V 4, 7. Obseq. 21. Plin. N. H. XVIII 182.

13

a. Str. III 3, 3 p. 152 Τοῦ δὲ Τάγου τὰ πρὸς ἄρκτον ἡ Λυσιτανία ἐστὶ μέγιστον τῶν Ἰβηρικῶν ἐθνῶν καὶ πλείστοις χρόνοις ὑπὸ Ῥωμαίων πολεμηθέν.

b. Str. III 3, 5 p. 154 Ἔθνη μὲν οὖν περὶ τριάκοντα τὴν χώραν νέμεται τὴν μεταξὺ Τάγου καὶ τῶν Ἀρτάβρων. Εὐδαί- 5 μονος δὲ τῆς χώρας ὑπαρχούσης κατά τε καρπούς καὶ βοσκήματα καὶ τοῦ χρυσοῦ καὶ ἀργύρου καὶ τῶν παραπλησίων πλῆθος, ὅμως οἱ πλείους αὐτῶν τὸν ἀπὸ τῆς γῆς ἀφέντες βίον ἐν λῃστηρίοις διετέλουν καὶ συνεχεῖ πολέμῳ πρός τε ἀλλήλους καὶ τοὺς ὁμόρους αὐτοῖς διαβαίνοντες τὸν Τάγον, ἕως ἔπαυσαν 10 αὐτοὺς Ῥωμαῖοι ταπεινώσαντες καὶ κώμας ποιήσαντες τὰς πόλεις αὐτῶν τὰς πλείστας, ἐνίας δὲ καὶ συνοικίζοντες βέλτιον. Ἦρχον δὲ τῆς ἀνομίας ταύτης οἱ ὀρεινοὶ καθάπερ εἰκός· λυπρὰν γὰρ νεμόμενοι καὶ μικρὰ κεκτημένοι τῶν ἀλλοτρίων ἐπεθύμουν. Οἱ δὲ ἀμυνόμενοι τούτους ἄκυροι τῶν ἰδίων ἔργων 15 καθίσταντο ἐξ ἀνάγκης, ὥστ' ἀντὶ τοῦ γεωργεῖν ἐπολέμουν καὶ οὗτοι, καὶ συνέβαινε τὴν χώραν ἀμελουμένην στεῖραν οὖσαν τῶν ἐμφύτων ἀγαθῶν οἰκεῖσθαι ὑπὸ λῃστῶν.

c. Str. III 1, 0 p. 139 Φέρεται δ' ἀπὸ τῶν ἑῴων μερῶν ἑκάτερος (sc. ὁ Τάγος καὶ ὁ Ἄνας ποταμός)· ἀλλ' ὁ μὲν ἐπ' 20 εὐθείας εἰς τὴν ἑσπέραν ἐκδίδωσι πολὺ μείζων ὢν θατέρου. ὁ δ' Ἄνας πρὸς νότον ἐπιστρέφει τὴν μεσοποταμίαν ἀφορίζων, ἣν Κελτικοὶ νέμονται τὸ πλέον καὶ τῶν Λυσιτανῶν τινες ἐκ τῆς περαίας τοῦ Τάγου μετοικισθέντες ὑπὸ Ῥωμαίων.

4 πεντήκοντα CIB (sed hic post corr.) Cor. | 13 ἤρξαντο B (?), Ιαχον C | ἀνοίας Cas. | 14 μικρὰν C | 17 ούσαν] εἶναι B (?) et marg. A pr. man.

9. 13 sqq. cf. Diod. V 34, 6 sq. App. Hisp. 72. Cass. Dio. XXXVII 52.

14

a. Str. III 4, 5 p. 158 *Εἰ γὰρ δὴ συνασπίζειν ἐβούλοντο ἀλλήλοις* (sc. *οἱ Ἴβηρες) οὔτε Καρχηδονίοις ὑπῆρξεν ἂν καταστρέψασθαι ἐπελθοῦσι τὴν πλείστην αὐτῶν ἐκ περιουσίας — — οὔτε τῷ λῃστῇ Οὐριάθῳ* († a. 140).

b. Str. VI 4, 2 p. 287 *Τήν τε γὰρ Ἰβηρίαν οὐκ ἐπαύσαντο* (sc. *οἱ Ῥωμαῖοι) ὑπαγόμενοι τοῖς ὅπλοις, ἕως ἅπασαν κατεστρέψαντο, Νομαντίνους τε ἐξελόντες καὶ Οὐρίαθον καὶ Σερτώριον ὕστερον διαφθείραντες.*

7 *οὐρείεθον* codd.

15

a. Str. III 3, 1 p. 152 *Ταύτῃ δὲ τῇ πόλει* (sc. *Μόρωνι) Βροῦτος ὁ Καλλαϊκὸς προσαγορευθεὶς ὁρμητηρίῳ χρώμενος ἐπολέμησε πρὸς τοὺς Λυσιτανοὺς καὶ κατέστρεψε τούτους. Τοῖς δὲ τοῦ ποταμοῦ* (sc. *τοῦ Τάγου*) † *πλίθροις ἐπετείχισε τὴν Ὀλυσιπῶνα ὡς ἂν ἔχοι τοὺς ἀνάπλους ἐλευθέρους καὶ τὰς ἀνακομιδὰς τῶν ἐπιτηδείων, ὥστε καὶ τῶν περὶ τὸν Τάγον πόλεων αὗται κράτισται.*

b. Str. III 3, 4 p. 153 *Γνωριμώτατοι δὲ τῶν ποταμῶν*

4 *πλίθροις* ABCL, *πλεύροις* (quod scribendum erat *πλευροῖς*) Cas., *πλημμύροις* Cor., *πλείθροις* Mein. vindic. Strab. p. 25, quod optimimum videtur | *ἐπετείχισε τὴν Ὀλυσιπῶνα* scripsi ex Kram. coni.] *ἐπεχείρησε τὴν ὅλοσιν* codd., *ἐπετείχισά τινας πόλεις* Cas., *ἐπεχείρησε τὴν ἅλωσιν* Siebenk., *ἐποικίρρωσε τὴν Ὀλοσιπῶνα* Mueller | 5 *ὡς ἦν*] *ἵν'* Mein. [6 *ὥστε καὶ] ὥστ'* εἰσὶ Mein. | Ante *περὶ* add. *τὸν* Cl, unde Mueller coni. *ὥστε πασῶν τῶν περί.*

In universum cf. App. Hisp. 73—76. Liv. per. 55. 56. 59. Flor. I 33, 12. Oros. V 5, 12. Vell. II 5. Eutr. IV 19. Fest. (Sext. Ruf.) 5, 1. Val. Max. VI 4 ext. 1.

8 sqq. cf. App. Hisp. 74 *Καὶ τὸν Λόριον περάσας* (sc. *ὁ Βροῦτος) πολλὰ μὲν πολλῷ κατέδραμε, πολλὰ δὲ παρὰ τῶν αὐτοὺς ἐνδιδόντων ὅμηρα αἰτήσας ἐπὶ Λήθην μάτγει, πρῶτος ὅδε Ῥωμαίων ἐπινοῶν τὸν ποταμὸν τόνδε διαβῆναι. Περάσας δὲ καὶ τόνδε καὶ μέχρι Μινίου* (codd. *Νίμιος*: corr. Cas.) *ἑτέρου ποταμοῦ προελθὼν — — ἐστράτευεν ἐπὶ τοὺς Βρακάρους.*

ἑφεξῆς τῷ Τάγῳ Μούνδας — — μετὰ δὲ τούτους Δούριος — — εἶτ' ἄλλοι ποταμοί· καὶ μετὰ τούτους ὁ τῆς Λήθης, 10 ὅν τινες Λιμαίαν, οἱ δὲ Βελιῶνα καλοῦσι· καὶ οὗτος δ' ἐκ Κελτιβήρων καὶ Οὐακκαίων ῥεῖ καὶ ὁ μετ' αὐτὸν Βαῖνις (οἱ δὲ Μίνιον φασι) — — — Τῆς μὲν οὖν Βρούτου στρατείας ὅρος οὗτος.

c. Str. III 3, 7 p. 155 Διφθερίνοις τε πλοίοις ἐχρῶντο 15 (sc. οἱ Καλλαϊκοί) ἕως ἐπὶ Βρούτου διὰ τὰς πλημμυρίδας καὶ τὰ τενάγη, νυνὶ δὲ καὶ τὰ μονόξυλα ἤδη σπάνια.

d. Str. III 3, 2 p. 152 Καλλαϊκοὶ δ' ὕστατοι τῆς ὀρεινῆς ἐπέχοντες πολλήν· διὸ καὶ δυσμαχώτατοι ὄντες τῷ τε καταπολεμήσαντι τοὺς Λυσιτανοὺς αὐτοὶ παρέσχον τὴν ἐπω- 20 νυμίαν κτλ.

9 μουλιάδας codd.: corr. Cas. | 11 Βελιῶνα] Ὀβλιονιῶνα Xyl., sed cf. Miller 'Strabos Quellen neb. Gall. u. Britann.' (progr. Regensburg. 1867/8) p. 7 sq. | 12 Βαῖνις] Ναίβις Cas.
17 ἤδη] ἃ δὴ codd.: corr. Grosk.

10 cf. Liv. per. 55 *Cum flumen Oblivionem transire nollent, raptum signifero signum ipse transtulit* (sc. Brutus). Flor. I 33, 12. Plut. quaest. Rom. 34.

18 sqq. cf. Vell. II 5 (*Brutus*) *penetratis omnibus Hispaniae gentibus, ingenti vi hominum urbiumque potitus numero, aditis quae vix audita erant, Gallaeci cognomen meruit.* Ovid. fast. VI 455.

COMM. Decimus Iunius Brutus in Hispania bellum gessit cum Lusitanis annis 138—135 a. Chr.

16

Str. III 4, 13 p. 162 Πόλις δ' αὐτῶν (sc. τῶν Ἀρουάκων) ὀνομαστοτάτη Νομαντία. Ἔδειξαν δὲ τὴν ἀρετὴν τῷ Κελτιβηρικῷ πολέμῳ τῷ πρὸς Ῥωμαίους εἰκοσαετεῖ γενομένῳ (a. 153—133)· πολλὰ γὰρ στρατεύματα σὺν ἡγεμόσιν ἐφθάρη, τὸ δὲ τελευταῖον οἱ Νομαντῖνοι πολιορκούμενοι ἀπεκαρτέρη- 5

5 διεκαρτέρησαν codd.: corr. Mein.

5 sq. cf. App. Hisp. 97 sq. Ἐμοὶ μὲν δὴ ταῦτα περὶ Νομαντίνων εἰπεῖν ἐπῆλθεν ἐς τὴν ὀλιγότητα αὐτῶν καὶ φερεπονίαν ἀφορῶντι καὶ ἔργα πολλὰ καὶ χρόνον ὅσον διεκαρτέρησαν· οἳ δὲ πρῶτα μὲν αὑτοὺς

σαν πλὴν ὀλίγων τῶν ἐνδόντων τὸ τεῖχος (cf. VI 4, 2 p. 287 οἱ Ῥωμαῖοι — — Νομαντίνους τε ἐξελόντες κτλ.).

οἱ βουλόμενοι διεχρῶντο ἕτερος ἑτέρως· οἱ λοιποὶ δ' ἐξῄεσαν τρίτης ἡμέρας ἐς τὸ δεδομένον χωρίον, δυσόρατοί τε καὶ ἀλλόκοτοι πάμπαν ὀφθῆναι — — Ἐπιλεξάμενος δ' αὐτῶν πεντήκοντα ὁ Σκιπίων ἐς θρίαμβον τοὺς λοιποὺς ἀπέδοτο καὶ τὴν πόλιν κατέσκαψε. Discrepat memoria Liviana: cf. Oros. V 7, 16sqq. *Novissima spe desperationis in mortem omnes destinati clausam urbem ipsi introrsum succenderunt cunctique pariter ferro veneno atque igne consumpti sunt — — Unum Numantinum victoris catena non tenuit; unde triumphum dederit, Roma non vidit.* Flor. I 34, 16sq. Liv. per. 59.

17

Str. XIII 4, 1 sq. p. 623,4 Ἔχει δέ τινα ἡγεμονίαν πρὸς τοὺς τόπους τούτους τὸ Πέργαμον, ἐπιφανὴς πόλις καὶ πολὺν συνευτυχήσασα χρόνον τοῖς Ἀτταλικοῖς βασιλεῦσι· καὶ δὴ καὶ ἐντεῦθεν ἀρκτέον τῆς ἑξῆς περιοδείας, καὶ πρῶτον περὶ τῶν βασιλέων,
5 ὁπόθεν ὡρμήθησαν καὶ εἰς ἃ κατέστρεψαν, ἐν βραχέσι δηλωτέον. Ἦν μὲν δὴ τὸ Πέργαμον Λυσιμάχου γαζοφυλάκιον τοῦ Ἀγαθοκλέους, ἑνὸς τῶν Ἀλεξάνδρου διαδόχων, αὐτὴν τὴν ἄκραν τοῦ ὄρους συνοικουμένην ἔχον· ἔστι δὲ στροβιλοειδὲς τὸ ὄρος εἰς ὀξεῖαν κορυφὴν ἀπολῆγον. Ἐπεπίστευτο δὲ τὴν φυλακὴν τοῦ
10 ἐρύματος τούτου καὶ τῶν χρημάτων (ἦν δὲ τάλαντα ἐννακισχίλια) Φιλέταιρος, ἀνὴρ Τιανός, θλιβίας ἐκ παιδός· συνέβη γὰρ ἔν τινι ταφῇ θέας οὔσης καὶ πολλῶν παρόντων ἀπολειφθεῖσαν ἐν τῷ ὄχλῳ τὴν κομίζουσαν τροφὸν τὸν Φιλέταιρον ἔτι νήπιον συνθλιβῆναι μέχρι τοσοῦδε, ὥστε πηρωθῆναι τὸν παῖδα. Ἦν μὲν
15 δὴ εὐνοῦχος, τραφεὶς δὲ καλῶς ἐφάνη τῆς πίστεως ταύτης ἄξιος. Τέως μὲν οὖν εὔνους διέμεινε τῷ Λυσιμάχῳ, διενεχθεὶς δὲ πρὸς Ἀρσινόην τὴν γυναῖκα αὐτοῦ διαβάλλουσαν αὐτὸν ἀνέστησε τὸ χωρίον καὶ πρὸς τοὺς καιροὺς ἐπολιτεύετο ὁρῶν ἐπιτηδείους πρὸς νεωτερισμόν· ὅ τε γὰρ Λυσίμαχος κακοῖς οἰκείοις περι-
20 πεσὼν ἠναγκάσθη τὸν υἱὸν ἀνελεῖν Ἀγαθοκλέα, Σέλευκός τε ἐπελθὼν ὁ Νικάτωρ ἐκεῖνόν τε κατέλυσε καὶ αὐτὸς κατελύθη, δολοφονηθεὶς ὑπὸ Πτολεμαίου τοῦ Κεραυνοῦ. Τοιούτων δὲ

10 ἐννακισχίλια Mein. ‖ 14 συντριβῆναι Dbi ‖ 16 δώμενε CDxz Cor. ‖ 21 ἐπανελθὼν moz

θορύβων όντων διεγένετο μένων επί του ερύματος ο ευνούχος
και πολιτευόμενος δι' υποσχέσεων και της άλλης θεραπείας
άει προς τον ισχύοντα και εγγύς παρόντα· διετέλεσε γούν έτη
είκοσι (a. 281—263) κύριος ών του φρουρίου και των χρημάτων. (2) Ήσαν δ' αυτώ δύο αδελφοί, πρεσβύτερος μεν Ευ-
μένης, νεώτερος δ' Άτταλος· εκ μεν ουν του Ευμένους εγένετο
ομώνυμος τώ πατρί Ευμένης, όσπερ και διεδέξατο το Πέρ-
γαμον, και ήν ήδη δυνάστης των κύκλω χωρίων, ώστε και περί
Σάρδεις ενίκησε μάχη συμβαλών Αντίοχον τον Σελεύκου· δύο
δε και είκοσιν άρξας έτη (a. 263—241) τελευτά τον βίον. Εκ
δε Αττάλου και Αντιοχίδος της Αχαιού γεγονώς Άτταλος
διεδέξατο την αρχήν και ανηγορεύθη βασιλεύς πρώτος νικήσας
Γαλάτας μάχη μεγάλη. Ούτος δε και Ρωμαίοις κατέστη φίλος
και συνεπολέμησε προς Φίλιππον μετά του Ροδίων ναυτικού·
γηραιός δε ετελεύτα βασιλεύσας έτη τρία και τετταράκοντα
(a. 241—197), κατέλιπε δε τέτταρας υιούς εξ Απολλωνίδος,
Κυζικηνής γυναικός, Ευμένη, Άτταλον, Φιλέταιρον, Αθήναιον.
Οι μεν ουν νεώτεροι διετέλεσαν ιδιώται, των δ' άλλων ο
πρεσβύτερος Ευμένης εβασίλευσε· συνεπολέμησε δε ούτος
Ρωμαίοις πρός τε Αντίοχον τον μέγαν και προς Περσέα και
έλαβε παρά των Ρωμαίων άπασαν την υπ' Αντιόχω την εντός
του Ταύρου. Πρότερον δ' ήν τα περί Πέργαμον ου πολλά
χωρία μέχρι της θαλάττης της κατά τον Ελαΐτην κόλπον και
τον Αδραμυττηνόν. Κατεσκεύασε δ' ούτος την πόλιν και το
Νικηφόριον άλσει κατεφύτευσε και αναθήματα και βιβλιοθήκας
και την επί τοσόνδε κατοικίαν του Περγάμου την νυν ούσαν εκείνος
προσεφιλοκάλησε· βασιλεύσας δε έτη τριάκοντα και εννέα
(a. 197—159) απέλιπεν υιώ την αρχήν Αττάλω γεγονότι εκ
Στρατονίκης της Αριαράθου θυγατρός του Καππαδόκων βασιλέως.
Επίτροπον δε κατέστησε και του παιδός νέου τελέως όν-
τος και της αρχής τον αδελφόν Άτταλον. Εν δε και είκοσιν
έτη βασιλεύσας (a. 159—138) γέρων ούτος τελευτά κατορθώσας

24 δε'] μεθ' mos | 30 των χωρίων των κύκλω Dh | 37 δε] και F | ετελεύτησε mos | 39 Αθηναίων eadd: corr. Tzsch. | 47 άλσος morwxz | 48 Verba επί τοσόνδε ante την transponenda male coni. Grosk. | 49 δε om. eadd. cte. x, vz mos | τετταράκοντα eadd.: τριάκοντα scripsi ex coni. Simsoni: cf. Schweigh. ad Polyb. XXXII 23 et v. Cappelle L infra L p. 151 adn. 1

πολλά· καὶ γὰρ Δημήτριον τὸν Σελεύκου συγκατεπολέμησεν
Ἀλεξάνδρῳ τῷ Ἀντιόχου καὶ συνεμάχησε Ῥωμαίοις ἐπὶ τὸν
Ψευδοφίλιππον, ἐχειρώσατο δὲ καὶ Διήγυλιν τὸν Καινῶν βασιλέα στρατεύσας εἰς τὴν Θρᾴκην, ἀνεῖλε δὲ καὶ Προυσίαν ἐπισυστήσας αὐτῷ Νικομήδη τὸν υἱόν, κατέλιπε δὲ τὴν ἀρχὴν τῷ
ἐπιτροπευθέντι Ἀττάλῳ· βασιλεύσας δὲ οὗτος ἔτη πέντε
(a. 138—133) καὶ κληθεὶς Φιλομήτωρ ἐτελεύτα νόσῳ τὸν βίον,
κατέλιπε δὲ κληρονόμους Ῥωμαίους· οἱ δ᾽ ἐπαρχίαν ἀπέδειξαν
τὴν χώραν Ἀσίαν προσαγορεύσαντες, ὁμώνυμον τῇ ἠπείρῳ.

57 Καινῶν] ἐκείνων CDhimorwxz, ἐκεῖνον F, καινῶν Epit.: corr. Palmer ¦
59 Ante τὴν ἀρχὴν add. καὶ codd. cxc. Fz

61 sqq. cf. Plut. Tib. Gracch. 14. Liv. per. 58. Oros. V 8, 4.
Eutr. IV 18. Flor. I 35. Vell. II 4. Obseq. 28. Ps. Aurel. 64, 5.
Fest. 10, 2. Iust. XXXVI 4. Plin. N. H. XXXIII 148.

COMM. De regibus Pergamenis eorumque temporibus cf. Clinton
fast. Hell. III p. 410 sqq.; van Cappelle 'Commentat. de regib. et antiquitat. Pergamen.' p. 149 sqq.; M. H. E. Meier 'Pergamen. Reich' in Erschii
et Gruberi encycl. ser. III vol. XVI p. 345 sqq.; nunc v. Imhoof 'Die
Muenzen der Dynastie v. Pergamon' 1884. — Quod Strabo v. 26 Philetaero
annos XX tribuit, non liquet quomodo eos computaril: certe Philetaerus
sui iuris erat a. 281—263; a. 294—281 Seleuci Nicatoris erat praefectus:
cf. Imhoof l. l.

18

Str. XIV 1, 38 p. 646 Μετὰ δὲ Σμύρναν αἱ Λεῦκαι πολίχνιον, ὃ ἀπέστησεν Ἀριστόνικος μετὰ τὴν Ἀττάλου τοῦ Φιλομήτορος τελευτήν (a. 133), δοκῶν τοῦ γένους εἶναι τοῦ τῶν
βασιλέων καὶ διανοούμενος εἰς ἑαυτὸν ποιεῖσθαι τὴν ἀρχήν· ἐντεῦθεν μὲν οὖν ἐξέπεσεν ἡττηθεὶς ναυμαχίᾳ περὶ τὴν Κυμαίαν
ὑπὸ Ἐφεσίων, εἰς δὲ τὴν μεσόγαιαν ἀνιὼν ἤθροισε διὰ ταχέων πλῆθος ἀπόρων τε ἀνθρώπων καὶ δούλων ἐπ᾽ ἐλευθερίᾳ
κατακεκλημένων, οὓς Ἡλιοπολίτας ἐκάλεσε. Πρῶτον μὲν οὖν

Cf. Eutr. IV 20 Motum interim in Asia bellum est ab Aristonico
Eumenis filio, qui ex concubina susceptus fuerat. Hic Eumenes frater
Attali fuerat. Adversus cum missus P. Licinius Crassus infinita regum
habuit auxilia. Nam et Bithyniae rex Nicomedes Romanos iuvit et Mithridates Ponticus — — et Ariarathes Cappadox et Pylaemenes Paphla-

Strabonis ἱστορικῶν ὑπομνημάτων fragmenta 37

παρεισέπεσεν εἰς Θυάτειρα, εἶτ' Ἀπολλωνίδα ἔσχεν, εἶτ' ἄλλων ἐφίετο φρουρίων· οὐ πολὺν δὲ διεγένετο χρόνον, ἀλλ' εὐθὺς αἵ τε πόλεις ἔπεμψαν πλῆθος, καὶ Νικομήδης ὁ Βιθυνὸς ἐπεκούρησε καὶ οἱ τῶν Καππαδόκων βασιλεῖς. Ἔπειτα πρέσβεις Ῥωμαίων πέντε ἧκον καὶ μετὰ ταῦτα στρατιὰ καὶ ὕπατος Πόπλιος Κράσσος (a. 131) καὶ μετὰ ταῦτα Μάρκος Περπέρνας, ὃς καὶ κατέλυσε τὸν πόλεμον ζωγρίᾳ λαβὼν τὸν Ἀριστόνικον καὶ ἀναπέμψας εἰς Ῥώμην (a. 130). Ἐκεῖνος μὲν οὖν ἐν τῷ δεσμωτηρίῳ κατέστρεψε τὸν βίον (a. 129), Περπέρναν δὲ νόσος διέφθειρε (a. 130), Κράσσος δὲ περὶ Λεύκας ἐπιθεμένων τινῶν ἔπεσεν ἐν μάχῃ (a. 130). Μάνιος δ' Ἀκύλλιος ἐπελθὼν ὕπατος (a. 129) μετὰ δέκα πρεσβευτῶν διέταξε τὴν ἐπαρχίαν εἰς τὸ νῦν ἔτι συμμένον τῆς πολιτείας σχῆμα.

13 στρατεία codd.: corr. Cor.

gon. *Victus tamen Crassus et in proelio interfectus* [est]. *Caput ipsius Aristonico oblatum est, corpus Smyrnae sepultum. Postea Perperna consul Romanus qui successor Crasso veniebat audita belli fortuna ad Asiam celerarit et ucis victum Aristonicum apud Stratonicen civitatem, quo confugerat, fame ad deditionem compulit. Aristonicus iussu senatus Romae in carcere strangulatus est. Triumphari enim de eo non poterat, quia Perperna apud Pergamum Romam rediens diem obierat.* Cf. Liv. per. 59. Flor. I 35. Oros. V 10, 1—5. Vell. II 4. Iust. XXXVI 4, 6 sqq. Sall. hist. IV fr. 61 (19), 8. App. Mithr. 12. 62. b. c. I 17. Plut. Flam. 21. Tib. Gracch. 20.
13 sq. 18 Cic. Phil. XI 8, 18. Ascon. ad Cic. in Scaur. p. 24 Or. Obseq. 28. Frontin. IV 5, 16. Val. Max. III 2, 12. VIII 7, 6. Gell. I 13, 11 sqq.
14 sqq. Vell. II 38. Val. Max. III 4, 5.

19

Str. VI 2, 6 p. 272,3 Ἐν δὲ τῇ μεσογαίᾳ (sc. τῆς Σικελίας) τὴν μὲν Ἔνναν, ἐν ᾗ τὸ ἱερὸν τῆς Δήμητρος, ἔχουσιν ὀλίγοι κειμένην ἐπὶ λόφῳ περιειλημμένην πλάτεσιν ὀροπεδίοις ἀροσίμοις πᾶσαν. Ἐκάκωσαν δ' αὐτὴν μάλιστα ἐμπολιορκηθέντες

4 πᾶσαν Cluver

Cf. Diod. XXXIV fr. 2, 1—48 (1) Ὅτι μετὰ τὴν Καρχηδονίων

5 οἱ περὶ Κύνουν δραπέται καὶ μόλις ἐξαιρεθέντες ὑπὸ Ῥωμαίων (a. 132)· ἔπαθον δὲ τὰ αὐτὰ ταῦτα καὶ Καταναῖοι καὶ Ταυρομενῖται καὶ ἄλλοι πλείους. — — — Τὴν οὖν ἐρημίαν (sc. τῆς μεσογαίας) κατανοήσαντες Ῥωμαῖοι κατακτησάμενοι τά τε ὄρη καὶ τῶν πεδίων τὰ πλεῖστα ἱπποφορβοῖς καὶ βουκόλοις
10 καὶ ποιμέσι παρέδοσαν· ὑφ᾿ ὧν πολλάκις εἰς κινδύνους κατέστη μεγάλους ἡ νῆσος, τὸ μὲν πρῶτον ἐπὶ λῃστείας τρεπομένων σποράδην τῶν νομέων, εἶτα καὶ κατὰ πλήθη συνισταμένων καὶ

κατάλυσιν ἐπὶ ἑξήκοντα ἔτεσι τῶν Σικελῶν εὐροούντων ἐν πᾶσιν ὁ δουλικὸς αὐτοῖς ἐπανέστη πόλεμος ἐξ αἰτίας τοιαύτης. Ἐπὶ πολὺ τοῖς βίοις ἀναδραμόντες καὶ μεγάλους περιποιησάμενοι πλούτους συνηγόραζον οἰκετῶν πλῆθος — — (2) Ἐχρῶντο δὲ αὐτῶν τοῖς μὲν νέοις νομεῦσι, τοῖς δ᾿ ἄλλοις ὡς πῃ ἑκάστῳ ἡ χρεία ἐπέβαλλε. Βαρέως δ᾿ αὐτοῖς κατά τε τὰς ὑπηρεσίας ἐχρῶντο καὶ ἐπιμελείας παντελῶς ὀλίγης ἠξίουν ὅσα τε ἐντρίψεσθαι καὶ ὅσα ἐνδύσασθαι. Ἐξ ὧν οἱ πλείους ἀπὸ λῃστείας τὸ ζῆν ἐπορίζοντο, καὶ μεστὰ φόνων ἦν ἅπαντα καθάπερ στρατευμάτων διεσπαρμένων τῶν λῃστῶν. — (4) Πιεζόμενοι δὲ οἱ δοῦλοι ταῖς ταλαιπωρίαις καὶ πληγαῖς τὰ πολλὰ παραλόγως ὑβριζόμενοι οὐχ ὑπέμενον. Συνιόντες οὖν ἀλλήλοις κατὰ τὰς εὐκαιρίας συνελάλουν περὶ ἀποστάσεως, ἕως εἰς ἔργον τὴν βουλὴν ἤγαγον. (5) Ἦν δέ τις οἰκέτης Σύρος Ἀντιγένους Ἐνναίου, τὸ γένος ἐκ τῆς Ἀπαμείας, ἄνθρωπος μάγος καὶ τερατουργὸς τὸν τρόπον. — — (11) Εὐθὺς οὖν τετρακοσίους τῶν ὁμοδούλων συνήθροισαν καὶ ὡς ἂν ὁ καιρὸς ἐδίδου καθοπλισθέντες εἰς τὴν Ἔνναν τὴν πόλιν εἰσπίπτουσιν ἀφηγουμένου αὐτῶν καὶ τοῦ πυρὸς τὰς φλόγας τερατευομένου τούτοις τοῦ Εὔνου. Ταῖς δ᾿ οἰκίαις ἐπεισελθόντες πλεῖστον φόνον εἰργάζοντο. — — (14) Ἐπείθεν αἱρεῖται βασιλεὺς ὁ Εὔνους οὔτε δι᾿ ἀνδρείαν οὔτε διὰ στρατηγίαν, διὰ δὲ μόνην τερατείαν καὶ τὸ τῆς ἀποστάσεως ἄρξαι. — (16) Περιθέμενος δὲ διάδημα καὶ πάντα τὰ ἄλλα τὰ περὶ αὐτὸν βασιλικῶς διακοσμήσας, — ἐπῄει πᾶσαν λῃλατῶν τὴν χώραν, καὶ πλῆθος ἄπειρον οἰκετῶν προσλαμβάνων ἐθάρρησε καὶ στρατηγοῖς Ῥωμαίων πολεμῆσαι καὶ συμπλακεὶς τῷ πλήθει πολλάκις ἐκράτησεν, ἔχων ἤδη στρατιώτας ὑπὲρ τοὺς μυρίους. — — (20) Κατὰ δὲ Σικελίαν ηὔξατο τὸ κακόν, καὶ πόλεις ἡλίσκοντο αὔτανδροι καὶ πολλὰ στρατόπεδα ὑπὸ τῶν ἀποστατῶν κατεκόπησαν, ἕως Ῥουπίλιος ὁ Ῥωμαίων στρατηγὸς τὸ Ταυρομένιον ἀνεσώσατο Ῥωμαίοις, καρτερῶς μὲν αὐτὸ πολιορκήσας καὶ εἰς ἄφατον ἀνάγκην καὶ λιμὸν τοὺς ἀποστάτας συγκλείσας. — — (21) Ἐπεῖθεν ἐπὶ τὴν Ἔνναν ἐλθὼν παραπλησίως ἐπολιόρκει — — καὶ εἷλε καὶ ταύτην προδοσίᾳ τὴν πόλιν, ἐπεὶ οὐδ᾿ ἦν ἀλώσιμος διὰ τὴν ὀχυρότητα βίᾳ χειρός. Cf. Liv. per. 56—59. Oros. V 6, 3 sqq. 9, 4—8. Flor. II 7, 2—8. Val. Max.

πορθούντων τὰς κατοικίας, καθάπερ ἡνίκα οἱ περὶ Εὔνουν τὴν Ἔνναν κατέσχον.

Il 7,9. IX 12 ext. l. Front. IV 1,26. Cic. Verr. IV 50,112. Athen. VI 104 p. 273 A. Plut. Sull. 36.

COMM. De huius belli temporibus cf. C. Buecher 'Die Aufstaende der unfreien Arbeiter' (Francof. ad M. 1874) p. 121 sqq., qui etiam probavit et Strab. et Diod. hic hausisse e Posidonio.

20

Str. XVI 2, 34 p. 760 Τῆς δ' Ἰουδαίας τὰ μὲν ἑσπέρια ἄκρα τὰ πρὸς τῷ Κασίῳ κατέχουσιν Ἰδουμαῖοί τε καὶ ἡ λίμνη. Ναβαταῖοι δ' εἰσὶν οἱ Ἰδουμαῖοι· κατὰ στάσιν δ' ἐκπεσόντες ἐκεῖθεν προσεχώρησαν τοῖς Ἰουδαίοις καὶ τῶν νομίμων τῶν αὐτῶν ἐκείνοις ἐκοινώνησαν (a. 129).

2 Ante Ἰδουμαῖοι add. οἱ C | τε om. E

Cf. Ios. A. I. XIII 9, 1 'Υρκανὸς δὲ καὶ τῆς Ἰδουμαίας αἱρεῖ πόλις Ἄδωρα καὶ Μάρισσαν καὶ ἅπαντας τοὺς Ἰδουμαίους ὑποχειρίους ποιησάμενος ἐπέτρεψεν αὐτοῖς μένειν ἐν τῇ χώρᾳ, εἰ περιτέμνειν τε τὰ αἰδοῖα καὶ τοῖς Ἰουδαίων νομίμοις χρῆσθαι θέλοιεν. Οἱ δὲ πόθῳ τῆς πατρῴου γῆς καὶ τὴν περιτομὴν καὶ τὴν ἄλλην τοῦ βίου δίαιταν ὑπέμειναν τὴν αὐτὴν Ἰουδαίοις ποιήσασθαι. Κἀκείνοις αὐτοῖς χρόνος ἦρχεν ὥστε εἶναι τὸ λοιπὸν Ἰουδαίοις. Cf. Ib. 15, 4. D. I. 1 2, 6.

21

Str. VI 2, 11 p. 277 Ποσειδώνιος δὲ κατὰ τὴν ἑαυτοῦ μνήμην φησὶ περὶ τροπὰς θερινὰς ἅμα τῇ ἕῳ μεταξὺ τῆς Ἱερᾶς καὶ τῆς Εὐωνύμου πρὸς ὕψος ἀρθεῖσαν ἐξαίσιον τὴν θάλατταν ὀραθῆναι καὶ συμμεῖναί τινα χρόνον ἀναφυσωμένην συνεχῶς, εἶτα παύσασθαι· τοὺς δὲ τολμήσαντας προσπλεῖν ἰδόντας νεκροὺς ἰχθύας ἐλαυνομένοις ὑπὸ τοῦ ῥοῦ [τοὺς δὲ]

3 Ἱερᾶς Mein. | 6 τοὺς δὲ del. Siebenk.

Cf. Obseq. 29 M. Aemilio Lucio Aurelio coss. (a. 126) — — ad insulas Liparas mare efferbuit et quibusdam adustis navibus vapore plerosque navales exanimavit, piscium vim magnam exanimem dispersit. Cf. Oros. V 10, 11. Augustin. de civ. dei III 31.

καὶ θέρμῃ καὶ δυσωδίᾳ πληγέντας φυγεῖν, ἔν δὲ τῶν πλοιαρίων τὸ μᾶλλον πλησιάσαν τοὺς μὲν τῶν ἐνόντων ἀποβαλεῖν, τοὺς δ' εἰς Λιπάραν μόλις σῶσαι, τοτὲ μὲν ἔκφρονας γινομένους ὁμοίως τοῖς ἐπιληπτικοῖς, τοτὲ δὲ ἀνατρέχοντας εἰς τοὺς οἰκείους λογισμούς· πολλαῖς δ' ἡμέραις ὕστερον ὁρᾶσθαι πηλὸν ἐκανθοῦντα τῇ θαλάττῃ, πολλαχοῦ δὲ καὶ φλόγας ἐκπιπτούσας καὶ καπνοὺς καὶ λιγνύας, ὕστερον δὲ παγῆναι καὶ γενέσθαι τοῖς μυλίταις λίθοις ἐοικότα τὸν πάγον· τὸν δὲ τῆς Σικελίας στρατηγὸν Τίτον Φλαμίνιον δηλῶσαι τῇ συγκλήτῳ, τὴν δὲ πέμψασαν ἐκθύσασθαι ἔν τε τῷ νησιδίῳ καὶ ἐν Λιπάραις τοῖς τε καταχθονίοις θεοῖς καὶ τοῖς θαλαττίοις (s. 126).

7 ἐν n (ex corr.) o, in ABCl | 15 Φλαμινῖνον Du Theil., sed cf. Sintenis ad Plut. Tit. 1

22

Str. V 3, 10 p. 237 Ἔτι δὲ Φρεγέλλαι, παρ' ἣν ὁ Λεῖρις ῥεῖ ὁ εἰς τὰς Μιντούρνας ἐκδιδούς, νῦν μὲν κώμη, πόλις δέ ποτε γεγονυῖα ἀξιόλογος — — κατεσκάφη δ' ὑπὸ Ῥωμαίων ἀποστᾶσα (s. 125).

Cf. Liv. per. 60 *L. Opimius praetor Fregellanos qui defecerant in deditionem accepit, Fregellas diruit.* Cf. Obseq. 30. Vell. II 6, 4. Plut. C. Gracch. 3. Auct. ad Herenn. IV 15, 22. 27, 37. Cic. de invent. II 34, 105. de fin. V 22, 62. Phil. III 6, 17. Ascon. ad Cic. in Pis. 96 p. 17 Or.

23

Str. III 5, 1 p. 167/8 Τῶν δὲ περικειμένων νήσων τῆς Ἰβηρίας τὰς μὲν Πιτυούσσας δύο καὶ τὰς Γυμνησίας δύο (καλοῦσι καὶ Βαλιαρίδας) προκεῖσθαι συμβαίνει τῆς μεταξὺ Ταρράκωνος καὶ Σούκρωνος παραλίας — — Τῶν δὲ Γυμνησίων ἡ μὲν μείζων ἔχει δύο πόλεις, Πάλμαν καὶ Πολεντίαν — — Διὰ δὲ τὴν ἀρετὴν τῶν τόπων καὶ οἱ κατοικοῦντες εἰρηναῖοι, καθάπερ καὶ οἱ κατὰ τὴν Ἔβουσον. Κακούργων δέ τινων ὀλίγων

3 βαλεαρίδας B | 5 παλλάμαν codd.: corr. Xyl. | ποτεντίαν codd.: corr. Kram. | 7 Ἔβυσον Cor.

Cf. Flor. I 43 *Quatenus Metelli Macedonici domus bellicis agnominibus adsueverat, altero ex liberis eius Cretico facto mora non fuit*

κοινωνίας συστησαμένων πρὸς τοὺς ἐν τοῖς πελάγεσι λῃστὰς διεβλίθησαν ἅπαντες, καὶ διέβη Μέτελλος ἐπ' αὐτοὺς ὁ Βαλιαρικὸς προσαγορευθεὶς (a. 123—122), ὅστις καὶ τὰς πόλεις ἔκτισε. Διὰ 10 δὲ τὴν αὐτὴν ἀρετὴν ἐπιβουλευόμενοι, καίπερ εἰρηναῖοι ὄντες, ὅμως σφενδονῆται ἄριστοι λέγονται· καὶ τοῦτ' ἤσκησαν, ὥς φασι, διαφερόντως, ἐξ ὅτου Φοίνικες κατέσχον τὰς νήσους. Οὗτοι δὲ καὶ ἐνδῦσαι λέγονται πρῶτοι τοὺς ἀνθρώπους χιτῶνας πλατυσήμους· ἄζωστοι δ' ἐπὶ τοὺς ἀγῶνας ἐξῄεσαν αἰγίδα 15 περὶ τῇ χειρὶ ἔχοντες καὶ πεπυρακτωμένον ἀκόντιον, σπάνιον δὲ καὶ λελογχωμένον σιδήρῳ μικρῷ, σφενδόνας δὲ περὶ τῇ κεφαλῇ τρεῖς μελαγκρανίνας ἢ τριχίνας ἢ νευρίνας, τὴν μὲν μακρόκωλον πρὸς τὰς μακροβολίας, τὴν δὲ βραχύκωλον πρὸς τὰς ἐν βραχεῖ βολάς, τὴν δὲ μέσην πρὸς τὰς μέσας. Ἠσκοῦντο 20 δ' ἐκ παίδων οὕτως ταῖς σφενδόναις, ὥστ' οὐδ' ἄλλως τοῖς παισὶν ἄρτον ἐδίδοσαν ἄνευ τοῦ τῇ σφενδόνῃ τυχεῖν. Διόπερ

11 Ante ἐπιβουλευόμενοι add. ἀεὶ Bekker | 15 Ante ἄζωστοι lacunam stat. Grosk. Mein. | 16 παρὰ C | καὶ) ἢ codd.: corr. Cor.-Inter ἔχοντες et πεπυρ. excid. (τῇ δὲ δεξιᾷ) susp. Mein. | 18 Post τρεῖς in codd. seq. verba μελαγκρανίνας· σχοίνου εἶδος, ἐξ οὗ πλέκεται τὰ σχοινία· καὶ Φιλητᾶς γε ἐν Ἑρμηνείᾳ "Ἰγγαλέος δὲ χιτὼν πεπινωμένος" ἀμφὶ δ' ἀραιὴ ἰξῦς εἴλιται κόμμα μελαγκρανίνων" ὡς σχοίνῳ ἐζωσμένον, quae pro scholio seu habenda recte intell. Tyrwhitt | μελαγκραίνας codd., μελαγκρανίας Salmas.: corr. Cas. | 22 τῇς σφενδόνης codd.: corr. Cas.

quin alter quoque Balearicus vocaretur. Baleares per id tempus insulas piratica rabie maria corruperant. Homines feros atque silvestres mireris cuios a scopulis suis saltem maria prospicere. Ascendere etiam inconditas rates et praeternavigantes subinde inopinato impetu terruere. Set cum venientem ab alto Romanam classem prospexissent, praedam putantes suvi etiam occurrere, et primo impetu ingenti lapidum saxorumque nimbo classem operuerunt. Tribus quisque fundis proeliantur. Certos esse quis miretur ictus, cum haec sola genti arma sint, id unum ab infantia studium? Cibum puer a matre non accipit, nisi quem ipsa monstrante percusserit. Sed non diu lapidatione Romanos terruere etc. Cf. Liv. per. 60. Oros. V 13, 1. Plin. N. H. III 77. — De fundis paulum discrepat Diodor. V 18, 3 sq. Ὁπλισμὸς δ' ἐστὶν αὐτοῖς σφενδόναι, καὶ τούτων μίαν μὲν περὶ τὴν κεφαλὴν ἔχουσιν, ἄλλην δὲ περὶ τὴν γαστέρα, τρίτην δ' ἐν ταῖς χερσί. — — Κατὰ δὲ τὴν εὐστοχίαν οὕτως ἀκριβεῖς εἰσιν ὥστε κατὰ τὸ πλεῖστον μὴ ἁμαρτάνειν τοῦ προκειμένου σκοποῦ. Αἴτιαι δὲ τούτων αἱ συνεχεῖς ἐκ παίδων μελέται, καθ' ἃς ὑπὸ τῶν μητέρων ἀναγκάζονται παῖδες ὄντες συνεχῶς σφενδονᾶν· προκειμένου γὰρ

ὁ Μέτελλος προσπλέων πρὸς τὰς νήσοις δέρρεις ἔτεινεν ὑπὲρ
τῶν καταστρωμάτων, σκέπην πρὸς τὰς σφενδόνας. Εἰσήγαγε
δὲ ἐποίκους τρισχιλίοις τῶν ἐκ τῆς Ἰβηρίας Ῥωμαίων.

σκοποῦ κατά τι ξύλον ἠρτημένου ἄρτου, οὐ πρότερον δίδοται τῷ μελετῶντι φαγεῖν, ἕως ἂν τιχὼν τοῦ ἄρτου σιγχωρούμενον λάβῃ παρὰ τῆς μητρὸς καταφαγεῖν τοῦτον.

COMM. Diodorum hoc loco hausisse ex Timaeo, Strabonem ac Livium ex Posidonio, qui ipse quoque usus esset Timaeo, recte demonstravit Muellenhoff 'Deutsche Altertumskunde' I p. 465 sqq.

24

Str. VI 3, 4 p. 281 Περί τε τὰ Ἀννίβεια καὶ τὴν ἐλευθερίαν ἀφῃρέθησαν (sc. οἱ Ταραντῖνοι), ὕστερον δ' ἀποικίαν Ῥωμαίων δεξάμενοι καθ' ἡσυχίαν ζῶσι καὶ βέλτιον ἢ πρότερον.

1 τε] δὲ Cor. | Ἀννιβαϊκὰ susp. Kram.

Cf. Plut. C. Gracch. 6 Αὖθις ἑτέροις νόμοις ἀνηρτήσατο τὸ πλῆθος (sc. C. Gracchus tr. pl. II a. 122), ἀποικίας μὲν εἰς Τάραντα καὶ Καπύην πέμπεσθαι γράφων. Vell. I 15 Et post annum (a. 123, qua in re erravit) Scolacium Minervium, Tarentum Neptunia — — colonia condita est.

COMM. De hac colonia cf. Mommsen CIL I p. 87ᵇ.

25

a. Str. IV 6, 3 p. 203 Τοὐντεῦθεν δ' ἤδη (sc. ἀπὸ τοῦ Μονοίκου λιμένος) μέχρι Μασσαλίας καὶ μικρὸν προσωτέρω τὸ τῶν Σαλύων ἔθνος οἰκεῖ τὰς Ἄλπεις τὰς ὑπερκειμένας καὶ τινα τῆς αὐτῆς παραλίας ἀναμὶξ τοῖς Ἕλλησι. Καλοῦσι δὲ τοὺς Σάλυας οἱ μὲν παλαιοὶ τῶν Ἑλλήνων Λίγυας καὶ τὴν χώραν, ἣν ἔχουσιν οἱ Μασσαλιῶται, Λιγυστικήν, οἱ δ' ὕστερον Κελτολίγυας ὀνομάζουσι καὶ τὴν μέχρι Λουερίωνος καὶ τοῦ Ῥοδανοῦ πεδιάδα τούτοις προσνέμουσιν, ἀφ' ἧς οὐ πεζὴν

4 τινας codd.: corr. Cor. | τῆς παραλίας αὐτῆς Grosk., αὐτῆς τῆς παραλίας Muell. | 7 Λουερίωνος] Δρουεντία D' Anvillius, Δουενίωνος Mannert, Δουενιώνος Mein., codd. scripturam defendit Mueller p. 962

μόνον, ἀλλὰ καὶ ἱππικὴν ἔστελλον στρατιὰν εἰς δέκα μέρη διῃρημένοι. Πρώτους δ' ἐχειρώσαντο Ῥωμαῖοι τούτους τῶν ὑπεραλπίων Κελτῶν πολὺν χρόνον πολεμήσαντες καὶ τούτοις καὶ τοῖς Λίγυσιν ἀποκεκλεικόσι τὰς εἰς τὴν Ἰβηρίαν παρόδους τὰς διὰ τῆς παραλίας. Καὶ γὰρ καὶ κατὰ γῆν καὶ κατὰ θάλατταν ἐληίζοντο καὶ τοσοῦτον ἴσχυον, ὥστε μόλις στρατοπέδοις μεγάλοις πορευτὴν εἶναι τὴν ὁδόν. Ὀγδοηκοστὸν δ' ἔτος πολεμοῦντες (a. 122) διεπράξαντο μόλις, ὥστ' ἐπὶ δώδεκα σταδίους τὸ πλάτος ἀνεῖσθαι τὴν ὁδὸν τοῖς ὁδεύουσι δημοσίᾳ. Μετὰ ταῦτα μέντοι κατέλυσαν ἅπαντας καὶ διέταξαν αὐτοὶ τὰς πολιτείας ἐπιστήσαντες φόβον.

b. Str. IV 1, 5 p. 180 Ὕστερον μέντοι ταῖς ἀνδραγαθίαις ἴσχυσαν (sc. οἱ Μασσαλιῶται) προσλαβεῖν τινα τῶν πέριξ πεδίων ἀπὸ τῆς αὐτῆς δυνάμεως, ἀφ' ἧς καὶ τὰς πόλεις ἔκτισαν, ἐπιτειχίσματα τὰς μὲν κατὰ τὴν Ἰβηρίαν τοῖς Ἴβηρσιν — — τὸ δὲ Ταυροέντιον καὶ τὴν Ὀλβίαν καὶ Ἀντίπολιν καὶ Νίκαιαν τῷ τῶν Σαλύων ἔθνει καὶ τοῖς Λίγυσι τοῖς τὰς Ἄλπεις οἰκοῦσιν. Εἰσὶ δὲ καὶ νεώσοικοι παρ' αὐτοῖς καὶ ὁπλοθῆκη· πρότερον δὲ καὶ πλοίων εὐπορίᾳ καὶ ὅπλων καὶ ὀργάνων τῶν τε πρὸς τὰς ναυτιλίας χρησίμων, ἀφ' ὧν πρός τε τοὺς βαρβάρους ἀντέσχον καὶ Ῥωμαίους ἐκτήσαντο φίλους, καὶ πολλὰ καὶ αὐτοὶ χρήσιμοι κατέστησαν ἐκείνοις κἀκεῖνοι προσελάβοντο τῆς αὐξήσεως αὐτῶν. Σέξτιος γοῦν ὁ καταλύσας τοὺς Σάλυας (a. 124—122) οὐ πολὺ ἄποθεν τῆς Μασσαλίας κτίσας πόλιν ὁμώνυμον ἑαυτοῦ τε καὶ τῶν ὑδάτων τῶν θερμῶν, ὧν τινα μεταβεβληκέναι φασὶν εἰς ψυχρά, ἐνταῦθά τε φρουρὰν κατῴ-

19 φόρον ald. Mein.
24 ταυροέντιον BCl: corr. Cas. ‖ 25 ἔθνει — οἰκοῦσιν pr. m. add. in marg. B ‖ 30 προσέλαβον Mein. ‖ 32 ἄπωθεν Mein.

10 sq. 24 sqq. cf. Liv. per. 47 *Q. Opimius cos.* (a. 154) *transalpinos Ligures, qui Massiliensium oppida Antipolim et Nicaeam vastabant, subegit.* Polyb. XXXIII fr. 5—8. — Liv. per. 60 *M. Fulvius Flaccus primus transalpinos Ligures domuit bello* (a. 125) *missus in auxilium Massiliensium adversus Salluvios Gallos, qui fines Massiliensium populabantur.* Flor. I 37, 3. Amm. Marc. XV 12.
31 sqq. cf. Liv. per. 61 *C. Sextius procos. victa Salluviorum gente coloniam Aquas Sextias condidit, ob aquarum copiam e caldis frigidisque*

25 κισε Ῥωμαίων (a. 122) καὶ ἐκ τῆς παραλίας τῆς εἰς τὴν Ἰταλίαν ἀγούσης ἀπὸ Μασσαλίας ἀνέστειλε τοὺς βαρβάρους, οὐ δυναμένων τῶν Μασσαλιωτῶν ἀνείργειν αὐτοὺς τελέως. Οὐδ᾽ αὐτὸς δὲ πλέον ἴσχυσεν ἀλλ᾽ ἢ τοσοῦτον μόνον, ὅσον κατὰ μὲν τὰ εὐλίμενα ἀπὸ τῆς θαλάττης ἀπελθεῖν [ἐπὶ] τοὺς βαρβάρους
30 ἐπὶ δώδεκα σταδίους, κατὰ δὲ τοὺς τραχῶνας ἐπὶ ὀκτώ· τὴν δὲ λειφθεῖσαν ὑπ᾽ ἐκείνων τοῖς Μασσαλιώταις παραδέδωκεν.

39 ἐπὶ includit Xyl. | 40 τοῦ τράχωνος ABCl: corr. Kram.

fontibus atque a nomine suo ita appellatas. (Errat Liv., quod Aquas Sextias coloniam dicit; fuit castellum praesidio Romano firmatum: cf. Marquardt 'Roem. Staatsverwaltung' I² p. 260 adn. 5) Cf. Eutr. IV 22. Vell. I 15. Obseq. 32. Cassiodor. a. 122/632. Amm. Marc. XV 12. Diod. XXXIV fr. 23. Fast. triumph. a. 122/632.

COMM. Quod Strabo dicit post diuturnum bellum cum Liguribus gentium octogesimo anno vix obtinuisse Romanos, ut duodecim stadia a mari recederent (a. 122), anno 202 post secundi belli Punici finem, in quo Ligures Hannibali socios se adiunxerant, haec bella initium cepisse statuit. Ac sane inde ab hoc tempore Romanis id maxime erat agendum, ut illos populos subigerent, qui intercludebant aditum in Hispaniam, quam in provinciae formam Romani tum erant redacturi. Quamquam iam a. 236 Romanos cum Liguribus pugnasse discimus ex Liv. per. 20 (*adversus Ligures tunc primum exercitus promotus est*): cf. fast. triumphal. a. 236. 233. 223.

26

a. Str. IV 2, 3 p. 191 Τῆς δυνάμεως δὲ τῆς πρότερον Ἀρουέρνοι μέγα τεκμήριον παρέχονται τὸ πολλάκις πολεμῆσαι πρὸς Ῥωμαίους τοτὲ μὲν μυριάσιν εἴκοσι, πάλιν δὲ διπλασίαις· τοσαύταις γὰρ πρὸς Καίσαρα τὸν Θεὸν διηγωνίσαντο μετὰ
5 Οὐερκιγγετόριγος, πρότερον δὲ καὶ εἴκοσι πρὸς Μάξιμον τὸν Αἰμιλιανὸν καὶ πρὸς Δομίτιον δ᾽ ὡσαύτως Ἀηνόβαρβον (a. 121)·

6 Δομίτιον codd. hic et infra: corr. Mein. | Ἀηνόβαρβον codd.: corr. hic et infra Xyl.

In universum cf. Diod. V 25, 1 Ἡ τοίνυν Γαλατία κατοικεῖται μὲν ὑπὸ πολλῶν ἐθνῶν διαφόρων τοῖς μεγέθεσι· τὰ μέγιστα γὰρ αὐτῶν σχεδὸν εἴκοσι μυριάδας ἀνδρῶν ἔχει (ex Posidonio, quo etiam Strabo hic

πρὸς μὲν οὖν Καίσαρα — — πρὸς δὲ Μάξιμον Αἰμιλιανὸν κατὰ τὴν συμβολὴν τοῦ τ' Ἴσαρος καὶ τοῦ Ῥοδανοῦ, καθ' ἣν καὶ τὸ Κέμμενον ὄρος πλησιάζει τῷ Ῥοδανῷ· πρὸς δὲ Δομίτιον κατωτέρω ἔτι κατὰ τὴν συμβολὴν τοῦ τε Σούλγα καὶ τοῦ 10 Ῥοδανοῦ. Διέτειναν δὲ τὴν ἀρχὴν οἱ Ἀρούερνοι καὶ μέχρι Νάρβωνος καὶ τῶν ὅρων τῆς Μασσαλιώτιδος, ἐκράτουν δὲ καὶ τῶν μέχρι Πυρήνης ἐθνῶν καὶ μέχρι ὠκεανοῦ καὶ Ῥήνου. Βιτυΐτου δὲ τοῦ πρὸς τὸν Μάξιμον καὶ τὸν Δομίτιον πολεμήσαντος ὁ πατὴρ Λουέριος τοσοῦτον πλούτῳ λέγεται καὶ τρυφῇ 15 διενεγκεῖν, ὥστε ποτὲ ἐπίδειξιν ποιούμενος τοῖς φίλοις τῆς εὐπορίας ἐπ' ἀπήνης φέρεσθαι διὰ πεδίου χρυσοῦ νόμισμα καὶ ἀργύρου δεῦρο κἀκεῖσε διασπείρων, ὥστε συλλέγειν ἐκείνους ἀκολουθοῦντας.

b. Str. IV 1, 11 p. 185 Μεταξὺ δὲ τοῦ Δρουεντία καὶ τοῦ 20 Ἴσαρος καὶ ἄλλοι ποταμοὶ ῥέουσιν ἀπὸ τῶν Ἄλπεων ἐπὶ τὸν Ῥοδανόν, δύο μὲν οἱ περιρρέοντες πόλιν Καουάρων [καὶ Οὐάρων] κοινῷ δείθρῳ συμβάλλοντες εἰς τὸν Ῥοδανόν, τρίτος δὲ Σούλγας ὁ κατὰ Οὔνδαλον πόλιν μισγόμενος τῷ Ῥοδανῷ, ὅπου Γναῖος Αἰνόβαρβος μεγάλῃ μάχῃ πολλὰς ἐτρέψατο Κελτῶν μυριάδας. 25
— — Καθ' ὃ δὲ συμπίπτουσιν ὁ Ἴσαρ ποταμὸς καὶ ὁ Ῥοδανὸς

13 βιτύτου codd.; corr. Kram. | 16 φίλοις] ὄχλοις vel πολλοῖς Cor. 22 κλουάρων codd.; corr. Siebenk. | καὶ Οὐάρων verba multis coniecturis tentata iure eiecit Xyl. | 24 Οὔνδαλον Scalig. | 26 ἴσαρος E

nasu est fonte: cf. Muellenhoff 'Deutsche Altertumskunde' II p. 343 sq.). Liv. per. 61 Cn. Domitius procos. adversus Allobrogas ad oppidum Vindalium feliciter pugnavit. Quibus bellum inferendi causa fuit, quod Tutomotulum Salluviorum regem fugientem recepissent et omni ope iuvissent, quodque Aeduorum agros . . . populi Romani vastavissent. — — Q. Fabius Maximus cos., Pauli nepos, adversus Allobrogas et Bituitum Arvernorum regem feliciter pugnavit. Ex Bituiti exercitu occisa milia CXX etc. Flor. I 37, 3 sqq. Prima trans Alpes arma nostra tenuere Salluvii, cum de eis fidissima atque amicissima civitas Massilia quereretur; Allobroges deinde et Arverni, cum adversus eos similes Haeduorum querelas opem et auxilium nostrum flagitarent: utriusque victoriae testes Isara et Vindelicus amnes et impiger fluminum Rhodanus. — — Nihil tam conspicuum in triumpho quam rex ipse Vituitus discoloribus in armis argenteoque carpento, qualis pugnaverat. Utriusque victoriae quod quantumque gaudium fuerit, vel hinc aestimari potest, quod et Domitius Aheno-

καὶ τὸ Κέμμενον ὄρος, Κόιντος Φάβιος Μάξιμος Αἰμιλιανὸς
οὐχ ὅλαις τρισὶ μυριάσιν εἴκοσι μυριάδας Κελτῶν κατέκοψε
καὶ ἔστησε τρόπαιον αὐτόθι λευκοῦ λίθου καὶ νεὼς δύο, τὸν
30 μὲν Ἄρεως, τὸν δ' Ἡρακλέους.

c. Str. IV 1, 11 p. 186 Ἀλλόβριγες δὲ μυριάσι πολλαῖς
πρότερον μὲν ἐστράτευον, νῦν δὲ γεωργοῦσι τὰ πεδία καὶ τοὺς
αὐλῶνας τοὺς ἐν ταῖς Ἄλπεσι.

barbus et Fabius Maximus ipsis quibus pugnaverant locis saxeas erexere
turres et desuper exornata armis hostilibus tropaea fixerunt. Cf. Oros.
V 13, 2. 14, 1—4. Eutr. IV 22. Vell. II 10. 39. Val. Max. IX 6, 3.
Cic. pr. Font. 16, 36. Hieronym. ad a. Abr. 1591 p. 131 Sch. Fast.
triumph. a. 121/633.
7 sq. 27 sq. cf. Caes. b. G.] 45. Plin. N. H. VII 166.
9 sq. 24 sq, cf. App. Gall. 12. Suet. Nero 2.
13 sqq. cf. Posidon. fr. 25 (Mueller FHG III p. 260 sq.) Ἔτι δὲ ὁ
Ποσειδώνιος διηγούμενος καὶ τὸν Λουερνίου τοῦ Βιτυΐτος πατρὸς πλοῦ-
τον τοῦ ὑπὸ Ῥωμαίων καθαιρεθέντος φησὶ δημαγωγοῦντα αὐτὸν τοὺς
ὄχλους ἐν ἅρματι φέρεσθαι διὰ τῶν πεδίων καὶ σπείρειν χρυσὸν καὶ
ἄργυρον ταῖς ἀκολουθούσαις τῶν Κελτῶν μυριάσι.

27

a. Str. VII 2, 1 sq. p. 292,3 Περὶ δὲ Κίμβρων τὰ μὲν οὐκ
εὖ λέγεται, τὰ δ' ἔχει πιθανότητας οὐ μετρίας. Οὔτε γὰρ
τὴν τοιαύτην αἰτίαν τοῦ πλάνητας γενέσθαι καὶ λῃστρικοὺς
ἀποδέξαιτ' ἄν τις, ὅτι χερρόνησον οἰκοῦντες μεγάλῃ πλημμυ-
5 ρίδι ἐξελαθεῖεν ἐκ τῶν τόπων· καὶ γὰρ νῦν ἔχουσι τὴν χώραν,
ἣν εἶχον πρότερον — — Γελοῖον δὲ τῷ φυσικῷ καὶ αἰωνίῳ
πάθει δὶς ἑκάστης ἡμέρας συμβαίνοντι προσοργισθέντας ἀπελ-
θεῖν ἐκ τοῦ τόπου. Ἔοικε δὲ πλάσματι τὸ συμβῆναί ποτε ὑπερ-
βάλλουσαν πλημμυρίδα· ἐπιτάσεις μὲν γὰρ καὶ ἀνέσεις δέχε-

2 οὐ om. n Cor. | οὔτε] οὐδὲ Cor. | 5 ἐξελαθεῖεν C(?)ghno, ἐξελα-
σθεῖεν codd. rell. | 7 παροργισθέντας XyL, παροργηθέντας Cor. | 8 ἔοικε δὲ
καὶ πλ. τὸ. ἔοικε τε πλ. Cor. | 9 πλημμυρίδα ὑπερβάλλουσαν BC(?)

2 sqq. cf. Flor. I 38, 1 Cimbri, Teutoni atque Tigurini ab ex-
tremis Galliae profugi, cum terras eorum inundasset Oceanus, novas se-
des toto orbe quaerebant. Cf. Verr. Flacc. ap. Fest. p. 17.
12 sqq. Cf. Diod. V 32,3 sq. Ἀγριωτάτων δὲ ὄντων τῶν ὑπὸ τὰς

ται τεταγμένας δὲ καὶ περιοδιζούσας ὁ ὠκεανὸς ἐν τοῖς τοιού- 10
τοις πάθεσιν. — — — Ταῦτά τε δὴ δικαίως ἐπιτιμᾷ τοῖς
συγγραφεῦσι Ποσειδώνιος καὶ οὐ κακῶς εἰκάζει, διότι λῃ-
στρικοὶ ὄντες καὶ πλάνητες οἱ Κίμβροι καὶ μέχρι τῶν περὶ
τὴν Μαιῶτιν ποιήσαιντο στρατείαν, ἀπ᾽ ἐκείνων δὲ καὶ ὁ
Κιμμέριος κλη,θείη βόσπορος, οἷον Κιμβρικός, Κιμμερίους τοὺς 15
Κίμβροις ὀνομασάντων τῶν Ἑλλήνων.

b. Str. II 3, 6 p. 102 Εἰκάζει δὲ καὶ (sc. ὁ Ποσειδώ-
νιος) τὴν τῶν Κίμβρων καὶ τῶν συγγενῶν ἐξανάστασιν ἐκ τῆς
οἰκείας γενέσθαι κατὰ ⟨λῃστείαν, οὐ κατὰ⟩ θαλάττης ἔφοδον
ἀθρόαν συμβᾶσαν. 20

10 περιοριζούσας codd.: corr. Tzsch. | 11 ταῦτα δὲ codd.: corr. Cor. |
14 ὁ] ἡ codd.: corr. Mein. | 15 κληθεῖε codd.: corr. Cas.
19 γενέσθαι κατὰ θαλάττης ἔφοδον σὺν ἀθρόαν συμβ. codd.: restitui
locum ex Cor. coni. felicius., ⟨κατὰ λῃστείαν⟩ γενέσθαι, οὐ κατὰ θαλ. ἐφ.
Mein.

ἀρκτοις κατοικούντων (sc. Κελτῶν) καὶ τῶν τῇ Σκυθίᾳ πλησιοχώρων,
φασί τινας ἀνθρώπους ἐσθίειν — — Διαβεβοημένης δὲ τῆς τούτων ὠ-
μῆς καὶ ἀγριότητος, φασί τινες ἐν τοῖς παλαιοῖς χρόνοις τοὺς τὴν Ἀσίαν
ἅπασαν καταδραμόντας, ὀνομαζομένους δὲ Κιμμερίους, τούτους εἶναι,
βραχὺ τοῦ χρόνου τὴν λέξιν φθείραντος ἐν τῇ τῶν καλουμένων Κίμβρων
προσηγορίᾳ. Ζηλοῦσι γὰρ ἐκ παλαιοῦ λῃστεύειν ἐπὶ τὰς ἀλλοτρίας χώ-
ρας ἐπερχόμενοι καὶ καταφρονεῖν ἁπάντων. Plut. Mar. 11: Ἄλλοι δέ
φασι Κιμμερίων τὸ μὲν πρῶτον ὑφ᾽ Ἑλλήνων τῶν πάλαι γνωσθὲν οὐ
μέγα γενέσθαι τοῦ παντὸς μόριον, ἀλλὰ φυγὴν ἢ στάσιν τινὰ βιασθεῖσαν
ὑπὸ Σκυθῶν εἰς Ἀσίαν ἀπὸ τῆς Μαιώτιδος διαπερᾶσαι Λυγδάμιος ἡγου-
μένου, τὸ δὲ πλεῖστον αὐτῶν καὶ μαχιμώτατον ἐπ᾽ ἐσχάτοις οἰκοῦν παρ᾽
τὴν ἔξω θάλασσαν γῆν μὲν νέμεσθαι σύσκιον — — Ἔνθεν οὖν τὴν ἔφο-
δον εἶναι τῶν βαρβάρων τούτων ἐπὶ τὴν Ἰταλίαν, Κιμμερίων μὲν ἐξ
ἀρχῆς, τότε δὲ Κίμβρων οὐκ ἀπὸ τρόπου προσαγορευομένων.

COMM. De Posidonio et Strabonis et Diodori et Plutarchi narra-
tionis fonte optime disseruit Muellenhoff 'Deutsche Altertumskunde' II
p. 163 sqq.

28

a. Str. VII 2, 2 p. 293 *Φησὶ δὲ καὶ* (sc. ὁ Ποσειδώ-
νιος) *Βοίους τὸν Ἑρκύνιον δρυμὸν οἰκεῖν πρότερον, τοὺς δὲ*

2 Βοίους Mein., et sic semper

Κίμβροις ὁρμήσαντας ἐπὶ τὸν τόπον τοῦτον, ἀποκρουσθέντας
ὑπὸ τῶν Βοίων ἐπὶ τὸν Ἴστρον καὶ τοὺς Σκορδίσκοις Γαλάτας
5 καταβῆναι, εἶτ' ἐπὶ Τευρίστας καὶ Ταυρίσκοις, καὶ τούτοις
Γαλάτας.

b. Str. V. 1, 8 p. 214 *Διορίζονται δὲ* (sc. οἱ Ἐνετοί) *ποταμῷ
ῥέοντι ἀπὸ Ἀλπείων ὀρῶν ἀνάπλουν ἔχοντι καὶ διακοσίων
σταδίων ἐπὶ τοῖς χιλίοις εἰς Νωρήιαν πόλιν, περὶ ἣν Γναῖος*
10 *Κάρβων συμβαλὼν Κίμβροις οὐδὲν ἔπραξεν* (a. 113).

5 Τευρίστας Cas. | καὶ Τευρίσκ.] ἢ Τευρ. Groak. | 8 ἀλπίων codd.: corr. Cor. | καὶ inoluait Cor. | 9 ἣν] ἧς 1 | 10 κιμβρίοις codd.: corr. Cor.

---

7 sqq. Cf. App. Gall. 13. Diod. XXXIV fr. 37. Liv. per. 63.
Obseq. 38. Eutr. IV 25. Vell. II 8, 3. 12, 2. Tac. Germ. 37.

29

a. Str. XVII 3, 15 p. 833 Τὴν δὲ χώραν τὴν μὲν ἐπαρχίαν
ἀπέδειξαν Ῥωμαῖοι τὴν ὑπὸ τοῖς Καρχιδονίοις, τῆς δὲ Μασα-
νάσσιν († a. 148) ἀπέδειξαν κύριον καὶ τοὺς ἀπογόνους τοὺς
περὶ Μικίψαν (a. 148—116). *Μάλιστα γὰρ ἐσπουδάσθη παρὰ*
5 *τοῖς Ῥωμαίοις ὁ Μασανάσσης δι' ἀρετὴν καὶ φιλίαν· καὶ γὰρ
δὴ καὶ αὐτός ἐστιν ὁ τοὺς Νομάδας πολιτικοὺς κατασκευάσας
καὶ γεωργούς, ἔτι δ' ἀντὶ τοῦ λῃστεύειν διδάξας στρατεύειν.*

b. Str. XVII 3, 9 p. 829 Τὴν δὲ χώραν (sc. τῶν Μασαι-
συλίων) μετὰ Σόφακα κατέσχε Μασανάσσης, εἶτα Μικίψας,
10 εἶτα καὶ οἱ ἐκεῖνον διαδεξάμενοι.

c. Str. XVII 3, 13 p. 832 Κίρτα τέ ἐστιν ἐν μεσογαίᾳ, τὸ
Μασανάσσου καὶ τῶν ἑξῆς διαδόχων βασίλειον, πόλις εὐερκε-
στάτη καὶ κατεσκευασμένη καλῶς τοῖς πᾶσι, καὶ μάλιστα ὑπὸ
Μικίψα, ὅστις καὶ Ἕλληνας συνῴκισεν ἐν αὐτῇ καὶ τοσαύτην
15 ἐποίησεν, ὥστ' ἐκπέμπειν μυρίους ἱππέας, διπλασίους δὲ
πεζούς.

6 καὶ om. h Cor.
10 καὶ om. ss Cor.

---

2 sq. cf. Sall. Iug. 5. Liv. XXX 44, 12.
5 sqq. cf. Polyb. XXXVII fr. 10, 7 sq. App. Pun. 106.

30

Str. XVII 3, 12 p. 631 Ἦν δὲ ἡ μὲν πρὸς τῇ Μαυρουσίᾳ προσοδικωτέρα τε καὶ δυναμικωτέρα, ἡ δὲ πρὸς τῇ Καρχηδονίᾳ καὶ τῇ Μασυλιέων ἀνθηροτέρα τε καὶ κατεσκευασμένη βέλτιον, καίπερ κεκακωμένη διὰ τὰ Καρχηδόνια τὸ πρῶτον, ἔπειτα διὰ τὸν πρὸς Ἰουγούρθαν πόλεμον· ἐκεῖνος γὰρ Ἀδάρβαλα ἐκπο- 5 λιορκήσας ἐν Ἰτύκῃ καὶ ἀνελών, φίλον ὄντα Ῥωμαίων, (a. 112) ἐνέπλησε τὴν χώραν πολέμου. — — Συνηφανίσθησαν δὲ τοῖς ἡγεμόσι καὶ αἱ πόλεις, Τισιαοῦς τε καὶ Οὔαγα (a. 109) καὶ Θάλα (a. 108), ἔτι δὲ καὶ Κάψα (a. 107), τὸ γαζοφυλάκιον τοῦ Ἰουγούρθα, καὶ Ζάμα καὶ Ζίγχα. 10

3 μασσαιλίων mot. μασσαισυλίων x μασσυλαίων codd. vell.: corr. Kram. | 8 οὔατα codd.: corr. Letronn., Οὐάγα Mein. | 10 ζάμμα codd.: corr. Xyl.

In universum cf. Diod. XXXIV fr. 31. 32. 35. 35ᵃ. 39. App. Numid. fr. 1—5. Plut. Mar. 7—10. Sull. 3. Cass. Dio. fr. 89. Sall Iug. 20 sqq. Liv. per. 64—86. Oros. V 15, 1—19. Flor. I 36. Eutr. IV 26 sq. Obseq. 39 sq. Vell. II 11 sq. Ps. Aur. 75, 2. Val. Max. II 7, 2. VI 9, 6. 14. VIII 14, 4. Frontin. I 8, 8. II 1, 13. 4, 10. III 9, 3. IV 1, 2. Cic. de off. III 20, 79.

5 sq. Discrepant omnes reliqui scriptores: Diod. XXXIV fr. 31 Ὅτι κατὰ τὴν Λιβύην παραταξαμένων ἀλλήλοις τῶν βασιλέων Ἰογόρθας κρατήσας τῇ μάχῃ πολλοὺς ἀνεῖλε τῶν Νομάδων, ὁ δὲ Ἀτάρβας ὁ ἀδελφὸς αὐτοῦ καταφυγὼν εἰς Κίρταν καὶ συγκλεισθεὶς εἰς πολιορκίαν ἐξαπέστειλε πρεσβευτὰς εἰς Ῥώμην — — Ὁ Ἰογόρθας περιταφρεύσας τὴν πόλιν ἐνδείᾳ κατεπόνησε τοὺς ἐν τῇ πόλει, τὸν δὲ ἀδελφὸν ἐξελθόντα μεθ᾿ ἱκετηρίας καὶ τῆς μὲν βασιλείας ἐξιστάμενον, τὸ δὲ ζῆν αἰτούμενον ἀπέσφαξεν. Sall. Iug. 20—26. Liv. per. 64. — Itaque quod Uticae hoc factum esse dicit Strabo, per errorem lapsus videtur esse ex hypomnematis hist. haec parum diligenter excerpens.

6 sq. De Vagae oppidi excidio cf. Sall. Iug. 66—69. App. Num. fr. 3. Plut. Mar. 8.

De Thala cf. Sall. Iug. 75. Flor. I 36, 11.

De Capsa cf. Sall. Iug. 89—91. Flor. I 36, 14. Oros. V 15, 8. Mommsen C. I. L. VIII 1 p. 22 No. XVII putat verba τὸ γαζοφυλάκιον τοῦ Ἰουγούρθα aut Strabonis aut librarii errore apposita esse ad Capsao oppidi nomen, quippe quae potius ad Thalam pertinerent teste Sallustio (l. l. cf. Flor. l. l.); sed cf. Oros. l. l. *Marius urbem Capsam, ab Hercule Phoenice ut ferunt conditam, regiis tunc thesauris confertissimam dolo circumvenit et cepit.*

31

Str. V 1, 11 p. 217 Πολὺ δὲ καὶ τῆς ἐντὸς τοῦ Πάδου κατείχετο ὑπὸ ἑλῶν, δι' ὧν Ἀννίβας χαλεπῶς διῆλθε προϊὼν ἐπὶ Τυρρηνίαν· ἀλλ' ἀνέψυξε τὰ πεδία ὁ Σκαῦρος διώρυγας πλωτὰς ἀπὸ τοῦ Πάδου μέχρι Πάρμης ἄγων. Κατὰ γὰρ Πλα-
5 κεντίαν ὁ Τρεβίας συμβάλλων τῷ Πάδῳ καὶ ἔτι πρότερον ἄλλοι πλείους πληροῦσι πέραν τοῦ μετρίου. Οὗτος δὲ ὁ Σκαῦρός ἐστιν ὁ καὶ τὴν Αἰμιλίαν ὁδὸν στρώσας τὴν διὰ Πισῶν καὶ Λούνης μέχρι Σαβάτων κἀντεῦθεν διὰ Δέρθωνος (a. 109).

2 προῆλθε no | 3/4 διωρύγαις πλωταῖς ἀπὸ τ. Π. μέχρι Παρμηστῶν codd.: corr. Mein., μέχρι Πάρμης ταμὼν Muell. | 4 Verba κατὰ γὰρ Πλ. — μετρίου post Τυρρηνίαν (v. 3) male collocavit Grosk.

6 sq. cf. Ps. Aurel. 71, 8 (*M. Aemilius Scaurus*) *censor* (a. 109) *viam Aemiliam stravit.*

32

Str. IV 1, 13 p. 188 Καὶ τοὺς Τεκτοσάγας δέ φασι μετασχεῖν τῆς ἐπὶ Δελφοὺς στρατείας (sc. τοῦ Βρέννου a. 278), [καὶ] τούς τε θησαυροὺς τοὺς εὑρεθέντας παρ' αὐτοῖς ὑπὸ Καιπίωνος τοῦ στρατηγοῦ τῶν Ῥωμαίων ἐν πόλει Τολώσσῃ
5 (a. 106) τῶν ἐκεῖθεν χρημάτων μέρος εἶναί φασι. προσθεῖναι δὲ τοὺς ἀνθρώπους καὶ ἐκ τῶν ἰδίων οἴκων ἀνιεροῦντας καὶ ἐξιλασκομένους τὸν θεόν· προσαψάμενον δ' αὐτῶν τὸν Καιπίωνα διὰ τοῦτο ἐν δυστυχήμασι καταστρέψαι τὸν βίον ὡς ἱερόσυλον ἐκβληθέντα ὑπὸ τῆς πατρίδος (a. 95), διαδόχους δ'
10 ἀπολιπόντα παῖδας, ἃς συνέβη καταπορνευθείσας, ὡς εἴρηκε Τιμαγένης, αἰσχρῶς ἀπολέσθαι. Πιθανώτερος δ' ἐστὶν ὁ

3 καὶ expunxit Kram., τε post τοὺς delendum cens. Cor. | 4 Σκιπίωνος codd.: corr. Xyl. | 7 Σκιπίωνα codd.: corr. Xyl. | 9 ὑπὸ delendum censet Kram. | 10 ols CIB (ex corr.), als Cor.: corr. Kram. | καταπορνευθείσιν Cl, καταπορνευθείσαις Cor.: corr. Kram.

1 sqq. cf. Iust. XXXII 3, 6—11 *Nanque Galli bello adversus Delphos infeliciter gesto, in quo maiorem vim numinis quam hostium senserant, amisso Brenno duce pars in Asiam, pars in Thraciam extorres fugerant. Inde per eadem vestigia, qua venerant, antiquam patriam re-*

Ποσειδωνίου λόγος· τὰ μὲν γὰρ εὑρεθέντα ἐν τῇ Τολώσσῃ
χρήματα μυρίων που καὶ πεντακισχιλίων ταλάντων γενέσθαι
φησί, τὰ μὲν ἐν σηκοῖς ἀποκείμενα, τὰ δ' ἐν λίμναις ἱεραῖς,
οὐδεμίαν κατασκευὴν ἔχοντα, ἀλλ' ἀργὸν χρυσίον καὶ ἄργυρον· 15
τὸ δ' ἐν Δελφοῖς ἱερὸν κατ' ἐκείνους ἤδη τοὺς χρόνους ὑπάρξαι
κενὸν τῶν τοιούτων σεσυλημένον ὑπὸ τῶν Φωκέων κατὰ τὸν
ἱερὸν πόλεμον· εἰ δὲ καί τι ἐλείφθη, διανείμασθαι πολλούς·
οὐδὲ σωθῆναι δὲ αὐτοὺς εἰκὸς εἰς τὴν οἰκείαν ἀθλίως ἀπαλ-
λάξαντας μετὰ τὴν ἐκ Δελφῶν ἀποχώρησιν καὶ σκεδασθέντας 20
ἄλλους ἐπ' ἄλλα μέρη κατὰ διχοστασίαν. Ἀλλ', ὥσπερ ἐκεῖ-
νός τε εἴρηκε καὶ ἄλλοι πλείους, ἡ χώρα πολύχρυσος οὖσα καὶ

19 μεταλλάξαντας C

petivere. Ex his manus quaedam in confluentem Danuvii et Savi consedit Scordiscosque se appellari voluit. Tectosagi autem, cum in antiquam patriam Tolosam venissent comprehensique pestifera lue essent, non prius sanitatem reciperavere quam aruspicum responsis moniti aurum argentumque bellis sacrilegiisque quaesitum in Tolosensem lacum mergerent, quod omne magno post tempore Caepio, Romanus consul, abstulit. Fuere autem argenti pondo centum decem milia, auri pondo quinquies decies centum milia. Quod sacrilegium causa excidii Caepioni exercituique eius postea fuit. Romanos quoque Cimbrici belli tumultus velut ultor sacrae pecuniae insecutus est. (Haec certe ex Timagene fluxerunt: cf. Muellenhoff 'Deutsche Altertumsk.' II p. 166 adn. 2) — Cass. Dio. fr. 90 Ὅτι Τόλοσαν πρότερον μὲν ἔνσπονδον οὖσαν τοῖς Ῥωμαίοις, στασιάσασαν δὲ πρὸς τὰς τῶν Κίμβρων ἐλπίδας, ὡς καὶ τοὺς φρουροὺς δεθῆναι, προκατέσχον νυκτὸς ἐξαπίνης ὑπὸ τῶν ἐπιτηδείων ἐσαχθέντες καὶ τὰ ἱερὰ διήρπασαν καὶ ἄλλα χωρὶς χρήματα πολλὰ ἔλαβον· τὸ γὰρ χωρίον ἄλλως τε παλαιόπλουτον ἦν καὶ τὰ ἀναθήματα, ἅ ποτε οἱ Γαλάται οἱ μετὰ Βρέννου στρατεύσαντες ἐκ τῶν Δελφῶν ἐσύλησαν, εἶχεν. Οὐ μέντοι καὶ ἀξιόλογόν τι ἀπ' αὐτῶν τοῖς οἴκοι Ῥωμαίοις περιεγένετο, ἀλλ' αὐτοὶ ἐκεῖνοι τὰ πλεῖα ἐσφετερίσαντο. Καὶ ἐπὶ τούτῳ συχνοὶ εὐθύνθησαν. Cf. Oros. V 15, 25. Gell. III 9, 7. Ps. Aur. 73, 5.

7 sqq. cf. Val. Max. IV 7, 3 *Lucius autem Rheginus — — tribunus plebis Caepionem in carcerem coniectum, quod illius culpa exercitus noster a Cimbris et Teutonis videbatur deletus, veteris artaeque amicitiae memor publica custodia liberavit, nec hactenus amicum egisse contentus etiam fugae eius comes accessit.* Cf. Cic. Brut. 35, 135. 44, 162 partit. or. 30, 105 de nat. deor. III 30, 74 de orat. II 28, 124. 47, 197. 148, 199 sqq. pr. Balb. 11, 28 Tusc. V 5, 14.

22 sqq. cf. Diod. V 27, 4 Ἴδιον δέ τι καὶ παράδοξον παρὰ τοῖς

δεισιδαιμόνων ανθρώπων και ου πολιτελών τοις βίοις πολλαχού [τής Κελτικής] έσχε θησαυρούς· μάλιστα δ' αυτοις αι
25 λίμναι την ασυλίαν παρειχον, εις ας καθιεσαν αργύρου η και
χρυσού βάρη. Οι γούν Ρωμαίοι κρατήσαντες των τόπων απέδοντο τας λίμνας δημοσία, και των ωνησαμένων πολλοί μύλους
εύρον σφυρηλάτους αργυρούς. Έν δε τη Τολώσση και το ιερόν
ην άγιον, τιμώμενον σφόδρα υπό των περιοίκων, και τα χρή-
30 ματα επλεόνασε δια τούτο πολλών ανατιθέντων και μηδενός
προσάπτεσθαι θαρρούντος.

24 τής Κελτικής cicoit Grosk.

άνω Κελτοίς έστι περί τα τεμένη των θεών γινόμενον· έν γαρ τοις
ιεροίς και τεμένεσιν επί της χώρας ανειμένοις έρριπται πολύς χρυσός
ανατεθειμένος τοις θεοίς, και των εγχωρίων ουδείς άπτεται τούτου δια
την δεισιδαιμονίαν, καίπερ όντων των Κελτών φιλαργύρων καθ' υπερ-
βολήν. (Exscripsit hic Diodorus haud dubie Posidonium: cf. Muelleuhoff
l. l. II p. 303 et 306)

*33

Ioseph. A. I. XIII 11, 3 (Mueller FHG III p. 493 fr. 9)
Ταύτ' ειπών επαποθνήσκει τοις λόγοις (sc. Αριστόβουλος ό
Υρκανού) βασιλεύσας ενιαυτόν (a. 106/5), χρηματίσας μεν φι-
5 λέλλην, πολλά δ' ευεργετήσας την πατρίδα, πολεμήσας Ιτουραίαν και πολλήν αυτών της χώρας τη Ιουδαία προσκτησάμενος
αναγκάσας τε τους ενοικούντας, εί βούλονται μένειν εν τη χώρα,
περιτέμνεσθαι και κατά τους Ιουδαίων νόμοις ζήν. Φύσει
δ' επιεικεί εκέχρητο και σφόδρα ην αιδούς ήττων, ως μαρτυ-
10 ρεί τούτο και Στράβων εκ του Τιμαγένους ονόματος
λέγων ούτως· ' Επιεικής τε εγένετο ούτος ό ανήρ και πολλά
τοις Ιουδαίοις χρήσιμος· χώραν τε γαρ αυτοίς προσεκτήσατο
και το μέρος του των Ιτουραίων έθνους ώκειώσατο δεσμώ
συνάψας τη των αιδοίων περιτομή.'

*34

Ioseph. A. I. XIII 10, 4 (Mueller FHG III p. 491 fr. 3)
Κλεοπάτρα γαρ η βασίλισσα προς τον υίόν στασιάζουσα Πτο-

ἱεμαῖον τὸν Λάθουρον ἐπιλεγόμενον κατέστησεν ἡγεμόνας Χελκίαν καὶ Ἀνανίαν, υἱοὺς ὄντας Ὀνίου τοῦ οἰκοδομήσαντος τὸν ναὸν ἐν τῷ Ἡλιοπολίτῃ νομῷ πρὸς τὸν ἐν Ἱεροσολύμοις, ὡς καὶ ἐν ἄλλοις δεδηλώκαμεν. Παραδοῦσα δὲ τούτοις ἡ Κλεοπάτρα τὴν στρατιὰν οὐδὲν δίχα τῆς τούτων γνώμης ἔπραττεν, ὡς μαρτυρεῖ καὶ Στράβων ἡμῖν ὁ Καππάδοξ λέγων οὕτως· 'Οἱ γὰρ πλείους οἵ τε συγκατελθόντες † ἡμῖν καὶ οἱ ὕστερον ἐπιπεμπόμενοι παρὰ τῆς Κλεοπάτρας εἰς Κύπρον μετεβάλλοντο παραχρῆμα πρὸς τὸν Πτολεμαῖον· μόνοι δὲ οἱ ἐκ τῆς Ὀνίου λεγόμενοι συνέμενον Ἰουδαῖοι διὰ τὸ τοὺς πολίτας αὐτῶν εὐδοκιμεῖν μάλιστα παρὰ τῇ βασιλίσσῃ, Χελκίαν τε καὶ Ἀνανίαν.'

Cf. Ios. XIII 13, 1 Κλεοπάτρα δ' ὁρῶσα τὸν υἱὸν αὐξανόμενον καὶ τήν τε Ἰουδαίαν ἀδεῶς πορθοῦντα καὶ τὴν Γαζαίων πόλιν ὑπήκοον ἔχοντα — — παραχρῆμα μετὰ ναυτικῆς καὶ πεζῆς δυνάμεως ἐπ' αὐτὸν ἐξώρμησεν ἡγεμόνας τῆς ὅλης στρατιᾶς ἀποδείξασα Χελκίαν καὶ Ἀνανίαν τοὺς Ἰουδαίους. Pomp. Trog. prol. 39 *Ut Alexandriae mortuo rege Ptolomaeo Physcone filius eius Ptolomaeus Lathyros accepto regno expulsus est a matre Cyprum et in Syria bello petitus ab eadem.* Iust. XXXIX 4, 1 *At in Aegypto Cleopatra cum gravaretur socio regni, filio Ptolomaeo, — — exulare cogit arcessito minore filio Alexandro et rege in locum fratris constituto. Nec filium regno expulisse contenta bello Cypri exulantem persequitur.* Cf. Porphyr. Tyr. fr. 7, 3 (Mueller FHG III p. 721).

*35

Ioseph. A. I. XIII 12, 6 (fr. 10 Mueller) Πτολεμαῖος δὲ (sc. ὁ Λάθουρος) μετὰ τὴν νίκην (de Alexandro, Hyrcani filio, qui a. 105 Iudaeorum regnum occupavit) προσκαταδραμὼν τὴν χώραν ὀψίας ἐπιγενομένης ἔν τισι κώμαις τῆς Ἰουδαίας κατέμεινεν, ἃς γυναικῶν εὑρὼν μεστὰς καὶ νηπίων ἐκέλευσε τοὺς στρατιώτας ἀποσφάττοντας αὐτοὺς καὶ κρεουργοῦντας, ἔπειτα εἰς λέβητας ζέοντας ἐνιέντας τὰ μέλη ἀπάρχεσθαι. Τοῦτο δὲ προσέταξεν, ἵν' οἱ διαφυγόντες ἐκ τῆς μάχης καὶ πρὸς αὐτοὺς ἐλθόντες σαρκοφάγους ὑπολάβωσιν εἶναι τοὺς πολεμίους καὶ διὰ τοῦτο ἔτι μᾶλλον αὐτοὺς καταπλαγῶσι ταῦτ' ἰδόντες. Λέγει δὲ καὶ Στράβων καὶ Νικόλαος, ὅτι τοῦτον αὐτοῖς ἐχρήσαντο τὸν τρόπον, καθὼς κἀγὼ προείρηκα.

36

Str. IV 1, 6 p. 163. Μάριος δὲ ὕστερον ὁρῶν τυφλόστομον γινόμενον (sc. τὸν 'Ροδανόν) ἐκ τῆς προσχώσεως καὶ δυσείσβολον καινὴν ἔτεμε διώρυχα καὶ ταύτῃ δεξάμενος τὸ πλέον τοῦ ποταμοῦ Μασσαλιώταις ἔδωκεν ἀριστεῖον κατὰ τὸν πρὸς 5 Ἀμβρωνας καὶ Τωυγενοὺς πόλεμον (a. 104/3).

1 Μάριος] τίμηιος codd. errore inde orto, quod in enuntiato proxime antecedenti Timaeus commemoratur: corr. Xyl.

Cf. Plut. Mar. 15 Πυνθανόμενος δὲ τοὺς πολεμίους ὁ Μάριος ἐγγὺς εἶναι διὰ ταχέων ὑπερέβαλε τὰς Ἄλπεις· καὶ τειχίσας στρατόπεδον παρὰ τῷ 'Ροδανῷ ποταμῷ συνῆγεν εἰς αὐτὸ χορηγίαν ἄφθονον — — Τὴν δὲ κομιδὴν ὧν ἐδεῖτο τῷ στρατεύματι μακρὰν καὶ πολυτελῆ πρότερον οὖσαν πρὸς τὴν θάλασσαν αὐτὸς εἰργάσατο ῥᾳδίαν καὶ ταχεῖαν. Τὰ γὰρ στόματα τοῦ 'Ροδανοῦ πρὸς τὰς ἀνακοπὰς τῆς θαλάσσης ἰλύν τε πολλὴν λαμβάνοντα καὶ θῖνα πηλῷ βαθεῖ συμπεπιλημένην ὑπὸ τοῦ κλύδωνος χαλεπὸν καὶ ἐπίπονον καὶ βραδύπορον τοῖς σιταγωγοῖς ἐποίει τὸν εἴσπλουν. Ὁ δὲ τρέψας ἐνταῦθα τὸν στρατὸν σχολάζοντα τάφρον μεγάλην ἐνέβαλε, καὶ ταύτῃ πολὺ μέρος τοῦ ποταμοῦ μεταστήσας περιήγαγεν εἰς ἐπιτήδειον αἰγιαλόν, βαθὺν μὲν καὶ ναυσὶ μεγάλαις ἔποχον, λεῖον δὲ καὶ ἄκλυστον στόμα λαβοῦσαν πρὸς τὴν θάλασσαν. Αὕτη μὲν οὖν ἔτι ἀπ' ἐκείνου τὴν ἐπωνυμίαν φυλάττει. Cf. Plin. N. H. 34. Mela II 78 p. 60, 27 sq. P. Solin. 2, 53 p. 48, 1 sqq. M. Ptol. II 10, 2.

COMM. Hanc fossam non a. 102, ut narrat Plutarchus l. l., sed a. 104/3 a Mario ductam esse recte exposuit Muellenhoff 'Deutsche Altertumsk.' II p. 123 sq.

37

a. Str. VII 2, 2 p. 293,4 Φησὶ δὲ καὶ (sc. ὁ Ποσειδώνιος) Βοίους τὸν Ἑρκύνιον δρυμὸν οἰκεῖν πρότερον, τοὺς δὲ Κίμβρους ὁρμήσαντας ἐπὶ τὸν τόπον τοῦτον, ἀποκρουσθέντας ὑπὸ τῶν Βοίων ἐπὶ τὸν Ἴστρον καὶ τοὺς Σκορδίσκους Γα-
5 λάτας καταβῆναι, εἶτ' ἐπὶ Τευρίστας καὶ Ταυρίσκους, καὶ τούτους Γαλάτας, εἶτ' ἐπὶ Ἐλουηττίους, πολυχρύσους μὲν ἄν-

5 Τευρίστας Cas. | καὶ T.] ἢ T. Grosk.

6 sqq. cf. Liv. per. 65 *L. Cassius cos.* (a. 107) *a Tigurinis Gallis, pago Helvetiorum, qui a civitate secesserant, in finibus Nitiobrogum cum exercitu caesus est.* Cf. Oros. V 15, 23. Caes. b. G. I 7.

θρας, είρηναίους δί· όρώντας δέ τον έκ των ληστηρίων πλούτον
ύπερβάλλοντα του παρ' έαυτοις τους Έλουηττίους έπαρθήναι,
μάλιστα δ' αυτών Τιγυρηνούς τε και Τωυγένους, ώστε και
σινεξορμήσαι. Πάντες μέντοι κατελύθησαν ύπό των 'Ρωμαίων, 10
αύτοί τε οί Κίμβροι και οι συναράμενοι τούτοις, οί μέν ύπερ-
βαλόντες τάς "Αλπεις είς τήν Ίταλίαν (a. 101), οί δ' έξω
των "Αλπεων (a 102).

b. Str. IV 3, 3 p. 193. Φασί δέ και πολυχρύσους τους
Έλουηττίους μηδέν μέντοι ήττον έπί ληστείαν τραπέσθαι τάς 15
των Κίμβρων ευπορίας ίδόντας· άφανισθήναι δ' αυτών τά
δύο φύλα, τριών όντων, κατά στρατείας.

c. Str. IV 4, 3 p. 196. Τούτων δέ τούς Βέλγας άρίστους

θ τιγυρήνους codd., Τιγυρίνους coni. Kram. | Τωυγένους] sic legitur in
codd. hoc loco, sed supra fr. 36, 5 Τωυγηνούς | 10 των om. E | 15 έλουηττα-
νούς codd. | τρέπεσθαι codd.

10 sqq. cf. Plut. Mar. 15 Των δέ βαρβάρων διελόντων σφάς αύ-
τους δίχα Κίμβροι μέν έλαχον διά Νωρικών άνωθεν έπί Κάτλον χωρείν
και τήν πάροδον έκείνην βιάζεσθαι, Τεύτονες δέ και "Αμβρωνες διά Λι-
γύων έπί Μάριον παρά θάλατταν. Flor. I 39 *Tripertito agmine in
Alpes, id est claustra Italiae, ferebantur. Marius mira statim velocitate
occupatis compendiis praevenit hostem priusquam Teutonas sub ipsis
Alpium radicibus adsecutus in loco quem Aquas Sextias vocant quo —
fidem numinum — proelio oppressit! — — Sublatis funditus Teutonis in
Cimbros convertitur. Hi iam — quis crederet? — per hiemem, quae
altius Alpes levat, Tridentinis iugis in Italiam provoluti veluti ruina de-
scenderant. — — Tertia Tigurinorum manus, quae quasi in subsidio Nori-
cos insederat Alpium tumulos, in diversa elapsa fuga ignobili et latro-
ciniis evanuit.* Oros. V 16, 13 nomina perturbavit.
De Teutonis et Ambronibus ad Aquas Sextias a. 102 a Mario de-
victis cf. Plut. Mar. 15—22. App. Gall. fr. 1, 2. Liv. per. 68. Oros.
V 16, 9—13. Flor. I 38, 7—10. Eutr. V 1. Obseq. 44. Vell. II
12, 4. Val. Max. VI 1 ext. 3. Frontin. II 4, 6. 7, 12. Fest. p. 17,
2sqq. Muell.
De Cimbris in campis Raudiis a. 101 delotis cf. Plut. Mar. 24—27.
Liv. per. 68. Oros. V 16, 14—22. Flor. I 38, 11—19. Eutr. V 2.
Obseq. 44. Vell. II 12, 5. Frontin. I 2, 6. II 2, 8. Ps. Aur. 67, 3.
Tac. Germ. 37. Plin. N. H. VIII 143. XVII 2. XXII 11. XXXVI 2.
Veget. III 10. Polyaen. VIII 10.
18 sqq. cf. Caes. b. G. II 4 *Plerosque Belgas esse ortos ab Ger-
manis Rhenumque antiquitus traductos propter loci fertilitatem ibi con-*

φασὶν εἰς πεντεκαίδεκα ἔθνη διῃρημένους τὰ μεταξὺ τοῦ Ῥή-
21 νου καὶ τοῦ Λείγηρος παροικοῦντα τὸν ὠκεανόν, ὥστε μόνους
ἀντέχειν πρὸς τὴν τῶν Γερμανῶν ἔφοδον, Κίμβρων καὶ Τευ-
τόνων.

21 παροικοῦντας codd.: corr. Cor. | ὥστε] οὗτε codd.: corr. Guarin.

*sedisse Gallosque, qui ea loca incolerent, expulisse solosque esse, qui
patrum nostrorum memoria omni Gallia vexata Teutonos Cimbrosque intra
fines suos ingredi prohibuerint.* Cf. infra fr. 153.

COMM. Strabonis, Livii, Plutarchi narrationes plurimam partem
redire ad Posidonium demonstravit Muellenhoff 'Deutsche Altertumsk.' II
p. 129 sqq.

38

Str. XVII 3, 21 p. 837 *Βασιλευθέντες δὲ χρόνους τινὰς* (sc.
οἱ Κυρηναῖοι) *εἰς τὴν Ῥωμαίων ἐξουσίαν ἦλθον* (a. 96), *καὶ
νῦν ἐστιν ἐπαρχία τῇ Κρήτῃ συνεζευγμένη.*

Cf. Obseq. 49 *Gneo Domitio Caio Cassio coss.* (a. 96) — — *Ptole-
maeus rex Aegypti Cyrenis mortuus senatum populumque Romanum here-
dem reliquit.* Cf. Cassiodor. a. 658,96. Hieron. Euseb. chron. can.
p. 133 Sch. Liv. per. 70. Iust. XXXIX 5. Sall. hist. II fr. 39 (47).
De tempore discrep. App. b. c. I 111 (a. 74). Entr. VI 11 —
Hist. misc. VI 10 (a. 67). Hieron. Euseb. chron. can. p. 135 Sch.
(a. 65). — Fest. 13 — Amm. Marc. XXII 16,24, qui duos reges Ptole-
maeos statuunt.

COMM. Cyrenaica a. 96 Ptolemaei Apionis testamento imperio Ro-
mano accessit, a. 74 provincia facta est, cuius tamen ordo ac status a. 67
est immutatus. Cum Creta autem haec provincia non ante a. 27 videtur
fuisse coniuncta. Hinc facile intellegitur, qui factum sit, ut nonnulli scrip-
tores falso memorias tradiderint anno 74 demum vel a. 67 Cyrenaicam in
Romanorum venisse potestatem: cf. Clinton fast. Hell. III p.394b, Mar-
quardt 'Roemische Staatsverwaltung' I² p. 458 sqq.

39

Str. III 5, 11 p. 175/6 *Αἱ δὲ Καττιτερίδες δέκα μέν εἰσι,
κεῖνται δ' ἐγγὺς ἀλλήλων πρὸς ἄρκτον ἀπὸ τοῦ τῶν Ἀρτά-
βρων λιμένος πελάγιαι* — — *Πρότερον μὲν οὖν Φοίνικες μό-
νοι τὴν ἐμπορίαν ἔστελλον ταύτην ἐκ τῶν Γαδείρων κρύπτοντες*

ἅπασι τὸν πλοῦν· τῶν δὲ Ῥωμαίων ἐπακολουθούντων ναυ-
κλήρῳ τινί, ὅπως καὶ αὐτοὶ γνοῖεν τὰ ἐμπόρια, φθόνῳ ὁ
ναύκληρος ἑκὼν εἰς τέναγος ἐξέβαλε τὴν ναῦν, ἐπαγαγὼν δ'
εἰς τὸν αὐτὸν ὄλεθρον καὶ τοὺς ἑπομένους αὐτὸς ἐσώθη διὰ
ναυαγίου καὶ ἀπέλαβε δημοσίᾳ τὴν τιμὴν ὧν ἀπέβαλε φορτί-
ων. Οἱ Ῥωμαῖοι δὲ ὅμως πειρώμενοι πολλάκις ἐξέμαθον τὸν
πλοῦν· ἐπειδὴ δὲ καὶ Πόπλιος Κράσσος διαβὰς ἐπ' αὐτοὺς
ἔγνω τὰ μέταλλα ἐκ μικροῦ βάθους ὀρυττόμενα καὶ τοὺς ἄνδρας
εἰρηναίους, ἐκ περιουσίας ἤδη τὴν θάλατταν ἐργάζεσθαι ταύ-
την τοῖς ἐθέλουσιν ἐπέδειξε. καίπερ οὖσαν πλείω τῆς διειρ-
γούσης [εἰς] τὴν Βρεττανικήν.

6 ἐμπορεῖα codd.: corr. Kram. ‖ 6 αὐτοῖς ABCl: corr. Xyl. ‖ 15 εἰς del. Cor.

COMM. P. Crassus v. 11 commemoratus est P. Licinius Crassus
Dives, pater triumviri, qui post consulatum (a. 97) in Hispania cum Lusi-
tanis bellum gessit, de quibus a. 93 triumphavit: Cic. in Pis. 24, 58 et
Ascon. p. 14. Or. Schol. Bob. pro Sest. p. 299 Or. Cic. pro Planc.
13, 32. Plut. Crass. 1. 4. Fast. triumph. a. 661/93. Cf. Drumann
'Geschichte Roms' IV p. 70, 36.

40

Str. V 4, 2 p. 241 Ὑπὲρ δὲ τῆς Πικεντίνης Οὐεστῖνοί τε καὶ
Μαρσοὶ καὶ Πελίγνοι καὶ Μαρρουκῖνοι καὶ Φρεντανοί. Σαυνιτι-
κὸν ἔθνος, τὴν ὀρεινὴν κατέχουσιν, ἐφαπτόμενοι μικρὰ τῆς θαλάτ-
της. Ἔστι δὲ τὰ ἔθνη ταῦτα μικρὰ μέν, ἀνδρικώτατα δὲ καὶ
πολλάκις τὴν ἀρετὴν ταύτην ἐπιδεδειγμένα Ῥωμαίοις, πρῶτον
μέν, ἡνίκα ἐπολέμουν· δεύτερον δέ, ὅτε συνεστράτευον· τρίτον
δ', ὅτε δεόμενοι τυχεῖν ἐλευθερίας καὶ πολιτείας μὴ τυγχά-
νοντες ἀπέστησαν καὶ τὸν Μαρσικὸν καλούμενον ἐξῆψαν πό-
λεμον (a. 90—88), Κορφίνιον, τὴν τῶν Πελίγνων μητρόπολιν,

1 οὐήστιοι BCl οὐεστινοὶ np: corr. Xyl. ‖ 2 φρεντανοὶ BCl: corr. Xyl.

Cf. Diod. XXXVII fr. 1—2 (2) Ὅτι τὸν Μαρσικὸν ὀνομασθέντα
πόλεμον ἐπὶ τῆς αὑτοῦ ἡλικίας Διόδωρος μείζονα πάντων τῶν προγε-
γονότων ἀποφαίνεται. Ὠνομάσθαι δέ φησι Μαρσικὸν ἐκ τῶν ἀρξάντων
τῆς ἀποστάσεως, ἐπεὶ σύμπαντές γε Ἰταλοὶ κατὰ Ῥωμαίων τοῦτον ἐξή-
νεγκαν τὸν πόλεμον. Αἰτίαν δὲ πρώτην γενέσθαι τοῦ πολέμου τὸ μετα-

10 κοινὴν ἅπασι τοῖς Ἰταλιώταις ἀποδείξαντες πόλιν ἀντὶ τῆς
Ῥώμης, ὁρμητήριον τοῦ πολέμου, μετονομασθεῖσαν Ἰταλικήν,
καὶ ἐνταῦθα δὴ τοὺς συνεπομένους ἀθροίσαντες καὶ χειροτο-
νήσαντες ὑπάτους καὶ στρατηγούς· δύο δ' ἔτη συνέμειναν ἐν
τῷ πολέμῳ, μέχρι διεπράξαντο τὴν κοινωνίαν, περὶ ἧς ἐπολέ-
15 μουν. Μαρσικὸν δὲ ὠνόμασαν τὸν πόλεμον ἀπὸ τῶν ἀρξάν-
των τῆς ἀποστάσεως, καὶ μάλιστα ἀπὸ Πομπαιδίου.

12 δὴ) δὰ codd., quod inclusit Cor.: corr. Kram. | 15 τὸν] αὐτὸν Μ |
16 πομπηδίου codd.: corr. Kram.

πεσεῖν τοὺς Ῥωμαίους ἀπὸ τῆς εὐτάκτου καὶ λιτῆς ἀγωγῆς καὶ ἐγκρα-
τοῦς, δι' ἧς ἐπὶ τοσοῦτον ηὐξήθησαν, εἰς ὀλέθριον ζῆλον τρυφῆς καὶ
ἀκολασίας. Ἐκ γὰρ τῆς διαφθορᾶς ταύτης στασιάσαντος τοῦ δημοτικοῦ
πρὸς τὴν σύγκλητον, εἶτα ἐκείνης ἐπικαλεσαμένης τοὺς ἐκ τῆς Ἰταλίας
ἐπικουρῆσαι καὶ ὑποσχομένης τῆς πολυεράστου Ῥωμαϊκῆς πολιτείας μετα-
δοῦναι καὶ νόμῳ κυρῶσαι, ἐπεὶ οὐδὲν τῶν ὑπεσχημένων τοῖς Ἰταλιώταις
ἐγένετο, ὁ ἐξ αὐτῶν πόλεμος πρὸς Ῥωμαίους ἐξεκαύθη — — Ἐπολέμουν
δὲ Ῥωμαίοις Σαυνῖται, Ἀσκολανοί, Λευκανοί, Πικεντῖνοι, Νωλανοὶ καὶ
ἕτεραι πόλεις καὶ ἔθνη, ἐν οἷς ἐπισημοτάτη καὶ μεγίστη καὶ κοινὴ πόλις
ἄρτι συντετελεσμένη τοῖς Ἰταλιώταις τὸ Κορφίνιον ἦν, ἐν ᾧ τά τε ἄλλα
ὅσα μεγάλην πόλιν καὶ ἀρχὴν κρατύνουσι συνεστήσαντο καὶ ἀγορὰν
εὐμεγέθη καὶ βουλευτήριον, καὶ τὰ ἄλλα τὰ πρὸς πόλεμον ἀφθόνως
ἅπαντα, καὶ χρημάτων πλῆθος καὶ τροφῆς δαψιλῆ χορηγίαν. Συνεστή-
σαντο δὲ καὶ σύγκλητον κοινὴν πεντακοσίων ἀνδρῶν — — Καὶ τούτοις
ἐπέτρεψαν τὰ κατὰ τὸν πόλεμον διοικεῖν αὐτοκράτορας ποιήσαντες τοὺς
συνέδρους. Οὗτοι δ' ἐνομοθέτησαν δύο μὲν ὑπάτοις κατ' ἐναυτὸν αἱρεῖ-
σθαι, δώδεκα δὲ στρατηγούς. Καὶ κατεστάθησαν ὕπατοι μὲν Κόιντος
Πομπαίδιος Σίλων, Μάρσος μὲν τὸ γένος, πρωτείων δὲ τῶν ὁμοεθνῶν,
καὶ δεύτερος ἐκ τοῦ Σαυνιτῶν γένους Γάιος Ἀπώνιος Μότυλος. —
Οὕτω πάντα δεξιῶς καὶ κατὰ μίμησιν, τὸ σύνολον φάναι, τῆς Ῥωμαϊκῆς
καὶ ἐκ παλαιοῦ τάξεως τὴν ἑαυτῶν ἀρχὴν διαθέμενοι κατὰ τὸ σφοδρό-
τερον λοιπὸν εἴχοντο καὶ τοῦ ἐφεξῆς πολέμου, τὴν κοινὴν πόλιν Ἰταλίαν
ἐπονομάσαντες. Cf. App. b. c. I 39—51. 53. Plut. Sull. 6. Mar. 32 sq.
Cat. min. 2. Liv. per. 72—76. Oros. V 18. Flor. II 6. Eutr. V 3. 9.
Vell. II 15 sqq. Ps. Aur. 75, 5. Frontin. I 5, 17. II 4, 16.

*41

Tertullian. de anima 46 (Mueller FHG III p. 491 fr. 4)

Cf. App. Mithr. 9 Μακεδόνων δὲ οὐ πολὺ ὕστερον ἐς ἀλλήλους
στασιασάντων Ἀντίγονος μὲν ἦρχε Συρίας Λαομέδοντα ἐκβαλών, Μιθρι-

'Seleuco regnum Asiae Laodice mater nondum eum enixa prodidit, ⟨ut⟩ Euphorion pervulgavit. Mithridatem quoque ex somnio Ponti politum e Strabone cognosco.'

δάτης δ' αὐτῷ συνῆν, ἀνὴρ γένους βασιλείου Περσικοῦ. Καὶ ὁ Ἀντίγονος ἐνύπνιον ἔδοξε πεδίον σπεῖραι χρυσῷ καὶ τὸ χρυσίον ἐκθερίσαντα τὸν Μιθριδάτην ἐς τὸν Πόντον οἴχεσθαι. Καὶ ὁ μὲν αὐτὸν ἐπὶ τῷδε συλλαβὼν ἐβούλετο ἀποκτεῖναι κτλ.: cf. ad fr. 42. Plut. Demetr. 4 Μιθριδάτης ὁ Ἀριοβαρζάνου παῖς ἑταῖρος ἦν αὐτοῦ (sc. τοῦ δημητρίου) καθ' ἡλικίαν καὶ συνήθης, ἐθεράπευε δὲ Ἀντίγονον οὔτε ὢν οὔτε δοκῶν πονηρός, ἐκ δὲ ἐνυπνίου τινὸς ὑποψίαν Ἀντιγόνῳ παρίσχεν. Ἐδόκει γὰρ μέγα καὶ καλὸν πεδίον ἐπιὼν ὁ Ἀντίγονος ψήγματι χρυσίου κατασπείρειν· ἐξ αὐτοῦ δὲ πρῶτον μὲν ὑποφύεσθαι θέρος χρυσοῦν, ὀλίγῳ δ' ὕστερον ἐπανελθὼν ἰδεῖν οὐδὲν ἀλλ' ἢ τετμημένην καλάμην. Λυπούμενος δὲ καὶ περιπαθῶν ἀκοῦσαί τινων λεγόντων, ὡς ἄρα Μιθριδάτης εἰς Πόντον Εὔξεινον οἴχεται τὸ χρυσοῦν θέρος ἐξαμησάμενος. Cf. Plut. apophth. reg. Antig. 18 p. 183 A.

42

Str. XII 3, 41 p. 562 Ἦν δέ τις καὶ Κιμιατηνή, ἐν ᾗ τὰ Κίμιατα, φρούριον ἐρυμνόν, ὑποκείμενον τῇ τοῦ Ὀλγάσσυος ὀρεινῇ· ᾧ χρησάμενος ὁρμητηρίῳ Μιθριδάτης ὁ Κτίστης προσαγορευθεὶς κατέστη τοῦ Πόντου κύριος καὶ οἱ ἀπ' αὐτοῦ τὴν διαδοχὴν ἐφύλαξαν μέχρι τοῦ Εὐπάτορος.

1 κιμιστηνή codd.: corr. Cor. | 2 τῆς — ὀρεινῆς codd. cxo. uz | τοῦ om. l | 3 ἐφύλαξαν) ἀδίξαντο l

Cf. App. Mithr. 9 'Ὁ δ' (sc. ὁ Μιθριδάτης) ἐξέφυγε σὺν ἱππεῦσιν ἓξ καὶ φραξάμενός τι χωρίον τῆς Καππαδοκίας πολλῶν οἱ προσιόντων ἐν τῇδε τῇ Μακεδόνων ἀσχολίᾳ Καππαδοκίας τε αὐτῆς καὶ τῶν ὁμόρων περὶ τὸν Πόντον ἐθνῶν κατέσχεν, ἐπί τε μέγα τὴν ἀρχὴν προαγαγὼν παισὶ παρέδωκεν. Οἱ δ' ἦρχον ἕτερος μεθ' ἕτερον ἕως ἐπὶ τὸν ἕκτον ἀπὸ τοῦ πρώτου Μιθριδάτην, ὃς Ῥωμαίοις ἐπολέμησεν. Plut. Demetr. 4 Ἐκεῖνος (sc. ὁ Μιθριδάτης) ἀπέδρα νυκτὸς εἰς Καππαδοκίαν. Καὶ ταχὺ τὴν Ἀντιγόνῳ γενομένην ὄψιν ὕπαρ αὐτῷ συνετέλει τὸ χρεών. Πολλῆς γὰρ καὶ ἀγαθῆς ἐκράτησε χώρας καὶ τὸ τῶν Ποντικῶν βασιλέων γένος ὀγδόῃ που διαδοχῇ παυσάμενον ὑπὸ Ῥωμαίων ἐκεῖνος παρέσχε. Cf. apophth. reg. Antig. 18 p 183 A. Hieron. Card. fr. 3 (Mueller FHG II p. 453 ex Lucian. Macrob. 13) Μιθριδάτης δὲ ὁ Πόντου βασιλεὺς ὁ προσαγορευθεὶς Κτίστης Ἀντίγονον τὸν μονόφθαλμον φεύγων ἐπὶ Πόντου ἐτελεύτησε βιώσας ἔτη τέσσαρα καὶ ὀγδοήκοντα, ὥσπερ Ἱερώνυμος ἱστορεῖ καὶ ἄλλοι συγγραφεῖς.

43

a. Str. X 4, 10 p. 477/8 Δορύλαος γὰρ ἦν ἀνὴρ τακτικός, τῶν Μιθριδάτου τοῦ Εὐεργέτου φίλων· οὗτος διὰ τὴν ἐν τοῖς πολεμικοῖς ἐμπειρίαν ξενολογεῖν ἀποδειχθεὶς πολὺς ἦν ἔν τε τῇ Ἑλλάδι καὶ τῇ Θρᾴκῃ, πολὺς δὲ καὶ τοῖς παρὰ τῆς Κρήτης 5 ἰοῦσιν, οὔπω τὴν νῆσον ἐχόντων Ῥωμαίων, συχνοῦ δὲ ὄντος ἐν αὐτῇ τοῦ μισθοφορικοῦ καὶ στρατιωτικοῦ πλήθους, ἐξ οὗ καὶ τὰ ληστήρια πληροῦσθαι συνέβαινεν. Ἐπιδημοῦντος δὲ τοῦ Δορυλάου κατὰ τύχην ἐνέστη πόλεμος τοῖς Κνωσσίοις πρὸς τοὺς Γορτυνίους· αἱρεθεὶς δὲ στρατηγὸς καὶ κατορθώσας διὰ 10 ταχέων ἤρατο τιμὰς τὰς μεγίστας, καὶ ἐπειδὴ μικρὸν ὕστερον ἐξ ἐπιβουλῆς δολοφονηθέντα ἔγνω τὸν Εὐεργέτην ὑπὸ τῶν φίλων ἐν Σινώπῃ (a. 120), τὴν διαδοχὴν δὲ εἰς γυναῖκα καὶ παιδία ἥκουσαν, ἀπογνοὺς τῶν ἐκεῖ κατέμεινεν ἐν τῇ Κνωσσῷ· τεκνοποιεῖται δ' ἐκ Μακετίδος γυναικός, Στερόπης τοὔνομα, 15 δύο μὲν υἱεῖς, Λαγέταν καὶ Στρατάρχαν, ὧν τὸν Στρατάρχαν ἐσχατόγηρων καὶ ἡμεῖς ἤδη εἴδομεν, θυγατέρα δὲ μίαν. Δυεῖν δὲ ὄντων υἱῶν τοῦ Εὐεργέτου διεδέξατο τὴν βασιλείαν Μιθριδάτης ὁ προσαγορευθεὶς Εὐπάτωρ ἕνδεκα ἔτη γεγονώς· τούτῳ σύντροφος ὑπῆρξεν ὁ τοῦ Φιλεταίρου Δορύλαος· ἦν δ' ὁ Φι- 20 λέταιρος ἀδελφὸς τοῦ τακτικοῦ Δορυλάου. Ἀνδρωθεὶς δ' ὁ βασιλεὺς ἐπὶ τοσοῦτο ἤρετο τῇ συντροφίᾳ τῇ πρὸς τὸν Δορύλαον, ὥστ' οὐκ ἐκεῖνον μόνον εἰς τιμὰς ἦγε τὰς μεγίστας, ἀλλὰ καὶ τῶν συγγενῶν ἐπεμελεῖτο καὶ τοὺς ἐν Κνωσσῷ μετεπέμπετο· ἦσαν δ' οἱ περὶ Λαγέταν, τοῦ μὲν πατρὸς ἤδη τε- 25 τελευτηκότος, αὐτοὶ δ' ἠνδρωμένοι, καὶ ἧκον ἀφέντες τὰ ἐν Κνωσσῷ· τοῦ δὲ Λαγέτα θυγάτηρ ἦν ἡ μήτηρ τῆς ἐμῆς μητρός. Εὐτυχοῦντος μὲν δὴ ἐκείνου συνευτυχεῖν καὶ τούτοις συνέβαινε,

7 πληροῦσθαι] πλεῖστα k ex corr. | 8 Ante τύχην add. τὴν BCklx | 14 μακέτιδος Bk μακεδίσσης n. In marg. gv add.: μακεδόσσης, λέγεται γὰρ καὶ οὕτως | 16 ἐνδεκάτῃ i | 21 τοσοῦτον Bkinox | ἤρητο] ἠρκεῖτο Bkno ἤδετο xy | 20 λαγέτου lik

11 sq. cf. Iust. XXXVII 1, 6 *Mithridates quoque repentina morte interceptus filium, qui et ipse Mithridates dictus est, reliquit.*
18 cf. App. Mithr. 112 Καὶ ὁ Μιθριδάτης ἀπέθνησκεν — — ἰδίᾳ δ' ὀκτὼ ἢ ἐννέα ἐπὶ τοῖς ἑξήκοντα ἔτεσι, καὶ τούτων ἑπτὰ καὶ πεντή-

καταλυθέντος δὲ (ἐφωράθη γὰρ ἀφιστὰς τοῖς Ῥωμαίοις τὴν
βασιλείαν, ἐφ' ᾗ αὐτὸς εἰς τὴν ἀρχὴν καταστήσεται) συγκατ-
ελύθη; καὶ τὰ τούτων καὶ ἐταπεινώθησαν.

b. Str. XII 3, 33 p. 557 Ἐμνήσθημεν δὲ πρότερον Δορυ-
λάου τε τοῦ τακτικοῦ, ὃς ἦν πρόςαππος τῆς μητρὸς ἡμῶν,
καὶ ἄλλου Δορυλάου, ὃς ἦν ἐκείνου ἀδελφιδοῦς, υἱὸς δὲ Φιλε-
ταίρου, καὶ διότι ἐκεῖνος τῶν ἄλλων τιμῶν παρὰ τοῦ Εὐπά-
τορος τῶν μεγίστων τυχὼν καὶ δὴ καὶ τῆς ἐν Κομάνοις ἱερωσύ-
νης ἐφωράθη τὴν βασιλείαν ἀφιστὰς Ῥωμαίοις· καταλυθέντος
δ' ἐκείνου συνδιεβλήθη καὶ τὸ γένος.

29 καταστήσαι τε B καταστήσαιτο gl(?)m καταστῆσαι Cnox κατα-
στῆναι s | 33 φιλιτέρου codd.

κοντα ἔτεσιν ἐβασίλευσεν· ἐς γὰρ ὀρφανὸν ὄντα περιῆλθεν ἡ ἀρχή.
(Undecim igitur vel duodecim annos natus patri in regno successit.) —
Discrep. Memno 30 (Mueller FHG III p. 541) Τὴν γὰρ ἀρχὴν τρισ-
καιδεκαέτης παραλαβών (sc. ὁ Μιθριδάτης) κτλ. Eutr. VI 12
(Mithridates) regnavit annis sexaginta, vixit septuaginta duobus. (Duo-
decim igitur eum tunc fuisse annorum Livius statuit.) Cf. Oros. VI 5, 7.
Sall. hist. II fr. 45 (54).

44

Str. XII 3, 11 p. 545 Εἶτ' αὐτὴ Σινώπη — — ἀξιολογω-
τάτη τῶν ταύτῃ πόλεων. Ἔκτισαν μὲν οὖν αὐτὴν Μιλήσιοι·
κατασκευασαμένη δὲ ναυτικὸν ἐπῆρχε τῆς ἐντὸς Κυανέων θα-
λάττης, καὶ ἔξω δὲ πολλῶν ἀγώνων μετεῖχε τοῖς Ἕλλησιν·
αὐτονομηθεῖσα δὲ πολὺν χρόνον οὐ διὰ τέλους ἐφύλαξε τὴν
ἐλευθερίαν, ἀλλ' ἐκ πολιορκίας ἑάλω καὶ ἐδούλευσε Φαρνάκῃ
πρῶτον (a. 183), ἔπειτα τοῖς διαδεξαμένοις ἐκεῖνον μέχρι τοῦ
Εὐπάτορος καὶ τῶν καταλυσάντων Ῥωμαίων ἐκεῖνον. Ὁ δὲ
Εὐπάτωρ καὶ ἐγεννήθη ἐκεῖ (a. 131) καὶ ἐτράφη· διαφερόντως
δὲ ἐτίμησεν αὐτὴν μητρόπολίν τε τῆς βασιλείας ὑπέλαβεν.

5 οὐ] οὐδὰ codd: corr. Cor.

Cf. Diod. XIV 31, 2 Ἡ δὲ Σινώπη Μιλησίων μὲν ἦν ἄποικος,
κτιμένη δ' ἐν τῇ Παφλαγονίᾳ μέγιστον εἶχεν ἀξίωμα τῶν περὶ τοὺς τό-
πους· ἐν ᾗ καθ' ἡμᾶς ἔσχε Μιθριδάτης ὁ πρὸς Ῥωμαίους διαπολεμήσας
τὰ μέγιστα βασίλεια.

45

a. Str. VII 4, 3 p. 306/9 Αὕτη δ' (sc. ἡ Χερρόνησος πόλις) ἦν πρότερον αὐτόνομος, πορθουμένη δὲ ὑπὸ τῶν βαρβάρων ἠναγκάσθη προστάτην ἑλέσθαι Μιθριδάτην τὸν Εὐπάτορα στρατηγιῶντα ἐπὶ τοὺς ὑπὲρ τοῦ ἰσθμοῦ μέχρι Βορυσθένους 5 βαρβάρους [καὶ τοῦ Ἀδρίου]· ταῦτα δ' ἦν ἐπὶ Ῥωμαίους παρασκευή. Ἐκεῖνος μὲν οὖν κατὰ ταύτας τὰς ἐλπίδας ἄσμενος πέμψας εἰς τὴν Χερρόνησον στρατιὰν ἅμα πρός τε τοὺς Σκύθας ἐπολέμει Σκίλουρόν τε καὶ τοὺς Σκιλούρου παῖδας τοὺς περὶ Πάλακον, οὓς Ποσειδώνιος μὲν πεντήκοντά φησιν, 10 Ἀπολλωνίδης δὲ ὀγδοήκοντα· ἅμα δὲ τούτοις τε ἐχειρώσατο βίᾳ καὶ Βοσπόρου κατέστη κύριος παρ' ἑκόντος λαβὼν Παιρισάδου τοῦ κατέχοντος. Ἐξ ἐκείνου δὴ τοῦ χρόνου τοῖς τοῦ Βοσπόρου δυνάσταις ἡ τῶν Χερρονησιτῶν πόλις ὑπήκοος μέχρι νῦν ἐστι.

15 b. Str. VII 4, 4 p. 309/10 Τὸ δὲ Παντικάπαιον λόφος ἐστὶ πάντη περιοικούμενος ἐν κύκλῳ σταδίων εἴκοσι· πρὸς ἕω δ' ἔχει λιμένα καὶ νεώρια ὅσον τριάκοντα νεῶν, ἔχει δὲ καὶ ἀκρόπολιν· κτίσμα δ' ἐστὶ Μιλησίων. Ἐμοναρχεῖτο δὲ πολὺν χρόνον ὑπὸ δυναστῶν τῶν περὶ Λεύκωνα καὶ Σάτυρον καὶ 20 Παιρισάδην αὕτη τε καὶ αἱ πλησιόχωροι κατοικίαι πᾶσαι αἱ περὶ τὸ στόμα τῆς Μαιώτιδος ἑκατέρωθεν μέχρι Παιρισάδου τοῦ Μιθριδάτῃ παραδόντος τὴν ἀρχήν. Ἐκαλοῦντο δὲ τύραννοι, καίπερ οἱ πλείους ἐπιεικεῖς γεγονότες, ἀρξάμενοι ἀπὸ Παιρισάδου καὶ Λεύκωνος. Παιρισάδης δὲ καὶ θεὸς νενόμι-25 σται· τούτῳ δὲ ὁμώνυμος καὶ ὁ ὕστατος, ὃς οὐχ οἷός τε ὢν ἀντέχειν πρὸς τοὺς βαρβάρους φόρον πραττομένους μείζω τοῦ πρότερον Μιθριδάτῃ τῷ Εὐπάτορι παρέδωκε τὴν ἀρχήν· ἐξ ἐκείνου δ' ἡ βασιλεία γεγένηται Ῥωμαίοις ὑπήκοος.

4 Ante στρατηγιῶντα add. καὶ A | 5 Verba καὶ τοῦ Ἀδρία iam Kram. suspecta eiecit Mein., κατὰ τὸ Πλαῖον (πέλαγος) Muell. | 9 Παλάκιον Cor. | 12 παιρισάδου ABC Epit. περισάδου Iuo: corr. Tzsch., Παιρισάδου Kr. | 19 σάτυρον codd.: corr. Cas. | 20 παιρισάδην AB παρισάδην codd. rell. hic et infra: corr. Tzsch.

Cf. Iust. XXXVII 3, 1 sq. *Ad regni deinde administrationem cum accessisset (Mithridates), statim non de regendo, sed de augendo regno cogitavit. Itaque Scythas invictos antea — — ingenti felicitate perdo-*

c. Str. VII 4, 7 p. 312 Πρὸς δὲ τοῖς καταριθμηθεῖσι τόποις ἐν τῇ Χερρονήσῳ καὶ τὰ φρούρια ὑπῆρξεν, ἃ κατεσκεύασε 30 Σκίλουρος καὶ οἱ παῖδες, οἶσπερ καὶ ὁρμητηρίοις ἐχρῶντο πρὸς τοὺς Μιθριδάτου στρατηγούς, Παλάκιόν τε καὶ Χάβον καὶ Νεάπολις· ἦν δὲ καὶ Εὐπατόριόν τι κτίσαντος Διοφάντου τοῦ Μιθριδάτῃ στρατηγοῦντος. Ἔστι δ' ἄκρα διέχουσα τοῦ τῶν Χερρονησιτῶν τείχους ὅσον πεντεκαίδεκα σταδίους, κόλπον 35 ποιοῦσα εὐμεγέθη νεύοντα πρὸς τὴν πόλιν· τούτου δ' ὑπέρκειται λιμνοθάλαττα ἁλοπήγιον ἔχουσα· ἐνταῦθα δὲ καὶ ὁ Κτενοῦς ἦν. Ἵν' οὖν ἀντέχοιεν, οἱ βασιλικοὶ πολιορκούμενοι τῇ τε ἄκρᾳ τῇ λεχθείσῃ φρουρὰν ἐγκατέστησαν τειχίσαντες τὸν τόπον, καὶ τὸ στόμα τοῦ κόλπου τὸ μέχρι τῆς πόλεως διέχω- 40 σαν, ὥστε πεζεύεσθαι ῥᾳδίως καὶ τρόπον τινὰ μίαν εἶναι πόλιν ἐξ ἀμφοῖν· ἐκ δὲ τούτου ῥᾷον ἀπεκρούοντο τοὺς Σκύθας. Ἐπεὶ δὲ καὶ τῷ διατειχίσματι τοῦ ἰσθμοῦ τοῦ πρὸς τῷ Κτενοῦντι προσέβαλον καὶ τὴν τάφρον ἐνέχουν καλάμῳ, τὸ μεθ' ἡμέραν γεφυρωθὲν μέρος νύκτωρ ἐνεπίμπρασαν οἱ βασιλικοὶ καὶ ἀντ- 45 εἶχον τέως, ἕως ἐπεκράτησαν.

d. Str. VII 3, 17 p. 306 Οἱ δὲ Ῥωξολανοὶ καὶ πρὸς τοὺς Μιθριδάτου τοῦ Εὐπάτορος στρατηγοὺς ἐπολέμουν ἔχοντες ἡγεμόνα Τάσιον· ἧκον δὲ Παλάκῳ συμμαχήσοντες τῷ Σκιλούρου, καὶ ἐδόκουν μὲν εἶναι μάχιμοι· πρὸς μέντοι συντεταγ- 50 μένην φάλαγγα καὶ ὡπλισμένην καλῶς τὸ βάρβαρον φῦλον ἀσθενὲς πᾶν ἐστι καὶ τὸ γυμνητικόν. Ἐκεῖνοι γοῦν περὶ πέντε μυριάδας πρὸς ἑξακισχιλίους τοὺς Διοφάντῳ, τῷ τοῦ Μιθρι-

29 τὴν καταρίθμησιν codd.: corr. Villebrun. | 31 σκίλουρος ABCl: corr. Xyl. | 33/4 Δ. Μιθριδάτου στρατηγοῦντος codd., Δ. Μιθριδάτῃ στρατηγοῦντος Tzsch., Δ. Μιθριδάτου στρατηγοῦ τινος susp. Kr., Δ. τοῦ Μιθριδάτου στρατηγοῦ Mein. | 36 ταῦτ' ἔχουσι codd.: corr. Cas. | 49 δ' ἐπὶ Παλάκων Cor. | σκιλούρῳ AB(?)Cl: corr. Xyl. | 53 ἐξακισχιλίους] ἓξ codd.: corr. Tzsch.

inedit. Id. XXXVIII 7, 9 sq. Pomp. Trog. prol. 37. App. Mithr. 13 Τῷ δ' αὐτῷ λόγῳ κεκελευκότων ὑμῶν τοῖς ἐν Ἀσίᾳ βασιλεῦσι τῆς Εὐρώπης μηδὲ ἐπιβαίνειν, τὰ πολλὰ Χερρονήσου περιέσπασεν (sc. ὁ Μιθριδάτης). Cf. Ib. c. 15. 57. 58. 112. Memn. 30. Plut. Sull. 11. Eutr. V 5.

6 sqq. 31. 49 De Sciluro cf. Plut. de garrul. 17 p. 511 C Σκίλουρος δὲ καταλιπὼν ὀγδοήκοντα παῖδας, ὁ Σκυθῶν βασιλεὺς κτλ. Id. apophth. reg. p. 174 F. Stob. flor. 84, 16. CIG II 2103.

δάτου στρατηγῷ, συμπαραταξαμένους οὐκ ἀντέσχον, ἀλλ' οἱ πλείους διεφθάρησαν.

e. Str. VII 3, 18 p. 307 Νεοπτόλεμον δέ φασι, τὸν τοῦ Μιθριδάτου στρατηγόν, ἐν τῷ αὐτῷ πόρῳ (sc. εἰς Φαναγορίαν ἐκ τοῦ Παντικαπαίου) θέρους μὲν ναυμαχίᾳ περιγενέσθαι τῶν βαρβάρων, χειμῶνος δ' ἱππομαχίᾳ.

f. Str. II 1, 16 p. 73 Οἱ δὲ πάγοι παρ' αὐτοῖς τοιοῦτοί τινές εἰσιν ἐπὶ τῷ στόματι τῆς λίμνης τῆς Μαιώτιδος, ὥστ' ἐν χωρίῳ, ἐν ᾧ χειμῶνος ὁ τοῦ Μιθριδάτου στρατηγὸς ἐνίκησε τοὺς βαρβάρους ἱππομαχῶν ἐπὶ τῷ πάγῳ, τοὺς αὐτοὺς καταναυμαχῆσαι θέρους, λυθέντος τοῦ πάγου.

g. Str. VII 3, 16 p. 306 Ἐπὶ δὲ τῷ στόματι τοῦ Τύρα πύργος ἐστὶ Νεοπτολέμου καλούμενος.

h. Str. I 2, 1 p. 14 Τὰ δὲ ἐπέκεινα (sc. τοῦ Τύρα ποταμοῦ) μέχρι Μαιωτῶν καὶ τῆς εἰς Κόλχους τελευτώσης παραλίας Μιθριδάτης ὁ κληθεὶς Εὐπάτωρ ἐποίησε γνώριμα καὶ οἱ ἐκείνου στρατηγοί.

i. Str. VII 4, 6 p. 311 Φόρον τε ἐτέλουν (sc. οἱ Χερρονησῖται) ὀκτωκαίδεκα μυριάδας μεδίμνων Μιθριδάτῃ, τάλαντα δ' ἀργυρίου διακόσια σὺν τοῖς Ἀσιανοῖς χωρίοις τοῖς περὶ τὴν Σινδικήν.

69 ἐπιπληθεὶς q | 71 τε] δὲ no | 73 διακοσίων A

33. 53 Diophantus commemoratur ap. Memn. 34. 37. 43.
56. 66 De Neoptolemo cf. App. Mithr. 17. 19. 19. 34. Plut. Luc. 3. Mar. 31.

COMM. Res a Strabone narratae omnibus partibus egregie confirmantur Cherronesitarum decreto, quo Diophanto, Mithridatis duci, summi honores tribuuntur, edito a Foucart, Bull. de corr. hell. V p. 70, Dittenberger. Syllog. I p. 371, Latyschev. Inscr. antiq. orae septentr. Ponti Eux. I p. 174, quod cum Strabonis narratione contulit Benedictus Niese in mus. Rhen. vol. XLII p. 559 sqq.

46

a. Str. XII 3, 1 p. 540/1 Τοῦ δὲ Πόντου καθίστατο μὲν Μιθριδάτης ὁ Εὐπάτωρ βασιλεύς. Εἶχε δὲ τὴν ἀφοριζομένην τῷ Ἅλυϊ μέχρι Τιβαρηνῶν καὶ Ἀρμενίων καὶ τῆς ἐντὸς Ἅλυος τὰ μέχρι Ἀμάστρεως καί τινων τῆς Παφλαγονίας μερῶν. Προσεκτήσατο δ' οὗτος καὶ τὴν μέχρι Ἡρακλείας παραλίαν ἐπὶ τὰ δυσμικὰ μέρη — — ἐπὶ δὲ τἀναντία μέχρι Κολχίδος καὶ τῆς μικρᾶς Ἀρμενίας, ἃ δὴ καὶ προσέθηκε τῷ Πόντῳ.

b. Str. XII 3, 2 p. 541 Ταύτης δὲ τῆς παραλίας ἁπάσης ὑπῆρξεν Εὐπάτωρ ἀρξάμενος ἀπὸ τῆς Κολχίδος μέχρι Ἡρακλείας, τὰ δ' ἐπέκεινα τὰ μέχρι τοῦ στόματος καὶ τῆς Χαλκηδόνος τῷ Βιθυνῶν βασιλεῖ συνέμενε.

c. Str. XII 3, 9 p. 544 Τῆς δὲ χώρας ταύτης διῃρημένης εἴς τε τὴν μεσόγαιαν καὶ τὴν ἐπὶ θαλάττῃ διατείνουσαν ἀπὸ τοῦ Ἅλυος μέχρι Βιθυνίας, ἑκατέραν τὴν μὲν παραλίαν ἕως τῆς Ἡρακλείας εἶχεν ὁ Εὐπάτωρ, τῆς δὲ μεσογαίας τὴν μὲν ἐγγυτάτω ἔσχεν, ἧς τινα καὶ πέραν τοῦ Ἅλυος διέτεινε.

d. Str. XI 2, 18 p. 498/9 Μετὰ δὲ ταῦτα διαδεξάμενοι βασιλεῖς εἰς σατραπείας διῃρημένην ἔχοντες τὴν χώραν (sc. τὴν Κολχίδα) μέσως ἔπραττον· αὐξηθέντος δὲ ἐπὶ πολὺ Μιθριδάτου τοῦ Εὐπάτορος εἰς ἐκεῖνον ἡ χώρα περιέστη· ἐπέμπετο δ' ἀεί τις τῶν φίλων ὕπαρχος καὶ διοικητὴς τῆς χώρας. Τούτων δὲ ἦν καὶ Μοαφέρνης, ὁ τῆς μητρὸς ἡμῶν θεῖος πρὸς πατρός· ἦν δ' ἔνθεν ἡ πλείστη τῷ βασιλεῖ πρὸς τὰς ναυτικὰς δυνάμεις ὑπουργία.

e. Str. XII 3, 28 p. 555 Ὑπὲρ μὲν δὴ τῶν περὶ Φαρνακίαν καὶ Τραπεζοῦντα τόπων οἱ Τιβαρηνοὶ καὶ Χαλδαῖοι μέχρι τῆς μικρᾶς Ἀρμενίας εἰσίν. Αὕτη δ' ἐστὶν εὐδαίμων ἱκανῶς χώρα· δυνάσται δ' αὐτὴν κατεῖχον ἀεί, καθάπερ τὴν Σωφηνήν, τοτὲ μὲν φίλοι τοῖς ἄλλοις Ἀρμενίοις ὄντες, τοτὲ δὲ ἰδιοπραγοῦν-

3 Τιβαρηνῶν οτι (hic et infra) τιβαρανῶν codd. rell. exc. lew | τῆς] τὴν Cas. | 10 Καλχηδόνος Tzsch. | 29 τῆς ἄλλης Ἀρμενίας E

Cf. App. Mithr. 15 Μιθριδάτης βασιλεύει μὲν τῆς πατρῴας ἀρχῆς, ἣ δισμυρίων ἐστὶ σταδίων τὸ μῆκος, προσεπέκτηται δὲ πολλὰ περίχωρα καὶ Κόλχους, ἔθνος ἀρειμανές. Cf. Memn. 30. Iust. XXXVIII 7, 10. — Eutr. V 5 Mithridates enim, qui Ponti rex erat atque Armeniam minorem et totum Ponticum mare in circuitu cum Bosphoro tenebat. Cf. Iust. XXXVIII 7, 2. App. Mithr. 17.

30 τες· ὑπηκόους δ' εἶχον καὶ τοὺς Χαλδαίους καὶ Τιβαρηνούς, ὥστε μέχρι Τραπεζοῦντος καὶ Φαρνακίας διατείνειν τὴν ἀρχὴν αὐτῶν. Αὐξηθεὶς δὲ Μιθριδάτης ὁ Εὐπάτωρ καὶ τῆς Κολχίδος κατέστη κύριος καὶ τούτων ἁπάντων, Ἀντιπάτρου τοῦ Σισίδος παραχωρήσαντος αὐτῷ. Ἐπεμελήθη δὲ οὕτω τῶν τό-
35 πων τούτων, ὥστε πέντε καὶ ἑβδομήκοντα φρούρια ἐν αὐτοῖς κατεσκευάσατο, οἷσπερ τὴν πλείστην γάζαν ἐνεχείρισε.

36 ἐνεχείρησε codd. exc. Dh, ἐνεχάρισε Cor., ἐνεχώρησε Muell.

47

Str. XII 2, 11 p. 540 Συνέβη δέ, ἡνίκα πρῶτον Ῥωμαῖοι τὰ κατὰ τὴν Ἀσίαν διῴκουν νικήσαντες Ἀντίοχον καὶ φιλίας καὶ συμμαχίας ἐποιοῦντο πρός τε τὰ ἔθνη καὶ τοὺς βασιλέας, τοῖς μὲν ἄλλοις βασιλεῦσιν αὐτοῖς καθ' ἑαυτοὺς δοθῆναι τὴν
5 τιμὴν ταύτην, τῷ δὲ Καππαδόκι καὶ αὐτῷ δὲ τῷ ἔθνει κοινῇ. Ἐκλιπόντος δὲ τοῦ βασιλικοῦ γένους οἱ μὲν Ῥωμαῖοι συνεχώρουν αὐτοῖς αὐτονομεῖσθαι κατὰ τὴν συγκειμένην φιλίαν τε καὶ συμμαχίαν πρὸς τὸ ἔθνος, οἱ δὲ πρεσβευσάμενοι τὴν μὲν ἐλευθερίαν παρῃτοῦντο (οὐ γὰρ δύνασθαι φέρειν αὐτὴν ἔφα-
10 σαν), βασιλέα δ' ἠξίουν αὐτοῖς ἀποδειχθῆναι. Οἱ δὲ θαυμάσαντες, εἴ τινες οὕτως εἶεν ἀπειρηκότες πρὸς τὴν ἐλευθερίαν, ... ἐπέτρεψαν δ' οὖν αὐτοῖς ἐξ ἑαυτῶν ἑλέσθαι κατὰ χειροτονίαν, ὃν ἂν βούλωνται· καὶ εἵλοντο Ἀριοβαρζάνην.

6 δὲ] δὴ codd.: corr. Xyl. | 12 Lacunam indicavit Kr.

Cf. Iust. XXXVIII 2, 6—8 *Sed senatus studio regum intellecto aliena regna falsis nominibus furantium et Mithridati Cappadociam et Nicomedi ad solacium eius Paphlagoniam ademit. Ac ne cum contumelia regum foret ademptum illis, quod daretur aliis, uterque populus libertate donatus est. Sed Cappadoces munus libertatis abnuentes negant vivere gentem sine rege posse. Itaque rex illis a senatu Ariobarzanes statuitur.*

COMM. Ariobarzanem regem creatum esse c. a. 93 statuit Eduardus Meyer 'Geschichte des Koenigreichs Pontos' (Lips. 1879) p. 103.

48

Str. XII 3, 40 p. 562 Περίκειται δ' ικανῶς χώρα ἀγαθή, ἥ τε Βλαηνὴ καὶ ἡ Δομανῖτις, δι' ἧς 'Αμνίας ῥεῖ ποταμός. Ἐνταῦθα Μιθριδάτης ὁ Εὐπάτωρ τὰς Νικομήδους τοῦ Βιθυνοῦ δυνάμεις ἄρδην ἠφάνισεν, οὐδ' αὐτὸς παρατυχών, ἀλλὰ διὰ τῶν στρατηγῶν (a. 88)· καὶ ὁ μὲν φεύγων μετ' ὀλίγων 5 εἰς τὴν οἰκείαν ἐσώθη κἀκεῖθεν εἰς Ἰταλίαν ἔπλευσεν, ὁ δ' ἠκολούθησε καὶ τήν τε Βιθυνίαν εἷλεν ἐξ ἐφόδου καὶ τὴν Ἀσίαν κατέσχε μέχρι Καρίας καὶ Λυκίας.

1 περιοικεῖται hi(?)l | 2 δομανῖτις codd.: corr. Tzsch. ex Epit. | ἀμνιὸς Epit. | 4 οἱ δ'] οἱ α Cor.

Cf. App. Mithr. 18—20 (19) Ἐν δὲ πεδίῳ πλατεῖ παρὰ τὸν Ἀμνειὸν ποταμὸν κατιδόντες ἀλλήλοις ὅ τε Νικομήδης καὶ οἱ τοῦ Μιθριδάτου στρατηγοὶ παρετάττοντο ἐς μάχην. Νικομήδης μὲν ἅπαντας τοὺς ἑαυτοῦ, Νεοπτόλεμος δὲ καὶ Ἀρχίλαος τοὺς εὐζώνους μόνους καὶ οὓς Ἀρκαθίας εἶχεν ἱππέας καὶ τινα τῶν ἁρμάτων — — Ὡς δὲ τὸ πλεῖστον ἱππευώκει, Νικομήδης μὲν ἔφευγε μετὰ τῶν ὑπολοίπων ἐς Παφλαγονίαν — — (20) Ὁ δὲ ὁρμῇ τῇδε μιᾷ τὴν ἀρχὴν ὅλην τοῦ Νικομήδους ὑπολαβὼν ἐπῄει καὶ καθίστατο τὰς πόλεις — — Ὁ μὲν δὴ καὶ Φρυγίας τὰ λοιπὰ καὶ Μυσίαν καὶ Ἀσίαν, ἃ Ῥωμαίοις νεάκτητα ἦν, ἐπέτρεχε καὶ ἐς τὰ περίοικα περιπέμπων ὑπηγάγετο Λυκίαν τε καὶ Παμφυλίαν καὶ τὰ μέχρι Ἰωνίας. Cf. Memn. 31. Plut. Sull. 11. Liv. per. 76 sqq. Eutr. V 5. Oros. VI 2, 2. Flor. I 40, 6.

49

Str. XII 8, 18 p. 579 Καὶ τῶν ἄλλων δὲ πόλεων Ἀπάμεια μὲν (sc. ἡ τῆς Φρυγίας) καὶ πρὸ τῆς Μιθριδάτου στρατείας ἐσείσθη πολλάκις καὶ ἔδωκεν ἐπελθὼν ὁ βασιλεὺς ἑκατὸν τάλαντα εἰς ἐπανόρθωσιν ὁρῶν ἀνατετραμμένην τὴν πόλιν. Λέγεται δὲ καὶ ἐπ' Ἀλεξάνδρου παραπλήσια συμβῆναι. 5

Cf. Nic. Dam. fr. 80 (Mueller FHG III p. 416) Νικόλαος δ' ὁ Δαμασκηνὸς ἐν τῇ τετάρτῃ πρὸς ταῖς ἑκατὸν τῶν ἱστοριῶν 'Περὶ Ἀπάμειαν, φησί, τὴν Φρυγιακὴν κατὰ τὰ Μιθριδατικὰ σεισμῶν γινομένων ἀνεφάνησαν περὶ τὴν χώραν αὐτῶν λίμναι τε [al] πρότερον οὐκ οὖσαι καὶ ποταμοὶ καὶ ἄλλαι πηγαὶ ὑπὸ τῆς κινήσεως ἀνοιχθεῖσαι· πολλαὶ δὲ καὶ ἠφανίσθησαν' κτλ.

5*

COMM. Mithridates Apameam venit a. 89, cum Phrygiam obiret. Tum eum hanc urbem pecuniis adiuvisse veri simillimum est, ut hac munificentia etiam alias urbes alliceret.

50

Str. XII 8, 16 p. 578 Ή δὲ Λαοδίκεια (sc. ἡ πρὸς τῷ Λύκῳ) μικρὰ πρότερον οὖσα αὔξησιν ἔλαβεν ἐφ' ἡμῶν καὶ τῶν ἡμετέρων πατέρων καίτοι κακωθεῖσα ἐκ πολιορκίας ἐπὶ Μιθριδάτου τοῦ Εὐπάτορος (a. 88).

Cf. App. Mithr. 20 Λαοδικεῦσι δὲ ἔτι ἀντέχουσι τοῖς περὶ τὸν Λύκον ποταμὸν (Ῥωμαίων γάρ τις στρατηγὸς Κόιντος Ὄππιος — — ἐς τὴν πόλιν ἐσδραμὼν ἐφύλαττεν αὐτήν) κήρυκα ἐπιπέμψας (sc. ὁ Μιθριδάτης) ἐπὶ τὰ τείχη λέγειν ἐκέλευσεν, ὅτι βασιλεὺς Μιθριδάτης ὑπέχεται Λαοδικεῦσιν ἄδειαν, εἰ τὸν Ὄππιον αὐτῷ προσαγάγοιεν κτλ.

51

Str. XIV 1, 23 p. 641 Ἄσυλον δὲ μένει τὸ ἱερὸν (sc. τὸ ἐν Ἐφέσῳ) καὶ νῦν καὶ πρότερον· τῆς δ' ἀσυλίας τοὺς ὅρους ἀλλαγῆναι συνέβη πολλάκις, Ἀλεξάνδρου μὲν ἐπὶ στάδιον ἐκτείναντος, Μιθριδάτου δὲ τόξευμα ἀφέντος ἀπὸ τῆς γωνίας 5 τοῦ κεράμου καὶ δόξαντος ὑπερβαλέσθαι μικρὰ τὸ στάδιον.

2 Ante καὶ πρότερον add. ᾗ Cor., ὡς πρότερον Kr. | 5 δόξαντα codd. exc. CF

COMM. Etiam hoc a. 88 factum videtur esse, cum ab Ephesiis laete exceptus esset Mithridates (App. Mithr. 21). Nam paulo post a. 88 Ephesii ab eo defecerunt (App. l. l. 48. Dittenberger syll. Inscr. Graec. 253).

52

Str. XIV 1, 42 p. 649 Τυραννηθῆναι δ' ὀλίγον συνέπεσε χρόνον τὴν πόλιν (sc. τὰς Τράλλεις) ὑπὸ τῶν Κρατίππου παίδων κατὰ τὰ Μιθριδατικά.

2 κρατίσσου Dhi κρατίσπου xε

COMM. Cratippi filii ceteroqui prorsus ignoti inter turbas Mithridatis irruptione cum in aliis urbibus tum Trallibus concitatas (App. Mithr. 23. Cass. Dio. fr. 101) tyrannidem videntur occupasse.

53

Str. XIII 1, 66 p. 614 Ἀνὴρ δὲ Ἀδραμυττηνὸς ῥήτωρ ἐπιφανὴς γεγένηται Ξενοκλῆς, τοῦ μὲν Ἀσιανοῦ χαρακτῆρος, ἀγωνιστὴς δὲ εἴ τις ἄλλος καὶ εἰρηκὼς ὑπὲρ τῆς Ἀσίας ἐπὶ τῆς συγκλήτου, καθ' ὃν καιρὸν αἰτίαν εἶχε Μιθριδατισμοῦ.

4 cf. Cic. pro Flacc. 25, 60 sq. App. Mithr. 21. 23.

54

Str. XIII 4, 9 p. 628 Ἄνδρες δ' ἀξιόλογοι γεγόνασι (sc. ἐν Σάρδεσι) τοῦ αὐτοῦ γένους Διόδωροι δύο οἱ ῥήτορες, ὧν ὁ πρεσβύτερος ἐκαλεῖτο Ζωνᾶς, ἀνὴρ πολλοὺς ἀγῶνας ἠγωνισμένος ὑπὲρ τῆς Ἀσίας, κατὰ δὲ τὴν Μιθριδάτου τοῦ βασιλέως ἔφοδον αἰτίαν ἐσχηκώς, ὡς ἀφιστὰς παρ' αὐτοῦ τὰς πόλεις, 5 ἀπελύσατο τὰς διαβολὰς ἀπολογησάμενος.

5 τὰς παρ' αὐτοῦ πόλεις codd.: corr. Xyl.

*55

Ioseph. A. I. XIV 7, 2 (Mueller FHG III p. 492 fr. 5) Οὐκ ἔστι δὲ ἀμάρτυρον τὸ μέγεθος τῶν προειρημένων χρημάτων (sc. ex templo Hierosolymitano a Crasso ablatorum), οὐδὲ ὑπὸ ἀλαζονείας ἡμετέρας καὶ περιττολογίας ἐπὶ τοσοῦτον ἐξαίρεται πλῆθος, ἀλλὰ πολλοί τε ἄλλοι τῶν συγγραφέων ἡμῖν μαρτυ- 5 ροῦσι καὶ Στράβων ὁ Καππάδοξ οὕτω λέγων· 'Πέμψας δὲ Μιθριδάτης εἰς Κῶ ἔλαβε τὰ χρήματα, ἅπερ ἔθετο ἐκεῖ Κλεοπάτρα ἡ βασίλισσα, καὶ τὰ τῶν Ἰουδαίων ὀκτακόσια τάλαντα (a. 88).'

Cf. App. Mithr. 23 Μιθριδάτης δὲ ἐς μὲν Κῶ κατέπλευσε Κῴων αὐτὸν ἀσμένως δεχομένων καὶ τὸν Ἀλεξάνδρου παῖδα τοῦ βασιλεύοντος Αἰγύπτου σὺν χρήμασι πολλοῖς ὑπὸ τῆς μάμμης Κλεοπάτρας ἐν Κῷ καταλελειμμένον παραλαβὼν ἔτρεφε βασιλικῶς. Ἔκ τε τῶν Κλεοπάτρας θησαυρῶν γάζαν πολλὴν καὶ τέχνην καὶ λίθους καὶ κόσμους γυναικείους καὶ χρήματα πολλὰ ἐς τὸν Πόντον ἔπεμψεν. Cf. Ib. 115. 117. b. c. I 102. Ios. A. I. XIII 13, 1 Τὰ δὲ πολλὰ τοῦ πλούτου αὐτῆς καὶ τοὺς υἱωνοὺς καὶ διαθήκας πέμψασα (sc. ἡ Κλεοπάτρα) Κῴοις παρέθετο.

56

Str. X 5, 4 p. 486 Ἀθηναῖοί τε λαβόντες τὴν νῆσον (sc. τὴν Δῆλον) καὶ τῶν ἱερῶν ἅμα καὶ τῶν ἐμπόρων ἐπεμελοῦντο ἱκανῶς· ἐπελθόντες δ' οἱ τοῦ Μιθριδάτου στρατηγοὶ (a. 87) καὶ ὁ ἀποστήσας τύραννος αὐτὴν διελυμήναντο πάντα, καὶ παρέλαβον ἐρήμην οἱ Ῥωμαῖοι πάλιν τὴν νῆσον ἀναχωρήσαντος εἰς τὴν οἰκείαν τοῦ βασιλέως, καὶ διετέλεσε μέχρι νῦν ἐνδεῶς πράττουσα. Ἔχουσι δ' αὐτὴν Ἀθηναῖοι.

Cf. App. Mithr. 28 Ἀρχέλαος ἐπιπλεύσας καὶ σίτῳ καὶ στόλῳ πολλῷ Δῆλόν τε ἀφισταμένην ἀπὸ Ἀθηναίων καὶ ἄλλα χωρία ἐχειρώσατο βίᾳ καὶ κρατεῖ. Κτείνας δ' ἐν αὐτοῖς δισμυρίους ἄνδρας, ὧν οἱ πλέονες ἦσαν Ἰταλοί, τὰ χωρία προσεποιεῖτο τοῖς Ἀθηναίοις· καὶ ἀπὸ τοῦδε αὐτοὺς καὶ τὰ ἄλλα κομπάζων περὶ τοῦ Μιθριδάτου καὶ ἐς μέγα ἐπαίρων ἐς φιλίαν ὑπηγάγετο. Cf. Flor. I 40, 8. Paus. III 23, 3 sqq.

57

a. Str. IX 1, 20 p. 398 Ἐπιπεσὼν δ' ὁ Μιθριδατικὸς πόλεμος τυράννους αὐτοῖς (sc. τοῖς Ἀθηναίοις) κατέστησεν, οὓς ὁ βασιλεὺς ἐβούλετο· τὸν δ' ἰσχύσαντα μάλιστα, τὸν Ἀριστίωνα, καὶ ταύτην βιασάμενον τὴν πόλιν (a. 87) ἐκ πολιορκίας ἑλὼν (a. 86) Σύλλας ὁ τῶν Ῥωμαίων ἡγεμὼν ἐκόλασε, τῇ δὲ πόλει συγγνώμην ἔνειμε· καὶ μέχρι νῦν ἐν ἐλευθερίᾳ τέ ἐστι καὶ τιμῇ παρὰ τοῖς Ῥωμαίοις.

Cf. App. Mithr. 28—40 (28) Τά τε χρήματα αὐτοῖς (sc. τοῖς Ἀθηναίοις) τὰ ἱερὰ ἔπεμπεν (sc. ὁ Ἀρχέλαος) ἐκ Δήλου δι' Ἀριστίωνος ἀνδρὸς Ἀθηναίου συμπέμψας φυλακὴν τῶν χρημάτων ἐς δισχιλίους ἄνδρας, οἷς ὁ Ἀριστίων συγχρώμενος ἐτυράννησε τῆς πατρίδος, καὶ τῶν Ἀθηναίων τοὺς μὲν εὐθὺς ἔκτεινεν ὡς ῥωμαΐζοντας, τοὺς δ' ἀνέπεμψεν ἐς Μιθριδάτην, καὶ ταῦτα μέντοι σοφίαν τὴν Ἐπικούρειον ἠσκηκώς. — — (30) Ὁ δ' (sc. Σύλλας) ἐπὶ τὴν Ἀττικὴν ἐχώρει καὶ μέρος τι στρατοῦ ἐς τὸ ἄστυ περιπέμψας Ἀριστίωνα πολιορκεῖν αὐτός, ἔνθαπερ ἦν Ἀρχέλαος, ἐπὶ τὸν Πειραιᾶ κατῆλθε κατακεκλεισμένων ἐς τὰ τείχη τῶν πολεμίων. — — Τά τε μακρὰ σκέλη καθῄρει λίθους καὶ ξύλα καὶ γῆν ἐς τὸ χῶμα μεταβάλλων. — — (38) Τροπῆς δ' ὡς ἐν ἀσθενέσιν ἀνδράσιν αὐτίκα γενομένης ἐσέπεσεν ἐς τὴν πόλιν, καὶ εὐθὺς ἐν Ἀθήναις σφαγὴ πολλὴ ἦν καὶ ἀνηλεής — — Ὀλίγων δ' ἦν ἀσθενὴς ἐς τὴν ἀκρόπολιν δρόμος· καὶ Ἀριστίων αὐτοῖς συνέφυγεν — — (39) Ὁ δὲ Σύλλας τῇ μὲν

b. Str. IX 1, 15 p. 396 Κατέσπασται δὲ καὶ τὰ μακρὰ τείχη Λακεδαιμονίων μὲν καθελόντων πρότερον, Ῥωμαίων δ' ὕστερον, ἡνίκα Σύλλας ἐκ πολιορκίας εἷλε καὶ τὸν Πειραιᾶ καὶ τὸ ἄστυ.

c. Str. XIV 2, 9 p. 654 Οὐ συμμένει δ' ὁ Πειραιεὺς κακωθεὶς ὑπό τε Λακεδαιμονίων πρότερον τῶν τὰ σκέλη καθελόντων καὶ ὑπὸ Σύλλα τοῦ Ῥωμαίων ἡγεμόνος.

ἀκροπόλει φρουρὰν ἐπέστησεν, ἓ τὸν Ἀριστίωνα καὶ τοὺς συμπεφευγότας λιμῷ καὶ δίψει πιεσθέντας ἐξεῖλεν οὐ μετὰ πολύ. Καὶ αὐτῶν ὁ Σύλλας Ἀριστίωνα μὲν καὶ τοὺς ἐπείνῳ δορυφορήσαντας ἢ ἀρχήν τινα ἄρξαντας ἢ ὁτιοῦν ἄλλο πράξαντας παρ' ἃ πρότερον ἁλούσης τῆς Ἑλλάδος ὑπὸ Ῥωμαίων [αὐτοῖς] διετέτακτο, ἐκόλασε θανάτῳ, τοῖς δ' ἄλλοις συνέγνω κτλ. Cf. Plut. Sull. 12—14. Paus. I 20. Memn. 32. Liv. per. 81. Eutr. V 6. Flor. I 40, 10. Oros. VI 2, 4 sq. Obseq. 56. Vell. II 23. Claud. Quadrig. ap. Gell. XV 1. Gran. Licin. p. 32 A Bonn. Diod. XXXVIII fr. 6. Cass. Dio. fr. 103. Plut. de garr. 7 p. 505 A—C. Num. 9. Luc. 19, praec. ger. reip. 14 p. 809 E. — Discrepat de Aristionis morte Plut. Sull. 23 Τοὺς ἄλλους Μιθριδάτῃ φίλους, οὓς εἶχεν αἰχμαλώτους, ἀποδοὺς ὁ Σύλλας Ἀριστίωνα μόνον τὸν τύραννον ἀνεῖλε διὰ φαρμάκων (a. 85/4) Ἀρχελάῳ διάφορον ὄντα.

COMM. Athenionem, cuius tyrannis describitur a Posidonio fr. 41 (Mueller FHG III p. 266 sqq.), diversum esse ab hoc Aristione rectissime docuit Niese in Mus. Rhen. vol. XLII p. 574 sqq.

*5S

Ios. A. I. XIV 7, 2 (Mueller FHG III p. 492 fr. 6) Μαρτυρεῖ δὲ καὶ ἐν ἑτέρῳ τόπῳ ὁ αὐτὸς Στράβων ὅτι, καθ' ὃν καιρὸν διέβη Σύλλας εἰς τὴν Ἑλλάδα πολεμήσων Μιθριδάτην (a. 67), καὶ Λεύκουλλον πέμψαι ἐπὶ τὴν ἐν Κυρήνῃ στάσιν τοῦ ἔθνους ἡμῶν, ὧν ἡ οἰκουμένη πεπλήρωται, λέγων οὕτως· ʼΤέτταρες δ' ἦσαν ἐν τῇ πόλει τῶν Κυρηναίων, ἥ τε τῶν πο-

2 sqq. cf. Plut. Luc. 2 Ἐκ τούτου τῆς μὲν γῆς ἐπικρατῶν ὁ Σύλλας ἐν ταῖς Ἀθήναις, περικοπτόμενος δὲ τὴν ἀγορὰν ἐκ τῆς θαλάττης ὑπὸ τῶν πολεμίων ναυκρατούντων ἐξέπεμψεν ἐπ' Αἰγύπτου καὶ Λιβύης τὸν Λούκουλλον ἄξοντα ναῦς ἐκεῖθεν. Ἦν μὲν οὖν ἀκμὴ χειμῶνος — — Οὐ μὴν ἀλλὰ καὶ Κρήτῃ κατάρας ᾠκειώσατο καὶ Κυρηναίοις κατα-

λιτῶν καὶ ἡ τῶν γεωργῶν, τρίτη δ' ἡ τῶν μετοίκων καὶ τετάρτη
ἡ τῶν Ἰουδαίων. Αὕτη δ' εἰς πᾶσαν πόλιν ἤδη παρελήλυ-
θει, καὶ τόπον οὐκ ἔστι ῥᾳδίως εὑρεῖν τῆς οἰκουμένης, ὃς οὐ
10 παραδέδεκται τοῦτο τὸ φῦλον, μηδ' ἐπικρατεῖται ὑπ' αὐτοῦ.
Τὴν δὲ Αἴγυπτον καὶ τὴν Κυρηναίαν, ἅτε τῶν αὐτῶν ἡγεμό-
νων τυχοῦσαν, τῶν τε ἄλλων συχνὰ ζηλῶσαι συνέβη καὶ δὴ
τὰ συντάγματα τῶν Ἰουδαίων θρέψαι διαφερόντως καὶ συναυ-
ξῆσαι χρώμενα τοῖς πατρίοις τῶν Ἰουδαίων νόμοις. Ἐν γοῦν
15 Αἰγύπτῳ κατοικία τῶν Ἰουδαίων ἐστὶν ἀποδεδειγμένη, χωρὶς
δὲ τῆς τῶν Ἀλεξανδρέων πόλεως ἀφώρισται μέγα μέρος τῷ
ἔθνει τούτῳ· καθίσταται δὲ καὶ ἐθνάρχης αὐτῶν, ὃς διοικεῖ
τε τὸ ἔθνος καὶ διαιτᾷ κρίσεις καὶ συμβολαίων ἐπιμελεῖται
καὶ προσταγμάτων ὡς ἂν πολιτείας ἄρχων αὐτοτελοῦς. Ἐν
20 Αἰγύπτῳ μὲν οὖν ἴσχυσε τὸ ἔθνος διὰ τὸ Αἰγυπτίους εἶναι
ἐξ ἀρχῆς Ἰουδαίους καὶ διὰ τὸ πλησίον θέσθαι τὴν κατοικίαν
τοὺς ἀπελθόντας ἐκεῖθεν, εἰς δὲ τὴν Κυρηναίαν μετέβη διὰ
τὸ καὶ ταύτην ὅμορον εἶναι τῇ τῶν Αἰγυπτίων ἀρχῇ, καθά-
περ τὴν Ἰουδαίαν, μᾶλλον δὲ τῆς ἀρχῆς ἐκείνης πρότερον.
25 Στράβων μὲν οὖν ταῦτα λέγει.

λαβὼν ἐκ τυραννίδων συνεχῶν καὶ πολέμων ταραττομένους ἀνέλαβε καὶ
κατεστήσατο τὴν πολιτείαν Πλατωνικῆς τινος φωνῆς ἀναμνήσας τὴν
πόλιν — — ῝Ο καὶ τότε Κυρηναίοις νομοθετοῦντι Λουκούλλῳ πρᾴους
παρέσχεν. App. Mithr. 33 Ὁ δὲ Σύλλας νεῶν δεόμενος — — Λεύκολ-
λον — — ἐκέλευεν ἐς Ἀλεξάνδρειαν καὶ Συρίαν λαθόντα διαπλεῦσαι,
παρά τε τῶν βασιλέων καὶ πόλεων, ὅσαι ναυτικαί, στόλον τινὰ ἀγεί-
ραντα τὸ ῾Ροδίων ναυτικὸν παραπέμψαι.
11 sqq. cf. Ios. c. Ap. II 4 Ὅμοια δὲ Ἀλεξάνδρῳ καὶ Πτολεμαῖος
ὁ Λάγου περὶ τῶν ἐν Ἀλεξανδρείᾳ κατοικούντων (sc. Ἰουδαίων) ἐφρό-
νησε· καὶ γὰρ τὰ κατὰ τὴν Αἴγυπτον αὐτοῖς ἐνεχείρισε φρούρια — —
καὶ Κυρήνης ἐγκρατῶς ἄρχειν βουλόμενος καὶ τῶν ἄλλων τῶν ἐν τῇ
Λιβύῃ πόλεων εἰς αὐτὰς μέρος Ἰουδαίων ἔπεμψε κατοικῆσον.

59

Str. IX 2, 37 p. 414 Χαιρώνεια δ' ἐστὶν Ὀρχομενοῦ πλη-
σίον — — περὶ δὲ τοὺς τόπους τοὺς αὐτοὺς καὶ ῾Ρωμαῖοι

Cf. App. Mithr. 41—45 (42) Ἀναχωροῦντι δ' ἐς Χαλκίδα τῷ Ἀρ-
χελάῳ παρακολουθῶν (sc. ὁ Σύλλας) καιρὸν ἐπετήρει καὶ τόπον. Ὡς δὲ

τὰς Μιθριδάτου δυνάμεις πολλῶν μυριάδων κατηγωνίσαντο,
ὥστ' ὀλίγους ἐπὶ θάλατταν σωθέντας φυγεῖν ἐν ταῖς ναυσί,
τοὺς δ' ἄλλους τοὺς μὲν ἀπολέσθαι, τοὺς δὲ καὶ ἁλῶναι (a. 86). 5

αὐτὸν εἶδε περὶ Χαιρώνειαν ἐν ἀποκρήμνοις στρατοπεδευόμενον — —
εὐθὺς ἐπῆγεν ὡς καὶ ἄκοντα βιασόμενος ἐς μάχην Ἀρχέλαον — —
(44 sq.) Οἱ δὲ Ῥωμαῖοι — — δρόμῳ τοῖς φεύγουσι συνεσέπιπτον ἐς τὸ
στρατόπεδον καὶ τὴν νίκην ἐς τέλος ἐξειργάσαντο. Ἀρχέλαος δὲ καὶ
ὅσοι ἄλλοι κατὰ μέρος ἐξέφυγον ἐς Χαλκίδα συνελέγοντο οὐ πολὺ πλείους μυρίων ἐκ δώδεκα μυριάδων γενόμενοι. Plut. Sull. 15—19 (17) Αὐτὸς δὲ (sc. ὁ Σύλλας) παρὰ τὸν Κηφισὸν ἐσφαγιάζετο καὶ τῶν ἱερῶν
γενομένων ἐχώρει πρὸς τὴν Χαιρώνειαν — — (19) Πολλοὶ μὲν οὖν ἐν
τῷ πεδίῳ τῶν βαρβάρων ἀνῃροῦντο, πλεῖστοι δὲ τῷ χάρακι προσφερόμενοι κατεκόπησαν, ὥστε μυρίους διαπεσεῖν εἰς Χαλκίδα μόνους ἀπὸ
τοσούτων μυριάδων. Eutr. V 6 *Postea commisso proelio contra Archelaum ita cum vicit, ut ex CXX milibus vix decem Archelao superessent.*
Cf. Liv. per. 82. Oros. VI 2, 5. Flor. I 40, 11. Ps. Asc. 75, 7.
Paus. I 20, 4. IX 40, 4.

60

Str. XIII 1, 66 p. 614 Ἠτύχησε δὲ τὸ Ἀδραμύττιον ἐν τῷ
Μιθριδατικῷ πολέμῳ· τὴν γὰρ βουλὴν ἀπέσφαξε τῶν πολιτῶν Διόδωρος στρατηγὸς χαριζόμενος τῷ βασιλεῖ, προσποιούμενος δ' ἅμα τῶν τε ἐξ Ἀκαδημίας φιλοσόφων εἶναι καὶ
δίκας λέγειν καὶ σοφιστεύειν τὰ ῥητορικά· καὶ δὴ καὶ συναπ- 5
ῇρεν εἰς τὸν Πόντον τῷ βασιλεῖ· καταλυθέντος δὲ τοῦ βασιλέως ἔτισε δίκας τοῖς ἀδικηθεῖσιν· ἐγκλημάτων γὰρ ἐπενεχθέντων ἅμα πολλῶν ἀπεκαρτέρησεν αἰσχρῶς οὐ φέρων τὴν
δυσφημίαν ἐν τῇ ἡμετέρᾳ πόλει (sc. ἐν τῇ Ἀμασείᾳ).

9 βλασφημίαν D (sed pr. m. corr.) hi

COMM. Vix potest esse dubium, quin hoc factum sit a. 86, cum
post cladem apud Chaeroneam acceptam Asiae urbibus a Mithridate deficientibus rex crudelissime in suspectos saeviret: cf. App. Mithr. 48 *Μιθριδάτης δ' ἐπὶ μὲν τὰ ἀφεστηκότα στρατιὰν ἐξέπεμπε καὶ πολλὰ καὶ δεινὰ
τοὺς λαμβανομένους ἔδρα* — — — *Ζητητὰς ὁ Μιθριδάτης πανταχοῦ
περιέπεμπεν, οἳ τοὺς ἐχθροὺς ἐνδεικνύντων ἑκάστων ἔκτειναν ἀμφὶ
τοὺς χιλίους καὶ ἑξακοσίους ἄνδρας. Ὧν οἱ κατηγορήσαντες οὐ πολὺ
ὕστερον οἱ μὲν ὑπὸ Σύλλα ληφθέντες διεφθάρησαν, οἱ δὲ προανεῖλον
ἑαυτούς, οἱ δ' ἐς τὸν Πόντον αὐτῷ Μιθριδάτῃ συνέφυγον.*

61

Str. XIII 1, 26 p. 595 Ἡ δὲ Δάρδανος κτίσμα ἀρχαῖον — —Ἐνταῦθα δὲ συνῆλθον Σύλλας τε Κορνήλιος, ὁ τῶν Ῥωμαίων ἡγεμών, καὶ Μιθριδάτης ὁ κληθεὶς Εὐπάτωρ καὶ συνέβησαν πρὸς ἀλλήλους ἐπὶ καταλύσει τοῦ πολέμου (a. 84).

Cf. Plut. Sull. 24 Συνῆλθον οὖν τῆς Τρῳάδος ἐν Δαρδάνῳ — — Ἐξελέγξας δὲ (sc. ὁ Σύλλας) τὰ πεπραγμένα πικρῶς ὑπ' αὐτοῦ καὶ κατηγορήσας πάλιν ἠρώτησε, εἰ ποιεῖ τὰ συγκείμενα δι' Ἀρχελάου. Φήσαντος δὲ ποιεῖν οὕτως ἠσπάσατο καὶ περιλαβὼν ἐφίλησεν αὐτόν, Ἀριοβαρζάνην δὲ αὖθις καὶ Νικομήδην τοὺς βασιλεῖς προσαγαγὼν διήλλαξεν. Ὁ μὲν οὖν Μιθριδάτης ἑβδομήκοντα ναῦς παραδοὺς καὶ τοξότας πεντακοσίους εἰς Πόντον ἀπέπλευσεν. App. Mithr. 56 Σύλλας μὲν οὖν ἀπὸ Κυψέλων καὶ Μιθριδάτης ἐκ Περγάμου συνῄεσαν αὖθις ἐς λόγους καὶ κατέβαινον ἐς πεδίον ἄμφω σὺν ὀλίγοις — — Ib. 58 Τοσαῦτα τοῦ Σύλλα μετ' ὀργῆς ἔτι λέγοντος μετέπιπτεν ὁ βασιλεὺς καὶ ἐδεδοίκει καὶ ἐς τὰς δι' Ἀρχελάου γενομένας συνθήκας ἐνεδίδου, τάς τε ναῦς καὶ τὰ ἄλλα πάντα παραδοὺς ἐς τὸν Πόντον ἐπὶ τὴν πατρῴαν ἀρχὴν ἐπανῄει μόνην. Cf. Memn. 35. Cass. Dio. fr. 105, 3 sq. Gran. Lic. p. 34 A 16 sqq. Bonn. Liv. per. 83. Flor. I 40, 12. Eutr. V 7. Vell. II 23.

62

Str. XIII 1, 27 p. 594 Εἶτ' ἐκάκωσαν αὐτὴν (sc. τὴν τῶν Ἰλιέων πόλιν) πάλιν οἱ μετὰ Φιμβρίου Ῥωμαῖοι λαβόντες ἐκ πολιορκίας ἐν τῷ Μιθριδατικῷ πολέμῳ. Συνεπέμφθη δὲ ὁ Φιμβρίας ὑπάτῳ Οὐαλερίῳ Φλάκκῳ ταμίας προχειρισθέντι ἐπὶ τὸν Μιθριδάτην· καταστασιάσας δὲ καὶ ἀνελὼν τὸν ὕπατον κατὰ Βιθυνίαν αὐτὸς κατεστάθη κύριος τῆς στρατιᾶς καὶ

3 Ante ὁ add. καὶ F

Cf. App. Mithr. 51—53. 59—60 (51) Κίννας δὲ Φλάκκον ἑλόμενός οἱ συνάρχειν τὴν ὕπατον ἀρχὴν ἔπεμπεν ἐς τὴν Ἀσίαν μετὰ δύο τελῶν ἀντὶ τοῦ Σύλλα ὡς ἤδη πολεμίου γεγονότος τῆς τε Ἀσίας ἄρχειν καὶ πολεμεῖν τῷ Μιθριδάτῃ. Ἀπειροπολέμῳ δ' ὄντι τῷ Φλάκκῳ συνεξῆλθεν ἑκὼν ἀπὸ τῆς βουλῆς ἀνὴρ πιθανὸς ἐς στρατηγίαν, ὄνομα Φιμβρίας — — (52) Καὶ τοῦ Φλάκκου δόντος αὐτῷ διάδοχον ἐς ἃ τότε διώκει, φυλάξας αὐτὸν ὁ Φιμβρίας ἐς Χαλκηδόνα διαπλέοντα πρῶτα μὲν θερμὸν τὰς ῥάβδους ἀφείλετο — — εἶτα Φλάκκον αὐτὸν σὺν ὀργῇ μετ' ὀλίγον ἐπανιόντα ἐδίωκεν, ἕως ὁ μὲν Φλάκκος — — ἐς Χαλκηδόνα πρῶτον καὶ ἀπ'

προελθὼν εἰς Ἴλιον, οὐ δεχομένων αὐτὸν τῶν Ἰλιέων ὡς λῃστήν, βίαν τε προσφέρει καὶ ἑνδεκαταίους αἱρεῖ (a. 85)· καυχωμένου δ᾽ ὅτι, ἣν Ἀγαμέμνων πόλιν δεκάτῳ ἔτει μόλις εἷλε τὸν χιλιόναυν στόλον ἔχων καὶ τὴν σύμπασαν Ἑλλάδα συστρα- 10 τεύουσαν, ταύτην αὐτὸς ἐνδεκάτῃ ἡμέρᾳ χειρώσαιτο, εἶπέ τις τῶν Ἰλιέων· ʽΟὐ γὰρ ἦν Ἕκτωρ ὁ ὑπερμαχῶν τῆς πόλεως.ʼ Τοῦτον μὲν οὖν ἐπελθὼν Σύλλας κατέλυσε (a. 64) καὶ τὸν Μιθριδάτην κατὰ συμβάσεις εἰς τὴν οἰκείαν ἀπέπεμψε, τοὺς δ᾽ Ἰλιέας παρεμυθήσατο πολλοῖς ἐπανορθώμασι. 15

8 *βίαν* τε scripsi ex Cas. coni.: *μάντει* et *μάντε* h *μηχανάς* τε l *μάχην* rv *ἀνάγκην* x, spatium vacuum relictum post *λῃστὴν* in mos, *μάντι* codd. rell.; *μάχην μηχανάς* τε Palmar., *μηχανάς* τε Froinshem., *βίαν* τε καὶ ἀπάτην Tzsch., *ἀπάτην* vel *οὐ βίαν, ἀλλʼ ἀπάτην* Grosk. | *ἑνδεκαταίᾳ* Eust. ad Il. *Δ* 163 p. 459, *ἐν ἡμέραις δέκα* hic et v. 11 Epit., unde Strab. scripsisse *δεκαταίους* et v. 11 *δεκάτῃ* susp. Cor.

αὐτῆς ἐς Νικομήδειαν ἔφυγε καὶ τὰς πύλας ἀπέκλεισεν, ὁ δὲ Φιμβρίας αὐτὸν ἐπελθὼν ἔκτεινεν ἐν φρέατι κρυπτόμενον — — καὶ αὐτὸν αὐτοκράτορα ἀπέφηνε τοῦ στρατοῦ. — — (53) Ὁ δὲ Φιμβρίας ἐπιὼν τὴν Ἀσίαν — — τῶν οὐ δεχομένων αὐτὸν τὴν χώραν ἐλῃλάτει. Ἰλιεῖς δὲ πολιορκούμενοι πρὸς αὐτοῦ κατέφυγον μὲν ἐπὶ Σύλλαν — — πυθόμενος ὁ Φιμβρίας ἐπῄνεσε μὲν ὡς ἤδη Ῥωμαίων φίλους, ἐκέλευσε δὲ καὶ αὐτὸν ὄντα Ῥωμαῖον ἔσω δέχεσθαι κατειρωνευσάμενός τι καὶ τῆς συγγενείας τῆς οὔσης ἐς Ῥωμαίους Ἰλιεῦσιν. Ἐσελθὼν δὲ τοὺς ἐν ποσὶ πάντας ἔκτεινε καὶ πάντα ἐνεπίμπρη. — — Ἢ μὲν δὴ χείρονα τῶν ἐπ᾽ Ἀγαμέμνονος παθοῦσα ὑπὸ συγγενοῦς διωλώλει. — — (60) Ὁ Φιμβρίας πάντα ἀπογνοὺς ἐπὶ τὴν τάφρον προῆλθε καὶ Σύλλαν αὐτῷ παρεκάλει συνελθεῖν ἐς λόγους. Ὁ δὲ ἀνθ᾽ αὐτοῦ Ῥουτίλιον ἔπεμπε — — Ὁ δὲ (sc. Φιμβρίας) ἐπανῆλθεν ἐς Πέργαμον καὶ ἐς τὸ τοῦ Ἀσκληπιοῦ ἱερὸν παρελθὼν ἐχρήσατο τῷ ξίφει. Cf. Plut. Sull. 12. 23. 25. Luc. 3. 7. Diod. XXXVIII fr. 8, 1—4. Memn. 34. Cass. Dio fr. 104, 1—7. Liv. per. 63 sq. Oros. VI 2, 9 sqq. Vell. II 24. Ps. Aur. 70. Obseq. 56. Augustin. de civ. dei III 7.

15 cf. App. Mithr. 61 Αὐτὴν δὲ τὴν Ἀσίαν καθιστάμενος (ὁ Σύλλας) Ἰλιέας μὲν — — ἀμειβόμενος ὧν διὰ προθυμίαν ἐπεπόνθεσαν οὗ ἕνεκα, ἐλευθέρους ἠφίει καὶ Ῥωμαίων ἀνέγραφε φίλους.

63

Str. XIII 3, 5 p. 621 Οὐκ ἄπωθεν δὲ τούτων τῶν πόλεων

1 *ἄποθεν* CF

οὐδ' ἡ Μαγνησία ἐστὶν ἡ ὑπὸ Σιπύλῳ ἐλευθέρα πόλις ὑπὸ Ῥωμαίων κεκριμένη (a. 64).

Cf. App. Mithr. 61 *Αὐτὴν δὲ τὴν Ἀσίαν καθιστάμενος* (sc. ὁ *Σύλλας*) *Ἰλιέας μὲν καὶ — — Μαγνησίαν καί τινας ἄλλους ἢ συμμαχίας ἀμειβόμενος ἢ ὧν διὰ προθυμίαν ἐπεπόνθεσαν οὓ ἕνεκα, ἐλευθέρους ᾔει καὶ Ῥωμαίων ἀνέγραφε φίλους.* Tac. ann. III 62. Liv. per. 81.

64

Str. XIII 1, 54 p. 608/9 Ἐκ δὲ τῆς Σκήψεως οἵ τε Σωκρατικοὶ γεγόνασιν Ἔραστος καὶ Κορίσκος καὶ ὁ τοῦ Κορίσκου υἱὸς Νηλεύς, ἀνὴρ καὶ Ἀριστοτέλους ἠκροαμένος καὶ Θεοφράστου, διαδεδεγμένος δὲ τὴν βιβλιοθήκην τοῦ Θεοφράστου, ἐν
5 ᾗ ἦν καὶ ἡ τοῦ Ἀριστοτέλους· ὁ γοῦν Ἀριστοτέλης τὴν ἑαυτοῦ Θεοφράστῳ παρέδωκεν, ᾧπερ καὶ τὴν σχολὴν ἀπέλιπε, πρῶτος ὧν ἴσμεν συναγαγὼν βιβλία καὶ διδάξας τοὺς ἐν Αἰγύπτῳ βασιλέας βιβλιοθήκης σύνταξιν. Θεόφραστος δὲ Νηλεῖ παρέδωκεν· ὁ δ' εἰς Σκῆψιν κομίσας τοῖς μετ' αὐτὸν παρέ-
10 δωκεν, ἰδιώταις ἀνθρώποις, οἳ κατάκλειστα εἶχον τὰ βιβλία οὐδ' ἐπιμελῶς κείμενα· ἐπειδὴ δὲ ᾔσθοντο τὴν σπουδὴν τῶν Ἀτταλικῶν βασιλέων, ὑφ' οἷς ἦν ἡ πόλις, ζητούντων βιβλία εἰς τὴν κατασκευὴν τῆς ἐν Περγάμῳ βιβλιοθήκης, κατὰ γῆς ἔκρυψαν ἐν διώρυγί τινι· ὑπὸ δὲ νοτίας καὶ σητῶν κακωθέντα
15 ὀψέ ποτε ἀπέδοντο οἱ ἀπὸ τοῦ γένους Ἀπελλικῶντι τῷ Τηΐῳ

Cf. Plut. Sull. 26 *Ἀναχθεὶς δὲ* (sc. ὁ *Σύλλας*) *πάσαις ταῖς ναυσὶν ἐξ Ἐφέσου τριταῖος ἐν Πειραιεῖ καθωρμίσθη· καὶ μυηθεὶς ἐξεῖλεν ἑαυτῷ τὴν Ἀπελλικῶνος τοῦ Τηΐου βιβλιοθήκην, ἐν ᾗ τὰ πλεῖστα τῶν Ἀριστοτέλους καὶ Θεοφράστου βιβλίων ἦν οὔπω τότε σαφῶς γνωριζόμενα τοῖς πολλοῖς. Λέγεται δὲ κομισθείσης αὐτῆς εἰς Ῥώμην Τυραννίωνα τὸν γραμματικὸν ἐνσκευάσασθαι τὰ πολλά, καὶ παρ' αὐτοῦ τὸν Ῥόδιον Ἀνδρόνικον εὐπορήσαντα τῶν ἀντιγράφων εἰς μέσον θεῖναι καὶ ἀναγράψαι τοὺς νῦν φερομένους πίνακας. Οἱ δὲ πρεσβύτεροι Περιπατητικοὶ φαίνονται μὲν καθ' ἑαυτοὺς γενόμενοι χαρίεντες καὶ φιλόλογοι, τῶν δὲ Ἀριστοτέλους καὶ Θεοφράστου γραμμάτων οὔτε πολλοῖς οὔτε ἀκριβῶς ἐντετυχηκότες διὰ τὸ τὸν Νηλέως τοῦ Σκηψίου κλῆρον, ᾧ τὰ βιβλία κατέλιπε Θεόφραστος, εἰς ἀφιλοτίμους καὶ ἰδιώτας ἀνθρώπους περιγενέσθαι.* Cf. Suid. s. v. Σύλλας, qui exscripsit Plutarchum.

15 sqq. cf. Posidon. fr. 41 (Mueller FHG III p. 269 B) Ἐκπέμψας

πολλών ἀργυρίων τά τε Ἀριστοτέλους καὶ τὰ τοῦ Θεοφράστου βιβλία· ἦν δὲ ὁ Ἀπελλικῶν φιλόβιβλος μᾶλλον ἢ φιλόσοφος· διὸ καὶ ζητῶν ἐπανόρθωσιν τῶν διαβρωμάτων εἰς ἀντίγραφα καινὰ μετήνεγκε τὴν γραφὴν ἀναπληρῶν οὐκ εὖ καὶ ἐξέδωκεν ἁμαρτάδων πλήρη τὰ βιβλία. Συνέβη δὲ τοῖς 20 ἐκ τῶν περιπάτων τοῖς μὲν πάλαι τοῖς μετὰ Θεόφραστον οὐκ ἔχουσιν ὅλως τὰ βιβλία πλὴν ὀλίγων, καὶ μάλιστα τῶν ἐξωτερικῶν, μηδὲν ἔχειν φιλοσοφεῖν πραγματικῶς, ἀλλὰ θέσεις ληκυθίζειν· τοῖς δ' ὕστερον, ἀφ' οὗ τὰ βιβλία ταῦτα προῆλθεν, ἄμεινον μὲν ἐκείνων φιλοσοφεῖν καὶ ἀριστοτελίζειν, ἀναγ- 25 κάζεσθαι μέντοι τὰ πολλὰ εἰκότα λέγειν διὰ τὸ πλῆθος τῶν ἁμαρτιῶν. Πολὺ δὲ εἰς τοῦτο καὶ ἡ Ῥώμη προσελάβετο· εὐθὺς γὰρ μετὰ τὴν Ἀπελλικῶντος τελευτὴν Σύλλας ἦρε τὴν Ἀπελλικῶντος βιβλιοθήκην (a. 84) ὁ τὰς Ἀθήνας ἑλών, δεῦρο δὲ κομισθεῖσαν Τυραννίων τε ὁ γραμματικὸς διεχειρίσατο φιλαρι- 30 στοτέλης ὤν, θεραπεύσας τὸν ἐπὶ τῆς βιβλιοθήκης, καὶ βιβλιοπῶλαί τινες γραφεῦσι φαύλοις χρώμενοι καὶ οὐκ ἀντιβάλλοντες, ὅπερ καὶ ἐπὶ τῶν ἄλλων συμβαίνει τῶν εἰς πρᾶσιν γραφομένων βιβλίων καὶ ἐνθάδε καὶ ἐν Ἀλεξανδρείᾳ.

26 ἧρε] εἷλε Dhl

γοῦν (sc. ὁ Ἀθηναίων) εἰς τὴν νῆσον Ἀπελλικῶντα τὸν Τήϊον, πολίτην δὲ Ἀθηναίων γενόμενον, ποικιλώτατόν τινα καὶ ἀψίκορον ζήσαντα βίον· ὁτὲ μὲν γὰρ ἐφιλοσόφει [καὶ] τὰ περιπατητικὰ καὶ τὴν Ἀριστοτέλους βιβλιοθήκην καὶ ἄλλας συνηγόραζε συχνάς· ἦν γὰρ πολυχρήματος.

*65

a. Plut. Sull. 26 (Mueller FHG III p. 492 fr. 7) Σύλλᾳ δὲ διατρίβοντι περὶ τὰς Ἀθήνας (a. 84) ἄλγημα ναρκῶδες μετὰ βάρους εἰς τοὺς πόδας ἐνέπεσεν, ὅ φησιν ὁ Στράβων ποδάγρας ψελλισμὸν εἶναι. Διαπλεύσας οὖν εἰς Αἴδηψον ἐχρῆτο τοῖς θερμοῖς ὕδασι ῥᾳθυμῶν ἅμα καὶ συνδιημερεύων τοῖς 5 περὶ τὸν Διόνυσον τεχνίταις.

b. Str. X 1, 9 p. 447 Ὑπέρκειται δὲ τῆς τῶν Χαλκιδέων

4 ἄδιψον codd.: corr. Xyl.

πόλεως τὸ Αἴλαντον καλούμενον πεδίον. Ἐν δὲ τούτῳ θερμῶν τε ὑδάτων εἰσὶν ἐκβολαὶ πρὸς θεραπείαν νόσων εὐφυεῖς, οἷς ἐχρήσατο καὶ Σύλλας Κορνήλιος, ὁ τῶν Ῥωμαίων ἡγεμών.

8 Αἴλανθον BCDhikln Αἴλαντον oe: corr. Xyl. et Epit. ‖ 9 τε inclusit Cor.

66

a. Str. XVII 1, 11 p. 796 Ἀρχέλαος, ὃς ἦν μὲν Ἀρχελάου υἱὸς τοῦ πρὸς Σύλλαν διαπολεμήσαντος καὶ μετὰ ταῦτα τιμηθέντος ὑπὸ Ῥωμαίων κτλ.

b. Str. XII 3, 34 p. 558 Ἦν δ' οὗτος Ἀρχέλαος υἱὸς μὲν 5 τοῦ ὑπὸ Σύλλα καὶ τῆς συγκλήτου τιμηθέντος κτλ.

4 μὲν υἱὸς CDhlx

Cf. Plut. Sull. 23 Ἐβάδιζε (sc. ὁ Σύλλας) διὰ Θετταλίας καὶ Μακεδονίας ἐπὶ τὸν Ἑλλήσποντον ἔχων μεθ' αὑτοῦ τὸν Ἀρχέλαον ἐν τιμῇ. Καὶ νοσήσαντος ἐπισφαλῶς περὶ Λάρισσαν ἐπιστήσας τὴν πορείαν ὡς ἑνὸς τῶν ὑπ' αὐτὸν ἡγεμόνων καὶ στρατηγῶν ἐπεμελήθη. Ταῦτα τε δὴ διέβαλλε τὸ περὶ Χαιρώνειαν ἔργον ὡς οὐχὶ καθαρῶς ἀγωνισθὲν — — μάλιστα δ' ἡ δοθεῖσα γῆ τῷ Καππαδόκῃ μυρίων πλήθρων ἐν Εὐβοίᾳ καὶ τὸ Ῥωμαίων φίλον αὐτὸν καὶ σύμμαχον ὑπὸ Σύλλα ἀναγραφῆναι. Περὶ μὲν οὖν τούτων αὐτὸς ὁ Σύλλας ἐν τοῖς ὑπομνήμασιν ἀπολογεῖται.

67

Str. XIII 4, 17 p. 631 Ηὐξήθη δὲ (sc. ἡ Κίβυρα) διὰ τὴν εὐνομίαν, καὶ αἱ κῶμαι παρεξέτειναν ἀπὸ Πισιδίας καὶ τῆς ὁμόρου Μιλυάδος ἕως Λυκίας καὶ τῆς Ῥοδίων περαίας· προσγενομένων δὲ τριῶν πόλεων ὁμόρων, Βουβῶνος, Βαλβούρων, 5 Οἰνοάνδων, τετράπολις τὸ σύστημα ἐκλήθη μίαν ἑκάστης ψῆφον ἐχούσης, δύο δὲ τῆς Κιβύρας· ἔστελλε γὰρ αὕτη πεζῶν μὲν τρεῖς μυριάδας, ἱππέας δὲ δισχιλίους· ἐτυραννεῖτο δ' ἀεί, σωφρόνως δ' ὅμως· ἐπὶ Μογέτου δ' ἡ τυραννὶς τέλος ἔσχε καταλύσαντος αὐτὴν Μουρηνᾶ καὶ Λυκίοις προσορίσαντος τὰ 10 Βάλβουρα καὶ τὴν Βουβῶνα (a. 64).

3 μυλιάδος codd.: corr. Tzsch. ‖ 4 βουβούνων C βουβώνων codd. rell: corr. Tzsch. ‖ 5 οἰνοάνδρων codd.: corr. Tzsch. ‖ 10 τὴν βάρβουραν Di τὴν βάλβουραν codd. rell.

COMM. Cf. Marquardt 'Roem. Staatsverwaltung' I² p. 377 adn. 4. p. 380 adn. 9.

68

a. Str. VII 5, 6 p. 315 Οὐαρδαίους δ' οἱ ὕστερον ἐκάλεσαν τοὺς Ἀρδιαίους· ἀπέωσαν δ' αὐτοὺς εἰς τὴν μεσόγαιαν ἀπὸ τῆς θαλάττης Ῥωμαῖοι (a. 135?) λυμαινομένους αὐτὴν διὰ τῶν ληστηρίων καὶ ἠνάγκασαν γεωργεῖν. Τραχεῖα δὲ χώρα καὶ λυπρὰ καὶ οὐ γεωργῶν ἀνθρώπων, ὥστ' ἐξέφθαρται τελέως 5 (τὸ ἔθνος), μικροῦ δὲ καὶ ἐκλέλοιπε. Τοῦτο δὲ καὶ τοῖς ἄλλοις ἔθνεσι τοῖς ταύτῃ συνέβη· οἱ γὰρ πλεῖστον δυνάμενοι πρότερον τελέως ἐταπεινώθησαν καὶ ἐξέλιπον, Γαλατῶν μὲν Βοΐοι καὶ Σκορδίσται, Ἰλλυριῶν δὲ Αὐταριᾶται καὶ Ἀρδιαῖοι καὶ Δαρδάνιοι, Θρᾳκῶν δὲ Τριβαλλοί, ὑπ' ἀλλήλων μὲν ἐξ 10 ἀρχῆς, ὕστερον δ' ὑπὸ Μακεδόνων καὶ Ῥωμαίων ἐκπολεμούμενοι.

b. Str. VII 5, 11 p. 317/8 Αὐταριᾶται μὲν οὖν τὸ μέγιστον καὶ ἄριστον τῶν Ἰλλυριῶν ἔθνος ὑπῆρξεν, ὃ πρότερον μὲν πρὸς Ἀρδιαίους συνεχῶς ἐπολέμει περὶ ἁλῶν ἐν μεθορίοις πηγνυ- 15 μένων ἐξ ὕδατος ῥέοντος ὑπὸ ἄγκει τοῦ ἔαρος· ἀρυσαμένοις γὰρ καὶ ἀποθεῖσιν ἡμέρας πέντε ἐξεπήγνυντο οἱ ἅλες. Συνέκειτο δὲ παρὰ μέρος χρῆσθαι τῷ ἁλοπηγίῳ, παραβαίνοντες δὲ τὰ συγκείμενα ἐπολέμουν· καταστρεψάμενοι δέ ποτε οἱ Αὐταριᾶται Τριβαλλοὺς ἀπὸ Ἀγριάνων μέχρι τοῦ Ἴστρου καθή- 20 κοντας ἡμερῶν πεντεκαίδεκα ὁδὸν ἐπῆρξαν καὶ τῶν ἄλλων Θρᾳκῶν τε καὶ Ἰλλυριῶν· κατελύθησαν δ' ὑπὸ Σκορδίσκων

1 οὐαραλίους codd.: corr. Gronov. || 4 δὴ δ' ἡ Cor. || 5 ὥστ' ἐξέφθαρται μικροῦ τελέως τὸ ἔθνος καὶ ἐκλέλοιπε Pleth., τὸ ἔθνος necessario inserendum cum Grosk. || 9 Αὐταριᾶται edd. ante Kr., Mein. sicut infra v. 13 et 19 || 16 ἄγγει ABCIE: corr. Xyl. ex Epit. || 17 πέντε ἢ ἐξ ἐπήγνυντο E

1 sqq. cf. Liv. per. 56 Fulvius Flaccus cos. (a. 135) Vardeos in Illyrico subegit. App. Ill. 10.

23 sq. cf. App. Ill. 5. 3 (b) Ῥωμαῖοι δ' ἔχοντες ἤδη δεύτερον καὶ τριακοστὸν ἔτος ἀπὸ τῆς πρώτης ἐς Κελτοὺς πείρας καὶ ἐξ ἐκείνου πολεμοῦντες αὐτοῖς ἐκ διαστημάτων ἐπιστρατεύουσι τοῖς Ἰλλυριοῖς — — ἡγουμένου Λευκίου Σκιπίωνος — — Σκιπίωνα δὲ (φασὶ) Σκορδίσκους μὲν διαφθεῖραι κτλ.

πρότερον, ύστερον δ' υπό 'Ρωμαίων, ⟨οἳ⟩ καὶ τοὺς Σκορδίσκους
αὐτοῖς κατεπολέμησαν πολὺν χρόνον Ισχύσαντας (a. 85,4?).

23 οἳ om. codd.

COMM. De his rebus in Illyrico gestis, quas parum cognitas habemus, cf. Zippel 'Die roemische Herrschaft in Illyrien bis auf Augustus' (Lips. 1877) p. 132 sqq. 176 sqq.

69

a. Str. V 4, 11 p. 249/50 Σαυνῖται δὲ πρότερον μὲν καὶ
μέχρι τῆς Λατίνης τῆς περὶ Ἀρδέαν ἐξοδίας ποιούμενοι, μετὰ
δὲ ταῦτα αὐτὴν τὴν Καμπανίαν πορθοῦντες πολλὴν ἐκέκτηντο
δύναμιν· καὶ γὰρ ἄλλως δεσποτικῶς ἄρχεσθαι μεμαθηκότες ταχὺ
5 ὑπούργουν τοῖς προστάγμασι. Νυνὶ δ' ἐκπεπόνηνται τελέως
ὑπό τε ἄλλων καὶ τὸ τελευταῖον ὑπὸ Σύλλα τοῦ μοναρχήσαντος
'Ρωμαίων· ὃς ἐπειδὴ πολλαῖς μάχαις καταλύσας τὴν τῶν Ἰταλιωτῶν ἐπανάστασιν τούτους σχεδόν τι μόνους συμμένοντας
ἑώρα καὶ † ὁμοίως ὁμοροῦντας, ὥστε καὶ ἐπ' αὐτὴν τὴν Ῥώμην
10 ἐλθεῖν, συνέστη πρὸ τοῦ τείχους αὐτοῖς (a. 82) καὶ τοὺς μὲν
ἐν τῇ μάχῃ κατέκοψε κελεύσας μὴ ζωγρεῖν, τοὺς δὲ ῥίψαντας
τὰ ὅπλα, περὶ τρισχιλίους ἄνδρας ἢ τετρακισχιλίους φασίν, εἰς
τὴν δημοσίαν ἔπαυλιν τὴν ἐν τῷ Κάμπῳ καταγαγὼν εἷρξε·

5 ἐκπεπόνηνται codd.: corr. Cor. ‖ 9 ὁμοίως ὁμοροῦντας] ὁμόσε χωροῦντας Cor., ὁμονοοῦντας idem in notis, ὁμοῦ προχωροῦντας Grosk., οὕτως ὁμονοοῦντας vel ὁμοφρονοῦντας Kr., ὁμοίως ὁρμῶντας Mein., εὐημεροῦντας Muell. ‖ 13 Ante Κάμπῳ add. Μαρτίῳ edd. ante Kr.

Cf. Oros. V 20, 9—21, 1 *Sulla deinde cum Camponio Samnitium duce et Carrinatis reliquis copiis ante ipsam Urbem portamque Collinam ad horam diei nonam signa contulit gravissimoque proelio tandem vicit. Octoginta milia hominum ibi fusa dicuntur: duodecim milia sese dediderunt, reliquam multitudinem in fugam versam insatiabilis victorum civium ira consumpsit. Sulla mox atque Urbem victor intravit, tria milia hominum, qui se per legatos dediderant, contra fas contraque fidem datam inermes securosque interfecit.* Liv. per 88. Flor. II 9, 22—25. Eutr. V 8. Vell. II 27. Ps. Aur. 75, 8. Senec. de benef. V 16, 3. Cass. Dio. fr. 109 sq. App. b. c. I 92 sq. Plut. Sull. 29 sq.

12 cf. Flor. II 9, 23 sqq. *Animadversumque in eos, qui se sponte dediderant — — Quattuor milia deditorum inermium civium in villa*

τρισὶ δὲ ὕστερον ἡμέραις ἐπιπέμψας στρατιώτας ἅπαντας
ἀπέσφαξε, προγραφάς τε ποιούμενος οὐκ ἐπαύσατο, πρὶν ἢ
πάντας τοὺς ἐν ὀνόματι Σαυνιτῶν διέφθειρεν ἢ ἐκ τῆς Ἰτα-
λίας ἐξέβαλε· πρὸς δὲ τοὺς αἰτιωμένους τὴν ἐπὶ τοσοῦτον
ὀργὴν ἔφη καταμαθεῖν ἐκ τῆς πείρας, ὡς οὐδέποτ' ἂν εἰρή-
νην ἀγάγοι Ῥωμαίων οὐδὲ εἷς, ἕως ἂν συμμένωσι καθ' ἑαυ-
τοὺς Σαυνῖται. Καὶ γάρ τοι νυνὶ κῶμαι γεγόνασιν αἱ πόλεις·
ἔνιαι δ' ἐκλελοίπασι τελέως Βοϊανόν, Αἰσερνία, Πάννα, Τε-
λεσία συνεχὴς Οὐενάφρῳ καὶ ἄλλαι τοιαῦται, ὧν οὐδεμίαν
ἄξιον ἡγεῖσθαι πόλιν.

b. Str. V 3, 10 p. 238 *Αἰσερνία δὲ καὶ Ἀλλιφαὶ ἤδη Σαυ-
νιτικαὶ πόλεις εἰσίν, ἡ μὲν ἀνῃρημένη κατὰ τὸν Μαρσικὸν
πόλεμον (a. 60?), ἡ δ' ἔτι συμμένουσα.

19 ἀγάγοι εἰρήνην C | 20 ταιγάριοι Mein. | 21 ἀσερνῖνα codd.: corr.
Cas. | 22 οὐενάφρων AC οὐένηφρον D

publica interfici iussit (sc. Sulla). Cf. Oros. L 1. — Discrepant de homi-
num a Sulla occisorum numero Plut. Sull. 30, qui habet sex milia,
Senec. de clem. I 12, 2 et Augustin. de civ. dei III 28 (septem milia),
Liv. per. 88 et App. b. c. I 93 (octo milia), Senec. de benef. V 16, 3
(duas legiones), Val Max. IX 2, 1 (quattuor legiones).

24 sq. cf. Liv. per. 69 *Sylla Aeserniam in Samnio recepit*. (Huius
enim oppidi nomen latere in traditis litteris *miam* recte perspexit Momm-
sen hist. Rom. II* p. 331 adn.)

70

Str. V 3, 11 p. 238/9 Πολὺ δ' ἐρυμνοτέρα Πραίνεστος —
— πρὸς δὲ τῇ ἐρυμνότητι καὶ διώρυξι κρυπταῖς διατέτρηται
πανταχόθεν μέχρι τῶν πεδίων, ταῖς μὲν ὑδρείας χάριν, ταῖς
δ' ἐξόδων λαθραίων, ὧν ἐν μιᾷ Μάριος πολιορκούμενος ἀπέ-
θανε (a. 82). Ταῖς μὲν οὖν ἄλλαις πόλεσι πλεῖστον τὸ εὐερ-
γὲς πρὸς ἀγαθοῦ τίθεται, Πραινεστίνοις δὲ συμφορὰ γεγένηται

1 Πρηνεστὸς Mein.

Cf. App. b. c. I 87—94 (94) Πραινέστιοι δὲ καὶ τάδε θεώμενοι καὶ
τὸν Κάρβωνος στρατὸν ἀπολωλέναι πάντα πυνθανόμενοι αὐτόν τε
Ναρβανὸν ἤδη φυγεῖν ἐξ Ἰταλίας καὶ τὴν ἄλλην Ἰταλίαν καὶ Ῥώμην ἐπ'
αὐτῇ Σύλλαν ἐκτενῶς κεχειρῶσθαι, τὴν πόλιν τῷ Λουκρητίῳ παρέδοσαν.

διὰ τὰς Ῥωμαίων στάσεις. Καταφεύγουσι γὰρ ἐκεῖσε οἱ νεωτερίσαντες· ἐκπολιορκηθέντων δὲ πρὸς τῇ κακώσει τῆς πόλεως καὶ τὴν χώραν ἀπαλλοτριοῦσθαι συμβαίνει τῆς αἰτίας μετα-
10 φερομένης ἐπὶ τοὺς ἀναιτίους.

Μαρίου καταδύντος ἐς τάφροις ὑπονόμους καὶ μετὰ βραχὺ καὶ ἀνελόντος ἑαυτόν. Plut. Sull. 26 sq. Mar. 46. Diod. XXXVIII fr. 15. — Liv. per. 87 sq. (68) C. Marius Praeneste obsessus a Lucretio Ofella, Syllanarum partium viro, cum per cuniculum captaret evadere saeptum exercitu, mortem conscivit: id est, in ipso cuniculo, cum sentiret se evadere non posse, cum Telesino fugae comite stricto utrimque gladio concurrit; quem cum occidisset, ipse saucius impetravit a servo, ut se occideret. Oros. V 21, 6 sq. Vell. II 27, 4. Val. Max. VI 8, 2. Ps. Aur. 68, 4. Eutr. V 6. Plin. N. H. XXXIII 16.

71

Str. V 2, 6 p. 223 Τῶν δὲ Οὐολατερρανῶν ἡ μὲν χώρα κλύζεται τῇ θαλάττῃ, τὸ δὲ κτίσμα ἐν φάραγγι βαθείᾳ λόφος ἐστὶν ὑψηλὸς περίκρημνος πάντη, τὴν κορυφὴν ἐπίπεδος, ἐφ' ᾗ ἵδρυται τὸ τεῖχος τῆς πόλεως. Ἡ δ' ἐπ' αὐτὴν ἀνάβασις
5 πεντεκαίδεκα σταδίων ἐστὶν ἀπὸ τῆς βάσεως, ὀξεῖα πᾶσα καὶ χαλεπή. Ἐνταῦθα συνέστησάν τινες τῶν Τυρρηνῶν καὶ τῶν προγεγραμμένων ὑπὸ Σύλλα· πληρώσαντες δὲ τέτταρα τάγματα στρατιᾶς διετῆ χρόνον ἐπολιορκήθησαν, εἶθ' ὑπόσπονδοι παρεχώρησαν τοῦ τόπου (s. 79). Τὸ δὲ Ποπλώνιον ἐπ' ἄκρας
10 ὑψηλῆς ἵδρυται κατερρωγυίας εἰς τὴν θάλατταν καὶ χερρονησιζούσης, πολιορκίαν καὶ αὐτὸ δεδεγμένον περὶ τοὺς αὐτοὺς καιρούς.

1 ούλατερράνων codd. | 2 βαθείᾳ λόφος cdd.: corr. Mein. | 8 στρατίας codd.: corr. Cor. | 10 θάλασσαν could.: corr. Mein.

Cf. Liv. per. 69 Volaterras, quod oppidum adhuc in armis erat, obsessum in deditionem accepit (sc. Sulla). Schol. Gronov. ad Cic. Rosc. p. 428 Or. Volaterrana civitas dicitur, quae praecisis undique lateribus ad omnes † motus alto se monte suspendit. Haec civitas cum Mario senserat. Victis etiam Marianis partibus in eadem constantia perseveravit. Ad ipsam oppugnandam ..... Cf. Gran. Lic. p. 38 B 2 sqq. Bonn. Cic. pro Rosc. Am. VII 20. pro dom. 30, 79. pro Caecin. 7, 18. ad Att. I 10, 4.

72

Str. XVII 3, 6 p. 629 Καὶ *Τανύσιος* δὲ ὁ τῶν Ῥωμαίων συγγραφεὺς οὐκ ἀπέχεται τῆς τερατολογίας τῆς περὶ τὴν Μαυρουσίαν· πρὸς γὰρ τῇ Λιγγὶ Ἀνταίου μνῆμα ἱστορεῖ καὶ σκελετὸν πηχῶν ἑξήκοντα, ὃν Σερτώριον γυμνῶσαι καὶ πάλιν ἐπιβαλεῖν γῆν (s. 81).

1 *Τανύσιος*] γαβίνιος codd. exc. Fw (in hoc τανύσιος). Tanusii nomen restituendam esse rectissime demonstravit Niese in Mus. Rhen. vol. XXXVIII p. 606 sqq. | 2 συγγραφέων codd. | 3 Λιγγὶ Dmoxz, Τιγγὶ Tzsch.

Cf. Plut. Sert. 9 Ἀσμίνοις δὲ τοῖς Μαυρουσίοις ἀφικόμενος (sc. ὁ Σερτώριος) εἴχετο ἔργον καὶ καταμαχεσάμενος τὸν Ἀσκαλιν ἐπολιόρκει. Σύλλα δὲ Πακκιανὸν ἐκπέμψαντος βοηθῆσαι τοῖς περὶ τὸν Ἀσκαλιν μετὰ δυνάμεως συμβαλὼν ὁ Σερτώριος τὸν μὲν Πακκιανὸν ἀπέκτεινε, τὴν δὲ στρατιὰν κρατήσας προσηγάγετο καὶ τὴν Τίγγιν, εἰς ἣν ὁ Ἀσκαλις συνέφυγε μετὰ τῶν ἀδελφῶν, ἐξεπολιόρκησεν. Ἐνταῦθα τὸν Ἀνταῖον οἱ Λίβυες ἱστοροῦσι κεῖσθαι· καὶ τὸν τάφον αὐτοῦ Σερτώριος διέσκαψε τοῖς βαρβάροις ἀπιστῶν διὰ μέγεθος. Ἐντυχὼν δὲ ἐφ' σώματι πηχῶν ἑξήκοντα μῆκος, ὥς φασι, κατεπλάγη καὶ σφάγιον ἐντεμὼν συνέχωσε τὸ μνῆμα καὶ τὴν περὶ αὐτοῦ τιμήν τε καὶ φήμην συνηύξησε.

73

Str. III 4, 13 p. 162 Καὶ *Σεγοβρίγα* δ' ἐστὶ τῶν Κελτιβήρων πόλις καὶ *Βίλβιλις*, περὶ ἃς Μέτελλος καὶ Σερτώριος ἐπολέμησαν.

COMM. Inde ab a. 79 Q. Caecilius Metellus Pius cum Sertorio bellum gessit.

74

a. Str. III 4, 10 p. 161 Συνοικεῖται δὲ ὑπὸ πλειόνων ἐθνῶν ἡ χώρα, γνωριμωτάτου δὲ τοῦ τῶν *Ἰακκητανῶν* λεγομένου. Τοῦτο δ' ἀρξάμενον ἀπὸ τῆς παρωρείας τῆς κατὰ τὴν Πυρήνην εἰς τὰ πεδία πλατύνεται καὶ συνάπτει τοῖς περὶ Ἰλέρδαν καὶ Ὄσκαν χωρίοις τοῖς τῶν Ἰλεργετῶν οὐ πολὺ ἄποθεν τοῦ Ἴβη-

5 *ἰλεόσκαν* codd.: corr. Cas. | *ἄπωθεν* C

ρος. Ἐν δὲ ταῖς πόλεσι ταύταις ἐπολέμει τὸ τελευταῖον Σερτώριος καὶ ἐν Καλάγουρι Οὐασκώνων πόλει (a. 74) καὶ τῆς παραλίας ἐν Ταρράκωνι καὶ ἐν τῷ Ἡμεροσκοπείῳ μετὰ τὴν ἐκ Κελτιβήρων ἔκπτωσιν, ἐτελεύτα δ᾽ ἐν Ὄσκᾳ (a. 72). — — Ἰακ-
10 κητανοὶ δ᾽ εἰσίν, ἐν οἷς τότε μὲν Σερτώριος ἐπολέμει πρὸς Πομπήιον κτλ.

b. Str. III 4, 6 p. 159 Μεταξὺ μὲν οὖν τοῦ Σούκρωνος καὶ τῆς Καρχηδόνος τρία πολίχνια Μασσαλιωτῶν εἰσιν οὐ πολὺ ἄποθεν τοῦ ποταμοῦ· τούτων δ᾽ ἐστὶ γνωριμώτατον τὸ Ἡμε-
15 ροσκοπεῖον ἔχον ἐπὶ τῇ ἄκρᾳ τῆς Ἐφεσίας Ἀρτέμιδος ἱερὸν σφόδρα τιμώμενον, ᾧ ἐχρήσατο Σερτώριος ὁρμητηρίῳ κατὰ θάλατταν· ἐρυμνὸν γάρ ἐστι καὶ λῃστρικόν, κάτοπτον δὲ ἐκ πολλοῦ τοῖς προσπλέουσι, καλεῖται δὲ Διάνιον, οἷον Ἀρτεμίσιον.

7 καλαγουρι C, Καλαγούρει Cor., Καλαγούρι Mein. | 9 δ᾽ ἐν Ὄσκᾳ] δὲ νόσῳ codd.: corr. Putean. | 13 ἐστιν Mein. | 14 ἄπωθεν Mein. | 18 δὲ] τε Cor. | Ante Διάνιον inscrit καὶ Groek.

7 cf. App. b. c. I 112 Σερτώριος δὲ — — τοῖς περί τι χωρίον Καλάγυρον στρατοπεδεύουσιν ἐπιδραμὼν ἔκτεινε τρισχιλίους. Liv. per. 93.

9 cf. Vell. II 30, 1 *Tum M. Perpenna praetorius, e proscriptis, gentis clarioris quam animi, Sertorium inter cenam Oscae interemit.* Plut. Sert. 26. Pomp. 20. App. Hisp. 102. b. c. I 113. Diod. XXXVII fr. 22ᵃ. Sall. hist. III fr. 4 (3). Liv. per. 96. Oros. V 23, 13. Eutr. VI 1. Flor. II 10, 9.

14 sqq. cf. Cic. Verr. V 56, 164 *Quicumque accesserent ad Siciliam paulo pleniores, eos Sertorianos milites esse atque a Dianio fugere dicebat* (sc. Verres). Cf. ib. I 34, 87 et Ps. Ascon. ad l. l. p. 183 Or.

75

Str. III 4, 7 p. 159 Μεταξὺ δὲ τῶν τοῦ Ἴβηρος ἐκτροπῶν καὶ τῶν ἄκρων τῆς Πυρήνης, ἐφ᾽ ὧν ἵδρυται τὰ ἀναθήματα

2 sq. cf. Sall. hist. IV fr. 29 (53) *(Pompeius) de victis Hispanis tropaea in Pyrenaei iugis constituit.* Plin. N. H. VII 96 *Statim ad solis occasum transgressus* (sc. Pompeius) *excitatis in Pyrenaeo tropaeis oppida DCCCLXXVI ab Alpibus ad finis Hispaniae ulterioris in dicionem*

τοῦ Πομπηΐου (posita a. 71), πρώτη Ταρράκων ἐστί πόλις.
Cf. Str. III 4, 1 p. 156; 4, 9 p. 160; IV 1, 3 p. 178.

redacta victoriae suae adscripsit et maiore animo Sertorium tacuit. Id.
ib. III 18. XXXVII 15 sq. Cass. Dio. XLI 24.

76

Str. III 2, 1 p. 141 *Πλεῖστον δ' ἥ τε Κόρδυβα ηὔξηται,
Μαρκέλλου κτίσμα, καὶ δόξῃ καὶ δυνάμει· — — ᾤκησάν τε
ἐξ ἀρχῆς Ῥωμαίων τε καὶ τῶν ἐπιχωρίων ἄνδρες ἐπίλεκτοι·
καὶ δὴ καὶ πρώτην ἀποικίαν ταύτην εἰς τούσδε τοὺς τόπους
ἔστειλαν Ῥωμαῖοι.*   5

5 Ante *Ῥωμαῖοι* add. *οἱ* Siebenk.

COMM. Quo tempore haec colonia deducta sit, non constat. Certe
ante Caesarem, fortasse a Cn. Pompeio coloniae ius accepit: cf. Huebner
in CIL vol. II p. 306.

77

Str. VII 6, 1 p. 319 *Εἶτ' Ἀπολλωνία — — ἄποικος Μι-
λησίων, τὸ πλέον τοῦ κτίσματος ἱδρυμένον ἔχουσα ἐν νησίῳ
τινί . . . ἱερὸν τοῦ Ἀπόλλωνος, ἐξ οὗ Μάρκος Λεύκολλος τὸν
κολοσσὸν ἦρε* (a. 72) *καὶ ἀνέθηκεν ἐν τῷ Καπετωλίῳ τὸν τοῦ
Ἀπόλλωνος, Καλάμιδος ἔργον.*   5

3 Ante *ἱερὸν* add. *ὅπου* Bno, *ὅπερ* Cas., καὶ excidisse susp. Kr.

Cf. App. Ill. 30 *Μυσοὺς δὲ Μάρκος μὲν Λεύκολλος, ὁ ἀδελφὸς
Λικινίου Λευκόλλου τοῦ Μιθριδάτῃ πολεμήσαντος, κατέδραμε καὶ ἐς
τὸν ποταμὸν ἐμβαλών, ἔνθα εἰσὶν Ἑλληνίδες ἓξ πόλεις Μυσοῖς πάροικοι,
Ἴστρος τε καὶ Διονυσόπολις καὶ Ὀδησσὸς καὶ Μεσημβρία (καὶ Καλλατὶς
καὶ Ἀπολλωνία), ἐξ ἧς (ἐν Ῥώμῃ ἐκ Καλατίδος) μετήνεγκε τὸν μέγαν
Ἀπόλλωνα τὸν ἀνακείμενον ἐν τῷ Παλατίῳ.* Plin. N. H. XXXIV 39
*Molis quippe excogitatas videmus statuarum, quas colossaeas vocant,
turribus pares. Talis est in Capitolio Apollo tralatus a M. Lucullo ex
Apollonia, Ponti urbe, XXX cubitorum, quingentis talentis factus.* Id.
ib. IV 92. Solin. 19, 1.

78

Str. IX 2, 42 p. 416 Ίστοροῦσι δὲ τοὺς ἐν τῷ Πόντῳ καλουμένους Ἀχαιοὺς ἀποίκους Ὀρχομενίων εἶναι τῶν μετὰ Ἰαλμένου πλανηθέντων ἐκεῖσε μετὰ τὴν τῆς Τροίας ἅλωσιν.

Cf. App. Mithr. 67 Ἐς δ' Ἀχαιούς; τοὺς ὑπὲρ Κόλχους ἐσβαλών (sc. ὁ Μιθριδάτης), οἵ δοκοῦσιν εἶναι τῶν ἐκ Τροίας κατὰ τὴν ἐπάνοδον πλανηθέντων, δύο μέρη τοῦ στρατοῦ πολέμῳ τε καὶ κρύει καὶ ἐνέδραις ἀποβαλὼν ἐπανῆλθε. Id. Ib. 102 Ἀχαιοὺς δ' ἐτρέψατο διώκων (sc. ὁ Μιθριδάτης)· οὕς ἀπὸ Τροίας ἐπανιόντας φασὶν ἐς τὸν Πόντον ὑπὸ χειμῶνος ἐκπεσεῖν κτλ. Amm. Marc. XXII 8, 25.

79

Str. XI 5, 4 p. 505 Τὴν δὲ Θεμίσκυραν καὶ τὰ περὶ τὸν Θερμώδοντα πεδία καὶ τὰ ὑπερκείμενα ὄρη ἅπαντες Ἀμαζόνων καλοῦσι καί φασιν ἐξελαθῆναι αὐτὰς ἐνθένδε. Cf. I 3, 7 p. 52. II 5, 24 p. 126. XII 3, 9 p. 544; 3, 14 p. 547.

Cf. App. Mithr. 69 Σύμμαχοί τε αὐτῷ (sc. τῷ Μιθριδάτῃ) προσεγίγνοντο χωρὶς τῆς προτέρας δυνάμεως Χάλυβες — — καὶ ὅσοι περὶ Θερμώδοντα ποταμὸν γῆν ἔχουσι τὴν Ἀμαζόνων λεγομένην. Id. Ib. 78. Sall. hist. III fr. 49 (46) *Dein campi Themiscyrii, quos habuere Amazones a Tanai flumine incertum quam ob causam digressae.*

80

Str. XII 8, 11 p. 575/6 Ἔστι δὲ νῆσος ἐν τῇ Προποντίδι ἡ Κύζικος συναπτομένη γεφύραις δυσὶ πρὸς τὴν ἤπειρον, ἀρετῇ μὲν κρατίστη, μεγέθει δὲ ὅσον πεντακοσίων σταδίων τὴν περίμετρον· ἔχει δὲ ὁμώνυμον πόλιν πρὸς αὐταῖς ταῖς γεφύραις καὶ λιμένας δύο κλειστοὺς καὶ νεωσοίκους πλείους τῶν διακοσίων· τῆς δὲ πόλεως τὸ μὲν ἔστιν ἐν ἐπιπέδῳ, τὸ δὲ πρὸς ὄρει· καλεῖται δ' Ἄρκτων ὄρος· ὑπέρκειται δ' ἄλλο

Cf. App. Mithr. 72—76 (72) Παρεστρατοπέδευε (sc. ὁ Λεύκολλος) τῷ Μιθριδάτῃ περὶ Κύζικον. Καὶ δι' αὐτομόλων ἐπιγνοὺς εἶναι τῷ βασιλεῖ στρατιὰν μὲν ἀνδρῶν ἀμφὶ μυριάδας τριάκοντα, ἀγορὰν δὲ εἴ τι σιτολογοῦντες ἢ ἐκ θαλάσσης λάβοιεν, ἔφη πρὸς τοὺς ἀμφ' αὐτὸν ἀμαχὶ λήψεσθαι τοὺς πολεμίους αὐτίκα. — — (73) Οἷα δὲ εὐπορῶν στρατοῦ

Δίνδυμον μονοφνές, ἱερὸν ἔχον τῆς Δινδυμήνης μητρὸς θεῶν, ἵδρυμα τῶν Ἀργοναυτῶν. Ἔστι δ᾽ ἐνάμιλλος ταῖς πρώταις τῶν κατὰ τὴν Ἀσίαν ἡ πόλις μεγέθει τε καὶ κάλλει καὶ εὐνο- 10 μίᾳ πρός τε εἰρήνην καὶ πόλεμον. — — — Ἐπεδείξαντο δὲ τὴν ἐκ τῆς παρασκευῆς ταύτης ὠφέλειαν ἐν τῷ Μιθριδατικῷ πολέμῳ. Ἐπελθόντος γὰρ αὐτοῖς ἀδοκήτως τοῦ βασιλέως πεντεκαίδεκα μυριάσι καὶ ἵππῳ πολλῇ (s. 74) καὶ κατασχόντος τὸ ἀντικείμενον ὄρος, ὃ καλοῦσιν Ἀδραστείας, καὶ τὸ προά- 15 στειον, ἔπειτα καὶ διάραντος εἰς τὸν ὑπὲρ τῆς πόλεως αὐχένα καὶ προσμαχομένου πεζῇ τε καὶ κατὰ θάλατταν τετρακοσίαις ναυσίν, ἀντέσχον πρὸς ἅπαντα οἱ Κυζικηνοί, ὥστε καὶ ἐγγὺς ἦλθον τοῦ ζωγρίᾳ λαβεῖν τὸν βασιλέα ἐν τῇ διώρυγι ἀντιδιορύττοντες, ἀλλ᾽ ἔφθη φυλαξάμενος καὶ ἀναλαβὼν ἑαυτὸν 20 ἔξω τοῦ ὀρύγματος· ὀψὲ δὲ ἴσχυσεν εἰσπέμψαι τινὰς νύκτωρ ἐπικούρους ὁ τῶν Ῥωμαίων στρατηγὸς Λεύκολλος· ὤνησε δὲ

8 τῶν θεῶν add | 16 καὶ includit Cor. | 19 τὸν ζωγρίᾳ F ζωγρεία (addito s supra ει) D ζωγρεία et ζωγρία h ζώγρια codd. roll. | 22 Verba ὁ τῶν Ῥωμ. στρατηγὸς Λεύκ. ante εἰσπέμψαι v. 21 posita in F

πολλοῦ (sc. ὁ Μιθριδάτης), πᾶσιν ἔργοις ἐπεχείρει τόν τε σταθμὸν ἀποτειχίζων τείχει διπλῷ καὶ τὰ λοιπὰ τῆς πόλεως ἀποταφρεύων. Χώματά τε ἤγειρε πολλὰ καὶ μηχανὰς ἐπήγνυτο — — κατὰ δὲ τοὺς λιμένας δύο πεντήρεις ἐζευγμέναι πύργον ἕτερον ἔφερον, ἐξ οὗ γέφυρα, ὁπότε προσπιλάσειαν ἐς τὸ τεῖχος, ὑπὸ μηχανῆς ἐξήλλετο. — — (74) Ταῖς τε ναυσὶ πῦρ καὶ πίσσαν ἐπιχέαντες ἠνάγκασαν πρύμναν τε κρούσασθαι καὶ ὑποχωρεῖν ὀπίσω μετὰ τοῦ μηχανήματος. Ὧδε μὲν δὴ τῶν κατὰ θάλασσαν ἐπενεχθέντων ἐκράτουν οἱ Κυζικηνοί· τρίτα δ᾽ αὐτοῖς ἐπήγετο τῆς αὐτῆς ἡμέρας τὰ ἐν τῇ γῇ μηχανήματα ὁμοῦ πάντα πονουμένοις τε καὶ μετατιθεῖσιν ἐς τὸ ἀεὶ βιαζόμενον. — — (75) Ὁ δ᾽ — — ἐπὶ τὸ Δίνδυμον ὄρος ὑπερκείμενον ἀνῄει καὶ χῶμα ἀπ᾽ αὐτοῦ ἐς τὴν πόλιν ἔχου πύργους τ᾽ ἐφίστη, καὶ ὑπονόμοις τὸ τεῖχος ἀνεκρήμνη. — — (76) Μιθριδάτου δὲ χειμὼν ἐπιγενόμενος ἀσύρτος καὶ τὴν ἐκ [τῆς] θαλάττης ἀγορὰν εἴ τις ἦν, ὥστε πάμπαν ὁ στρατὸς ἐλίμωττε, καὶ πολλοὶ μὲν ἀπέθνησκον, εἰσὶ δ᾽ οἳ καὶ σπλάγχνων ἐγεύοντο βαρβαρικῶς. — — Διαπαρείρει δ᾽ ὅμως ὁ Μιθριδάτης ἐλπίζων ἔτι τὴν Κύζικον αἱρήσειν τοῖς χώμασι τοῖς ἀπὸ τοῦ Δινδύμου. Ὡς δὲ καὶ ταῦθ᾽ ὑπεσύροντο οἱ Κυζικηνοὶ καὶ τὰς ἐπ᾽ αὐτῶν μηχανὰς ἐπίμπρασαν καὶ αἰσθήσει τοῦ λιμοῦ πολλάκις ἐπεκθέοντες τοῖς πολεμίοις ἀσθενεστάτοις γεγονόσιν ἐπετίθεντο, δρασμὸν ὁ Μιθριδάτης ἐβούλευε καὶ ἔφευγε νυκτός. Plut. Luc. 9-11 (9) Ἐν τούτῳ δὲ Μιθριδάτης ἐπεβούλευε Κυζικηνοῖς — — καὶ

καὶ λιμὸς τῷ τοσούτῳ πλήθει τῆς στρατιᾶς ἐπιπεσών, ὃν οὐ προείδετο ὁ βασιλεύς, ὡς ἀπῆλθε πολλοὺς ἀποβαλών (a. 73)·
25 Ῥωμαῖοι δ' ἐτίμησαν τὴν πόλιν, καὶ ἔστιν ἐλευθέρα μέχρι νῦν

23 *λίμαι* CDFh (in hoc etiam *λυμαῖς*) o (add. yp. *λιμὸς*) uwxz (in hoc a in o post mut.) *λίμναι* l, *λοιμὸς* XyL [24 *ὃν*] *ὃς* Cor., *ὥστ'* dubitanter Kr.

φθάνει τῆς πόλεως ἀντικρυς ἁμ' ἡμέρᾳ περὶ τὸ τῆς Ἀδραστείας ὄρος ἱδρύσας τὴν δύναμιν — — Κυζικηνοὺς δὲ Μιθριδάτης δίκα μὲν ἐκ γῆς στρατοπέδοις περιλαβών, ταῖς δὲ ναυσὶν ἐκ θαλάσσης τὸν ἀπὸ τῆς ἠπείρου διείργοντα τὴν πόλιν εὔριπον ἐμφράξας ἑκατέρωθεν ἐπολιόρκει, τὰ μὲν ἄλλα διακειμένους πρὸς τὸν κίνδυνον εὐθαρσῶς καὶ πᾶν ἕνεκα Ῥωμαίων ἐγνωκότας ἐκδέχεσθαι δυσχερές. — — Τῆς δὲ Δασκυλίτιδος λίμνης πλεομένης ἀκάτοις ἐπιεικῶς εὐμεγέθεσι τὸ μέγιστον αὐτῶν ὁ Λούκουλλος ἀνελκύσας καὶ διαγαγὼν ἁμάξῃ πρὸς τὴν θάλατταν ὅσους ἐχώρει στρατιώτας ἐνεβίβασεν. Ἔλαθον δὲ νυκτὸς διαπεράσαντες καὶ παρεισῆλθον εἰς τὴν πόλιν. (11) Μιθριδάτην δέ, ἄχρι μὲν ὑπὸ τῶν ἑαυτοῦ στρατηγῶν ξεναπιζόμενος ἠγνόει τὸν ἐν τῷ στρατοπέδῳ λιμόν, ἠνίων Κυζικηνοὶ διαφεύγοντες τὴν πολιορκίαν. Ταχὺ δ' ἐξερρύη τὸ φιλότιμον αὐτοῦ καὶ φιλόνεικον ἐν αἰσθήσει γενομένου τῶν ἀποριῶν, αἷς αἱ στρατιῶται συνείχοντο, καὶ τῶν ἀνθρωποφαγιῶν. — — Ἐκ τούτου Μιθριδάτης μὲν ἔφυγεν ἐπὶ θάλασσαν, οἱ δὲ στρατηγοὶ πεζοὶ τὸν στρατὸν ἀπήγαγον. Memn. 40. Sall. hist. III fr. 16—28. IV fr. 51 (19), 14. Liv. per. 95. Oros. VI 2, 14. 19. Flor. I 40, 15—17. Eutr. VI 8. Vell. II 33. Ps. Aur. 74, 5. Obseq. 60. Frontin. III 13, 6. IV 5, 21. V 13, 6. Cic. de imp. Cn. Pomp. 8, 20. pro Mur. 15, 33. pro Arch. 9, 21.

16 sqq. cf. Diod. XXXVII fr. 22[b] Ὅτι ὁ Μιθριδάτης ἐξ ἐπιβουλῆς παρ' ὀλίγον ἐκινδύνευσεν ὑποχείριος γενέσθαι τοῖς Κυζικηνοῖς. Συναγωνιζόμενος γάρ τις ἐν ταῖς μεταλλείαις Ῥωμαῖος ἑκατόνταρχος ἐπεβάλετο τοῦτο τελέσαι. διὰ γὰρ τὰς παρ' ἀμφοτέροις μεταλλείας συνεχῶς γινομένων συμπλοκῶν καὶ συλλόγων εἰς γνῶσιν ἦλθε τοῖς τοῦ βασιλέως διὰ τὰς συνεχεῖς πρὸς αὐτοὺς ὁμιλίας. Μονωθεὶς δέ ποτε κατὰ τὴν ἐν τοῖς ὀρύγμασι φυλακὴν καὶ ὑπό τινος τῶν ἐπιστατούντων ἐν τοῖς ἔργοις καταπειραθεὶς περὶ προδοσίας προσεδέξατο τοὺς λόγους προσποιήτως. Ἀνενεχθέντος δὲ τοῦ πράγματος πρὸς τὸν βασιλέα ἐκεῖνος μὲν ἐπιθυμῶν κυριεῦσαι τῆς πόλεως δωρεὰς ἐπηγγείλατο καὶ συνέθετο καιρόν, ἐν ᾧ τὸν σύλλογον ἔδει γενέσθαι· τοῦ δὲ Ῥωμαίου πίστεις τῶν ἐπαγγελιῶν ζητοῦντος ἀπέλυσεν ὁ βασιλεὺς τοὺς ὑπὲρ αὐτοῦ συνθησομένους. Ὁ δὲ οὐκ ἔφησεν ἄλλως πιστεύσειν, ἐὰν μὴ παρὰ τοῦ βασιλέως λάβῃ τοὺς ὅρκους. Ὁ δὲ οὐχ ἡγεῖτο βασιλικῆς ἀξίας οἰκεῖον εἶναι συγκαταβαίνειν εἰς τὰ ὀρύγματα. Ἐπεὶ δὲ ὁ προδότης οὐκ ἔφησεν ἄλλως ὑπακούσεσθαι, ἡ δὲ ἐπίθεσις τοῦ κυριεῦσαι τῆς πόλεως συνεῖχεν, ἠναγκάσθη συγκαταθέσθαι τοῖς ἀξιουμένοις ὁ Μιθριδάτης. Κἂν συνέβη τὸν βασιλέα γενέ-

καὶ χώραν ἔχει πολλήν, τὴν μὲν ἐκ παλαιοῦ, τὴν δὲ τῶν Ῥωμαίων προσθέντων.

εἶναι ὑποχείριον, εἰ μὴ τῶν φίλων τις εὐστόχως καταμαντευσάμενος τὴν ἐπιβουλὴν κατεσκεύασε σύμμετρον μηχανὴν δυναμένην ὀξέως ἀνοίγεσθαί τε καὶ κλείεσθαι· καὶ ταύτης εἰς τὸ ὄρυγμα τεθείσης καὶ τοῦ Μιθριδάτου μετὰ τῶν φίλων συνεμβάντων ὁ ἑκατόνταρχος τοὺς μέλλοντας μεθ' ἑαυτοῦ τῷ βασιλεῖ τὰς χεῖρας προσφέρειν [εἰς τὰς χεῖρας] ... τὸ ξίφος σπασάμενος ὥρμησεν ἐπὶ τὸν βασιλέα. Ὁ δὲ φθάσας συνέκλεισε τὴν θύραν καὶ τὸν κίνδυνον ἐξέφυγεν.

25 sqq. cf. Tac. ann. IV 36 (Cyziceni) amisere libertatem, quam bello Mithridatis meruerant circumsessi nec minus sua constantia quam praesidio Luculli pulso rege. Suet. Tib. 37.

81

Str. XII 4, 3 p. 564 *Πολιτευσάμενοι δὲ πρὸς Ῥωμαίους οἱ Προυσιεῖς εὐνοϊκῶς (a. 73) ἐλευθερίας ἔτυχον.*

Cf. App. Mithr. 77 *Βάρβας δὲ Προυσιάδα εἷλε τὴν πρὸς τῷ ὄρει — — τῶν Μιθριδάτου φρουρῶν ἐκφυγόντων.* Memn. 41 *Ἐπῆλθεν ὁ Τριάριος ἐπὶ Προυσιάδα τὴν ἐπιθαλάσσιον μετὰ τῆς δυνάμεως παραγίνεται. — — Παραγγονότα δὲ ῥᾳδίως οἱ Προυσιεῖς ἐδέξαντο τοὺς Ποντικοὺς διωσάμενοι.*

62

Str. XII 3, 30 p. 556 *Ἐν δὲ τοῖς Καβείροις τὰ βασίλεια Μιθριδάτου κατεσκεύαστο καὶ ὁ ὑδραλέτης καὶ τὰ ζωγρεῖα καὶ αἱ πλησίον θῆραι καὶ τὰ μέταλλα.*

2 τὰ ζώγρια codd. exc. E, unde corr. Cor.

Cf. Plut. Luc. 18 *Τὰ δὲ Κάβειρα λαβὼν* (sc. *ὁ Λούκουλλος* a. 72) *καὶ τῶν ἄλλων φρουρίων τὰ πλεῖστα θησαυρούς τε μεγάλους εὗρε καὶ δεσμωτήρια κτλ.* Memn. 45. App. Mithr. 78.

83

Str. XII, 3, 14 p. 547 *Μετὰ δὲ τὴν Γαζηλῶνα ἡ Σαραμηνὴ καὶ Ἀμισός, πόλις ἀξιόλογος. — — Φησὶ δ' αὐτὴν Θεό-*

1 γαδιλῶνα codd.: corr. Groak.

πομπος (fr. 202 M.) πρώτους Μιλησίοις κτίσαι, ... Καππαδόκων ἄρχοντα, τρίτον δ' ὑπ' Ἀθηνοκλέους καὶ Ἀθηναίων 5 ἐποικισθεῖσαν Πειραιᾶ μετονομασθῆναι. Καὶ ταύτην δὲ κατέσχον οἱ βασιλεῖς, ὁ δ' Εὐπάτωρ ἐκόσμησεν ἱεροῖς καὶ προσέκτισε μέρος. Λεύκολλος δὲ καὶ ταύτην ἐπολιόρκησεν (a. 72/1).

3 πρώτον ca | Ante Καππαδόκων add καὶ i καὶ εἶτα οα, εἶτα Cas., qui tamen recte susp. plura excidisse | 4 ἀποικισθεῖσαν gxy

Cf. App. Mithr. 78 Λεύκολλος δ' Ἀμισὸν — — περικαθήμενος ἐπολιόρκει — — Οἱ δ' ἀμφὶ τὴν Ἀμισὸν — — ἐμόχθουν ἀπομαχομένων αὐτοῖς τῶν Ἀμισέων καὶ πολλάκις ἐκθεόντων καὶ ἐς μονομαχίας προκαλουμένων. Ib. 83 Λεύκολλος δὲ καὶ Ἀμισὸν ἐπὶ τῇ Σινώπῃ συνῴκιζεν ἐκφυγόντων μὲν ὁμοίως τῶν Ἀμισέων διὰ θαλάσσης, πυνθανόμενος δ' ὑπ' Ἀθηναίων αὐτοὺς θαλασσοκρατούντων συνῳκίσθαι καὶ δημοκρατίᾳ χρησαμένους ἐπὶ πολὺ τοῖς Περσικοῖς βασιλεῦσιν ὑπακοῦσαι, ἀναγαγόντος δ' αὐτοὺς ἐς τὴν δημοκρατίαν ἐκ προστάγματος Ἀλεξάνδρου (cf. lb. 8) πάλιν δουλεῦσαι τοῖς Ποντικοῖς κτλ. Plut. Luc. 15 Ὁ Λούκουλλος περί τε τὴν Ἀμισὸν διέτριψε μαλακῶς τῇ πολιορκίῃ χρώμενος καὶ μετὰ χειμῶνα Μουρήναν ἀπολιπὼν ἐπὶ τῆς πολιορκίας ἐβάδιζεν ἐπὶ Μιθριδάτην. Ib. 19 Αὐτὸς δ' (sc. ὁ Λούκουλλος) ἧκε πρὸς Ἀμισὸν ἔτι πολιορκουμένην. — — Τὰ δὲ πλεῖστα τῶν ἀπολωλότων αὐτὸς ἔτι παρὼν ἀνῳκοδόμησε καὶ τοὺς φεύγοντας Ἀμισηνῶν ἐδέξατο — — Ἦν δ' ἡ πόλις Ἀθηναίων ἄποικος ἐν ἐκείνοις ἄρα τοῖς καιροῖς, ἐν οἷς ἤκμαζεν ἡ δύναμις αὐτῶν καὶ κατεῖχε τὴν θάλασσαν, οἰκισθεῖσα. Memn. 54. Phlegon fr. 12 (Mueller FHG III p. 606). Sall. hist. IV fr. 42 (1). Eutr. VI 8. Cic. de imp. Cn. Pomp. 8, 21.

84

Str. XII 3, 11 p. 546 Αὕτη δ' ἡ πόλις (sc. ἡ Σινώπη) τετείχισται καλῶς, καὶ γυμνασίῳ δὲ καὶ ἀγορᾷ καὶ στοαῖς κεκόσμηται λαμπρῶς. Τοιαύτη δὲ οὖσα δὶς ὅμως ἑάλω, πρότερον μὲν τοῦ Φαρνάκου παρὰ δόξαν αἰφνιδίως ἐπιπεσόντος, 5 ὕστερον δὲ ὑπὸ Λευκόλλου καὶ τοῦ ἐγκαθημένου τυράννου καὶ

2 δὶ includit Cor., τε susp. Kr.

Cf. App. Mithr. 83 Σινώπη δ' ἀντεῖχεν ἔτι καρτερῶς καὶ διεναυμάχησεν οὐ κακῶς. Πολιορκούμενοι δὲ τὰς ναῦς τὰς βαρυτέρας σφῶν διέπρησαν καὶ ἐς τὰς κουφοτέρας ἐμβάντες ἀπέδρασαν. Λεύκολλος δὲ τὴν πόλιν εὐθὺς ἐλευθέραν ἠφίει δι' ἐνύπνιον, ὃ τοιόνδε ἦν· Αὐτόλυκον

ἐντὸς ἅμα καὶ ἐκτὸς πολιορκουμένη (s. 71)· ὁ γὰρ ἐγκαταστα-
θεὶς ὑπὸ τοῦ βασιλέως φρούραρχος Βακχίδης ὑπονοῶν ἀεὶ
τινα προδοσίαν ἐκ τῶν ἔνδοθεν καὶ πολλὰς αἰκίας καὶ σφα-
γὰς ποιῶν ἀπαγορεῦσαι τοὺς ἀνθρώπους ἐποίησε πρὸς ἅμφω,
μήτ᾽ ἀμύνασθαι δυναμένους γενναίως μήτε προσθέσθαι κατὰ 10
συμβάσεις. Ἑάλωσαν δ᾽ οὖν· καὶ τὸν μὲν ἄλλον κόσμον τῆς
πόλεως διεφύλαξεν ὁ Λεύκολλος, τὴν δὲ τοῦ Βιλλάρου σφαῖ-
ραν ἦρε καὶ τὸν Αὐτόλυκον, Σθένιδος ἔργον, ὃν ἐκεῖνοι οἰκι-
στὴν ἐνόμιζον καὶ ἐτίμων ὡς θεόν· ἦν δὲ καὶ μαντεῖον αὐτοῦ·
δοκεῖ δὲ τῶν Ἰάσονι συμπλευσάντων εἶναι καὶ κατασχεῖν τοῦ- 15
τον τὸν τόπον.

13 Αὐτόλυτον codd. (sed x postea corr.): corr. Xyl | δὲ ἔργον h δ᾽
ἔργον i | 15 τῶν] τῷ lo, τῶν τῷ Cas.

φασιν ἐπὶ τὰς Ἀμαζόνας Ἡρακλεῖ συστρατεύοντα ὑπὸ χειμῶνος ἐς Σι-
νώπην καταχθῆναι καὶ τῆς πόλεως κρατῆσαι· ἀνδριάς τε σεβάσμιος τοῖς
Σινωπεῦσιν ἔχρα, ὃν οἱ μὲν Σινωπεῖς οὐ φθάσαντες ἐς φυγὴν ἐπαγα-
γέσθαι ὀθόναις καὶ καλῳδίοις περιέθησαν· οὐδὲν δ᾽ ὁ Λεύκολλος εἰδὼς
οὐδὲ προμαθὼν ἔδοξεν ὑπ᾽ αὐτοῦ πληθεὶς ὁρᾶν αὐτὸν καὶ τῆς ἐπιούσης
τὸν ἀνδριάντα τινῶν περιβεβλημένον παραιρούντων ἐκλῦσαι κελεύσας
εἶδεν οἷον ἔδοξε νυκτὸς ἑωρακέναι. Plut. Luc. 23 (Ὁ Λούκουλλος) τοὺς
στρατιώτας ἀναλαβὼν ἐπολιόρκει Σινώπην, μᾶλλον δὲ τοὺς κατέχοντας
αὐτὴν βασιλικοὺς Κίλικας, οἳ πολλοὺς μὲν ἀνελόντες τῶν Σινωπέων, τὴν
δὲ πόλιν ἐμπρήσαντες διὰ νυκτὸς ἔφυγον. Αἰσθόμενος δ᾽ ὁ Λούκουλλος
καὶ παρελθὼν εἰς τὴν πόλιν ὀκτακισχιλίους αὐτῶν τοὺς ἐγκαταλειφθέν-
τας ἀπέκτεινε, τοῖς δ᾽ ἄλλοις ἀπέδωκε τὰ οἰκεῖα καὶ τῆς πόλεως ἐπε-
μελήθη μάλιστα διὰ τὴν τοιαύτην ὄψιν. Ἐδόκει τινὰ κατὰ τοὺς ὕπνους
εἰπεῖν παραστάντα· "Πρόελθε, Λούκουλλε, μικρόν· ἥκει γὰρ Αὐτόλυκος
ἐντυχεῖν σοι βουλόμενος." Ἐξαναστὰς δὲ τὴν μὲν ὄψιν οὐκ εἶχε συμβα-
λεῖν εἰς ὅ τι φέροι, τὴν δὲ πόλιν εἷλε κατ᾽ ἐκείνην τὴν ἡμέραν καὶ τοὺς
ἐκπλέοντας τῶν Κιλίκων διώκων ὁρᾷ παρὰ τὸν αἰγιαλὸν ἀνδριάντα κεί-
μενον, ὃν ἐκκομίζοντες οἱ Κίλικες οὐκ ἔφθησαν ἐμβαλέσθαι· τὸ δ᾽ ἔργον
ἦν Σθένιδος τῶν καλῶν. Φράζει οὖν τις, ὡς Αὐτολύκου τοῦ κτίσαντος
τὴν Σινώπην ὁ ἀνδριὰς εἴη. Λέγεται δ᾽ ὁ Αὐτόλυκος γενέσθαι τῶν ἐπὶ
τὰς Ἀμαζόνας ἐκ Θετταλίας Ἡρακλεῖ συστρατευσάντων, Δηϊμάχου παῖς·
ἐκεῖθεν δ᾽ ἀποπλέων ἅμα Δημολέοντι καὶ Φλογίῳ τὴν μὲν ναῦν ἀπολέ-
σαι περιπεσοῦσαν τῆς Χερρονήσου κατὰ τὸ καλούμενον Πηδάλιον, αὐτὸς
δὲ σωθεὶς μετὰ τῶν ὅπλων καὶ τῶν ἑταίρων πρὸς τὴν Σινώπην ἀφελέ-
σθαι τοὺς Σύρους τὴν πόλιν (cf. Apoll. Rhod. II 956 sqq. cum schol.).
Memn. 53 sq. Oros. VI 3, 2 sq. Eutr. VI 6. Cic. de Imp. Cn.
Pomp. 8, 21.

65

Str. XII 3, 39 p. 561 Ἔστι δὲ καὶ ἐρύματα πλείω κατεσκαμμένα ἐν τῇ ἡμετέρᾳ χώρᾳ (sc. τῶν Ἀμασέων) καὶ ἔρημος γῆ πολλὴ διὰ τὸν Μιθριδατικὸν πόλεμον (a. 71).

Cf. Memn. 54 Ἔτι δὲ ἡ Ἀμάσεια ἀντεῖχεν, ἀλλὰ μετ' οὐ πολὺ καὶ αὐτὴ προσεχώρησε Ῥωμαίοις.

66

a. Str. XI 14, 15 p. 531,2 Κατεῖχον τὴν Ἀρμενίαν Πέρσαι καὶ Μακεδόνες, μετὰ ταῦτα οἱ τὴν Συρίαν ἔχοντες καὶ τὴν Μηδίαν· τελευταῖος δ' ὑπῆρξεν Ὀρόντης ἀπόγονος Ὑδάρνου, τῶν ἑπτὰ Περσῶν ἑνός· εἶθ' ὑπὸ τῶν Ἀντιόχου τοῦ μεγάλου
5 στρατηγῶν τοῦ πρὸς Ῥωμαίους πολεμήσαντος διῃρέθη δίχα, Ἀρταξίου τε καὶ Ζαριάδριος· καὶ ἦρχον οὗτοι τοῦ βασιλέως ἐπιτρέψαντος· ἡττηθέντος δ' ἐκείνου προσθέμενοι Ῥωμαίοις καθ' αὑτοὺς ἐτάττοντο βασιλεῖς προσαγορευθέντες. Τοῦ μὲν οὖν Ἀρταξίου Τιγράνης ἦν ἀπόγονος καὶ εἶχε τὴν ἰδίως λεγο-
10 μένην Ἀρμενίαν (αὕτη δ' ἦν προσεχὴς τῇ τε Μηδίᾳ καὶ Ἀλβανοῖς καὶ Ἴβηρσι μέχρι Κολχίδος καὶ τῆς ἐπὶ τῷ Εὐξείνῳ Καππαδοκίας), τοῦ δὲ Ζαριάδριος ὁ Σωφηνὸς Ἀρτάνης ἔχων τὰ νότια μέρη καὶ τούτων τὰ πρὸς δύσιν μᾶλλον. Κατελύθη δ' οὗτος ὑπὸ τοῦ Τιγράνου, καὶ πάντων κατέστη κύριος ἐκεῖ-
15 νος. Τύχαις δ' ἐχρήσατο ποικίλαις· κατ' ἀρχὰς μὲν γὰρ ὡμήρευσε παρὰ Πάρθοις, ἔπειτα δι' ἐκείνων ἔτυχε καθόδου λαβόντων μισθὸν ἑβδομήκοντα αὐλῶνας τῆς Ἀρμενίας· αὐξηθεὶς δὲ καὶ ταῦτα ἀπέλαβε τὰ χωρία καὶ τὴν ἐκείνων ἐπόρθησε, τήν τε περὶ Νίνον καὶ τὴν περὶ Ἄρβηλα· ὑπηκόους δ' ἔσχε

12 Ἀρτάνης] Ἀρσάκης Steph. s. v. Σωφηνή | 19 περὶ Νίνον] παρίνιον codd.: corr. Xyl.

15 sq. cf. Iust. XXXVIII 3, 1 *Erat eo tempore Tigranes rex Armeniae, obses Parthis ante multum temporis datus nec olim ab eisdem in regnum paternum remissus.*

17 sqq. cf. Plut. Luc. 21 Τιγράνῃ αὐτοῦ κελευσθεὶς (sc. Appius Claudius legatus a Lucullo missus) περιμένειν (ἀπῆν γὰρ ἐνίας ἔτι τῶν ἐν Φοινίκῃ πόλεων καταστρεφόμενος) πολλοὺς μὲν ᾠκειώσατο τῶν ὑπούλως ἀκροωμένων τοῦ Ἀρμενίου δυναστῶν, ὧν εἷς ἦν καὶ Ζαρβιη-

καὶ τὸν Ἀτροπατηνὸν καὶ τὸν Γορδυαῖον, μεθ' ὧν καὶ τὴν λοιπὴν Μεσοποταμίαν, ἔτι δὲ τὴν Συρίαν αὐτὴν (a. 83) καὶ Φοινίκην διαβὰς τὸν Εὐφράτην ἀνὰ κράτος εἷλεν.

b. Str. XI 14, 5 p. 528 Ἱστοροῦσι δὲ τὴν Ἀρμενίαν μικρὰν πρότερον οὖσαν αὐξηθῆναι διὰ τῶν περὶ Ἀρταξίαν καὶ Ζαριάδριν, οἳ πρότερον μὲν ἦσαν Ἀντιόχου τοῦ μεγάλου στρατηγοί, βασιλεύσαντες δ' ὕστερον μετὰ τὴν ἐκείνου ἧτταν, ὁ μὲν τῆς Σωφηνῆς καὶ τῆς † Ἀκισηνῆς καὶ Ὀδομαντίδος καὶ ἄλλων τινῶν, ὁ δὲ τῆς περὶ Ἀρτάξατα, συνηύξησαν ἐκ τῶν περικειμένων ἐθνῶν ἀποτεμόμενοι μέρη, ἐκ Μήδων μὲν τήν τε Κασπιανὴν καὶ Φαυνῖτιν καὶ Βασοροπέδαν, Ἰβήρων δὲ τήν τε παρώρειαν τοῦ Παρυάδρου καὶ τὴν Χορζηνὴν καὶ Γωγαρηνὴν πέραν οὖσαν τοῦ Κύρου, Χαλύβων δὲ καὶ Μοσυνοίκων Καρηνῖτιν καὶ Ξερξηνήν, ἃ τῇ μικρᾷ Ἀρμενίᾳ ἐστὶν ὅμορα ἢ καὶ μέρη αὐτῆς ἐστι, Καταόνων δὲ Ἀκιλισηνὴν καὶ τὴν περὶ τὸν Ἀντίταυρον, Σύρων δὲ Ταρωνῖτιν, ὥστε πάντας ὁμογλώττους εἶναι.

c. Str. XVI 1, 19 p. 745 Τῶν μὲν οὖν Μήδων καὶ τῶν Βαβυλωνίων ἐπάρχουσι Παρθυαῖοι, τῶν δ' Ἀρμενίων οὐδ'

21 Ante τὴν Συρίαν add. καὶ Ιοτwκκ | 24,25 ζαριάδην codd.: corr. Tyrwhitt | 27 Ἀκιλισηνῆς Cas., Ἀκρισσηνήν e Steph. a. v. suprp. Kr., quod nomen a Strab. scriptum esse Ἀνδιατηνῆς coni. MuelL ex Ptolem. | 29 παρακειμένων om | μέρος hi | 30 φαννίτην codd.: corr. Tzsch. | 31 Παρπάδρου] παιάδρου CDhlozs πυιάνδρου l: corr. Xyl. | χορζενὴν codd. | 33 Ante Καρηνῖτιν add. τήν τε Dhl | καρηνητὴν l καρηνίτην codd. rell. | 34 ἀκιλισηνὴν codd.: corr. Tzsch. | 35 ταμωνῖτις codd.: corr. Kr.

νὸς ὁ τῆς Γορδιηνῆς βασιλεύς. — — Ἀρξάμενος γὰρ (ὁ Τιγράνης) ἀπὸ μικρᾶς καὶ καταφρονουμένης ἐλπίδος ἔθνη πολλὰ κατεστρέψατο καὶ τὴν Πάρθων ὡς ἄλλος οὐδεὶς δύναμιν ἐταπείνωσεν, Ἑλλήνων δὲ τὴν Μεσοποταμίαν ἐνέπλησε κτλ. Cf. Ib. c. 14. Eutr. VI 8, 4 *Susceptus tamen est Mithridates post fugam a Tigrane Armeniae rege, qui tum ingenti gloria imperabat, Persas saepe vicerat, Mesopotamiam occupaverat et Syriam et Phoenices partem.* App. Syr. 48 Καὶ βασιλεὺς Ἀρμενίας Τιγράνης ὁ Τιγράνους ἔθνη πολλὰ τῶν περιοίκων ἰδίαις δυνάσταις χρώμενα ἑλὼν βασιλεὺς ἀπὸ τοῦδε βασιλέων ἡγεῖτο εἶναι καὶ τοῖς Σελευκίδαις ἐπεστράτευεν οὐκ ἐθέλουσιν ὑπακούειν. Οὐχ ὑποστάντος δ' αὐτὸν Ἀντιόχου τοῦ εὐσεβοῦς ὁ Τιγράνης ἦρχε Συρίας τῆς μετ' Εὐφράτην, ὅσα γένη Σύρων μέχρι Αἰγύπτου. Ἦρχε δὲ ὁμοῦ καὶ Κιλικίας (καὶ γὰρ ᾖδε τοῖς

ἅπαξ· ἀλλ' ἔφοδοι μὲν γεγόνασι πολλάκις, ἀνὰ κράτος δ' οὐχ
40 ἑάλωσαν, ἀλλ' ὅ γε Τιγράνης καὶ ἐρρωμένως ἀντεπεκράτησεν,
ὡς ἐν τοῖς Ἀρμενιακοῖς εἴρηται.

Σελευκίδαις ὑπήκοσε) Μαγαδάτην στρατηγὸν ἐπιτάξας ἅπασιν ἐπὶ ἔτη
τεσσαρεσκαίδεκα. Cf. Ib. 70. Iust. XL 1.

87

Str. XIII 1, 55 p. 609, 10 Ἐκ δὲ τῆς Σκήψεως καὶ — —
Μητρόδωρος, ἀνὴρ ἐκ τοῦ φιλοσόφου μεταβεβληκὼς ἐπὶ τὸν
πολιτικὸν βίον καὶ ῥητορεύων τὸ πλέον ἐν τοῖς συγγράμμα-
σιν· ἐχρήσατο δὲ φράσεώς τινι χαρακτῆρι καινῷ καὶ κατε-
5 πλήξατο πολλούς· διὰ δὲ τὴν δόξαν ἐν Χαλκηδόνι γάμου
λαμπροῦ πένης ὢν ἔτυχε καὶ ἐχρημάτιζε Χαλκηδόνιος· Μιθρι-
δάτην δὲ θεραπεύσας τὸν Εὐπάτορα συναπῆρεν εἰς τὸν Πόν-
τον ἐκείνῳ μετὰ τῆς γυναικὸς καὶ ἐτιμήθη διαφερόντως
ταχθεὶς ἐπὶ τῆς δικαιοδοσίας, ἀφ' ἧς οὐκ ἦν τῷ κριθέντι
10 ἀναβολὴ τῆς δίκης ἐπὶ τὸν βασιλέα. Οὐ μέντοι διευτύχησεν,
ἀλλ' ἐμπεσὼν εἰς ἔχθραν ἀδικωτέρων ἀνθρώπων ἀπέστη τοῦ
βασιλέως κατὰ τὴν πρὸς Τιγράνην τὸν Ἀρμένιον πρεσβείαν·

4 κατεπλήξαντο F κατέπληξε mox, κατέπληξε τοὺς πολλοὺς Cor. |
6 ἐχρημάτισε E | Χαλκηδόνιος Dh | 9 Λυω ἐπὶ add. καὶ F | ἀφ'] ἐφ' codd.:
corr. Cas. [10 ἀναβολή] βουλὴ codd.: corr. Cas.

Cf. Plut. Luc. 22 Καὶ δὴ λόγων γενομένων ἀπορρήτων τὰς πρὸς
ἀλλήλους ἐθεράπευον ὑποψίας (sc. ὁ Τιγράνης καὶ ὁ Μιθριδάτης) ἐπὶ
κακῷ τῶν φίλων εἰς ἐκείνους τὰς αἰτίας τρέποντες. Ὧν ἦν καὶ Μητρό-
δωρος ὁ Σκήψιος, ἀνὴρ εἰπεῖν οὐκ ἀηδὴς καὶ πολυμαθής, ἄκρῃ δὲ φιλίᾳ
τοσαύτῃ χρησάμενος, ὥστε πατὴρ προσαγορεύεσθαι τοῦ βασιλέως. Τοῦ-
τον, ὡς ἔοικεν, ὁ Τιγράνης πεμφθέντα πρεσβευτὴν ὑπὸ τοῦ Μιθριδάτου
πρὸς αὐτὸν δεομένου βοηθεῖν ἐπὶ Ῥωμαίους ἤρετο· 'Σὺ δ' αὐτός, ὦ
Μητρόδωρε, τί μοι περὶ τούτων παραινεῖς;' Κἀκεῖνος, εἴτε πρὸς τὸ Τι-
γράνου συμφέρον εἴτε Μιθριδάτην σῴζεσθαι μὴ βουλόμενος, ὡς μὲν
πρεσβευτὴς ἔφη κελεύειν, ὡς δὲ σύμβουλος ἀπαγορεύειν. Ταῦτ' ἐξή-
νεγκεν ὁ Τιγράνης τῷ Μιθριδάτῃ καὶ κατεῖπεν ὡς οὐδὲν ἐργασομένῳ
τὸν Μητρόδωρον ἀνήκεστον. Ὁ δ' εὐθὺς ἀνῄρητο· καὶ μετάνοια τὸν
Τιγράνην εἶχεν οὐ παντελῶς ὄντα τῷ Μητροδώρῳ τῆς συμφορᾶς αἴτιον,
ἀλλὰ ῥοπήν τινα τῷ πρὸς αὐτὸν ἔχθει τοῦ Μιθριδάτου προσθέντα.
Πάλαι γὰρ ὑποίλως εἶχε πρὸς τὸν ἄνδρα κτλ.

ὁ δ' ἄκοντα ἀνέπεμψεν αὐτὸν τῷ Εὐπάτορι φεύγοντι ἤδη τὴν προγονικὴν, κατὰ δὲ τὴν ὁδὸν κατέστρεψε τὸν βίον (a. 70) εἴθ' ὑπὸ τοῦ βασιλέως, εἴθ' ὑπὸ νόσου· λέγεται γὰρ ἀμφότερα. 15

*88

Plut. Luc. 28 (Mueller FHG III p. 492sq. fr. 8) Ταύτης τῆς μάχης (sc. ad Tigranocerta commissae a. 69) Ἀντίοχος ὁ φιλόσοφος ἐν τῇ Περὶ θεῶν γραφῇ μνησθεὶς οὔ φησιν ἄλλην ἑωρακέναι τοιαύτην τὸν ἥλιον. Στράβων δ', ἕτερος φιλόσοφος, ἐν τοῖς ἱστορικοῖς ὑπομνήμασιν λέγει τοὺς 5 Ῥωμαίους αἰσχύνεσθαι καὶ καταγελᾶν ἑαυτῶν ἐπ' ἀνδράποδα τοιαῦτα δεηθέντας ὅπλων.

4 τοιαύτην ἑωρακέναι cod. Parisin. C

De ipsa pugna cf. App. Mithr. 85. Memn. 57. Phlegon. fr. 12 (Mueller FHG III p. 606). Cass. Dio. XXXVI fr. 3ᵃ. Liv. per. 98. Oros. VI 3, 6sqq. Eutr. VI 9. Ps. Aur. 74, 6. Fest. 15. Frontin. II 1, 14. 2, 4.

89

a. Str. XI 14, 15 p. 532 Ἐπὶ τοσοῦτον δ' ἐξαρθεὶς (sc. ὁ Τιγράνης) καὶ πόλιν ἔκτισε πλησίον τῆς † Ἰβηρίας μεταξὺ ταύτης τε καὶ τοῦ κατὰ τὸν Εὐφράτην Ζεύγματος, ἣν ὠνόμασε Τιγρανόκερτα, ἐκ δώδεκα ἐρημωθεισῶν ὑπ' αὐτοῦ πόλεων Ἑλληνίδων ἀνθρώπους συναγαγών. Ἔφθη δ' ἐπελθὼν 5 Λεύκολλος (a. 69) ὁ τῷ Μιθριδάτῃ πολεμήσας καὶ τοὺς μὲν οἰκήτορας εἰς τὴν οἰκείαν ἑκάστου ἀπέλυσε, τὸ δὲ κτίσμα ἡμιτελὲς ἔτι ὂν κατέσπασε προσβαλὼν καὶ μικρὰν κώμην κατέλιπεν, ἐξήλασε δὲ καὶ τῆς Συρίας αὐτὸν καὶ τῆς Φοινίκης.

2 ἐκτιζε CDhir | Ἰβηρίης corruptum, τοῦ Νιμφαίου Coliar., τῆς Ἀρμενίας Falconer, τῆς Ἀσσυρίας Grosk., τῆς Νισίβιος Kr., τῆς Ὀλβηρίης Muell.

1 sqq. cf. App. Mithr. 84 Μαγναίῳ δὲ Τιγρανόκερτα φυλάττειν ἐπέτρεψεν (sc. ὁ Τιγράνης), ἥντινα πόλιν — — ἐπὶ τιμῇ τῇ ἑαυτοῦ βασιλεὺς ἐν ἐκείνῳ γενέσθαι τῷ χωρίῳ συνῴκιζε καὶ τοὺς ἀρίστους ἐς αὐτὴν συνεκάλει ζημίαν ἐπιτιθεὶς ὅσα μὴ μεταφέροιεν δεδημεύσθαι. — —

b. Str. XII 2, 9 p. 539 *Διέθηκε δὲ φαύλως αὐτοὺς* (sc. *τοὺς Μαζακηνοὺς) Τιγράνης ὁ Ἀρμένιος, ἡνίκα τὴν Καππαδοκίαν κατέδραμεν· ἅπαντας γὰρ ἀναστάτους ἐποίησεν εἰς τὴν Μεσοποταμίαν καὶ τὰ Τιγρανόκερτα ἐκ τούτων συνῴκισε τὸ πλέον· ὕστερον δ' ἐπανῆλθον οἱ δυνάμενοι μετὰ τὴν τῶν Τιγρανοκέρτων ἅλωσιν* (s. 69).

c. Str. XVI 1, 24 p. 747 *Ἔδοξαν οἱ Γορδυαῖοι διαφερόντως ἀρχιτεκτονικοί τινες εἶναι καὶ πολιορκητικῶν ὀργάνων ἔμπειροι· διόπερ αὐτοῖς εἰς ταῦτα ὁ Τιγράνης ἐχρῆτο.*

10 αὐτοὺς φαύλως C

Μαγκαῖον δὲ Σεξτίλιος ἐς Τιγρανόκερτα καταπλεύσας τὰ μὲν βασίλεια αὐτίκα ἀτείχιστα ὄντα διήρπασε, τὴν δὲ πόλιν καὶ τὸ φρούριον ἀπετάφρευε καὶ μηχανὰς ἐφίστη καὶ ὑπονόμοις ἀνερρήμνη τὸ τεῖχος. Ib. 86 *Γιγνομένην δὲ τὴν ἧτταν ὁ Μαγκαῖος ἐφορῶν ἀπὸ Τιγρανοκέρτων τοὺς Ἕλληνας, οἳ ἐμισθοφόρουν αὐτῷ, πάντας ἐξώπλισεν ὑποπτεύων· οἳ συλληψιν δεδιότες — — Ῥωμαίους ἔξωθεν ἐκάλουν τε καὶ ἀναβαίνοντας ἐδέχοντο. Οὕτω μὲν ἑάλω Τιγρανόκερτα, καὶ πλοῦτος διηρπάζετο πολὺς οἷα πόλεως νεοκατασκεύου, φιλοτίμως συνηγμένης.* Plut. Luc. 26 *Ἄρας δὲ Λούκουλλος ἐπορεύετο πρὸς Τιγρανόκερτα καὶ περιστρατοπεδεύσας ἐπολιόρκει τὴν πόλιν. Ἦσαν δ' ἐν αὐτῇ πολλοὶ μὲν Ἕλληνες τῶν ἀναστάτων ἐκ Κιλικίας, πολλοὶ δὲ βάρβεροι τοῖς Ἕλλησιν ὅμοια πεπονθότες, Ἀδιαβηνοὶ καὶ Ἀσσύριοι καὶ Γορδυηνοὶ καὶ Καππάδοκες, ὧν κατασκάψας τὰς πατρίδας, αὐτοὺς δὲ κομίσας ἐκεῖ κατοικεῖν ἠνάγκασεν κτλ.* Ib. 29 *Ἐν δὲ τῇ πόλει τοῖς Τιγρανοκέρτοις τῶν Ἑλλήνων πρὸς τοὺς βαρβάρους στασιασάντων καὶ τῷ Λουκούλλῳ τὴν πόλιν ἐνδιδόντων προσβαλὼν εἷλε — — Τοὺς δ' Ἕλληνας εἰς τὰς αὐτῶν πατρίδας ἔπεμψε προσθεὶς ἐφόδια καὶ τῶν βαρβάρων ὁμοίως τοὺς ἠναγκασμένους κατοικεῖν, ὥστε συνέβη μιᾶς πόλεως διαλυθείσης πολλὰς ἀνοικίζεσθαι πάλιν κομιζομένας τοὺς αὐτῶν οἰκήτορας.* Cf. Ib. 14. 21. Cass. Dio. XXXVI fr. 3°. 4. Eutr. VI 8. Fest. 15. Asin. Quadrat. fr. 14 (Mueller FHG III p. 860).

10sqq. cf. App. Mithr. 87 *Τιγράνη τὸν γαμβρὸν Μιθριδάτης ἔπεισεν ἐς Καππαδοκίαν ἐμβαλεῖν ὥσπερ ἀφ' ἑαυτοῦ. — — Ὁ δ' Ἀρμένιος Καππαδοκίαν σαγηνεύσας ἐς τριάκοντα μυριάδας ἀνθρώπων ἀνασπάστους ἐς Ἀρμενίαν ἐποίησε καὶ συνῴκιζεν αὐτοὺς μεθ' ἑτέρων ἔς τι χωρίον, ἔνθα πρῶτον Ἀρμενίας τὸ διάδημα αὐτὸς περιεθήκατο, καὶ Τιγρανόκερτα ἀφ' ἑαυτοῦ προσεῖπεν· δύναται δ' εἶναι Τιγρανόπολις.* Id. Ib. 115 *Ἐν δὲ Καππαδοκίᾳ Μάζακα ὑπὸ πολέμου λελυμασμένην ἐς τέλος ἤγειρεν αὖθις* (sc. ὁ Πομπήιος). Cf. Plut. Luc. 21. 26.

90

Str. XVI 2, 3 p. 749 *Κατὰ τοῦτο δὲ* (sc. *τὸ ζεῦγμα τοῦ Εὐφράτου*) *Σελεύκεια ἵδρυται, φρούριον τῆς Μεσοποταμίας προσωρισμένον ὑπὸ Πομπηίου τῷ Κομμαγηνῷ· ἐν ᾧ τὴν Σελήνην ἐπικληθεῖσαν Κλεοπάτραν Τιγράνης ἀνεῖλε καθείρξας χρόνον τινά, ἡνίκα τῆς Συρίας ἐξέπεσεν* (a. 69).

2 τῆς om. E | 3 τῇ κομμαγηνῇ mos

3 sq. cf. Ios. A. I. XIII 16, 4.

91

Str. XI 14, 0 p. 528/9 *Πόλεις δ' εἰσὶν τῆς Ἀρμενίας Ἀρτάξατά τε, ἣν καὶ Ἀρταξιάσατα καλοῦσιν, Ἀννίβα κτίσαντος Ἀρταξίᾳ τῷ βασιλεῖ καὶ Ἄρξατα, ἀμφότεραι ἐπὶ τῷ Ἀράξῃ, ἡ μὲν Ἄρξατα πρὸς τοῖς ὅροις τῆς Ἀτροπατίας, ἡ δὲ Ἀρτάξατα πρὸς τῷ Ἀραξηνῷ πεδίῳ συνῳκισμένη καλῶς καὶ βασίλειον οὖσα τῆς χώρας.*

1 τῆς om. Cl | 5 ἀρταξινῷ Dh ἀρταξηνῷ codd. rell.; corr. Salmas.

Cf. Plut. Luc. 31 Ἀναστὰς ἐβάδιζεν (sc. ὁ *Λούκουλλος* a. 68) ἐπ' Ἀρτάξατα τὸ Τιγράνου βασίλειον. — — *Λέγεται δ' Ἀννίβαν τὸν Καρχηδόνιον Ἀντιόχου καταπολεμηθέντος ὑπὸ Ῥωμαίων μεταβάντα πρὸς Ἀρτάξαν τὸν Ἀρμένιον ἄλλων τε πολλῶν εἰσηγητὴν καὶ διδάσκαλον αὐτῷ γενέσθαι χρησίμων καὶ τῆς χώρας καταμαθόντα τόπον εὐφυέστατον καὶ ἥδιστον ἀργοῦντα καὶ παρορώμενον σχῆμα πόλεως ἐν αὐτῷ προϋπογράψασθαι καὶ τὸν Ἀρτάξαν ἐπαγαγόντα δεῖξαι καὶ παρορμῆσαι πρὸς τὸν οἰκισμόν. Ἡσθέντος δὲ τοῦ βασιλέως καὶ δεηθέντος, ὅπως αὐτὸς ἐπιστατήσῃ τοῦ ἔργου, μέγα τι καὶ πάγκαλον χρῆμα πόλεως ἀναστῆναι καὶ γενομένην ἐπώνυμον τοῦ βασιλέως μητρόπολιν ἀποδειχθῆναι τῆς Ἀρμενίας.* Cf. ib. 32.

92

Str. XVI 1, 23 p. 747 *Ἔστι δ' ἡ μὲν παρόρειος* (sc. *τῆς Μεσοποταμίας*) *εὐδαίμων ἱκανῶς· ἔχουσι δ' αὐτῆς τὰ μὲν πρὸς*

1 παρόρειος Dh παρώριος add. rell. exc. E

Cf. Plut. Luc. 32 (Ὁ *Λούκουλλος*) *διελθὼν τὸν Ταῦρον εἰς τὴν λεγομένην Μιγδονικὴν κατέβαινε* (a. 68). *χώραν πάμφορον καὶ ἀλεεινὴν*

τῷ Εὐφράτῃ καὶ τῷ Ζεύγματι — — οἱ Μυγδόνες κατονομασθέντες ὑπὸ τῶν Μακεδόνων· ἐν οἷς ἐστιν ἡ Νίσιβις, ἣν καὶ αὐτὴν Ἀντιόχειαν τὴν ἐν τῇ Μυγδονίᾳ προσηγόρευσαν.

3 Post οἱ add. τε codd.: del. Groak.

καὶ πόλιν ἐν αὐτῇ μεγάλην καὶ πολυάνθρωπον ἔχουσαν, ἣν οἱ μὲν βάρβαροι Νίσιβιν, οἱ δ' Ἕλληνες Ἀντιόχειαν Μυγδονικὴν προσηγόρευον. Cf. Ios. XX 3, 2. Steph. Byz. s. v.

93

Str. XII 3, 33 p. 557/8 Ὀψὲ δὲ Μοαφέρνης, ὁ θεῖος τῆς μητρὸς ἡμῶν, ἐς ἐπιφάνειαν ἦλθεν ἤδη πρὸς καταλύσει τῆς βασιλείας (sc. τῆς Μιθριδάτου), καὶ πάλιν τῷ βασιλεῖ συνητύχησαν καὶ αὐτὸς καὶ οἱ ἐκείνου φίλοι πλὴν εἴ τινες ἔφθησαν προαποστάντες αὐτοῦ, καθάπερ ὁ πάππος ἡμῶν ὁ πρὸς [πατρὸς] αὐτῆς, ὃς ἰδὼν τὰ τοῦ βασιλέως κακῶς φερόμενα ἐν τῷ πρὸς Λεύκολλον πολέμῳ καὶ ἅμα ἠλλοτριωμένος αὐτοῦ δι' ὀργήν, ὅτι ἀνέψιον αὐτοῦ Τίβιον καὶ υἱὸν ἐκείνου Θεόφιλον ἐτύγχανεν ἀπεκτονὼς νεωστί, ὥρμησε τιμωρεῖν ἐκείνοις τε καὶ ἑαυτῷ καὶ λαβὼν παρὰ τοῦ Λευκόλλου πίστεις ἀφίστησιν αὐτῷ πεντεκαίδεκα φρούρια, καὶ ἐπαγγελίαι μὲν ἐγένοντο ἀντὶ τούτων μεγάλαι· ἐπελθὼν δὲ Πομπήιος ὁ διαδεξάμενος τὸν πόλεμον πάντας τοὺς ἐκείνῳ τι χαρισαμένους ἐχθροὺς ὑπέλαβε διὰ τὴν γενομένην αὐτῷ πρὸς ἐκεῖνον ἀπέχθειαν.

3 συνητύχησαν οzz | 6 πατρὸς ut dittographiam verbi πρός recte del. Cor., ὁ πρὸς μητρὸς αὐτὸς Groak.

94

Str. XII 2, 1 p. 535 Ἔστι δὲ φρούριον ἀξιόλογον τῶν Καππαδόκων ἐν τῇ περαίᾳ (sc. τοῦ Εὐφράτου) Τόμισα· τοῦτο δ' ἐπράθη μὲν τῷ Σωφηνῷ ταλάντων ἑκατόν, ὕστερον δὲ ἐδωρήσατο Λεύκολλος τῷ Καππαδόκι συστρατεύσαντι ἀριστεῖον κατὰ τὸν πρὸς Μιθριδάτην πόλεμον.

5 Ante κατὰ add. τὸν Dhlows | πρὸς om. oz | Ante Μιθριδάτην add. τὸν lrw

95

a. Str. XIV 5, 2 p. 666/9 Τοῖς δὲ Κίλιξιν ἀρχὴν τοῦ τὰ πειρατικὰ συνίστασθαι Τρύφων αἴτιος κατέστη καὶ ἡ τῶν βασιλέων οὐδένεια τῶν τότε ἐκ διαδοχῆς ἐπιστατούντων τῆς Συρίας ἅμα καὶ τῆς Κιλικίας· τῷ γὰρ ἐκείνου νεωτερισμῷ συννεωτέρισαν καὶ ἄλλοι, διχοστατοῦντές τε ἀδελφοὶ πρὸς 5 ἀλλήλους ὑποχείριον ἐποίουν τὴν χώραν τοῖς ἐπιτιθεμένοις. Ἡ δὲ τῶν ἀνδραπόδων ἐξαγωγὴ προὐκαλεῖτο μάλιστα εἰς τὰς κακουργίας ἐπικερδεστάτη γενομένη· καὶ γὰρ ἡλίσκοντο ῥᾳδίως καὶ τὸ ἐμπόριον οὐ παντελῶς ἄπωθεν ἦν μέγα καὶ πολυχρήματον, ἡ Δῆλος, δυναμένη μυριάδας ἀνδραπόδων αὐθήμερον 10 καὶ δέξασθαι καὶ ἀποπέμψαι, ὥστε καὶ παροιμίαν γενέσθαι διὰ τοῦτο· "Ἔμπορε, κατάπλευσον, ἐξελοῦ, πάντα πέπραται." Αἴτιον δ', ὅτι πλούσιοι γενόμενοι Ῥωμαῖοι μετὰ τὴν Καρχηδόνος καὶ Κορίνθου κατασκαφὴν οἰκετείαις ἐχρῶντο πολλαῖς· ὁρῶντες δὲ τὴν εὐπέτειαν οἱ λῃσταὶ ταύτην ἐξήνθησαν ἀθρόως, 15 αὐτοὶ καὶ λῃζόμενοι καὶ σωματεμποροῦντες. Συνήργουν δ' εἰς ταῦτα καὶ οἱ τῆς Κύπρου καὶ τῆς Αἰγύπτου βασιλεῖς ἐχθροὶ τοῖς Σύροις ὄντες· οὐδ' οἱ Ῥόδιοι δὲ φίλοι ἦσαν αὐτοῖς, ὥστ' οὐδὲν ἐβοήθουν· ἅμα δὲ καὶ οἱ λῃσταὶ προσποιούμενοι σωματεμπορεῖν ἄλιτον τὴν κακουργίαν εἶχον. Ἀλλ' 20 οὐδὲ Ῥωμαῖοί πω τοσοῦτον ἐφρόντιζον τῶν ἔξω τοῦ Ταύρου, ἀλλ' ἔπεμψαν μὲν καὶ Σκιπίωνα τὸν Αἰμιλιανὸν ἐπισκεψόμενον τὰ ἔθνη καὶ τὰς πόλεις καὶ πάλιν ἄλλους τινάς· ἔγνωσαν δὲ κακίᾳ τῶν ἀρχόντων συμβαῖνον τοῦτο, εἰ καὶ τὴν κατὰ γένος διαδοχὴν τὴν ἀπὸ Σελεύκου τοῦ Νικάτορος αὐτοὶ κεκυ- 25 ρωκότες ᾐδοῦντο ἀφαιρεῖσθαι. Τοῦτο δὲ συμβὰν τῆς μὲν χώρας ἐποίησε κυρίους Παρθυαίους, οἳ τὰ πέραν τοῦ Εὐφράτου κατέσχον· τὸ τελευταῖον δὲ καὶ Ἀρμενίοις, οἳ καὶ τὴν

1 ἀρχή codd.: corr. Grosk. | 5 Ante ἄλλοι add. οἱ Db Cor. | ἀδελφοὺς F | 13/14 καλγηδόνος D | 14 καταστροφὴν mos | 16 σώματ' ἐμπορούντες hic et infra v. 20 Tzsch. | 17 Ante τῆς Αἰγύπτου add. οἱ codd. exc. F | 20 ἄλιτον x ἄληκτον mo | 21 πω) ὑπὸ F | 24 εἰ καὶ τι,ν) sic s ex corr. εἰ τὴν x εἰς τὴν codd. reli.

Cf. App. Mithr. 92 sq. Plut. Pomp. 24 sq. Cass. Dio. XXXVI 20—23. Zon. X 3. Flor. I 41, 1—3.

ἐκτὸς τοῦ Ταύρου προσέλαβον μέχρι καὶ Φοινίκης καὶ τοὺς
30 βασιλέας κατέλυσαν εἰς δύναμιν καὶ τὸ γένος αὐτῶν σύμπαν,
τὴν δὲ θάλατταν τοῖς Κίλιξι παρέδωκαν. Εἶτ' αὐξηθέντας
ἠναγκάσθησαν καταλύειν Ῥωμαῖοι πολέμῳ καὶ μετὰ στρατιᾶς,
οὓς αὐξομένους οὐκ ἐκώλυσαν. Ὀλιγωρίαν μὲν οὖν αὐτῶν χα-
λεπὸν καταγνῶναι· πρὸς ἑτέροις δὲ ὄντες τοῖς ἐγγυτέρω καὶ
35 κατὰ χεῖρα μᾶλλον οὐχ οἷοί τε ἦσαν τὰ ἀπωτέρω σκοπεῖν.

b. Str. XIV 3, 2 p. 664 Μετὰ τοίνυν Δαίδαλα τὰ τῶν
Ῥοδίων ὄρος ἐστὶ τῆς Λυκίας ὁμώνυμον αὐτοῖς Δαίδαλα, ἀφ'
οὗ λαμβάνει τὴν ἀρχὴν ὁ παράπλους ἅπας ὁ Λυκιακὸς στα-
δίων μὲν ὢν χιλίων ἑπτακοσίων εἴκοσι, τραχὺς δὲ καὶ χαλε-
40 πός, ἀλλ' εὐλίμενος σφόδρα καὶ ὑπὸ ἀνθρώπων συνοικούμενος
σωφρόνων, ἐπεὶ ἥ γε τῆς χώρας φύσις παραπλησία καὶ τοῖς
Παμφύλοις ἐστὶ καὶ τοῖς Τραχειώταις Κίλιξιν· ἀλλ' ἐκεῖνοι
μὲν ὁρμητηρίοις ἐχρήσαντο τοῖς τόποις πρὸς τὰ λῃστήρια,
αὐτοὶ πειρατεύοντες ἢ τοῖς πειραταῖς λαφυροπώλια καὶ ναύ-
45 σταθμα παρέχοντες· ἐν Σίδῃ γοῦν πόλει τῆς Παμφυλίας τὰ
ναυπήγια συνίστατο τοῖς Κίλιξιν, ὑπὸ κήρυκά τε ἐπώλουν ἐκεῖ
τοὺς ἁλόντας ἐλευθέρους ὁμολογοῦντες· Λύκιοι δ' οὕτω πολι-
τικῶς καὶ σωφρόνως ζῶντες διετέλεσαν, ὥστ' ἐκείνων διὰ τὰς
εὐτυχίας θαλαττοκρατησάντων μέχρι τῆς Ἰταλίας ὅμως ὑπ'
50 οὐδενὸς ἐξήρθησαν αἰσχροῦ κέρδους, ἀλλ' ἔμειναν ἐν τῇ πα-
τρίῳ διοικήσει τοῦ Λυκιακοῦ συστήματος.

29 προσελάβοντο D, in quo ante hoc verbum rasura decem fere litte-
rarum | 32 πολέμῳ ῥωμαῖοι F | 35 τ' ἦσαν F | 30/7 τὰ τῆς ῥοδίων περαίας
x | 39 μὲν ὢν om. x ὢν om. moa μὲν οὖν codd. rell. exc. E | δὲ] μὲν Cor. |
50,1 πατρῴᾳ F

96

a. Str. XIV 5, 7 p. 671 Κατὰ δὲ τὰς ἀκρωρείας τοῦ Ταύ-
ρου τὸ Ζηνικέτου πειρατήριόν ἐστιν ὁ Ὄλυμπος, ὄρος τε καὶ
φρούριον ὁμώνυμον, ἀφ' οὗ κατοπτεύεται πᾶσα Λυκία καὶ
Παμφυλία καὶ Πισιδία καὶ Μιλυάς· ἁλόντος δὲ τοῦ ὄρους

Cf. Eutr. VI 3 *Ad Ciliciam et Pamphyliam missus est P. Servilius
ex consule, vir strenuus. Is Ciliciam subegit, Lyciae urbes clarissimas
oppugnavit et cepit, in his Phaselida, Olympum, Corycum [Ciliciae].*

⟨ὑπὸ⟩ τοῦ Ἰσαυρικοῦ ἐνέπρησεν ἑαυτὸν πανοίκιον. Τούτου 5
δ' ἦν καὶ ὁ Κώρυκος καὶ ἡ Φάσηλις καὶ πολλὰ τῶν Παμφύ-
λων χωρία· πάντα δ' εἷλεν ὁ Ἰσαυρικός (a. 78—75).

b. Str. XII 6, 2 p. 568/9 Τῆς δὲ Λυκαονίας ἐστὶ καὶ ἡ
Ἰσαυρικὴ πρὸς αὐτῷ τῷ Ταύρῳ ἡ τὰ Ἴσαυρα ἔχουσα, κώμας
δύο ὁμωνύμους, τὴν μὲν Παλαιὰν καλουμένην, ⟨τὴν δὲ Νέαν⟩, 10
εὐερκῆ· ὑπήκοοι δ' ἦσαν ταύταις καὶ ἄλλαι κῶμαι συχναί,
λῃστῶν δ' ἅπασαι κατοικίαι. Παρέσχον δὲ καὶ Ῥωμαίοις πράγ-
ματα καὶ τῷ Ἰσαυρικῷ προσαγορευθέντι Ποπλίῳ Σερουιλίῳ,
ὃν ἡμεῖς εἴδομεν, ὃς καὶ ταῦτα ὑπέταξε Ῥωμαίοις καὶ τὰ πολλὰ
τῶν πειρατῶν ἐρύματα ἐξεῖλε τὰ ἐπὶ τῇ θαλάττῃ. 15

c. Str. XIV 3, 3 p. 665 Οὕτω δ' εὐνομουμένοις αὐτοῖς
(sc. τοῖς Λυκίοις) συνέβη παρὰ Ῥωμαίοις ἐλευθέροις διατε-
λέσαι τὰ πάτρια νέμουσι, τοὺς δὲ λῃστὰς ἐπιδεῖν ἄρδην ἠφα-
νισμένους, πρότερον μὲν ὑπὸ Σερουιλίου τοῦ Ἰσαυρικοῦ, καθ'
ὃν χρόνον καὶ τὰ Ἴσαυρα ἐκεῖνος καθεῖλεν, ὕστερον δὲ Πομ- 20
πηίου τοῦ Μάγνου.

5 ὑπὸ add. Cas. | 8 ἡ κώρυκος w | φασηλὶς codd. Φάσηλις Hopp.: corr. Mein. | 9 ἡ τὰ Ἴσαυρα] αἴτα Ἰσαυρία codd.: corr. Cor., ἡ τὰ (Ἴσαυρα καὶ τὴν) Ἰσαυρίαν Grosk.; ἡ τὰ Ἴσαυρα (gen. fem. num. dual.) dubitanter conj. Mein. | 10 τὴν δὲ Νέαν om. codd. exc. x, in quo τὴν δὲ: corr. Mein. | 13 σερβιλίῳ codd.: correxi collato Dittenbergero in Herm. vol. VI p. 303 | 15 ἐξεῖλετο oz | τὰ om. x

Isauros quoque adgressus in dicionem redegit atque intra triennium bello finem dedit. Primus omnium Romanorum in Tauro iter fecit. Revertens triumphum accepit et nomen Isaurici meruit. Liv. per. 90. 93. Flor. I 41, 3—6. Oros. V 23, 21 sq. Vell. II 39, 2. Fest. 11 sq. Frontin. III 7, 1. Sall. hist. I fr. 79 sq. App. Mithr. 93. Cic. Verr. I 21, 56 (cum schol. Ps. Ascon. p. 173 Or.). III 90, 211. IV 10, 21. V 26, 66. 30, 79. de leg. agr. I 2, 3. II 19, 50. Amm. Marc. XIV 8, 4.

97

a. Str. XIV 3, 3 p. 665 Οὕτω δ' εὐνομουμένοις αὐτοῖς
(sc. τοῖς Λυκίοις) συνέβη παρὰ Ῥωμαίοις ἐλευθέροις διατε-
λέσαι — — τοὺς δὲ λῃστὰς ἐπιδεῖν ἄρδην ἠφανισμένους.

Cf. App. Mithr. 96 Αὐτὸς δὲ (sc. ὁ Πομπήιος) ἐς Κιλικίαν ἠπεί-
γετο μετὰ ποικίλου στρατοῦ καὶ μηχανημάτων πολλῶν. — — Πρῶτοι

πρότερον μὲν ὑπὸ Σερουιλίου τοῦ Ἰσαυρικοῦ — — ὕστερον
δὲ Πομπηίου τοῦ Μάγνου (a. 67) πλείω τῶν χιλίων καὶ τριακοσίων σκαφῶν ἐμπρήσαντος, τὰς δὲ κατοικίας ἐκκόψαντος, τῶν δὲ περιγενομένων ἀνθρώπων ἐν ταῖς μάχαις τοὺς μὲν καταγαγόντος εἰς Σόλους, ἣν ἐκεῖνος Πομπηιόπολιν ὠνόμασε, τοὺς δ᾽ εἰς Δύμην λειπανδρήσασαν, ἣν νυνὶ Ῥωμαίων ἀποικία νέμεται.

b. Str. XIV 5, 8 p. 671 Μετὰ δὲ Λάμον Σόλοι, πόλις ἀξιόλογος, τῆς ἄλλης Κιλικίας ἀρχὴ τῆς περὶ τὸν Ἰσσόν, Ἀχαιῶν καὶ Ῥοδίων κτίσμα τῶν ἐκ Λίνδου· εἰς ταύτην λειπανδρήσασαν Πομπήιος Μάγνος κατῴκισε τοὺς περιγενομένους τῶν πειρατῶν, οὓς μάλιστα ἔγνω σωτηρίας καὶ προνοίας τινὸς ἀξίους, καὶ μετωνόμασε Πομπηιόπολιν.

c. Str. VIII 7, 5 p. 387/8 Δέδεκται δ᾽ οἰκήτορας καὶ ἡ Δύμη μικρὸν πρὸ ἡμῶν, ἀνθρώπους μιγάδας, οὓς ἀπὸ τοῦ πειρατικοῦ πλήθους περιλιπεῖς ἔσχε Πομπήιος καταλύσας τὰ λῃστήρια καὶ ἱδρύσας τοὺς μὲν ἐν Σόλοις τοῖς Κιλικίοις, τοὺς δ᾽ ἄλλοθι καὶ δὴ καὶ ἐνταῦθα.

6 ἐμπλήσαντος D | 8 πομπηισύπολιν mosz | 9 δυσήνην CDFhw δυσράνην i διδυμήνην mosz: corr. Cas. | 11 λάτμον codd.: corr. Tzsch. | 12 τὸν om. EF | 16 τινὸς om. DEi | πομπησιόπολιν E

μέν, οἳ Κράγον καὶ Ἀντίκραγον εἶχον, φρούρια μέγιστα, μετὰ δ᾽ ἐκείνους οἱ ὄρειοι Κίλικες καὶ ἐφεξῆς ἅπαντες ἑαυτοὺς ἐπεχείρισαν, ὅπλα τε ὁμοῦ πολλὰ τὰ μὲν ἕτοιμα, τὰ δὲ χαλκευόμενα παρέδωκαν καὶ ναῦς τὰς μὲν ἔτι πηγνυμένας, τὰς δ᾽ ἤδη πλεούσας — — Τοὺς δὲ πειρατάς, οἳ μάλιστα ἐδόκουν οὐχ ὑπὸ μοχθηρίας ἀλλ᾽ ἀπορίᾳ βίου διὰ τὸν πόλεμον ἐπὶ ταῦτα ἐλθεῖν, ἐς Μαλλὸν καὶ Ἄδανα καὶ Ἐπιφάνειαν ἢ εἴ τι ἄλλο πόλισμα ἔρημον ἢ ὀλιγάνθρωπον ἦν τῆσδε τῆς τραχείας Κιλικίας, συνῴκιζε· τοὺς δέ τινας αὐτῶν καὶ ἐς Δύμην τῆς Ἀχαΐας ἐξέπεμπεν. — — Καὶ ναῦς ἔλαβε τὰς μὲν ἀλούσας μίαν καὶ ἑβδομήκοντα, τὰς δὲ ὑπ᾽ αὐτῶν παραδοθείσας ἓξ καὶ τριακοσίας, πόλεις δὲ καὶ φρούρια καὶ ὁρμητήρια ἄλλα αὐτῶν ἐς εἴκοσι καὶ ἑκατόν. Λῃσταὶ δ᾽ ἀνῃρέθησαν ἐν ταῖς μάχαις ἀμφὶ τοὺς μυρίους. Ib. 115 Καὶ ἑτέρας (sc. πόλεις) πολλαχοῦ κατενεχθείσας ἢ βεβλαμμένας διωρθοῦτο περί τε τὸν Πόντον — — καὶ Κιλικίαν, ἐν ᾗ δὴ καὶ μάλιστα τοὺς λῃστὰς κατῴκιζε, καὶ ἡ πόλις ἡ πάλαι Σόλοι νῦν Πομπηιόπολις ἐστιν. Plut. Pomp. 28 Τὰς δὲ ναῦς πληρώσαντες αὐτοὶ (sc. οἱ Κίλικες) περὶ τὸ Κορακήσιον τῆς Κιλικίας ἐπιπλέοντα τὸν Πομπήιον ἐδέξαντο· καὶ μάχης γενομένης νικηθέντες ἐπολιορκοῦντο.

d. Str. X 4, 9 p. 477 Ὑπὲρ τῆς Κρήτης ὁμολογεῖται, διότι κατὰ τοὺς παλαιοὺς χρόνους ἐτύγχανεν εὐνομουμένη καὶ ζηλωτὰς ἑαυτῆς τοὺς ἀρίστους τῶν Ἑλλήνων ἀπέφηνεν — — Ὕστερον δὲ πρὸς τὸ χεῖρον μετέβαλεν ἐπὶ πλεῖστον. Μετὰ γὰρ 25 τοὺς Τυρρηνούς, οἳ μάλιστα ἐδήωσαν τὴν καθ' ἡμᾶς θάλατταν, οὗτοί εἰσιν οἱ διαδεξάμενοι τὰ λῃστήρια· τούτους δ' ἐπόρθησαν ὕστερον οἱ Κίλικες· κατέλυσαν δὲ πάντας Ῥωμαῖοι τήν τε Κρήτην ἐκπολεμήσαντες καὶ τὰ πειρατικὰ τῶν Κιλίκων φρούρια. 30

26 τυράννους codd.: corr. Meurs.

Τέλος δὲ πέμψαντες ἱκετηρίας παρέδωκαν ἑαυτοὺς καὶ πόλεις καὶ νήσους, ὧν ἐπεκράτουν ἐντειχισάμενοι, χαλεπὰς βιασθῆναι καὶ δυσπροσπελάστους. — — Ναῦς δὲ πολλὰς μὲν ἄλλας, ἐνενήκοντα δὲ χαλκεμβόλους παρέλαβεν. Αὐτοὺς δὲ δισμυρίων πλείονας γενομένους ἀνελεῖν μὲν οὐδὲ ἐβουλεύσατο, μεθεῖναι δὲ καὶ περιιδεῖν σκεδασθέντας ἢ συστάντας αὖθις ἀπόρους καὶ πολεμικοὺς τοὺς πολλοῖς ὄντας οὐκ ᾤετο καλῶς ἔχειν. Ἐννοήσας οὖν — — ἔγνω τοὺς ἄνδρας εἰς γῆν μεταφέρειν ἐκ τῆς θαλάσσης καὶ βίου γεύειν ἐπιεικοῦς συνεθισθέντας ἐν πόλεσιν οἰκεῖν καὶ γεωργεῖν. Ἐνίους μὲν οὖν αἱ μικραὶ καὶ ὑπέρημοι τῶν Κιλίκων πόλεις ἐδέξαντο καὶ κατέμιξαν ἑαυταῖς χώραν προσλαβοῦσαι, τὴν δὲ Σολέων ἠρημωμένην ἔναγχος ὑπὸ Τιγράνου τοῦ Ἀρμενίων βασιλέως ἀναλαβὼν ἴδρυσε πολλοὺς ἐν αὐτῇ. Τοῖς δὲ πολλοῖς οἰκητήριον ἔδωκε Δύμην τὴν Ἀχαίδα χηρεύουσαν ἀνδρῶν τότε, γῆν δὲ πολλὴν καὶ ἀγαθὴν ἔχουσαν. Cf. Zon. X 3. Cass. Dio. XXXVI 37. Steph. Byz. s. v. Σόλα Liv. per. 99. Flor. I 41, 12—15. Vell. II 32. Oros. VI 4, 1. Eutr. VI 12. Ps. Aur. 77, 4. Cic. de imp. Cn. Pomp. 12, 33—35. Serv. ad Verg. georg. IV 127.

98

St. XI 1, 6 p. 492 Φασὶ γοῦν ἐν Ῥόδῳ γενόμενον τὸν Πομπήιον (a. 67), ἡνίκα ἐπὶ τὸν λῃστρικὸν πόλεμον ἐξῆλθεν (εὐθὺς δ' ἔμελλε καὶ ἐπὶ Μιθριδάτην ὁρμήσειν καὶ τὰ μέχρι τῆς Κασπίας ἔθνη) παρατυχεῖν διαλεγομένῳ τῷ Ποσειδωνίῳ, ἀπιόντα δ' ἐρέσθαι, εἴ τι προστάττει, τὸν δ' εἰπεῖν· Αἰὲν 5 ἀριστεύειν καὶ ὑπείροχον ἔμμεναι ἄλλων.

3. εὐθὺς] αὖθις Cor.

99

Str. XII 5, 2 p. 567 Ἔχουσι δὲ οἱ μὲν Τρόκμοι τὰ πρὸς τῷ Πόντῳ καὶ τῇ Καππαδοκίᾳ· ταῦτα δ' ἐστὶ τὰ κράτιστα ὧν νέμονται Γαλάται· φρούρια δ' αὐτοῖς τετείχισται τρία, Ταούιον — — καὶ Μιθριδάτιον — — τρίτον δέ πως Δα-
5 νάλα, ὅπου τὸν σύλλογον ἐποιήσαντο Πομπήιός τε καὶ Λεύκολλος (a. 66), ὁ μὲν ἥκων ἐπὶ τὴν τοῦ πολέμου διαδοχήν, ὁ δὲ παραδιδοὺς τὴν ἐξουσίαν καὶ ἀπαίρων ἐπὶ τὸν θρίαμβον.

1 τρόγμοι codd., sed = sup. γ add. F. Τρόκμοι Mein.] 4 τὰ οὐία Clo rus, Ταουία Tzsch. | πω C, includit Cor., κώμη Groſk., Πισθανάλα dubitanter Mein.

Cf. Plut. Luc. 36 Ἔδοξε τοῖς φίλοις συναγαγεῖν αὐτοὺς (sc. τὸν Πομπήιον καὶ τὸν Λούκουλλον)· καὶ συνῆλθον ἐν κώμῃ τινὶ τῆς Γαλατίας καὶ προσεῖπον ἀλλήλοις φιλοφρόνως καὶ συνήσθησαν ἐπὶ τοῖς κατωρθωμένοις ἑκατέρῳ, πρεσβύτερος μὲν ὢν ὁ Λούκουλλος, ἀξίωμα δ' ἦν τὸ Πομπηίου μεῖζον ἀπὸ πλειόνων στρατηγιῶν καὶ δυεῖν θριάμβων. — — Ἐκ δὲ τῶν λόγων πρὸς οὐδὲν ἐπιεικὲς συνέβησαν, ἀλλ' ἔτι μᾶλλον ἀλλοτριωθέντες πρὸς ἀλλήλοις ἀπῆλθον. Id. Pomp. 31. Cass. Dio. XXXVI 46. XXXVII 49. Vell. II 33, 2.

100

Str. XII 3, 33 p. 555 Ἐπελθὼν δὲ Πομπήιος ὁ διαδεξάμενος τὸν πόλεμον (a. 66) πάντας τοὺς ἐκείνῳ (sc. τῷ Λευκόλλῳ) τι χαρισαμένους ἐχθροὺς ὑπέλαβε διὰ τὴν γενομένην αὐτῷ πρὸς ἐκεῖνον ἀπέχθειαν, διαπολεμήσας δὲ καὶ ἐπανελ-
5 θὼν οἴκαδε ἐξενίκησεν, ὥστε τὰς τιμάς, ἃς ὑπέσχετο ὁ Λεύκολλος τῶν Ποντικῶν τισι, μὴ κυρῶσαι τὴν σύγκλητον· ἄδικον

Cf. Plut. Pomp. 31 Ἐπιὼν τε τὴν χώραν (sc. ὁ Πομπήιος) οὐδὲν ἀκίνητον εἴα τῶν ὑπὸ τοῦ Λευκόλλου γεγονότων, ἀλλὰ καὶ κολάσεις ἀνῆκε πολλοῖς καὶ δωρεὰς ἀφείλετο καὶ πάντα ὅλως ἔπραττεν ἐπιδεῖξαι τὸν ἄνδρα φιλονείκως τοῖς θαυμάζουσιν οὐδενὸς ὄντα κύριοι. Id. Luc. 36 Οὔτε γὰρ τιμῆς ὁ Λούκουλλος οὔτε τιμωρίας τῶν ἐν πολέμῳ κύριος ὑπῆρχεν, οὐδ' εἴα τινὰ Πομπήιος βαδίζειν πρὸς αὐτὸν οὐδὲ προσέχειν οἷς ἐκεῖνος ἔγραφε καὶ διένεμε μετὰ τῶν δέκα πρέσβεων, ἀλλ' ἐκώλυεν ἐπιτιθεὶς διαγράμματα καὶ φοβερὸς πυρῶν ἀπὸ μείζονος δυνάμεως. —
— Ἐκ δὲ τῶν λόγων πρὸς οὐδὲν ἐπιεικὲς συνέβησαν, ἀλλ' ἔτι μᾶλλον

γὰρ εἶναι κατορθώσαντος ἑτέρου τὸν πόλεμον τὰ βραβεῖα ἐπ'
ἄλλῳ γενέσθαι καὶ τὴν τῶν ἀριστείων διανομήν.

ἀλλοτριωθέντες πρὸς ἀλλήλοις ἀπῆλθον· καὶ τὰς ὑπὸ τοῦ Λουκούλλου
γινομένας διατάξεις ἠκύρωσεν ὁ Πομπήιος.

101

Str. XII 3, 28 p. 555 Ἐπεμελήθη δὲ οὕτω (sc. Μιθριδάτης
ὁ Εὐπάτωρ) τῶν τόπων τούτων (sc. τῆς μικρᾶς Ἀρμενίας),
ὥστε πέντε καὶ ἑβδομήκοντα φρούρια ἐν αὐτοῖς κατεσκευάσατο,
οἷσπερ τὴν πλείστην γάζαν ἐνεχείρισε. Τούτων δ' ἦν ἀξιολο-
γώτατα ταῦτα· Ὕδαρα καὶ Βασγοιδάριζα καὶ Σινορία, ἐπι- 5
πεφυκὸς τοῖς ὁρίοις τῆς μεγάλης Ἀρμενίας χωρίον, διόπερ
Θεοφάνης (fr. 6 M.) Συνορίαν παρωνόμασεν. Ἡ γὰρ τοῦ
Παρυάδρου πᾶσα ὀρεινὴ τοιαύτας ἐπιτηδειότητας ἔχει πολλάς,
εὔυδρός τε οὖσα καὶ ὑλώδης καὶ ἀποτόμοις φάραγξι καὶ κρη-
μνοῖς διειλημμένη πολλαχόθεν· ἐτετείχιστο γοῦν ἐνταῦθα τὰ 10

4 ἐνεχείρισε add. exc. Dh, ἐπεχείρισε Cor., ἐναπέθρυψε Muell. ‖ 5 βασ-
γιδάριζα Dhix βασγοδάριζα οι βασιυδάριζα τ, Ὠλασοιδάριζα ex tab. Peuting.
coni. Muell. ‖ 10 πανταχόθεν x

Cf. Oros. VI 4, 3—7 *Pompeius postea, successor Luculli, in minore
Armenia iuxta montem Dastracum castra regis obsidione conclusit. Rex
cum omnibus copiis eruptione per noctem facta insuper etiam persequen-
tem bello repellere statuit. Pompeius fugientes persequi intendit. Itaque
bellum nocte commissum est. — — Romani velut inermes postea adgressi
sine labore vicerunt. — — Rex inter tumultus belli fuga lapsus — —
evasit relictusque ab omnibus amicis — — in quoddam castellum devertit
atque inde in Armeniam porrexit. Pompeius regem insecuturus inter duo
flumina, quae ab uno monte diversis specubus exoriuntur, hoc est Euphra-
ten et Araxen, urbem Nicopolim senibus, fixis et aegris volentibus con-
didit.* Plut. Pomp. 32 Καὶ πρῶτον μὲν αὐτοῦ (sc. τοῦ Μιθριδάτου)
καρτερὸν ὄρος καὶ δύσμαχον, ἐν ᾧ στρατοπεδεύων ἔτυχεν, ὡς ἄνυδρον
ἐκλιπόντος, αὐτὸ τοῦτο κατασχὼν ὁ Πομπήιος — — ἐκέλευσεν ἐκβαλεῖν
πανταχοῦ φρέατα. Καὶ μεστὸν ἦν εὐθὺς ὕδατος ἀφθόνου τὸ στρατό-
πεδον, ὥστε θαυμάζειν, εἰ τῷ παντὶ χρόνῳ τοῦτο Μιθριδάτης ἠγνόησιν.
Ἔπειτα περιστρατοπεδεύσας περιετείχιζεν αὐτόν. Ὁ δὲ πέντε καὶ τεττα-
ράκοντα πολιορκηθεὶς ἡμέρας ἔλαθεν ἀποδρὰς μετὰ τῆς ἐρρωμενεστάτης
δυνάμεως — — Εἶτα μέντοι περὶ τὸν Εὐφράτην καταλαβὼν αὐτὸν ὁ

πλείστα τών γαζοφυλακίων, και δη και το τελευταίου εις ταύτας κατέφυγε τάς εσχατιάς της Ποντικής βασιλείας ό Μιθριδάτης (s. 66) επιόντος Πομπηίου και της Άγγολισηνής κατά Δάστειρα εύυδρον όρος καταλαβόμενος (πλησίον δ' ήν και ό Εύφράτης ό διορίζων την Άκιλισηνήν άπό της μικράς Άρμενίας) διέτριψε τέως, έως πολιορκούμενος ηναγκάσθη φυγεΐν

13 Άκιλισηνής κι(?) edd.: τ. COMM. | 16 Ante τέως add. τε codd. exc. κ [έως] εν κ

Πομπήιος παρεστρατοπέδευσε· και δεδιώς μή φθάση περάσας τον Ευφράτην, εκ μέσων νυκτών επήγεν ώπλισμένην την στρατιάν· — — Οι Ρωμαίοι μετά κραυγής επέδραμον και μηκέτι μένειν τολμώντας, άλλ' εκπεπληγμένους και φεύγοντας έκτεινον, ώστε πολύ πλείονας μυρίων άποθανεϊν, άλώναι δε τό στρατόπεδον. Αυτός δέ Μιθριδάτης εν άρχη μέν οκτακοσίοις ίππεϋσι διέκοψε και διεξήλασε τους Ρωμαίους, ταχύ δέ τών άλλων σκεδασθέντων απελείφθη μετά τριών. — — Ήκον εις χωρίον Σίνωρα χρημάτων και κειμηλίων βασιλικών μεστόν. Εξ ου λαβών ό Μιθριδάτης εσθήτας πολυτελείς διένειμε τοις συνδεδραμηκόσι προς αυτόν εκ της φυγής. — — Εντεύθεν ώρμητο μέν επ' Αρμενίας προς Τιγράνην, εκείνου δέ άπαγορεύοντος — — παραμειψάμενος τάς πηγάς του Ευφράτου διά της Κολχίδος έφευγε. Zon. X 4. App. Mithr. 99—101 (99)

Ενοχλούμενος δ' υπό τής απορίας ό βασιλεύς άλων υπεχώρει και εσεδέχετο Πομπήιον ές την εαυτού ελπίζων καθήμενον εν τήδε τη διαφθαρμένη κακοπαθήσειν. Ο δέ αγοράν μέν έμπροσθεν εκ τών όπισθεν είχε, περιελθών δέ τά προς εω του Μιθριδάτου και φρούρια αύτψ και στρατόπεδα πολλά ές εκατόν και πεντήκοντα σταδίους περιθείς άπετάφρευε του μή σιτολογεϊν αυτόν έτι εύμαρώς· — — έστε μόλις ές πεντήκοντα διαρκέσας ημέρας νυκτός άπεδίδρασκε σύν σιωπή βαθεία δι' όδών δυσχερών. — — Τή δ' επιούση χωρίον κατέλαβε περίκρημνον, ου μία ές αυτό άνοδος ήν· — — (100) Άμα δ' ημέρα τον μέν στρατόν αυτών ώπλιζεν εκάτερος, οι προφύλακες δ' αλλήλων κατά τό πρανές άπεπειρώντο· και τινες ιππείς του Μιθριδάτου χωρίς τε τών ίππων και χωρίς επαγγέλματος εβοήθουν τοις σφετέροις προφύλαξιν κτλ. — — Ούτω μέν η στρατιά τψ Μιθριδάτη διά προπέτειαν τών άνευ προστάγματος τοις προμάχοις επικουρείν ελομένων θορυβηθείσα διέφθαρτο και τό λοιπόν έργον εύκολον ήν τψ Πομπηίψ. — (101) Μιθριδάτης δέ μετά τών επασπιστών μόνων άσάμενος ές τά κατάκρημνα και διαφυγών ενέτυχέ τισιν ίππεϋσι μισθοφόροις και πεζοίς ώς τρισχιλίοις, οί ευθύς αύτψ συνείποντο ές Σινόρηγα φρούριον, ένθα αύτψ χρήματα πολλά εσεσώρευτο· και δωρεάν και μισθόν ενιαυτου τοις συμφυγούσι διέδωκεν. Φέρων δ' ές εξακισχίλια τάλαντα επί τάς του Ευφράτου πηγάς ηπείγετο, ώς έκείθεν ές Κόλχους

διὰ τῶν ὀρῶν εἰς Κολχίδα κἀκεῖθεν εἰς Βόσπορον. Πομπήιος δὲ περὶ τὸν τόπον τοῦτον πόλιν ἴκτισεν ἐν τῇ μικρᾷ Ἀρμενίᾳ Νικόπολιν, ⟨ἣ⟩ καὶ νῦν συμμένει καὶ οἰκεῖται καλῶς.

18 Ante τῇ add. αὐτῇ Cor. | 19 ἣ add. Kr.

περάσων. Ib. 105 Ὁ δὲ Πομπήιος ἐπετελέσθαι οἱ τὸν πάντα πόλεμον ἡγούμενος ᾤκιζε πόλιν, ἔνθα τὴν μάχην ἐνίκα Μιθριδάτην, ἣ ἀπὸ τοῦ ἔργου Νικόπολις κλήζεται καὶ ἔστιν Ἀρμενίας τῆς βραχυτέρας λεγομένης. Cf. ib. 115. Cass. Dio. XXXVI 47—50. Liv. per. 101. Flor. I 40, 22—24. Eutr. VI 12. Vell. II 37, 2. Ps. Aur. 76, 7. Fest. 16. Frontin. II 1, 12. 2, 2. Cic. pro Mur. 16, 34.

COMM. De hoc loco cf. Fabricium 'Theophanes v. Mytil. u. Q. Dellius als Quellen der Geogr. des Strab.' (diss. Argentorat. 1888) p. 111—115. — Una in re dissentio a Fabricio. Qui ipse rectissime exposuit (p. 113), id quod nemo potest negare, montem illum, in quo Mithridates a Pompeio obsessus est, situm fuisse in dextra Euphratis fluminis ripa. Nihilo secius v. 13 cum Strabonis inde a Xylandro editoribus scribit τῆς Ἀκιλισηνῆς κατὰ Δάστειρα εὔυδρον ὄρος καταλαβόμενος, quae Armeniae maioris regio patebat in sinistra Euphratis ripa, ut apparet e v. 15 sq. Quae discrepantia ut tolleretur, Fabricius studuit probare Acilisenes partem etiam cis Euphratem fuisse sitam (pp. 113. 142). Sed argumentis, quae protulit, mihi quidem non videtur hoc evicisse. Certe e Strabonis (vel potius fontis eius) sententia Acilisene sita erat trans Euphratem in sinistra huius fluminis ripa: cf. praeter v. 15 sq. etiam XI 12, 3 p. 521 (ὁ Εὐφράτης) ἐν δεξιᾷ ἔχων ταύτην (sc. τὴν μικρὰν Ἀρμενίαν), ἐν ἀριστερᾷ δὲ τὴν Ἀκιλισηνήν et Ib. 14, 2 p. 527. Addo quod Strabo v. 11 sq. Mithridatem dicit fugisse εἰς ταύτας τὰς ἐσχατιὰς τῆς Ποντικῆς βασιλείας; Acilisene autem pars erat regni Tigranis. Quibus de causis v. 13 non scripsi Ἀκιλισηνῆς, sed retinui lectionem in omnibus libris traditam Ἀγγολισηνῆς, sive verum hoc erat Armeniae minoris regionis nomen, sive corruptela latet in hoc vocabulo.

102

Str. XII 3, 18 p. 549 Οἱ δὲ Ἑπτακωμῆται τρεῖς Πομπηίου σπείρας κατέκοψαν διεξιούσας τὴν ὀρεινὴν κεράσαντες κρατῆρας ἐν ταῖς ὁδοῖς τοῦ μαινομένου μέλιτος, ὃ φέρουσιν οἱ †ἀκρεμόνες τῶν δένδρων· πιοῦσι γὰρ καὶ παρακόψασιν ἐπιθέ-

† ἀκρέμονες codd.: corr. Kr.

5 μενοι ῥᾳδίως διεχειρίσαιτο τοὺς ἀνθρώπους. Ἐκαλοῦντο δὲ
τούτων τινὲς τῶν βαρβάρων καὶ Βύζηρις.

COMM. Fabricius 'Theophan. u. Dellius als Quellen d. Geogr. d. Strab.' p. 176 hoc factum esse statuit a. 65, quo anno Pompeium, cum ex Colchide in Armeniam contenderet, ut denuo Albanis bellum inferret, per Heptacometarum fines iter fecisse suspicatur.

103

a. Str. XI 2, 19 p. 496 Οἱ γοῦν Ἡνίοχοι τέτταρας εἶχον
βασιλέας, ἡνίκα Μιθριδάτης ὁ Εὐπάτωρ φεύγων ἐκ τῆς προ-
γονικῆς εἰς Βόσπορον (a. 66—65) διῄει τὴν χώραν αὐτῶν·
καὶ αὕτη μὲν ἦν πορεύσιμος αὐτῷ, τῆς δὲ τῶν Ζυγῶν ἀπο-
5 γνοὺς διά τε δυσχερείας καὶ ἀγριότητας τῇ παραλίᾳ χαλεπῶς
ᾔει τὰ πολλὰ ἐμβαίνων ἐπὶ τὴν θάλατταν, ἕως ἐπὶ τὴν τῶν
Ἀχαιῶν ἧκε· καὶ προσλαβόντων τούτων ἐξετέλεσε τὴν ὁδὸν
τὴν ἐκ Φάσιδος οὐ πολὺ τῶν τετρακισχιλίων λείπουσαν
σταδίων.

10 b. Str. XI 2, 12 p. 495/6 Φασὶ δ' ἀπὸ τῆς Ἰάσονος στρα-
τιᾶς τοὺς μὲν Φθιώτας Ἀχαιοὺς τὴν ἐνθάδε Ἀχαῖαν οἰκίσαι,
Λάκωνας δὲ τὴν Ἡνιοχίαν, ὧν ἦρχον Κρέκας καὶ Ἀμφίστρατος,
οἱ τῶν Διοσκούρων ἡνίοχοι, καὶ τοὺς Ἡνιόχους ἀπὸ τούτων
εἰκὸς ὠνομάσθαι.

3 Post προγονικῆς add. γῆς Cur. | 4 ζυγίων codd.: corr. Cur. | 5 δυσ-
χερείας Cur. | 11/12 οἰκῆσαι codd. exc. h, Eust. ad Dion. 680 | 12 ῥῆσς w
ῥήσας codd. rell.: corr. Valck.

Cf. App. Mithr. 101 sq. Μιθριδάτης δ' ἐν Διοσκούροις χειμάζων,
ἥντινα πόλιν οἱ Κόλχοι σύμβολον ἡγοῦνται τῆς Διοσκούρων σὺν Ἀργο-
ναύταις ἐπιδημίας, οὐδὲν σμικρὸν οὐδ' οἷον ἐν φυγῇ διενοεῖτο, ἀλλὰ
τὸν Πόντον ὅλον ἐν κύκλῳ καὶ Σκύθας ἐπὶ τῷ Πόντῳ καὶ τὴν Μαιώ-
τιδα λίμνην ὑπερελθὼν ἐς Βόσπορον ἐμβαλεῖν — — (102) Καὶ διώδευεν
ἔθνη Σκυθικὰ καὶ πολεμικὰ καὶ ἀλλότρια πείθων ἢ βιαζόμενος· — —
Ἡνιόχους μὲν οὖν δεχομένοις αὐτὸν παρώδευεν, Ἀχαιοὺς δ' ἐτρέψατο
διώκων· οὓς ἀπὸ Τροίας ἐπανιόντας φασὶν ἐς τὸν Πόντον ὑπὸ χειμῶνος
ἐκπεσεῖν κτλ. Cf. Plut. Pomp. 35. Cass. Dio. XXXVI 50. Liv. per.
101. Cic. pro Mur. 16, 34.
10 sqq. cf. Amm. Marc. XXII 8, 24 sq. Ps. Plut. de nobilit. 20.
Charax fr. 15 (Mueller FHG III p. 639).

c. Str. IX 2, 42 p. 416 Ἱστοροῦσι δὲ τοὺς ἐν τῷ Πόντῳ καλουμένους Ἀχαιοὺς ἀποίκους Ὀρχομενίων εἶναι τῶν μετὰ Ἰαλμένου πλανηθέντων ἐκεῖσε μετὰ τὴν τῆς Τροίας ἅλωσιν.

104

Str. XI 2, 14 p. 496/7 Ἀπὸ δὲ τῶν Βατῶν ὁ μὲν Ἀρτεμίδωρος τὴν Κερκετῶν λέγει παραλίαν — — ὅσον ἐπὶ σταδίους ὀκτακοσίους καὶ πεντήκοντα· εἶτα τὴν τῶν Ἀχαιῶν σταδίων πεντακοσίων, εἶτα τὴν τῶν Ἡνιόχων χιλίων, εἶτα τὸν Πιτυοῦντα τὸν μέγαν τριακοσίων ἑξήκοντα μέχρι Διοσκουριάδος. Οἱ δὲ τὰ Μιθριδατικὰ συγγράψαντες, οἷς μᾶλλον προσεκτέον, Ἀχαιοὺς λέγουσι πρώτους, εἶτα Ζυγούς, εἶτα Ἡνιόχους, εἶτα Κερκέτας καὶ Μόσχους καὶ Κόλχους καὶ τοὺς ὑπὲρ τούτων Φθειροφάγους καὶ Σοάνας καὶ ἄλλα μικρὰ ἔθνη τὰ περὶ τὸν Καύκασον.

3 Post τὸν μέγαν exaidisse λιμένα susp. Mein. | 9 Σοάνας CDhllzz Σοῶνας ο χοάνπο rw: corr. Cas.

105

Str. XI 14, 10 p. 530 Τοῦ δὲ πλούτου καὶ τῆς δυνάμεως τῆς χώρας (sc. τῆς Ἀρμενίας) σημεῖον οὐ μικρόν, ὅτι Πομπηίου Τιγράνῃ τῷ πατρὶ τῷ Ἀρταουάσδου τάλαντα ἐπιγράψαντος ἑξακισχίλια ἀργυρίου (a. 66) διένειμεν αὐτίκα ταῖς δυνάμεσι τῶν Ῥωμαίων στρατιώτῃ μὲν κατ' ἄνδρα πεντήκοντα δραχμάς

3 τοῦ Ἀρταουάσδου xx

Cf. App. Mithr. 104 Ἐξελογεῖτο (sc. ὁ Τιγράνης) περὶ τῶν γεγονότων καὶ ἐδίδου Πομπηίῳ μὲν αὐτῷ τάλαντα ἑξακισχίλια, τῇ στρατιᾷ δὲ δραχμὰς πεντήκοντα ἑκάστῳ καὶ λοχαγῷ χιλίας καὶ χιλιάρχῳ μυρίας. Plut. Pomp. 33 Τῶν μὲν ἄλλων ἔφησε (sc. ὁ Πομπήιος) δεῖν αἰτιᾶσθαι Λεύκολλον, ὑπ' ἐκείνου γὰρ ἀφῃρῆσθαι Συρίαν, Φοινίκην, Κιλικίαν, Γαλατίαν, Σωφηνήν· ἃ δὲ ἄχρι ἑαυτοῦ διατετήρηκεν, ἕξειν ἐπίσαντα ποινὴν ἑξακισχίλια τάλαντα Ῥωμαίοις τῆς ἀδικίας, Σωφηνῆς δὲ βασιλεύσειν τὸν υἱόν. Ἐπὶ τούτοις ὁ μὲν Τιγράνης ἠγάπησε καὶ τῶν Ῥωμαίων ἀσπασαμένων αὐτὸν βασιλέα περιχαρὴς γενόμενος ἐπηγγείλατο στρατιώτῃ μὲν ἡμιμναῖον ἀργυρίου δώσειν, ἑκατοντάρχῳ δὲ μνᾶς δέκα, χιλιάρχῳ δὲ τάλαντον. Cf. Cass. Dio. XXXVI 53. Suid. s. v. Πομπήιος. Eutr. VI 13. Vell. II 37, 5.

[καὶ ἑκατόν], ἑκατοντάρχῃ δὲ χιλίας, ἱππάρχῳ δὲ καὶ χιλιάρχῳ τάλαντον.

6 καὶ ἑκατόν del. Cor. | ἱπάρχῳ codd.: corr. Du Theil.

106

a. Str. XI 2, 19 p. 499 *Πλησίον δὲ καὶ οἱ Σόανες. — — Δυναστεύουσι γοῦν τῶν κύκλῳ τὰ ἄκρα τοῦ Καυκάσου κατέχοντες τὰ ὑπὲρ τῆς Διοσκονριάδος· βασιλέα δ' ἔχουσι καὶ συνέδριον ἀνδρῶν τριακοσίων, συνάγουσι δ' ὥς φασι στρα-* 5 *τιὰν καὶ εἴκοσι μυριάδων· ἅπαν γάρ ἐστι τὸ πλῆθος μάχιμον, οὐ συντεταγμένον ⟨δέ⟩· παρὰ τούτοις δὲ λέγεται καὶ χρυσὸν καταφέρειν τοὺς χειμάρρους, ὑποδέχεσθαι δ' αὐτὸν τοὺς βαρβάρους φάτναις κατατετρημέναις καὶ μαλλωταῖς δοραῖς· ἀφ' οὗ δὴ μεμυθεῦσθαι καὶ τὸ χρυσόμαλλον δέρος·* † *εἰ μὴ καὶ* 10 *Ἴβηρας ὁμωνύμως τοῖς ἑσπερίοις καλοῦσιν ἀπὸ τῶν ἑκατέρωθι χρυσείων.*

b. Str. I 3, 21 p. 61 *Προστιθέασι δὲ καὶ τὰς ἐκ τῶν μεταστάσεων μεταβολάς· — — οἷον Ἰβήρων μὲν τῶν ἑσπερίων εἰς τοὺς ὑπὲρ τοῦ Πόντου καὶ τῆς Κολχίδος τόπους μετῳκι-* 15 *σμένων.*

2 τῶν] τῷ Dhlowxz τὰ C: corr. Cas. | 4/5 στρατιάν codd.: corr. Cor. | 6 οὐ suspectum Cori; sed probabilius cum Groek. δέ inserendum censui | 9 Verba εἰ μὴ καὶ — χρυσείων pro spuriis habent l'enzel. Loenemann. Tzsch.; ἦ δὴ pro εἰ μὴ Cor.; ante εἰ μὴ excidisse ἀλλὰ τοῦτο μὲν οὐ πιθανῶς λέγεσθαι δοκεῖ putat Groek.; ἔνιοι pro εἰ μὴ coni. Kr.; fortasse legendam καὶ δὴ καὶ | 11 χρυσίων codd. | 12 μεταναστάσεων sec. m. add. in marg. AB, unde receperunt not Cor.

6 sqq. cf. App. Mithr. 103 *Χρυσοφοροῦσι δ' ἐκ τοῦ Καυκάσου πηγαὶ πολλαὶ ψῆγμα ἀφανές· καὶ οἱ περίοικοι κῴδια τιθέντες ἐς τὸ ῥεῦμα βαθύμαλλα τὸ ψῆγμα ἐνισχόμενον αὐτοῖς ἐκλέγουσιν. Καὶ τοιοῦτον ἦν ἴσως καὶ τὸ χρυσόμαλλον Αἰήτου δέρος.*

10 sqq. cf. App. Mithr. 101 *Ἴβηρας δὲ τοὺς ἐν Ἀσίᾳ οἱ μὲν προγόνους, οἱ δ' ἀποίκους ἡγοῦνται τῶν Εὐρωπαίων Ἰβήρων, οἱ δὲ μόνον ὁμωνύμους· ἔθος γὰρ οὐδὲν ἦν ὅμοιον ἢ γλῶσσα.*

107

a. Str. XI 1, 6 p. 491/2 *(Ποσειδώνιος) φίλος Πομπηίῳ γεγονὼς τῷ στρατεύσαντι ἐπὶ τοὺς Ἴβηρας καὶ τοὺς Ἀλβα-*

2 τοὺς ante Ἀλβανοῖς om. orw

τοὺς (a. 66) μέχρι τῆς ἐφ' ἑκάτερα θαλάττης τῆς τε Κασπίας καὶ τῆς Κολχικῆς.

b. Str. I 3, 21 p. 61 (Ἴβηρες), οὓς ὁ Ἀράξης, ὥς φησιν ὁ *Ἀπολλόδωρος*, ἀπὸ τῆς Ἀρμενίας ὁρίζει, Κῦρος δὲ μᾶλλον καὶ τὰ ὄρη τὰ Μοσχικά.

c. Str. XI 4, 1 p. 501 Οἰκοῦσι δὲ (sc. οἱ Ἀλβανοί) μεταξὺ τῶν Ἰβήρων καὶ τῆς Κασπίας θαλάττης πρὸς ἕω μὲν ἁπτόμενοι τῆς θαλάττης, πρὸς δύσιν δὲ ὁμοροῦντες τοῖς Ἴβηρσι. 10

5 οὓς γρεάξης ABCl οὔτε οὐχ ὁ ἀράξης r, οὔτε καὶ ὁ Ἀράξης Cas. | ὡς] ὃν ABCl ὡς in marg. t ex corr. q | 6 ὁρίζων C | 10 δύσει codd. exc. C Tzsch., qui antea scribit ἐφ.

Cf. Plut. Pomp. 34 Αὐτὸς (sc. ὁ Πομπήιος) ἐβάδιζε διὰ τῶν περιοικούντων τὸν Καύκασον ἐθνῶν ἀναγκαίως ἐπὶ Μιθριδάτην. Μέγιστα δὲ αὐτῶν ἐστιν [ἔθνη] Ἀλβανοὶ καὶ Ἴβηρες, Ἴβηρες μὲν ἐπὶ τὰ Μοσχικὰ ὄρη καὶ τὸν Πόντον καθήκοντες, Ἀλβανοὶ δὲ ἐπὶ τὴν Ἕω καὶ τὴν Κασπίαν κεκλιμένοι θάλασσαν. Zon. X 4 P I 477 D.

108

a. Str. XI 3, 2 p. 500 (Ὁ Κῦρος) τὴν ἀρχὴν ἔχων ἀπὸ τῆς Ἀρμενίας — — διὰ στενῆς ποταμίας εἰς τὴν Ἀλβανίαν ἐκπίπτει· μεταξὺ δὲ ταύτης τε καὶ τῆς Ἀρμενίας ἐνεχθεὶς πολὺς διὰ πεδίων εὐβοτουμένων σφόδρα, δεξάμενος καὶ πλείους ποταμούς, ὧν ἐστιν ὅ τε Ἀλαζόνιος καὶ ὁ Σανδοβάνης καὶ ὁ 5 Ῥοιτάκης καὶ Χάνης, πλωτοὶ πάντες, εἰς τὴν Κασπίαν ἐμβάλλει θάλατταν.

b. Str. XI 4, 2 p. 501 Καὶ δὴ καὶ εἰς στόματα δώδεκά φασι μεμερίσθαι τὰς ἐκβολάς (sc. τοῦ Κύρου), τὰ μὲν τυφλά, τὰ δὲ παντελῶς † ἐπιγελῶντα μηδὲ ὕφορμον ἀπολείποντα· — — 10 Πλησίον δὲ καὶ ὁ Ἀράξης ἐμβάλλει τραχὺς ἐκ τῆς Ἀρμενίας

4 Post πλείους add. ἄλλους Cor. | 5 ἀλαζάνιος codd. exc. C Epit. | 6/7 ἐμβάλλουσι codd. exc. us Epit. | 10 ἐπιγεγελῶντα h, ἐπίγεια ὄντα Tyrwh., ἐπιπόλαια ὄντα Cor., ἐπίπλεα ὄντα Kr., ἐπίπεδα ὄντα Mein. Muell., qui etiam alteram profert coniecturam ἢ τί γε ἴδη ὄντα vel ἐλώδη | μηδὲν codd., μηδένα Cor.: corr. Kr.

Cf. Plut. Pomp. 33 Συνήντησε (sc. ὁ νέος Τιγράνης) τῷ Πομπηίῳ περὶ τὸν Ἀράξην ποταμόν, ὃς ἀνίσχει μὲν ἐκ τῶν αὐτῶν τῷ Εὐφράτῃ

ἐκπίπτων· ἣν δὲ ἐκεῖνος προωθεῖ χοῦν πορευτὸν ποιῶν τὸ ῥεῖθρον, ταύτην ὁ Κῦρος ἀναπληροῖ.

15 c. Str. XI 14, 2 p. 527 Εἶθ' ὁ Ἄβος, ἀφ' οὗ καὶ ὁ Εὐφράτης ῥεῖ καὶ ὁ Ἀράξης, ὁ μὲν πρὸς δύσιν, ὁ δὲ πρὸς ἀνατολάς.

τόπων, ἀποτρεπόμενος δὲ πρὸς τὰς ἀνατολὰς εἰς τὸ Κάσπιον ἐμβάλλει πέλαγος. ib. 34 Ἐπεχείρησαν αὐτοῖς (sc. οἱ Ἀλβανοὶ τοῖς Ῥωμαίοις) διαβάντες τὸν Κύρνον ποταμόν, ὅς ἐκ τῶν Ἰβηρικῶν ὀρῶν ἀνιστάμενος καὶ δεχόμενος κατιόντα τὸν Ἀράξην ἀπ' Ἀρμενίας ἐξίησι δώδεκα στύμασιν εἰς τὸ Κάσπιον. Οἱ δὲ οὔ φασι τούτῳ συμφέρεσθαι τὸν Ἀράξην, ἀλλὰ καθ' ἑαυτόν, ἐγγὺς δὲ ποιεῖσθαι τὴν ἐκβολὴν εἰς ταὐτὸ πέλαγος. App. Mithr. 103 Ἑλόχων ἀμφὶ τὸν Κύρνον ποταμόν, ὃς δώδεκα στόμασι πλωτοῖς ἐς τὴν Κασπίαν θάλασσαν ἐρεύγεται, πολλῶν ἐς αὐτὸν ἐμβαλόντων ποταμῶν καὶ μεγίστου πάντων Ἀράξου. Cf. Plin. N. H. VI 26.

109

Str. XI 3, 4 sq. p. 500/1 Τέτταρες δ' εἰσὶν εἰς τὴν χώραν (sc. τὴν τῶν Ἰβήρων) εἰσβολαί· μία μὲν διὰ Σαραπανῶν, φρουρίου Κολχικοῦ. — — Ἐκ δὲ τῶν πρὸς ἄρκτον νομάδων ἐπὶ τρεῖς ἡμέρας ἀνάβασις χαλεπή. — — Ἀπὸ δὲ τῆς Ἀλβανίας
5 διὰ πέτρας πρῶτον λατομητὴ εἴσοδος. — — Ἀπὸ δὲ τῆς Ἀρμενίας τὰ ἐπὶ τῷ Κύρῳ στενὰ καὶ τὰ ἐπὶ τῷ Ἀράγῳ· πρὶν γὰρ εἰς ἀλλήλους συμπεσεῖν, ἔχουσιν ἐπικειμένας πόλεις ἐρυμνὰς ἐπὶ πέτραις διεχούσαις ἀλλήλων ὅσον ἑκκαίδεκα σταδί-

5 λατομητῇ εν | 6 Ἀράγῳ] nomen corruptum esse putant Du Theil. Gronk. Kr., sod. v. Muellerum et Fabricium Theophanes v. Mytil. u. Q. Dellius p. 157 sq. | 8 διεχούσας Kaibel, Fabric. L l.

Cf. Cass. Dio. XXXVII 1 Ὁ Πομπήιος ἔς τε τὴν χώραν αὐτοῦ (sc. Ἀρτώκου τοῦ τῶν Ἰβήρων βασιλέως) προενέβαλε, πρὶν ἱκανῶς τε αὐτὸν ἑτοιμάσασθαι καὶ τὴν ἐσβολὴν δυσχερεστάτην οὖσαν προκατασχεῖν, καὶ ἔφθη καὶ πρὸς τὴν πόλιν τὴν Ἀκρόπολιν ὠνομασμένην προχωρήσας, πρὶν καὶ αἰσθέσθαι τὸν Ἀρτώκην ὅτι παρείη. Ἦν δὲ ἐπ' αὐτοῖς τοῖς στενοῖς ἔνθεν μὲν τοῦ Καυκάσου παρατείνοντος . . . . οὗ καὶ ἐπὶ τῇ φυλακῇ τῶν ἐσβολῶν ᾠχύρωτο. — — Κρατήσας οὖν τῶν διόδων ὁ Πομπήιος φρουράν τε ἐπ' αὐταῖς κατεστήσατο καὶ ἐκεῖθεν ὁρμώμενος πᾶσαν τὴν ἐντὸς τοῦ ποταμοῦ (sc. τοῦ Κύρνου) κατεστρέψατο. Cf. Plut. Pomp. 34. Zon. X 4 P I 477 D.

ους, ἐπὶ μὲν τῷ Κύρῳ τὴν Ἁρμοζικήν, ἐπὶ δὲ θατέρῳ Σευσάμορα. Ταύταις δὲ ἐχρήσατο ταῖς εἰσβολαῖς πρότερον Πομ- 10
πήιος ἐκ τῶν Ἀρμενίων ὁρμηθείς (a. 65).

110

Str. XI 4, 5 p. 502 Στέλλουσι δὲ (sc. οἱ Ἀλβανοί) μείζω
τῆς Ἰβήρων στρατιάν. Ὁπλίζουσι γὰρ καὶ ἓξ μυριάδας πεζῶν,
ἱππέας δὲ μυρίους καὶ δισχιλίους, ὅσοις πρὸς Πομπήιον δι-
εκινδύνευσαν (a. 65). — — Ἀκοντισταὶ δέ εἰσι καὶ τοξόται
θώρακας ἔχοντες καὶ θυρεούς, περίκρανα δὲ θήρεια παρα- 5
πλησίως τοῖς Ἴβηρσιν.

2 στρατιᾶς codd.: corr. Villebrun. | πεζῶν] ἀνδρῶν codd. exc. Eg | 3
διεμυρίους codd.: corr. Cas. | ἐκινδύνευσαν Clotwxs

Cf. Plut. Pomp. 35 Ἀλβανοὶ δὲ αὖθις ἀφεστῶτες αὐτῷ (sc. τῷ Πομ-
πηίῳ) προσηγγέλθησαν. — — Καὶ κατέλαβε πρὸς Ἄβαντι ποταμῷ παρα-
τεταγμένους ἑξακισμυρίους πεζοὺς καὶ δισχιλίοις ἱππεῖς ἐπὶ μυρίοις,
ὡπλισμένους δὲ φαύλως καὶ δέρμασι θηρίων τοὺς πολλούς. Cf. Zon. X
4 P I 478 A. App. Mithr. 103. Cass. Dio. XXXVII 3—5. Said. s. v.
Πομπήιος. Liv. per. 101. Flor. I 40, 28. Oros. VI 4, 8. Eutr. VI 14.
Ps. Aur. 77, 6. Fest. 16. Vell. II 40. Froutin. II 3, 14.

111

Str. XI 5, 1 sq. p. 503/4 Ἐν δὲ τοῖς ὑπὲρ τῆς Ἀλβανίας
ὄρεσι καὶ τὰς Ἀμαζόνας οἰκεῖν φασι. Θεοφάνης μὲν οὖν
(fr. 3 M.) ὁ συστρατεύσας τῷ Πομπηίῳ καὶ γενόμενος ἐν τοῖς Ἀλ-
βανοῖς μεταξὺ τῶν Ἀμαζόνων καὶ Ἀλβανῶν φησι Γήλας οἰκεῖν
καὶ Λήγας Σκύθας καὶ ῥεῖν ἐνταῦθα τὸν Μερμάδαλιν ποταμὸν 5
τούτων τε καὶ τῶν Ἀμαζόνων ἀνὰ μέσον. Ἄλλοι δέ, ὧν καὶ ὁ
Σκήψιος Μητρόδωρος (fr. 4 M.) καὶ Ὑψικράτης, οὐδὲ
αὐτοὶ ἄπειροι τῶν τόπων γεγονότες Γαργαρεῦσιν ὁμόρους αὐτὰς

4 φασι Cl

Cf. Plut. Pomp. 35 Ἐν ταύτῃ τῇ μάχῃ (sc. Pompei cum Albanis)
λέγονται καὶ Ἀμαζόνες συναγωνίσασθαι τοῖς βαρβάροις ἀπὸ τῶν περὶ
τὸν Θερμώδοντα ποταμὸν ὀρῶν καταβᾶσαι. Μετὰ γὰρ τὴν μάχην σκυ-
λεύοντες οἱ Ῥωμαῖοι τοὺς βαρβάρους πέλταις Ἀμαζονικαῖς καὶ κοθόρνοις

οἰκεῖν φασιν ἐν ταῖς ὑπωρείαις ταῖς πρὸς ἄρκτον τῶν Καυκα-
10 σίων ὀρῶν, ἃ καλεῖται Κεραύνια, τὸν μὲν ἄλλον χρόνον καθ᾽
αὑτὰς αὐτουργούσας ἕκαστα τά τε πρὸς ἄροτον καὶ φυτουρ-
γίαν καὶ τὰ πρὸς τὰς νομὰς καὶ μάλιστα τῶν ἵππων, τὰς δ᾽
ἀλκιμωτάτας [τῶν ἵππων] κυνηγεσίαις πλεονάζειν καὶ τὰ πο-
λέμια ἀσκεῖν· ἁπάσας δ᾽ ἐπικεκαῦσθαι τὸν δεξιὸν μαστὸν ἐκ
15 νηπίων, ὥστε εὐπετῶς χρῆσθαι τῷ βραχίονι πρὸς ἑκάστην
χρείαν, ἐν δὲ τοῖς πρώτοις πρὸς ἀκοντισμόν· χρῆσθαι δὲ καὶ
τόξῳ καὶ σαγάρει καὶ πέλτῃ, δορὰς δὲ θηρίων ποιεῖσθαι περί-
κρανά τε καὶ σκεπάσματα καὶ διαζώματα· δύο δὲ μῆνας ἐξαι-
ρέτους ἔχειν τοῦ ἔαρος, καθ᾽ οὓς ἀναβαίνουσιν εἰς τὸ πλησίον
20 ὄρος τὸ διορίζον αὑτάς τε καὶ τοὺς Γαργαρέας. Ἀναβαίνουσι
δὲ κἀκεῖνοι κατὰ ἔθος τι παλαιὸν συνθύσοντές τε καὶ συνε-
σόμενοι ταῖς γυναιξὶ τεκνοποιίας χάριν ἀφανῶς τε καὶ ἐν
σκότει ὁ τυχὼν τῇ τυχούσῃ, ἐγκύμονας δὲ ποιήσαντες ἀπο-
πέμπουσιν· αἱ δ᾽ ὅ τι μὲν ἂν θῆλυ τέκωσι κατέχουσιν αὐταί,
25 τὰ δ᾽ ἄρρενα κομίζουσιν ἐκείνοις ἐκτρέφειν· ᾠκείωται δ᾽ ἕκα-
στος πρὸς ἕκαστον νομίζων υἱὸν διὰ τὴν ἄγνοιαν. — —
— Τοὺς δὲ Γαργαρέας συναναβῆναι μὲν ἐκ Θεμισκύρας φασὶ
ταῖς Ἀμαζόσιν εἰς τούσδε τοὺς τόπους, εἶτ᾽ ἀποστάντας
αὐτῶν πολεμεῖν μετὰ Θρακῶν καὶ Εὐβοέων τινῶν πλανηθέν-
30 των μέχρι δεῦρο πρὸς αὐτάς, ὕστερον δὲ καταλυσαμένους
τὸν πρὸς αὐτὰς πόλεμον ἐπὶ τοῖς λεχθεῖσι ποιήσασθαι συμ-
βάσεις, ὥστε τέκνων συγκοινωνεῖν μόνον, ζῆν δὲ καθ᾽ αὑτοὺς
ἑκατέρους.

13 τῶν ἵππων del. Kram., ἐφ᾽ ἵππων l(?)ot || 14 μησθὸν Dhi μαξὸν rw || 16 ἐν πρώτοις δὲ οι || 17 σαγάρει El(?)orwa σαγάρῃ x σαγάρι codd. rell. || 17 ἐπίκρανα Tzsch. || 21 τὸ ἔθος τὸ παλαιὸν l

ἐνετύγχανον, σῶμα δ᾽ οὐδὲν ὤφθη γυναικεῖον. Νέμονται δὲ τοῦ Καυκά-
σου τὰ παθήκοντα πρὸς τὴν Ὑρκανίαν θάλασσαν οὐχ ὁμοροῦσαι τοῖς
Ἀλβανοῖς, ἀλλὰ Γέλαι καὶ Λῆγες οἰκοῦσι διὰ μέσου· καὶ τούτοις ἔτους
ἑκάστου δύο μῆνας εἰς ταὐτὸ φοιτῶσαι περὶ τὸν Θερμώδοντα ποταμὸν
ὁμιλοῦσιν, εἶτα καθ᾽ αὑτὰς ἀπαλλαγεῖσαι βιοτεύουσιν. Zon. X 4 P I
478 AB, qui Plutarchum exscripsit, sed addit verba, quae fortasse apud
Plutarchum propter homoeoteleuton exciderunt, haec: τεκοῦσαι δὲ τὰ μὲν
ἄρρενα κομίσασαι περὶ τὴν τῶν πατέρων ἐκτίθενται γῆν, τὰ δέ γε θήλεα
τρέφουσι. Cf. App. Mithr. 103.

112

Str. XI 4, 6 p. 503 Φέρει δ' ἡ γῆ (sc. ἡ τῶν Ἀλβανῶν) καὶ τῶν ἑρπετῶν ἔνια τῶν θανασίμων καὶ σκορπίους καὶ φαλάγγια· τῶν δὲ φαλαγγίων τὰ μὲν ποιεῖ γελῶντας ἀποθνήσκειν, τὰ δὲ κλαίοντας πόθῳ τῶν οἰκείων.

2 ἑρπόντων 1

Cf. Plut. Pomp. 36 Ὁρμήσας δὲ μετὰ τὴν μάχην (sc. πρὸς τοὺς Ἀλβανοὺς a. 65) ὁ Πομπήιος ἐλαύνειν ἐπὶ τὴν Ὑρκανίαν καὶ Κασπίαν θάλασσαν ὑπὸ πλήθους ἑρπετῶν θανασίμων ἀπετράπη τριῶν ὁδὸν ἡμερῶν ἀποσχών.

113

Str. XI 4, 3 p. 502 Τάχα μὲν οὖν τῷ τοιούτῳ γένει τῶν ἀνθρώπων οὐδὲν δεῖ θαλάττης· οὐδὲ γὰρ τῇ γῇ χρῶνται (sc. οἱ Ἀλβανοί) κατ' ἀξίαν πάντα μὲν [γὰρ] ἐκφερούσῃ καρπόν, καὶ τὸν ἡμερώτατον, πᾶν δὲ φυτόν· καὶ γὰρ τὰ ἀειθαλῆ φέρει· τυγχάνει δ' ἐπιμελείας οὐδὲ μικρᾶς, 'ἀλλὰ τάγ' ἄσπαρτα 5 καὶ ἀνήροτα πάντα φύονται', καθάπερ οἱ στρατεύσαντές φασι Κυκλώπειόν τινα διηγούμενοι βίον· πολλαχοῦ γοῦν σπαρεῖσαν ἅπαξ δὶς ἐκφέρειν καρπὸν ἤ καὶ τρίς, τὸν δὲ πρῶτον καὶ πεντηκοντάχουν, ἀνέαστον καὶ ταῦτα οὐδὲ σιδήρῳ τμηθεῖσαν, ἀλλ' αὐτοξύλῳ ἀρότρῳ. 10

3 γὰρ om. oxz | ἐκφέρουσι Clrw | 4 ἐνθαλῆ 1 | 5 οὐ μικρᾶς ο οὐδεμιᾶς rw | τάγ'] τὰ ἀγαθά xi τἀγαθὰ codd. rell.: corr. Xyl. ex Ham. Od. ι 109 ἢ 6 ἅπαντα codd.: corr. Xyl. | 7 γοῦν] γὰρ C (in hoc γοῦν sup. add.) 1 | 8 τὸν] τὸ Tyrwhitt | 9 πεντάχουν rw | καὶ ταῦτα ἀνέαστον Grosk.

114

Str. XVI 1, 24 p. 747 Πρὸς δὲ τῷ Τίγρει τὰ τῶν Γορδιαίων χωρία, οὕς οἱ πάλαι Καρδούχους ἔλεγον, καὶ αἱ πόλεις (αὐτ)ῶν Σάρεισά τε καὶ Σάταλκα καὶ Πίνακα, κράτιστον ἔρυμα, τρεῖς ἄκρας ἔχουσα, ἑκάστην ἰδίῳ τείχει τετειχισμένην, ὥστε οἱον τρίπολιν εἶναι. Ἀλλ' ὅμως καὶ ὁ Ἀρμένιος εἶχεν ὑπήκοον καὶ οἱ Ῥωμαῖοι βίᾳ παρέλαβον (a. 65), καίπερ ἔδοξαν 5

1/2 παρθυαίων codd.: corr. Wesseling | 3 αὐτῶν] ὧν codd.: corr. Grosk. | σάρισα moxs | σάταλα F, Σάταλα susp. Mein.

οἱ Γορδυαῖοι διαφερόντως ἀρχιτεκτονικοί τινες εἶναι καὶ πο-
λιορκητικῶν ὀργάνων ἔμπειροι· διόπερ αὐτοῖς εἰς ταῦτα ὁ
Τιγράνης ἐχρῆτο. Ἐγένετο δὲ καὶ ἡ λοιπὴ † Μεσοποταμία
10 ὑπὸ Ῥωμαίοις. Πομπήιος δ' αὐτῆς τὰ πολλὰ τῷ Τιγράνῃ
προσένειμεν, ὅσα ἦν ἀξιόλογα.

9 Μεσοποταμία acrie corruptum, Γορδυαία vel Γορδυηνὴ Letronn.,
ποταμία Mein.

9 sqq. Cass. Dio. XXXVII 5.

115

Str. XII 3, 31 p. 556/7 Ἐνταῦθα δὲ καὶ τὸ Καινὸν χω-
ρίον προσαγορευθέν, ἐρυμνὶ καὶ ἀπότομος πέτρα διέχουσα
τῶν Καβείρων ἔλαττον ἢ διακοσίους σταδίους· ἔχει δ' ἐπὶ τῇ
κορυφῇ πηγὴν ἀναβάλλουσαν πολὺ ὕδωρ περί τε τῇ ῥίζῃ πο-
5 ταμὸν καὶ φάραγγα βαθεῖαν, τὸ δ' ὕψος ἐξαίσιον τῆς πέτρας
ἐστὶ † τοῦ αὐχένος, ὥστ' ἀπολιόρκητός ἐστι· τετείχισται δὲ
θαυμαστῶς, πλὴν ὅσον οἱ Ῥωμαῖοι κατέσπασαν (a. 65)· οὕτω
δ' ἐστὶν ἅπασα ἡ κύκλῳ κατάδρυμος καὶ ὀρεινὴ καὶ ἄνυδρος,
ὥστ' ἐντὸς ἑκατὸν καὶ εἴκοσι σταδίων μὴ εἶναι δυνατὸν στρα-
10 τοπεδεύσασθαι. Ἐνταῦθα μὲν ἦν τῷ Μιθριδάτῃ τὰ τιμιώ-
τατα τῶν κειμηλίων, ἃ νῦν ἐν τῷ Καπιτωλίῳ κεῖται Πομπηίου
ἀναθέντος.

4 περὶ πρὸς Mein., ἐπί susp. Muell. | τὴν ῥίζαν os ¶ 6 Ante τοῦ αὐ-
χένος aliquid videtur excidisse: ἐν vel ἀπὸ vel ἄνω inscrendum putat Groak.,
καὶ Kr., ἐστὶ ⟨χαλεπὴν ἐχούσης τὴν ἀνάβασιν διὰ⟩ τοῦ αὐχένος Muell. ¶ 10
μὲν] τε x

Cf. Plut. Pomp. 37 Ἐν δὲ τῷ Καινῷ φρουρίῳ καὶ γράμμασιν ἀπορ-
ρήτοις ὁ Πομπήιος ἐνέτυχε τοῦ Μιθριδάτου κτλ.

116

a. Str. XII 3, 1 p. 540/1 Τοῦ δὲ Πόντου καθίστατο μὲν
Μιθριδάτης ὁ Εὐπάτωρ βασιλεύς. Εἶχε δὲ τὴν ἀφοριζομένην

Cf. Plut. Pomp. 39 Ἐντεῦθεν εἰς Ἀμισὸν ἐλθὼν ὁ Πομπήιος — —
ὡς δὴ συντετελεσμένων ἁπάντων ἔπραττε ταὐτὰ (sc. τῷ Λευκόλλῳ)

τῷ Ἅλυϊ μέχρι Τιβαρηνῶν καὶ Ἀρμενίων καὶ τῆς ἐντὸς Ἅλυος τὰ μέχρι Ἀμάστρεως καὶ τινων τῆς Παφλαγονίας μερῶν. Προσεκτήσατο δ' οὗτος καὶ τὴν μέχρι Ἡρακλείας παραλίαν ἐπὶ τὰ δυσμικὰ μέρη, — — ἐπὶ δὲ τἀναντία μέχρι Κολχίδος καὶ τῆς μικρᾶς Ἀρμενίας, ἃ δὴ καὶ προσέθηκε τῷ Πόντῳ. Καὶ δὴ καὶ Πομπήϊος καταλύσας ἐκεῖνον ἐν τούτοις τοῖς ὅροις οὖσαν τὴν χώραν ταύτην παρέλαβε· τὰ μὲν πρὸς Ἀρμενίαν καὶ τὰ περὶ τὴν Κολχίδα τοῖς συναγωνισαμένοις δυνάσταις κατένειμε, τὰ δὲ λοιπὰ εἰς ἕνδεκα πολιτείας διεῖλε καὶ τῇ Βιθυνίᾳ προσέθηκεν, ὥστ' ἐξ ἀμφοῖν ἐπαρχίαν γενέσθαι μίαν (a. 65/4). Μεταξύ τε τῶν Παφλαγόνων τῶν μεσογαίων τινὰς βασιλεύεσθαι παρέδωκε τοῖς ἀπὸ Πυλαιμένοις, καθάπερ καὶ τοὺς Γαλάτας τοῖς ἀπὸ γένους τετράρχαις. 5

b. Str. XII 3, 2 p. 541 Ταύτης δὲ τῆς παραλίας ἁπάσης ἐπῆρξεν Εὐπάτωρ ἀρξάμενος ἀπὸ τῆς Κολχίδος μέχρι Ἡρακλείας, τὰ δ' ἐπέκεινα τὰ μέχρι τοῦ στόματος καὶ τῆς Χαλκηδόνος τῷ Βιθυνῶν βασιλεῖ συνέμενε. Καταλυθέντων δὲ τῶν βασιλέων ἐφύλαξαν οἱ Ῥωμαῖοι τοὺς αὐτοὺς ὅρους, ὥστε τὴν Ἡράκλειαν προσκεῖσθαι τῷ Πόντῳ, τὰ δ' ἐπέκεινα Βιθυνοῖς προσχωρεῖν.

c. Str. XII 3, 6 p. 543 Ἡ δὲ πόλις (sc. ἡ Ἡράκλεια) ἐστὶ τῆς Ποντικῆς ἐπαρχίας τῆς συντεταγμένης τῇ Βιθυνίᾳ.

d. Str. XII 3, 9 p. 544 Τῆς δὲ χώρας ταύτης (sc. τῆς Παφλαγονίας) διῃρημένης εἴς τε τὴν μεσόγαιαν καὶ τὴν ἐπὶ θα-

3 τιβαρηνῶν om τιπαρανῶν codd. rell. exc. lrw | τῇς] τὴν Cas. | 9 Ante τὰ add. καὶ Cor. | μὲν] μέντοι ε Mein., qui μέντοι vel μὲν δὴ conl. | 13 τε om. CDhix (in hoc καὶ ante μεταξὺ add.), δὲ Cas. | Ante τῶν μεσογαίων add. καὶ C | 18 Καλχηδόνος Tzsch.

διακοσμῶν τὰς ἐπαρχίας καὶ διανέμων δωρεάς, πολλῶν μὲν ἡγεμόνων καὶ δυναστῶν, βασιλέων δὲ δώδεκα βαρβάρων ἀφιγμένων πρὸς αὐτόν. App. Mithr. 114 Τῶν δὲ εἰλημμένων ἐθνῶν τὰ μὲν αὐτόνομα ἠφίει συμμαχίας οὕνεκα, τὰ δὲ ὑπὸ Ῥωμαίοις εὐθὺς ἐγίγνετο, τὰ δ' ἐς βασίλεια διεδίδου. Ib. 121 Πόντου δὲ καὶ Βιθυνίας πέμπεται τις ἀπὸ τῆς βουλῆς στρατηγὸς ἐτήσιος. Liv. per. 102. Vell. II 38, 6. Fest. 11, 4. v sq. 13 sqq. Cf. App. Mithr. 114 Ἐποίει δὲ (sc. ὁ Πομπήϊος) καὶ τετράρχας, Γαλλογραικῶν μέν, οἳ νῦν εἰσι Γαλάται Καππαδόκαις ὅμοροι, Δηϊόταρον καὶ ἑτέρους, Παφλαγονίας δὲ Ἄτταλον καὶ Κόλχων Ἀρι-

λάττῃ διατείνουσαν ἀπὸ τοῦ Ἅλυος μέχρι Βιθυνίας ἑκατέραν
τὴν μὲν παραλίαν ἕως τῆς Ἡρακλείας εἶχεν ὁ Εὐπάτωρ, τῆς
δὲ μεσογαίας τὴν μὲν ἐγγυτάτω ἔσχεν, ἧς τινα καὶ πέραν τοῦ
30 Ἅλυος διέτεινε· καὶ μέχρι δεῦρο τοῖς Ῥωμαίοις ἡ Ποντικὴ
ἐπαρχία ἀφώρισται· τὰ λοιπὰ δ' ἦν ὑπὸ δυνάσταις καὶ μετὰ
τὴν Μιθριδάτου κατάλυσιν.

30 τοῖς Ῥωμαίοις post ἐπαρχία vs. 31 collocat x

ατάρχον δυνάστην. Cf. Eutr. VI 14. Fest. 16. Suid. s. v. Πομπήιος.
De Galatarum tetrarchis v. infra fr. 131.

COMM. Pontum in provinciae formam a Pompeio redactum esse
a. 65 statuunt Drumann hist. Rom. IV p. 450 et Marquardt 'Roemische
Staatsverwaltung' I² p. 350 adn. 1, a. 64 ineunte Benedictus Niese in
Herm. vol. XIII p. 38 sq. — De his Strabonis locis explicandis commode
disseruit idem v. d. in Mus. Rhen. vol. XXXVIII p. 577 sqq.

117

Str. XVI 2, 8 p. 751 Πρὸς θαλάττῃ δὲ τούτων ἐστὶν ἡ
Σελεύκεια καὶ ἡ Πιερία. — — Ἐκαλεῖτο δ' ἡ Σελεύκεια πρό-
τερον Ὕδατος ποταμοί· ἔρυμα δέ ἐστιν ἀξιόλογον καὶ κρεῖτ-
τον βίας ἡ πόλις. Διόπερ καὶ ἐλευθέραν αὐτὴν ἔκρινε Πομ-
5 πήιος (a. 64) ἀποκλείσας Τιγράνην.

3/4 κρείττων CDhimoxz

Cf. Eutr. VI 14 Et cum venisset (Pompeius) in Syriam, Seleu-
ciam, vicinam Antiochiae civitatem, libertate donavit, quod regem Tigranen
non recepisset. Plin. N. H. V 79.

COMM. Cf. Marquardt 'Roem. Staatsverwaltung' I² p. 394 adn. 2.

118

Str. XVI 2, 7 p. 751 Πρὸς ἕω δ' ὁ Εὐφράτης ἐστὶ καὶ ἡ
Βαμβύκη καὶ ἡ Βέροια καὶ ἡ Ἡράκλεια τῇ Ἀντιοχείᾳ, πολί-
χνια τυραννούμενά ποτε ὑπὸ Διονυσίου τοῦ Ἡρακλέωνος.

COMM. De Heracleone cf. Posidon. fr. 36 (Mueller FHG III p. 265).
Ioseph. A. I. XIII 13, 4. Pomp. Trog. prol. 39. — Dionysius alias non
commemoratur; cuius tyrannide oppida illa liberata esse a Pompeio a. 64,
cum res Syriacas componeret, veri simile est.

119

Ios. A. I. XIV 3, 1 (Mueller FHG III p. 493 fr. 11) *Μετ' οὐ πολὺ δὲ Πομπηίου εἰς Δαμασκὸν ἀφικομένου καὶ Κοίλην Συρίαν ἐπιόντος ἧκον παρ' αὐτὸν πρέσβεις ἐξ ὅλης Συρίας καὶ Αἰγύπτου καὶ ἐκ τῆς Ἰουδαίας. Ἔπεμψε γὰρ αὐτῷ μέγα δῶρον Ἀριστόβουλος, ἄμπελον χρυσῆν ἐκ πεντακοσίων ταλάντων.* δ *Μέμνηται δὲ τοῦ δώρου καὶ Στράβων ὁ Καππάδοξ λέγων οὕτως· Ἦλθε δὲ καὶ ἐξ Αἰγύπτου πρεσβεία καὶ στέφανος ἐκ χρυσῶν τετρακισχιλίων καὶ ἀπὸ τῆς Ἰουδαίας εἴτε ἄμπελος εἴτε κῆπος· τερπωλὴν ὠνόμαζον τὸ δημιούργημα.*

Cf. Zon. V 6 P I 223 A. Plin. N. H. XXXVII 14.

COMM. De hoc fragmento falso loco a Iosepho inserto conferas quae infra disputabo in Quaestionibus Strabonianis. Aristobuli donum non Damasci, sed in Syria Pompeio traditum est.

120

Str. XVI 2, 10 p. 753 *Οὐ πόρρω δ'* (sc. *τῆς Ἀπαμείας) οὐδ' Ἡλιούπολις καὶ Χαλκὶς ἡ ὑπὸ Πτολεμαίῳ τῷ Μενναίου τῷ τὸν Μασσύαν κατέχοντι καὶ τὴν Ἰτουραίων ὀρεινήν.*

3 τὴν] τῶν Cmoxs, τὴν τῶν Cor.

Cf. Ios. A. I. XIV 3, 2 *Ὥρμησεν* (sc. *ὁ Πομπήιος) ἐπὶ τὴν Δαμασκηνὴν* (a. 64/3) *καὶ τήν τε ἄκραν ἐν παρόδῳ τὴν ἐν Ἀπαμείᾳ κατέσκαψεν, ἣν ὁ Κυζικηνὸς ἐτείχισεν Ἀντίοχος, καὶ τὴν Πτολεμαίου τοῦ Μενναίου χώραν κατεπόνησεν, ἀνδρὸς πονηροῦ. — Διελθὼν δὲ τὰς πόλεις τήν τε Ἡλιόπολιν καὶ τὴν Χαλκίδα καὶ τὸ διεῖργον ὄρος ὑπερβαλὼν τὴν Κοίλην προσαγορευομένην Συρίαν ἀπὸ τῆς Πέλλης εἰς Δαμασκὸν ἧκεν.*

121

Str. XVI 2, 18 p. 755 *Μετὰ δὲ τὸν Μάκραν ἐστὶν ὁ Μασσύας ἔχων τινὰ καὶ ὀρεινά, ἐν οἷς ἡ Χαλκίς, ὥσπερ ἀκρόπολις τοῦ Μασσύου. — Τὰ μὲν οὖν ὀρεινὰ ἔχουσι πάντα Ἰτουραῖοί τε καὶ Ἄραβες, κακοῦργοι πάντες, οἱ δ' ἐν τοῖς*

Cf. Oros. VI 6, 1 *M. Tullio Cicerone et C. Antonio consulibus Pompeius occisi Mithridatis nuntio accepto Syriam Coelen et Phoenicen*

5 πεδίοις γεωργοί· κακούμενοι δ' ὑπ' ἐκείνων ἄλλοτε ἄλλης
βοηθείας δέονται. Ὁρμητηρίοις δ' ἐρυμνοῖς χρῶνται, καθάπερ
οἱ τὸν Λίβανον ἔχοντες ἄνω μὲν ἐν τῷ ὄρει Σιννᾶν καὶ Βορ-
ραμὰ καὶ ἄλλα τοιαῦτα ἔχουσι τείχη, κάτω δὲ Βότρυν καὶ
Γίγαρτον καὶ τὰ ἐπὶ τῆς θαλάττης σπήλαια καὶ τὸ ἐπὶ τῷ
10 Θεοῦ προσώπῳ φρούριον ἐπιτεθέν, ἃ κατέσπασε Πομπήιος
(a. 64,63), ἀφ' ὧν τήν τε Βύβλον κατέτρεχον καὶ τὴν ἐφεξῆς
ταύτῃ Βηρυτόν, αἳ μεταξὺ κεῖνται Σιδῶνος καὶ τοῦ Θεοῦ προ-
σώπου. Ἡ μὲν οὖν Βύβλος, τὸ τοῦ Κινύρου βασίλειον, ἱερά
ἐστι τοῦ Ἀδώνιδος· ἣν τυραννουμένην ἠλευθέρωσε Πομπήιος
15 πελεκίσας ἐκεῖνον.

7/8 Βορραμὰ ex F rec. Mein. βόραμα s βόρραμη codd. rell. edd. | 9 βόστρυν Dhi βόστρα muxt | 11 κατέτρεχε codd. exc. F | 14 ἠλευθέρωσεν ἐκεῖνος ὁ Π. x

bello adgressus Ituraeos primum Arabasque perdomuit. Cf. Eutr. VI 14. App. Mithr. 106.

122

Str. XVI 2, 23 p. 757 Οὐχ ὑπὸ τῶν βασιλέων δ' ἐκρίθη-
σαν αὐτόνομοι μόνον (sc. οἱ Τύριοι) μικρὰ ἀναλώσαντες, ἀλλὰ
καὶ ὑπὸ τῶν Ῥωμαίων βεβαιωσάντων τὴν ἐκείνων γνώμην.

2 Verba μικρὰ ἀναλώσαντες in codd. leguntur post τῶν Ῥωμαίων, transposuit Kram.

COMM. Cf. Marquardt 'Roem. Staatsv.' I² p. 395 adn. 2. — Pompeius a. 64/3 Tyriis libertatem confirmavit: cf. Ios. A. I. XV 4, 1.

123

Str. XVI 2, 34—37 p. 760/1 Ἡ κρατοῦσα μάλιστα φήμη
τῶν περὶ τὸ ἱερὸν τὸ ἐν τοῖς Ἱεροσολύμοις πιστευομένων Αἰ-
γυπτίοις ἀποφαίνει τοὺς προγόνους τῶν νῦν Ἰουδαίων λεγο-
μένων. (35) Μωσῆς γάρ τις τῶν Αἰγυπτίων ἱερέων ἔχων τι
5 μέρος τῆς (κάτω) καλουμένης χώρας ἀπῆρεν ἐκεῖσε ἐνθένδε
δυσχεράνας τὰ καθεστῶτα καὶ συνεξῆραν αὐτῷ πολλοὶ τιμῶν-
τες τὸ θεῖον. Ἔφη γὰρ ἐκεῖνος καὶ ἐδίδασκεν, ὡς οὐκ ὀρθῶς

5 κάτω add. Cor. | ἐκεῖθεν F

φρονοίεν οἱ Αἰγύπτιοι θηρίοις εἰκάζοντες καὶ βοσκήμασι τὸ
θεῖον, οὐδ' οἱ Λίβυες· οὐκ εὖ δὲ οὐδ' οἱ Ἕλληνες ἀνθρωπο-
μόρφους τυποῦντες· εἴη γὰρ ἓν τοῦτο μόνον θεὸς τὸ περιέχον
ἡμᾶς ἅπαντας καὶ γῆν καὶ θάλατταν, ὃ καλοῦμεν οὐρανὸν καὶ
κόσμον καὶ τὴν τῶν ὄντων φύσιν. Τούτου δὴ τίς ἂν εἰκόνα
πλάττειν θαρρήσειε νοῦν ἔχων ὁμοίαν τινὶ τῶν παρ' ἡμῖν;
Ἀλλ' ἐᾶν δεῖν πᾶσαν ξοανοποιίαν, τέμενος ⟨δ'⟩ ἀφορίσαντας
καὶ σηκὸν ἀξιόλογον τιμᾶν ἔδους χωρίς· ἐγκοιμᾶσθαι δὲ καὶ
αὐτοὺς ὑπὲρ ἑαυτῶν καὶ ὑπὲρ τῶν ἄλλων ἄλλους τοὺς εὐο-
νείρους· καὶ προσδοκᾶν δεῖν ἀγαθὸν παρὰ τοῦ θεοῦ καὶ δῶρον
ἀεί τι καὶ σημεῖον τοὺς σωφρόνως ζῶντας καὶ μετὰ δικαιο-
σύνης, τοὺς δ' ἄλλους μὴ προσδοκᾶν. (36) Ἐκεῖνος μὲν οὖν
τοιαῦτα λέγων ἔπεισεν εὐγνώμονας ἄνδρας οὐκ ὀλίγους καὶ
ἀπήγαγεν ἐπὶ τὸν τόπον τοῦτον, ὅπου νῦν ἐστι τὸ ἐν τοῖς
Ἱεροσολύμοις κτίσμα. Κατέσχε δὲ ῥᾳδίως οὐκ ἐπίφθονον ὂν
τὸ χωρίον οὐδ' ὑπὲρ οὗ ἄν τις ἐσπουδασμένως μαχέσαιτο·
ἔστι γὰρ πετρῶδες, αὐτὸ μὲν εὔυδρον, τὴν δὲ κύκλῳ χώραν
ἔχον λυπρὰν καὶ ἄνυδρον, τὴν δ' ἐντὸς ἑξήκοντα σταδίων καὶ
ὑπόπετρον. Ἅμα δ' ἀντὶ τῶν ὅπλων τὰ ἱερὰ προὐβάλλετο
καὶ τὸ θεῖον ἵδρυσιν τούτου ζητεῖν ἀξιῶν καὶ παραδώσειν
ὑπισχνούμενος τοιοῦτον σεβασμὸν καὶ τοιαύτην ἱεροποιίαν,
ἥτις οὔτε δαπάναις ὀχλήσει τοὺς χρωμένους οὔτε θεοφορίαις

8 οἱ om. Tzsch. | 10 τυποῦντες] ποιοῦντες r | ἓν] ἂν ᾖ ἂν mute | 13
τινὰ codd.: corr. Cas. | 14 δεῖ codd.: corr. Cor. ! δ' add. Cor. | 15 εἴδους FD
(ed. corr. m. sec.) ἴδους h εἴδους cudd. rell. | 19 ἄλλους] ἄλλως Cor. | 29 οὐδὲ
δαπάναις codd.: corr. Cor.

Cf. Diod. XL fr. 3 Ἡμεῖς δὲ μέλλοντες ἀναγράφειν τὸν πρὸς Ἰου-
δαίους πόλεμον (sc. a Pompeio gestum) οἰκεῖον εἶναι διαλαμβάνομεν
προδιελθεῖν ἐν κεφαλαίοις τήν τε τοῦ ἔθνους τούτου ἐξ ἀρχῆς κτίσιν
καὶ τὰ παρ' αὐτοῖς νόμιμα. Κατὰ τὴν Αἴγυπτον τὸ παλαιὸν λοιμικῆς
περιστάσεως γενομένης ἀνέπεμπον οἱ πολλοὶ τὴν αἰτίαν τῶν κακῶν ἐπὶ
τὸ δαιμόνιον· πολλῶν γὰρ καὶ παντοδαπῶν κατοικούντων ξένων καὶ
διηλλαγμένοις ἔθεσι χρωμένων περὶ τὰ ἱερὸν καὶ τὰς θυσίας καταλελύ-
σθαι συνέβαινε παρ' αὐτοῖς τὰς πατρίους τῶν θεῶν τιμάς. Ὅπερ οἱ
τῆς χώρας ἐγγενεῖς ὑπέλαβον, ἐὰν μὴ τοὺς ἀλλοφύλους μεταστήσωνται,
κρίσιν οὐκ ἔσεσθαι τῶν κακῶν. Εὐθὺς οὖν ξενηλατουμένων τῶν ἀλλο-
εθνῶν — — ὁ πολὺς λεὼς ἐξέπεσεν εἰς τὴν νῦν καλουμένην Ἰουδαίαν,
οὐ πόρρω μὲν κειμένην τῆς Αἰγύπτου, παντελῶς δὲ ἔρημον οὖσαν κατ'

30 οὔτε ἄλλαις πραγματείαις ἀτόποις. Οὗτος μὲν οὖν εὐδοκιμήσας τούτοις συνεστήσατο ἀρχὴν οὐ τὴν τυχοῦσαν ἁπάντων προσχωρησάντων ῥᾳδίως τῶν κύκλῳ διὰ τὴν ὁμιλίαν καὶ τὰ προτεινόμενα. (37) Οἱ δὲ διαδεξάμενοι χρόνοις μέν τινας ἐν τοῖς αὐτοῖς διέμενον δικαιοπραγοῦντες καὶ θεοσεβεῖς ὡς ἀλη-
35 θῶς ὄντες· ἔπειτ' ἐφισταμένων ἐπὶ τὴν ἱερωσύνην τὸ μὲν πρῶτον δεισιδαιμόνων, ἔπειτα τυραννικῶν ἀνθρώπων ἐκ μὲν τῆς δεισιδαιμονίας αἱ τῶν βρωμάτων ἀποσχέσεις, ὥνπερ καὶ νῦν ἔθος ἐστὶν αὐτοῖς ἀπέχεσθαι, καὶ ⟨αἱ⟩ περιτομαὶ καὶ αἱ ἐκτομαὶ καὶ εἴ τινα τοιαῦτα ἐνομίσθη, ἐκ δὲ τῶν τυραννίδων
40 τὰ λῃστήρια. Οἱ μὲν γὰρ ἀφιστάμενοι τὴν χώραν ἐκάκουν καὶ αὐτὴν καὶ τὴν γειτνιῶσαν, οἱ δὲ συμπράττοντες τοῖς ἄρχουσι καθήρπαζον τὰ ἀλλότρια καὶ τῆς Συρίας κατεστρέφοντο καὶ τῆς Φοινίκης πολλήν. Ἦν δ' ὅμως εὐπρέπειά τις περὶ τὴν ἀκρόπολιν αὐτῶν, οὐχ ὡς τυραννεῖον βδελυττομένων, ἀλλ'
45 ὡς ἱερὸν σεμνυνόντων καὶ σεβομένων.

31 Ante ἀρχὴν add. τὴν Dh | 39 αἱ ante περιτομαὶ add. Kr. | αἱ ante ἐκτομαὶ om. F | 39 ἐκτομίαι codd. exc. Fh | 44 τύραννον CDFhi, sed in mg. D et F pr. man. add. τυραννεῖον

ἐκείνους τοὺς χρόνους. Ἡγεῖτο δὲ τῆς ἀποικίας ὁ προσαγορευόμενος Μωσῆς φρονήσει τε καὶ ἀνδρείᾳ πολὺ διαφέρων. Οὗτος δὲ καταλαβόμενος τὴν χώραν ἄλλας τε πόλεις ἔκτισε καὶ τὴν νῦν οὖσαν ἐπιφανεστάτην ὀνομαζομένην Ἱεροσόλυμα. Ἱδρύσατο δὲ καὶ τὸ μάλιστα παρ' αὐτοῖς τιμώμενον ἱερὸν καὶ τὰς τιμὰς καὶ ἀγιστείας τοῦ θείου κατέδειξε καὶ τὰ κατὰ τὴν πολιτείαν ἐνομοθέτησέ τε καὶ διέταξε. — Ἄγαλμα δὲ θεῶν τὸ σύνολον οὐ κατεσκεύασε διὰ τὸ μὴ νομίζειν ἀνθρωπόμορφον εἶναι τὸν θεόν, ἀλλὰ τὸν περιέχοντα τὴν γῆν οὐρανὸν μόνον εἶναι θεὸν καὶ τῶν ὅλων κύριον. — — Ἐπιλέξας δὲ τῶν ἀνδρῶν τοὺς χαριεστάτους καὶ μάλιστα δυνησομένους τοῦ σύμπαντος ἔθνους προΐστασθαι τούτους ἱερεῖς ἀπέδειξε· τὴν δὲ διατριβὴν ἔταξεν αὐτῶν γίνεσθαι περὶ τὸ ἱερὸν καὶ τὰς τοῦ θεοῦ τιμάς τε καὶ θυσίας. Τοὺς αὐτοὺς δὲ καὶ δικαστὰς ἀπέδειξε τῶν μεγίστων κρίσεων καὶ τὴν τῶν νόμων καὶ τῶν ἐθῶν φυλακὴν τούτοις ἐπέτρεψε· διὸ καὶ βασιλέα μὲν μηδέποτε τῶν Ἰουδαίων, τὴν δὲ τοῦ πλήθους προστασίαν δίδοσθαι διὰ παντὸς τῷ δοκοῦντι τῶν ἱερέων φρονήσει καὶ ἀρετῇ προέχειν. Τοῦτον δὲ προσαγορεύουσιν ἀρχιερέα καὶ νομίζουσιν αὐτοῖς ἄγγελον γίνεσθαι τῶν τοῦ θεοῦ προσταγμάτων. — — Περὶ μὲν τῶν Ἰουδαίων Ἑκαταῖος ὁ Μιλήσιος ταῦτα ἱστόρηκεν (immo Abderita: cf. Mueller FHG II p. 393).

*124

a. Str. XVI 2, 40 p. 762/3 Ἤδη δ' οὖν φανερῶς τυραννουμένης τῆς Ἰουδαίας πρῶτος ἀνθ' ἱερέως ἀνέδειξεν ἑαυτὸν βασιλέα Ἀλέξανδρος· τούτου δ' ἦσαν υἱοὶ Ὑρκανός τε καὶ Ἀριστόβουλος· διαφερομένων δὲ περὶ τῆς ἀρχῆς ἐπῆλθε Πομπήιος (a. 63) καὶ κατέλυσεν αὐτοὺς καὶ τὰ ἐρύματα αὐτῶν κατέσκασε 5 καὶ αὐτὰ ἐν πρώτοις τὰ Ἱεροσόλυμα βίᾳ καταλαβών· ἦν γὰρ πετρῶδες καὶ εὐερκὲς ἔρυμα, ἐντὸς μὲν εὔυδρον, ἐκτὸς δὲ παντελῶς διψηρόν, τάφρον λατομητὴν ἔχον βάθος μὲν ἑξήκοντα ποδῶν, πλάτος δὲ πεντήκοντα καὶ διακοσίων· ἐκ δὲ τοῦ λίθου τοῦ λατομηθέντος ἐπεπύργωτο τὸ τεῖχος τοῦ ἱεροῦ. Κατελά- 10 βετο δ' ὥς φασι τηρήσας τὴν τῆς νηστείας ἡμέραν, ἡνίκα ἀπείχοντο οἱ Ἰουδαῖοι παντὸς ἔργου, πληρώσας τὴν τάφρον καὶ ἐπιβαλὼν τὰς διαβάθρας· κατασκάσαι δ' οὖν ἐκέλευσε τὰ τείχη πάντα καὶ ἀνεῖλεν εἰς δύναμιν τὰ ληστήρια καὶ τὰ γαζοφυλάκια τῶν τυράννων. Ἦν δὲ δύο μὲν τὰ ταῖς εἰσβολαῖς 15 ἐπικείμενα τοῦ Ἱερικοῦντος Θρὴξ τε καὶ Ταῦρος, ἄλλα δὲ Ἀλεξάνδριόν τε καὶ Ὑρκάνιον καὶ Μαχαιροῦς καὶ Λυσιὰς καὶ τὰ περὶ τὴν Φιλαδέλφιαν καὶ ἡ περὶ Γαλιλαίαν Σκυθόπολις.

1 δ' om. moxx | 6 καταβαλὼν codd.: corr. Cas. | 7 καὶ om. codd. exc. Dh | 17 Post Μαχαιροῖς add. λύδας w, post Λυσιὰς add. καὶ λύδας F | 18 Φιλαδέλφειαν Cor.

Cf. Ios. A. I. XIV 3, 2 Εἰς Δαμασκὸν ἧκεν (sc. ὁ Πομπήιος), ἔνθα δὴ καὶ τῶν Ἰουδαίων διήκουσε καὶ τῶν ἡγουμένων αὐτῶν, οἳ πρός τε ἀλλήλους διεφέροντο, ὅ τε Ὑρκανὸς καὶ Ἀριστόβουλος, καὶ τὸ ἔθνος πρὸς ἀμφοτέρους, τὸ μὲν οὐκ ἀξιοῦν βασιλεύεσθαι· πάτριον γὰρ εἶναι τοῖς ἱερεῦσι τοῦ τιμωμένου παρ' αὐτοῖς θεοῦ πειθαρχεῖν, ὄντας δὲ τούτους ἀπογόνους τῶν ἱερέων εἰς ἄλλην μετάγειν ἀρχὴν τὸ ἔθνος ζητῆσαι, ὅπως καὶ δοῦλοι γένοιντο. — — (ib. 4) Δυσανασχετῶν δὲ (sc. ὁ Ἀριστόβουλος) ἀνεχώρησεν εἰς Ἱεροσόλυμα καὶ ἐν παρασκευῇ τοῦ πολεμεῖν ἐγίνετο. Ib. cap. 4 (1) Ὀργὴ δ' ἐπὶ τούτοις Πομπήιον λαμβάνει καὶ τὸν Ἀριστόβουλον ἐν φυλακῇ καταστήσας αὐτὸς ἐπὶ τὴν πόλιν ἔρχεται, τὰ μὲν ἄλλα πάντα οὖσαν ὀχυράν, μόνῳ δὲ τῷ βορείῳ μέρει φαύλως ἔχουσαν· περιέρχεται γὰρ αὐτὴν φάραγξ εὐρεῖά τε καὶ βαθεῖα ἐντὸς ἀπολαμβάνουσα τὸ ἱερὸν καρτερῶς πάνυ τετειχισμένον. — — (2) Τάφρος δὲ ὀρώρυκτο καὶ βαθείᾳ περιείχετο φάραγγι — — καὶ τὸ χῶμα ὁσημέραι ταλαιπώρως ἐγήγερτο τεμνόντων τὴν πέριξ ὕλην Ῥωμαίων. Καὶ ἐπειδὴ τοῦτ' εἶχεν ἱκανῶς, μόλις πλησθείσης τῆς τάφρου διὰ βάθος ἀπει-

b. Iosepli. A. 1. XIV 4, 3 (Mueller FHG III p. 493 fr. 12ᵃ)

20 Μάθοι δ' άν τις έντεΰθεν την ύπερβολήν ής έχομεν περί τον
θεόν εύσεβείας και την φυλακήν των νόμων μηδέν υπό της πο-
λιορκίας δια φόβον εμποδιζομένων προς τάς ιερουργίας, αλλά
δις της ημέρας, πρωί τε και περί ένάτην ώραν, ιερουργούντων
επί του βωμού και μηδ', εί τι περί τάς προσβολάς δύσκολον
25 είη, τάς θυσίας παριέντων. Και γάρ άλούσης της πόλεως (sc.
των Ιεροσολύμων) περί τρίτον μήνα τη της νηστείας ήμέρα κατά
την ένάτην και έβδομηκοστήν και έκατοστήν ολυμπιάδα ύπα-
τευόντων Γαΐου 'Αντωνίου και Μάρκου Τυλλίου Κικέρωνος οί
πολέμιοι μεν είσπεσόντες έσφαττον τους εν τω ιερω, οί δε προς
30 ταΐς θυσίαις ουδέν ήττον ιερουργούντες διετέλουν ούτε υπό
του φόβου του περί της ψυχής ούτε υπό του πλήθους των
ήδη φονευομένων άναγκασθέντες άποδραναι, παν δ' ό τι δέοι
παθείν τούτο παρ' αύτοΐς ύπομεΐναι τοις βωμοΐς κρείττον
είναι νομίζοντες ή παρελθεΐν τι των νομίμων. Ότι δέ ού-

ρον προσβαλών μηχανάς και όργανα έκ Τύρου κομισθέντα έπιστήσας
κατήρασσε τό ιερόν τοις πετροβόλοις. Εί δέ μή πάτριον ήν ήμΐν άργεΐν
τάς εβδομάδας ημέρας, ουκ αν ήνύσθη τό χώμα. — — (3) Καί γάρ άλού-
σης της πόλεως περί τρίτον μήνα τή της νηστείας ήμέρα κτλ. v. supra
v. 25 sqq. Cf. Ios. B. I. I 6, 5—7, 5. Zonar. V 6 P I 223—224 B.
Hegesipp. B. l. I 15—17.

Cass. Dio. XXXVII 15 sq. Κάντεΰθεν έπί την Συρίαν την Παλαι-
στίνην, ώς και την Φοινίκην ταχώσαντας, ώρμησεν (sc. ό Πομπήιος).
Ηρχον δε αυτών 'Υρκανός τε και Αριστόβουλος αδελφοί και έτύγχανον
υπέρ της του σφετέρου θεού, όστις ποτέ ούτος έστιν, ιερωσύνης (ούτω
γάρ την βασιλείαν σφών ώνόμαζον) αυτοί τε διαφερόμενοι και τάς πό-
λεις στασιάζοντες. Ό ούν Πομπήιος Υρκανόν μεν — — άμαχί ευθύς
προσέθετο, Αριστόβουλον δέ ές χωρίον τι κατακλείσας όμολογήσαί οί
ηνάγκασε. — — Κάκ τούτου τοις μεν άλλους ράον προσεποιήσατο, τά
δε Ιεροσόλυμα πολιορκών πράγματα έσχε. Την μεν γάρ άλλην πόλιν
έσδεξαμένων αυτόν των τά του 'Υρκανού φρονούντων άπραγμόνως έλα-
βεν, αυτό δέ τό ιερόν προκατασχόντων των ετέρων ουκ άπόνως είλεν·
επί τε γάρ μετεώρου ήν και περιβόλω ίδίω ώχύρωτο. Και εί γε έν πά-
σαις ταΐς ήμέραις ομοίως ήμύνοντο, ουκ αν αυτό έχειρώσατο· νυν δέ
τάς του Κρόνου δή ώνομασμένας διαλείποντες και ουδέν τό παράπαν
εν αύταΐς δρώντες παρέδωκαν τοις 'Ρωμαίοις καιρόν έν τω διακένω
τούτω τό τείχος διασεΐσαι. — — Καί ούτως εάλωσάν τε έν τη του Κρό-
νου ήμέρα μηδ' άμυνόμενοι, και πάντα τά χρήματα διηρπάσθη. Cf. App.

λόγος ταῦτα μόνον ἐστὶν ἐγκώμιον ψευδοῦς εὐσεβείας ἐμφανί- 35
ζων, ἀλλ' ἀλήθεια, μαρτυροῦσι πάντες οἱ τὰς κατὰ Πομπήιον
πράξεις ἀναγράψαντες, ἐν οἷς καὶ Στράβων καὶ Νικόλαος
καὶ πρὸς τούτοις Τίτος Λιούιος ὁ τῆς Ῥωμαϊκῆς ἱστορίας
συγγραφεύς.

Mithr. 106. Syr. 50. Plut. Pomp. 39. Zon. X 5 P I 478 D. Suid. s. v.
Πομπήιος. Liv. per. 102. Oros. VI 6, 2 sqq. Flor. I 40, 30. Eutr.
VI 14. Tac. hist. V 9. Euseb. I p. 130, 21 sqq. II p. 134 sq.

3 sqq. cf. Diod. XL fr. 2.

14 sq. cf. Plut. Pomp. 39 Τὴν δὲ Ἰουδαίαν κατεστρέψατο (sc. ὁ
Πομπήιος) καὶ συνέλαβεν Ἀριστόβουλον τὸν βασιλέα. Πόλεις δὲ τὰς
μὲν ἔκτιζε, τὰς δὲ ἠλευθέρου κολάζων τοὺς ἐν αὐταῖς τυράννους.

20 sqq. cf. Plut. de superstit. 8 p. 169 C.

125

Str. XVI 2, 41 p. 763 Ἐνταῦθα δ' (sc. ἐν Ἱεριχοῦντι) ἐστὶν
ὁ φοινικὼν μεμιγμένην ἔχων καὶ ἄλλην ὕλην ἥμερον καὶ εὔ-
καρπον, πλεονάζων δὲ τῷ φοίνικι ἐπὶ μῆκος σταδίων ἑκατόν,
διάρρυτος ἅπας καὶ μεστὸς κατοικιῶν· ἔστι δ' αὐτοῦ καὶ βασί-
λειον καὶ ὁ τοῦ βαλσάμου παράδεισος· ἔστι δὲ τὸ φυτὸν 5
θαμνῶδες, κιττῷ ἐοικὸς καὶ τερμίνθῳ, ἀρωματίζον· οὗ τὸν
φλοιὸν ἐπισχίσαντες ὑπολαμβάνουσιν ἀγγείοις τὸν ὀπὸν γλί-
σχρῳ γάλακτι παραπλήσιον.

2 εὔκαρπον καὶ ἥμερον κε | 7 ἀγγείῳ E

Cf. Ios. A. I. XIV 4, 1 Στρατοπεδευσάμενος δὲ (sc. ὁ Πομπήιος)
περὶ Ἱεριχοῦντα, οὗ τὸν φοίνικα τρέφεσθαι συμβέβηκε καὶ τὸ ὀποβάλ-
σαμον μύρον ἀκρότατον, ὃ τῶν θάμνων τεμνομένων ὀξεῖ λίθῳ ἀναπι-
δύει ὥσπερ ὀπός, ἕωθεν ἐπὶ Ἱεροσόλυμα ἐχώρει. Id. B. I. I 6, 6 Ἔνθα
(sc. περὶ Ἱεριχοῦντα) τὸ τῆς Ἰουδαίας πιότατον φοινικά τε πάμπολυν
καὶ βάλσαμον τρέφει· τοῦτο λίθοις ὀξέσιν ἐπιτέμνοντες τὰ πρέμνα συλ-
λέγουσι κατὰ τὰς τομὰς ἐκδακρῦον.

126

Str. XVI 2, 40 p. 764/5 Πομπήιος μὲν οὖν περικόψας

Cf. Ios. A. I. XIV 4, 4 Τὴν ἀρχιερωσύνην ἀπέδωκεν (sc. ὁ Πομ-
πήιος) Ὑρκανῷ. — — Ἃς δὲ οἱ ἔνοικοι πρότερον πόλεις ἐχειρώσαντο

τινὰ τῶν ἐξιδιασθέντων ὑπὸ τῶν Ἰουδαίων κατὰ βίαν ἀπέδειξεν Ὑρκανῷ τὴν ἱερωσύνην (a. 63).

3 *Ὑρκανῷ*] ἡρῴδει F ἡρῴδη codd. rell., lacunam et ante et post *Ἡρῴδη* statuit Cas., *Ὑρκανῷ* recte scr. Cor. Mendum inde ortum, quod statim sequitur Herodis nomen.

τῆς Κοίλης Συρίας ἀφελόμενος ὑπὸ τῷ σφετέρῳ στρατηγῷ ἔταξε καὶ τὸ σύμπαν ἔθνος ἐπὶ μέγα πρότερον αἰρόμενον ἐντὸς τῶν ἰδίων ὅρων συνέστειλεν. Cf. Id. B. I. 1 7, 6 sq. Zon. V 6 P 1 224 B. Hegesipp. 1 17, 2. Cass. Dio. XXXVII 16. Suid. s. v. Πομπήιος (qui res misere confudit). Flor. I 40, 30. Oros. VI 6, 4. Euseb. 1 p. 130, 22. II p. 134 sq.

127

Str. XVI 4, 21 p. 779 Πρῶτοι δ᾽ ὑπὲρ τῆς Συρίας Ναβαταῖοι καὶ Σαβαῖοι τὴν εὐδαίμονα Ἀραβίαν νέμονται καὶ πολλάκις κατέτρεχον αὐτῆς, πρὶν ἢ Ῥωμαίων γενέσθαι· νῦν δὲ κἀκεῖνοι Ῥωμαίοις εἰσὶν ὑπήκοοι καὶ Σύροι.

3 ἢ om. Cor. | 4 σύροις Di

COMM. Contra Nabataeos eorumque regem Aretam, qui Syriam populabantur (Cass. Dio. XXXVII 15) Pompeius expeditionem paraverat, antequam in Iudaeam proficisceretur (Ios. A. I. XIV 3, 3 sq.), quo tamen incepto destitit. (In errore versantur Cass. Dio l. l. Oros. VI 6, 1. Eutr. VI 14. Flor. I 40, 29, qui auctore Livio eum usque ad Petram processisse totamque terram subegisse narrant.) Victis autem Iudaeis rex Aretas ultro Pompeio se subiecit et ad omnia se obtemperaturum promisit (Plut. Pomp. 41. Zon. X 5 P I 476 D), qua re etiam inter victos reges recensetur apud App. Mithr. 117. Sed etiam M. Aemilio Scauro a. 62 (Ios. A. I. XIV 5, 1. B. I. I 8, 1. Hegesipp. I 18) eiusque in Syria successoribus (App. Syr. 51) bellum cum Nabataeis erat gerendum.

128

Str. XVI 2, 3 p. 749 Ἡ Κομμαγηνή μικρά τίς ἐστιν· ἔχει δ᾽ ἐρυμνὴν πόλιν Σαμόσατα, ἐν ᾗ τὸ βασίλειον ὑπῆρχε. — — Ἐνταῦθα δὲ νῦν ἐστι τὸ ζεῦγμα τοῦ Εὐφράτου· κατὰ τοῦτο

Cf. App. Mithr. 114 Ἀντιόχῳ δὲ τῷ Κομμαγηνῷ Σελεύκειαν ἐπέτρεψε (sc. ὁ Πομπήιος) καὶ ὅσα τῆς Μεσοποταμίας ἄλλα κατέδραμεν.

δὲ Σελεύκεια ἵδρυται, φρούριον τῆς Μεσοποταμίας προσωρισμένον ὑπὸ Πομπηίου τῷ Κομμαγηνῷ (a. 63).

4 τῆς om. E | 5 τῇ Κομμαγηνῇ mos

129

Str. XII 1, 4 p. 534/5 *Προσεγένετο δ' ὕστερον παρὰ Ῥωμαίων ἐκ τῆς Κιλικίας τοῖς περὶ Ἀρχελάου καὶ ἑνδεκάτη στρατηγία (sc. εἰς δέκα στρατηγίας διῃρημένης τῆς Καππαδοκίας) ἡ περὶ Καστάβαλά τε καὶ Κύβιστρα μέχρι τῆς Ἀντιπάτρου τοῦ λῃστοῦ Δέρβης (a. 63).*

2 τοῖς] τῆς codd. exc. E | 4 καστάβαλλα E | κύδυστρα CDh πύδιστρα Elrwz πύδριστρα z πέδρισα ο: corr. Xyl.

Cf. App. Mithr. 105 *Ἀριοβαρζάνῃ δ' ἀπεδίδου* (sc. ὁ Πομπήιος) *βασιλεύειν Καππαδοκίας.* — — *Ἔδωκε δὲ καὶ τῆς Κιλικίας πόλιν Καστάβαλα καὶ ἄλλας.*

130

Str. XIV 5, 18 p. 676 *Εἶτ' Ἀμανίδες πύλαι ὕφορμον ἔχουσαι, εἰς ἃς τελευτᾷ τὸ Ἀμανὸν ὄρος ἀπὸ τοῦ Ταύρου καθῆκον, ὃ τῆς Κιλικίας ὑπέρκειται κατὰ τὸ πρὸς ἕω μέρος ἀεὶ μὲν ὑπὸ πλειόνων δυναστευόμενον τυράννων ἐχόντων ἐρύματα· καθ' ἡμᾶς δὲ κατέστη κύριος πάντων ἀνὴρ ἀξιόλογος καὶ βασιλεὺς ὑπὸ Ῥωμαίων ὠνομάσθη διὰ τὰς ἀνδραγαθίας Ταρκονδίμοτος καὶ τὴν διαδοχὴν τοῖς μετ' αὐτὸν παρέδωκε.*

1 εἶθ' ἀμανίδες D εὐμενίδες (ε sup. η add.) F | 4 ὑπὸ om. F | ἔχοντα F | 5 κύριος om. Dh | 7 ταρκοδίμντος CF ταρκοδήμντος codd. rell.: corr. Cas.

COMM. Tarcondimotus rex videtur esse institutus a Pompeio a. 63: cf. Marquardt 'Roem. Staatsverwaltung' I p. 366. Commemoratur apud Cic. ad fam. XV 1 (a. 51 a. Chr.). Cass. Dionem XLI 03. XLVII 26. L 14. Plut. Ant. 61. De eius filiis cf. Cass. Dio. LI 2. 7. LIV 9.

131

a. Str. XII 5, 1 p. 566,7 *Πρὸς νότον τοίνυν εἰσὶ τοῖς Παφλαγόσι Γαλάται· τούτων δ' ἐστὶν ἔθνη τρία, δύο μὲν τῶν ἡγε-*

μόνων ἐπώνυμα, Τρόκμοι καὶ Τολιστοβώγιοι, τὸ τρίτον δ' ἀπὸ τοῦ ἐν Κελτικῇ ἔθνους Τεκτοσάγες. Κατέσχον δὲ τὴν χώραν ταύτην οἱ Γαλάται πλανηθέντες πολὺν χρόνον καὶ καταδραμόντες τὴν ὑπὸ τοῖς Ἀτταλικοῖς βασιλεῦσι χώραν καὶ τοῖς Βιθυνοῖς, ἕως παρ' ἑκόντων ἔλαβον τὴν νῦν Γαλατίαν καὶ Γαλλογραικίαν λεγομένην. Ἀρχηγὸς δὲ δοκεῖ μάλιστα τῆς περαιώσεως τῆς εἰς τὴν Ἀσίαν γενέσθαι Λεοννόριος. Τριῶν δὲ ὄντων ἐθνῶν ὁμογλώττων καὶ κατ' ἄλλο οὐδὲν ἐξηλλαγμένων ἕκαστον διελόντες εἰς τέτταρας μερίδας τετραρχίαν ἑκάστην ἐκάλεσαν τετράρχην ἔχουσαν ἴδιον καὶ δικαστὴν ἕνα καὶ στρατοφύλακα ἕνα ὑπὸ τῷ τετράρχῃ τεταγμένους, ὑποστρατοφύλακας δὲ δύο. Ἡ δὲ τῶν δώδεκα τετραρχῶν βουλὴ ἄνδρες ἦσαν τριακόσιοι, συνήγοντο δὲ εἰς τὸν καλούμενον Δρυνέμετον. Τὰ μὲν οὖν φονικὰ ἡ βουλὴ ἔκρινε, τὰ δὲ ἄλλα οἱ τετράρχαι καὶ οἱ δικασταί. Πάλαι μὲν οὖν ἦν τοιαύτη τις ἡ διάταξις, καθ' ἡμᾶς δὲ εἰς τρεῖς — — ἡγεμόνας — — ἧκεν ἡ δυναστεία (a. 63/2).

b. Str. XII 3, 1 p. 541 Μεταξὺ τε τῶν Παφλαγόνων τῶν μεσογαίων τινὰς βασιλεύεσθαι παρέδωκε (sc. ὁ Πομπήιος) τοῖς ἀπὸ Πυλαιμένους, καθάπερ καὶ τοὺς Γαλάτας τοῖς ἀπὸ γένους τετράρχαις.

c. Str. XII 3, 13 p. 547 Ταύτης δὲ τῆς χώρας (sc. τῆς Γαζηλωνίτιδος) τὴν μὲν ἔχουσιν Ἀμισηνοί, τὴν δ' ἔδωκε Δηιοτάρῳ Πομπήιος, καθάπερ καὶ τὰ περὶ Φαρνακίαν καὶ τὴν Τραπεζουσίαν μέχρι Κολχίδος καὶ τῆς μικρᾶς Ἀρμενίας (a. 63/2)· καὶ τούτων ἀπέδειξεν αὐτὸν βασιλέα ἔχοντα καὶ τὴν πατρῴαν

3 τρόγμοι CDhilo τρόγμοι E, Τροκμοὶ Mein. | τολιστοβάγοι codd.: corr. Kr. | 4 ἐν κελτοῖς E | Τεκτόσαγες Tzsch. | 8 Ἀτταλικαῖς om. E, ἀττικαῖς codd. rell. (sed in e postea corr.) | 9 Λεονόριος lx Λέων Epit. Λεοννόριος Memnon 19 | 14 τετραρχιῶν x | 15 ὀρνιαίμετον CDhilor= ὀρυμαίνετον 1: corr. Cur. cx ε | 20 τε om. CDhix (in hoc καὶ ante μεταξὺ add.), 21 Cas. | 21 Auto τῶν μεσογαίων add. καὶ C | 26 Ante Φαρνακίαν add. τὴν codd. ante Kr.

Cf. App. Mithr. 114 Ἐποίει δὲ καὶ τετράρχας (sc. ὁ Πομπήιος). Γαλλογραικῶν μέν, οἳ νῦν εἰσι Γαλάται Καππαδόκαις ὅμοροι, Δηιόταρον καὶ ἑτέρους. Ib. 75. Syr. 50 (ubi τέσσαρες iure delevit van Gelder 'Galatarum res' p. 284 adn. 2). b. c. II 71. Eutr. VI 14 Armeniam minorem Deiotaro, Galatiae regi, donavit, quia socius belli Mithridatici

τετραρχίαν τῶν Γαλατῶν, τοὺς Τολιστοβωγίους. Ἀποθανόντος δ' ἐκείνου πολλαὶ διαδοχαὶ τῶν ἐκείνου γεγόνασι. 30

fuerat. Cf. Suid. s. v. Πομπήιος. Cass. Dio. XLI 63, 3. Auct. bell. Alexandr. 67. Cic. Phil. II 37, 94. de div. II 37, 79.

COMM. De hoc fragmento cf. Niese in mus. Rhen. vol. XXXVIII p. 579. 584 sqq., Iudeich 'Caesar im Orient' (Lipsiae 1885) p. 150 sqq., van Gelder 'Galatarum res in Graecia et Asia gestae' (Amstelaedam. 1888) p. 180 sqq. 263 sq. Vide etiam infra fr. 189.

132

Str. XII 5, 2 p. 567 Τολιστοβώγιοι δὲ ὅμοροι Βιθυνοῖς εἰσι καὶ τῇ Ἐπικτήτῳ καλουμένῃ Φρυγίᾳ· φρούρια δ' αὐτῶν ἐστι τό τε Βλούκιον καὶ τὸ Πήιον, ὧν τὸ μὲν ἦν βασίλειον Δηιοτάρου, τὸ δὲ γαζοφυλάκιον.

3 ἐστι] εἰσι x | βλούβιον rw. Λανήιον Grosk. coni. ex Cic. pro Deiot. 6, 17 et 7, 21: immo Cicero videtur corrigendus

133

Str. XII 5, 2 p. 567 Ἔχουσι δὲ οἱ μὲν Τρόκμοι τὰ πρὸς τῷ Πόντῳ καὶ τῇ Καππαδοκίᾳ· ταῦτα δ' ἐστὶ τὰ κράτιστα ὧν νέμονται Γαλάται· φρούρια δ' αὐτοῖς τετείχισται τρία, Ταούιον — — καὶ Μιθριδάτιον, ὃ ἔδωκε Πομπήιος Βρογιτάρῳ τῆς Ποντικῆς βασιλείας ἀφορίσας, τρίτον δέ πως Δανάλα. 5

1 τρόχμοι codd., sed x smp. y add. F, Τρόχμοι Mein. | 4 τὰ οὐία Clor vis, Ταουία Tzsch. | βογοδιατάρῳ codd., Μάγνοι Δηιστάρῳ Cor., τῷ Δηιοτάρῳ Grosk.: corr. Keil (ubi?) teste Meinekio in praef., Hirschfeld in Herm. vol. XIV p. 474 ex inscr. et iam antea Drumann hist. Rom. IV p. 469 | 5 πω C. πωσ inclusit Cor., πώμη Grosk., Πωδανάλα dubitanter coni. Mein.

COMM. Ad hunc locum cf. Niese in mus. Rhen. vol. XXXVIII p. 586, v. Gelder l. l. p. 283 sqq.

134

a. Str. XII 3, 32 p. 557 Ὑπὲρ δὲ τῆς Φαναροίας ἐστὶ τά [τε] Κόμανα τὰ ἐν τῷ Πόντῳ ὁμώνυμα τοῖς ἐν τῇ μεγάλῃ Καππαδοκίᾳ καὶ τῇ αὐτῇ θεῷ καθιερωμένα, ἀφιδρυθέντα ἐκεῖθεν, σχεδὸν δέ τι καὶ τῇ ἀγωγῇ παραπλησίᾳ κεχρημένα τῶν

1 φαρναοίας x | 2 τε om. x, recte inclusit Cor. | τοῖς] τῇ E

5 τε ἱερουργιῶν καὶ τῶν θεοφοριῶν καὶ τῆς περὶ τοὺς ἱερέας τιμῆς καὶ μάλιστα ἐπὶ τῶν πρὸ τοῦ βασιλέων, ἡνίκα δὶς τοῦ ἔτους κατὰ τὰς ἐξόδους λεγομένας τῆς θεοῦ διάδημα φορῶν ἐτύγχανεν ὁ ἱερεὺς καὶ ἦν δεύτερος κατὰ τιμὴν μετὰ τὸν βασιλέα.

10 b. Str. XII 3, 34 p. 558 Ἐπὶ μὲν οὖν τῶν βασιλέων οὕτω τὰ Κόμανα διῳκεῖτο, ὡς εἴρηται, παραλαβὼν δὲ Πομπήιος τὴν ἐξουσίαν Ἀρχέλαον ἐπέστησεν ἱερέα καὶ προσώρισεν αὐτῷ χώραν δίσχοινον κύκλῳ (τοῦτο δ᾽ ἐστὶν ἑξήκοντα στάδιοι) πρὸς τῇ ἱερᾷ προστάξας τοῖς ἐνοικοῦσι πειθαρχεῖν αὐτῷ· τούτων 15 μὲν οὖν ἡγεμὼν ἦν καὶ τῶν τὴν πόλιν οἰκούντων ἱεροδούλων κύριος πλὴν τοῦ πιπράσκειν· ἦσαν δὲ οὐκ ἐλάττους οὐδ᾽ ἐνταῦθα τῶν ἑξακισχιλίων. Ἦν δ᾽ οὗτος Ἀρχέλαος υἱὸς μὲν τοῦ ὑπὸ Σύλλα καὶ τῆς συγκλήτου τιμηθέντος, φίλος δὲ Γαβινίου τῶν ὑπατικῶν τινος.

20 c. Str. XVII 1, 11 p. 796 Ἀρχέλαος, ὃς ἦν μὲν Ἀρχελάου υἱὸς τοῦ πρὸς Σύλλαν διαπολεμήσαντος καὶ μετὰ ταῦτα τιμηθέντος ὑπὸ Ῥωμαίων, πάππος δὲ τοῦ βασιλεύσαντος Καππαδόκων ὑστάτου καθ᾽ ἡμᾶς, ἱερεὺς δὲ τῶν ἐν Πόντῳ Κομάνων.

10 βασιλείων addd.: corr. Cas. | 17 μὲν υἱὸς CDUlx | 18 γαβηνίου addd.: corr. Xyl.

Cf. App. Mithr. 114 Ἀπέφηνε δὲ (sc. ὁ Πομπήιος) καὶ τῆς ἐν Κομάνοις θεᾶς Ἀρχέλαον ἱερέα, ὕπερ ἐστὶ δυναστεία βασιλική (cf. Auct. bell. Alex. 66).

135

Str. XII 3, 30 p. 556 Ἔστι δ᾽ αὐλὼν (sc. ἡ Φανάροια) καὶ μῆκος ἔχων ἀξιόλογον καὶ πλάτος, διαρρεῖ δ᾽ αὐτὴν ἐκ μὲν τῆς Ἀρμενίας ὁ Λύκος, ἐκ δὲ τῶν περὶ Ἀμάσειαν στενῶν ὁ Ἶρις· συμβάλλουσι δ᾽ ἀμφότεροι κατὰ μέσον που τὸν αὐλῶνα, 5 ἐπὶ τῇ συμβολῇ δ᾽ ἵδρυται πόλις, ἣν ὁ μὲν πρῶτος ὑποβεβλημένος Εὐπατορίαν ἀφ᾽ αὑτοῦ προσηγόρευσε, Πομπήιος δ᾽

6 ἑαυτοῦ x

Cf. App. Mithr. 115 Καὶ πόλεις ᾤκισεν (sc. ὁ Πομπήιος) ἐν — — Πόντῳ Εὐπατορίαν, ἣν αὐτὸς μὲν ὁ Εὐπάτωρ Μιθριδάτης ἔκτισε καὶ

ἡμιτελῆ καταλαβών, προσθεὶς χώραν καὶ οἰκήτορας, Μαγνόπολιν προσεῖπεν.

Εὐπατορίαν ὠνόμασεν ἀφ' ἑαυτοῦ, ὑποδεξαμένην δὲ 'Ρωμαίοις καθῃρήκει, καὶ ὁ Πομπήιος ἐγείρας Μαγνόπολιν ἐκάλει. Cf. lb. 78.

136

Str. XII 3, 31 p. 557 Τὰ δὲ Κάβειρα Πομπηίου σκευάσαντος εἰς πόλιν καὶ καλέσαντος Διόσπολιν ἐκείνη (sc. ἡ Πυθοδωρίς) προσκατεσκεύασε.

1 κατασκευάσαντος cs | 2 διόπολιν codd. exc. i

137

Str. XII 3, 38 p. 560/1 Μετὰ μὲν οὖν τὴν Ἀμισηνῶν μέχρι τοῦ Ἅλυος ἡ Φαζημωνῖτίς ἐστιν, ἣν Πομπήιος Νεαπολίτιν ὠνόμασε, κατὰ Φαζημῶνα κώμην † ἀποδείξας τὴν κατοικίαν καὶ προσαγορεύσας Νεάπολιν. — — Τὸ μὲν οὖν πρὸς τῇ Φαναροίᾳ μέρος τῆς Φαζημωνίτιδος λίμνη κατέχει πελαγία τὸ μέγεθος ἡ Στιφάνη καλουμένη· — — ἐπίκειται δ' αὐτῇ φρούριον ἐρυμνόν, ἔρημον νῦν, Ἰκίζαρι καὶ πλησίον βασίλειον κατεσκαμμένον. — — Ὑπέρκειται δὲ τῆς τῶν Ἀμασέων — — τὸ Σαγύλιον ἐπὶ ὄρους ὀρθίου καὶ ὑψηλοῦ πρὸς ὀξεῖαν ἀνατείνοντος ἄκραν ἔρυμα ἱδρυμένον ἔχον καὶ ὑδρεῖον δαψιλές, ὃ νῦν ὠλιγώρηται· τοῖς δὲ βασιλεῦσιν ἦν χρήσιμον εἰς πολλά. Ἐνταῦθα δὲ ἑάλω καὶ διεφθάρη [ὑπὸ] τῶν Φαρνάκου τοῦ βασιλέως παίδων Ἀρσάκης· — — ἀνέφυγε γὰρ εἰς τὸ ὄρος παρασκευῆς χωρὶς εἰργόμενος τῶν πεδίων, εὗρε δὲ καὶ τὰ ὑδρεῖα ἐμπεφραγμένα πέτραις ἠλιβάτοις· οὕτω γὰρ διετέτακτο

2 Νεαπολίτιν) μεγαλόπολιν codd.: corr. Cor. | 3 Ante ἀποδείξας certe lacuna statuenda: ἀποδείξας τινὰ κατοικίαν Cor., τὴν Φ. κώμην ἀποδείξας (πόλιν καὶ μείζω ποιήσας) τὴν κατοικίαν Grosk., Νεαπ. ὠνόμασε παρὰ Φαζ. κώμην, (πόλιν) ἀποδείξας τ. π. Mein. Fort. verba κατὰ Φ. κώμην ponenda sunt post verba Φαζημωνῖτίς ἐστι et ante ἀποδείξας inserendum πόλιν | 7 Ἰκίζαρι Cr ἢ κίζαρι lxκ ἢ κιζάρη D ἢ κιζάρη bo: corr. Kram., ἡ Κίζαρι Madl. | 8 κατεσκευασμένον codd.: corr. Cor. | 9 ὀρθοῦ C | 11 Post νῦν add. καὶ | 12 ὑπὸ inclusi cum Meyero: v. fr. 211 in COMM. | 15 ὑδρεία codd. exc. 1 | Ante οὕτω lacunam statuit Tzsch.

Πομπήιος κατασπᾶν κελεύσας τὰ φρούρια καὶ μὴ ἐᾶν χρήσιμα τοῖς ἀναφεύγειν εἰς αὐτὰ βουλομένοις ληστηρίων χάριν. Ἐκεῖνος μὲν οὖν οὕτω διέταξε τὴν Φαζημωνῖτιν, οἱ δ' ὕστερον βασιλεῦσι καὶ ταύτην ἔνειμαν.

19 διέμειναν i, διένειμαν Cor.

2 sqq. cf. Steph. Byz. s. v. Ψαμιζών (e Strabone).
12 sqq. De Amasee cf. ad. fr. 211.

138

a. Str. XI 8, 4 p. 512 Ἔστι δὲ ἱεροδούλων πόλισμα τὸ πλέον (sc. τὰ Ζῆλα)· Πομπήιος δὲ προσθεὶς χώραν ἀξιόλογον καὶ τοὺς ἐν αὐτῇ συνοικίσας εἰς τὸ τεῖχος μίαν τῶν πόλεων ἀπέφηνεν ὧν διέταξε μετὰ τὴν Μιθριδάτου κατάλυσιν.

5 b. Str. XII 3, 37 p. 560 Πομπήιος δὲ πολλὰς ἐπαρχίας προσώρισε τῷ τόπῳ (sc. τοῖς Ζήλοις) καὶ πόλιν ὠνόμασε καὶ ταύτην καὶ τὴν Μεγαλόπολιν συνθεὶς ταύτην τε εἰς ἓν τήν τε Κουλουπηνὴν καὶ τὴν Καμισηνὴν ὁμόρους οὔσας τῇ τε μικρᾷ Ἀρμενίᾳ καὶ τῇ Λαουιανσηνῇ, ἐχούσας ὀρυκτοὺς ἅλας
10 καὶ ἔρυμα ἀρχαῖον τὰ Κάμισα νῦν κατεσπασμένον· οἱ δὲ μετὰ ταῦτα ἡγεμόνες τῶν Ῥωμαίων τῶν δυεῖν πολιτευμάτων τούτων τὰ μὲν τοῖς Κομάνων ἱερεῦσι προσένειμαν, τὰ δὲ τῷ Ζήλων ἱερεῖ, τὰ δ' Ἀτεπόριγι, δυνάστῃ τινὶ τοῦ τετραρχικοῦ γένους τῶν Γαλατῶν ἀνδρί· τελευτήσαντος δ' ἐκείνου ταύτην
15 μὲν τὴν μερίδα οὐ πολλὴν οὖσαν ὑπὸ Ῥωμαίοις εἶναι συμβαίνει καλουμένην ἐπαρχίαν (καὶ ἔστι σύστημα καθ' αὑτὸ τὸ πολίχνιον συνοικισάντων τὰ Κάρανα, ἀφ' οὗ καὶ ἡ χώρα Καρανῖτις λέγεται), τὰ δὲ λοιπὰ ἔχει Πυθοδωρὶς καὶ ὁ Δύτευτος.

9 λαυιασηνῇ CDhlrw Λαυιασηνῇ oaz, Λαουινιασηνῇ Tzsch.: corr. Kr. |
11 δύο (| 13 δὲ τέπορχι codd.: corr. Tzsch. ex sent. Iebbii, Eckhelii d. n. I 3, 184

COMM. Verba inde a v. 10 sqq. quamquam ad posteriora tempora spectant, tamen hic adieci, quoniam quo anno et a quo imperatore haec facta sint nescimus. Niesius in mus. Rhen. vol. XXXVIII p. 599 sq. illum Ateporigem ab Antonio regnum accepisse arbitratur.

139

Str. XII 3, 40 p. 562 Λουπὴ δ' ἐστὶν ἡ ἐντὸς Ἅλυος χώρα τῆς Ποντικῆς ἐπαρχίας ἡ περὶ τὸν Ὀλγασσυν συναφὴς τῇ Σινωπίδι. — Κἀνταῦθα δ' ἀπεδείχθη πόλις ἡ Πομπηιούπολις· ἐν δὲ τῇ πόλει ταύτῃ τὸ σανδαρακουργεῖον οὐ πολὺ ἄπωθεν Πιμωλίσων, φρουρίου βασιλικοῦ κατεσκαμμένου, ἀφ' οὗ ἡ χώρα ἡ ἑκατέρωθεν τοῦ ποταμοῦ καλεῖται Πιμωλισηνή.

3 πομπηιόπολις C Epit. | 4 σανδαρακούργιον codd.: corr. Mein. | 5 ἄπωθεν D

3 sq. cf. Steph. Byz. s. v. Πομπηιούπολις.

140

Str. XIII 2, 3 p. 617/8 Καθ' ἡμᾶς δὲ (sc. ἐγένετο ἐν τῇ Μιτυλήνῃ) — — ὁ συγγραφεὺς Θεοφάνης. Οὗτος δὲ καὶ πολιτικὸς ἀνὴρ ὑπῆρξε καὶ Πομπηίῳ τῷ Μάγνῳ κατέστη φίλος μάλιστα διὰ τὴν ἀρετὴν ταύτην καὶ πάσας συγκατώρθωσεν αὐτῷ τὰς πράξεις· ἀφ' ὧν τήν τε πατρίδα ἐκόσμησε τὰ μὲν δι' ἐκείνου, τὰ δὲ δι' ἑαυτοῦ καὶ ἑαυτὸν πάντων τῶν Ἑλλήνων ἐπιφανέστατον ἀνέδειξεν· υἱόν τε ἀπέλιπε Μάρκον Πομπήιον, ὃν τῆς Ἀσίας ἐπίτροπον κατέστησέ ποτε Καῖσαρ ὁ Σεβαστός, καὶ νῦν ἐν τοῖς πρώτοις ἐξετάζεται τῶν Τιβερίου φίλων.

2 καὶ ante πολιτικὸς om. Y | 4 ταύτην] αὐτὴν codd.: corr. Cor. | 6 τῶν om. codd. exc. Db | 7 υἱόν τε Mein., sed cf. Nipperdey ad Tac. ann. VI 18 | Μάρκον Ryckius ad Tac. l. l., sed v. Kaibelium in Eph. epigr. II p. 19 sq.

1—7 cf. Plut. Pomp. 42 Καὶ γὰρ εἰς Μιτυλήνην ἀφικόμενος (sc. ὁ Πομπήιος a. 62) τήν τε πόλιν ἠλευθέρωσε διὰ Θεοφάνη. Vell. II 18. Cic. pro Arch. 10, 24. Val. Max. VIII 14, 3.

7 sqq. cf. Meinekii vindiciar. Strabonian. p. 213 sq., Nipperdey ad Tac. ann. VI 18, Kaibel in Eph. epigr. II p. 19 sqq.

141

Str. XIV 1, 7 p. 635 Ἄνδρες δ' ἄξιοι μνήμης ἐγένοντο ἐν τῇ Μιλήτῳ Θαλῆς τε — — καθ' ἡμᾶς δὲ Αἰσχίνης ὁ ῥήτωρ, ὅς ἐν φυγῇ διετέλεσε παρρησιασάμενος πέρα τοῦ μετρίου πρὸς Πομπήιον Μάγνον.

COMM. Aeschinis huius praeterea fit mentio ap. Laert. Diog. II 7, 9. Cic. Brut. 93, 325. Senec. controv. I 6, 11. 16.

142

Str. XIV 1, 48 p. 650 *Ἄνδρες δὲ γεγόνασιν ἔνδοξοι Νυσαεὶς Ἀπολλώνιός τε — — καὶ Ἀριστόδημος, ἐκείνου υἱός, οὗ διηκούσαμεν ἡμεῖς ἐσχατόγηρω νέοι παντελῶς ἐν τῇ Νύσῃ· καὶ Σώστρατος δέ, ὁ ἀδελφὸς τοῦ Ἀριστοδήμου, καὶ ἄλλος b Ἀριστόδημος, ἀνεψιὸς αὐτοῦ, ὁ παιδεύσας Μάγνον Πομπήιον ἀξιόλογοι γεγόνασι γραμματικοί· ὁ δ᾽ ἡμέτερος καὶ ἐρρητόρευε· — — ἐν δὲ τῇ Ῥώμῃ τῶν Μάγνου παίδων ἐπιστατῶν ᾐρεῖτο τῇ γραμματικῇ σχολῇ.

1 ἔνδοξοι] ἄριστοι x | 4 δὲ om. F | 5 Ante Πομπήιον add. τὸν F

143

Str. XII 3, 33 p. 558 *Ἐπελθὼν δὲ Πομπήιος ὁ διαδεξάμενος τὸν πόλεμον πάντας τοὺς ἐκείνῳ (sc. τῷ Λευκόλλῳ) τι χαρισαμένους ἐχθροὺς ὑπέλαβε διὰ τὴν γενομένην αὐτῷ πρὸς ἐκεῖνον ἀπέχθειαν· διαπολεμήσας δὲ καὶ ἐπανελθὼν οἴκαδε b (a. 61) ἐξενίκησεν, ὥστε τὰς τιμάς, ἃς ὑπέσχετο ὁ Λεύκολλος τῶν Ποντικῶν τισι, μὴ κυρῶσαι τὴν σύγκλητον· ἄδικον γὰρ εἶναι κατορθώσαντος ἑτέρου τὸν πόλεμον τὰ βραβεῖα ἐπ᾽ ἄλλῳ γενέσθαι καὶ τὴν τῶν ἀριστείων διανομήν.

Cf. App. b. c. II 9, 13. Plut. Pomp. 46. 48. Luc. 42. Cat. min. 31. Cass. Dio. XXXVII 49. XXXVIII 7. Flor. II 13, 9. Vell. II 40. 44. Suet. Caes. 90.

144

Str. XIV 6, 6 p. 684/5 *Πρότερον μὲν οὖν κατὰ πόλεις ἐτυραννοῦντο οἱ Κύπριοι, ἀφ᾽ οὗ δ᾽ οἱ Πτολεμαϊκοὶ βασιλεῖς κύριοι τῆς Αἰγύπτου κατέστησαν, εἰς ἐκείνους καὶ ἡ Κύπρος περιέστη συμπραττόντων πολλάκις καὶ τῶν Ῥωμαίων. Ἐπεὶ

4 πολλὰ Cor.

δ' ὁ τελευταῖος ἄρξας Πτολεμαῖος, ἀδελφὸς τοῦ Κλεοπάτρας 5
πατρὸς τῆς καθ' ἡμᾶς βασιλίσσης, ἔδοξε πλημμελής τε εἶναι
καὶ ἀχάριστος εἰς τοὺς εὐεργέτας, ἐκεῖνος μὲν κατελύθη (a. 58),
Ῥωμαῖοι δὲ κατίσχον τὴν νῆσον, καὶ γέγονε στρατηγικὴ ἐπαρ-
χία καθ' αὑτήν. Μάλιστα δ' αἴτιος τοῦ ὀλέθρου κατέστη τῷ
βασιλεῖ Πόπλιος Κλαύδιος Ποῦλχερ· ἐμπεσὼν γὰρ εἰς τὰ λῃ- 10
στήρια (a. 67) τῶν Κιλίκων ἀκμαζόντων τότε, λύτρον αἰτού-
μενος ἐπέστειλε τῷ βασιλεῖ δεόμενος πέμψαι καὶ ῥύσασθαι
αὐτόν· ὁ δ' ἔπεμψε μέν, μικρὸν δὲ τελέως, ὥστε καὶ τοὺς
λῃστὰς αἰδεσθῆναι λαβεῖν, ἀλλὰ ἀναπέμψαι πάλιν, τὸν δ'
ἄνευ λύτρων ἀπολῦσαι. Σωθεὶς δ' ἐκεῖνος ἀπεμνημόνευσεν 15
ἀμφοτέροις τὴν χάριν καὶ γενόμενος δήμαρχος ἴσχυσε τοσοῦ-
τον, ὥστε ἐπέμφθη Μάρκος Κάτων ἀφαιρησόμενος τὴν Κύ-
προν τὸν κατέχοντα. Ἐκεῖνος μὲν οὖν ἔφθη διαχειρισάμενος
αὑτόν, Κάτων δὲ ἐπελθὼν παρέλαβε τὴν Κύπρον καὶ τὴν βα-
σιλικὴν οὐσίαν διέθετο καὶ τὰ χρήματα εἰς τὸ δημόσιον τα- 20

5 ὁ πτολεμαῖοι ὁ ἄρξας τελευταῖος Dh

Cf. App. b. c. II 23 *Κάτωνα μὲν ἐψηφίσατο* (sc. ὁ Πομπήιος), *ὅτι μὴ παρὼν ἐνοχλοίη, Κύπρον ἀτελέσθαι Πτολεμαίου βασιλέως νενομοθετημένον ἤδη τοῦτο ὑπὸ Κλωδίου, ὅτι οἱ ποτε ἁλόντι ὑπὸ λῃστῶν ὁ Πτολεμαῖος ἐς λύτρα ὑπὸ σμικρολογίας δύο τάλαντα ἐπεπόμφει. Κάτων μὲν δὴ καθίστατο Κύπρον Πτολεμαίου τὰ χρήματα ῥίψαντος ἐς τὴν θάλασσαν καὶ ἑαυτὸν ἐξαγαγόντος, ἐπεὶ τῶν ἐψηφισμένων ἐπύθετο.* Cass. Dio. XXXVIII 30 *Βουληθεὶς ὁ Κλώδιος τόν τε Κάτωνα ἐκποδὼν, ὅπως ῥᾷον ὅσα ἔπραττε κατορθώσῃ, ποιήσασθαι καὶ τὸν Πτολεμαῖον τότε τὴν Κύπρον ἔχοντα ἀμύνασθαι, ὅτι αὐτὸν παρὰ τῶν καταποντιστῶν οὐκ ἐλύσατο, τήν τε νῆσον ἐδημοσίευσε καὶ πρὸς τὴν διοίκησιν αὐτῆς τὸν Κάτωνα καὶ μάλα ἄκοντα ἀπέστειλε.* Id. XXXIX 22 *Ὁ μὲν γὰρ Πτολεμαῖος ὁ τὴν νῆσον τότε κατέχων ἐπειδὴ τά τε ἐψηφισμένα ᾔσθετο καὶ μήτ' ἀντᾶραι τοῖς Ῥωμαίοις ἐτόλμησε μήτ' αὖ στερηθεὶς τῆς ἀρχῆς ζῆν ὑπέμεινε, φάρμακον πιὼν ἀπέθανε, καὶ οἱ Κύπριοι τὸν Κάτωνα οὐκ ἀκουσίως — ἐσεδέξαντο· ὁ δὲ Κάτων ἐπὶ μὲν τούτοις οὐδὲν εἶχε σεμνύνεσθαι, ὅτι δὲ δὴ τά τε ἄλλα ἄριστα διῴκησε καὶ δούλους καὶ χρήματα πολλὰ ἐκ τῶν βασιλικῶν ἀθροίσας οὐδὲν ὑπάθη, ἀλλὰ ἀνεπικλήτως πάντα ἀπέδειξεν, ἀνδραγαθίας οὐδὲν ἧττον ἢ εἰ πολέμῳ τινὶ ἐνενικήκει μετεποιεῖτο.* Cf. Plut. Cat. min. 34—39. 45. Pomp. 48. Liv. per. 104. Flor. I 44. Vell. II 45. Fest. 13. Pa. Aur. 80. Val. Max. VIII 15, 10. IV 1, 14. 3, 2. IX 4 ext. 1. Amm. Marc. XIV 8, 14. Plin. N. H. XXXIV 92. Cic. pro dom. §§ 20. 52. 65. pro Sest. 57. 59. 64 etc.

μιείον των 'Ρωμαίων ἐκόμισεν· ἐξ ἐκείνου δ' ἐγένετο ἐπαρχία
ἡ νῆσος, καθάπερ καὶ νῦν ἐστι, στρατηγική.

21 τῶν 'Ρωμαίων om. moz

---

10 sqq. cf. praeter App. et Cass. Dion. II. II. Cass. Dio. XXXVI
19. Cic. de harusp. resp. 20, 42.

*1·45

Ioseph. A. I. XIV 6, 4 (Mueller FHG III p. 493 fr. 12ᵇ)
Περὶ δὲ τῆς Πομπηίου (a. 63) καὶ Γαβινίου (a. 56) στρατείας
ἐπὶ Ἰουδαίους γράφει Νικόλαος ὁ Δαμασκηνὸς καὶ Στρά
βων ὁ Καππάδοξ οὐδὲν ἕτερος ἑτέρου καινότερον λέγων.

2 De Pompei expeditione cf. fr. 124—126. — De Gabinii in Iudaeam
expeditione cf. Ios. A. I. XIV 5, 2—6, 4. B. I. I 8, 2—7. Zonar. V 7
P I 224 C—225 B. Hegesipp. I 19—21. Plut. Ant. 3. Cass. Dio.
XXXIX 56.

1·46

a. Str. XVII 1, 11 p. 795/6 Πτολεμαῖος γὰρ ὁ Λάγου διε
δέξατο Ἀλέξανδρον, ἐκεῖνον δὲ ⟨ὁ⟩ Φιλάδελφος, τοῦτον δὲ ὁ
Εὐεργέτης, εἶθ' ὁ Φιλοπάτωρ ὁ τῆς Ἀγαθοκλείας, εἶθ' ὁ Ἐπι
φανής, εἶθ' ὁ Φιλομήτωρ, παῖς παρὰ πατρὸς ἀεὶ διαδεχό
5 μενος· τοῦτον δ' ἀδελφὸς διεδέξατο ὁ δεύτερος Εὐεργέτης, ὃν
καὶ Φύσκωνα προσαγορεύουσι, τοῦτον δ' ὁ Λάθουρος ἐπικλη
θεὶς Πτολεμαῖος, τοῦτον δ' ὁ Αὐλητὴς ὁ καθ' ἡμᾶς, ὅσπερ
ἦν τῆς Κλεοπάτρας πατήρ. Ἅπαντες μὲν οὖν οἱ μετὰ τὸν
τρίτον Πτολεμαῖον ὑπὸ τρυφῆς διεφθαρμένοι χεῖρον ἐπολιτεύ
10 σαντο, χείριστα δ' ὁ τέταρτος καὶ ⟨ὁ⟩ ἕβδομος καὶ ὁ ὕστατος,
ὁ Αὐλητής· ὃς χωρὶς τῆς ἄλλης ἀσελγείας χοραυλεῖν ἤσκησε
καὶ ἐπ' αὐτῷ γε ἐσεμνύνετο τοσοῦτον, ὥστ' οὐκ ὤκνει συντε
λεῖν ἀγῶνας ἐν τοῖς βασιλείοις, εἰς οὓς παρῄει διαμιλλησό

2 ὁ ante Φιλάδελφος add. Cor. | 10 ὁ ante ἕβδομος add. Cas | 11 χο
ραύλην codd. me. E Epit. | 12 γε] τε codd., om. Cor. corr. Grusk. | ἐπὶ τοσοῦ
τον Ca

---

10 sqq. cf. Philoxen. ap. Ath. V 39 p. 206 D. Plut. de adul. et
amic. 12 p. 56 EF.

Strabonis istoricum ύπομνημάτων fragmenta 137

μενος τοῖς ἀνταγωνισταῖς. Τοῦτον μὲν οὖν οἱ Ἀλεξανδρεῖς
ἐξέβαλον (s. 56), τριῶν δ' αὐτῷ θυγατέρων οὐσῶν, ὧν μία 15
γνησία ἡ πρεσβυτάτη, ταύτην ἀνέδειξαν βασίλισσαν· οἱ υἱοὶ
δ' αὐτοῦ δύο νήπιοι τῆς τότε χρείας ἐξέπιπτον τελέως. Τῇ
δὲ κατασταθείσῃ μετεπέμψαντο ἄνδρα ἐκ τῆς Συρίας κυβιο-
σάκτην τινὰ προσποιησάμενον τοῦ γένους εἶναι τῶν Συρια-
κῶν βασιλέων· τοῦτον μὲν οὖν ὀλίγων ἡμερῶν ἀπεστραγγάλι- 20
σεν ἡ βασίλισσα οὐ φέρουσα τὸ βάναυσον ⟨αὐτοῦ⟩ καὶ τὸ
ἀνελεύθερον. Ἧκε δ' ἀντ' ἐκείνου προσποιησάμενος καὶ αὐτὸς
εἶναι Μιθριδάτου υἱὸς τοῦ Εὐπάτορος Ἀρχέλαος, ὃς ἦν μὲν
Ἀρχελάου υἱὸς τοῦ πρὸς Σύλλαν διαπολεμήσαντος καὶ μετὰ
ταῦτα τιμηθέντος ὑπὸ Ῥωμαίων, πάππος δὲ τοῦ βασιλεύσαν- 25
τος Καππαδόκων ὑστάτου καθ' ἡμᾶς, ἱερεὺς δὲ τῶν ἐν Πόντῳ
Κομάνων. Γαβινίῳ δὲ τότε συνδιέτριψεν ὡς συστρατεύσων
ἐπὶ Παρθυαίους, λαθὼν δὲ τοῦτον κομίζεται διά τινων εἰς
τὴν βασίλισσαν καὶ ἀναδείκνυται βασιλεύς. Ἐν τούτῳ τὸν
Αὐλητὴν ἀφικόμενον εἰς Ῥώμην δεξάμενος Πομπήιος Μά- 30
γνος συνίστησι τῇ συγκλήτῳ καὶ διαπράττεται κάθοδον μὲν
τούτῳ, τῶν δὲ πρέσβεων τῶν πλείστων, ἑκατὸν ὄντων, ὄλε-
θρον τῶν καταπρεσβευσάντων αὐτοῦ· τούτων δ' ἦν καὶ Δίων
ὁ Ἀκαδημαϊκὸς ἀρχιπρεσβευτὴς γεγονώς. Καταχθεὶς οὖν ὑπὸ

16 οἱ om. codd. exc. Dhl | 21 αὐτοῦ iure add. edd. ante Kr.

14 sqq. cf. Cass. Dio. XXXIX 12—14. 55—58 (12) διέδρα τε (sc.
ὁ Πτολεμαῖος) ἐκ τῆς Αἰγύπτου καὶ ἐς τὴν Ῥώμην ἐλθὼν κατηγόρησέ τε
αὐτῶν ὡς καὶ ἐκ τῆς βασιλείας αὐτὸν ἐκβεβληκότων. — — (13) Ἐν ᾧ
δὲ ταῦτα ... οἱ Ἀλεξανδρεῖς τέως μὲν ἀγνοήσαντες, ὅτι ἐς τὴν Ἰταλίαν
ἀπηρκὼς ἦν, ἢ τεθνηκέναι αὐτὸν νομίσαντες Βερενίκην τὴν θυγατέρα
αὐτοῦ ἐς τὴν βασιλείαν ἀντικατέστησαν, ἔπειτα δὲ τἀληθὲς μαθόντες
ἄνδρας ἑκατὸν ἐς τὴν Ῥώμην ἔπεμψαν πρός τε τὰ ἐγκλήματα αὐτοῦ
ἀπολογησομένους καὶ ἀντικατηγορήσοντας ὅσα ἠδίκητο. Προμαθὼν οὖν
ταῦτ' ἐκεῖνος, ἔτι δὲ ἐν τῇ Ῥώμῃ ἦν, ἐνήδρευσε τοὺς πρέσβεις, πρὶν ἐλ-
θεῖν, ἄλλους ἄλλῃ διαπέμψας καὶ τοὺς μὲν πλείους αὐτῶν κατὰ τὴν
ὁδὸν ἔφθειρε, τῶν δὲ λοιπῶν τοὺς μὲν ἐν τῷ ἄστει αὐτῷ ἀπέκτεινε, τοὺς
δὲ καὶ καταφοβήσας ἐκ τούτων ἢ χρήμασι διαφθείρας ἔπεισε μήτε ταῖς
ἀρχαῖς ὑπὲρ ὧν ἐστάλατο ἐντυχεῖν μήθ' ὅλως μνείαν τινὰ περὶ τῶν ἀπο-
λωλότων ποιήσασθαι. (14) — — Καὶ οἱ μὲν (sc. ἡ βουλὴ) τὸν Δίωνα τὸν
τῆς πρεσβείας αὐτοκράτορα, περιῆν γάρ, μετεπέμψαντο ὡς καὶ τὴν ἀλή-
θειαν παρ' αὐτοῦ μαθησόμενοι· οὕτω δὲ ἄρα καὶ τότε ἴσθ' ὁ Πτολε-

36 *Γαβινίου Πτολεμαίος* (a. 55) *τόν τε Ἀρχέλαον ἀναιρεῖ καὶ τὴν θυγατέρα, χρόνον δ' οὐ πολὺν τῇ βασιλείᾳ προσθεὶς τελευτᾷ νόσῳ* (a. 51) *καταλιπὼν δύο μὲν υἱεῖς, δύο δὲ θυγατέρας, πρεσβυτάτην δὲ Κλεοπάτραν.*

b. Str. XII 3, 34 p. 558 *Ἐπὶ μὲν οὖν τῶν βασιλέων οὕτω τὰ Κόμανα διῳκεῖτο, ὥς εἴρηται, παραλαβὼν δὲ Πομπήϊος τὴν ἐξουσίαν Ἀρχέλαον ἐπέστησεν ἱερέα. — — Ἦν δ' οὗτος Ἀρχέλαος υἱὸς μὲν τοῦ ὑπὸ Σύλλα καὶ τῆς συγκλήτου τιμηθέντος, φίλος δὲ Γαβινίου τῶν ὑπατικῶν τινος. Ἐκείνου δὲ πεμφθέντος εἰς Συρίαν ἧκε καὶ αὐτὸς ἐπ' ἐλπίδι τοῦ κοινωνήσειν αὐτῷ παρασκευαζομένῳ πρὸς τὸν Παρθικὸν πόλεμον, οὐκ ἐπιτρεπούσης δὲ τῆς συγκλήτου ταύτην ἀφεὶς τὴν ἐλπίδα ἄλλην*

35 σαβίνου codd.: corr. Cas. | 38 δὲ] τε codd exc. κ | 39 βασιλειῶν codd.: corr. Cas. | 42 μὲν υἱὸς CDhIx | 43 γαβηνίου codd.: corr. Xyl.

μαίως τοῖς χρήμασι κατεκράτει, ὥστε μήτε τὸν Δίωνα ἐς τὸ συνέδριον ἐσελθεῖν μήτε μνήμην τινὰ τοῦ φόνου τῶν τεθνηκότων, ἕως γε καὶ αὐτὸς περιὴν, γενέσθαι. Καὶ μέντοι τοῦ Δίωνος μετὰ ταῦτα δολοφονηθέντος οὐδεμίαν οὐδ' ἐπ' ἐκείνῳ δίκην ἔδωκε· τά τε γὰρ ἄλλα καὶ ὁ Πομπήϊος τῇ τε οἰκίᾳ αὐτὸν ὑπεδέξατο καὶ ἰσχυρῶς οἱ συνήρετο. — — (55) Κατὰ δὲ δὴ τὸν αὐτὸν τοῦτον χρόνον (a. 55) *καὶ ὁ Πτολεμαῖος — — κατήχθη καὶ τὴν βασιλείαν ἐκομίσατο. Ἔπραξαν δὲ τοῦτο ὅ τε Πομπήϊος καὶ ὁ Γαβίνιος. — — (56)* Ὁ *Γαβίνιος — — τὸ μὲν πρῶτον ἐνόει καὶ παρεσκευάζετο ὡς καὶ ἐπὶ τοὺς Πάρθους τόν τε πλοῦτον αὐτῶν στρατεύσων. — — Ἐπεὶ μέντοι ὁ Πτολεμαῖος μετὰ τῶν τοῦ Πομπηίου γραμμάτων ἦλθε καὶ πολλὰ μὲν αὐτῷ, πολλὰ δὲ καὶ τῷ στρατῷ χρήματα τὰ μὲν ἤδη παρέξειν, τὰ δ' ἂν καταχθῇ δώσειν ὑπέσχετο, τά τε τῶν Πάρθων εἴασε καὶ ἐπὶ τὴν Αἴγυπτον ἠπείχθη, καίπερ ἀπαγορεύοντος μὲν τοῦ νόμου μήτε ἐς τὴν ὑπερορίαν τοὺς ἄρχοντάς τινων ἀποδημεῖν μήτε πολέμους ἀφ' ἑαυτῶν ἀναιρεῖσθαι, ἐπειρηκότος δὲ καὶ τοῦ δήμου τῆς τε Σιβύλλης μὴ καταχθῆναι τὸν ἄνδρα. (57) Ἦρχε δὲ τότε τῶν Αἰγυπτίων ἡ Βερενίκη καὶ ἐπιεικὲς μὲν οὐδὲν πρὸς αὐτὸν — — Ἔπραξε, Σέλευκον δέ τινα, ὡς καὶ ἐκ τοῦ βασιλείου γένους τοῦ ποτε ἐν τῇ Συρίᾳ ἀνθήσαντος ὄντα, μεταπέμψασα ἄνδρα τε ἐπεγράψατο καὶ κοινωνὸν τῆς τε βασιλείας καὶ τοῦ πολέμου ἐποιήσατο. Ὡς δὲ ἐκεῖνος ἐν οὐδενὸς μοίρᾳ ὢν ἑωρᾶτο, τοῦτον μὲν ἀπέκτεινεν, Ἀρχέλαον δὲ τὸν τοῦ Ἀρχελάου τοῦ πρὸς τὸν Σύλλαν αὐτομολήσαντος, δραστήριόν τε ὄντα καὶ ἐν τῇ Συρίᾳ τὴν δίαιταν ἔχοντα, ἐπὶ τοῖς αὐτοῖς ἐπηγάγετο. Ὁ γὰρ Γαβίνιος ἐδύνατο μὲν ἀρχόμενον τὸ δεινὸν παῦσαι, τὸν γὰρ Ἀρχέλαον προϋποτοπήσας συνέλαβε — — φοβηθεὶς δὲ μὴ καὶ ἐλάττω διὰ τοῦτο*

εὕρατο μείζω. Ἐτύγχανε γὰρ Πτολεμαῖος ὁ τῆς Κλεοπάτρας πατὴρ ὑπὸ τῶν Αἰγυπτίων ἐκβεβλημένος, θυγάτηρ δ' αὐτοῦ κατεῖχε τὴν βασιλείαν, ἀδελφὴ πρεσβυτέρα τῆς Κλεοπάτρας· ταύτῃ ζητουμένου ἀνδρὸς βασιλικοῦ γένους ἐνεχείρισεν ἑαυτὸν τοῖς συμπράττουσι προσποιησάμενος Μιθριδάτου τοῦ Εὐπάτορος υἱὸς ⟨εἶναι⟩ καὶ παραδεχθεὶς ἐβασίλευσεν ἓξ μῆνας. Τοῦτον μὲν οὖν ὁ Γαβίνιος ἀνεῖλεν ἐν παρατάξει κατάγων τὸν Πτολεμαῖον.

47 εὕρετο C | μείζονα x | 52 εἶναι om. codd. | 53 γαβήνιος Dzz γαβήνιος codd. rell.: corr. Xyl.

παρὰ τοῦ Πτολεμαίου τῶν ὡμολογημένων οἱ χρημάτων ὡς οὐδὲν ἀξιόλογον πεποιηκὼς λάβοι — — ἐθελοντὴς αὐτὸν ὡς καὶ διαδράντα ἀφῆκε. (58) Καὶ οὕτως ἐς μὲν τὸ Πηλούσιον ἀφίκετο μηδενὸς ἐναντιουμένου, προϊὼν δὲ ἐντεῦθεν δίχα διῃρημένῳ τῷ στρατῷ τοὺς Αἰγυπτίους ἀπαντήσαντάς οἱ τῇ αὐτῇ ἡμέρᾳ ἐνίκησε καὶ μετὰ τοῦτ' αὖθις ἔν τε τῷ ποταμῷ ναυσὶ κἂν τῇ γῇ ἐκράτησεν. — — Νικήσας οὖν αὐτοὺς ὁ Γαβίνιος καὶ ἄλλους τε πολλοὺς καὶ τὸν Ἀρχέλαον φονεύσας ἐγκρατής τε τῆς Αἰγύπτου πάσης παραχρῆμα ἐγένετο καὶ τῷ Πτολεμαίῳ αὐτὴν παρέδωκε. Καὶ ὁ μὲν τήν τε θυγατέρα καὶ τῶν ἄλλων τοὺς πρώτους καὶ πλουσιωτάτους, ἅτε καὶ χρημάτων πολλῶν δεόμενος, ἀπέκτεινε. Cf. App. Syr. 51. b. c. V 8. Plut. Ant. 3. Cat. min. 35. Pomp. 49. Ios. A. I. XIV 6, 2. B. I. I 8, 7. Hegesipp. I 2, 1. Euseb. chron. I p. 166, 10 sqq. Philoxen. ap. Ath. V 39 p. 206 D. Liv. par. 104 sq. Val. Max. IX 1 ext. 6. Pomp. Trog. prol. 40. Auct. bell. Alex 3. Cic. pro Rabir. 8, 19 sqq. Phil. II 19, 48. in Pis. 21, 48 sqq.

29 sqq. cf. Cic. pro Cael. 8, 18. 10, 23. 21, 51.

147

Str. XVII 1, 13 p. 798 Τῆς Αἰγύπτου δὲ τὰς προσόδους [ἃς] ἔν τινι λόγῳ Κικέρων φράζει φήσας κατ' ἐνιαυτὸν τῷ τῆς Κλεοπάτρας πατρὶ τῷ Αὐλητῇ προσφέρεσθαι φόρον ταλάντων μυρίων δισχιλίων πεντακοσίων.

2 ἃς om. E

COMM. Haec sumpta sunt e deperdita Ciceronis 'De rege Alexandrino' oratione a. 56 habita: cf. Ciceronis opp. edd. Baiter et Kayser vol. XI p. 33, 8.

148

Str. V 1, 6 p. 213 Κώμον· αύτη δ' ήν μὲν κατοικία μετρία, Πομπήιος δὲ Στράβων ὁ Μάγνου πατὴρ κακωθεῖσαν ὑπὸ τῶν ὑπερκειμένων Ῥαιτῶν συνῴκισε· εἶτα Γάιος Σκιπίων τρισχιλίους προσέθηκεν· εἶτα ὁ Θεὸς Καῖσαρ πεντακισχιλίους
5 ἐπισυνῴκισεν (a. 59), ὧν οἱ πεντακόσιοι τῶν Ἑλλήνων ὑπῆρξαν οἱ ἐπιφανέστατοι· τούτοις δὲ καὶ πολιτείαν ἔδωκε καὶ ἐνέγραψεν αὐτοὺς εἰς τοὺς συνοίκους· † οὐ μέντοι ᾤκησαν αὐτόθι, ἀλλὰ καὶ τοὔνομά γε τῷ κτίσματι ἐκεῖνοι κατέλιπον· Νεοκωμῖται γὰρ ἐκλήθησαν.ἅπαντες, τοῦτο δὲ μεθερμηνευθὲν
10 Νοβουμκώμουμ λέγεται.

5 ὑπῆρξαν] ἧσαν De | 7 οὐ μέντοι certe corruptum, καὶ οὐ μόνον συνῴκησαν Cor., οὐ μόνον δ' ᾤκησαν Grosk., οὐ μόνον τε ᾤκησαν Kr., οὐ μὴν ὅτι ᾤκησαν et deindo omisso γε Muell.; nκα οὐ μόνον ὅτι ᾤκησαν? | 8 γε om. Cor. | 9 νεοκωρῆται codd. | 10 Νοβουμκώμουμ Mein.

4 sqq. cf. App. b. c. II 26 Πόλιν δὲ Νιόκωμον ὁ Καῖσαρ εἰς Λατίου δίκαιον ἐπὶ τῶν Ἄλπεων ᾤκικει, ὧν ὅσοι κατ' ἔτος ἦρχον, ἐγίγνοντο Ῥωμαίων πολῖται· τόδε γὰρ ἰσχύει τὸ Λάτιον. Cf. Plut. Caes. 29. Sueton. Caes. 28. Cic. ad Att. V 11, 2. ad fam. XIII 35.

COMM. Cf. Drumann hist. Rom. III p. 218, Zumpt commentat. epigr. 1 p. 308 sq., Marquardt 'Roem. Staatsverwaltung' 1³ p. 56 adn. 4. Pompeius Strabo a. 89 oppidi incolis ius dedit Latii (Ascon. ad Cic. in Pis. 3. Plin. N. H. III 138). Caesar a. 59 coloniam iuris Latini eo deduxit, sed quingentos, qui inter colonos erant, Graecos nobilissimos civitate donavit.

149

Str. IV 1, 1 p. 176/7 Οἱ μὲν δὴ τριχῇ διῄρουν (sc. τὴν ὑπὲρ τῶν Ἄλπεων Κελτικήν) Ἀκυιτανοὺς καὶ Βέλγας καλοῦντες καὶ Κέλτας. — — Οὕτω δὲ καὶ ὁ Θεὸς Καῖσαρ ἐν τοῖς ὑπομνήμασιν εἴρηκεν.

Cf. Caes. b. G. I 1 Gallia est omnis divisa in partes tres, quarum unam incolunt Belgae, aliam Aquitani, tertiam qui ipsorum lingua Celtae, nostra Galli appellantur.

150

Str. IV 3, 2 p. 192 Οἱ δὲ Αἰδοῦοι καὶ συγγενεῖς Ῥωμαίων
1 ἐδούοι codd. et sic semper

ὠνομάζοντο καὶ πρῶτοι τῶν ταύτῃ προσῆλθον πρὸς τὴν φιλίαν καὶ συμμαχίαν. Πέραν δὲ τοῦ Ἄραρος οἰκοῦσιν οἱ Σηκοανοὶ διάφοροι καὶ τοῖς Ῥωμαίοις ἐκ πολλοῦ γεγονότες καὶ τοῖς Αἰδούοις, ὅτι πρὸς Γερμανοὺς προσεχώρουν πολλάκις 5
κατὰ τὰς ἐφόδους αὐτῶν τὰς ἐπὶ τὴν Ἰταλίαν, καὶ ἐπεδείκνυντό γε οὐ τὴν τυχοῦσαν δύναμιν, ἀλλὰ καὶ κοινωνοῦντες
αὐτοῖς ἐποίουν μεγάλους καὶ ἀφιστάμενοι μικρούς· πρὸς δὲ
τοὺς Αἰδούους καὶ διὰ ταῦτα μέν, ἀλλ' ἐπέτεινε τὴν ἔχθραν
ἡ τοῦ ποταμοῦ ἔρις τοῦ διείργοντος αὐτοὺς ἑκατέρου τοῦ 10
ἔθνους ἴδιον ἀξιοῦντος εἶναι τὸν Ἄραρα καὶ ἑαυτῷ προσήκειν
τὰ διαγωγικὰ τέλη· νῦν δ' ὑπὸ τοῖς Ῥωμαίοις ἅπαντ' ἐστί.

5 Post Αἰδούοις excidisse τοῖς μὲν Ῥωμαίοις putat Grosk. | 8 αὐτοὺς E

Cf. Caes. b. G. I 33, 2 — *Haeduos fratres consanguineosque saepenumero a senatu appellatos in servitute atque in dicione videbat Germanorum teneri* (sc. Caesar) *eorumque obsides esse apud Ariovistum ac Sequanos intellegebat.* Ib. VI 12, 1 sq. *Cum Caesar in Galliam venit, alterius factionis principes erant Haedui, alterius Sequani. Hi cum per se minus valerent, quod summa auctoritas antiquitus erat in Haeduis magnaeque eorum erant clientelae, Germanos atque Ariovistum sibi adiunxerant.* Cf. Ib. I 31, 3 sqq. 35, 4. 36, 6. 44, 9. App. Gall. fr. 16 Ὅτι Ἀριοούιστος, Γερμανῶν βασιλεὺς τῶν ὑπὲρ Ῥῆνον, ἐπιβαίνων τῆς πέραν Αἰδούοις ἔτι πρὸ τοῦ Καίσαρος ἐπολέμει φίλοις οὖσι Ῥωμαίων. Cf. Plut. Caes. 26, Tac. ann. XI 25. Cic. ad fam. VII 10.

151

Str. IV 3, 3 p. 193 Φασὶ δὲ καὶ πολυχρύσους τοὺς Ἐλουηττίους μηδὲν μέντοι ἧττον ἐπὶ λῃστείαν τραπέσθαι τὰς τῶν Κίμβρων εὐπορίας ἰδόντας· ἀφανισθῆναι δ' αὐτῶν τὰ δύο φῦλα, τριῶν ὄντων, κατὰ στρατείας. Ὅμως δ' ἐκ τῶν λοιπῶν [τόπων] τὸ τῶν ἐπιγόνων πλῆθος ἐδήλωσεν ὁ πρὸς Καίσαρα 5

1 δὲ καὶ] δ' εἶναι MeiB. | ἐλουηττανοῖς codd. Post hanc vocem εἶναι add. Hoppius | 2 τρέπεσθαι codd. | 5 τόπων inclusit Cor.

1 sqq. cf. fr. 37.
5 sqq. cf. Caes. b. G. I 29 *In castris Helvetiorum tabulae repertae sunt litteris Graecis confectae et ad Caesarem relatae, quibus in tabulis nominatim ratio confecta erat, qui numerus domo exisset eorum, qui arma ferre possent, et item separatim pueri senes mulieresque. Quarum*

τὸν Θεὸν πόλεμος (a. 58), ἐν ᾧ περὶ τετταράκοντα μυριάδες
σωμάτων διεφθάρησαν, τοὺς δὲ λοιποὺς σώζεσθαι μεθῆκεν
εἰς ὀκτακισχιλίους, ὅπως μὴ τοῖς Γερμανοῖς ὁμόροις οὖσιν
ἔρημον τὴν χώραν ἀφῇ.

6 μυριάδες C

omnium rerum summa erat capitum Helvetiorum milia CCLXIII, Tulingorum milia XXXVI, Latobrigorum XIV, Rauracorum XXIII, Boiorum XXXII; ex his, qui arma ferre possent, ad milia nonaginta duo. Summa omnium fuerunt ad milia CCCLXVIII. Eorum, qui domum redierunt, censu habito, ut Caesar imperaverat, repertus est numerus milium C et X. — Ib. c. 28 Helvetios, Tulingos, Latobrigos in fines suos, unde erant profecti, reverti iussit — — ipsos oppida vicosque, quos incenderant, restituere iussit. Id ea maxime ratione fecit, quod noluit eum locum, unde Helvetii discesserant, vacare, ne propter bonitatem agrorum Germani, qui trans Rhenum incolunt, e suis finibus in Helvetiorum fines transirent et finitimi Galliae provinciae Allobrogibusque essent. Cf. Plut. Caes. 18. App. Gall. fr. 1, 3; 15. Polyaen. VIII 23, 3. Cass. Dio. XXXVIII 31—33. Zon. X 6 P I 491 B. Liv. per. 103. Oros. VI 7, 3—5. Flor. I 45, 2 sq. Eutr. VI 17.

152

Str. IV 3, 4 p. 193/4 Μετὰ δὲ τοὺς Ἐλουηττίους Σηκοανοὶ
καὶ Μεδιοματρικοὶ κατοικοῦσι τὸν Ῥῆνον, ἐν οἷς ἵδρυται Γερμανικὸν
ἔθνος περαιωθὲν ἐκ τῆς οἰκείας, Τριβόκχοι. — —
Μετὰ δὲ τοὺς Μεδιοματρικοὺς καὶ Τριβόχους παροικοῦσι
τὸν Ῥῆνον Τρηούιροι.

5 τρηούεγροι A τριοίεγροι DC]: corr. Siebenk.

Cf. Caes. b. G. IV 10 Rhenus — — longo spatio per fines Nantuatium, Helvetiorum, Sequanorum, Mediomatricum, Tribocorum, Treverorum citatus fertur. Tac. Germ. 29 Ipsam Rheni ripam haud dubie Germanorum populi colunt, Vangiones Triboci Nemetes. Cf. Plin. N. H. IV 106.

COMM. Triboci Rhenum transgressi erant cum Ariovisto, cuius inter copias recensentur a Caesare b. G. I 51. Post victoriam a Germanis a. 56 reportatam Caesar in sedibus, quas cis Rhenum occupaverant, manere eos passus est; cf. Mommsen hist. Rom. III⁷ p. 257 sq. adn.

153

Str. IV 4, 3 p. 190 *Τούτων δὲ* (sc. *τῶν παρωκεανιτῶν*) *τοὺς Βέλγας ἀρίστους φασὶν εἰς πεντεκαίδεκα ἔθνη διῃρημένους τὰ μεταξὺ τοῦ Ῥήνου καὶ τοῦ Λείγηρος παροικοῦντα τὸν ὠκεανόν, ὥστε μόνους ἀντέχειν πρὸς τὴν τῶν Γερμανῶν ἔφοδον, Κίμβρων καὶ Τευτόνων. Αὐτῶν δὲ τῶν Βελγῶν Βελλοάκους ἀρίστους φασί, μετὰ δὲ τούτους Σουεσσίωνας. Τῆς δὲ πολυανθρωπίας σημεῖον· εἰς γὰρ τριάκοντα μυριάδας ἐξετάζεσθαί φασι τῶν Βελγῶν πρότερον τῶν δυναμένων φέρειν ὅπλα.*

3 *Λίγηροι* Mein. | *παροικοῦντας* codd.; corr. Cor. | 4 *ὥστε*] *οὕτε* codd.; corr. Guarin. | 6 *ουεσσίωνας* codd.; corr. Xyl.

Cf. Caes. b. G. II 4 *Cum ab his* (sc. a Remis) *quaereret, quae civitates quantaeque in armis essent et quid in bello possent, sic reperiebat: plerosque Belgas esse ortos ab Germanis — — solosque esse, qui patrum nostrorum memoria omni Gallia vexata Teutonos Cimbrosque intra fines suos ingredi prohibuerint; qua ex re fieri, uti earum rerum memoria magnam sibi auctoritatem magnosque spiritus in re militari sumerent. De numero eorum omnia se habere explorata Remi dicebant, propterea quod — — quantam quisque multitudinem in communi Belgarum concilio ad id bellum pollicitus sit, cognoverint. Plurimum inter eos Bellovacos et virtute et auctoritate et hominum numero valere — — Suessiones suos esse finitimos* etc. —

De Caesaris expeditione Belgica a. 57 cf. Caes. b. G. II 1—35. Plut. Caes. 20. App. Gall. fr. 1, 4. Cass. Dio. XXXIX 1—6. Liv. per. 104. Oros. VI 7, 11—16. Flor. I 45, 4.

COMM. Quindecim Belgarum populi a Caesare l. l. enumerantur et quantam quisque multitudinem armatorum pollicitus sit, quorum omnium summa est milia CCXCVI, qui numerus bene congruit cum illo, quem Strabo affert, qui hic, sicut omnino in rebus Gallicis, Caesaris commentariis usus est; cf. Millar 'Strabos Quellen ueber Gallien und Britannien' (progr. Regensburg. Stadtamhof 1866) p. 27.

154

Str. IV 4, 1 p. 194/5 *Μετὰ δὲ τὰ λεχθέντα ἔθνη τὰ λοιπὰ Βελγῶν ἐστιν ἔθνη τῶν παρωκεανιτῶν, ὧν Οὐένετοι μέν εἰσιν*

Cf. Caes. b. G. III 8. 13 sq. (8) *Naves habent Veneti plurimas, quibus in Britanniam navigare consuerunt — — et omnes fere, qui eo mari uti consuerunt, habent vectigales.* (13) *Ipsorum naves ad hunc mo-*

οἱ ναυμαχήσαντες πρὸς Καίσαρα (a. 56)· ἕτοιμοι γὰρ ἦσαν κωλύειν τὸν εἰς τὴν Βρεττανικὴν πλοῦν χρώμενοι τῷ ἐμπορίῳ. Κατεναυμάχησε δὲ ῥᾳδίως οὐκ ἐμβόλοις χρώμενος (ἦν γὰρ παχέα τὰ ξύλα), ἀλλ' ἀνέμῳ φερομένων ἐπ' αὐτὸν κατέσπων οἱ Ῥωμαῖοι τὰ ἱστία δορυδρεπάνοις· ἦν γὰρ σκύτινα διὰ τὴν βίαν τῶν ἀνέμων· ἀλύσεις δ' ἔτεινον ἀντὶ κάλων. Πλατύπυγα δὲ ποιοῦσι καὶ ὑψίπρυμνα καὶ ὑψόπρωρα διὰ τὰς ἀμπώτεις, δρυΐνης ὕλης, ἧς ἐστιν εὐπορία· διόπερ οὐ συνάγουσι τὰς ἁρμονίας τῶν σανίδων, ἀλλ' ἀραιώματα καταλείπουσι· ταῦτα δὲ βρύοις διανάττουσι τοῦ μὴ κατὰ τὰς νεωλκίας καπυροῦσθαι τὴν ὕλην μὴ νοτιζομένην, τοῦ μὲν βρύου νοτιωτέρου ὄντος τῇ φύσει, τῆς δὲ δρυὸς ξηρᾶς καὶ ἀλιποῦς.

4 ἐμπορείῳ Cor. | 8 ἁλίσει C, ἀλύσεσι Grosk., ancorarum mentionem intercidisse susp. Kr., sed cf. quae recte disseruit Miller 'Strabos Quellen ueber Gall. und Brit.' p. 26 sq. | 9 Ante ποιοῦσι excidisse τὰ πλοῖα susp. Grosk. | 13 μή] ᾗ codd.: corr. Cas. | 14 τὴν φύσιν I

dum factae armataeque erant: carinae aliquanto planiores quam nostrarum navium, quo facilius vada ac decessum aestus excipere possent; prorae admodum erectae atque item puppes ad magnitudinem fluctuum tempestatumque accommodatae; naves totae factae ex robore ad quamvis vim et contumeliam perferendam; — — ancorae pro funibus ferreis catenis revinctae; pelles pro velis alutaeque tenuiter confectae, hae sive propter lini inopiam atque eius usus inscientiam, sive eo, quod est magis verisimile, quod tantas tempestates Oceani tantosque impetus ventorum sustineri ac tanta onera navium regi velis non satis commode posse arbitrabantur. Cum his navibus nostrae classi eiusmodi congressus erat, ut una celeritate et pulsu remorum praestaret, reliqua pro loci natura, pro vi tempestatum illis essent aptiora et accommodatiora. Neque enim his nostrae rostro nocere poterant (tanta in iis erat firmitudo) neque propter altitudinem facile telum adiciebatur — — (14) Una erat magno usui res praeparata a nostris, falces praeacutae insertae affixaeque longuriis, non absimili forma muralium falcium. His cum funes, qui antemnas ad malos destinabant, comprehensi adductique erant, navigio remis incitato praerumpebantur. Quibus abscisis antemnae necessario concidebant. Cf. Caes. Dio. XXXIX 40—43. Liv. per. 104. Oros. VI 8, 6—17. Flor. I 45, 4.

a. Str. IV 5, 3 p. 200 Δὶς δὲ διέβη Καίσαρ εἰς τὴν νῆσον (sc. τὴν Βρεττανικήν) ὁ Θεός (a. 55 et 54), ἐπανῆλθε δὲ διὰ

ταχέων οὐδὲν μέγα διαπραξάμενος οὐδὲ προελθὼν ἐπὶ πολὺ
τῆς νήσου διά τε τὰς ἐν τοῖς Κελτοῖς γενομένας στάσεις τῶν
τε βαρβάρων καὶ τῶν οἰκείων στρατιωτῶν καὶ διὰ τὸ πολλὰ 5
τῶν πλοίων ἀπολέσθαι κατὰ τὴν πανσέληνον αὔξησιν λαβουσῶν τῶν ἀμπώτεων καὶ τῶν πλημμυρίδων. Δύο μέντοι ἢ
τρεῖς νίκας ἐνίκησε τοὺς Βρεττανούς, καίπερ δύο τάγματα
μόνον περαιώσας τῆς στρατιᾶς, καὶ ἀπήγαγεν ὅμηρά τε καὶ
ἀνδράποδα καὶ τῆς ἄλλης λείας πλῆθος. 10

b. Str. IV 5, 2 p. 199 Τέτταρα δ' ἐστὶ διάρματα, οἷς χρῶνται συνήθως ἐπὶ τὴν νῆσον (sc. τὴν Βρεττανικήν) ἐκ τῆς ἠπείρου, τὰ ἀπὸ τῶν ἐκβολῶν τῶν ποταμῶν τοῦ τε Ῥήνου καὶ τοῦ
Σηκοάνα καὶ τοῦ Λείγηρος καὶ ⟨τοῦ⟩ Γαρούνα. Τοῖς δ' ἀπὸ
τῶν περὶ τὸν Ῥῆνον τόπων ἀναγομένοις οὐκ ἀπ' αὐτῶν τῶν 15
ἐκβολῶν ὁ πλοῦς ἐστιν, ἀλλὰ ἀπὸ τῶν ὁμορούντων τοῖς Μεναπίοις Μορινῶν, παρ' οἷς ἐστι καὶ τὸ Ἴτιον, ᾧ ἐχρήσατο
ναυστάθμῳ Καῖσαρ ὁ Θεὸς διαίρων εἰς τὴν νῆσον· νύκτωρ δ'
ἀνήχθη, καὶ τῇ ὑστεραίᾳ κατῆρε περὶ τετάρτην ὥραν τριακοσίους καὶ εἴκοσι σταδίοις τοῦ διάπλου τελέσας· κατέλαβε δ' 20
ἐν ἀρούραις τὸν σῖτον.

14 *Λείγηρος* Mein. | *τοῦ* ante *Γαρούνα* add. Kr.

A Strabone hic duae Caesaris expeditiones in Britanniam factae confunduntur, quamquam in pleniore hypomnematorum narratione hanc confusionem sibi certe non indulsit:
1) Prior expeditio anni 55: cf. Caes. b. G. IV 20—38
14 sqq. cf. Caes. l. l. 21, 3 *Ipse* (sc. Caesar) *cum omnibus copiis in Morinos proficiscitur, quod inde erat brevissimus in Britanniam traiectus*.
5 sq. cf. 22, 3 sq. *Navibus circiter LXXX onerariis coactis contractisque, quot satis esse ad duas transportandas legiones existimabat, quod praeterea navium longarum habebat, quaestori legatis praefectisque distribuit. Huc accedebant XVIII onerariae naves, quae ex eo loco ab milibus passuum octo vento tenebantur, quo minus in eundem portum venire possent: has equitibus distribuit*.
18 sq. cf. 23, 1 sq. *Tertia fere vigilia solvit equitesque in ulteriorem portum progredi et naves conscendere et se sequi iussit. A quibus cum paulo tardius esset administratum, ipse hora circiter diei quarta cum primis navibus Britanniam attigit*.
5 sqq. cf. 29 *Eadem nocte accidit, ut esset luna plena, qui dies maritimos aestus maximos in Oceano efficere consuevit, nostrisque id erat*

c. Str. IV 3, 3 p. 193 *Πρόκειται δ' αὐτῶν* (sc. *τοῦ Ῥήνου καὶ τοῦ Σηκοάνα*) *ἡ Βρεττανική, τοῦ μὲν Ῥήνου καὶ ἐγγύθεν, ὥστε καθορᾶσθαι τὸ Κάντιον, ὅπερ ἐστὶ τὰ ἑῷον ἄκρον τῆς νήσου, τοῦ δὲ Σηκοάνα μικρὸν ἀπωτέρω· ἐνταῦθα δὲ καὶ τὸ ναυπήγιον συνεστήσατο Καῖσαρ ὁ Θεὸς πλέων εἰς τὴν Βρεττανικήν.*

d. Str. IV 3, 4 p. 193,4 *Διαρμα δ' ἐστὶν εἰς τὴν Βρεττανικὴν ἀπὸ τῶν ποταμῶν τῆς Κελτικῆς εἴκοσι καὶ τριακόσιοι στάδιοι· ὑπὸ γὰρ τὴν ἄμπωτιν ἀφ' ἑσπέρας ἀναχθέντες τῇ ὑστεραίᾳ περὶ ὀγδόην ὥραν καταίρουσιν εἰς τὴν νῆσον.*

29 εἴκοσι] η C ὀκτὼ B

incognitum. Ita uno tempore et longas naves, quibus Caesar exercitum transportandum curaverat quasque in aridum subduxerat, aestus compleverat et onerarias, quae ad ancoras erant deligatae, tempestas afflictabat. — —'*Compluribus navibus fractis reliquae cum essent funibus, ancoris reliquisque armamentis amissis ad navigandum inutiles, magna — — totius exercitus perturbatio facta est.*

9 cf. 38, 2 *His* (sc. hostium legatis) *Caesar numerum obsidum, quem ante imperaverat, duplicavit eosque in continentem adduci iussit.*

2) Altera Caesaris expeditio a. 54: cf. Caes. b. G. V 1 sq. 8—23

2 8 sq. cf. 1, 1 *Legatis imperat, quos legionibus* (in Belgis cf. IV 38) *praefecerat, uti quam plurimas possent hieme naves aedificandas veteresque reficiendas curarent.*

17 sqq. cf. 2, 3 *Omnes ad portum Itium convenire iubet, quo ex portu commodissimum in Britanniam traiectum esse cognoverat, circiter milium passuum XXX a continenti.* De numero discrepat Strabo v. 19 sq. et 29.

30 sq. cf. 8, 2. 5 *Ad solis occasum naves solvit et leni Africo provectus media circiter nocte vento intermisso cursum non tenuit et longius delatus aestu orta luce sub sinistra Britanniam relictam conspexit.* — — *Accessum est ad Britanniam omnibus navibus meridiano fere tempore.*

4 cf. 22, 4 *Caesar cum constituisset hiemare in continenti propter repentinos Galliae motus* — — *obsides imperat.*

9 sq. cf. 23, 1 sq. *Obsidibus acceptis exercitum reducit ad mare, naves invenit refectas. His deductis, quod et captivorum magnum numerum habebat,* — — *duobus commeatibus exercitum reportare instituit.*

Praeterea de his expeditionibus cf. App. Gall. fr. 1, 5; 19. Plut. Caes. 23. Diod. V 21 sq. Polyaen. VIII 23, 5. Cass. Dio. XXXIX 50—52. XL 1—3. Liv. per. 105. Oros. VI 9. Flor. I 45, 16—19. Eutr. VI 17. Vell. II 46 sq. Fest. 6. Val. Max. III 2, 23. Sueton. Caes. 25. 47. Tac. Agr. 13. Senec. cons. ad Marc. 14. Cic. passim (cf. Drumann hist. Rom. III p. 299 sq. adn. 30).

156

a. Str. IV 3, 4 p. 194 Τρηουίροις δὲ συνεχεῖς Νερούιοι, καὶ τοῦτο Γερμανικὸν ἔθνος· τελευταῖοι δὲ Μενάπιοι πλησίον τῶν ἐκβολῶν (sc. τοῦ Ῥήνου) ἐφ' ἑκάτερα τοῦ ποταμοῦ κατοικοῦντες ἕλη καὶ δρυμοὺς οὐχ ὑψηλῆς, ἀλλὰ πυκνῆς ὕλης καὶ ἀκανθώδους.

b. Str. IV 3, 5 p. 194 Ἐμφερὴς δ' ἐστὶ τῇ τῶν Μεναπίων ἥ τε τῶν Μορινῶν καὶ ἡ τῶν Ἀτρεβατίων καὶ Ἐβουρώνων· ὕλη γάρ ἐστιν οὐχ ὑψηλῶν δένδρων πολλὴ μέν, οὐ τοσαύτη δέ, ὅσην οἱ συγγραφεῖς εἰρήκασι, τετρακισχιλίων σταδίων, καλοῦσι δ' αὐτὴν Ἀρδουένναν· κατὰ δὲ τὰς πολεμικὰς ἐφόδους συμπλέκοντες τὰς τῶν θάμνων λύγους βατώδεις οὔσας ἀπέφραττον τὰς παρόδους. Ἔστι δ' ὅπου καὶ σκόλοπας κατέπηττον, αὐτοὶ δὲ κατέδυνον εἰς τὰ βάθη πανοίκιοι νησίδια

1 τρησούαγροις Al τρημνάγροις C τρισυνάγροις B: corr. Siebenk. | 2 πλησίον om. codd. cxc. E | 7 Μορίνων Mein. | 11 συντέμνοντες Iun, συντέμνοντες καὶ συμπλέκοντες dubitanter coni. Cas. ex Caes. II 17 | ὄντας codd.: corr. Cas.; τοὺς λύγους — ὄντας coni. Kr. | 12 ἀνέφραττον codd.: corr. Grosk. | εἰσόδους]

2 sqq. cf. Caes. b. G. VI 5, 4 *Erant Menapii — — perpetuis paludibus silvisque muniti.* Ib. 5, 7 *Illi* (Menapii) *nulla coacta manu loci praesidio freti in silvas paludesque confugiunt suaque eodem conferunt.* IV 38, 3 *Menapii se omnes in densissimas silvas abdiderant.*

6 sqq. Id. VI 29, 4 *Ipse — — ad bellum Ambiorigis profectus per Arduennam silvam, quae est totius Galliae maxima atque ab ripis Rheni finibusque Treverorum ad Nervios pertinet milibusque amplius quingentis in longitudinem patet.* Cf. Ib. V 3, 4. Oros. VI 10, 18.

10 sqq. Id. II 17, 4 *Nervii antiquitus — — quo facilius finitimorum equitatum, si praedandi causa ad eos venissent, impedirent, teneris arboribus incisis atque inflexis crebrisque in latitudinem ramis enatis et rubis sentibusque interiectis effecerant, ut instar muri hae sepes munimenta praeberent, quo non modo non intrari, sed ne perspici quidem posset.*

13 sq. Id. II 29, 1 *Maiores natu* (sc. Nerviorum), *quos una cum pueris mulieribusque in aestuaria ac paludes coniectos dixeramus* (cf. c. 16, 4). VI 31, 2 sq. *Quorum* (sc. Eburonum) *pars in Arduennam silvam, pars in continentes paludes profugit; qui proximi Oceano fuerunt, his insulis sese occultaverunt, quas aestus efficere consuerunt.* III 28 1 sq. *Morini Menapiique supererant, qui in armis essent. — — Continentesque silvas ac paludes habebant, eo se suaque omnia contulerunt.*

10*

ἔχοντες ἐν τοῖς ἕλεσι· ἐν μὲν οὖν ταῖς ἐπομβρίαις ἀσφαλεῖς
15 τὰς καταφυγὰς εἶχον, ἐν δὲ τοῖς αἰχμοῖς ἡλίσκοντο ῥᾳδίως.

14 sq. id. III 29, 2 *Cum iam pecus atque extrema impedimenta ab nostris tenerentur, ipsi densiores silvas peterent, eiusmodi sunt tempestates consecutae, uti opus necessario intermitteretur et continuatione imbrium diutius sub pellibus milites contineri non possent.*
15 Id. IV 38, 1 sq. *Caesar — Titum Labienum legatum — — in Morinos, qui rebellionem fecerant, misit. Qui cum propter siccitates paludum, quo se reciperent, non haberent, quo superiore anno perfugio fuerant usi, omnes fere in potestatem Labieni pervenerunt.*

157

Str. IV 2, 3 p. 191 Τῆς δυνάμεως δὲ τῆς πρότερον Ἀροϊερνοι μέγα τεκμήριον παρέχονται τὸ πολλάκις πολεμῆσαι πρὸς
Ῥωμαίους ποτὲ μὲν μυριάσιν εἴκοσι (cf. fr. 26), πάλιν δὲ διπλασίαις, τοσαύταις γὰρ πρὸς Καίσαρα τὸν Θεὸν διηγωνίσαντο
5 μετὰ Οὐερκιγγετόριγος (a. 52). — — Πρὸς μὲν οὖν Καίσαρα
περί τε Γεργοουίαν πόλιν τῶν Ἀρουέρνων ἐφ᾽ ὑψηλοῦ ὄρους
κειμένην συνέστησαν οἱ ἀγῶνες, ἐξ ἧς ἦν ὁ Οὐερκιγγέτοριξ·
καὶ [ὁ] περὶ Ἀλησίαν πόλιν Μανδουβίων, ἔθνοις ὁμόρου τοῖς

8 ὁ om. Cor. | μανδιβούλων codd.: corr. Xyl.

Cf. Caes. b. G. VII 1-90

6 sq. cf. 34-54 (36, 1) *Caesar — — Gergoviam pervenit equestrique eo die proelio levi facto perspecto urbis situ, quae posita in altissimo monte omnis aditus difficiles habebat, de expugnatione desperavit.*
7 cf. 4, 1 sq. *Vercingetorix, Celtilli filius, Arvernus, summae potentiae adolescens, — — expellitur ex oppido Gergovia.*
8 sqq. cf. 68—90 (69, 1) *Vercingetorix — — Alesiam, quod est oppidum Mandubiorum, iter facere coepit.* (69, 1—4) *Ipsum erat oppidum Alesia in colle summo admodum edito loco, ut nisi obsidione expugnari non posse videretur; cuius collis radices duo duabus ex partibus flumina subluebant. Ante id oppidum planicies circiter milia passuum tria in longitudinem patebat; reliquis ex omnibus partibus colles mediocri interiecto spatio pari altitudinis fastigio oppidum cingebant.*
10 sq. cf. 89, 5 *Vercingetorix deditur, arma proiciuntur.*
Praeterea cf. Plut. Caes. 25—27. Cass. Dio. XL 33—41. Diod. IV 19. Polyaen. VIII 23, 9 sqq. Liv. per. 107 sq. Oros. VI 11, 1—11. Flor. I 45, 20—26. Vell. II 47. Sueton. Caes. 25.

Ἀρουέρνοις, καὶ ταύτην ἐφ' ὑψηλοῦ λόφου κειμένην, περιεχομένην δ' ὄρεσι καὶ ποταμοῖς δυσίν, ἐν ᾗ καὶ ἑάλω ὁ ἡγεμών, καὶ ὁ πόλεμος τέλος ἔσχε. 10

COMM. Strabonis numerum vs. 3 sq. effectum esse ex Caesaris narratione demonstravit Müller 'Strabos Quellen ueber Gallien u. Britannien' p. 17 sqq. summam faciens numerorum, quos Caesar praebet in capp. 21. 34. 64. 71. 76, quae est milia CCCXCIII. In hoc autem falsus est, quod Strabonem omnes hos pro Arvernis habuisse putat. Immo probe eum scivisse hoc numero etiam socios comprehendi Arvernorum apparet e geogr. IV 4, 3 p. 196, ubi ad eum quem tractamus locum respicit verbis hisce: εἴρηται δὲ καὶ τὸ τῶν Ἐλουηττίων πλῆθος καὶ τὸ τῶν Ἀρουέρνων καὶ τὸ τῶν συμμάχων, ἐξ ὧν ἡ πολυανθρωπία φαίνεται.

158

Str. XI 9, 1 p. 515 Ἱστοροῦσι δὲ περὶ τῶν Ταπύρων, ὅτι αὐτοῖς εἴη νόμιμον τὰς γυναῖκας ἐκδιδόναι τὰς γαμετὰς ἑτέροις ἀνδράσιν, ἐπειδὰν ἐξ αὐτῶν ἀνέλωνται δύο ἢ τρία τέκνα,

Cf. App. b. c. II 99 Μαρκίᾳ γέ τοι τῇ Φιλίππου συνὼν (sc. ὁ Κάτων) ἐκ παρθένου καὶ ἀρεσκόμενος αὐτῇ μάλιστα καὶ παῖδας ἔχων ἐξ ἐκείνης ἔδωκεν ὅμως αὐτὴν Ὁρτησίῳ τῶν φίλων τινὶ παίδων τε ἐπιθυμοῦντι καὶ τεκνοποιοῦ γυναικὸς οὐ τυγχάνοντι, μέχρι κἀκείνῳ κυήσασαν ἐς τὸν οἶκον αὖθις ὡς χρήσας ἀνεδέξατο. Plut. Cat. min. 25 Εἶτα ἔγημε (sc. ὁ Κάτων) θυγατέρα Φιλίππου Μαρκίαν ἐπιεικῆ δοκοῦσαν εἶναι γυναῖκα, περὶ ἧς ὁ πλεῖστος λόγος. — — Ἐπράχθη δὲ τοῦτον τὸν τρόπον, ὡς ἱστορεῖ Θρασέας εἰς Μουνάτιον, ἄνδρα Κάτωνος ἑταῖρον καὶ συμβιωτὴν, ἀναφέρων τὴν πίστιν. Ἐν πολλοῖς ἐρασταῖς καὶ θαυμασταῖς τοῦ Κάτωνος ἦσαν ἕτεροι ἕτερων μᾶλλον ἔκδηλοι καὶ διαφανεῖς, ὧν καὶ Κόϊντος Ὁρτήσιος. — — Ἐπιθυμῶν οὖν τῷ Κάτωνι μὴ συνήθης εἶναι μηδὲ ἑταῖρος μόνος, ἀλλ' ἁμῶς γέ πως εἰς οἰκειότητα καταμῖξαι καὶ κοινωνίαν πάντα τὸν οἶκον καὶ τὸ γένος ἐπεχείρησε συμπείθειν, ὅπως τὴν θυγατέρα Πορκίαν Βίβλῳ συνοικοῦσαν καὶ πεποιημένην ἐκείνῳ δύο παῖδας αὐτῷ πάλιν ὥσπερ εὐγενῆ χώραν ἐντεκνώσασθαι παράσχῃ. — — Ἀποκριναμένου δὲ τοῦ Κάτωνος, ὡς Ὁρτήσιον μὲν ἀγαπᾷ καὶ δοκιμάζει κοινωνὸν οἰκειότητος, ἄτοπον δὲ ἡγεῖται ποιεῖσθαι λόγον περὶ γάμου θυγατρὸς ἑτέρῳ δεδομένης, μεταβαλὼν ἐκεῖνος οὐκ ὤκνησεν ἀποκαλυψάμενος αἰτεῖν τὴν αὐτοῦ γυναῖκα Κάτωνος, νέαν μὲν οὖσαν ἔτι πρὸς τὸ τίκτειν, ἔχοντος δὲ τοῦ Κάτωνος ἀποχρῶσαν διαδοχήν. — — Ὁ δ' οὖν Κάτων ὁρῶν τὴν τοῦ Ὁρτησίου σπουδὴν καὶ προθυμίαν οὐκ ἀντεῖπεν, ἀλλ' ἔφη δεῖν καὶ Φιλίππῳ ταῦτα συνδόξαι τῷ

καθάπερ καὶ Κάτων Όρτηρίῳ δεηθέντι ἐξέδωκε τὴν Μαρκίαν ἐφ' ἡμῶν κατὰ παλαιὸν Ῥωμαίων ἔθος.

πατρὶ τῆς Μαρκίας. Ὡς οὖν ὁ Φίλιππος ἐντευχθεὶς ἔγνω τὴν συγχώρησιν, οὐκ ἄλλως ἐνεγγύησε τὴν Μαρκίαν ἢ παρόντος τοῦ Κάτωνος αὐτοῦ καὶ συνεγγυῶντος. Ib. 52 Τῆς δὲ οἰκίας καὶ τῶν θυγατέρων ἡγεμόνος δεομένων ἀνέλαβε πάλιν τὴν Μαρκίαν χηρεύουσαν ἐπὶ χρήμασι πολλοῖς· ὁ γὰρ Ὁρτήσιος θνήσκων ἐκείνην ἀπέλιπε κληρονόμον. Cf. Lucan. Phars. II 326 sqq. Quintil. Inst. or. III 5, 11. X 5, 13. Tertull. apolog. 39. Augustin. de fide et op. 7. de bono conj. 18. Hieronym. in Iovin. I 27.

5 cf. Plut. comp. Lyc. c. Num. 3 Ἀλλ' ὁ Ῥωμαῖος μὲν ἀνὴρ ἱκανῶς ἔχων παιδοτροφίας, ἐφ' ἑτέρου δὲ πεισθεὶς δεομένου τέκνων ἐξίστατο τῆς γυναικὸς ἐκδόσθαι καὶ μετεκδόσθαι κύριος.

COMM. Facta est haec res certe ante annum 60, quo mortuus est Hortensius.

159

Str. XIV 5, 14 p. 674 Ἄνδρες δ' ἐξ αὐτῆς (sc. τῆς Ταρσοῦ) γεγόνασι τῶν μὲν στωικῶν — — Ἀθηνόδωροι δύο· ὧν ὁ μὲν Κορδυλίων καλούμενος συνεβίωσε Μάρκῳ Κάτωνι καὶ ἐτελεύτα παρ' ἐκείνῳ.

4 τελευτᾷ codd.: corr. Cor.

Cf. Plut. Cat. min. 10 Πυθόμενος δὲ Ἀθηνόδωρον τὸν ἐπικαλούμενον Κορδυλίωνα μεγάλην ἕξιν ἐν τοῖς στωικοῖς λόγοις ἔχοντα διατρίβειν περὶ Πέργαμον ἤδη γηραιὸν ὄντα — — ἔχων παρὰ τοῦ νόμου διδομένην ἀποδημίαν δυεῖν μηνῶν ἐπλευσεν εἰς τὴν Ἀσίαν ἐπὶ τὸν ἄνδρα πιστεύων τοῖς ἐν αὑτῷ καλοῖς μὴ ἀτυχήσειν τῆς ἄγρας. Συγγενόμενος δὲ καὶ καταγωνισάμενος καὶ μεταστήσας ἐκ τῆς προαιρέσεως αὐτὸν ἧκεν ἄγων εἰς τὸ στρατόπεδον περιχαρὴς καὶ μεγαλοφρονῶν. Ib. 16 Ἐπανελθὼν δὲ εἰς Ῥώμην τὸν μὲν ἄλλον χρόνον κατ' οἶκον Ἀθηνοδώρῳ .... ἢ κατ' ἀγορὰν τοῖς φίλοις παριστάμενος διετέλεσεν. Plin. N. H. VII 113. Laert. Diog. VII 1, 29.

160

a. Str. XVI 1, 23 p. 747 Τὰ περὶ Κάρρας καὶ Νικηφόριον χωρία καὶ Χορδίραζα καὶ Σίννακα, ἐν ᾗ Κράσσος διεφθάρη;

Cf. Plut. Crass. 17—32 (27) (Ὁ Κοπώνιος) παρήγγειλεν εὐθὺς ἐξοπλίζεσθαι τοὺς στρατιώτας· καὶ ἅμα τῷ πρῶτον αἰσθέσθαι τὸν Κράσ-

δόλῳ ληφθεὶς ὑπὸ Σουρήνα τοῦ τῶν Παρθυαίων στρατηγοῦ (a. 53).

b. Str. XVI 1, 28 p. 748 *Οἱ δὲ Παρθυαῖοι καὶ πρότερον* ὅσον ἐν ὁδῷ γεγενημένον ἀπαντήσας ἀνελάμβανε καὶ παρέπεμπε τὴν στρατιὰν εἰς τὴν πόλιν (sc. τὰς Κάρρας). (29) *Ἕξρει δὲ νύκτωρ ὁ Κράσσος.* — *Ὁ Ἀνδρόμαχος ἄλλοτε ἄλλας ὁδοὺς ὑφηγεῖτο καὶ τέλος ἐξέτρεψεν εἰς ἕλη βαθέα καὶ χωρία τάφρων μεστὰ τὴν πορείαν χαλεπὴν καὶ πολυπλανῆ γινομένην τοῖς ἐπισπομένοις.* — *Ἄλλοι δὲ χρησάμενοι πιστοῖς ὁδηγοῖς ἐλάβοντο χωρίων ὀρεινῶν, ἃ καλεῖται Σίνναχα, καὶ κατέστησαν ἐν ἀσφαλεῖ πρὸ ἡμέρας. Οὗτοι περὶ πεντακισχιλίους ἦσαν· ἡγεῖτο δ' αὐτῶν ἀνὴρ ἀγαθὸς Ὀκταούιος.* — (*Ὁ δὲ Κράσσος*) *ἐπ' ἄλλον ἀναφεύγει λόφον, οὐχ οὕτω μὲν ἄφιππον οὐδ' ὀχυρόν, ὑποκείμενον δὲ τοῖς Σιννάκοις καὶ συνηρτημένον αὐχένι μακρῷ διὰ μέσου κατατείνοντι τοῦ πεδίου πρὸς τοῦτον. Ἦν οὖν ἐν ὄψει τοῖς περὶ τὸν Ὀκταούιον ὁ κίνδυνος αὐτοῦ. Καὶ πρῶτος Ὀκταούιος ἔθει μετ' ὀλίγων ἄνωθεν ἐπιβοηθῶν, εἶτα οἱ λοιποὶ κακίσαντες ἑαυτοὺς ἐπεφέροντο καὶ προσπεσόντες καὶ ὠσάμενοι τοὺς πολεμίους ἀπὸ τοῦ λόφου περιέσχον ἐν μέσῳ τὸν Κράσσον.* — (30) *Ὁρῶν οὖν ὁ Σουρήνας τούς τε Πάρθους ἀμβλύτερον ἤδη κινδυνεύοντας καί, ἢν ἥ τε νὺξ ἐπίσχῃ καὶ τῶν ὀρῶν οἱ Ῥωμαῖοι λάβωνται, παντάπασιν αὐτοὺς ἐσομένους ἀλήπτους, ἐπῆγε τῷ Κράσσῳ δόλον.* — — *Μετὰ τῶν ἀρίστων προσελάσας ἀτρέμα τῷ λόφῳ τοῦ μὲν τόξου τὸν τόνον ἀνῆκε, τὴν δὲ δεξιὰν προὔτεινεν, ἐκάλει δὲ τὸν Κράσσον ἐπὶ συμβάσεις.* — *Ὁ δὲ Κράσσος οὐδὲν ὅ τι μὴ δι' ἀπάτης ἐσταλμένος ὑπ' αὐτῶν καὶ τὸ αἰφνίδιον τῆς μεταβολῆς ἄλογον ἡγούμενος οὐχ ὑπήκουσεν, ἀλλ' ἐβουλεύετο.* — — *Ὡς δὲ χαλεπαίνοντες αὐτῷ καὶ τὰ ὅπλα κρούοντες ἠπείλουν, φοβηθεὶς ἐχώρει.* — — (31) *Αὐτὸς δὲ* (ὁ Σουρήνας) *μετὰ τῶν ἀρίστων ἱππότης προσῄει.* — *καὶ προσαγαγὼν ἐκέλευσεν ἵππον αὐτῷ.* — — *Ἅμα δ' ἵππος τε τῷ Κράσσῳ παρέστη χρυσοχάλινος οἵ τε ἀναβολεῖς αὐτὸν ἀράμενοι περιεβίβασαν καὶ παρείποντο πληγῇ τὸν ἵππον ἐπιταχύνοντες. Ὀκταούιος δὲ πρῶτος ἀντιλαμβάνεται τῶν χαλινῶν καὶ μετ' ἐκεῖνον εἷς τῶν χιλιάρχων Πετρώνιος, εἶτα οἱ λοιποὶ περιίσταντο τόν τε ἵππον ἀνακόπτειν πειρώμενοι καὶ τοὺς πιεζοῦντας τὸν Κράσσον ἐξ ἑκατέρου μέρους ἀφέλκοντες.* — — *Τὸν δὲ Κράσσον ὄνομα Πομαξάθρης Πάρθος ἀπέκτεινεν. Οἱ δ' οὔ φασιν, ἀλλ' ἕτερον μὲν εἶναι τὸν ἀποκτείναντα, τοῦτον δὲ κειμένου τὴν κεφαλὴν ἀποκόψαι καὶ τὴν δεξιάν.* Cf. App. b. c. II 18. Cass. Dio. XL 12—27. Polyaen. VII 41. Zosim. III 32. Zon. X 7 P 1 462 A. Liv. per. 106. Flor. I 46, 9. Oros. VI 13. Eutr. VI 18. Vell. II 46, 2—4. Obseq. 64. Val. Max. I 6, 11. Fest. 17. Iustin. XLII 4, 4. Caes. b. c. III 31. Cic. de div. I 18, 29 sq. II 9, 24. 40, 84. Tac. Germ. 37. Plin. N. H. II 147. V 86. VI 47. Amm. Marc. XXIII 3, 1. Ovid. fast. VI 465.

μὲν ἐφρόντιζον τῆς πρὸς Ῥωμαίους φιλίας, τὸν δὲ ἄρξαντα πολέμου Κράσσον ἠμύναντο.

161

Str. X 2, 13 p. 455 Ἐφ' ἡμῶν δὲ καὶ ἄλλην (sc. πόλιν ἐν τῇ Κεφαλληνίᾳ) προσέκτισε Γάιος Ἀντώνιος, ὁ θεῖος Μάρκου Ἀντωνίου, ἡνίκα φυγὰς γενόμενος (a. 59) μετὰ τὴν ὑπατείαν, ἣν συνῆρξε Κικέρωνι τῷ ῥήτορι (a. 63), ἐν τῇ Κεφαλληνίᾳ διέτριψε καὶ τὴν ὅλην νῆσον ὑπήκοον ἔσχεν ὡς ἴδιον κτῆμα· οὐκ ἔφθη μέντοι συνοικίσας, ἀλλὰ καθόδου τυχὼν πρὸς ἄλλοις μείζοσιν ὢν κατέλυσε τὸν βίον.

COMM. C. Antonius a. 59 et de repetundis et quod Catilinae coniurationis fuisset conscius accusatus et, quamquam Cicero pro eo dixerat, damnatus in exilium abiit (Cass. Dio. XXXVIII 10. Cic. pro. Cael. 31, 47. pro Flacc. 2, 5. 36, 95. in Val. 11, 25. schol. Bob. p. 229 Or. Val. Max. IV 2, 6. Quint. IV 2, 123 sq. IX 3, 56). Revocatus est a Caesare a. 47, ut videtur: cf. Drumann hist. Rom. I p. 535 sqq.

162

Str. III 4, 10 p. 161 Καὶ (περὶ) Ἰλέρδαν ὕστερον Ἀφράνιος καὶ Πετρήιος οἱ τοῦ Πομπηίου στρατηγοὶ κατεπολεμήθησαν ὑπὸ Καίσαρος τοῦ Θεοῦ (a. 49).

1 περὶ om. codd., κἀν Ἰλέρδᾳ Meln. | ἰλέρδας ACl

Cf. Caes. b. c. I 38—86. App. b. c. II 42 sq. Plut. Pomp. 65. 67. Caes. 36. Cass. Dio. XLI 20—23. Liv. per. 110. Oros. VI 15, 6. Flor. II 13, 26 sqq. Eutr. VI 20. Vell. II 50. Frontin. I 5, 9. 6, 9. II 1, 11. 5, 38. 13, 6. Sueton. Caes. 34. Cic. ad fam. IX 13, 1. Lucan. IV 17 sqq.

163

Str. IV 1, 5 p. 180/1 Κατὰ δὲ τὴν Πομπηίου πρὸς Καίσαρα στάσιν τῷ κρατηθέντι μέρει προσθέμενοι (sc. οἱ Μασ-

De Massilia a Caesare obsessa cf. Caes. b. c. I 34—36. II 1—16. 22. Cass. Dio. XLI 19. 21. 25. Liv. per. 110. Oros. VI 15, 6 sq. Flor. II 13, 23. Vell. II 50, Frontin. I 7, 4. Lucan. III 298. Sueton. Caes. 34. Vitruv. X 16, 11 sq. Cic. ad Att. X 12ᵇ, 2.

σαλιῶται) τὴν πολλὴν τῆς εὐδαιμονίας ἀπέβαλον (a. 49). —
— Καὶ ὁ Καῖσαρ δὲ καὶ οἱ μετ᾽ ἐκεῖνον ἡγεμόνες πρὸς τὰς
ἐν τῷ πολέμῳ γενηθείσας ἁμαρτίας ἐμετρίασαν μεμνημένοι 5
τῆς φιλίας καὶ τὴν αὐτονομίαν ἐφύλαξαν, ἣν ἐξ ἀρχῆς εἶχεν
ἡ πόλις, ὥστε μὴ ὑπακούειν τῶν εἰς τὴν ἐπαρχίαν πεμπομέ-
νων στρατηγῶν μήτε αὐτὴν μήτε τοὺς ὑπηκόους.

7 ὑπαρχίαν codd.: corr. Cor.

4 sqq. cf. Caes. b. c. II 22 *Massilienses arma tormentaque ex
oppido, ut est imperatum, proferunt, navis ex portu navalibusque edu-
cunt, pecuniam ex publico tradunt. Quibus rebus confectis Caesar magis
eos pro nomine et vetustate quam pro meritis in se civitatis conservans
duas ibi legiones praesidio reliquit.* — Caes. D Io. XLI 25 Τῷ μέντοι
Καίσαρι αὐτῷ ἐλθόντι ὡμολόγησαν (sc. οἱ Μασσαλιῶται)· καὶ ὃς ἐκεί-
νων τότε μὲν τά τε ὅπλα καὶ τὰς ναῦς τά τε χρήματα ἀφείλετο, ὕστε-
ρον δὲ καὶ τὰ λοιπὰ πάντα πλὴν τοῦ τῆς ἐλευθερίας ὀνόματος. Cf.
Oros. VI 15, 7. Flor. II 13, 25. Cic. Phil. VIII 6, 18 sq.

164

Str. IV 1, 12 p. 186/7 Μητρόπολις δὲ τῶν Ἀρηκομίσκων
ἐστὶ Νέμαυσος, κατὰ μὲν τὸν ἀλλότριον ὄχλον καὶ τὸν ἐμπο-
ρικὸν πολὺ Νάρβωνος λειπομένη, κατὰ δὲ τὸν πολιτικὸν ὑπερ-
βάλλουσα· ὑπηκόους γὰρ ἔχει κώμας τέτταρας καὶ εἴκοσι τῶν
ὁμοεθνῶν εὐανδρίᾳ διαφερούσας συντελούσας εἰς αὐτήν, ἔχουσα 5
καὶ τὸ καλούμενον Λάτιον, ὥστε τοὺς ἀξιωθέντας ἀγορανομίας
καὶ ταμιείας ἐν Νεμαύσῳ Ῥωμαίους ὑπάρχειν· διὰ δὲ τοῦτο
οὐδ᾽ ὑπὸ τοῖς προστάγμασι τῶν ἐκ τῆς Ῥώμης στρατηγῶν ἐστι
τὸ ἔθνος τοῦτο.

1 ἀρηκομικῶν Cor. | 5 ἐχούσας ABl ἔχουσαν C(?): corr. Cor. | 6 λάτιιον
codd | 8 προστάγμασι) πράγμασι codd. exc. o

COMM. Nemausum a Caesare a. 49 agris, quos Massiliensibus ade-
merat, auctam et iure Latino donatam esse docuit Mommsen hist. Rom.
III¹ p. 553 adn. 2, 'Roem. Muenzwesen' p. 675.

165

Str. XVII 3, 7 p. 826 Μικρὸν μὲν οὖν πρὸ ἡμῶν οἱ περὶ

1 μικρῷ Dhi | 2 βόγχοι h βόγχων i βόγχοι codd. rell.: corr. Cas.

Βόγον βασιλείς καὶ Βόκχον κατεῖχον αὐτὴν (sc. τὴν Μαυρουσίαν) φίλοι Ῥωμαίων ὄντες.

Cf. Cass. Dio. XLI 42 Ἰόβας δὲ πρὸς μὲν τοῦ Πομπηίου τῶν τε ἄλλων τῶν ἐν τῇ Μακεδονίᾳ βουλευτῶν τιμάς τε εὕρετο καὶ βασιλεὺς προσηγορεύθη, πρὸς δὲ δὴ τοῦ Καίσαρος τῶν τε ἐν τῇ πόλει αἰτίαν εἶχε καὶ πολέμιος ἀπεδείχθη. ὅ τε Βόκχος καὶ ὁ Βογούας βασιλεῖς, ὅτι ἐχθροὶ αὐτῷ ἦσαν, ὠνομάσθησαν.

COMM. Teste Cassio Dione l. l. Bogo et Boccho a. 49 a populo Romano confirmatum est regnum, quod tamen in parte Mauritaniae iam ante a. 63 obtinuerant, ut apparet ex Strabonis verbis μικρὸν πρὸ ἡμῶν (cf. Niese in mus. Rhen. vol. XXXVIII p. 574 sq.). Anno 81 ab Orosio V 21, 14 commemoratur ' *Bogudes Bacchi, Maurorum regis, filius*', qui fortasse idem est. Bogi etiam XVII 3, 5 p. 827 mentio exstat apud Strabonem, qui tamen locus non videtur esse depromptus ex hypomnematis.

166

Str. XIII 1, 27 p. 594,5 Καθ' ἡμᾶς μέντοι Καῖσαρ ὁ Θεὸς πολὺ πλέον αὐτῶν (sc. τῶν Ἰλιέων) προὐνόησε ζηλώσας ἅμα καὶ Ἀλέξανδρον· ἐκεῖνος γὰρ κατὰ συγγενείας ἀνανέωσιν ὥρμησε προνοεῖν αὐτῶν ἅμα καὶ φιλόμηρος ὤν. — — Ὁ δὲ Καῖσαρ καὶ φιλαλέξανδρος ὢν καὶ τῆς πρὸς τοὺς Ἰλιέας συγγενείας γνωριμώτερα ἔχων τεκμήρια ἐπερρώσθη πρὸς τὴν εὐεργεσίαν νεανικῶς· γνωριμώτερα δέ, πρῶτον μὲν ὅτι Ῥωμαῖος· οἱ δὲ Ῥωμαῖοι τὸν [τ'] Αἰνείαν ἀρχηγέτην ἡγοῦνται· ἔπειτα ὅτι Ἰούλιος ἀπὸ Ἰούλου τινὸς τῶν προγόνων· ἐκεῖνος δ' ἀπὸ ἰούλου τὴν προσωνυμίαν ἔσχε ταύτην τῶν ἀπογόνων εἷς ὢν τῶν ἀπὸ Αἰνείου. Χώραν τε δὴ προσένειμεν αὐτοῖς καὶ τὴν ἐλευθερίαν καὶ τὴν ἀλειτουργησίαν αὐτοῖς συνεφύλαξε, καὶ μέχρι νῦν συμμένουσιν ἐν τούτοις.

6 γνωριμώτατα cdld: corr. Cas. ‖ 6 τ' om. orxz ‖ 9 ὅτι om. x τε codd. rell. exc. i, in quo legitur ἔπειθ' ὅτι: corr. Kr. ‖ 10 Ἰούλου cdd.: feliciter emendavit C. Wachsmuth a Servio ad Aen. I 267 ‖ προσηγορίαν F ‖ 11 προσένειμεν CDFhs

COMM. Ilienses his beneficiis affecti sunt a. 48, cum post pugnam Pharsalicam Caesar Pompeium insecuturus in Asiam venisset (Lucan. Phars. IX 961 sqq. App. b. c. II 89): cf. Iudeich 'Caesar im Orient' p. 61; Haubold 'De rebus Iliensium' (diss. Lips. 1888) p. 41 sqq.

167

a. Str. XVII 1, 11 p. 796 Οἱ μὲν οὖν Ἀλεξανδρεῖς ἀπέδειξαν βασιλέας τόν τε πρεσβύτερον τῶν παίδων (sc. Πτολεμαίου τοῦ Αὐλητοῦ) καὶ τὴν Κλεοπάτραν, οἱ δὲ συνόντες τῷ παιδὶ καταστασιάσαντες ἐξέβαλον Κλεοπάτραν, καὶ ἀπῆρε μετὰ τῆς ἀδελφῆς εἰς τὴν Συρίαν. Ἐν τούτῳ Πομπήιος Μάγνος ἧκε φεύγων ἐκ Παλαιφαρσάλου πρὸς τὸ Πηλούσιον καὶ τὸ Κάσιον ὄρος· τοῦτον μὲν οὖν δολοφονοῦσιν οἱ μετὰ τοῦ βασιλέως (a. 48).

Cf. Caes. b. c. III 103 sq. (*Pompeius*) *Pelusium pervenit. Ibi casu rex erat Ptolemaeus, puer aetate, magnis copiis cum sorore Cleopatra bellum gerens, quam paucis ante mensibus per suos propinquos atque amicos regno expulerat; castraque Cleopatrae non longo spatio ab eius castris distabant. Ad eum Pompeius misit, ut pro hospitio atque amicitia patris Alexandria reciperetur atque illius opibus in calamitate tegeretur. — — Amici regis, qui propter aetatem eius in curatione erant regni, — — his, qui erant ab eo missi, palam liberaliter responderunt eumque ad regem venire iusserunt; ipsi clam consilio inito Achillam, praefectum regium, — — et L. Septimium, tribunum militum, ad interficiendum Pompeium miserunt. Ab his liberaliter ipse appellatus et quadam notitia Septimii productus, quod bello praedonum apud eum ordinem duxerat, naviculam parvulam conscendit cum paucis suis: ibi ab Achilla et Septimio interficitur.* App. b. c. II 83—86 (84) Ἄρτι δ' ἐπεισούσης ἀπ' Αἰγύπτου Κλεοπάτρας, ᾗ τῷ ἀδελφῷ συνῆρχε, καὶ στρατὸν ἀμφὶ τὴν Συρίαν ἀγειρούσης Πτολεμαῖος ὁ τῆς Κλεοπάτρας ἀδελφὸς ἀμφὶ τὸ Κάσιον τῆς Αἰγύπτου ταῖς Κλεοπάτρας ἐσβολαῖς ἐφήδρευε, καὶ πως κατὰ δαίμονα ἐς τὸ Κάσιον τὸ πνεῦμα τὸν Πομπήιον κατέφερεν. Θεασάμενος δὲ στρατὸν ἐπὶ τῆς γῆς πολὺν ἔστησε τὸν πλοῦν καὶ εἴκασεν, ὅπερ ἦν, παρεῖναι τὸν βασιλέα. Πέμψας τε ἔφραζε περὶ ἑαυτοῦ καὶ τῆς τοῦ πατρὸς φιλίας. Ὁ δὲ ἦν μὲν ἐπὶ τρισκαίδεκα ἔτη μάλιστα γεγονώς, ἐπετρόπευον δ' αὐτῷ τὴν μὲν στρατιὰν Ἀχιλλᾶς, τὰ δὲ χρήματα Ποθεινὸς εὐνοῦχος, οἳ βουλὴν προὐτίθεντο περὶ τοῦ Πομπηίου. — — Σκάφος εὐτελὲς ἐπ' αὐτὸν ἐπέμπετο ὡς τῆς θαλάσσης οὔσης ἁλιτενοῦς καὶ μεγάλαις ναυσὶν οὐκ εὐχεροῦς, ὑπηρέται τέ τινες τῶν βασιλικῶν ἐνέβαινον ἐς τὸ σκάφος. Καὶ Σεμπρώνιος, ἀνὴρ Ῥωμαῖος, τότε μὲν τῷ βασιλεῖ, πάλαι δὲ αὐτῷ Πομπηίῳ στρατευσάμενος δεξιὰν ἔφερε παρὰ τοῦ βασιλέως τῷ Πομπηίῳ καὶ ἐκέλευεν ὡς ἐς φίλον τὸν παῖδα διαπλεῦσαι. — — (95) Ὁ δὲ Πομπήιος — — ἐνέβαινεν ἐς τὸ σκάφος. Καὶ ἐν τῷ διάπλῳ σιωπώντων ἁπάντων ἔτι μᾶλλον ὑπώπτευε· καὶ τὸν Σεμπρώνιον εἴτε ἐπιγιγνώσκων Ῥωμαῖον ὄντα καὶ ἐστρατευμένον ἑαυτῷ, εἴτε

b. Str. XVI 2, 33 p. 760 Ἔστι δὲ τὸ Κάσιον θινώδης τις λόφος ἀκρωτηριάζων ἄνυδρος, ὅπου τὸ Πομπηίου τοῦ Μάγνου σῶμα κεῖται καὶ Διός ἐστιν ἱερὸν Κασίου· πλησίον δὲ καὶ ἐσφάγη ὁ Μάγνος δολοφονηθεὶς ὑπὸ τῶν Αἰγυπτίων.

τοπάζων ἐκ τοῦ μόνον ἑστάναι — — ἐπιστραφεὶς ἐς αὐτὸν εἶπεν· 'ἆρά σε γιγνώσκω, συστρατιῶτα;' Καὶ ὃς αὐτίκα μὲν ἐπένευσεν, ἀποστραφέντα δ' εὐθὺς ἐπάταξε πρῶτος, εἶθ' ἕτεροι. Cf. Plut. Pomp. 74—80. Caes. 48. Brut. 33. CamilL 19. Zonar. X 9 P I 486 sq. Cass. Dio. XLII 3 sqq. Liv. per. 112. Flor. II 13, 51 sq. Eutr. VI 21. Oros. VI 15, 28. Vell. II 53. Ps. Aur. 77, 9—13. Val. Max. I 8, 9. V 1, 10. 3, 5. Cic. ad Att. XI 6, 5. Plin. N. H. V 68. Solin. 34, 1.

168

Str. XVII 1, 11 p. 796 Ἐπελθὼν δὲ Καῖσαρ (a. 48) τόν τε μειρακίσκον (v. quae antecedunt = fr. 167 a.) διαφθείρει καὶ καθίστησι τῆς Αἰγύπτου βασίλισσαν τὴν Κλεοπάτραν μετα-

Cf. Auct. bell. Alex. 1—33 (31) *Constat fugisse ex castris regem ipsum* (sc. Ptolemaeum) *receptumque in navem multitudine eorum, qui ad proximas naves adnatabant, demerso navigio periisse.* (33) *Caesar Aegypto atque Alexandria potitus reges constituit, quos Ptolemaeus testamento scripserat atque obtestatus erat populum Romanum, ne mutarentur. Nam maiore ex duobus pueris, rege, amisso minori tradidit regnum maiorique ex duabus filiis, Cleopatrae, quae manserat in fide praesidiisque eius.* App. b. c. II 89 sq. (90) Τελευταῖον δ' ἀνὰ τὸν Νεῖλον αὐτῷ γίγνεται πρὸς τὸν βασιλέα ἀγών, ᾧ δὴ καὶ μάλιστα ἐκράτει. Καὶ ἐς ταῦτα διετρίφθησαν αὐτῷ μῆνες ἐννέα, μέχρι Κλεοπάτραν ἀντὶ τοῦ ἀδελφοῦ βασιλεύειν ἀπέφηνεν Αἰγύπτου. ib. V 9 Πτολεμαίου τοῦ ἀδελφοῦ τῆς Κλεοπάτρας ἀφανοῦς ἐν τῇ πρὸς Καίσαρα κατὰ τὸν Νεῖλον ναυμαχίᾳ γενομένου. Plut. Caes. 48 sq. (48 extr.) Κρύφα τὴν Κλεοπάτραν ἀπὸ τῆς χώρας μετεπέμπετο (sc. ὁ Καῖσαρ). (49) Τέλος δὲ τοῦ βασιλέως πρὸς τοὺς πολεμίους ἀποχωρήσαντος ἐπελθὼν καὶ συνάψας μάχην ἐνίκησε πολλῶν πεσόντων αὐτοῦ τε τοῦ βασιλέως ἀφανοῦς γενομένου. Cf. Zon. X 10 P I 488. Cass. Dio. XLII 7—9. 34—44 (44) Οὕτω μὲν τὴν Αἴγυπτον ὁ Καῖσαρ ἐχειρώσατο, οὐ μέντοι καὶ ὑπήκοον αὐτὴν τῶν Ῥωμαίων ἐποιήσατο, ἀλλὰ τῇ Κλεοπάτρᾳ, ἧσπερ ἕνεκα καὶ ἐπεπολεμήκει, ἐχαρίσατο. — Τῷ τε ἑτέρῳ ἀδελφῷ συνοικῆσαι δῆθεν αὐτὴν ἐκέλευσε καὶ τὴν βασιλείαν ἀμφοτέροις σφίσιν, ὥς γε καὶ λόγῳ εἰπεῖν, ἔδωκε. Τῷ γὰρ ἔργῳ ἡ Κλεοπάτρα μόνη πᾶν τὸ κράτος σχήσειν ἔμελλεν· ὅ τε γὰρ ἀνὴρ αὐτῆς παιδίον ἔτι ἦν. Cf. Euseb. chron. I 168.

πεμψάμενος ἐκ τῆς φυγῆς· συμβασιλεύειν δ' ἀπέδειξε τὸν λοιπὸν ἀδελφὸν αὐτῇ νέον παντελῶς ὄντα (a. 47).

21 sqq. Liv. per. 112. Oros. VI 16, 1 sq. Eutr. VI 22. Flor. II 13, 56—60. Ps. Aur. 66. Sueton. Caes. 35.

*169

Ioseph. A. I. XIV 8, 3 (Mueller FHG III p. 493 fr. 13)
Λέγεται δὲ ὑπὸ πολλῶν Ὑρκανὸν ταύτης κοινωνῆσαι τῆς στρατείας (sc. Caesaris belli Alexandrini a. 48/7) καὶ ἐλθεῖν εἰς Αἴγυπτον· μαρτυρεῖ δέ μου τῷ λόγῳ Στράβων ὁ Καππάδοξ λέγων ἐξ Ἀσινίου ὀνόματος οὕτως· 'Μετὰ δὲ τὸ τὸν Μιθριδάτην (sc. τὸν Περγαμηνὸν) εἰσβαλεῖν εἰς τὴν Αἴγυπτον καὶ Ὑρκανόν, τὸν τῶν Ἰουδαίων ἀρχιερέα.' Ὁ δ' αὐτὸς οὗτος Στράβων καὶ ἐν ἑτέρῳ πάλιν ἐξ Ὑψικράτους ὀνόματος λέγει οὕτως· τὸν μὲν Μιθριδάτην ἐξελθεῖν μόνον, πληθέντα δ' εἰς Ἀσκάλωνα Ἀντίπατρον ὑπ' αὐτοῦ, τὸν τῆς Ἰουδαίους ἐπιμελητήν, τρισχιλίους αὐτῷ στρατιώτας συμπαρασκευάσαι καὶ τοὺς ἄλλους δυνάστας προτρέψαι, κοινωνῆσαι δὲ τῆς στρατείας καὶ Ὑρκανὸν τὸν ἀρχιερέα.

Cf. Auct. bell. Alex. 26 sqq. (26) Sub idem tempus Mithridates Pergamenus, magnae nobilitatis domi scientiaeque in bello et virtutis, fidei dignitatisque in amicitia Caesaris, missus in Syriam Ciliciamque initio belli Alexandrini ad auxilia arcessenda cum magnis copiis, quas celeriter et propensissima civitatum voluntate et sua diligentia confecerat, itinere pedestri, quo coniungitur Aegyptus Syriae, Pelusium adducit idque oppidum firmo praesidio occupatum Achillae — —, quo die est aggressus, in suam redegit potestatem. Cf. App. Mithr. 121.

170

Str. XVII 1, 6 p. 792 Νῦν δ' ἠρήμωσεν αὐτὴν (sc. Φάρον

Cf. Auct. bell. Alex. 17—19 (17) Omni ratione Caesar contendendum existimavit, ut insulam (sc. Pharum) molemque ad insulam pertinentem in suam redigeret potestatem. — — Ac primum impetum nostrorum pariter sustinuerunt. Uno enim tempore et ex tectis aedificiorum propugnabant et litora armati defendebant. — — Sed ubi primum locis cognitis vadisque pertentatis pauci nostri in litore constiterunt, — —

τὴν νῆσον) ὁ θεὸς Καῖσαρ ἐν τῷ πρὸς Ἀλεξανδρέας πολέμῳ τεταγμένην μετὰ τῶν βασιλέων (a. 48).

omnes Pharitae terga verterunt. — — (18) Multi tamen ex his capti interfectique sunt; sed numerus captivorum omnino fuit sexcenti. (19) Caesar praeda militibus concessa aedificia diripi iussit. Cf. Caes. b. c. III 112. Plut. Caes. 49. Cass. Dio. XLII 40. Flor. II 13, 59. Oros. VI 15, 33.

171

Str. XII 3, 14 p. 547 *Λεύκολλος δὲ καὶ ταύτην* (sc. τὴν Ἀμισόν) *ἐπολιόρκησεν· εἶθ᾽ ὕστερον Φαρνάκης ἐκ Βοσπόρου διαβάς* (a. 48)· *ἐλευθερωθεῖσαν δ᾽ ὑπὸ Καίσαρος τοῦ θεοῦ* (a. 47) *παρέδωκεν Ἀντώνιος βασιλεῦσιν*.

2 cf. App. Mithr. 120 Φαρνάκης δ᾽ ἐπολιόρκει Φαναγορέας καὶ τὰ περίοικα τοῦ Βοσπόρου. — — Μετ᾽ οὐ πολὺ δὲ καὶ Σινώπην εἶλε καὶ Ἀμισὸν ἐνθυμιζόμενος καὶ Καλουίνῳ στρατηγοῦντι ἐπολέμησεν, ᾧ χρόνῳ Πομπήιος καὶ Καῖσαρ ἐς ἀλλήλους ᾖσαν. b. c. II 91 Ἐπαρθεὶς (ὁ Φαρνάκης) Ἀμισὸν πόλιν ἐν τῷ Πόντῳ ῥωμαΐζουσαν ἐξηνδραπόδιστο καὶ τοὺς παῖδας αὐτῶν τομίας ἐπεποίητο πάντας. Cf. Cass. Dio. XLII 46. Auct. b. Al. 41.
3 cf. Cass. Dio. XLII 48 Τούς τε Ἀμισηνοὺς ἐλευθερίᾳ ἠμείψατο (sc. ὁ Καῖσαρ).

172

Str. XI 5, 8 p. 506 *Ἀβέακος μὲν οὖν ὁ τῶν Σιράκων βασιλεύς, ἡνίκα Φαρνάκης τὸν Βόσπορον εἶχε, δύο μυριάδας ἱππέων ἔστειλε, Σπαδίνης δ᾽ ὁ τῶν Ἀόρσων καὶ εἴκοσιν, οἱ δὲ ἄνω Ἀόρσοι καὶ πλείονας· καὶ γὰρ ἐπεκράτουν πλείονος* 5 *γῆς καὶ σχεδόν τι τῆς Κασπίων παραλίας τῆς πλείστης ἦρχον*.

3 ἔστειλε Cor. | εἴκοσιν) numerus nimius videtur Meinekio, qui pro κ΄ scribendum esse coniicit η΄ admodum probabiliter: v. adn. crit. ad fr. 155, 29.

173

Str. XI 2, 11 p. 495 *Πολλάκις δ᾽ οἱ τῶν Βοσπορανῶν ἡγεμόνες καὶ τὰ μέχρι τοῦ Τανάιδος κατεῖχον καὶ μάλιστα οἱ ὕστατοι, Φαρνάκης καὶ Ἄσανδρος καὶ Πολέμων. Φαρνάκης*

3 Ἄσανδρος C Κάσανδρος codd. rell.; corr. Cas.

Strabonis Ιστορικῶν ὑπομνημάτων fragmenta 159

δέ ποτε καὶ τὸν Ὕπανιν τοῖς Δανδαρίοις ἐπαγαγεῖν λέγεται
διά τινος παλαιᾶς διώρυγος ἀνακαθάρας αὐτὴν (καὶ) κατα- 5
κλύσαι τὴν χώραν.

5 διώρυχος wiß | καὶ add. Cor.

174

Str. XII 3, 35 p. 558 Υἱὸς δ' αὐτοῦ (sc. Ἀρχελάου v. fr.
134. 146) τὴν ἱερωσύνην (sc. ἐν Κομάνοις τοῖς ἐν τῷ Πόντῳ)
παρέλαβεν· εἶθ' ὕστερον Λυκομήδης (a. 47), ᾧ καὶ τετράσχοι-
νος ἄλλη προσετέθη.

Cf. App. Mithr. 121 Τὰ δ' ἑτέροις ὑπὸ τοῦ Πομπηίου διδόμενα ὁ
μὲν Γάιος (sc. Καῖσαρ) — — ἐφύλαξε πλὴν τῆς ἐν Κομάνοις ἱερωσύ-
νης, ἣν ἐς Λυκομήδην μετήνεγκεν ἀπὸ Ἀρχελάου. Auct. b. Al. 66 (qui
duo Comana confundit: cf. Iudeich 'Caesar im Orient' p. 117 sqq.) Biduum
Mazacae commoratus (Caesar) Comana, vetustissimum et sanctissimum in
Cappadocia Bellonae templum, quod tanta religione colitur, ut sacerdos
eius deae maiestate, imperio, potentia secundus a rege consensu gentis
illius habeatur, id homini nobilissimo Lycomedi Bithynio adiudicavit; qui
regia Cappadocum genere natus propter adversam fortunam maiorum
suorum mutationemque generis iure minime dubio, vetustate tamen inter-
misso sacerdotium id repetebat.

175

a. Str. XIII 4, 3 p. 624 Ἄνδρες δ' ἐγένοντο ἐλλόγιμοι καθ'
ἡμᾶς Περγαμηνοὶ Μιθριδάτης τε (ὁ) Μηνοδότου υἱὸς καὶ
Ἀδοβογιώνης τοῦ τετραρχικοῦ τῶν Γαλατῶν γένους, ἣν καὶ
παλλακεῦσαι τῷ βασιλεῖ Μιθριδάτῃ φασίν· ὅθεν καὶ τοὔνομα
τῷ παιδὶ θέσθαι τοὺς ἐπιτηδείους προσποιησαμένοις ἐκ τοῦ 5
βασιλέως αὐτὸν γεγονέναι. Οὗτος γοῦν Καίσαρι τῷ θεῷ γε-
νόμενος φίλος εἰς τοσόνδε προῆλθε τιμῆς, ὥστε καὶ τετράρχης
ἀπεδείχθη (ἀπὸ) τοῦ μητρῴου γένους καὶ βασιλεὺς ἄλλων τε
καὶ τοῦ Βοσπόρου (a. 47)· κατελύθη δ' ὑπὸ Ἀσάνδρου τοῦ

2 ὁ add. Cas. | 3 κῃ. καὶ ἠδεβογίων δι τοῦ τοῦ τετραρχικοῦ τ. Γ. γέ-
νους ἦν καὶ ἐν παλλακεῦσαι κτλ codd, καὶ Ἀδοβογίωνος, (ὅς) τοῦ τετρ.
τ. Γ. γένους ἦν, (ἣν) καὶ [ὃν] παλλακεῦσαι κτλ Cas Kram., qui praeterea
ante Ἀδοβογ. add. τῆς; apl Ἀδοβογιωνίδος τοῦ τετρ. τ. Γ. γένους, ἣν καὶ
παλλακεῦσαι κτλ Mein. Nomen ex titulo Lesb. corraxit Hirschfeld in Herm.
vol. XIV p. 474 sq. | 5 τῶν ἐπιτηδείων προσποιησαμένων mss | 8 ἀπὸ
add. Cas. | βασιλεῦσαι Dhi | Post ἄλλων excidisse χωρίον a. τόπων suspi-
catur Groskurd

10 καὶ τὸν Φαρνάκην ἀνελόντος τὸν βασιλέα (a. 47) καὶ κατασχόντος τὸν Βόσπορον.

b. Str. XI 2, 11 p. 495 = fr. 173.

c. Str. VII 4, 6 p. 311 Οἱ μὲν οὖν Νομάδες πολεμισταὶ μᾶλλόν εἰσιν ἢ λῃστρικοί, πολεμοῦσι δὲ ὑπὲρ τῶν φόρων.
15 Ἐπιτρέψαντες γὰρ ἔχειν τὴν γῆν τοῖς ἐθέλουσι γεωργεῖν ἀντὶ ταύτης ἀγαπῶσι φόρους λαμβάνοντες τοὺς συντεταγμένους μετρίους τινάς, οὐκ εἰς περιουσίαν, ἀλλ' εἰς τὰ ἐφήμερα καὶ τὰ ἀναγκαῖα τοῦ βίου· μὴ διδόντων δέ, αὐτοῖς πολεμοῦσιν.

— — Οὐκ ἀπειταχτοῦσι δ' οἱ δυνάμει πεποιθότες, ὥστε ἢ
20 ἀμύνασθαι ῥᾳδίως ἐπιόντας ἢ κωλῦσαι τὴν ἔφοδον· καθάπερ Ἄσανδρον ποιῆσαί φησιν Ὑψικράτης ἀποτειχίσαντα τὸν

14 ὅρων BI ὁρῶν C; corr. Xyl. | 19 δ' οἱ no δ' οὗ AIICl, δ' αὖ Tzsch., σὺ om. Xyl.

1 sqq. cf. Auct. b. Al. 78 Mithridates Pergamenum, a quo rem feliciter celeriterque gestam in Aegypto supra scripsimus, regio genere ortum, disciplinis etiam regiis educatum (nam Mithridates, rex Asiae totius, propter nobilitatem Pergamo secum parvulum asportaverat in castra multosque tenuerat annos) regem Bospori constituit, † quod sub imperio Pharnacis fuerat. — — Eidem tetrarchian [legibus] Gallograecorum iure gentis et cognationis adiudicavit occupatam et possessam paucis ante annis a Deiotaro. App. Mithr. 120 sq. Ἡττηθεὶς (sc. ὁ Φαρνάκης) ἔφευγε σὺν χιλίοις ἱππεῦσιν ἐς Σινώπην. — Καὶ τοὺς ἵππους ἔκτεινε πολλὰ διασχεραινόντων τῶν ἱππέων, ναυσὶ δ' ἐπιβὰς ἐς τὸν Πόντον ἔφυγε καὶ Σκυθῶν τινας καὶ Σαυροματῶν συναγαγὼν Θευδοσίαν καὶ Παντικάπαιον κατέλαβεν. Ἐπιθεμένων δ' αὖθις αὐτῷ κατὰ τὸ ἔχθος Ἀσάνδρου οἱ μὲν ἱππεῖς ἀπορίᾳ τε ἵππων καὶ ἀμαθίᾳ πεζομαχίας ἐνικῶντο, αὐτὸς δὲ ὁ Φαρνάκης μόνος ἠγωνίζετο καλῶς, μέχρι κατατρωθεὶς ἀπέθανε πεντηκοντούτης ὢν καὶ βασιλεύσας Βοσπόρου πεντεκαίδεκα ἔτεσιν. (121) Ὧδε μὲν δὴ καὶ Φαρνάκης ἐξέπεσε τῆς ἀρχῆς, καὶ αὐτοῦ τὴν βασιλείαν Γάιος μὲν Καῖσαρ ἔδωκε Μιθριδάτῃ τῷ Περγαμηνῷ συμμαχήσαντι οἱ προθύμως ἐν Αἰγύπτῳ. Cass. Dio. XLII 46—48 (46) Ἐς τὴν Βιθυνίαν τήν τε Ἀσίαν ἐπὶ ταῖς αὐταῖς τῷ πατρὶ ἐλπίσιν ἠπείγετο (sc. ὁ Φαρνάκης). Κἂν τούτῳ μαθὼν τὸν Ἄσανδρον, ὃν ἐπίτροπον τοῦ Βοσπόρου κατελελοίπει, νενεωμωκότα οὐκέτι περαιτέρω προεχώρησεν· ἐκεῖνος γάρ, ἐπειδὴ τάχιστα πόρρω τε ὁ Φαρνάκης ἀπ' αὐτοῦ προιὼν ἠγγέλθη, — ἐπανέστη αὐτῷ ὡς καὶ τοῖς Ῥωμαίοις τι χαρισύμενος τήν τε δυναστείαν τοῦ Βοσπόρου παρ' αὐτῶν ληψόμενος. (47) Τοῦτ' οὖν ὁ Φαρνάκης ἀκούσας ὥρμησεν ἐπ' αὐτὸν μάτην· τὸν γὰρ

ἰσθμὸν τῆς Χερρονήσου τὸν πρὸς τῇ Μαιώτιδι τριακοσίων ὄντα καὶ ἑξήκοντα σταδίων, ἐπιστήσαντα πύργους καθ' ἕκαστον στάδιον δέκα.

23 ἐπιστήσαντι ABC | 23/24 Turrium numerus cum videretur incredibilis, multa coniecerunt vv. dd.: v. 22/3 τριάκοντα καὶ ἓξ codi. Gosselin, καθ' ἕκαστα στάδια δέκα Cor., καθ' ἕκαστον στάδιον ἕνα Grosk.

Καίσαρα ἐν τῇ ὁδῷ εἶναι καὶ ἐς τὴν Ἀρμενίαν ἐπείγεσθαι πυθόμενος ἀνέστρεψε κἀνταῦθα αὐτῷ περὶ Ζέλειαν συνέτυχεν. — — — Καὶ ἐκεῖνον μὲν (sc. Φαρνάκην) ἐκφυγόντα ἐπὶ τὴν θάλασσαν καὶ ἐς τὸν Βόσπορον μετὰ τοῦτο ἐαβιαζόμενον ὁ Ἀσανδρος εἶρξέ τε καὶ ἀπέκτεινε. — (48) Καὶ τῷ Μιθριδάτῃ τῷ Περγαμηνῷ τετραρχίαν τε ἐν Γαλατίᾳ καὶ βασιλείας ὄνομα ἔδωκε (sc. ὁ Καῖσαρ) πρός τε τὸν Ἀσανδρον πολεμῆσαι ἐπέτρεψεν, ὅπως καὶ τὸν Βόσπορον κρατήσας αὐτοῦ λάβῃ, ὅτι πονηρὸς ἐς τὸν φίλον ἐγίνετο. Cf. Cic. de div. II 37, 79. Phil. II 37, 94.

9 sqq. De Asandro cf. praeterea Lucian. macrob. 17. Cass. Dio. LIV 24.

176

Str. XI 2, 17 p. 498 Ὑπέρκειται δὲ τῶν λεχθέντων ποταμῶν (sc. τῆς Κολχίδος) ἐν τῇ Μοσχικῇ τὸ τῆς Λευκοθέας ἱερόν, Φρίξου ἵδρυμα, καὶ μαντεῖον ἐκείνου, ὅπου κριὸς οὐ θύεται, πλούσιόν ποτε ὑπάρξαν, συληθὲν δὲ ὑπὸ Φαρνάκου καθ' ἡμᾶς καὶ μικρὸν ὕστερον ὑπὸ Μιθριδάτου τοῦ Περγαμηνοῦ.

177

Str. XVII 3, 20 p. 836 Ἐκ ταύτης τῆς πόλεως (sc. τῆς Βερενίκης) τριακοσταῖος πεζῇ περιώδευσε τὴν Σύρτιν Μάρκος

1 Post ταύτης add. δὲ E

In singulis asscpius distat Plut. Cat. min. 56 Ἀψάμενος δὲ (sc. Μάρκος Κάτων) Λιβύης καὶ παραπλέων ἐντυγχάνει Σέξτῳ τῷ νεωτέρῳ τῶν Πομπηίου παίδων ἀγγέλλοντι τὴν ἐπ' Αἰγύπτου τοῦ πατρὸς τελευτήν. Πάντες μὲν οὖν βαρέως ἤνεγκαν, οὐδεὶς δὲ μετὰ Πομπήιον ἠξίου Κάτωνος παρόντος οὐδὲ ἀκούειν ἄλλον ἡγεμόνα. Διὸ καὶ Κάτων αἰδούμενος καὶ οἰκτείρων ἄνδρας ἀγαθοὺς καὶ πίστεως δεδωκότας πεῖραν ἐπὶ ξένης ἐρήμους καὶ ἀπόρους ἀπολιπεῖν ὑπέστη τε τὴν ἀρχὴν καὶ παρῆλθεν εἰς Κυρήνην· ἐδέξαντο γὰρ ἐκεῖνον ὀλίγαις ἡμέραις ἔμπροσθεν ἀποκλείσαντες Λαβιηνόν. Ἐνταῦθα πυνθανόμενος Σκηπίωνα τὸν Πομπηίου πενθερὸν ὑπὸ Ἰόβα τοῦ βασιλέως ἀνειλῆφθαι καὶ Οὔαρον Ἄττιον, ὃς ἦν ὑπὸ Πομπηίου

Κάτων (a. 48/7) κατάγων στρατιὰν πλειόνων ἢ μυρίων ἀνδρῶν [ὁ] εἰς μέρη διελὼν τῶν ὑδρείων χάριν· ὥδευσε δὲ πεζὸς b ἐν ἄμμῳ βαθείᾳ καὶ καύμασι.

3 τὴν στρατιὰν C ‖ 4 ὁ] ὃ F καὶ i, om. Xyl. recte

Λιβύης ἀποδεδειγμένος ἡγεμών, εἶναι σὺν αὐτοῖς μετὰ δυνάμεως ἐξώρμησε πεζῇ χειμῶνος ὥρᾳ πολλοὺς μὲν ὄνους ὕδωρ κομίζοντας συναγαγών, πολλὴν δὲ λείαν ἐλαύνων, ἔτι δὲ ἅρματα καὶ τοὺς καλουμένους Ψύλλοις ἐπαγόμενος — —. Ἡμέρας δὲ συνεχῶς ἑπτὰ τῆς πορείας γενομένης πρῶτος ἡγήσατο μήτε ἵππῳ μήτε ὑποζυγίῳ χρησάμενος. — — Ἐν δὲ Λιβύῃ διαγαγὼν ... τοῦ χειμῶνος ἐξήγαγε τὴν στρατιάν· ἦσαν δὲ μυρίων ὀλίγον ἀποδέοντες. Cf. Liv. per. 112. Vell. II 54. Lucan. Phars. IX 371 sqq.

178

a. Str. XVII 3, 12 p. 631 Εἶτ' ἄλλοι ἐπ' ἄλλοις συνέστησαν πόλεμοι, τελευταῖος δὲ ὁ πρὸς Σκιπίωνα Καίσαρι τῷ Θεῷ συστάς (a. 46), ἐν ᾧ καὶ Ἰούβας ἀπέθανε· συνηφανίσθησαν δὲ τοῖς ἡγεμόσι καὶ αἱ πόλεις, Τισιαοῦς τε καὶ Οὔαγα καὶ Θάλα, b ἔτι δὲ καὶ Κάψα, τὸ γαζοφυλάκιον τοῦ Ἰουγούρθα, καὶ Ζάμα καὶ Ζίγχα, καὶ πρὸς αἷς κατεπολέμησε Καῖσαρ Σκιπίωνα ὁ Θεός, πρὸς Ῥουσπίνῳ μὲν πρῶτον νικῶν, εἶτα πρὸς Οὐζίτοις, εἶτα πρὸς Θάψῳ καὶ τῇ πλησίον λίμνῃ καὶ ταῖς ἄλλαις· πλησίον δὲ καὶ Ζέλλα καὶ Ἀχόλλα, ἐλεύθεραι πόλεις· εἶλε δ' 10 ἐξ ἐφόδου Καῖσαρ τὴν ⟨Κέρκινναν⟩ νῆσον καὶ Θέναν, πολίχνην ἐπιθαλαττιδίαν. Τούτων πασῶν αἱ μὲν τελέως ἠφανί-

2 σκηπίωνα codd. exc. C ‖ 4 οὔατα codd : corr. Letronn, Οἴαγα Meln. ‖ 5 ζάμμα codd.: corr. Xyl ‖ 7 ῥουσπίνον codd : corr. Cor. ‖ 10 Κέρκινναν add. Cas.

In universum cf. Auct. bell. Afric. 1—96. Cass. Dio. XLII 56—XLIII 13. Plut. Caes. 52—54. Cat. min. 58. Zon. X 10 P I 459 A. App. b. c. II 95—100. Liv. per. 114. Flor. II 13, 64—72. Oros. VI 16, 3—5. Eutr. VI 23. Vell. II 55. Ps. Aur. 78, 8. Sueton. Caes. 35. 4 sqq. cf. fr. 30.

7 cf. Auct. b. Afr. 6 Castra posuit (Caesar) ad oppidum Ruspinam. Cf. c. 9. 11. 20. 28. 35 sq. Scipio apud Ruspinam vincitur: c. 37—40. Cass. Dio. XLII 56.

7 sq. cf. Auct. b. Afr. 41 Caesar instructa acie secundum infimas iugi radices propius munitiones accessit leniter. Iamque minus mille passuum ab oppido Uzitta, quod Scipio tenebat, aberant legiones Iulianae,

σθησαν, αἱ δ' ἡμίσπαστοι κατελείφθησαν· Φαράς δ' οἱ Σκιπίωνος ἱππεῖς ἐνέπρησαν.

b. Str. XVII 3, 9 p. 829 Τὴν δὲ χώραν (sc. τὴν Μασαισυλίων) μετὰ Σόφακα κατέσχε Μασανάσσης, εἶτα Μικίψας, ἔιτα καὶ οἱ ἐκεῖνον διαδεξάμενοι, καθ' ἡμᾶς δὲ Ἰούβας ὁ πατὴρ τοῦ νεωστὶ τελευτήσαντος Ἰούβα· κατέσπασται δὲ καὶ Ζάμα τὸ τούτου βασίλειον ὑπὸ Ῥωμαίων.

c. Str. XVII 3, 7 p. 828 Ἰούβας παρέλαβε τὴν ἀρχὴν (sc. τῆς Μαυρουσίας) — — υἱὸς δ' ἦν Ἰούβα τοῦ πρὸς Καίσαρα τὸν Θεὸν πολεμήσαντος μετὰ Σκιπίωνος.

12 Φαράς] Ταφρούραν coni. Muell. | 16 και om. xl | 21 σκηπίωνος codd. exc. Cʰ

cum Scipio veritus, ne oppidum amitteret, — — suppetias ire contendit etc. C. 51—53. 56—61. Cf. Cass. Dio. XLIII 4.

8 cf. Auct. b. Afr. 79—66 (79) Nocte progressus ad Thapsum (Caesar) — — castra ponit oppidumque eo die circummunire coepit. (80) Erat stagnum salinarium, inter quod et mare angustiae quaedam non amplius mille et D passus intererant: quas Scipio intrave et Thapsitanis auxilium ferre conabatur e. q. s. Cf. Cass. Dio. XLIII 7—9. Plut. Caes. 53. Cat. min. 58. Liv. per. 114. Flor. II 13, 68. Oros. VI 16, 3.

9 cf. Auct. b. Afr. 33. 43. 67 (33) Dum haec ad Ruspinam fiunt, legati ex Acilla, civitate libera et immuni, ad Caesarem veniunt seque paratos, quaecumque imperasset, et libenti animo facturos pollicentur.

10 cf. Auct. b. Afr. 8 C. Sallustium Crispum praetorem ad Cercinam insulam versus, quam adversarii tenebant, cum parte navium ire iubet (Caesar). 34 Cuius adventu C. Decimius quaestorius, qui ibi cum grandi familia praeerat praesidio commeatui, parvulum navigium nactus conscendit ac se fugae commendat. Sallustius interim praetor a Cercinitanis receptus magno numero frumenti invento naves onerarias — — complet atque in castra ad Caesarem mittit.

179

Str. III 4, 9 p. 160 Φασὶ δ' οἱ συγγραφεῖς ἐλθεῖν Καίσαρα ἐκ Ῥώμης ἑπτὰ καὶ εἴκοσιν ἡμέραις εἰς τὴν Ὀβούλκωνα

Cf. App. b. c. II 103 Ὁ δὲ Καῖσαρ ᾔει μὲν ἀπὸ Ῥώμης ἑπτὰ καὶ εἴκοσιν ἡμέραις βαρυτάτῳ στρατῷ μακροτάτην ὁδὸν ἐπελθών. Discrepant: Oros. VI 16, 6 Continuo in Hispanias contra Pompeios Pom-

καὶ τὸ στρατόπεδον τὸ ἐνταῦθα, ἡνίκα ἔμελλε συνάπτειν [εἰς] τὸν περὶ τὴν Μοῦνδαν πόλεμον (a. 46).

3 εἰς inclus. Cor. | 4 περὶ τὸν μούνδαιν codd., περὶ τὴν Μοίνδαν Kr.; corr. Mein.

pri filios profectus (Caesar) septimo decimo quam egressus ab urbe fuerat die Saguntum pervenit. Sueton. Caes. 56 *Novissimum* (sc. poema, quod inscribitur 'Iter', fecit Caesar), *dum ab urbe in Hispaniam ulteriorem quarto et vicensimo die pervenit.* — Praeterea cf. Auct. b. Hisp. 2. Cass. Dio. XLIII 32.

150

a. Str. III 2, 2 p. 141 *Μετὰ δὲ ταύτας Ἰτάλικα — — ἔτι δὲ ἐν αἷς οἱ Πομπηίου παῖδες κατεπολεμήθησαν* (a. 45), *Μοῦνδα καὶ Ἀτέγουα καὶ Οὔρσων καὶ Τοῦκκις καὶ Οὐλία καὶ † Αἴγουα· ἅπασαι δ' αὗται Κορδύβης οὐκ ἄπωθεν. Τρόπον δέ τινα μητρόπολις κατέστη τοῦ τόπου τούτου Μοῦνδα· διέχει δὲ Καρτηίας ἡ Μοῦνδα σταδίους χιλίους καὶ τετρακοσίους, εἰς ἣν ἔφυγεν ἡττηθεὶς ὁ Γναῖος· εἶτ' ἐκπλεύσας ἔνθεν καὶ ἐκβὰς*

3 μούνδα codd.: corr. Mein. his et infra | ἀτέγουα codd.: corr. Cas. | ἰουλία codd.: corr. Grosk. | 4 Αἴγουα oppidum nusquam alibi commemoratur, Ἔσγουπ vel Ἔσκουα scribendum esse susp. Cas. | ὁ ἑξακισχιλίους BC], ἑξήκοντα Palmer, τριάκοντα coni. Kr., sed of. Mueller in adn. crit. et in indice a. v. Munda

3 De pugna Mundensi cf. Auct. b. Hisp. 29-31. App. b. c. II 104 sq. Plut. Caes. 56. Zon. X 10 P I 489 C. Polyaen. VIII 23, 16. Cass. Dio. XLIII 36-39. Liv. per. 115. Oros. VI 16, 7 sq. Flor. II 13, 76-87. Eutr. VI 24. Vell. II 55. Ps. Aur. 78, 8. 84, 1. Frontin. II 6, 13. Sueton. Caes. 56. Plin. N. H. III 12. XXXVI 134.

3 De Ategua cf. Auct. b. Hisp. 6-19. Cass. Dio. XLIII 33 sq. Frontin. III 14, 1. Val. Max. IX 2, 4.

3 De Ulia cf. Auct. b. Hisp. 3 sq. Cass. Dio. XLIII 31 sq.

6 sqq. cf. App. b. c. II 105 *Πομπήιος δ' αὐτὸς* (sc. ὁ Γναῖος) *διέφυγε μὲν ἀπὸ τῆς ἥττης σὺν ἑκατὸν καὶ πεντήκοντα ἱππεῦσιν ἐπὶ Καρθαίας, ἔνθα αὐτῷ νεῶν στόλος ἦν· — — ὁρῶν δὲ καὶ τούτους ἀπογιγνώσκοντας ἑαυτῶν ἔδεισε περὶ ἐκδόσεως καὶ ἔφευγεν αὖθις ἐπιβαίνων σκάφους. Ἐμπλακέντα δ' αὐτοῦ τὸν πόδα καλῳδίῳ, κόπτων τις τὸ καλῴδιον ξιφιδίῳ, τὸν ταρσὸν ἔτεμεν ἀντὶ τοῦ καλῳδίου τοῦ ποδός· καὶ διαπλεύσας ἔς τι χωρίον ἐθεραπεύετο. Ζητούμενος δὲ κἀνταῦθα ἔφευγε διὰ δυσβάτου καὶ ἀκανθώδους ὁδοῦ τὸ τραῦμα περικεντούμενος, μέχρι*

εἴς τινα ὑπερκειμένην θαλάττης ὀρεινὴν διεφθάρη. Ὁ δ' ἀδελφὸς αὐτοῦ Σέξτος ἐκ Κορδύβης σωθεὶς καὶ μικρὸν ἐν τοῖς Ἴβηρσι πολεμήσας χρόνον ὕστερον Σικελίαν ἀπέστησεν. 10

b. Str. III 4, 10 p. 161 Ἰακκητανοὶ δ' εἰσίν, ἐν οἷς τότε μὲν Σερτώριος ἐπολέμει πρὸς Πομπήιον, ὕστερον δ' ὁ τοῦ Πομπηίου υἱὸς Σέξτος πρὸς τοὺς Καίσαρος στρατηγούς.

8 ἐκ codd.: corr. Mein. ‖ 12 δ' ὁ] δὲ codd.: corr. Cor.

κάμνων ὑπό τι δίνδρον ἐκαθέζετο καὶ τῶν ζητητῶν ἐπιπεσόντων οὐκ ἀγεννῶς αὑτοὺς ἀμυνόμενος κατεκόπη. Cf. Auct. b. Hisp. 32, 37—39. Cass. Dio. XLIII 40. Plut. Zon. Oros. Eutr. Flor. Vell. II. II. Cic. ad Att. XII 37.

8 sqq. cf. Caes. Dio. XLV 10 Ὡς γὰρ τότε ἀπὸ τῆς Κορδούβης ἔτυχε (sc. ὁ Σέξτος), τὸ μὲν πρῶτον ἐς Λακητανίαν ἐλθὼν ἐνταῦθα ἐκρύφθη· — — Ἔπειτα δέ, ἐπειδὴ ὅ τε Καῖσαρ ἐς τὴν Ἰταλίαν ἀπῇρε καὶ ἐν τῇ Βαιτικῇ στράτευμα οὐ πολὺ ὑπελείφθη, συνέστησαν πρὸς αὐτὸν καὶ ἐκεῖνοι καὶ οἱ ἐκ τῆς μάχης διασωθέντες, καὶ οὕτω μετ' αὐτῶν ἔς τε τὴν Βαιτικὴν — — αὖθις ἀφίκετο. App. b. c. II 122 Σέξτον τε Πομπήιον — — καλεῖν ἠξίουν (sc. Κάσσιός τε καὶ Βροῦτος a. 44) πολεμούμενον ἔτι πρὸς τῶν Καίσαρος στρατηγῶν ἐν Ἰβηρίᾳ. Cf. Ib. c. 105. III 4. Auct. b. Hisp. 32. Plut. Zon. Liv. Oros. Eutr. Flor. II. II. Cic. ad Att. XII 37.

181

Str. III 2, 1 p. 141 Μετὰ δὲ ταύτην (sc. τὴν Κόρδυβαν) καὶ τὴν τῶν Γαδιτανῶν ἡ μὲν Ἵσπαλις ἐπιφανής, καὶ αὐτὴ ἄποικος Ῥωμαίων· νυνὶ δὲ τὸ μὲν ἐμπόριον συμμένει, τῇ τιμῇ δὲ καὶ τῷ ἐποικῆσαι νεωστὶ τοὺς Καίσαρος στρατιώτας ἡ † Βαίτις ὑπερέχει, καίπερ οὐ συνοικουμένη λαμπρῶς. 5

2 αὕτη odd. ante Kr. ‖ 5 Βαῖτις) Baetis oppidum fluvio cognomine a nullo praeterea scriptore commemoratur neque est inter provinciae Baeticae colonias novem, quas novimus omnes. Accedit, quod ne in Epit. quidem, in qua urbes hoc loco recensitae ceterae omnes nominatim afferuntur, huc nomen invenitur. Quae vero de Baete oppido hic narrentur, ad ipsam Hispalim optime quadrare docuit Huebner in CIL vol. II p. 152 sq. Itaque aut Strabo ipse in errorem incidit aut locus corruptissimus est iudicandus. Coniecturarum a vv. dd. prolatarum nulla placet.

COMM. Hispalis colonia condita est a Caesare a. 45 post bellum Hispaniense et ab eodem nomen accepit Coloniae Iuliae Romulae: cf. Isidor. XV 1, 71 comp. cum Cass. Dione XLIII 39, 5. Huebner l. l.

192

Str. XII 3, 11 p. 546 *Νυνί δε και 'Ρωμαίων άποιχίαν δέδεκται* (sc. *ή Σινώπη*) *και μέρος τής πόλεως και τής χώρας εκείνων εστί.*

COMM. Sinopam colonia deducta est a Caesare a. 45, a quo dicta Colonia Iulia Caesarea Felix Sinope: cf. Marquardt 'Roem. Staatsverwaltung' I² p. 357 adn. 6 et 7 locique ab eo allati.

193

Str. XII 4, 3 p. 504 *Οί δ' Άπαμεΐς* (sc. *οί τής Φρυγίας*) *άποικίαν έδέξαντο 'Ρωμαίων.*

1 ἀπαμεῖς codd.: corr. Cor.

COMM. Apamea colonia a Caesare condita est, de tempore non constat: cf. Marquardt 'Roem. Staatsverwaltung' I² p. 357 adn. 2—5.

194

a. Str. VIII 6, 23 p. 361 *Πολύν δε χρόνον έρήμη μείνασα ή Κόρινθος άνελήφθη πάλιν υπό Καίσαρος του Θεού* (a. 44) *διά την εύφυΐαν εποίκους πέμψαντος τού απελευθερικού γένους πλείστους.*

5 b. Str. XVII 3, 15 p. 833 *Ήρημωμένης δ' ούν επί πολύν χρόνον τής Καρχηδόνος και σχεδόν τι τον αυτόν χρόνον, όνπερ και Κόρινθος, άνελήφθη πάλιν περί τούς αυτούς πως χρόνους υπό Καίσαρος του Θεού* (a. 44) *πέμψαντος εποίκους Ρωμαίων τούς προαιρουμένους και τών στρατιωτών τινας και νύν εί*
10 *τις άλλη καλώς οικείται τών έν Λιβύη πόλεων.*

10 *έν τή Λιβύη* codd. ante Kr.

Cf. Plut. Caes. 57 *Άνελάμβανε* (sc. *ό Καίσαρ*) *τον δήμον εστιάσεσι και σιτηρεσίοις, τό δε στρατιωτικόν άποικίαις, ών επιφανέσταται Καρχηδών και Κόρινθος ήσαν, αίς και πρότερον την άλωσιν και τότε την άνάληψιν άμα και κατά τόν αυτόν χρόνον άμφοτέροις γενέσθαι συνέτυχε.* Cf. Diod. XXXII fr. 27, 1 et 3. Cass. Dio. XLIII 50. Paus. II 1, 2. V 1, 1. App. Pun. 136. Solin. 27, 11.

COMM. De Corintho cf. Hertzberg 'Geschichte Griechenlands unter der Herrschaft der Roemer' I p. 461. — De Carthagine cf. Wilmanns in CIL VIII 1 p. 133.

185

Str. X 4, 9 p. 477 *Νῦν δὲ Κνωσσὸς καὶ 'Ρωμαίων ἀποικίαν ἔχει.*

COMM. Cnossum coloniam veri est simillimum conditam esse a Caesare: cf. Mommsen Res gest. div. Aug. p. 120 sq, Marquardt 'Roem. Staatsverwaltung' I* p. 178 adn. 3.

186

a. Str. VII 3, 11 p. 303/4 *Τῶν δὴ Γετῶν τὰ μὲν παλαιὰ ἀφείσθω, τὰ δ' εἰς ἡμᾶς ἤδη τοιαῦτα ὑπῆρξε. Βοιρεβίστας, ἀνὴρ Γέτης, ἐπιστὰς ἐπὶ τὴν τοῦ ἔθνους ἐπιστασίαν ἀνέλαβε κεκακωμένους τοὺς ἀνθρώπους ὑπὸ συχνῶν πολέμων καὶ τοσοῦτον ἐπῆρεν ἀσκήσει καὶ νήψει καὶ τῷ προσέχειν τοῖς προστάγμασιν, ὥστε ὀλίγων ἐτῶν μεγάλην ἀρχὴν κατεστήσατο καὶ τῶν ὁμόρων τοὺς πλείστους ὑπέταξε τοῖς Γέταις· ἤδη δὲ καὶ 'Ρωμαίοις φοβερὸς ἦν διαβαίνων ἀδεῶς τὸν Ἴστρον καὶ τὴν Θρᾴκην λεηλατῶν μέχρι Μακεδονίας καὶ τῆς Ἰλλυρίδος τούς τε Κελτοὺς τοὺς ἀναμεμιγμένους τοῖς τε Θρᾳξὶ καὶ τοῖς Ἰλλυριοῖς ἐξεπόρθησε, Βοίους δὲ καὶ ἄρδην ἠφάνισε τοὺς ὑπὸ Κριτασίρῳ καὶ Ταυρίσκοις. Πρὸς δὲ τὴν εὐπείθειαν τοῦ ἔθνους συναγωνιστὴν ἔσχε Δεκαίνεον, ἄνδρα γόητα, [καὶ] πεπλανημένον κατὰ τὴν Αἴγυπτον καὶ προσημασίας ἐκμεμαθηκότα τινάς, δι' ὧν ὑπεκρίνετο τὰ θεῖα· καὶ δι' ὀλίγου καθίστατο θεός, καθάπερ ἔφαμεν περὶ τοῦ Ζαμόλξεως διηγούμενοι. Τῆς δ' εὐπειθείας σημεῖον· ἐπείσθησαν γὰρ ἐκκόψαι τὴν ἄμπελον καὶ ζῆν οἴνου χωρίς. Ὁ μὲν οὖν Βοιρεβίστας ἔφθη καταλυθεὶς ἐπαναστάντων αὐτῷ τινων, πρὶν ἢ 'Ρωμαίους στεῖλαι στρατείαν ἐπ' αὐτόν.*

b. Str. VII 3, 5 p. 297/8 *Λέγεται γάρ τινα τῶν Γετῶν,*

5 προστάγμασιν] πράγμασιν BCl | 10 Post Κελτοὺς add. καὶ A | 12 εὐπορίαν codd., sed εὐπείθειαν add. in mg. i | 13 καὶ inclus. Cor. | 15 ὑπεκρίνατο BC (?) | 16 Ζαμόλξιος Cor. | 20 στρατιὰν Cor.

2 sqq. cf. Pomp. Trog. prol. 32 *Incrementa Dacorum per Burobustan regem.* Iordan. Get. 11, 67 *Dehinc regnante in Gothis Sitalco Boroista Dicenens venit in Gothiam, quo tempore Sylla potitus est principatu: quem Dicenenm suscipiens Boroista dedit ei paene regiam pote-*

ὄνομα Ζάμολξιν, δουλεῦσαι Πυθαγόρᾳ καί τινα τῶν οὐρανίων παρ' ἐκείνου μαθεῖν, τὰ δὲ καὶ παρ' Αἰγυπτίων, πλανηθέντα καὶ μέχρι δεῦρο· ἐπανελθόντα δ' εἰς τὴν οἰκείαν σπουδασθῆ-
25 ναι παρὰ τοῖς ἡγεμόσι καὶ τῷ ἔθνει προλέγοντα τὰς ἐπισημασίας· τελευτῶντα δὲ πεῖσαι τὸν βασιλέα κοινωνὸν τῆς ἀρχῆς αὐτὸν λαβεῖν ὡς τὰ παρὰ τῶν θεῶν ἐξαγγέλλειν ἱκανόν· καὶ κατ' ἀρχὰς μὲν ἱερέα κατασταθῆναι τοῦ μάλιστα τιμωμένου παρ' αὐτοῖς θεοῦ, μετὰ ταῦτα δὲ καὶ θεὸν προσαγορευθῆναι
30 καὶ καταλαβόντα ἀντρῶδές τι χωρίον ἄβατον τοῖς ἄλλοις ἐνταῦθα διαιτᾶσθαι σπάνιον ἐντυγχάνοντα τοῖς ἐκτὸς πλὴν τοῦ βασιλέως καὶ τῶν θεραπόντων· συμπράττειν δὲ τὸν βασιλέα ὁρῶντα τοὺς ἀνθρώπους προσέχοντας ἑαυτῷ πολὺ πλέον ἢ πρότερον ὡς ἐκφέροντι τὰ προστάγματα κατὰ συμ-
35 βουλὴν θεῶν. Τουτὶ δὲ τὸ ἔθος διέτεινεν ἄχρι καὶ εἰς ἡμᾶς ἀεί τινος εὑρισκομένου τοιούτου τὸ ἦθος, ὃς τῷ μὲν βασιλεῖ σύμβουλος ὑπῆρχε, παρὰ δὲ τοῖς Γέταις ὠνομάζετο Θεός· καὶ τὸ ὄρος ὑπελήφθη ἱερόν, καὶ προσαγορεύουσιν οὕτως· ὄνομα δ' αὐτῷ Κωγαῖονον ὁμώνυμον τῷ παραρρέοντι ποταμῷ. Καὶ
40 δὴ ὅτε Βυρεβίστας ἦρχε τῶν Γετῶν, ἐφ' ὃν ἤδη παρεσκευάσατο Καῖσαρ ὁ Θεὸς στρατεύειν (a. 44), Δεκαίνεος εἶχε ταύτην τὴν τιμήν.

c. Str. XVI 2, 39 p. 762 Καὶ διὰ τοῦτο καὶ οἱ μάντεις ἐτιμῶντο, ὥστε καὶ βασιλείας ἀξιοῦσθαι, ὡς τὰ παρὰ τῶν
45 θεῶν ἡμῖν ἐκφέροντες παραγγέλματα καὶ ἐπανορθώματα καὶ ζῶντες καὶ ἀποθανόντες· καθάπερ καὶ ὁ Τειρεσίας — — καὶ ὁ παρὰ τοῖς Γέταις Θεός, τὸ μὲν παλαιὸν Ζάμολξις, Πυθαγόρειός τις, καθ' ἡμᾶς δὲ ὁ τῷ Βυρεβίστᾳ θεσπίζων Δεκαίνεος.

50 d. Str. VII 5, 2 p. 313 Μέρος μὲν δή τι τῆς χώρας ταύτης ἠρήμωσαν οἱ Δακοὶ καταπολεμήσαντες Βοΐους καὶ Ταυρίσκους, ἔθνη Κελτικὰ τὰ ὑπὸ Κριτασίρῳ, φάσκοντες εἶναι

23 ἐκείνῳ ΔΗ | 35 τοῦτο Xyl. | 36 τοιούτου παρ' αὐτοῖς Pleth. | 38 ὑπελείφθη codd. | 40 Βυρεβίστας Cor. hic et v. 49 sicut v. 2 | 51 Δάκοι BCl et sic semper | 52 ἐκριτοσείρῳ ABl κριτοσίρῳ B (ex corr.) C: corr. Tzsch. | φάσκοντες Al φάσκοντι Bo

statem. (Quae de regis temporibus tradit, haud recta sunt: cf. Mommsen Res gest. div. Aug. p. 129 sq.)

τὴν χώραν σφετέραν, καίπερ ποταμοῦ διείργοντος τοῦ Παρίσου ῥέοντος ἀπὸ τῶν ὀρῶν ἐπὶ τὸν Ἴστρον κατὰ τοὺς Σκορδίσκους καλουμένους Γαλάτας· καὶ γὰρ οὗτοι τοῖς Ἰλλυρικοῖς 55 ἔθνεσι καὶ τοῖς Θρακίοις ἀναμὶξ ᾤκησαν· ἀλλ' ἐκείνους μὲν οἱ Δακοὶ κατέλυσαν, τούτοις δὲ καὶ συμμάχοις ἐχρήσαντο πολλάκις.

e. Str. V 1, 6 p. 213 *Μεταστάντες δ' εἰς τοὺς περὶ τὸν Ἴστρον τόπους* (sc. οἱ Βόιοι) *μετὰ Ταυρίσκων ᾤκουν πολε-* 60 *μοῦντες πρὸς Δακούς, ἕως ἀπώλοντο πανεθνεί.*

f. Str. VII 3, 13 p. 305 *Αὐξηθέντες δ' οὖν ἐπὶ πλεῖστον οἵ τε Γέται οἵ τε Δακοί, ὥστε καὶ εἴκοσι μυριάδας ἐκπέμπειν στρατιᾶς κτλ.*

53 Μαρίσου Cas., Μάργου s. Μάρτον Grosk., Παθίσου s. Παρθίσου Muell. | 63/4 μυριάδων — στρατειάν no μυριάδας — στρατείας codd. rell., üs ante στρατείας excidisse susp. Kr., εἰκοσιμυριάδας — στρατείας Mein., στρατιᾶς scripsi cum Cas.: cf. V 1, 7 p. 213

40 sq. cf. Sueton. Caes. 44 *Dacos, qui se in Pontum et Thraciam effuderant, coercere: mox Parthis inferre bellum — — talia agentem atque meditantem (Caesarem) mors praevenit.* Cf. eund. Div. Aug. 4. Liv. per. 117. Vell. II 59. App. b. c. II 110. III 25. 32. Illyr. 13.

COMM. De Burebistae aetate cf. Muellenhoff in Erschil et Gruberi encycl. I 64 p. 459, Zippel 'Die roemische Herrschaft in Illyrien bis auf August' (Lips. 1876) p 217 sqq., Mommsen Res gest. div. Aug. p. 129 sq. De Zamolxi cf. Rhoussopoulos 'De Zamolxide', diss. Gotting. 1852.

*167

Plut. Caes. 63 (Mueller FHG III p. 494 fr. 14) Στράβων δὲ ὁ φιλόσοφος ἱστορεῖ (sc. de prodigiis Caesaris necem portendentibus a. 44) πολλοὺς μὲν ἀνθρώπους διαπύρους ἐπιφερομένους φανῆναι, στρατιώτου δὲ ἀνδρὸς οἰκέτην ἐκ τῆς χειρὸς ἐκβαλεῖν πολλὴν φλόγα καὶ δοκεῖν καίεσθαι τοῖς ὁρῶσιν, ὡς 5 δὲ ἐπαύσατο, μηδὲν ἔχειν κακὸν τὸν ἄνθρωπον· αὐτῷ δὲ Καί-

3 ἀνθρώπων lect. Valcoliian. (V) | διαπύρους ἀνθρώπους Parisin. C | 4 τῆς om. Paris. C Monac. M | 6 κακὸν ἔχειν Paris. C

6 sqq. cf. App. b. c. II 116 *Τῶν ἱερῶν ἦν τῷ Καίσαρι τὸ μὲν πρῶτον ἄνευ καρδίας, ἢ ὡς ἕτεροι λέγουσιν, ἡ κεφαλὴ τοῖς σπλάγχνοις ἔλειπεν. Καὶ τοῦ μάντεως εἰπόντος θανάτου τὸ σημεῖον εἶναι γελάσας ἔφη*

σαρι θύοντι τὴν καρδίαν ἀφανῆ γενέσθαι τοῦ ἱερείου καὶ δεινὸν εἶναι τὸ τέρας· οὐ γὰρ ἂν φύσει γε συστῆναι ζῷον ἀκάρδιον.

8 *εἶναι* iniuria suspectum nonnullis.

τοιοῦτον αὐτῷ καὶ περὶ Ἰβηρίαν γενέσθαι. — Itaiiqui scriptores omnes hoc prodigium alio tempore ac loco narrant: cf. Cic. de div. I 52, 119. II 16, 36 sq. Obseq. 67. Val. Max. I 6, 13. Sueton. Caes. 77. Plin. N. H. XI 186.

188

Str. XIV 2, 15 p. 656 *Ἄνδρες δ' ἀξιόλογοι Κνίδιοι πρῶτον μὲν Εὔδοξος — — καθ' ἡμᾶς δὲ Θεόπομπος ὁ Καίσαρος τοῦ Θεοῦ φίλος τῶν μέγα δυναμένων καὶ υἱὸς Ἀρτεμίδωρος.*

3 *μεγάλα* codd.: corr. Cor.

2 sq. cf. Plut. Caes. 48 *Ἁψάμενος δὲ* (sc. *ὁ Καῖσαρ*) *τῆς Ἀσίας* (a. 47) *Κνιδίους τε Θεοπόμπῳ τῷ συναγαγόντι τοὺς μύθους χαριζόμενος ἠλευθέρωσε.* Cic. ad Att. XIII 7.
3 cf. App. b. c. II 116 *Ὁ δ' ἐν Κνίδῳ γεγονὼς αὐτῷ ξένος Ἀρτεμίδωρος ἐς τὸ βουλευτήριον ἐσδραμὼν ηὗρεν ἄρτι ἀναιρούμενον* (sc. *τὸν Καίσαρα* a. 44). Plut. Caes. 65. Zon. X 11 P I 491 B.

189

Str. XII 5, 1 p. 567 *Πάλαι μὲν οὖν ἦν τοιαύτη τις ἡ διάταξις* (sc. *τῆς Γαλατίας* v. fr. 131), *καθ' ἡμᾶς δὲ εἰς τρεῖς* (a. 63/2), *εἶτ' εἰς δύο ἡγεμόνας* (a. 47), *εἶτα εἰς ἕνα ἧκεν ἡ δυναστεία εἰς Δηιόταρον* (a. 44).

COMM. Tribus tetrarchis Galatia data est a Pompeio a. 63/2 (cf. fr. 131), ad duos venit a. 47 per Caesarem, nimirum ad Deiotarum et ad Mithridatem Pergamenum (cf. fr. 175), ad unum denique Deiotarum totum regnum pervenit post Caesaris mortem a. 44, quem in testamento totam Galatiam Deiotaro tribuisse Antonius a rege pecunia corruptus asseverabat (cf. Cic. ad Att. XIV 12, 1. Phil. II 37, 93 – 95). — De his rebus disseruerunt Niese in mus. Rhen. vol. XXXVIII p. 583 sqq. et Judeich 'Caesar im Orient' p. 150 sqq., qui Niesii sententiam ex parte correxit: cf. etiam van Gelder 'Galatarum res' p. 284 adn. 3. 285 sqq., Fabricius 'Theophanes u. Q. Dellius' p. 72.

190

Str. XII 5, 3 p. 568 *Γορβεοῦς, τὸ τοῦ Κάστορος βασίλειον τοῦ Σαωκονδαρίου, ἐν ᾧ γαμβρὸν ὄντα τοῦτον ἀπέσφαξε Δηιόταρος καὶ τὴν θυγατέρα τὴν ἑαυτοῦ· τὸ δὲ φρούριον κατέσπασε καὶ διελυμήνατο τὸ πλεῖστον τῆς κατοικίας.*

2 *Σαωκονδόρου* Palmer, *Ταρκονδαρίου* susp. Muell.: cf. Niese in mus. Rhen. vol. XXXVIII p. 586 adn. 3

Cf. Suid. s. v. *Κάστωρ*: — — *Γήμας δὲ οὗτος Δηιοτάρου τοῦ συγκλητικοῦ θυγατέρα ἀνῃρέθη ὑπ᾽ αὐτοῦ ἅμα τῇ γαμετῇ, διότι αὐτὸν Καίσαρι διέβαλεν.* Cf. Plut. de Stoicor. repugnant. 32 p. 1049 C. Cic. pro Deiot. 11, 30.

COMM. Castor a Deiotaro interfectus est non a. 46/7, ut statuit Niesius in mus. Rhen. vol. XXXVIII p. 591, sed aliquanto post, certe inter annos 47 et 40: cf. Judeich 'Caesar im Orient' p. 153.

191

Str. XVI 2, 10 p. 752/3 *Βάσσος τε Καικίλιος μετὰ δυεῖν ταγμάτων ἀποστήσας τὴν Ἀπάμειαν διεκαρτέρησε τοσοῦτον χρόνον πολιορκούμενος ὑπὸ δυεῖν στρατοπέδων μεγάλων Ῥωμαϊκῶν, ὥστ᾽ οὐ πρότερον εἰς τὴν ἐξουσίαν ἧκε, πρὶν ἑκὼν ἐνεχείρισεν ἑαυτὸν ἐφ᾽ οἷς ἐβεβούλητο* (s. 44)· *καὶ γὰρ τὴν στρατιὰν ἀπέτρεφεν ἡ χώρα καὶ συμμάχων εὐπόρει τῶν πλησίον φυλάρχων ἐχόντων εὐερκῆ χωρία· ὧν ἐστι καὶ ἡ Λυσιὰς ὑπὲρ τῆς λίμνης κειμένη τῆς πρὸς Ἀπαμείᾳ καὶ Ἀρέθουσα ἡ Σαμψικεράμου καὶ Ἰαμβλίχου, τοῦ ἐκείνου παιδός, φυλάρχων*

1 τε] *δὲ* codd.: corr. Cor. | *καὶ κίλιος* π *κακίλιος* codd. rell. | 6 *πυπόρει* Cmoxz | 8 *ἀρεθούσῃ* codd. exc. E | 9 Ante ἡ add. *καὶ* moxz

1 sqq. cf. App. b. c. III 77 sq. *Στάτιον Μούρκον οἶδε* (sc. οἱ περὶ Καικίλιον Βάσσον) *μετὰ τριῶν τελῶν ἐπιπεμφθέντα σφίσιν ὑπὸ τοῦ Καίσαρος ἐγκρατῶς ἀπεμάχοντο. Ἕως ὁ Μοῦρκος ἐπεκαλεῖτο Μάρκιον Κρίσπον ἡγούμενον Βιθυνίας, καὶ ἀφίκετο αὐτῷ βοηθῶν ὁ Κρίσπος τέλεσιν ἄλλοις τρισίν. Ὡς δὲ ὑπὸ τούτων ἐπολιορκοῦντο, ὁ Κάσσιος σὺν ἐπείξει καταλαβὼν τά τε τοῦ Βάσσου δύο τέλη παρελάμβανεν αὐτίκα καὶ τὰ τῶν πολιορκούντων αὐτὸν ἓξ φιλίᾳ τε παραδόντων καὶ ὡς ἀνθυπάτῳ κατηνόων γενομένων.* lb. IV 58 sq. Cass. Dio. XLVII 27 sq. *Ἀποθανόντος δὲ ἐκείνου* (sc. τοῦ Σέξτου) *τό τε στράτευμα πᾶν πλὴν ὀλίγων προσηταιρίσατο* (sc. ὁ Καικίλιος Βάσσος) — — *καὶ ἐς τὴν Συ-*

10 τοῦ Ἐμισηνῶν ἔθνους· οὐ πόρρω δ' οὐδ' Ἡλιούπολις καὶ Χαλκὶς ἡ ὑπὸ Πτολεμαίῳ τῷ Μενναίου τῷ τὸν Μασσύαν κατέχοντι καὶ τὴν Ἰτουραίων ὀρεινήν. Τῶν δὲ συμμαχούντων τῷ Βάσσῳ ἦν καὶ Ἀλχαίδαμνος ὁ τῶν Ῥαμβαίων βασιλεὺς τῶν ἐντὸς τοῦ Εὐφράτου νομάδων· ἦν δὲ φίλος Ῥωμαίων,
15 ἀδικεῖσθαι δὲ νομίσας ὑπὸ τῶν ἡγεμόνων ἐκπεσὼν εἰς τὴν Μεσοποταμίαν ἐμισθοφόρει τότε τῷ Βάσσῳ.

12 τὴν] τῶν Cmoll τὴν τῶν Cor.

ρίαν ἐπανελθὼν στρατηγός τε ὠνομάσθη καὶ τὴν Ἀπάμειαν ἐκρατύνατο, ὅπως ὁρμητήριόν οἱ τοῦ πολέμου γένηται. Τὴν τε ἡλικίαν οὐχ ὅτι τὴν ἐλευθέραν, ἀλλὰ καὶ τὴν τῶν δούλων κατέλεγε καὶ χρήματα ἤθροιζε καὶ ὅπλα κατεσκευάζετο. Πράσσοντα δὲ αὐτὸν ταῦτα Γάιός τις Ἀντίστιος ἐς πολιορκίαν κατέκλεισε. Καὶ μετὰ τοῦτο ἀγχώμαλα ἀγωνιζόμενοι καὶ μηδέτεροι ἰσχυρόν τι παραβαλεῖν δυνάμενοι ἀσπόνδῳ διοκαχῇ πρὸς συμμάχων ἐπαγωγὴν διελύθησαν. Καὶ Ἀντιστίῳ μὲν ἔκ τε τῶν περιχώρων οἱ τὰ τοῦ Καίσαρος φρονοῦντες καὶ ἐκ τῆς Ῥώμης στρατιῶται ὑπ' αὐτοῦ πεμφθέντες προσεγένοντο, τῷ δὲ δὴ Βάσσῳ ὁ Ἀλχανδόνιος ὁ Ἀράβιος· οὗτος γὰρ τῷ τε Ἰουπούλλῳ πρότερον — — ὁμολογήσας (cf. XXXVI 4) καὶ τοῖς Πάρθοις μετὰ τοῦτο κατὰ τοῦ Κράσσου συναράμενος τότε παρεκλήθη μὲν ὑπ' ἀμφοτέρων, ἐλθὼν δὲ ἐς τὸ μέσον τῆς τε πόλεως καὶ τῶν στρατοπέδων πρίν τι ἀποκρίνασθαί σφισι τήν τε συμμαχίαν ἀπεκήρυξε καί, ἐπειδὴ ὁ Βάσσος ὑπερέβαλε τοῖς χρήμασιν, ἐπεκούρησέ τε αὐτῷ καὶ ἐν τῇ μάχῃ πολὺ τοῖς τοξεύμασιν ἐπεκράτησεν. — — Καὶ ὁ μὲν δυνηθείς τινα χρόνον ἔπειτα ὑπό τε Μάρκου Κρίσπου καὶ ὑπὸ Λουκίου Στατίου Μούρκου αὖθις κατείρχθη. — Τοιούτων δὲ δὴ τῶν πραγμάτων αὐτοῖς ὄντων ὁ Κάσσιος ἐπελθὼν τάς τε πόλεις πάσας εὐθὺς — — ᾠκειώσατο καὶ τὰ στρατόπεδα τά τε τοῦ Βάσσου καὶ τὰ τῶν ἑτέρων οὐδὲν ἐπιπονήσας προσέθετο. Cf. Ios. A. I. XIV 11, 1 sq. B. I. I 10, 10. 11, 1. Liv. per. 114. 121. Vell. II 69. Cic. ad fam. XII 11, 1. 12, 3 saepius.

9 De Sampsicerano cf. Strab. XVI 2, 11 p. 753. Diod. XL fr. 1^b. Cic. ad Att. II 14, 1. 16, 2. 17, 2. 23, 3, et de Iamblicho Ios. A. I. XIV 8, 1. B. I. I 9, 3. Cass. Dio. L 13. Cic. ad fam. XV 1, 2. — Marquardt 'Roem. Staatsverwaltung' I* p. 403.
11 De Ptolemaeo Mennaei cf. fr. 120.

192

Str. XIV 1, 37 p. 646 Ἐνταῦθα (sc. ἐν τῇ Σμύρνῃ) Δολο-

Cf. App. b. c. III 26 Καὶ Τρεβώνιος ὁ τῆς Ἀσίας ἡγούμενος — — Δολοβέλλαν ἐλθόντα οὐκ ἐδέχετο οὔτε Περγάμῳ οὔτε Σμύρνῃ, ἀλλὰ

βέλλας Τρεβώνιον ἐκπολιορκήσας ἀνεῖλεν ἕνα τῶν δολοφονησάντων Καίσαρα τὸν Θεὸν καὶ τῆς πόλεως παρέλυσε πολλὰ μέρη (a. 43).

μόνην ἀγορὰν ἔξω τείχους ὡς ὑπάτῳ προυτίθει. Ἐπιχειροῦντος δ' ἐκείνου σὺν ὀργῇ τοῖς τείχεσι καὶ οὐδὲν ἀνύοντος ὁ Τρεβώνιος αὐτὸν [γη δίξεσθαι Ἐφέσῳ καὶ ἐς τὴν Ἔφεσον εὐθὺς ἀπιόντι τοὺς ἐφεψομένοις ἐκ διαστήματος ἔπεμπεν, οἳ νυκτὸς ἐπιγενομένης ἀπιόντα τὸν Δολοβέλλαν ὁρῶντες καὶ οὐδὲν ἔτι ἐπονοοῦντες ὀλίγους σφῶν ὑπολιπόντες ἕπεσθαι αὐτῷ ἐς τὴν Σμύρναν ἐπανῆλθον. Καὶ τοὺς ὀλίγους ὁ Δολοβέλλας ἐνεδρεύσας τε καὶ περιλαβὼν ἔκτεινε καὶ ἦλθε τῆς αὐτῆς ἔτι νυκτὸς ἐς Σμύρναν καὶ αὐτὴν ἀφύλακτον εὑρὼν εἷλε διὰ κλιμάκων. Τρεβώνιος δὲ τοῖς συλλαμβάνουσιν αὐτὸν ἔτι εὐναζόμενον ἡγεῖσθαι πρὸς Δολοβέλλαν ἐκέλευεν. — — Καί τις τῶν λοχαγῶν αὐτὸν ἐπισκώπτων ἠμείψατο· Ἴθι σὺ δεῦρο τὴν κεφαλὴν καταλιπών· ἡμῖν γὰρ οὐ σὲ ἀλλὰ τὴν κεφαλὴν ἄγειν προστέτακται. Καὶ τόδε εἰπὼν εὐθὺς ἀπέτεμε τὴν κεφαλήν. — — Καὶ πρῶτος ὅδε τῶν φονέων (sc. τῶν Καίσαρος) δίκην τήνδε ἐδεδώκει. Cf. lb. c. 98. IV 1. 59. 60. Cass. Dio. XLVII 29. Liv. per. 119. Vell. II 69. Oros. VI 15, 6. Cic. Phil. XI c. 2—4. XII 10, 25. XIII 10, 22 sq. 18, 37 sqq. ad fam. XII 12, 1. 14, 5. 15, 4.

193

Str. XVI 2, 9 p. 752 Ἐλύπησε δ' οὐ μετρίως Δολαβέλλας καταφυγὼν εἰς αὐτὴν (sc. τὴν Λαοδίκειαν) καὶ ἐμπολιορκηθεὶς

1 δολοβέλλας που δολοβίλλας κ

Cf. App. b. c. IV 60—62 (60) Πυθόμενος δὲ (sc. ὁ Δολοβέλλας) τῆς Κασσίου στρατιᾶς ἐς Λαοδίκειαν οἰκείως ἐχούσαν οἱ παρῆλθεν ἐπί τε χερρονήσου συνῳκισμένην καὶ τὰ ἐκ τῆς γῆς ὠχυρωμένην καὶ ἐς τὸ πέλαγος ἔχουσαν ὅρμον. — — Ὧν αἰσθανόμενος ὁ Κάσσιος καὶ δεδιώς, μὴ αὐτὸν ὁ Δολοβέλλας διαφύγοι, τόν τε ἰσθμὸν ἔχου διστάδιον ὄντα λίθοις καὶ πᾶσαν ὕλην ἐξ ἐπαύλεων καὶ προαστείων καὶ τάφων συμφέρων καὶ ἐπὶ ναῦς περιέπεμπεν. — — (61) Ὑπερορώμενος δὲ ὑπὸ τῶν ἄλλων πλὴν Σιδωνίων ἐπανήχθη τῷ Δολοβέλλᾳ, καὶ κατέδυσαν μὲν ἑκατέρου νῆες ἴκαναί, πέντε δὲ αὐτοῖς ἀνδράσιν εἷλεν ὁ Δολοβέλλας. — — (62) Ἑτοιμασάμενος οὖν ὁ Κάσσιος αὖθις ἐκ τῶν παρόντων ἐπανήγετο ὡς τῷ Δολοβέλλᾳ· καὶ τὸ μὲν πρῶτον ἀγχώμαλοι διεκρίθησαν ἀπ' ἀλλήλων, τῇ δὲ ἑξῆς ναυμαχίᾳ ἡσσᾶτο ὁ Δολοβέλλας, καὶ ὁ Κάσσιος αἱρομένου τοῦ χώματος ἔκοπτεν αὐτοῦ τὸ τεῖχος ἤδη καὶ ἐσάλευεν. Τόν τε νυκτοφύλακα αὐτοῦ Μάρσον οὐ δυνηθεὶς διαφθεῖραι διέφθειρε τοὺς ἡμεροφυλακοῦντας αὐτῷ λοχαγοὺς καὶ ἀναπαυομένου τοῦ Μάρσου μεθ' ἡμέραν

ὑπὸ Κασσίου μέχρι θανάτου συνδιαφθείρας ἑαυτῷ καὶ τῆς πόλεως πολλὰ μέρη (a. 43).

ἐσῆλθεν ὑπανοιχθεισῶν αὐτῷ πυλίδων κατὰ μέρη πολλῶν. Ἁλούσης δὲ τῆς πόλεως ὁ μὲν Δολοβέλλας προὔτεινε τὴν κεφαλὴν τῷ σωματοφύλακι αὑτοῦ καὶ τεμόντα προσέταξε φέρειν Κασσίῳ σώατρον ἴδιον· ὁ δὲ τεμὼν ἐπικατέσφαξεν ἑαυτόν. — — Ὁ δὲ Κάσσιος τὴν μὲν τοῦ Δολοβέλλα στρατιὰν ἐς ἑαυτὸν μεθώρκου, Λαοδικέων δὲ τά τε ἱερὰ καὶ τὰ κοινὰ ἐσύλα καὶ τοὺς ἐπιφανεῖς ἐκόλαζε καὶ τοὺς λοιποὺς ἐσφοραῖς βαρυτάταις ἐξέτρυχε, μέχρι τὴν πόλιν περιήνεγκεν ἐς ἔσχατον κακοῦ. Cf. c. 52. III 78. V 1. Cass. Dio. XLVII 30. Zon. X 16 P I 504 B. Liv. per. 121. Vell. II 69. Oros. VI 18, 13. Cic. ad fam. XIII 13, 4. XII 14, 4. 16, 7. Gell. N. A. III 9, 4.

194

Str. IV 5, 7 p. 205 *Μέχρι μὲν δὴ τῶν νεωστὶ χρόνων τοτὲ μὲν πολεμούμενοι, τοτὲ δὲ καταλυόμενοι τὸν πρὸς τοὺς Ῥωμαίους πόλεμον ἴσχυον ὅμως* (sc. *οἱ Σαλασσοί*) *καὶ πολλὰ κατέβλαπτον τοὺς δι' αὐτῶν ὑπερβάλλοντας τὰ ὄρη κατὰ τὸ* 5 *λῃστρικὸν ἔθος· οἵ γε καὶ Δέκιμον Βροῦτον φυγόντα ἐκ Μουτίνης ἐπράξαντο δραχμὴν κατ' ἄνδρα* (a. 43).

5 φεύγοντα Cor.

5 De Decimi Bruti fuga cf. App. b. c. III 97 sq. Cass. Dio. XLVI 53. Plut. Ant. 18. Liv. per. 120. Oros. VI 15, 7. Vell. II 64.

195

Str. IV 3, 2 p. 192 *Αὐτὸ μὲν δὴ τὸ Λούγδουνον ἐκτισμένον ὑπὸ λόφῳ κατὰ τὴν συμβολὴν τοῦ τε Ἄραρος τοῦ ποταμοῦ καὶ τοῦ Ῥοδανοῦ κατέχουσι Ῥωμαῖοι. Εὐανδρεῖ δὲ μάλιστα τῶν ἄλλων πλὴν Νάρβωνος· καὶ γὰρ ἐμπορίῳ χρῶνται*

2 ὑπὸ] ἐπὶ Cor. | 4 ἐμπορίῳ ABl

Cf. Cass. Dio. XLVI 50 Ἐκέλευσαν (sc. οἱ βουλευταὶ) αὐτοῖς (sc. τῷ τε Λεπίδῳ καὶ τῷ Πλάγκῳ) τοὺς ἐκ Οὐιέννης τῆς Ναρβωνησίας ὑπὸ τῶν Ἀλλοβρίγων ποτὲ ἐκπεσόντας καὶ ἐς τὸ μεταξὺ τοῦ τε Ῥοδανοῦ καὶ τοῦ Ἀράριδος, ᾗ συμμίγνυνται ἀλλήλοις, ἱδρυθέντας συνοικίσαι. Καὶ οὕτως ἐκεῖνοι ὑπομείναντες τὸ Λουγούδουνον μὲν ὀνομασθέν, νῦν δὲ Λούγδουνον καλούμενον ἔκτισαν (a. 43). Cf. Senec. ep. XIV 3, 14 (91).

καὶ τὸ νόμισμα χαράττουσιν ἐνταῦθα τό τε ἀργυροῦν καὶ τὸ 5
χρυσοῦν οἱ τῶν Ῥωμαίων ἡγεμόνες.

COMM. De Lugduno Romanorum colonia cf. Zumpt comm. epigr.
I p. 371 sq. et de officina monetaria ibi constituta cf. Mommsen 'Geschichte des roem. Muenzwesens' p. 655. 747 adn. 23.

196

Str. III 5, 3 p. 169 Πόλιν δὲ κατ' ἀρχὰς μὲν ᾤκουν (sc.
οἱ Γαδιτανοί) παντάπασι μικράν, προσέκτισε δ' αὐτοῖς Βάλβος
Γαδιτανὸς ὁ θριαμβεύσας ἄλλην, ἣν Νέαν καλοῦσι, τὴν δ' ἐξ
ἀμφοῖν Διδύμην οὐ πλειόνων εἴκοσι σταδίων οὖσαν τὴν περίμετρον
οὐδὲ ταύτην στενοχωρουμένην· ὀλίγοι γὰρ οἰκουροῦσιν 5
ἐν αὐτῇ διὰ τὸ πάντας θαλαττεύειν τὸ πλέον, τοὺς δὲ καὶ
τὴν περαίαν οἰκεῖν, καὶ μάλιστα τὴν ἐπὶ τῆς προκειμένης
νησῖδος διὰ τὴν εὐφυΐαν, ἣν ὥσπερ ἀντίπολιν πεποιήκασι τῇ
Διδύμῃ χαίροντες τῷ τόπῳ. Ὀλίγοι δὲ κατὰ σύγκρισιν καὶ
ταύτην οἰκοῦσι καὶ τὸ ἐπίνειον, ὃ κατεσκεύασεν αὐτοῖς Βάλ- 10
βος ἐν τῇ περαίᾳ τῆς ἠπείρου.

COMM. L. Cornelius Balbus Gaditanus a. 44—33, cum quaestor
esset Asinii Pollionis in Hispania ulteriore, patriam amplificavit; cf. Drumann hist. Rom. II p. 608 sqq. Triumphavit a. 19 a. Chr. de Garamantis, Africae gente.

197

a. Str. III 2, 2 p. 141 Ὁ δ' ἀδελφὸς αὐτοῦ (sc. Γναίου
Πομπηίου) Σέξτος ἐκ Κορδύβης σωθεὶς καὶ μικρὸν ἐν τοῖς
Ἴβηρσι πολεμήσας χρόνον ὕστερον Σικελίαν ἀπέστησεν (a. 43).

b. Str. V 4, 4 p. 243 Ἐν δὲ τῷ κόλπῳ τούτῳ (sc. τῷ ἀπὸ
τῆς Σινοέσσης μέχρι Μισηνοῦ) καὶ ὕλη τίς ἐστι θαμνώδης 5
ἐπὶ πολλοὺς ἐκτεινομένη σταδίους ἄνυδρος καὶ ἀμμώδης, ἣν
Γαλλιναρίαν ὕλην καλοῦσιν. Ἐνταῦθα δὴ λῃστήρια συνεστή-

7 δή] τά C(?) edd. ante Kr.

1 sqq. cf. Liv. per 123 Sex. Pompeius Magni filius collectis ex
Epiro proscriptis ac fugitivis cum exercitu diu sine ulla loci cuiusquam
possessione praedatus in mari Messanam oppidum in Sicilia primum,
deinde totam provinciam occupavit. Cf. App. b. c. IV 84 sqq. Cass.

σαντο οἱ Πομπηίου Σέξτου ναύαρχοι, καθ' ὃν καιρὸν Σικελίαν ἀπέστησεν ἐκεῖνος.

10 c. Str. VI 2, 3 p. 268 Καὶ μετὰ ταῦτα Πομπήιος ὁ Σέξτος ἐνταῦθα (sc. ἐν τῇ Μεσσήνῃ) συνεῖχε τὸ ναυτικὸν πολεμῶν πρὸς τὸν Σεβαστὸν Καίσαρα, ἐντεῦθεν δὲ καὶ τὴν φυγὴν ἐποιήσατο ἐκπεσὼν ἐκ τῆς νήσου.

d. Str. VI 1, 6 p. 258 Ἴσχυσε δὲ μέγιστον ἡ τῶν Ῥηγίνων
15 πόλις καὶ περιοικίδας ἔσχε συχνάς, ἐπιτειχίσματά τε ὑπῆρξεν ἀεὶ τῇ νήσῳ καὶ πάλαι καὶ νεωστὶ ἐφ' ἡμῶν, ἡνίκα Σέξτος Πομπήιος ἀπέστησε τὴν Σικελίαν. Cf. etiam fr. 229.

10 ὁ om. C(?) add ante Kr. | 13 ἐν om. 1 | 16 Ante ἐφ' add. καὶ C

Dio. XLVII 12. XLVIII 17 sqq. Zon. X 17 P I 502 AB. 21 P I 510 B sqq. Oros. VI 18, 19 sqq. Flor. II 18. Eutr. VII 4 sqq. Vell. II 72 sqq. Ps. Aur. 84.
12 sq. De Sexti fuga cf. fr. 230.
14 sqq. cf. App. b. c. IV 86 Ὁ δὲ Καῖσαρ ἐπελθὼν Ῥηγίνοις μὲν καὶ Ἱππωνεῦσι μεγάλας πίστεις αὐτὸς ἔδωκεν ἀναλύσειν αὐτοὺς ἐκ τῶν ἐπωικίων· ἐδεδίει γὰρ ὄντας ἐπὶ τοῦ πορθμοῦ μάλιστα.

198

Str. VII fr. 41 (cf. etiam ib. fr. 43) Οἱ δὲ Φίλιπποι Κρηνίδες ἐκαλοῦντο πρότερον, κατοικία μικρά· ηὐξήθη δὲ μετὰ τὴν περὶ Βροῦτον καὶ Κάσσιον ἧτταν (a. 42). E.

1 Φίλιπποι om. codd.

De pugna Philippensi cf. App. b. c. IV 87—138. Plut. Brut. 38—53. Ant. 22. Cass. Dio. XLVII 35—49. Zon. X 19 sq. Liv. per. 124. Oros. VI 18, 2. 14 sqq. Flor. II 17. Eutr. VII 3. Vell. II 70 sq. Obseq. 70. Ps. Aur. 83. Val. Max. VI 8, 4. IX 9, 2. Sueton. Div. Aug. 13.
1 sq. cf. App. b. c. IV 105 Οἱ δὲ Φίλιπποι πόλις ἐστίν, ἣ Δᾶτος ὠνομάζετο πάλαι καὶ Κρηνίδες ἔτι πρὸ Δᾶτου· κρῆναι γάρ εἰσι περὶ τῷ λόφῳ ναμάτων πολλαί.

199

Str. V 1, 1 p. 210 Ὀψὲ δέ ποτε ἀφ' οὗ μετέδοσαν Ῥωμαῖοι τοῖς Ἰταλιώταις τὴν ἰσοπολιτείαν, ἔδοξε καὶ τοῖς ἐντὸς

2 ἰσοπολιτείας om. ratio. E

Ἄλπεων Γαλάταις καὶ Ἐνετοῖς τὴν αὐτὴν ἀπονεῖμαι τιμήν, προσαγορεῦσαι δὲ καὶ Ἰταλιώτας πάντας καὶ Ῥωμαίους, ἀποικίας τε πολλὰς στεῖλαι τὰς μὲν πρότερον, τὰς δ' ὕστερον, ὧν οὐ ῥᾴδιον εἰπεῖν ἀμείνους ἑτέρας.

COMM. Galli Cisalpini a Caesare quidem a. 49 iure civium Romanorum donati sunt: cf. Cass. Dio. XLI 36 Τοῖς Γαλάταις τοῖς ἐντὸς τῶν Ἄλπεων ὑπὲρ τὸν Ἠριδανὸν οἰκοῦσι τὴν πολιτείαν, ἅτε καὶ ἄρξας αὐτῶν, ἀπέδωκε. Sed cum Italia haec provincia coniuncta est anno demum 42 post bellum Philippense: cf. App. b. c. V 3 Τήν τε γὰρ Κελτικὴν τὴν ἐντὸς Ἄλπεων ἐδόκει Καίσαρος ἀξιοῦντος αὐτόνομον ἀφιέναι γνώμῃ τοῦ προτέρου Καίσαρος. Ib. c. 22. Cass. Dio. XLVIII 12. Marquardt 'Roem. Staatsverwaltung' I² p. 62.

200

Str. XIV 1, 23 p. 641 Ἄσυλον δὲ μένει τὸ ἱερὸν (sc. τὸ ἐν Ἐφέσῳ τὸ τῆς Ἀρτέμιδος) καὶ νῦν ὡς πρότερον· τῆς δ' ἀσυλίας τοὺς ὅρους ἀλλαγῆναι συνέβη πολλάκις Ἀλεξάνδρου μὲν ἐπὶ στάδιον ἐκτείναντος, Μιθριδάτου δὲ τόξευμα ἀφέντος ἀπὸ τῆς γωνίας τοῦ κεράμου καὶ δόξαντος ὑπερβαλέσθαι μι- 5 κρὰ τὸ στάδιον, Ἀντωνίου δὲ διπλασιάσαντος τοῦτο καὶ συμπεριλαβόντος τῇ ἀσυλίᾳ μέρος τι τῆς πόλεως· ἐφάνη δὲ τοῦτο βλαβερὸν καὶ ἐπὶ τοῖς κακούργοις ποιοῦν τὴν πόλιν, ὥστ' ἠκύρωσεν ὁ Σεβαστὸς Καῖσαρ.

2 αὖ} καὶ codd., ᾗ καὶ Cor.: corr. Kr. ǁ 5 δόξαντα codd. exc. CF ǁ 6 αἰχμιάσινται τούτῳ codd. exc. CF ǁ 8 ἐπὶ} ὑπὸ mz

COMM. De toto hoc loco cf. E. Curtius 'Beitr. z. Gesch. u. Topogr. Kleinasiens' p. 29. — Asylum ab Antonio videtur esse amplificatum, cum a. 41 ab Ephesiis laete exceptus (Plut. Ant. 24) in Artemisio sacra faceret (App. b. c. V 4). Cf. Drumann hist. Rom. I p. 369.

201

Str. XIV 1, 41 p. 648 Ἀναξίνορα δὲ τὸν κιθαρῳδὸν ἐξῆρε μὲν καὶ τὰ θέατρα, ἀλλ' ὅτι μάλιστα Ἀντώνιος, ὅς γε καὶ

1 ἐπῆρε dubitanter Mein. ǁ 2 τὰ om. F ǁ ὅτι μάλιστα codd.: corr. Mein., qui tamen etiam comi. ὅτι μᾶλλον ǁ ὃν codd.: corr. Kr.

Cf. Plut. Ant. 23 sq. Ἀντώνιος δὲ τὰς πρὸς ἕω πάσας ἐπαρχίας ἀργυρολογήσων διέβαινεν εἰς τὴν Ἑλλάδα. — — (24) Ἐπεὶ δὲ — — εἰς

τεττάρων πόλεων άπέδειξε ηορολόγον στρατιώτας αυτώ συστήσας (a. 41).

Άσίαν διέβη και των έκεΐ πλούτων ήψατο, — — άνεκικλεϊτο τοις πάθεσιν εις τον συνήθη βίον, Ανα£ήνορες δε κιθαρωδοί και Ξοϋθοι χοραϋλαι και Μητρόδωρος τις ορχηστής και τοιούτος άλλος Ασιανών άκροαμάτων θίασος — — είσερρύη και διώκει τήν αύλήν.

202

Str. XII 2, 5 p. 537 Τα Νώρα, δ νυν καλείται Νηροασσός, εν φ Ευμένης πολιορκούμενος άντέσχε πολύν χρόνον καθ' ημάς δε Σισίνου υπήρξε χρηματοφυλάκιον του επιτεθειμένου τη Καππαδόκων αρχή (a. 41). Τούτου δ' ήν και τα 3 Κάδηνα βασίλειον και πόλεως κατασκευήν έχον.

5 και om. os Cor. in not.: in textu scripsit βασιλείου και

Cf. App. b. c. V 7 Καί δήτα πόλεσι καί βασιλεύσιν (sc. δ Αντώνιος a. 41), εν μεν Καππαδοκία Αριαράθη τε καί Σισίνη, ων τώ Σισίνη συνέπραξεν ές τήν βασιλείαν κάλης οι φανείσης της μητρός του Σισίνου Γλαφύρας.

COMM. Miror, quod omnes fere vv. dd. secuti Freinshemium (Suppl. Liv. CXXVI 5) hunc Sisinam eundem esse putant atque Archelaum, cui a. 36 ab Antonio Cappadociae regnum traditum est (fr. 218); inter quos est Clinton Fast. Hell. III p. 418 b, Haakh et Hertzberg in Pauly! encycl. I 2 p. 1439. Haec nimirum eos videtur commovisse causa, quod et Sisinae et Archelai mater perhibetur fuisse Glaphyra. Sed quid impedit, quominus illos fratres ex Glaphyra matre natos fuisse statuamus? Quorum alteri, Sisinae, Cappadociae regnum affectanti primum favit Antonius a. 41, postea autem a. 36 mutato consilio vel fortasse mortuo interim Sisina Archelaum fratrem regem fecit. -

203

a. Str. XIV 5, 10 p. 672 "Ετι δ' ύπερθεν τούτου (sc. των Κυίνδων) τε καί των Σόλων ορεινή εστίν, εν ή Όλβη πόλις Διός ιερόν έχουσα, Αϊαντος ϊδρυμα του Τεύκρου· καί ό ιερεύς δυνάστης εγίνετο της Τραχειώτιδος· εϊτ' επέθεντο τη χώρα 5 τύραννοι πολλοί καί συνέστη τα ληστήρια. Μετά δε τήν τούτων κατάλυσιν εφ' ημών ήδη τήν του Τεύκρου δυναστείαν

1 ύπερθε CE | 2 όλβοι CEFmss όλβος g ελβία x | 3 τοϋ] και D

ταύτην ἐκάλουν, τὴν δ' αὐτὴν καὶ ἱερωσύνην· καὶ οἱ πλεῖστοί γε τῶν ἱερασαμένων ὠνομάζοντο Τεῦκροι ἢ Αἴαντες. Εἰσιοῦσα δὲ Ἄβα κατ' ἐπιγαμίαν εἰς τὸν οἶκον τοῦτον, ἡ Ζηνοφάνους θυγάτηρ ἑνὸς τῶν τυράννων, αὐτὴ κατέσχε τὴν 10 ἀρχὴν προλαβόντος τοῦ πατρὸς ἐν ἐπιτρόπου σχήματι· ὕστερον δὲ καὶ Ἀντώνιος καὶ Κλεοπάτρα κατεχαρίσαντο ἐκείνῃ θεραπείαις ἐκλιπαρηθέντες· ἔπειθ' ἡ μὲν κατελύθη, τοῖς δ' ἀπὸ τοῦ γένους διέμεινεν ἡ ἀρχή.

b. Str. XII 6, 1 p. 568 Ἐνταῦθα (sc. ἐν τῇ Λυκαονίᾳ) δέ 15 που καὶ τὸ Ἰκόνιόν ἐστι, πολίχνιον εὖ συνῳκισμένον καὶ χώραν εὐτυχεστέραν ἔχον τῆς λεχθείσης ὀναγροβότου· τοῦτο δ' εἶχε Πολέμων.

8 ἱερασαμένων F | 9 τούτων Cor. | 11 προσλαβόντος F

COMM. Aba a. 43 Olbae sacerdotium occupavit, quod ei permiserunt Antonius et Cleopatra fortasse a. 41, cum Tarsi commorarentur. Sed electa est Aba iam a. 39, quo anno Polemoni Antonius eius regnum dedit: cf. App. b. c. V 75 "ἴστη δέ πῃ καὶ βασιλέας, οἷς δοκιμάσειεν, ἐπὶ φόροις ἄρα τεταγμένοις — — Πολέμωνα μέρους Κιλικίας. Illic est ille Polemo, qui etiam Iconium possidebat. De his rebus accurate disseruit Waddington in rev. numismat. 1866 p. 429 sqq. Cf. Marquardt 'Roem. Staatsverwaltung' I¹ p. 385.

20-1

Str. XVI 2, 46 p. 765 Τῶν δ' ἀπὸ γένους τις ὕστερον Ἡρώδης, ἀνὴρ ἐπιχώριος, παραδὺς εἰς τὴν ἱερωσύνην (sc. τὴν τῶν Ἰουδαίων) τοσοῦτον διήνεγκε τῶν πρὸ αὐτοῦ καὶ μάλιστα τῇ πρὸς Ῥωμαίους ὁμιλίᾳ καὶ πολιτείᾳ, ὥστε καὶ βασιλεὺς

1 τισὶν codd. exc. ha, in quibus τις ex corr.

1 sqq. cf. Ios. A. I. XIV 14, 4 sq. Συναγαγόντες τε τὴν βουλὴν Μεσσάλας καὶ μετ' αὐτὸν Ἀτρατῖνος παραστησάμενοι τὸν Ἡρώδην τάς τε τοῦ πατρὸς αὐτοῦ εὐεργεσίας διεξῄεσαν καὶ ἣν αὐτὸς πρὸς Ῥωμαίους εἶχεν εὔνοιαν ὑπεμίμνησκον κατηγοροῦντες ἅμα καὶ πολέμιον ἀποφαίνοντες Ἀντίγονον. — — Τῆς δὲ βουλῆς ἐπὶ τούτοις παρωξυμμένης παρελθὼν Ἀντώνιος ἐδίδασκεν αὐτούς, ὡς καὶ πρὸς τὸν κατὰ Πάρθων πόλεμον Ἡρώδην βασιλεύειν συμφέρει. Καὶ δόξαν τοῦτο πᾶσι ψηφίζονται. — — (5) Καὶ ὁ μὲν οὕτω τὴν βασιλείαν παραλαμβάνει τυχὼν αὐτῆς ἐπὶ τῆς ἑκατοστῆς καὶ ὀγδοηκοστῆς καὶ τετάρτης ὀλυμπιάδος ὑπατεύοντος Γαΐου Δομετίου Καλουίνου τὸ δεύτερον καὶ Γαΐου Ἀσινίου Παλίωνος

5 ἐχρημάτισε (a. 40) δόντος τὸ μὲν πρῶτον Ἀντωνίου τὴν ἐξουσίαν, ὕστερον δὲ καὶ Καίσαρος τοῦ Σεβαστοῦ.

(a. 41). Cf. ib. XVII 5, 1. B. I. I 14, 4. — Cass. Dio. XLIX 22 Ἐκείνους μὲν οὖν (sc. τοὺς Ἰουδαίους) Ἡρώδῃ τινὶ ὁ Ἀντώνιος ἄρχειν ἐπέτρεψε (a. 38 secundum Dionem, sed potius a. 37: cf. Ios. A. I. XIV 16, 4). App. b. c. V 75.
6 cf. Tacit. hist. V 9 Regnum ab Antonio Herodi datum victor Augustus auxit.

COMM. Herodes rex factus est a senatu auctore Antonio a. 40, sed accessit ad regnum victo demum Antigono a. 37: cf. Marquardt 'Roem. Staatsverwaltung' I¹ p. 407.

205

Str. XII 8, 6 sq. p. 574 Ἔστι τοίνυν ὁ Ὄλυμπος κύκλῳ μὲν εὖ συνοικούμενος, ἐν δὲ τοῖς ὕψεσι δρυμοὺς ἐξαισίους ἔχων καὶ λῃστήρια δυναμένοις ἐκτρέφειν τόπους εὐερκεῖς, ἐν οἷς καὶ τύραννοι συνίστανται πολλάκις [οἱ] δυνάμενοι συμμεῖναι πολὺν 5 χρόνον, καθάπερ Κλέων ὁ καθ' ἡμᾶς τῶν λῃστηρίων ἡγεμών. Οὗτος δ' ἦν μὲν ἐκ Γορδίου κώμης, ἣν ὕστερον αὐξήσας ἐποίησε πόλιν καὶ προσηγόρευσεν Ἰουλιόπολιν· λῃστηρίῳ δ' ἐχρῆτο καὶ ὁρμητηρίῳ κατ' ἀρχὰς τῷ καρτερωτάτῳ τῶν χωρίων, ὄνομα Καλλυδίῳ· ὑπῆρξε δ' Ἀντωνίῳ μὲν χρήσιμος 10 ἐπελθὼν ἐπὶ τοὺς ἀργυρολογοῦντας Λαβιηνῷ, καθ' ὃν χρόνον ἐκεῖνος τὴν Ἀσίαν κατέσχε (a. 40—39 cf. fr. 206), καὶ κωλύσας τὰς παρασκευάς.

2 π'] οὐ codd., inclusit Cor.: corr. Mannert ‖ 4 οἱ inclusit Cor. ‖ 6 γόρδον codd. Eust. ad Il. B 677: corr. Cor. ‖ 8 χωρίων codd.: corr. Xyl. ‖ 9 Καλλύδιον Eust. l. l. ‖ 10 λαβίνῳ Chi λαβήνῳ codd. rell.: corr. Xyl., Λαβιηνῷ Mein. hic et fr. 206, 22.

206

Str. XIV 2, 24 p. 659,60 Ἀξιολόγοις δ' ἔσχεν ἄνδρας καθ' ἡμᾶς τὰ Μύλασα ῥήτοράς τε ἅμα καὶ δημαγωγοὺς τῆς πόλεως Εὐθύδημόν τε καὶ Ὑρέαν. Ὁ μὲν οὖν Εὐθύδημος ἐκ προγόνων παραλαβὼν οὐσίαν τε μεγάλην καὶ δόξαν, προσθεὶς καὶ 5 τὴν δεινότητα οὐκ ἐν τῇ πατρίδι μόνον μέγας ἦν, ἀλλὰ καὶ ἐν τῇ Ἀσίᾳ τῆς πρώτης ἠξιοῦτο τιμῆς· Ὑρέᾳ δ' ὁ πατήρ,

ὡς αὐτὸς διηγεῖτο ἐν τῇ σχολῇ καὶ παρὰ τῶν πολιτῶν ὡμολόγητο, ἡμίονον κατέλιπε ξυλοφοροῦντα καὶ ἡμιονηγόν· διοικούμενος δ' ὑπὸ τούτων ὀλίγον χρόνον, Διοτρέφους τοῦ Ἀντιοχέως ἀκροασάμενος ἐπανῆλθε καὶ τῷ ἀγορανομίῳ παρέ- 10
δωκεν αὑτόν· ἐνταῦθα δὲ κυλινδηθεὶς καὶ χρηματισάμενος μικρὰ ὥρμησεν ἐπὶ τὸ πολιτεύεσθαι καὶ τοῖς ἀγοραίοις συνακολουθεῖν. Ταχὺ δὲ αὔξησιν ἔσχε καὶ ἐθαυμάσθη [μάλιστα] ἔτι μὲν καὶ Εὐθυδήμου ζῶντος, ἀλλὰ τελευτήσαντος μάλιστα κύριος γενόμενος τῆς πόλεως. Ζῶν δ' ἐπεκράτει πολὺ ἐκεῖνος 15
δυνατὸς ὢν ἅμα καὶ χρήσιμος τῇ πόλει, ὥστ', εἰ καί τι τυραννικὸν προσῆν, τοῦτ' ἀπελύετο τῷ παρακολουθεῖν τὸ χρήσιμον. Ἐπαινοῦσι γοῦν τοῦτο τοῦ Ὑβρέου, ὅπερ δημηγορῶν ἐπὶ τελευτῆς εἶπεν· Εὐθύδιμε, κακὸν εἶ τῆς πόλεως ἀναγκαῖον· οὔτε γὰρ μετὰ σοῦ δυνάμεθα ζῆν οὔτ' ἄνευ σοῦ. Αὐξηθεὶς 20
οὖν ἐπὶ πολὺ καὶ δόξας καὶ πολίτης ἀγαθὸς εἶναι καὶ ῥήτωρ ἔπταισεν ἐν τῇ πρὸς Λαβιῆνον ἀντιπολιτείᾳ. Οἱ μὲν γὰρ ἄλλοι μεθ' ὅπλων ἐπιόντι καὶ Παρθικῆς συμμαχίας (a. 40), ἤδη τῶν Παρθυαίων τὴν Ἀσίαν ἐχόντων, εἶξαν ἅτε ἄοπλοι καὶ εἰρηνικοί· Ζήνων δ' ὁ Λαοδικεὺς καὶ Ὑβρέας οὐκ εἶξαν, 25
ἀμφότεροι ῥήτορες, ἀλλὰ ἀπέστησαν τὰς ἑαυτῶν πόλεις· ὁ δ' Ὑβρέας καὶ προσπαρώξυνε φωνῇ τινι μειράκιον εὐερέθιστον καὶ ἀνοίας πλῆρες. Ἐκείνου γὰρ ἀνειπόντος ἑαυτὸν Παρθικὸν αὐτοκράτορα Οὐκοῦν, ἔφη, κἀγὼ λέγω ἐμαυτὸν Καρικὸν αὐτοκράτορα. Ἐκ τούτου δὲ ἐπὶ τὴν πόλιν ὥρμησε 30
τάγματα ἔχων ἤδη συντεταγμένα Ῥωμαίων τῶν ἐν τῇ Ἀσίᾳ·

7 ὡμολογεῖτο moxx | 9 Ante Διοτρέφους add. καὶ ι | διοτρεφοῦς codd.: corr. Cor. | 11 ἑαυτὸν Db | 13 μάλιστα recte om. edd. | 14 καὶ post μὲν om. C(?)F | 19 Post ἀναγκαῖον add. μέγα w | 29 λέγω κἀγώ mox

22 sqq. cf. Cass. Dio. XLVIII 24—26 (24) Ἔπεισε (sc. ὁ Λαβιηνος) τὸν Πάρθον τοῖς Ῥωμαίοις ἐπιχειρῆσαι. — — (25) Καὶ δύναμιν πολλὴν καὶ τὸν υἱὸν αὐτοῦ τὸν Πάκορον ἐπετράπη. — — (26) Ὁ μὲν Πάκορος τὴν Συρίαν ἐχειροῦτο. — Ὁ δὲ δὴ Λαβιῆνος ἐν τούτῳ τήν τε Κιλικίαν κατέσχε καὶ τῆς Ἀσίας τὰς ἠπειρωτίδας πόλεις — παρεστήσατο πλὴν Στρατονικείας, τὰ μὲν πλεῖστα ἄνευ πολέμου, Μύλασα δὲ καὶ Ἀλάβανδα διὰ κινδύνων ἑλών. Οὗτοι γὰρ ἐδέξαντο μὲν παρ' αὐτοῦ φρουροὺς, φονεύσαντες δ' αὐτοὺς ἐν ἑορτῇ τινι ἀπέστησαν· καὶ διὰ τοῦτο τοὺς μὲν Ἀλαβανδέας αὐτὸς λαβὼν ἐκόλασε, τὰ δὲ δὴ Μύλασα ἐκλει-

αυτόν μέν ούν ου κατέλαβε παραχωρήσαντα εις Ρόδον, την δ'
οίκίαν αύτοϋ διελυμήνατο πολυτελείς έχουσαν κατασκευάς και
διήρπασεν ως δ' αίτως και την πόλιν όλην έκάκωσεν. Έκλι-
85 πόντος δ' έκείνου την Άσίαν έπανηλθε και ανέλαβεν εαυτόν
τε και την πόλιν.

φθέντα κατέσκαψε. — — Και ό μέν χρήματά τε έπι τούτοις έπράσσετο
και τα ιερά έσύλα αυτοκράτορά τε αυτόν και Παρθικόν γε εκ τοϋ εναν-
τιωτάτου τοις Ρωμαίοις έθους ώνόμαζεν. Cf. Zon. X 22 P I 511 B.
App. b. c. V 65. Plut. Ant. 26. 30. Liv. per. 127. Iust. XLII 4, 7 sqq.
CIG II 2095 b.

207

Str. XIV 2, 19 p. 658 Και καθ' ημάς (sc. έστι των εν-
δόξων Κφων άνήρ) Νικίας ό και τυραννήσας Κφων· — — την
δέ και Θεόμνηστος ό ψάλτης εν ονόματι, ός και άντεπολι-
τεύσατο τω Νικία.

2 ην δή] έντεύθεν δ' ην Tzsch.

Cf. Aelian. var. hist. I 29 Λέγουσι Κφων παίδες εν Κφ τεκείν έν
τινι ποίμνη Νικίου του τυράννου οίν· τεκείν δέ ούκ άρνα, αλλά λέοντα.
Και ούν και τό σημείον τούτο τώ Νικία την τυραννίδα την μέλλουσαν
αυτώ μαντεύσασθαι ιδιώτη έτι όντι.

COMM. De Nicia, Coorum tyranno, nihil praeterea habemus com-
pertum. Certe vixit post a. 63, id quod cognoscitur ex Strabonis verbis
καθ' ημάς (cf. Niese Herm. XIII p. 38 sqq. Mus. Rhen. XXXVIII p. 567 sqq.),
neque procul a vero aberrabimus, si eum inter bellorum civilium turbas
tyrannidem occupasse statuemus Euthydemi et Hybreae Mylassensium (cf.
fr. 206) fere aequalem: cf. Plass, 'Die Tyrannis in ihren beiden Perioden
bei den alten Griechen' (Brem. 1852) p. 189 adn. 2.

208

Str. XVI 2, 8 p. 751 Υπέρκειται δ' αυτών (sc. των Πα-
γρών, χωρίου ερυμνού κατά την υπέρθεσιν του Άμανού την
εκ των Άμανίδων πυλών εις την Συρίαν κειμένου) λόφος
Τραπεζών από της ομοιότητος καλούμενος, έφ' ώ Ουεντίδιος

Cf. Cass. Dio. XLVIII 41 Μετά δέ δή τούτο ό Ουεντίδιος την τε
Κιλικίαν έκομίσατο και αυτός μέν ταύτην καθίστατο, Πομπήδιον δέ δή

πρὸς Φρανικάτην τὸν Παρθυαίων στρατηγὸν ἔσχε τὸν ἀγῶνα 5
(a. 39).

5 Φαρναπάτην Tzsch. ex Dione et Plut., Φρανιπάτην Buerclein
'Quellen u. Chronologie der roem. parth. Feldzuege in d. J. 713—718 d. St.'
(Berol. 1879) p. 35 adn. 1.

Σίλωνα μεθ᾽ ἱππέων πρὸς τὸν Ἀμανὸν προὔπεμψε. Τοῦτο δὲ τὸ ὄρος
ἔν τε τῇ μεθορίᾳ τῆς τε Κιλικίας καὶ τῆς Συρίας ἐστὶ καὶ στενοπορίαν
τοσαύτην δή τινα ἔχει, ὥστε καὶ πύλας ποτὲ ἐν αὐτῇ μετὰ τείχους ἐνοι-
κοδομηθῆναι καὶ τὸ χωρίον ἀπ᾽ αὐτῶν ἐπονομασθῆναι. Οὐ μέντοι καὶ
κατασχεῖν αὐτὸ ὁ Σίλων ἠδυνήθη, ἀλλὰ καὶ ἐκινδύνευσεν ὑπὸ Φαρνα-
πάτου ὑπάρχου τε τοῦ Πακόρου ὄντος καὶ τὴν δίοδον φυλάττοντος ἀπο-
λέσθαι. Κἂν ἔπαθε τοῦτο, εἰ μὴ ὁ Οὐεντίδιος μαχομένῳ αὐτῷ κατὰ
τύχην ἐπιστὰς ἐπήμυνεν· ἀνελπίστοις τε γὰρ ἅμα καὶ ἐλάττοσι τοῖς βαρ-
βάροις σφῶν οὖσι προσπεσὼν τόν τε Φαρναπάτην καὶ ἄλλους πολλοὺς
ἐφόνευσε. Cf. Plut. Ant. 33. Ios. A. I. XIV 13, 3. 15, 5. B. I. 1 13, 1. 16, 4.
Liv. per. 127. Fest. 18. Frontin. II 5, 37. Oros. VI 18, 23. Flor. II 19.
Eutr. VII 5. Vell. II 78. Gell N. A. XV 4, 4.

209

a. Str. XVI 2, 8 p. 751 Ἐνταῦθα δ᾽ ἐστὶ πόλις Γίνδαρος,
ἀκρόπολις τῆς Κυρρηστικῆς καὶ λῃστήριον εὐφυές, καὶ Ἡρά-
κλειόν τι καλούμενον πλησίον· περὶ οὓς τόπους ὑπὸ Οὐεντι-
δίου Πάκορος διεφθάρη ὁ πρεσβύτατος τῶν τοῦ Παρθυαίου
παίδων ἐπιστρατεύσας τῇ Συρίᾳ (a. 38).   5

b. Str. XVI 1, 28 p. 748 Οἱ δὲ Παρθυαῖοι καὶ πρότερον
μὲν ἐφρόντιζον τῆς πρὸς Ῥωμαίους φιλίας, τὸν δὲ ἄρξαντα

1 τίνδαρος codd.; corr. Xyl. | 2 κυρισταιῆς codd. | 3 Post καλούμενον
add. ἱερὸν Dh

Cf. Plut. Ant. 34 Ἐν τούτῳ δὲ Πάκορον τὸν βασιλέως παῖδα με-
γάλῳ στρατῷ Πάρθων αὖθις ἐπὶ Συρίαν ἐλαύνοντα συμπεσὼν Οὐεντίδιος
ἐν τῇ Κυρρηστικῇ τρέπεται καὶ διαφθείρει παμπόλλους ἐν πρώτοις
Πακόρου πεσόντος. Τοῦτο τὸ ἔργον ἐν τοῖς ἐλλογιμωτάτοις γενόμενον
Ῥωμαίοις τε τῶν κατὰ Κράσσον ἀτυχημάτων ἔκπλεω ποινὴν παρέσχε
καὶ Πάρθους αὖθις εἴσω Μηδίας καὶ Μεσοποταμίας συνέστειλε. Cf. id.
Crass. 33. Cass. Dio. XLIX 19—21. Zon. X 26 P I 519 B. Ios. A. I.
XIV 13, 3. 15, 7. B. I. I 13, 1. 16, 5. Suid. s. v. ἀντίρροπον. Liv. per. 128.
Flor. II 19, 5 sqq. Oros. VI 18, 23. Eutr. VII 5. Vell. II 78. Fest. 18.
Frontin I 1, 6. II 2, 5. Val. Max. VI 9, 9. Sueton. ap. Gell. N. A.

πολέμου Κράσσον ἠμύναντο· καὶ αὐτοὶ ἄρξαντες τῆς μάχης τῶν ἴσων ἔτυχον, ἡνίκα ἔπεμψαν ἐπὶ τὴν Ἀσίαν Πάκορον.

XV 4, 4. Iust. XLII 4, 7 sqq. Tac. hist. V 9. Germ. 37. Plin. N. H. VII 135.

210

Str. XII 8, 16 p. 578 Ἡ τῆς χώρας ἀρετὴ καὶ τῶν πολιτῶν τινες εὐτυχήσαντες μεγάλην ἐποίησαν αὐτήν (sc. τὴν Λαοδίκειαν), Ἱέρων μὲν πρότερον — — Ζήνων δὲ ὁ ῥήτωρ ὕστερον καὶ ὁ υἱὸς αὐτοῦ Πολέμων, ὃς καὶ βασιλείας ἠξιώθη διὰ τὰς ἀνδραγαθίας ὑπ᾽ Ἀντωνίου μὲν πρότερον, ὑπὸ Καίσαρος δὲ τοῦ Σεβαστοῦ μετὰ ταῦτα.

COMM. Polemo inter a. 39 et 36 rex factus est Ponti partis, quae ab eo dicta est Pontus Polemoniacus: cf. Mommsen in eph. epigr. I p. 274, Marquardt 'Roem. Staatsverwaltung' I¹ p. 359 sq.

211

Str. XII 3, 38 p. 560/1 Ὑπέρκειται δὲ τῆς τῶν Ἀμασέων — — τὸ Σαγύλιον ἐπὶ ὄρους ὀρθίου καὶ ὑψηλοῦ πρὸς ὀξεῖαν ἀνατείνοντος ἄκραν ἔρυμα ἱδρυμένον ἔχον καὶ ὑδρεῖον δαψιλές, ὃ νῦν ὠλιγώρηται· τοῖς δὲ βασιλεῦσιν ἦν χρήσιμον εἰς πολλά. Ἐνταῦθα δὲ ἑάλω καὶ διεφθάρη [ὑπὸ] τῶν Φαρνάκου τοῦ βασιλέως παίδων Ἀρσάκης δυναστεύων καὶ νεωτερίζων ἐπιτρέψαντος οὐδενὸς τῶν ἡγεμόνων· ἑάλω δὲ οὐ βίᾳ τοῦ ἐρύματος ληφθέντος ὑπὸ Πολέμωνος καὶ Λυκομήδους, βασιλέων ἀμφοῖν, ἀλλὰ λιμῷ· ἀνέφυγε γὰρ εἰς τὸ ὄρος παρασκευῆς χωρὶς εἰργόμενος τῶν πεδίων, εὗρε δὲ καὶ τὰ ὑδρεῖα ἐμπεφραγμένα πέτραις ἠλιβάτοις· οὕτω γὰρ διετέτακτο Πομπήιος

2 ὀρθοῦ C | 4 Post νῦν add. καὶ | | 5 ὑπὸ inclusi cum Meyero (v. in COMM.), id quod magis placet quam altera eius coniectura, quae εἰς pro ὑπὸ scribendum esse statuit | 10 ὑδρεῖα codd. exc. x | 11 Ante οὕτω lacunam statuit Tzsch.

COMM. Vs. 5 praepositionem ὑπὸ delevi cum Eduardo Meyer 'Geschichte des Koenigreichs Pontos' (Lips. 1879) p. 109 adn. 1. Etenim a quo Arsaces oppressus sit, aperte indicatur v. 8 sq., scilicet a Polemone et Lycomede (de quo v. fr. 174) regibus, quorum neuter Pharnacis filius

κατασπᾶν κελεύσας τὰ φρούρια καὶ μὴ ἐᾶν χρήσιμα τοῖς ἀναφεύγειν εἰς αὐτὰ βουλομένοις λῃστηρίων χάριν.

erat. Neque cum Fabricio 'Theophanes u. Q. Dellius' p. 58 licet statuere Arsacem oppugnatum esse et a Pharnacis filiis et a Polemone atque Lycomede. Nam sic satis mire ac paene inepte Strabonem faceremus loquentem. Optime autem omnia explicantur, si Arsaces unus ex Pharnacis fuit filiis. Nam Dareus, alter Pharnacis filius, a. 39 ab Antonio rex Ponti erat constitutus (cf. App. b. c. V 75). Sed paulo post inter a. 39 et 36 idem Antonius remoto Dareo ad Polemonem illius transtulit regnum (cf. fr. 210). Quod aegre ferens Arsaces, Darei frater, Ponti partem occupavit, ubi novo regi resistit, donec ab illo in Sagyllo monte obsessus interfectus est. Quod factum esse apparet primis Polemonis regni temporibus. — Paulo aliter tempus definivit Fabricius l. l., qui Pharnacis filios una cum Polemone Sagyllum expugnasse arbitratus cogitur statuere inter complures tunc Pontum fuisse distributum reges, inter quos et Pharnacis filii et Polemo fuissent, id quod parum videtur probabile. Priusquam igitur totius Ponti regnum Polemo ab Antonio accepisset, Arsacem ab eo esse occisum putat Fabricius.

212

Str. III 1, 8 p. 140 Ἦν δὲ καὶ Ζῆλις τῆς Τίγγιος ἀστυγείτων, ἀλλὰ μετῴκισαν ταύτην εἰς τὴν περαίαν Ῥωμαῖοι καὶ ἐκ τῆς Τίγγιος προσλαβόντες τινάς· ἔπεμψαν δὲ καὶ παρ' ἑαυτῶν ἐποίκους καὶ ὠνόμασαν Ἰουλίαν Ἴοζαν τὴν πόλιν.

1 ζέλις codd.

COMM. Iulia Ioza i. e. Transducta, Hispaniae Baeticae urbs, videtur condita ab Augusto a. 38: cf. Zumpt. comment. epigr. I p. 387 sq.

213

a. Str. IV 3, 4 p. 194 Μετὰ δὲ τοὺς Μεδιοματρικοὺς καὶ Τριβόκχους παροικοῦσι τὸν Ῥῆνον Τρηούιροι, καθ' οὓς πεποίηται τὸ ζεῦγμα ὑπὸ τῶν Ῥωμαίων νυνὶ τῶν στρατηγούντων τὸν Γερμανικὴν πόλεμον. Πέραν δὲ ᾤκουν Οὔβιοι κατὰ τοῦτον τὸν τόπον, οὓς μετήγαγεν Ἀγρίππας ἑκόντας εἰς τὴν ἐντὸς τοῦ Ῥήνου (a. 35). — — Πάσης δ' ὑπέρκεινται τῆς ποταμίας ταύτης οἱ Σόηβοι προσαγορευόμενοι Γερμανοὶ καὶ

2 τρησύαγροι A τρισύαγροι BCl: corr. Siebenk.

δυνάμει καὶ πλήθει διαφέροντες τῶν ἄλλων, ὑφ' ὧν οἱ ἐξελαυνόμενοι κατέφευγον εἰς τὴν ἐντὸς τοῦ Ῥήνου νυνί.

10   b. Str. VII 1, 3 p. 290 Ταύτης δὲ (sc. τῆς πέραν τοῦ Ῥήνου ποταμίας) τὰ μὲν εἰς τὴν Κελτικὴν μετήγαγον Ῥωμαῖοι, τὰ δ' Ἐφθη μεταστάντα εἰς τὴν ἐν βάθει χώραν.

6 Ante ἐξελαυνόμενοι inserendam Οὔβιοι coni. Cluver ‖ 9 νυνί inclusit Cor., cum sequentibus coniunxit Grosk., (οὐ) νυνί Muell. ‖ 11 Ante τὰ μὲν excidisse τὰ ἔθνη coni. Kr. ‖ 12 μεταναστάντα ald. Cor.

Cf. Cass. Dio. XLVIII 49 Τοὺς γὰρ Γαλάτας αὐτὸν (sc. τὸν Ἀγρίππαν) τοὺς νεωτερίσαντας προσπολεμούμενον, ὅπερ καὶ τὸν Ῥῆνον δεύτερος δὴ Ῥωμαίων ἐπὶ πολέμῳ διέβη, μετεπίμψατο (sc. ὁ Καῖσαρ) καὶ τῇ τε δόσει τῶν νικητηρίων ἐτίμησε κτλ. Tac. ann. XII 27 *Agrippina, quo vim suam sociis quoque nationibus ostentaret, in oppidum Ubiorum, in quo genita erat, veteranos coloniamque deduci impetrat; cui nomen inditum e vocabulo ipsius. Ac forte acciderat, ut eam gentem Rhenum transgressam avus Agrippa in fidem acciperet.* Cf. id. Germ. 28. Sueton. Div. Aug. 21 *Ex quibus* (sc. Germanis) *Suebos et Sigambros dedentes se traduxit in Galliam atque in proximis Rheno agris conlocavit.*

*214

Ios. A. I. XV 1, 2 (Mueller FHG III p. 494 fr. 15) Ἀντώνιος δὲ λαβὼν αἰχμάλωτον τὸν Ἀντίγονον δέσμιον ἔγνω μέχρι τοῦ θριάμβου φυλάττειν. Ἐπεὶ δ' ἤκουσε νεωτερίζειν τὸ ἔθνος κἀκ τοῦ πρὸς Ἡρώδην μίσους εὔνουν Ἀντιγόνῳ διαμένον, ἔγνω τοῦτον ἐν Ἀντιοχείᾳ πελεκίσαι· σχεδὸν γὰρ οὐδαμῶς ἠρεμεῖν ἠδύναντο Ἰουδαῖοι. Μαρτυρεῖ δέ μου τῷ λόγῳ Στράβων ὁ Καππάδοξ λέγων οὕτως· "Ἀντώνιος μὲν Ἀντίγονον τὸν Ἰουδαῖον ἀχθέντα εἰς Ἀντιόχειαν πελεκίζει (s. 37)· καὶ ἔδοξε μὲν οὗτος πρῶτος Ῥωμαίων βασιλέα πελεκίσαι οὐκ
10 οἰηθεὶς ἕτερον τρόπον μεταθεῖναι ἂν τὰς γνώμας τῶν Ἰουδαίων, ὥστε δέξασθαι τὸν ἀντ' ἐκείνου καθεσταμένον Ἡρώδην.

Cf. Plut. Ant. 36 Πολλοὺς δ' ἀφηρεῖτο (sc. ὁ Ἀντώνιος) βασιλείας ὡς Ἀντίγονον τὸν Ἰουδαῖον, ὃν καὶ προαγαγὼν ἐπελέκισεν οὐδενὸς πρότερον ἑτέρου βασιλέως οὕτω κολασθέντος. Cf. Cass. Dio. XLIX 22. — Paulum discrepat Ios. A. I. XIV 16, 4 Σόσσιος δὲ — — ἀνέζευξεν ἀπὸ Ἱεροσολύμων Ἀντίγονον ἄγων δεσμώτην Ἀντωνίῳ. Δείσας δὲ Ἡρώδης, μὴ φυλαχθεὶς Ἀντίγονος ὑπ' Ἀντωνίου καὶ κομισθεὶς εἰς Ῥώμην ὑπ' αὐτοῦ δικαιολογήσηται πρὸς τὴν σύγκλητον ἐπιδεικνὺς αὐτὸν μὲν ἐκ

Οὐδὲ γὰρ βασανιζόμενοι βασιλέα αὐτὸν ἀναγορεύειν ὑπέμειναν· οὕτω μέγα τι ἐφρόνουν περὶ τοῦ πρώτου βασιλέως. Τὴν οὖν ἀτιμίαν ἐνόμισε μειώσειν τῆς πρὸς αὐτὸν μνήμης, μειώσειν δὲ καὶ τὸ πρὸς Ἡρώδην μῖσος.' Ταῦτα μὲν ὁ Στράβων. 15

βασιλέων, Ἡρώδην δὲ ἰδιώτην καὶ ὅτι προσῆκεν αὐτοῦ βασιλεύειν τοὺς παῖδας διὰ τὸ γένος, εἰ καὶ αὐτὸς εἰς Ῥωμαίους ἐξήμαρτε, ταῦτα φοβούμενος πολλοῖς χρήμασι πείθει τὸν Ἀντώνιον ἀνελεῖν τὸν Ἀντίγονον. Οὐ γενομένου τοῦ δέους μὲν Ἡρώδης ἀπαλλάσσεται, παύεται δ' οὕτως ἡ τοῦ Ἀσαμωναίου ἀρχή. Cf. B. I. I 18, 3. Zon. V 11 P I 233 D. Hegesipp. I 31.

COMM. Quod Cassius Dio l. l. has res tribuit anno 39, haud dubie in errore versatur. Nam pertinent ad a. 37: cf. Ios. A. I. XIV 16, 4 init. Drumann hist. Rom. I p. 447 adn. 11.

215

Str. XI 3, 4 sq. p. 500/1 Τέτταρες δ' εἰσὶν εἰς τὴν χώραν (sc. τὴν τῶν Ἰβήρων) εἰσβολαί· μία μὲν διὰ Σαραπανῶν κτλ. (cf. fr. 109) — — Ἀπὸ δὲ τῆς Ἀρμενίας τὰ ἐπὶ τῷ Κύρῳ στενὰ καὶ τὰ ἐπὶ τῷ Ἀράγῳ· πρὶν γὰρ εἰς ἀλλήλους συμπεσεῖν, ἔχουσιν ἐπικειμένας πόλεις ἐρυμνὰς ἐπὶ πέτραις διεχούσαις ἀλλήλων ὅσον ἑκκαίδεκα σταδίους, ἐπὶ μὲν τῷ Κύρῳ τὴν Ἀρμοζικήν, ἐπὶ δὲ θατέρῳ Σευσάμορα. Ταύταις δὲ ἐχρήσατο ταῖς εἰσβολαῖς πρότερον Πομπήιος ἐκ τῶν Ἀρμενίων ἑρμηθεὶς καὶ μετὰ ταῦτα Κανίδιος (a. 36). 5

4 Ἀράγῳ: nomen corruptum esse putant Du Theilius Groak. Kr., sed vide Muellerum et Fabricium Theoph. a. Q. Dellius' p. 157 sq. | 5 διεχούσας Kaibel. Fabric. l. l.

Cf. Cass. Dio. XLIX 24 Ἐν δὲ τῷ λοιπῷ χειμῶνι τοῦ τε Γελλίου καὶ τοῦ Νερούα ἀρχόντων Πούπλιος Κανίδιος Κράσσος ἐπὶ Ἴβηρας τοὺς ταύτῃ στρατεύσας μάχῃ τε τὸν βασιλέα αὐτῶν Φαρνάβαζον ἐνίκησε καὶ ἐς συμμαχίαν προσηγάγετο καὶ μετ' αὐτοῦ ἐς τὴν Ἀλβανίδα τὴν ὅμορον ἐμβαλὼν καὶ ἐκείνους τόν τε βασιλέα αὐτῶν Ζόβηρα κρατήσας ὁμοίως αὑτοῖς ᾠκειώσατο. Cf. Plut. Ant. 34. comp. Demetr. c. Ant. 1.

216

a. Str. XIV 5, 3 p. 669 Μετὰ δὲ τὸ Κορακήσιον † Ἀρσι-

1 Ἀρσινόη corruptum videtur, Συβρί Παρρer., Σύεδρα Tzsch., Αἴνησιν esse, tunc fortasse appellatam Ἀρσινόην, suspicatur Mueller

νότη πόλις, είθ' Άμαξια, επί βουνού κατοικία εις ύφορμον έχουσα, όπου κατάγεται ή ναυπηγήσιμος ύλη. Κέδρος δ' έστιν ή πλείστη, και δοκεί ταύτα τα μέρη πλεονεκτεΐν τη τοιαύτη ξυλεία' και διά τούτ' Αντώνιος Κλεοπάτρα τα χωρία ταύτα προσένειμεν (a. 36) επιτήδεια όντα προς τάς των στόλων κατασκευάς (cf. fr. 217 e).

b. Str. XIV 6, 6 p. 685 Όλίγον δε χρόνον τον μεταξύ Αντώνιος Κλεοπάτρα και τη αδελφή αύτης Αρσινόη παρέδωκε (sc. την Κύπρον)· καταλυθέντος δε εκείνου συγκατελύθησαν και αι διατάξεις αύτού πάσαι.

Cf. Plut. Ant. 36 Καπίτωνα Φοντήϊον έπεμψεν (sc. Αντώνιος) άξοντα Κλεοπάτραν εις Συρίαν. Έλθούση δε χαρίζεται και προστίθησι μικρόν ούδεν ούδ' ολίγον, αλλά Φοινίκην, Κοίλην Συρίαν, Κύπρον, Κιλικίας πολλήν. Cf. ib. c. 54. Cass. Dio. XLIX 32. Zon. X 26 P I 521 A.

217

a. Str. XII 5, 1 p. 567 Είτα είς ένα ήκεν ή δυναστεία (sc. ή της Γαλατίας) εις Διϊόταρον, είτα εκείνον διεδέξατο Αμύντας (a. 36).

b. Str. XII 5, 4 p. 568 Μετά δε την Γαλατίαν προς νότον ή τε λίμνη εστίν ή Τάττα παρακειμένη τη μεγάλη Καππαδοκία τη κατά τους Μοριμηνούς, μέρος δ' ούσα της μεγάλης Φρυγίας και ή συνεχής ταύτη μέχρι του Ταύρου, ής την πλείστην Αμύντας είχεν.

c. Str. XII 6, 3 sq. p. 569 Της δ' Ισαυρικής έστιν εν πλευραίς ή Δέρβη, μάλιστα τη Καππαδοκία επιπεφυκός [το] του Αντιπάτρου τυραννεΐον του Δερβήτου· του δ' ήν και τά Λάρανδα· εφ' ήμων δε και τα Ίσαυρα και την Δέρβην Αμύντας είχεν επιθέμενος τω Δερβήτη και ανελών αυτόν, τα δ' Ίσαυρα παρά των Ρωμαίων λαβών· — — την γαρ Αντιόχειαν

5 τη μεγάλη παρακειμένη E | 8 τους om. Eorws | δ' om. Eos | 10 το inoludit Cor.

Cf. Cass. Dio. XLIX 32 Ό δ' ούν Αντώνιος — — δυναστείας Αμύντα μεν Γαλατίας, καίπερ γραμματεί του Δηιοτάρου γενομένω, έδωκε (a. 36) και Λυκαονίας Παμφυλίας τέ τινα αύτω προσθείς. Cf. Plut. Ant. 61. App. b. c. V 75 (a. 39) Ίστη δε ηρ και βασιλέας (sc. ό Αντώ-

ἔχων τὴν πρὸς τῇ Πισιδίᾳ μέχρι Ἀπολλωνιάδος τῆς πρὸς 15
Ἀπαμείᾳ τῇ Κιβωτῷ καὶ τῆς παρωρείου τινὰ καὶ τὴν Λυ-
καονίαν ἐπειρᾶτο τοῖς ἐκ τοῦ Ταύρου κατατρέχοντας Κίλικας
καὶ Πισίδας τὴν χώραν ταύτην Φρυγῶν οὖσαν καὶ † Κιλίκων
ἐξαιρεῖν.

d. Str. XII 6, 1 p. 568 Ἀμύντας δ' ὑπὲρ τριακοσίας ἔσχε 20
ποίμνας ἐν τοῖς τόποις τούτοις (sc. ἐν τοῖς τῶν Λυκαόνων
ὀροπεδίοις).

e. Str. XIV 5, 6 p. 671 Ἀρχέλαος — — λαβὼν τὴν Τρα-
χειῶτιν Κιλικίαν ὅλην πλὴν Σελευκείας, καθ' ὃν τρόπον καὶ
Ἀμύντας πρότερον εἶχε καὶ ἔτι πρότερον Κλεοπάτρα. 25

18 καὶ Κιλίκων om. Mein., καὶ Λυκίων susp. Cor., καὶ Λυκαόνων Kr.
ριος), οὓς δοκιμάσειεν, ἐπὶ φόροις ἄρα τεταγμένοις Πόντου μὲν Δαρεῖον
— — Ἀμύνταν δὲ Πισιδῶν.
11 sqq. De Antipatro Derbeta cf. Strab. XII 1, 4 p. 535 (fr. 129,
4 sq.). XIV 5, 24 p. 679. Cic. ad. fam. XIII 73, 2.

COMM. Ciliciam Asperam Amyntas non tum a. 36, sed post pugnam
Actiacam devicto Antonio ab Augusto videtur accepisse, quoniam ille qui-
dem hanc terram donaverat Cleopatrae a. 36: cf. fr. 216.

218

Str. XII 2, 11 p. 540 Εἰς τριγονίαν δὲ προελθόντος τοῦ
γένους (sc. Ἀριοβαρζάνους τοῦ τῶν Καππαδόκων βασιλέως)
ἐξέλιπε· κατεστάθη δ' ὁ Ἀρχέλαος οὐδὲν προσήκων αὐτοῖς
Ἀντωνίου καταστήσαντος (a. 36).

1 τριγένειαν Clorwt | προελθὸν τὸ γένος Cor.

Cf. Cass. Dio. XLIX 32 Ὁ δ' οὖν Ἀντώνιος — — δυναστείας
Ἀμύντᾳ μὲν Γαλατίας — — ἔδωκε — — Ἀρχελάῳ δὲ Καππαδοκίας
ἐμβαλὼν τὸν Ἀριαράθην. Ὁ δ' Ἀρχέλαος οὗτος πρὸς μὲν πατρὸς ἐκ
τῶν Ἀρχελάων ἐκείνων τῶν τοῖς Ῥωμαίοις ἀντιπολεμησάντων ἦν, ἐκ δὲ
μητρὸς ἑταίρας Γλαφύρας ἐγεγέννητο.

219

Str. XII 3, 41 p. 562 Ὕστατος δὲ τῆς Παφλαγονίας ἦρξε
Δηιόταρος, Κάστορος υἱός, ὁ προσαγορευθεὶς Φιλάδελφος

2 καστόρους CDhl καστόρου Iotrx: corr. Cas.

τὸ Μορζέου βασίλειον ἔχων τὰ Γάγγρα, πολισμάτιον ἅμα καὶ
φρούριον.

3 μορζέους codd., Μορζέως Tzsch.: corr. Cor.

COMM. Delotarus hic Castori patri, qui et Galatiae et Paphlagoniae fuerat rex, successit a. 36, ut videtur, in Paphlagoniae regno; nam Galatia ab Antonio data erat Amyntae (fr. 217): cf. Niese in mus. Rhen. vol. XXXVIII p. 599. In pugna Actiaca Deiotarus Philadelphus ab Antonio transiit ad Octavianum (Plut. Ant. 61. 63. Cass. Dio. L 13).

220

Str. XII 3, 14 p. 547 Ἐλευθερωθεῖσαν δ' ὑπὸ Καίσαρος
τοῦ θεοῦ (sc. τὴν Ἀμισὸν cf. fr. 171) παρέδωκεν Ἀντώνιος
βασιλεῦσιν.

COMM. Veri simillimum est a. 36 Amisum regi alicui datam esse ab Antonio, quoniam hoc anno permulta in Asia novavit multosque reges instituit: v. fragmenta antecedentia et Niesium in mus. Rhen. vol. XXXVIII p. 562 adn. 3.

221

Str. XII 3, 38 p. 561 Ἐκεῖνος μὲν οὖν (sc. ὁ Πομπήιος
v. fr. 137) οὕτω διέταξε τὴν Φαζημωνῖτιν, οἱ δ' ὕστερον βα-
σιλεῦσι καὶ ταύτην ἔνειμαν.

3 διέμειναν i, διένειμαν Cor.

COMM. Vix potest dubitari, quin hoc quoque factum sit ab Antonio a. 36: cf. comm. ad fr. 220 et Niesium l. lbl l.

222

Str. XII 3, 39 p. 561 Ἐδόθη δὲ καὶ ἡ Ἀμάσεια βασι-
λεῦσι· νῦν δ' ἐπαρχία ἐστί.

COMM. Antonius huius rei erat auctor a. 36: cf. comm. ad. fr. 220 sq. et Niesium l. lbl l.

223

Str. XI 14, 9 p. 530 Ἀρταουάσδης δὲ Ἀντωνίῳ χωρὶς τῆς

Cf. Plut. Ant. 37 Αὐτὸς δὲ (sc. ὁ Ἀντώνιος) — — ἐχώρει δι' Ἀραβίας καὶ Ἀρμενίας, ὅπου συνελθούσης αὐτῷ τῆς δυνάμεως καὶ τῶν συμ-

ἄλλης ἱππείας αὐτὴν τὴν κατάφρακτον ἑξακισχιλίαν ἵππον
ἐκτάξας ἐπέδειξεν, ἡνίκα εἰς τὴν Μηδίαν ἐνέβαλε σὺν αὐτῷ
(a. 36).

3 ἐπίδειξεν CE1

μάχων βασιλέων (πάμπολλοι δὲ ἦσαν οὗτοι, μέγιστος δὲ πάντων ὁ τῆς
Ἀρμενίας Ἀρταουάσδης ἑξακισχιλίους ἱππεῖς καὶ πεζοὺς ἑπτακισχιλίους
παρέχων) ἐξήτασε τὸν στρατόν.

COMM. Plutarchus hoc loco equitum cataphractorum numerum
solum exhibet, sed infra c. 50 etiam ceterorum equitum ab Artavasde
adductorum habet rationem, qui fuerunt decem milia: cf. Fabricius
'Theophan. v. Myt. u. Q. Dellius' p. 224 sq.

224

a. Str. XI 13, 4 p. 524 Ἀντωνίῳ δὲ χαλεπὴν τὴν στρα-
τείαν (sc. τὴν ἐπὶ Παρθυαίους a. 36) ἐποίησεν οὐχ ἡ τῆς
χώρας φύσις, ἀλλ' ὁ τῶν ὁδῶν ἡγεμών, ὁ τῶν Ἀρμενίων βα-
σιλεὺς Ἀρταουάσδης, ὃν [εἰκὸς] ἐκεῖνος ἐπιβουλεύοντα αὐτῷ
σύμβουλον ἐποιεῖτο καὶ κύριον τῆς περὶ τοῦ πολέμου γνώμης· 5
ἐτιμωρήσατο μὲν οὖν αὐτόν, ἀλλ' ὀψέ, ἡνίκα πολλῶν αἴτιος
κατέστη κακῶν Ῥωμαίοις καὶ αὐτὸς καὶ ἐκεῖνος, ὅστις τὴν ἀπὸ
τοῦ Ζεύγματος ὁδὸν τοῦ κατὰ τὸν Εὐφράτην μέχρι τοῦ ἅψα-
σθαι τῆς Ἀτροπατηνῆς ὀκτακισχιλίων σταδίων ἐποίησε, πλέον
ἢ διπλασίαν τῆς εὐθείας, διὰ ὀρῶν καὶ ἀνοδιῶν καὶ κυκλο- 10
πορίας.

4 εἰκὸς ortum ex vocab. seq. ἐκεῖνος, om. oz, ὡς εἰκὸς x, αἰκῇ Mein.

Cf. Plut. Ant. 37—39. 50. (37) Αὐτὸς δὲ (sc. ὁ Ἀντώνιος) Κλεο-
πάτραν εἰς Αἴγυπτον ἀποπέμψας ἐχώρει δι' Ἀραβίας καὶ Ἀρμενίας, ὅπου
— — ἐξήτασε τὸν στρατόν. — (38) Πρῶτον μὲν οὖν αὐτοῦ δέον ἐν Ἀρ-
μενίᾳ διαχειμάσαι καὶ διαναπαῦσαι τὸν στρατὸν ὀκτακισχιλίων σταδίων
ἀπεστερημένον πορείᾳ καί, πρὶν ἢ κινεῖν ἐκ τῶν χειμαδίων Πάρθους,
ἔαρος ἀρχῇ Μηδίαν καταλαβεῖν οὐκ ἠνέσχετο τὸν χρόνον, ἀλλ' εὐθὺς
ἦγεν ἐν ἀριστερᾷ λαβὼν Ἀρμενίαν καὶ τῆς Ἀτροπατηνῆς ἁψάμενος
ἐπόρθει τὴν χώραν. — (39) Ὁ δὲ Ἀρμένιος Ἀρταουάσδης ἀπογνοὺς τὰ
Ῥωμαίων (post Statiani cladem) ᾤχετο τὴν αὑτοῦ στρατιὰν ἀναλαβών,
καίπερ αἰτιώτατος τοῦ πολέμου γενόμενος. — (50) Ὅτι καὶ μάλιστα κατά-
δηλος ἦν Ἀρταουάσδης ὁ Ἀρμένιος Ἀντώνιον ἐκείνου τοῦ πολέμου τὸ

b. Str. XVI 1, 29 p. 748 *Ἀντώνιος δὲ συμβούλῳ τῷ Ἀρμενίῳ χρώμενος προὐδόθη καὶ καὶ κακῶς ἐπολέμησεν.*

τέλος ἀφελόμενος. Εἰ γὰρ οὓς ἀπήγαγεν ἐκ Μηδίας ἱππεῖς ἑξακισχιλίους καὶ μυρίους παρῆσαν, — — οὐκ ἂν ὑπῆρξεν αὐτοῖς (sc. τοῖς Πάρθοις) ἡττωμένοις ἀναγέρειν καὶ ἀνατολμᾶν τοσαυτάκις.

225

Str. XI 13, 3 p. 523 *Βασίλειον δ' αὐτῶν* (sc. τῶν Ἀτροπατίων) *θερινὸν μὲν ἐν πεδίῳ ἱδρυμένον Γάζακα,* (χειμερινὸν *δὲ Φράατα*) *ἐν φρουρίῳ ἐρυμνῷ* [Οὐέρα], *ὅπερ Ἀντώνιος ἐπο-*

1 sqq. Locus valde corruptus in codd. sic legitur: βασίλειον δ' αὐτῶν θερινὸν μὲν ἐν πεδίῳ ἰδρυμένον γάζα καὶ ἐν φρουρίῳ ἐρυμνῷ οὐέρα (οὐέρ ἢ ox D, ubi ultima littera incerta est) ὅπερ Ἀ. κτλ. — Ex γάζα ωnd Groskurd recte restituit nomen Γάζακα. Idem v. d. post hoc vocabulum inseruit χειράδων s. χειμερινὸν δέ, quod posterius recepit Meineke. — Iusto audacius nuper Fabricius 'Theophanus v. Mytil. a. Q. Dellius' p. 127 sqq. nimium tribuens coniecturis satis incertis illorum vv. dd., qui nunc in illis regionibus veterum oppida, ubi fuerint sita, student investigare, locum sic refluxit: βασίλειον δ' αὐτῶν (χειμερινὸν μὲν . . . . .), θερινὸν δὲ ἐν πεδίῳ ἱδρυμένον Γάζακα σὺν φρουρίῳ ἐρυμνῷ Οὐέρα, ὅπερ Ἀ. κτλ. Tribus igitur locis traditas mutavit litteras. Sed multa praeterea eius coniecturae obstant. — Regia illa Medorum ab Antonio oppugnata appellatur apud Plutarchum Φράατα, apud Dionem Πράασπα. Iam statuit Fabr. et Gazaca et Veram et Phraata (Phraaspa) unius eiusdemque urbis esse nomina, vel potius ipsam urbem esse appellatam Gazaca, arcem Phraaspa vel Veram. Sed veterum testimonia adversantur. Nam et ex Ptolomaeo (VI 2, 10) et ex Asinio Quadrato ap. Steph. Byz. s. vv. discimus Gazaca (Zazaca) et Phraaspa duas divorsas fuisse urbes. — Porro Fabr. Gazaca vel Phraata aestivam fuisse regiam affirmat, ubi autem per hiemem habitaverint reges fatetur se nescire. Iam vero βασίλειον fuisse Phraata testatur Cassius Dio (XLIX 25 τοῖς Πραάσποις τῷ βασιλείῳ αὐτῶν προσπεσών) et, cum Antonius urbem obsideret, familiam regiam ibi habitasse apparet ex Plutarcho (a. 38 v. infra). Quoniam autem instante hieme Antonius in Mediam incurrit (Plut. Ant. 38 πρῶτον μὲν οὖν αὐτοῦ δέον ἐν Ἀρμενίᾳ διαχειμάσαι — — καὶ πρὶν ἢ κινεῖν ἐκ τῶν χειμαδίων Πάρθους ἕαρος ἀρχῇ Μηδίαν καταλαβεῖν οὐκ ἠνέσχετο τὸν χρόνον, ἀλλ' εὐθὺς ἦγεν κτλ.), necessario statuendum est in hibernis tunc fuisse Medos. Hiberna igitur, non aestiva, Phraata erat regia. Hoc autem nomen quin Strabo quoque exhibuerit, eo minus dubito, quod hoc loco ad eundem fontem redit, ad quem Plutarchus et Cassius Dio, nimirum ad Dellium. Itaque post Γάζακα inserenda esse puto verba χειμερινὸν δὲ Φράατα, quae propter similem utriusque nominis exitum exciderunt, cum scribae oculi a Γάζακα statim aberrarent ad Φράατα. Illud autem ΟΥΕΡΑ, quod iam propter ipsam nominis formam videtur suspectum neque ab ullo scriptore commemoratur, nil aliud mihi videtur esse nisi dittographia orta ex litteris sequentibus ΟΠΕΡΑντώνιος, in quod vitium librarius eo facilius poterat incidere, quod omissis verbis χειμερινὸν δὲ Φράατα et vocabulo Γάζακα corrupto in Γάζα καὶ alterius oppidi nomen ipsa sententia flagitabat.

διόρχησε κατὰ τὴν ἐπὶ Παρθυαίους στρατείαν (a. 36). Διέχει δὲ τοῦτο τοῦ Ἀράξου ποταμοῦ τοῦ ὁρίζοντος τήν τε Ἀρμενίαν καὶ τὴν Ἀτροπατηνὴν σταδίους δισχιλίοις καὶ τετρακοσίους, ὥς φησιν ὁ Δέλλιος ὁ τοῦ Ἀντωνίου φίλος συγγράψας τὴν ἐπὶ Παρθυαίους αὐτοῦ στρατείαν, ἐν ᾗ παρῆν καὶ αὐτὸς ἡγεμονίαν ἔχων.

7 ὁ Δέλλιος] ἀδέλφιος codd.: corr. Cas., φησιν Δέλλιος Fabric. l. l., sed iam debebat scribere φησί.

Cf. Plut. Ant. 38 Αὐτὸς δὲ (sc. ὁ Ἀντώνιος) Φράατα μεγάλην πόλιν, ἐν ᾗ καὶ τέκνα καὶ γυναῖκες ἦσαν τοῦ τῆς Μηδίας βασιλέως, ἐπολιόρκει. Ib. 49 Ἔκτῃ δὲ ἡμέρᾳ μετὰ τὴν τελευταίαν μάχην ἐπὶ τὸν Ἀράξην ποταμὸν ἧκον ὁρίζοντα Μηδίαν καὶ Ἀρμενίαν. Ib. 50 Ὥδευσαν μὲν οὖν ἀπὸ Φραάτων ἡμέρας ἑπτὰ καὶ εἴκοσι. Cf. Cass. Dio. XLIX 25 sq. Liv. per. 130 M. Antonius — — tarde Mediam ingressus bellum — — intulit et, cum duabus legionibus amissis nulla re prospere cedente retro rediret, insecutis subinde Parthis — — in Armeniam reversus est XXI diebus CCC milia fuga emensus.

226

Str. XI 14, 15 p. 532 Διαδεξάμενος δ' Ἀρταουάσδης ἐκεῖνον (sc. τὸν Τιγράνην) τέως μὲν ηὐτύχει φίλος ὢν Ῥωμαίοις, Ἀντώνιον δὲ προδιδοὺς Παρθυαίοις ἐν τῷ πρὸς αὐτοὺς πολέμῳ (a. 36) δίκας ἔτισεν· ἀναχθεὶς γὰρ εἰς Ἀλεξάνδρειαν ὑπ' αὐτοῦ (a. 34) δέσμιος πομπευθεὶς διὰ τῆς πόλεως τέως μὲν ἐφρουρεῖτο, ἔπειτ' ἀνῃρέθη συνάπτοντος τοῦ Ἀκτιακοῦ

2 εὐτύχει Iornx | 4 τίσιν codd.: corr. Xylander | 5 Ante δέσμιος add. καὶ Cor.

4 sq. cf. Plut. Ant. 50 Ἅπαντες οὖν ὀργῇ παρώξυνον ἐπὶ τὴν τιμωρίαν τοῦ Ἀρμενίου τὸν Ἀντώνιον. Ὁ δὲ λογισμῷ χρησάμενος οὔτε ἐμέμψατο τὴν προδοσίαν οὔτε ἀφεῖλε τῆς συνήθους φιλοφροσύνης καὶ τιμῆς πρὸς αὐτὸν ἀσθενὴς τῷ στρατῷ καὶ ἄπορος γεγονώς. Ὕστερον μέντοι πάλιν ἐμβαλὼν εἰς Ἀρμενίαν καὶ πολλαῖς ὑποσχέσεσι καὶ προκλήσεσι πείσας αὐτὸν ἐλθεῖν εἰς χεῖρας συνέλαβε καὶ δέσμιον καταγαγὼν εἰς Ἀλεξάνδρειαν ἐθριάμβευσεν. Ὣς μάλιστα Ῥωμαίους ἐλύπησεν, ὡς τὰ καλὰ καὶ σεμνὰ τῆς πατρίδος Αἰγυπτίοις διὰ Κλεοπάτραν χαριζόμενος. Cf. Cass. Dio. XLIX 39 sq. Zon. X 27 P I 521 BD. Ios. A. L XV 4, 3. B. I. I 18, 5. Liv. per. 131. Oros. VI 19, 3. Vell. II 82, 3. Tac. ann. II 3.

πολέμου. Μετ' εκείνον δε πλείους εβασίλευσαν υπό Καίσαρι και 'Ρωμαίοις όντες.

6 cf. Cass. Dio. LI 5 Τόν τε Άρμένιον αποκτείνασα (sc. ή Κλεοπάτρα a. 30) την κεφαλήν αυτού τω Μήδω ως και επικουρήσοντί σφισι διά τούτ' έπεμψεν. Cf. Tac. l. l.

227

Str. XI 14, 6 p. 529 Ού πολύ δ' άπωθεν [εστι] της πόλεώς (sc. Άρταξάτων) έστι τα Τιγράνου και Άρτασράσδου γαζοφυλάκια, φρούρια ερυμνά, Βάβυρσά τε και 'Ολανή· ήν δε και άλλα επί τω Ευφράτη.

1 έστι inclus. Mein. | 2 έστι] επί codd., και Xyl.: corr. Mein. et Kr. coni.

Cf. Cass. Dio. XLIX 39 sq. Τα μεν πρώτα αδιτόν τε είχε (sc. ό Αντώνιος τον Άρτασράσδην a. 34) και κατά τα φρούρια, εν οίς οι θησαυροί ήσαν, περιήγεν, εί πως αμαχί σφας λάβοι. — — 'Ως δ' ούτε οι χρυσοφύλακες προσείχον αυτώ και οι τα όπλα έχοντες Άρτάξην τον πρεσβύτατον των παίδων αυτού βασιλέα ανθείλοντο, έδησεν αυτόν αργυραίς αλύσεσιν. — — (40) Κάκ τούτου τους μεν εθελοντί τους δε και βία λαβών πάσαν την Άρμενίαν κατέσχεν. Cf. Zon. X 27 P 1 521 B Oros. VI 19, 3.

228

Str. XI 13, 2 p. 523 Έχουσι δ' (sc. οι Άτροπάτιοι) ισχυρούς γείτονας τους Άρμενίους και τους Παρθυαίους, υφ' ών περικόπτονται πολλάκις· αντέχουσι δ' όμως και απολαμβάνουσι τα αφαιρεθέντα, καθάπερ την Συμβάκην απέλαβον παρά των Άρμενίων υπό 'Ρωμαίοις γεγονότων και αυτοί προσεληλύθασι τη φιλία τη προς Καίσαρα· θεραπεύουσι δ' άμα και τοις Παρθυαίοις.

COMM. Symbacam ab Antonio redditam esse Atropatenis a. 33 veri simile est: cf. Gutschmid 'Geschichte Irans und seiner Nachbarlaender von Alexander d. Gr. bis z. Untergang d. Arsaciden' p. 101.

229

Str. VI 1, 6 p. 259 Πομπήιον δ' εκβαλών της Σικελίας ⟨ό⟩
1 ό add. Cor.

Σεβαστός Καίσαρ (a. 36) ὁρῶν λειπανδροῦσαν τὴν πόλιν (sc. τὸ 'Ρήγιον) συνοίκους ἔδωκεν αὐτῇ τῶν ἐκ τοῦ στόλου τινάς· καὶ νῦν ἱκανῶς εὐανδρεῖ.

3 αὐτῷ ABCl αὐτοῖς n (ex corr. sec. m.), αὐτῇ k

COMM. Rhegium non colonia facta est ab Augusto, sed mansit municipium, dictum Regium Iulium: cf. Mommsen in CIL X 1 p. 3.

230

Str. III 2, 2 p. 141 'Ο δ' ἀδελφὸς αὐτοῦ (sc. Γναίου Πομπηίου) Σέξτος — — Σικελίαν ἀπέστησεν, εἶτ' ἐκπεσὼν ἐν-

Cf. A p p. b, c. V 133—144 (133) Πομπήιος δ' ἐκ μὲν Σικελίας ἄκρᾳ Λακινίᾳ προσέσχε — — φεύγων ἐς 'Αντώνιον κτλ. — — (140) 'Ο δ' Ἕρμος ὢν ἤδη φίλων (sc. Πομπήιος) ἐς τὰ μεσόγεια τῆς Βιθυνίας ἀνεχώρει λεγόμενος ἐς Ἀρμενίοις ἐπείγεσθαι. Καὶ αὐτὸν νυκτὸς ἀναζεύξαντα ἀφανῶς ἐδίωκεν ὅ τε Φούρνιος καὶ ὁ Τίτιος καὶ ἐπ' ἐκείνοις Ἀμύντας. Συντόνῳ δὲ δρόμῳ περὶ ἑσπέραν καταλαβόντες ἐστρατοπέδευσαν ἕκαστος ἐφ' ἑαυτοῦ περὶ λόφῳ τινὶ ἄτερ τάφρου καὶ χάρακος. — — Ὧδε δὲ αὐτοῖς ἔχουσιν ὁ Πομπήιος νυκτὸς ἐπέθετο — — καὶ πολλοὺς ἔκτεινεν. — — Καὶ οὐδὲν ἐπ' ἔργῳ τοιῷδε πλέον ἢ αὖθις ἐς τὸ μεσόγειον ἐχώρει· οἱ δ' ἀσθένητες εἵποντο καὶ σιτολογοῦντα ἠνώχλουν, ἕως κινδυνεύων ὑπὸ τῆς ἀπορίας ἠξίωσεν ἐς λόγους ἐλθεῖν. — — (142) Καὶ τοῖς μὲν ἀμφὶ τὸν Φούρνιον δόξα ἦν, ὅτι ὁ Πομπήιος ἐξ ἀπορίας τῶν παρόντων ἑαυτὸν ἐς τὴν ἐπιοῦσαν ἡμέραν ἐκδώσει τῷ Τιτίῳ· ὁ δὲ νυκτὸς — — ἔλαθε μετὰ τῶν εὐζώνων ὑπεξελθὼν τοῦ στρατοπέδου, οἷς οὐδὲ αὐτοῖς προεῖπεν οἷ χωρήσειν ἔμελλεν. Ἐπενόει δ' ἐπὶ θάλασσαν ἐλθὼν ἐμπρῆσαι τὸ τοῦ Τιτίου ναυτικόν. Καὶ τάχ' ἂν ἔδρασεν, εἰ μὴ Σκαῦρος αὐτομολήσας ἀπ' αὐτοῦ τὴν μὲν ἔξοδον ἐμήνυσε καὶ τὴν ὁδόν, ἣν ἐφέρετο, τὴν δ' ἐπίνοιαν οὐκ ᾔδει. Τότε δὴ χιλίοις καὶ πεντακοσίοις ἱππεῦσιν Ἀμύντας ἐδίωκε τὸν Πομπήιον ἱππέας οὐκ ἔχοντα. Καὶ ἐς τὸν Ἀμύνταν οἱ τοῦ Πομπηίου πλησιάσαντα μετεχώρουν. — — Μονούμενος οὖν ὁ Πομπήιος καὶ δεδιὼς ἤδη τὰ οἰκεῖα ἑαυτὸν ἄνευ σπονδῶν ἐνεχείρισεν Ἀμύντᾳ. — — (144) Καὶ Πομπήιος μὲν — — ἑαλώκει, Τίτιος δὲ τὸν μὲν στρατὸν αὐτοῦ μετεστράτευσεν Ἀντωνίῳ, αὐτὸν δὲ Πομπήιον — — ἐν Μιλήτῳ κατέκανεν εἴτε δι' αὑτοῦ — — εἴτε καὶ ἐπιστείλαντος Ἀντωνίου κτλ. Cass. Dio. XLIX 17 sq. (18) Τῆς τε κατὰ θάλασσαν σωτηρίας ἀπέγνω καὶ — — ἐς τὴν μεσόγειαν ὥρμησε. Καὶ αὐτὸν ἐπιδιώξαντες· ὅ τε Τίτιος καὶ ὁ Φούρνιος ἔν τε Μιδαείῳ τῆς Φρυγίας κατέλαβον καὶ περισχόντες ἐζώγρησαν. Μαθὼν δὲ τοῦτο ὁ Ἀντώνιος εὐθὺς μὲν ὑπ' ὀργῆς ἐπέστειλέ σφισιν, ἵνα ἀποθάνῃ αὖθις δ' οὐ πολλῷ ὕστερον

13*

θένδε (a. 36) εἰς τὴν Ἀσίαν, ἁλοὺς ὑπὸ τῶν Ἀντωνίου στρατηγῶν ἐν Μιλήτῳ κατέστρεψε τὸν βίον (a. 35).

4 Μιλήτῳ] Μιδαείῳ Krem. ex Lachmanni schedis c Cass. Dione XLIX 18. Sed traditae lectioni patrocinatur locus Appiani (b. c. V 144), quem illi temere mutaverunt. Et etiamsi verum sit, quod narrat Dio, Midaei captum esse S. Pompeium, fieri tamen potuit, ut postea interficeretur Mileti.

μετανοήσας, ἵνα σωθῇ. ... Τοῦ οὖν δευτέρου γραμματοφόρου τὸν πρότερον φθάσαντος ὕστερον τὰ περὶ τοῦ θανάτου αὐτοῦ γράμματα ὁ Τίτιος λαβών — — τῇ τάξει τῆς κομιδῆς αὐτῶν, ἀλλ' οὐ τῇ γνώμῃ προσίσχε. Καὶ οὕτως ὅ τε Σίξτος — — ἀπέθανε κτλ. Cf. Zon. X 23 P 1 518 C—519 B. Liv. per. 131. Oros. VI 19, 2. Vell. II 79. Flor. II 18, 8. Eutr. VII 6. Ps. Aur. 84.

231

Str. XIV 1, 42 p. 649 Οὗτός (τε) δὴ (sc. Πυθόδωρος) καθ' ἡμᾶς ἤκμασε (sc. ἐν Τράλλεσι) καὶ Μηνόδωρος, ἀνὴρ λόγιος καὶ ἄλλως σεμνὸς καὶ βαρύς, ἔχων τὴν ἱερωσύνην τοῦ Διὸς τοῦ Λαρισαίου· κατεστασιάσθη δ' ὑπὸ τῶν Δομετίου τοῦ Ἀηνοβάρβου φίλων, καὶ ἀνεῖλεν αὐτὸν ἐκεῖνος ὡς ἀφιστάντα τὸ ναυτικὸν πιστεύσας τοῖς ἐνδειξαμένοις.

1 τε add. Cas. | 3/4 τοῦ Λαρισηνίου διὸς mos | 4 Λαρισσαίου codd.: corr. Kr., qui tamen scribendum susp. Λαρισίου ex IX 5, 19 p. 440 | Δομιτίου Tzsch.

COMM. Cn. Domitius Ahenobarbus annis 40—32 in Asia fuit. Fortasse res pertinet ad a. 35, cum S. Pompeius in Asiae ora copias et classem colligeret et id ageret, ut Domitium dolo ac proditione caperet (App. b. c. V 137).

232

a. Str. IV 6, 10 p. 207 Οἱ μὲν οὖν Ἰάποδες πρότερον εὐανδροῦντες καὶ τοῦ ὄρους ἐφ' ἑκάτερον τὴν οἴκησιν ἔχοντες καὶ τοῖς λῃστηρίοις ἐπικρατοῦντες ἐκπεπόνηνται τελέως ὑπὸ

2 ἑκάτερα Cor.

Cf. App. III. 16—21 (16) Ἰαπόδων δὲ τῶν ἐντὸς Ἄλπεων Μοεντῖνοι μὲν καὶ Ἀυενδεᾶται προσέθεντο αὐτῷ (sc. Καίσαρι) προσιόντι. Ἀρουπῖνοι δ', οἳ πλεῖστοι καὶ μαχιμώτατοι τῶνδε τῶν Ἰαπόδων εἰσίν, ἐκ τῶν κωμῶν ἐς τὸ ἄστυ ἀνῳκίσαντο καὶ προσιόντος αὐτοῦ ἐς τὰς ὕλας συνέφυ-

τοῦ Σεβαστοῦ Καίσαρος καταπολεμιθέντες (a. 35). Πόλεις
δ' αὐτῶν Μέτουλον, Ἀρουπῖνοι, Μονήτιον, Οὐένδων.

b. Str. VII 5, 4 p. 314 Οἱ Ἰάποδες, — — ἀρειμάνιοι μέν,
ἐκπεπονημένοι δὲ ὑπὸ τοῦ Σεβαστοῦ τελέως· πόλεις δ' αὐτῶν
Μέτουλον, Ἀρουπῖνοι, Μονήτιον, Οὐένδων.

5 ἀρουπινοί Α (et η sup. ει add. m. sec.) C (sine acc.) ἀρούπεινον Bl:
corr. Kr. | οὐένδον codd.: corr. Cor., Αὐένδων Cluver ‖ 8 ἀρουπῖνοι Α
ἀρούπινος Bl ἀρούπινον C(?): corr. Kr. | Μονήτιον Tzsch. | Αὐένδων
Cluver

γον. Ὁ δὲ Καῖσαρ τὸ ἄστυ ἑλὼν οὐκ ἐνέπρησεν ἐλπίσας ἐνδώσειν αὐ-
τοὺς· καὶ ἐνδοῦσιν οἰκεῖν ἔδωκεν. (19) Ἰάποδες δὲ οἱ πέραν Ἄλπεων,
ἔθνος ἰσχυρόν τε καὶ ἄγριον, δὶς μὲν ἀπεώσαντο Ῥωμαίους — — Ἀκυ-
λιίαν δ' ἐπέδραμον καὶ Τεργηστὸν Ῥωμαίων ἄποικον ἐσύλευσαν. Ἐπι-
όντος δ' αὐτοῖς τοῦ Καίσαρος ὀδὸν ἀνάντη καὶ τραχεῖαν, οἱ δ' ἔτι
μᾶλλον αὐτὴν ἐδυσχέραινον αὐτῷ τὰ δένδρα κόπτοντες. — — Καὶ αὐτὴν
(sc. τὴν πόλιν ᾗ ὄνομα Τέρπωνος) ὁ Καῖσαρ ἑλὼν οὐκ ἐνέπρησεν ἐλπί-
σας καὶ τούσδε ἐνδώσειν· καὶ ἐνέδωκαν. (19) Ἐπὶ δ' ἑτέραν πόλιν ἐχώρει
Μετοῦλον, ἣ τῶν Ἰαπόδων ἐστὶ κεφαλή. — (21) Μετούλου δ' ἁλούσης
οἱ λοιποὶ τῶν Ἰαπόδων καταπλαγέντες ἑαυτοὺς ἐπέτρεψαν τῷ Καίσαρι.
Ἰάποδες μὲν οὖν οἱ πέραν Ἄλπεων τότε πρῶτον Ῥωμαίων ὑπήκουσαν.
Cf. Cass. Dio. XLIX 34 sq. Liv. per. 131. Oros. VI 19, 3. Vell.
II 78. Sueton. Aug. 20 sq.

233

a. Str. IV 6, 10 p. 207 Μεθ' οὓς (sc. τοὺς Ἰάποδας) ἡ
Σεγεστικὴ πόλις ἐν πεδίῳ, παρ' ἣν ὁ Σαῦος παραρρεῖ ποτα-
μὸς ἐκδιδοὺς εἰς τὸν Ἴστρον. Κεῖται δὲ ἡ πόλις εὐφυῶς
πρὸς τὸν κατὰ τῶν Δακῶν πόλεμον.

2 ὁ Σαῦος] ὁ ῥῆνος αὐτὸς codd. αἶνος ἢ ἦνος mg. o, Νόαρος Cas., ὁ
Σαῦος laterc in (ὁ ῥῆν)οσαυτὸς cognovit Xyl., ex ὁρην Tyrwhitt male effecit
ὅλην, quae potius male repetita sunt e litteris antecedentibus; ὁ Σάος Mein. ‖
4 δακων codd.: corr. Mein.

Cf. App. Ill. 22—24 (22) Ἐς δὲ τὴν Σεγεστικὴν γῆν οἱ Ῥωμαῖοι
δὶς πρότερον ἐμβαλόντες οὔτε ὅμηρον οὔτε ἄλλο τι εἰλήφεσαν· ὅθεν
ἦσαν ἐπὶ φρονήματος οἱ Σεγεστανοί. Ὁ δὲ Καῖσαρ αὐτοῖς ἐπῄει διὰ
τῆς Παιόνων γῆς, — — ἐς δ διῆλθεν ἐς τὴν Σεγεστανῶν καὶ τήνδε
Παιόνων οὖσαν ἐπὶ τοῦ Σάου ποταμοῦ, ἐν ᾧ καὶ πόλις ἐστὶν ἐχυρὰ
τῷ τε ποταμῷ καὶ τάφρῳ μεγίστῃ διειλημμένη, διὸ καὶ μάλιστα αὐτῆς
ἔχρῃζεν ὁ Καῖσαρ ὡς ταμιείῳ χρησόμενος ἐς τὸν Δακῶν καὶ Βαστερ-

b. Str. VII 5, 2 p. 313 Ἡ δὲ Σεγεστικὴ πόλις ἐστὶ Παννονίων ἐν συμβολῇ ποταμῶν πλειόνων ἁπάντων πλωτῶν, εὐφυὲς ὁρμητήριον τῷ πρὸς Δακοὺς πολέμῳ.

7 δάκους BCl: corr. Kr.

νῶν πόλεμον, οἳ πέραν εἰσὶ τοῦ Ἴστρου· — — ἐμβάλλει δ' ὁ Σάος ἐς τὸν Ἴστρον. — — (24) Οἱ Σεγεστανοὶ δὲ πᾶσαν πολιορκίαν ὑποστάντες· ἡμέρᾳ τριακοστῇ κατὰ κράτος ἐλήφθησαν (a. 35). Cf. Cass. Dio. XLIX 36 sq. Zon. X 27 P I 521 BC. Liv. per. 131. Oros. VI 19, 3. Sueton. Aug. 20 sq.

234

Str. IV 6, 7 p. 205 Μεσσάλας δὲ πλησίον αὐτῶν (sc. τῶν Σαλασσῶν) χειμαδεύων τιμὴν ξύλων κατέβαλε τῶν τε καυσίμων καὶ τῶν πτελεΐνων ἀκοντισμάτων [καὶ] τῶν γυμναστικῶν. Ἐβούλησαν δέ ποτε καὶ χρήματα Καίσαρος οἱ ἄνδρες οὗτοι καὶ ἐπέβαλον κρημνοὺς στρατοπέδοις, πρόφασιν ὡς ὁδοποιοῦντες ἢ γεφυροῦντες ποταμούς.

3 καὶ del. Mein.

COMM. M. Valerius Messala Corvinus a. 35 sub Octaviano Imperatore cum Iapodibus, Pannoniis, Arupinis bellum gessit (Tibull. IV 1, 107 sqq., Zippel 'Die roemische Herrschaft in Illyrien' p. 235). Anno sequenti idem Salassos domuit (App. Ill. 17. Cass. Dio XLIX 38). Itaque quae Strabo narrat, fortasse facta sunt hieme 35/4, cum Messala in vicinia hiemaret, ut ineunte vere statim contra illos proficisceretur. — Caesar quando ab illis spoliatus sit, omnino ignoramus.

235

Str. VII 5, 5 p. 315 Εἶτα ἡ τῶν Δαλματέων παραλία καὶ τὸ ἐπίνειον αὐτῶν Σάλων. Ἔστι δὲ τῶν πολὺν χρόνον πολεμησάντων πρὸς Ῥωμαίους τὸ ἔθνος τοῦτο· κατοικίας δ' ἔσχεν ἀξιολόγους εἰς πεντήκοντα, ὧν τινας καὶ πόλεις, Σάλωνά τε

1 εἶτα] καὶ codd., ἔπειτα Pleth., deinde Guarin., ἑξῆς δὲ Cas., εἶτα scripsi cum Mein.

Cf. App. III. 24—27 (24) Ὁ οὖν Καῖσαρ ἐπὶ Δαλμάτας μετῄει, γένος ἕτερον Ἰλλυριῶν Ταυλαντίοις ὅμορον. (25) Οἱ Δαλμάται δ' ἐξ οὗ τὰς ὑπὸ Γαβινίῳ πέντε τάξεις ἀνῃρήκεσαν καὶ τὰ σημεῖα εἰλήφεσαν,

καὶ Πριάμωνα καὶ Νινίαν καὶ Σινώπιον τό τε νέον καὶ τὸ 5 παλαιόν, ἃς ἐνέπρησεν ὁ Σεβαστός (a. 34).

5 *Πριάμωνα* Schweighs. ad App. III. 12

ἐπαρθέντες ἐπὶ τῷδε τὰ ὅπλα οὐκ ἀπετέθειντο ἔτεσιν ἤδη δέκα. Ἀλλὰ καὶ τοῦ Καίσαρος ἐπιόντος αὐτοῖς συμμαχήσειν ἀλλήλοις συνετίθειντο. — — Καὶ συμφεύγουσιν ἐς τὴν Πρωμόναν. (26) Ὁ δὲ Καῖσαρ αὐτήν τε καὶ δύο λόφους, οἳ ἔτι ἐκρατοῦντο ὑπὸ τῶν πολεμίων, ὁμοῦ περιετείχιζε — — καὶ — τὴν Πρωμόναν εἷλεν οὔπω τῆς περιτειχίσεως τετελεσμένης. (27) Συνόδιον δ᾿ αἱροῦσι πόλιν (sc. οἱ Ῥωμαῖοι) — — Ὁ δὲ τό τε Συνόδιον ἐνέπρησε καὶ — — αὐτὸς ᾔει διὰ τῆς φάραγγος κόπτων τὴν ὕλην καὶ τὰς πόλεις αἱρῶν καὶ πάντα ἐμπιπράς, ὅσα κατὰ τὴν ὁδὸν ᾔει. Cf. Cass. Dio. XLIX 35. Liv. per. 132. Flor. II 25. Vell. II 90. Sueton. Aug. 20.

236

Str. V 3, 8 p. 235 Τοσοῦτον δ᾿ ἐστὶ τὸ εἰσαγώγιμον ὕδωρ διὰ τῶν ὑδραγωγείων, ὥστε ποταμοὺς διὰ τῆς πόλεως (sc. τῆς Ῥώμης) καὶ τῶν ὑπονόμων ῥεῖν, ἅπασαν· δὲ οἰκίαν σχεδὸν δεξαμενὰς καὶ σίφωνας καὶ κρουνοὺς ἔχειν ἀφθόνους, ὧν πλείστην ἐπιμέλειαν ἐποιήσατο Μάρκος Ἀγρίππας πολλοῖς καὶ 5 ἄλλοις ἀναθήμασι κοσμήσας τὴν πόλιν (a. 33).

2 ὑδραγωγίων C Mein.

Cf. Frontin. de aq. I 9 Post ... Agrippa aedilis post primum consulatum imperatore Caesare Augusto II L. Volcatio cos. anno post urbem conditam DCCXIX (a. 33) — alterius aquas proprias vires collegit et Tepulae rivum intercepit. Adquisitae aquae ab inventore nomen Iuliae datum est. — — Eodem anno Agrippa ductus Appias, Anionis, Marciae paene dilapsos restituit et singulari cura compluribus salientibus [aquis] instruxit urbem. Ib. 10. Idem cum iam tertio consul fuisset, C. Sentio Q. Lucretio coss. (a. 19) post annum tertium decimum quam Iuliam deduxerat, Virginem quoque in agro Lucullano collectam Romam perduxit. Cf. Plin. N. H. XXXVI 121. Cass. Dio. XLVIII 32. XLIX 42 (qui tamen aquam Iuliam a. 40 Romam perductam, Marciam a. 34 ab Agrippa refectam esse tradit).

237

Str. VIII 4, 3 p. 359 Ἐνταῦθα (sc. ἐν τῇ Μεθώνῃ) Ἀγρίππας τὸν τῶν Μαυρουσίων βασιλέα τῆς Ἀντωνίου στάσεως ὄντα Βόγον κατὰ τὸν πόλεμον τὸν Ἀκτιακὸν διέφθειρε (s. 31) λαβὼν ἐξ ἐπίπλου τὸ χωρίον.

Cf. Cass. Dio. L 11 Καὶ ὁ Ἀγρίππας τήν τε Μεθώνην ἐκ προσβολῆς λαβὼν καὶ τὸν Βογούαν ἐν αὐτῇ κτείνας, τάς τε κατάρσεις τῶν ὁλκάδων ἐπιτηρῶν καὶ ἀποβάσεις ἄλλοτε ἄλλῃ τῆς Ἑλλάδος ποιούμενος ἰσχυρῶς αὐτὸν (sc. τὸν Ἀντώνιον) ἐτάραττεν. Cf. Zon. X 29 P I 524 C. Oros. VI 19, 6.

238

a. Str. VII 7, 6 p. 325 Ἐφεξῆς δὲ τὸ στόμα τοῦ Ἀμβρακικοῦ κόλπου. — — Οἰκοῦσι δὲ τὰ μὲν ἐν δεξιᾷ εἰσπλέουσι τῶν Ἑλλήνων Ἀκαρνᾶνες, καὶ ἱερὸν τοῦ Ἀκτίου Ἀπόλλωνος ἐνταῦθά ἐστι πλησίον τοῦ στόματος, λόφος τις, ἐφ' ᾧ ὁ νεώς,
5 καὶ ὑπ' αὐτῷ πεδίον ἄλσος ἔχον καὶ νεώρια, ἐν οἷς ἀνέθηκε Καῖσαρ τὴν δεκαναΐαν ἀκροθίνιον ἀπὸ μονοκρότου μέχρι δεκήρους· ὑπὸ πυρὸς δ' ἠφανίσθαι καὶ οἱ νεώσοικοι λέγονται καὶ τὰ πλοῖα· ἐν ἀριστερᾷ δὲ ἡ Νικόπολις καὶ τῶν Ἠπειρωτῶν οἱ Κασσωπαῖοι μέχρι τοῦ μυχοῦ τοῦ κατὰ Ἀμβρακίαν.
10 — — Ἠυτύχει μὲν οὖν καὶ πρότερον ἡ πόλις αὕτη διαφερόντως (τὴν γοῦν ἐπωνυμίαν ἐντεῦθεν ἔσχηκεν ὁ κόλπος), μάλιστα δ' ἐκόσμησεν αὐτὴν Πύρρος βασιλείῳ χρησάμενος τῷ τόπῳ· Μακεδόνες δ' ὕστερον καὶ Ῥωμαῖοι καὶ ταύτην καὶ τὰς ἄλλας κατεπόνησαν τοῖς συνεχέσι πολέμοις διὰ τὴν ἀπεί-
15 θειαν, ὥστε τὸ τελευταῖον ὁ Σεβαστὸς ὁρῶν ἐκλελειμμένας τελέως τὰς πόλεις εἰς μίαν συνῴκισε τὴν ὑπ' αὐτοῦ κληθεῖσαν Νικόπολιν ἐν τῷ κόλπῳ τούτῳ, ἐκάλεσε δ' ἐπώνυμον τῆς νίκης, ἐν ᾗ κατεναυμάχησεν Ἀντώνιον πρὸ τοῦ στόματος τοῦ κόλπου καὶ τὴν Αἰγυπτίων βασίλισσαν Κλεοπάτραν παροῦσαν
20 ἐν τῷ ἀγῶνι καὶ αὐτήν (s. 31). Ἡ μὲν οὖν Νικόπολις εὐανδρεῖ καὶ λαμβάνει καθ' ἡμέραν ἐπίδοσιν χώραν τε ἔχουσα

2 τὰ] τὰς Cl τοὺς B (sed οι in litura a sec. m.) E: corr. Kr. ex Pleth. | εἰσπλέοντι Pleth. | 6 δεκαναΐαν ABCl τὴν ιθ' ἀκροθίνιον De δεκάνεων Pleth.: corr. Wesseling (ad Diod. XIV 103) | 10 εὐτύχει Cor.

Cf. Cass. Dio. LI 1 Καὶ ἐπ' αὐτῇ (sc. τῇ πρὸς Ἀντώνιον ναυμαχίᾳ) τῷ τε Ἀπόλλωνι τῷ Ἀκτίῳ τριήρη τε καὶ τετρήρη τά τε ἄλλα τὰ ἑξῆς μέχρι δεκήρους ἐκ τῶν αἰχμαλώτων νεῶν ἀνέθηκε καὶ ναὸν μείζω ᾠκοδόμησεν ἀγῶνά τέ τινα καὶ γυμνικὸν καὶ μουσικῆς ἱπποδρο-

πολλὴν καὶ τὸν ἐκ τῶν λαφύρων κόσμον τό τε κατασκευασθὲν τέμενος ἐν τῷ προαστείῳ τὸ μὲν εἰς τὸν ἀγῶνα τὸν πεντετηρικὸν ἐν ἄλσει ἔχοντι γυμνάσιόν τε καὶ στάδιον, τὸ δ' ἐν τῷ ὑπερκειμένῳ τοῦ ἄλσους ἱερῷ λόφῳ τοῦ Ἀπόλλωνος. Ἀποδέδεικται δ' ὁ ἀγὼν Ὀλύμπιος, τὰ Ἄκτια, ἱερὸς τοῦ Ἀκτίου Ἀπόλλωνος, τὴν δ' ἐπιμέλειαν ἔχουσιν αὐτοῦ Λακεδαιμόνιοι. Αἱ δ' ἄλλαι κατοικίαι περιπόλιοι τῆς Νικοπόλεώς εἰσιν. Ἤγετο δὲ καὶ πρότερον τὰ Ἄκτια τῷ θεῷ, στεφανίτης ἀγών, ὑπὸ τῶν περιοίκων· νυνὶ δ' ἐντιμότερον ἐποίησεν ὁ Καῖσαρ.

b. Str. VII 7, 5 p. 324 Ὁ Κόμαρος (sc. λιμήν) ἰσθμὸν ποιῶν ἑξήκοντα σταδίων πρὸς τὸν Ἀμβρακικὸν κόλπον καὶ τὸ τοῦ Σεβαστοῦ Καίσαρος κτίσμα τὴν Νικόπολιν.

c. Str. X 2, 2 p. 450 Ἀνακτόριον — ἐπὶ χερρονήσου ἱδρυμένον Ἀκτίου πλησίον, ἐμπόριον τῆς νῦν ἐκτισμένης ἐφ' ἡμῶν Νικοπόλεως.

μίας τε πεντετηρικὸν ἱερὸν (οὕτω γὰρ τοὺς τὴν σίτησιν ἔχοντας ὀνομάζουσι) κατέδειξεν Ἄκτια αὐτὸν προσαγορεύσας. Πόλιν τέ τινα ἐν τῷ τοῦ στρατοπέδου τόπῳ τοὺς μὲν συναγείρας, τοὺς δ' ἀναστήσας τῶν πλησιοχώρων συνῴκισε Νικόπολιν ὄνομα αὐτῇ δούς. Cf. Paus. V 23, 3. VII 18, 6. X 36, 4. Sueton. Aug. 18. Plin. N. H. IV 5. Euseb. II p. 140 Sch.

239

a. Str. VIII 7, 5 p. 387 Μετὰ δὲ τούτους Πάτραι, πόλις ἀξιόλογος· — Ῥωμαῖοι δὲ νεωστὶ μετὰ τὴν Ἀκτιακὴν νίκην ἵδρυσαν αὐτόθι τῆς στρατιᾶς μέρος ἀξιόλογον, καὶ διαφερόντως εὐανδρεῖ νῦν ἀποικία Ῥωμαίων οὖσα.

b. Str. X 2, 21 p. 460 Ἔστι δέ τις καὶ πρὸς τῇ Καλυ- 5

3 στρατείας codd.: corr. Cor. | 5 ἔστι δὲ Ὄνθις πρὸς Palmer ex schol. ad Nicandr. Ther. 215

COMM. De hac colonia cf. Paus. VII 18, 5. Plin. N. H. IV 11. Euseb. Hieron. II p. 142 sq. Sch.; Zumpt comm. epigr. I p. 375, Hertzberg 'Geschichte Griechenlands unter der Herrschaft der Roemer' I p. 495 sqq., Mommsen in CIL III p. 95 sq. Quo tempore deducta sit haec colonia, non satis constat.

δῶνι λιμένι μεγάλη καὶ εὔοψος, ἥν ἔχουσιν οἱ ἐν Πάτραις
Ῥωμαῖοι.

6 εὔυψος BCD (sed hic post corr.) ghinox εὔψηχος k; in marg. v haec addantur: τὴν νῦν μάλαιναν καλουμένην, quae in proximis inseruntur in s

240

Str. XIV 3, 3 p. 665 Δύμην — ἥν νυνὶ Ῥωμαίων ἀποικία νέμεται.

1 δυμήνην CDFhw δυσμένην i διδυμήνην moxe: corr. Cas. |, νῦν C

COMM. De hac Augusti, ut videtur, colonia cf. Plin. N. H. IV 13; Zumpt comm. epigr. I p. 375 sq., Hertsberg 'Gesch. Griechenlands unter d. Herrschaft d. Roem.' I p. 496 adn. 37¹, Mommsen in CIL III p. 96 et in blät. Rom. V¹ p. 238 adn. 3.

241

Str. VII 7, 5 p. 324 Βουθρωτὸν ἐπὶ τῷ στόματι τοῦ Πηλώδους καλουμένου λιμένος ἱδρυμένον ἐν τόπῳ χερρονησίζοντι ἐποίκοις ἔχον Ῥωμαίους.

2 χερσονησίζοντι C

COMM. Quo anno ab Augusto deducta sit colonia nescitur: cf. Plin. N. H. IV 4; Zumpt comm. epigr. I p. 376, Hertsberg 'Geschichte Griechenlands unter d. Herrschaft d. Roem.' I p. 496.

242

Str. XII 3, 14 p. 547 Εἶθ' ὁ τύραννος Στράτων κακῶς αὐτὴν (sc. τὴν Ἀμισόν) διέθηκεν· εἶτ' ἠλευθερώθη πάλιν μετὰ τὰ Ἀκτιακὰ ὑπὸ Καίσαρος τοῦ Σεβαστοῦ καὶ νῦν εὖ συνέστηκεν.

COMM. Cf. Plin. N. H. VI 7. In tempore Strabo videtur errasse, quia huius urbis aera redit ad a. 33: cf. Marquardt 'Roem. Staatsverwaltung' I² p. 350 adn. 11.

243

Str. XII 8, 9 p. 574/5 Ἐν δὲ τοῖς Ἀκτιακοῖς (a. 31) ἀποστὰς Ἀντωνίου (sc. Κλέων ὁ καθ' ἡμᾶς τῶν λῃστηρίων ἡγεμὼν v. fr. 205) τοῖς Καίσαρος προσέθετο στρατηγοῖς καὶ ἐπι-

μήϑη πλέον ἢ κατ᾽ ἀξίαν προσλαβὼν τοῖς παρ᾽ Ἀντωνίου
δοϑεῖσι καὶ τὰ παρὰ τοῦ Καίσαρος· ὥστ᾽ ἀντὶ λῃστοῦ δυνά-
στου περιέκειτο σχῆμα ἱερεὺς μὲν ὢν τοῦ Ἀβρεττηνοῦ Διός,
Μυσίου ϑεοῦ, μέρος δ᾽ ἔχων ὑπήκοον τῆς Μωρηνῆς (Μυσία
δέ ἐστι καὶ αὕτη καϑάπερ ἡ Ἀβρεττηνή), λαβὼν δὲ ὕστατα
καὶ τὴν ἐν τῷ Πόντῳ τῶν Κομάνων ἱερωσύνην, εἰς ἣν κατελ-
ϑὼν ἐντὸς μηνιαίου χρόνου κατέστρεψε τὸν βίον· νόσος δ᾽
ἐξήγαγεν αὐτὸν ὀξεῖα εἴτ᾽ ἄλλως ἐπιπεσοῦσα ἐκ τῆς ἄδην
πλησμονῆς, εἴϑ᾽, ὡς ἔφασαν οἱ περὶ τὸ ἱερόν, κατὰ μῆνιν τῆς
ϑεοῦ· ἐν γὰρ τῷ περιβόλῳ τοῦ τεμένους ἡ οἴκησίς ἐστιν ἥ τε
τοῦ ἱερέως καὶ τῆς ἱερείας, τὸ δὲ τέμενος χωρὶς τῆς ἄλλης
ἁγιστείας διαφανέστατα τῆς τῶν ὑείων κρεῶν βρώσεως καϑα-
ρεύει, ὅπου γε καὶ ἡ ὅλη πόλις, οὐδ᾽ εἰσάγεται εἰς αὐτὴν ὗς·
ὁ δ᾽ ἐν τοῖς πρώτοις τὸ λῃστρικὸν ἦϑος ἐπεδείξατο εὐϑὺς
κατὰ τὴν πρώτην εἴσοδον τῇ παραβάσει τούτου τοῦ ἔϑους
ὥσπερ οὐχ ἱερεὺς εἰσεληλυϑώς, ἀλλὰ διαφϑορεὺς τῶν ἱερῶν.

4 παραλαβὼν rw | 6 περιέϑετο Dhl | ἀβρετατηνοῦ CDhilrw ἀβρετ-
τανοῦ os ἀβροντανοῦ ux: corr. Xyl. | 8 βρειατηνή i βρεττηνή ux βρειττηνή
codd. reli.: corr. Xyl. | 11 ἄδην F | 16 ὅλη ἡ owx | 19 εἰσεληϑὼν ux

244

Str. XVII 1, 9 p. 794 Εἶτα τὸ Ποσείδιον (sc. ἐν τῷ μεγά-
λῳ τῆς Ἀλεξανδρείας λιμένι), ἀγκών τις ἀπὸ τοῦ Ἐμπορίου
καλουμένου προπεπτωκὼς ἔχων ἱερὸν Ποσειδῶνος· ᾧ προσ-
ϑεὶς χῶμα Ἀντώνιος ἔτι μᾶλλον προνεῦον εἰς μέσον τὸν λι-
μένα ἐπὶ τῷ ἄκρῳ κατεσκεύασε δίαιταν βασιλικήν, ἣν Τιμώ-
νειον προσηγόρευσε. Τοῦτο δ᾽ ἔπραξε τὸ τελευταῖον (z. 30),
ἡνίκα προλειφϑεὶς ὑπὸ τῶν φίλων ἀπῆρεν εἰς Ἀλεξάνδρειαν

5 τιμώνιον codd.: corr. Cobet miscell. crit. p. 202 | 7 ἡνίκ᾽ ἀπολει-
φϑεὶς Cobet l. l.

Cf. Plut. Ant. 69 Ἀντώνιος δὲ τὴν πόλιν (sc. τὴν Ἀλεξάνδρειαν)
ἐκλιπὼν καὶ τὰς μετὰ τῶν φίλων διατριβὰς οἴκησιν ἔναλον κατεσκεύαζεν
αὑτῷ περὶ τὴν Φάρον εἰς τὴν ϑάλασσαν χῶμα προβαλών· καὶ διῆγεν
αὐτόϑι φυγὰς ἀνϑρώπων καὶ τὸν Τίμωνος ἀγαπᾶν καὶ ζηλοῦν βίον
ἔφασκεν, ὡς δὴ πεπονϑὼς ὅμοια· καὶ γὰρ αὐτὸς ἀδικηϑεὶς ὑπὸ φίλων
καὶ ἀχαριστηϑεὶς διὰ τοῦτο καὶ πᾶσιν ἀνϑρώποις ἀπιστεῖν καὶ δυσχε-
ραίνειν. Ib. 71 Τῷ δὲ Ἀντωνίῳ Κανίδιός τε τῆς ἀποβολῆς τῶν ἐν

μετὰ τὴν ἐν Ἀκτίῳ κακοπραγίαν Τιμώνειον αὐτῷ κρίνας τὸν λοιπὸν βίον, ὃν διάξειν ἔμελλεν ἔρημος τῶν τοσούτων φίλων.

8 τιμώνιον add. cxa. Σ

Ἀκτίῳ δυνάμεων αὐτάγγελος ἦλθε. — — Οὐ μὴν διετάραξέ τι τούτων αὐτόν, ἀλλὰ ὥσπερ ἄσμενος τὸ ἐλπίζειν ἀποτεθειμένος, ἵνα καὶ τὸ φροντίζειν, τὴν μὲν ἔναλον ἐκείνην δίαιταν, ἣν Τιμώνειον ὠνόμαζεν, ἐξέλιπεν κτλ.

245

a. Str. XVII 1, 11 p. 797 *Μετὰ δὲ τὴν Καίσαρος τελευτὴν καὶ τὰ ἐν Φιλίπποις διαβὰς Ἀντώνιος εἰς τὴν Ἀσίαν ἐξετίμησεν ἐπὶ πλέον τὴν Κλεοπάτραν, ὥστε καὶ γυναῖκα ἔκρινε καὶ ἐτεκνοποιήσατο ἐξ αὐτῆς, τόν τε Ἀκτιακὸν πόλεμον συνήρατο ἐκείνῃ καὶ συνέφυγε· καὶ μετὰ ταῦτα ἐπακολουθήσας ὁ Σεβαστὸς Καῖσαρ ἀμφοτέρους κατέλυσε καὶ τὴν Αἴγυπτον ἔπαυσε παροινουμένην* (a. 30).

b. Str. XVII 1, 10 p. 795 *Διὰ δὲ τοῦ Ἱπποδρόμου διελθόντι ἡ Νικόπολίς ἐστιν ἔχουσα κατοικίαν ἐπὶ θαλάττῃ πόλεως οὐκ ἐλάττω· τριάκοντα δέ εἰσιν ἀπὸ τῆς Ἀλεξανδρείας στάδιοι. Τοῦτον δὲ ἐτίμησεν ὁ Σεβαστὸς Καῖσαρ τὸν τόπον, ὅτι ἐνταῦθα ἐνίκα τῇ μάχῃ τοὺς ἐπεξιόντας ἐπ' αὐτὸν μετὰ Ἀντωνίου· καὶ λαβὼν ἐξ ἐφόδου τὴν πόλιν ἠνάγκασε τὸν μὲν Ἀντώνιον ἑαυτὸν διαχειρίσασθαι, τὴν δὲ Κλεοπάτραν ζῶσαν ἐλθεῖν εἰς τὴν ἐξουσίαν· μικρὸν δ' ὕστερον κἀκείνη ἑαυτὴν*

9 ἐπί] ἐν τῇ Dl

In universum cf. Plut. Ant. 74—66. Zon. X 30 sq. Cass. Dio. LI 9—18. Liv. per. 133. Oros. VI 19, 16—18. Flor. II 21, 9—11. Eutr. VII 7. Vell. II 87. Ps. Aur. 85, 5. 86, 3. Sueton. Aug. 17. Euseb. Hieron. Π p. 140 sq. Sch.

9 sqq. cf. Cass. Dio. LI 18 *Ὁ δ' οὖν Καῖσαρ — — καὶ πόλιν καὶ ἐκεῖ ἐν τῷ τῆς μάχης χωρίῳ συνῴκισε καὶ τὸ ὄνομα καὶ τὸν ἀγῶνα αὐτῇ ὁμοίως τῇ προτέρᾳ* (sc. Nicopoli in Epiro conditae) *δούς.*

14 sqq. cf. Cass. Dio. LI 11 *Καῖσαρ δὲ ἐπεθύμει μὲν καὶ τῶν θησαυρῶν ἐγκρατὴς γενέσθαι καὶ ἐκείνην* (sc. τὴν Κλεοπάτραν) *ζῶσάν τε συλλαβεῖν καὶ ἐς τὰ νικητήρια ἀναγαγεῖν. — — Καὶ διὰ τοῦτ' ἔπεμψε πρὸς αὐτὴν Γάιόν τε Προκουλήιον ἱππέα καὶ Ἐπαφρόδιτον ἐξελεύθερον ἐντειλάμενός σφισιν, ὅσα καὶ εἰπεῖν καὶ πρᾶξαι ἐχρῆν. Καὶ οὕτως ἐκεῖνοι συμμίξαντες τῇ Κλεοπάτρᾳ καὶ μέτριά τινα διαλεχθέντες ἔπειτ'*

ἐν τῇ φρουρᾷ διεχειρίσατο λάθρα δήγματι ἀσπίδος ἢ φαρμάκῳ ἐπιχρίστῳ (λέγεται γὰρ ἀμφοτέρως), καὶ συνέβη καταλυθῆναι τὴν τῶν Λαγιδῶν ἀρχὴν πολλὰ συμμείνασαν ἔτη.

ἐξαίφνης συνήρπασαν αὐτήν, πρίν τι ὁμολογηθῆναι. Κἂν τούτου ἐκποδὼν πάντα ἀφ᾽ ὧν ἀποθανεῖν ἐδύνατο ποιησάμενοι ἡμέρας μέν τινας κατὰ χώραν αὐτῇ τὸ τοῦ Ἀντωνίου σῶμα ταριχενούσῃ διατρῖψαι ἐπέτρεψαν, ἔπειτα δὲ ἐς τὰ βασίλεια αὐτὴν ἤγαγον. — — Ib. 14 Καὶ τὸ μὲν σαφὲς οὐδεὶς οἶδεν, ᾧ τρόπῳ διεφθάρη· — — λέγουσι δὲ οἱ μέν, ὅτι ἀσπίδα ἐν ὑδρίᾳ ἢ καὶ ἐν ἄνθεσί τισιν ἐσκομισθεῖσαν οἱ προσέθετο, οἱ δέ, ὅτι βελόνην, ᾗ τὰς τρίχας ἀνεῖρεν, ἰῷ τινι — — χρίσασα τέως μὲν αὐτὴν ἐν τῇ κεφαλῇ ἐφόρει ὥσπερ εἰώθει, τότε δὲ προκατανύξασά τι τὸν βραχίονα ἐς τὸ αἷμα ἐνέβαλεν. Cf. Plut. Ant. 76 sq. 85 sq. Liv. Oros. Flor. Eutr. Vell. Ps. Aur. Suet. Euseb. Hieron. ll. ll.

216

a. Str. XVII 1, 12 sq. p. 797/8 Ἐπαρχία δὲ νῦν ἐστι (sc. ἡ Αἴγυπτος inde ab a. 30) φόρους μὲν τελοῦσα ἀξιολόγους, ὑπὸ σωφρόνων δὲ ἀνδρῶν διοικουμένη τῶν πεμπομένων ἐπάρχων ἀεί. Ὁ μὲν οὖν πεμφθεὶς τὴν τοῦ βασιλέως ἔχει τάξιν· ὑπ᾽ αὐτῷ δ᾽ ἐστὶν ὁ δικαιοδότης ὁ τῶν πολλῶν κρίσεων κύριος· 5 ἄλλος δ᾽ ἐστὶν ὁ προσαγορευόμενος ἰδιόλογος, ὃς τῶν ἀδεσπότων καὶ τῶν εἰς Καίσαρα πίπτειν ὀφειλόντων ἐξεταστής ἐστι· παρέπονται δὲ τούτοις ἀπελεύθεροι Καίσαρος καὶ οἰκονόμοι μείζω καὶ ἐλάττω πεπιστευμένοι πράγματα. Ἔστι δὲ καὶ στρατιωτικοῦ τρία τάγματα, ὧν τὸ ἓν κατὰ τὴν πόλιν ἵδρυ- 10 ται, τἆλλα δ᾽ ἐν τῇ χώρᾳ· χωρὶς δὲ τούτων ἐννέα μέν εἰσι σπεῖραι Ῥωμαίων, τρεῖς μὲν ἐν τῇ πόλει, τρεῖς δ᾽ ἐπὶ τῶν ὅρων τῆς Αἰθιοπίας ἐν Συήνῃ φρουρὰ τοῖς τόποις, τρεῖς δὲ κατὰ τὴν ἄλλην χώραν. Εἰσὶ δὲ καὶ ἱππαρχίαι τρεῖς ὁμοίως διατεταγμέναι κατὰ τοὺς ἐπικαιρίους τόπους. Τῶν δ᾽ 15 ἐπιχωρίων ἀρχόντων κατὰ πόλιν μὲν ὅ τε ἐξηγητής ἐστι πορφύραν ἀμπεχόμενος καὶ ἔχων πατρίους τιμὰς καὶ ἐπιμέλειαν

6 ἴδιος λόγος codd., ἰδιολόγος Schneider in lexic. Graec. | 16 κατὰ πόλιν om. mss, sed κατὰ τὴν πόλιν habent post ἐστι

Cf. Cass. Dio. LI 17 Ἐκ δὲ τούτου τήν τε Αἴγυπτον ὑποτελῆ ἐποίησε (sc. ὁ Καῖσαρ) καὶ τῷ Γάλλῳ τῷ Κορνηλίῳ ἐπέτρεψε. Cf. Eutr. VII 7. Vell. II 39. Fest. 13. Sueton. Aug. 18. Euseb. Hieron.

τῶν τῇ πόλει χρησίμων καὶ ὁ ὑπομνηματογράφος καὶ (ὁ)
ἀρχιδικαστής, τέταρτος δὲ ὁ νυκτερινὸς στρατηγός. Ἦσαν
μὲν οὖν καὶ ἐπὶ τῶν βασιλέων αὗται αἱ ἀρχαί, κακῶς δὲ πο-
λιτευομένων τῶν βασιλέων ἠφανίζετο καὶ ἡ τῆς πόλεως εὐ-
καιρία διὰ τὴν ἀνομίαν. — — (13) Ῥωμαῖοι δ' εἰς δύναμιν,
ὡς εἰπεῖν, ἐπηνώρθωσαν τὰ πολλὰ τὴν μὲν πόλιν διατάξαν-
τες, ὡς εἶπον, κατὰ δὲ τὴν χώραν ἐπιστρατήγους τινὰς καὶ
νομάρχας καὶ ἐθνάρχας καλουμένους ἀποδείξαντες πραγμάτων
οὐ μεγάλων ἐπιστατεῖν ἠξιωμένους.

b. Str. XVII 1, 53 p. 819 Τρισὶ γοῦν σπείραις οὐδὲ ταύ-
ταις ἐντελέσιν ἱκανῶς ὑπὸ τῶν Ῥωμαίων ἡ χώρα (sc. ἡ Αἰ-
θιοπία) φρουρεῖται· τολμήσασι δὲ τοῖς Αἰθίοψιν ἐπιθέσθαι
κινδυνεῦσαι τῇ χώρᾳ συνέπεσε τῇ σφετέρᾳ. Καὶ αἱ λοιπαὶ δὲ
δυνάμεις αἱ ἐν Αἰγύπτῳ οὔτε τοσαῦταί τινές εἰσιν οὔτε ἀθρό-
αις ἐχρήσαντο οὐδ' ἅπαξ Ῥωμαῖοι· οὐ γάρ εἰσιν οὔτ' αὐτοὶ
Αἰγύπτιοι πολεμισταί, καίπερ ὄντες παμπληθεῖς, οὔτε τὰ
πέριξ ἔθνη.

18 ἐν τῇ Dh | ὁ ante ἀρχιδ. add. Cor. | 22 καὶ Ῥωμαῖοι δὲ codd. exc.
Fx | 23 ὡς εἰπεῖν inclus. v. Herwerden in Mnemos. N. S. vol. XV p. 457 |
24 ἐπιστρατηγοὺς codd. exc. x | 27 γοῦν] γὰρ mavult Mein. | 32 οὔτ' αὐτοὶ
γάρ εἰσιν x οὔτε γὰρ εἰσιν οὔτ' αὐτοὶ codd. rell. exc. F, in quo est οὐ γὰρ
εἰσιν οἵ τ' αὐτοί | 33 οἱ αἰγύπτιοι codd. exc. DFx

II p. 140 sq. Sch. Monum. Ancyr. V 24. — Tac. hist. I 11 *Aegyptum
copiasque, quibus coerceretur, iam inde a divo Augusto equites Romani
obtinent loco regum: ita visum expedire provinciam aditu difficilem,
annonae fecundam, superstitione ac lascivia discordem et mobilem, in-
sciam legum, ignaram magistratuum domui retinere.*

COMM. De Aegypto Romanorum provincia ab Octaviano a. 30 con-
stituta cf. Marquardt 'Roem. Staatsverwaltung' I² p. 438 sqq., Mommsen
'Roem. Gesch.' V³ p. 566 sqq., Lumbroso 'ricerche Alessandrine' p. 15 sqq.,
'l' Egitto al tempo dei Greci e dei Romani.'

247

Str. XVII 1, 53. p. 819 Γάλλος μέν γε Κορνήλιος ὁ πρῶ-
τος κατασταθεὶς ἔπαρχος τῆς χώρας (sc. τῆς Αἰγύπτου) ὑπὸ

Cf. Euseb. ap. Syncell. 553, 15. (II p. 140 Sch.) Ἀλεξανδρείας ἐλημ-
μένης πρῶτος ἡγεμὼν Αἰγύπτου πέμπεται Γάλλος Κορνήλιος, ὅς τῶν

Καίσαρος (s. 30) τήν τε Ἡρώων πόλιν ἀποστᾶσαν ἐπελθὼν
δι' ὀλίγων εἷλε στάσιν τε γενηθεῖσαν ἐν τῇ Θηβαΐδι διὰ τοὺς
φόρους ἐν βραχεῖ κατέλυσε.

4 ὀλίγον F

ἀποστάντων Αἰγυπτίων καθεῖλε τὰς πόλεις. Cf. Hieron. Ib. p. 141 Sch.
Cass. Dio. LI 17. Eutr. VII 7. Fest. 13. Sueton. Aug. 66.

COMM. Cn. Cornelius Gallus praefectus Aegypti fuit a. 30—c. 27;
cf. Mommsen res gest. div. Aug. p. 106.

246

Str. XIII 1, 30 p. 595 Εἶτα Ῥοίτειον πόλις ἐπὶ λόφῳ κειμένη
καὶ τῷ Ῥοιτείῳ συνεχὴς ἠιών ἁλιτενής, [Αἰάντειον] ἐφ' ᾗ
μνῆμα καὶ ἱερὸν Αἴαντος καὶ ἀνδριάς, ὃν ἄραντος Ἀντωνίου
κομισθέντα εἰς Αἴγυπτον ἀπέδωκε τοῖς Ῥοιτειεῦσι πάλιν κα-
θάπερ καὶ ἄλλοις (ἄλλους) ὁ Σεβαστὸς Καῖσαρ (a. 30). Τὰ
γὰρ κάλλιστα ἀναθήματα ἐκ τῶν ἐπιφανεστάτων ἱερῶν ὁ μὲν
ἧρε τῇ Αἰγυπτίᾳ χαριζόμενος, ὁ δὲ θεοῖς ἀπέδωκε.

1 εἶτα] καὶ ἐφεξῆς mox | ῥύτιον vel ῥούτιον codd. hic et v. 2 exc. E |
2 ἠμῖν συνεχὴς mox | Αἰάντειον om. Eust. ad Π. B 649. H 56; delendum
aut post ᾗ collocandum put. Salmas. | 4 ῥυτινέοι codd. | 5 ἄλλους om. codd.
exc. 1, qui habet ἄλλα: corr. Kr. | 7 ἧρεν ἐν τῇ F

Cf. Cass. Dio. LI 17 Χρήματα δὲ πολλὰ μὲν ἐν τῷ βασιλικῷ εὑρέθη
(sc. ἐν Ἀλεξανδρείᾳ), πάντα γὰρ ὡς εἰπεῖν καὶ τὰ ἐκ τῶν ἁγιωτάτων
ἱερῶν ἀναθήματα ἡ Κλεοπάτρα ἀνελομένη συνεπλήθυσε τὰ λάφυρα τοῖς
Ῥωμαίοις. — — Τό τε σύμπαν ᾗ τε ἀρχὴ ἡ τῶν Ῥωμαίων ἐπλουτίσθη
καὶ τὰ ἱερὰ αὐτῶν ἐκοσμήθη. Monum. Ancyr. IV 49 sqq. (Mommsen
res gest. div. Aug. p. 95 sq.) *In templis omnium civitatium pr[ovinci]ae
Asiae victor ornamenta reposui, quae spoliatis tem[plis is] cum quo
bellum gesseram privatim possederat.*

249

Str. XIV 1, 14 p. 637 Τὸ Ἡραῖον (sc. τὸ ἐν Σάμῳ) ἀρχαῖον
ἱερὸν καὶ νεὼς μέγας· — — τό τε ὕπαιθρον — μεστὸν ἀνδρι-
άντων ἐστὶ τῶν ἀρίστων· ὧν τρία Μύρωνος ἔργα κολοσσικὰ
ἱδρυμένα ἐπὶ μιᾶς βάσεως, ἃ ᾗρε μὲν Ἀντώνιος, ἀνέθηκε δὲ
πάλιν (a. 30) ὁ Σεβαστὸς Καῖσαρ εἰς τὴν αὐτὴν βάσιν τὰ δύο

4 ἐπὶ] ἐκ 1

τὴν Ἀθηνᾶν καὶ τὸν Ἡρακλέα, τὸν δὲ Δία εἰς τὸ Καπετώλιον μετήνεγκε κατασκευάσας αὐτῷ ναΐσκον.

COMM. De re v. ad fr. 248.

250

Str. XIV 2, 19 p. 657 Ἐν δὲ τῷ προαστείῳ (sc. τῆς τῶν Κῴων πόλεως) τὸ Ἀσκληπιεῖόν ἐστι σφόδρα ἔνδοξον καὶ πολλῶν ἀναθημάτων μεστόν [ἱερόν], ἐν οἷς ἐστι καὶ ὁ Ἀπελλοῦ Ἀντίγονος. Ἦν δὲ καὶ ἡ ἀναδυομένη Ἀφροδίτη, ἣ νῦν ἀνάκειται τῷ Θεῷ
5 Καίσαρι ἐν Ῥώμῃ τοῦ Σεβαστοῦ ἀναθέντος τῷ πατρὶ τὴν ἀρχηγέτιν τοῦ γένους αὐτοῦ· φασὶ δὲ τοῖς Κῴοις ἀντὶ τῆς γραφῆς ἑκατὸν ταλάντων ἄφεσιν γενέσθαι τοῦ προσταχθέντος φόρου.

3 ἱερόν om. F recte | 7 ἐπιταχθέντος suspicatur Mein.

Cf. Plin. N. H. XXXV 91 *Venerem exeuntem e mari divos Augustus dicavit in delubro patris Caesaris, quae anadyomene vocatur.*

251

Str. XII 3, 6 p. 542/3 Ἡ μὲν οὖν Ἡράκλεια πόλις ἐστὶν εὐλίμενος καὶ ἄλλως ἀξιόλογος· — — ἥν τε αὐτόνομος, εἶτ' ἐτυραννήθη χρόνους τινάς, εἶτ' ἠλευθέρωσεν ἑαυτὴν πάλιν, ὕστερον δ' ἐβασιλεύθη γενομένη ὑπὸ τοῖς Ῥωμαίοις· ἐδέξατο
5 δ' ἀποικίαν Ῥωμαίων ἐπὶ μέρει τῆς πόλεως καὶ τῆς χώρας. Λαβὼν δὲ παρ' Ἀντωνίου τὸ μέρος τοῦτο τῆς πόλεως Ἀδιατόριξ ὁ Δομνεκλείου τετράρχου Γαλατῶν υἱός, ὃ κατεῖχον οἱ Ἡρακλειῶται, μικρὸν πρὸ τῶν Ἀκτιακῶν ἐπέθετο νύκτωρ τοῖς Ῥωμαίοις καὶ ἀπέσφαξεν αὐτοὺς ἐπιτρέψαντος, ὡς ἔφασκεν
10 ἐκείνος, Ἀντωνίου· θριαμβευθεὶς δὲ μετὰ τὴν ἐν Ἀκτίῳ νίκην ἐσφάγη μεθ' υἱοῦ (a. 29). V. fr. 252.

7 δομνεκλείου hi

COMM. Heracleam colonia deducta est fortasse a Caesare, quae tamen ab Adiatorige deleta non est restituta: cf. Zumpt comm. epigr. I p. 317, Marquardt 'Roem. Staatsverwaltung' I² p. 357 adn. 5.

252

Str. XII 3, 35 p. 558/9 Καταλυθέντος δὲ καὶ τούτου (sc. τοῦ Λυκομήδους) νῦν ἔχει (sc. τὴν ἐν Κομάνοις ἱερωσύνην) Δύτευτος, υἱὸς Ἀδιατόριγος, ὃς δοκεῖ ταύτης τυγχάνειν τῆς τιμῆς παρὰ Καίσαρος τοῦ Σεβαστοῦ δι' ἀρετήν. Ὁ μὲν γὰρ Καῖσαρ θριαμβεύσας τὸν Ἀδιατόριγα μετὰ παίδων καὶ γυναικὸς (a. 29 v. fr. 251) ἔγνω ἀναιρεῖν μετὰ τοῦ πρεσβυτάτου τῶν παίδων (ἦν δὲ πρεσβύτατος οὗτος)· τοῦ δὲ δευτέρου τῶν ἀδελφῶν αὐτοῦ φήσαντος εἶναι πρεσβυτάτου πρὸς τοὺς ἀπάγοντας στρατιώτας ἔρις ἦν ἀμφοτέροις πολὺν χρόνον, ἕως οἱ γονεῖς ἔπεισαν τὸν Δύτευτον παραχωρῆσαι τῷ νεωτέρῳ τῆς νίκης· αὐτὸν γὰρ ἐν ἡλικίᾳ μᾶλλον ὄντα ἐπιτηδειότερον κηδεμόνα τῇ μητρὶ ἔσεσθαι καὶ τῷ λειπομένῳ ἀδελφῷ· οὕτω δὲ τὸν μὲν συναποθανεῖν τῷ πατρί, τοῦτον δὲ σωθῆναι καὶ τυχεῖν τῆς τιμῆς ταύτης. Αἰσθόμενος γάρ, ὡς ἔοικε, Καῖσαρ ἤδη τῶν ἀνθρώπων ἀνῃρημένων ἤχθέσθη καὶ τούς γε σῳζομένους εὐεργεσίας καὶ ἐπιμελείας ἀξίους ὑπέλαβε δοὺς αὐτοῖς ταύτην τὴν τιμήν.

4 δι' ἀρετήν] διὰ τιμήν hi | 8 ἀνάγοντας codd.: corr. Cor. | 15 γε] τε codd : corr. Cor.

253

Str. XIV 5, 14 p. 674/5 Ἄνδρες δ' ἐξ αὐτῆς (sc. τῆς Ταρσοῦ) γεγόνασι τῶν μὲν στωικῶν — — Ἀθηνόδωροι δύο· ὧν ὁ μὲν Κορδυλίων καλούμενος συνεβίωσε Μάρκῳ Κάτωνι καὶ ἐτελεύτα παρ' ἐκείνῳ (cf. fr. 159), ὁ δὲ τοῦ Σάνδωνος, ὃν καὶ Κανανίτην φασὶν ἀπὸ κώμης τινός, Καίσαρος καθηγήσατο καὶ τιμῆς ἔτυχε μεγάλης· κατιών τε εἰς τὴν πατρίδα ἤδη γηραιὸς κατέλυσε τὴν καθεστῶσαν πολιτείαν κακῶς φερομένην ὑπό τε ἄλλων καὶ Βοήθου, κακοῦ μὲν ποιητοῦ, κακοῦ δὲ πολίτου, δημοκοπίαις ἰσχύσαντος τὸ πλέον. Ἐπῆρε δ' αὐτὸν καὶ Ἀντώνιος κατ' ἀρχὰς ἀποδεξάμενος τὸ γραφὲν εἰς τὴν ἐν Φιλίπ-

3 τελευτᾷ codd.: corr. Cor. | 6 τε] δὲ D | 8 βοηθοῦ codd.: corr. Mein.

Cf. Lucian. macrob. 21 Ἀθηνόδωρος Σάνδωνος Ταρσεὺς στωικός, ὃς καὶ διδάσκαλος ἐγένετο Καίσαρος Σεβαστοῦ Θεοῦ, ὑφ' οὗ ἡ Ταρσέων πόλις καὶ φόρων ἐκουφίσθη, δύο καὶ ὀγδοήκοντα ἔτη βιούς

ποις νίκην έπος καὶ έτι μᾶλλον ἡ εὐχέρεια ἡ ἐπιπολάζουσα παρὰ τοῖς Ταρσεῦσιν, ὥστ' ἀπαύστως σχεδιάζειν παρὰ χρῆμα πρὸς τὴν δεδομένην ὑπόθεσιν· καὶ δὴ καὶ γυμνασιαρχίαν ὑποσχόμενος Ταρσεῦσι τοῦτον ἀντιγυμνασίαρχον κατέστησε καὶ
15 τὰ ἀναλώματα ἐπίστευσεν αὐτῷ. Ἐφωράθη δὲ νοσφισάμενος τά τε ἄλλα καὶ τοὔλαιον· ἐλεγχόμενος δ' ὑπὸ τῶν κατηγόρων ἐπὶ τοῦ Ἀντωνίου παρῃτεῖτο τὴν ὀργὴν σὺν ἄλλοις καὶ ταῦτα λέγων, ὅτι 'ὥσπερ Ὅμηρος ἐξύμνησεν Ἀχιλλέα καὶ Ἀγαμέμνονα καὶ Ὀδυσσέα, οὕτως ἐγώ σέ· οὐ δίκαιος οὖν εἰμι εἰς
20 τοιαύτας ἄγεσθαι διαβολὰς ἐπὶ σοῦ.' Παραλαβὼν οὖν ὁ κατήγορος τὸν λόγον 'ἀλλ' Ὅμηρος μέν, ἔφη, ἔλαιον [μὲν] Ἀγαμέμνονος οὐκ ἔκλεψεν, ἀλλ' οὐδὲ Ἀχιλλέως..., σὺ δέ· ὥστε δώσεις δίκην.' Διακρουσάμενος δ' οὖν θεραπείαις τισὶ τὴν ὀργὴν οὐδὲν ἧττον διετέλεσεν ἄγων καὶ φέρων τὴν πόλιν μέχρι τῆς
25 καταστροφῆς τοῦ Ἀντωνίου (a. 30). Τοιαύτην δὲ τὴν πόλιν καταλαβὼν ὁ Ἀθηνόδωρος τέως μὲν ἐπεχείρει λόγῳ μετάγειν κἀκεῖνον καὶ τοὺς συστασιώτας· ὡς δ' οὐκ ἀπείχοντο ὕβρεως οὐδεμιᾶς, ἐχρήσατο τῇ δοθείσῃ ὑπὸ τοῦ Καίσαρος ἐξουσίᾳ καὶ ἐξέβαλεν αὐτοὺς καταγνοὺς φυγήν. Οἱ δὲ πρῶτον μὲν κατε-
30 τοιχογράφησαν αὐτοῦ τοιαῦτα· 'ἔργα νέων, βουλαὶ δὲ μέσων, πορδαὶ δὲ γερόντων.' Ἐπεὶ δ' ἐκεῖνος ἐν παιδιᾶς μέρει δεξάμενος ἐκέλευσε παρεπιγράψαι 'βρονταὶ δὲ γερόντων', καταφρονήσας [δέ] τις τοῦ ἐπιεικοῦς εὔλυτον τὸ κοιλίδιον ἔχων προσέρρανε πολὺ τῇ θύρᾳ καὶ τῷ τοίχῳ νύκτωρ παριὼν τὴν οἰκίαν.
35 Ὁ δὲ τῆς στάσεως κατηγορῶν ἐν ἐκκλησίᾳ 'τὴν νόσον τῆς πόλεως, ἔφη, καὶ τὴν καχεξίαν πολλαχόθεν σκοπεῖν ἔξεστι καὶ δὴ καὶ ἐκ τῶν διαχωρημάτων.' Οὗτοι μὲν στωικοὶ ἄνδρες·

12 ἀπταίστως σχεδιάζειν Cas., ἀπαυτοσχεδιάζειν Cor., αὐτοσχεδιάζειν Cobet misc. crit. p. 196 | 14 ἀντὶ γυμνασιάρχου sw edd.: iod. v. Cobetum l. l. | 21 μὲν post ἔλαιον om. mowxz | 22 ἀλλ' om. wxz. Post ἀλλ' exaddime σὺδ' Ὀδυσσέως recte susp. Groskurd | 23 δ' om. D | 25 τοιαύτην μὲν Dhi | καταλαβὼν τὴν πόλιν D | 26 λόγῳ] λέγων Dh | 27 συστρατιώτας Popp. | 31 ἔπειτ' codd.: corr. Xyl. | 33 δέ inclusit Cor.

ἐτελεύτησεν ἐν τῇ πατρίδι καὶ τιμὰς ὁ Ταρσέων δῆμος αὐτῷ κατ' ἔτος ἕκαστον ἀπονέμει ὡς ἥρωι. Plut. apophth. Aug. 7 p. 207 D Ἀθηνοδώρῳ δὲ τῷ φιλοσόφῳ διὰ γῆρας εἰς οἶκον ἀφεθῆναι δεηθέντι συνεχώρησεν. Ἐπεὶ δὲ ἀσπασάμενος αὐτὸν ὁ Ἀθηνόδωρος εἶπεν· "Ὅταν ὀργισθῇς, Καῖσαρ, μηδὲν εἴπῃς μηδὲ ποιήσῃς πρότερον ἢ τὰ εἴκοσι καὶ τέτταρα

ἀκαδημαϊκὸς δὲ Νέστωρ ὁ καθ' ἡμᾶς ὁ Μαρκέλλου καθηγησάμενος, τοῦ Ὀκταουίας παιδός, τῆς Καίσαρος ἀδελφῆς. Καὶ αὐτὸς δὲ προέστη τῆς πολιτείας διαδεξάμενος τὸν Ἀθηνόδωρον 40 καὶ διετέλεσε τιμώμενος παρά τε τοῖς ἡγεμόσι καὶ ἐν τῇ πόλει.

41 ἐν om. Dh

γράμματα διελθεῖν πρὸς ἑαυτόν', ἐπιλαβόμενος αὐτοῦ τῆς χειρὸς 'ἔτι σοῦ παρόντος, ἔφη, χρείαν ἔχω'· καὶ κατέσχεν αὐτὸν ὅλον ἐνιαυτὸν εἰπών, ὅτι ἔστι καὶ σιγῆς ἀκίνδυνον γέρας. Cf. Cass. Dio in excerpt. Planud. in edit. Dindorf. vol. V p. 234. Praeterea cf. Cic. ad fam. III 7, 5. Cass. Dio. LII 36. LVI 43. Zon. X 38 P I 544 BC. Zosim. I 6. Suid. s. v. Aelian. v. h. XII 25. Dio Chrysost. or. XXXIII p. 408.

COMM. De Athenodoro cf. Mueller FHG III p. 485 sqq., de Nestore ib. p. 495 adn.

254

Str. XIII 4, 3 p. 625 Ἄνδρες δ' ἐγένοντο ἐλλόγιμοι καθ' ἡμᾶς Περγαμηνοὶ Μιθριδάτης τε — — καὶ Ἀπολλόδωρος ὁ ῥήτωρ ὁ τὰς τέχνας συγγράψας καὶ τὴν Ἀπολλοδώρειον αἵρεσιν παραγαγών, ἥτις ποτ' ἐστί. — — Μάλιστα δὲ ἐξῆρε Ἀπολλόδωρον ἡ τοῦ Καίσαρος φιλία τοῦ Σεβαστοῦ διδάσκαλον τῶν 5 λόγων γενόμενον.

3 Ἀπολλοδώρειον codd. | 4 εἴ τις Tzsch. ex Guarino

Cf. Sueton. Aug. 89 Ne Graecarum quidem disciplinarum leviore studio tenebatur. In quibus et ipsis praestabat largiter magistro dicendi usus Apollodoro Pergameno, quem iam grandem natu Apolloniam quoque secum ab urbe iuvenis adhuc eduxerat. Cf. Quintil. Instit. or. III 1, 17. Lucian. macrob. 23.

255

Str. XIV 5, 4 p. 670 Ἐνταῦθα (sc. ἐν τῇ Σελευκείᾳ τῇ ἐπὶ τῷ Καλυκάδνῳ) ἐγένοντο καθ' ἡμᾶς ἄνδρες ἀξιόλογοι τῶν ἐκ τοῦ περιπάτου φιλοσόφων Ἀθήναιός τε καὶ Ξέναρχος. — — Ξέναρχος δέ, οὗ ἠκροασάμεθα ἡμεῖς, ἐν οἴκῳ μὲν οὐ πολὺ διέτριψεν, ἐν Ἀλεξανδρείᾳ δὲ καὶ Ἀθήνησι καὶ τὸ τελευταῖον 5 ἐν Ῥώμῃ τὸν παιδευτικὸν βίον ἑλόμενος· χρησάμενος δὲ καὶ

3 Ἀθηναῖος codd.: corr. Tzsch.

τῇ Ἀρείου φιλίᾳ καὶ μετὰ ταῦτα τῇ Καίσαρος τοῦ Σεβαστοῦ διετέλεσε μέχρι γήρως ἐν τιμῇ ἀγόμενος· μικρὸν δὲ πρὸ τῆς τελευτῆς πηρωθεὶς τὴν ὄψιν κατέστρεψε νόσῳ τὸν βίον.

7 ἀρίου codd.: corr. Tzsch. | Ante Καίσαρος add. τοῦ F

256

Str. V 4, 9 p. 248 Αἱ δὲ Καπρέαι δύο πολίχνας εἶχον τὸ παλαιόν, ὕστερον δὲ μίαν. Νεαπολῖται δὲ καὶ ταύτην κατέσχον, πολέμῳ δὲ ἀποβαλόντες τὰς Πιθηκούσσας ἀπέλαβον πάλιν δόντος αὐτοῖς Καίσαρος τοῦ Σεβαστοῦ, τὰς δὲ Καπρέας ἴδιον
5 ποιησαμένου κτῆμα καὶ κατοικοδομήσαντος (a. 29).

5 κτίσμα codd.: corr. Claver

Cf. Cass. Dio. LII 43 Καὶ τὴν Καπρίαν παρὰ τῶν Νεαπολιτῶν, ὥνπερ τὸ ἀρχαῖον ἦν, ἀντιδόσει χώρας ἠλλάξατο (sc. ὁ Καῖσαρ). Sueton. Aug. 92 *Apud insulam Capreas veterrimae ilicis demissos iam ad terram languentisque ramos convaluisse adventu suo adeo laetatus est, ut eas cum republica Neapolitanorum permutaverit Aenaria data.*

257

Str. XVII 3, 25 p. 840 Αἱ δ' ἐπαρχίαι διῄρηνται ἄλλοτε μὲν ἄλλως, ἐν δὲ τῷ παρόντι, ὡς Καῖσαρ ὁ Σεβαστὸς διέταξεν (a. 27). Ἐπειδὴ γὰρ ἡ πατρὶς ἐπέτρεψεν αὐτῷ τὴν προστασίαν τῆς ἡγεμονίας καὶ πολέμου καὶ εἰρήνης κατέστη κύριος διὰ βίου,
5 δίχα διεῖλε πᾶσαν τὴν χώραν καὶ τὴν μὲν ἀπέδειξεν ἑαυτῷ, τὴν δὲ τῷ δήμῳ· ἑαυτῷ μέν, ὅση στρατιωτικῆς φρουρᾶς ἔχει χρείαν (αὕτη δ' ἐστὶν ἡ βάρβαρος καὶ πλησιόχωρος τοῖς μήπω κεχειρωμένοις ἔθνεσιν ἢ λυπρὰ καὶ δυσγεώργητος, ὥσθ' ὑπὸ ἀπορίας τῶν ἄλλων, ἐρυμάτων δ' εὐπορίας ἀφηνιάζειν καὶ
10 ἀπειθεῖν), τῷ δήμῳ δὲ τὴν ἄλλην, ὅση εἰρηνικὴ καὶ χωρὶς

5 ἧ codd.: corr. Cor. | 10 ὅση ἦν codd. exc. F

Cf. Cass. Dio. LIII 11—14 (11) Πολλὰ μὲν καὶ μεταξὺ ἀναγιγνώσκοντος αὐτοῦ (sc. Καίσαρος ἐν τῇ γερουσίᾳ) διεβόων, πολλὰ δὲ καὶ μετὰ τοῦτο μοναρχεῖσθαί τε δεόμενοι καὶ πάντα τὰ ἐς τοῦτο φέροντα ἐπιλέγοντες, μέχρι οὗ κατηνάγκασαν δῆθεν αὐτὸν αὐταρχῆσαι. — — (12) Τὴν μὲν οὖν ἡγεμονίαν τούτῳ τῷ τρόπῳ καὶ παρὰ τῆς γερουσίας

ὅπλων ἄρχεσθαι ῥᾳδία· ἑκατέραν δὲ τὴν μερίδα εἰς ἐπαρχίας διένειμε πλείους, ὧν αἱ μὲν καλοῦνται Καίσαρος, αἱ δὲ τοῦ δήμου. Καὶ εἰς μὲν τὰς Καίσαρος ἡγεμόνας καὶ διοικητὰς Καῖσαρ πέμπει διαιρῶν ἄλλοτε ἄλλως τὰς χώρας καὶ πρὸς τοὺς καιροὺς πολιτευόμενος, εἰς δὲ τὰς δημοσίας ὁ δῆμος στρα- 15 τηγοὺς ἢ ὑπάτους· καὶ αὗται δ᾽ εἰς μερισμοὺς ἄγονται διαφόρους, ἐπειδὰν κελεύῃ τὸ συμφέρον. Ἀλλ᾽ ἐν ἀρχαῖς γε διέθηκε ποιήσας ὑπατικὰς μὲν δύο, Λιβύην τε, ὅση ὑπὸ Ῥωμαίοις ἔξω τῆς ὑπὸ Ἰούβᾳ μὲν πρότερον, νῦν δὲ Πτολεμαίῳ τῷ ἐκείνου παιδί, καὶ Ἀσίαν τὴν ἐντὸς Ἅλυος καὶ τοῦ Ταύρου πλὴν 20 Γαλατῶν καὶ τῶν ὑπὸ Ἀμύντα γενομένων ἐθνῶν, ἔτι δὲ Βιθυνίας καὶ τῆς Προποντίδος· δέκα δὲ στρατηγικάς, κατὰ μὲν τὴν Εὐρώπην καὶ τὰς πρὸς αὐτῇ νήσους τήν τε ἐκτὸς Ἰβηρίαν λεγομένην, ὅση περὶ τὸν Βαῖτιν ποταμόν [καὶ τὸν Ἄνακα], καὶ τῆς Κελτικῆς τὴν Ναρβωνῖτιν, τρίτην δὲ Σαρδὼ μετὰ Κύρνου, 25 καὶ Σικελίαν τετάρτην, πέμπτην δὲ καὶ ἕκτην τῆς Ἰλλυρίδος τὴν πρὸς τῇ Ἠπείρῳ καὶ Μακεδονίαν, ἑβδόμην δ᾽ Ἀχαΐαν μέχρι Θετταλίας καὶ Αἰτωλῶν καὶ Ἀκαρνάνων καὶ τινων Ἠπειρωτικῶν ἐθνῶν, ὅσα τῇ Μακεδονίᾳ προσώρισται, ὀγδόην δὲ Κρή-

13 ἡγεμονείας F ἡγεμονίας codd. rell.: corr. Cas. ‖ 17 ἀλλ᾽ ἐν ἄλλαι δ᾽ ἐν F | γα] τε codd.: corr. Cor. ‖ 18 τε] δὲ codd. ‖ 22 στρατηγίας codd.: corr. Cor. ‖ 24 καὶ τὸν ἄττακα recte inclusit Kr., aut τὸν Ἄναν scribendum, aut verba post Κελτικῆς aliqua ratione collocanda esse censet Cas. ‖ 29 προσώρισται Cor.

τοῦ τε δήμου ἐβεβαιώσατο, βουληθεὶς δὲ δὴ καὶ ὡς δημοτικός τις εἶναι δόξαι τὴν μὲν φροντίδα τήν τε προστασίαν τῶν κοινῶν πᾶσαν ὡς καὶ ἐπιμελείας τινὸς δεομένων ὑπεδέξατο, οὔτε δὲ πάντων αὐτὸς τῶν ἐθνῶν ἄρξειν, οὔθ᾽ ὅσων ἂν ἄρξῃ, διὰ παντὸς τοῦτο ποιήσειν ἔφη, ἀλλὰ τὰ μὲν ἀσθενέστερα ὡς καὶ εἰρηναῖα καὶ ἀπόλεμα ἀπέδωκε τῇ βουλῇ, τὰ δ᾽ ἰσχυρότερα ὡς καὶ σφαλερὰ καὶ ἐπικίνδυνα καὶ ἤτοι πολεμίους τινὰς προσοίκους ἔχοντα ἢ καὶ αὐτὰ καθ᾽ ἑαυτὰ μέγα τι νεωτερίσαι δυνάμενα κατέσχε, λόγῳ μὲν ὅπως ἡ μὲν γερουσία ἀδεῶς τὰ κάλλιστα τῆς ἀρχῆς καρπῶται, αὐτὸς δὲ τούς τε πόνους καὶ τοὺς κινδύνους ἔχῃ, ἔργῳ δὲ ἵνα ἐπὶ τῇ προφάσει ταύτῃ ἐκεῖνοι μὲν καὶ ἄμαχοι ὦσιν, αὐτὸς δὲ δὴ μόνος καὶ ὅπλα ἔχῃ καὶ στρατιώτας τρέφῃ. Καὶ ἐνομίσθη διὰ ταῦτα ἡ μὲν Ἀφρικὴ καὶ ἡ Νουμιδία ἥ τε Ἀσία καὶ ἡ Ἑλλὰς μετὰ τῆς Ἠπείρου, καὶ τὸ Δελματικὸν τό τε Μακεδονικὸν καὶ Σικελία, Κρήτη τε μετὰ Λιβύης τῆς περὶ Κυρήνην καὶ Βιθυνία μετὰ τοῦ προσκειμένου οἱ Πόντου, Σαρδὼ τε καὶ Βαιτικὴ τοῦ τε δήμου καὶ τῆς γερουσίας εἶναι, τοῦ δὲ δὴ Καίσα-

20 τ,ν μετὰ τῆς Κυρηναίας, ἐννάτην δὲ Κύπρον, δεκάτην δὲ Βιθυνίαν μετὰ τῆς Προποντίδος καὶ τοῦ Πόντου τινῶν μερῶν· τὰς δὲ ἄλλας ἐπαρχίας ἔχει Καῖσαρ, ὧν εἰς ἅς μὲν πέμπει τοὺς ἐπιμελησομένους ὑπατικοὺς ἄνδρας, εἰς ἅς δὲ στρατηγικούς, εἰς ἅς δὲ καὶ ἱππικούς· καὶ βασιλεῖς δὲ καὶ δυνάσται
25 καὶ δεκαρχίαι τῆς ἐκείνου μερίδος καὶ εἰσὶ καὶ ὑπῆρξαν ἀεί.

31 δυνάμεις ποι

ρος ἥ τε λοιπὴ Ἰβηρία, ἥ τε περὶ Ταρράκωνα καὶ ἡ Λυσιτανία, καὶ Γαλάται πάντες, οἵ τε Ναρβωνήσιοι καὶ οἱ Λουγδουνήσιοι Ἀκυιτανοί τε καὶ Κελτικοί, αὐτοί τε καὶ οἱ ἄποικοί σφων· Κελτῶν γάρ τινες, οὕς δὴ Γερμανοὺς καλοῦμεν, πᾶσαν τὴν πρὸς τῷ Ῥήνῳ Κελτικὴν κατασχόντες Γερμανίαν ὀνομάζεσθαι ἐποίησαν, τὴν μὲν ἄνω τὴν μετὰ τὰς τοῦ ποταμοῦ πηγάς, τὴν δὲ κάτω τὴν μέχρι τοῦ ὠκεανοῦ τοῦ Βρεττανικοῦ οὖσαν. Ταῦτά τε οὖν καὶ ἡ Συρία ἡ κοίλη καλουμένη ἥ τε Φοινίκη καὶ Κιλικία καὶ Κύπρος καὶ Αἰγύπτιοι ἐν τῇ τοῦ Καίσαρος μερίδι τότε ἐγίνοντο· ὕστερον γὰρ τὴν μὲν Κύπρον καὶ τὴν Γαλατίαν τὴν περὶ Νάρβωνα τῷ δήμῳ ἀπέδωκεν, αὐτὸς δὲ τὴν Δελματίαν ἀντέλαβε. — (14) Οὕτω μὲν καὶ ἐπὶ τούτοις ἔκ τε τῶν ἐστρατηγηκότων καὶ ἐκ τῶν ὑπατευκότων ἄρχοντες ἀμφοτέρωσε πέμπεσθαι ἐνομίσθησαν. Καὶ αὐτῶν ὁ μὲν αὐτοκράτωρ ὅποι τέ τινα καὶ ὁπότε ἠθέλεν ἔστελλε, καὶ πολλοὶ καὶ στρατηγοῦντες καὶ ὑπατεύοντες ἡγεμονίας ἐθνῶν ἔσχον· — — τῇ δὲ δὴ βουλῇ ἰδίᾳ μὲν τοῖς τε ὑπατευκόσι τήν τε Ἀφρικὴν καὶ τὴν Ἀσίαν καὶ τοῖς ἐστρατηγηκόσι τὰ λοιπὰ πάντα ἀπένειμε. Cf. Liv. per. 134. Cassiodor. ad a. 727. Sueton. Aug. 47. Monum. Ancyr. VI 13 sqq. (cf. Mommsen res gest. div. Aug. p. 144 sqq.).

Strabonis hypomnematorum historicorum ex eiusdem auctoris geographicis satis amplam fecimus fragmentorum messem. Quae si perlustramus, egregie videmus comprobari, quae supra (p. 5 sqq.) de hypomnematorum historicorum indole exposuimus. Nam vel ex his frustulis Strabonis hypomnemata magnum fuisse opus collectaneum manifesto cognoscitur. Quamquam enim in geographicis res historicas non commemoravit nisi in transitu neque eadem qua in hypomnematis diligentia enarravit, sed strictim ac paucis plerumque verbis attigit, tamen saepenumero auctores laudavit, quin etiam nonnullis locis diversas de eadem re scriptorum protulit memorias, velut in fr. 32, ubi de auro Tolosano a Caepione consule rapto et Timagenis et Posidonii relationem tradidit; sed praeter Posidonium etiam alios scriptores, qui idem atque ille narraverant, inspexisse Strabonem apparet e v. 21 sq. (ὥσπερ ἐκεῖνός τε εἴρηκε καὶ ἄλλοι πλείους). In fr. 111, ubi de Amazonibus agitur, laudat Theophanem, Metrodorum, Hypsicratem. Sic etiam in fr. 4, 23 sqq. de Arsacis, regni Parthici conditoris, origine duplicem exhibet memoriam. Denique affero fr. 15[b], in quo flumen Oblivionis (τῆς Λήθης) ab aliis Limaeam, ab aliis Belionem, et Baenim ab aliis Minium appellari commemorat. De fr. 169 (= fr. 13 Mueller), ubi de Hyrcano Caesaris in bello Alexandrino socio et Asinium Pollionem et Hypsicratem laudat auctores, iam supra (p. 6) feci mentionem. Omnino autem nihil magis proprium est Strabonis quam haec in materia congerenda diligentia.

Quoniam vero tam multis Strabo, ut erat vir immensae lectionis, usus est auctoribus neque, ut alii rerum scriptores, unum semper fontem exscripsit, sed complures simul adiit fontes, facile intellegitur rem esse satis difficilem ac lubricam, ad quosnam fontes singulae res a Strabone in hypomnematis historicis narratae redeant, explorare. Hanc quaestionem, quae singulari eget cura, non mihi in animo est hic pertractare: singula quaedam monere satis habebo.

Ac primum quidem nonnulla dicam de Caesaris de bello Gallico commentariis Strabonis hypomnematorum historicorum fonte. Nam hinc utique proficiscendum, quoniam hic unus est ex omnibus Strabonis fontibus, cuius scripta ad nos pervenerunt, ut hic quidem facile et certo diiudicari possit, quaenam huic auctori debeat Strabo et quomodo eo sit usus. Caesaris commentarios a se esse adhibitos ipse Strabo dicit in fr. 149, ubi de Gallia in tres partes divisa eum testem profert. Fragmenta autem, quae pertinent ad bella a Caesare in Gallia gesta, in quibus Strabonis cum Caesaris commentariis consensus conspicuus est (fr. 149—157), omnia desumpta sunt ex Strabonis geographicis. Iam vero de Caesare Strabonis geographicorum fonte quaestionem instituit Antonius Miller in progr. Reginensi 'Strabos Quellen ueber Gallien und Britannien' (Stadtamhof 1868), ubi Strabonis locos, qui ex Caesare ei videbantur hausti, diligenter collegit atque recensuit. Qui post eum de eadem re nuper disseruit, Hermannus Wilkens[1]), Millerum plerumque secutus de his quidem rebus fere nihil novi protulit. Locorum a Millero ad Caesarem relatorum Augustus Vogel in Milleri dissertationis recensione[2]) haud parvum numerum iusto iure sustulit, quippe qui aut res nimis tritas continerent, quas in quovis alio Strabo potuit invenire fonte, aut parum cum Caesare convenirent. Remotis autem his in eis qui restant locis nihil aliud tractatur nisi res historicae. In ipsa vero Galliae atque Britanniae descriptione geographica Strabo non Caesare, sed aliis auctoribus usus est. Itaque prona est coniectura Strabonem in geographicis conscribendis omnino non adiisse ipsos Caesaris commentarios,

---

1) 'Quaestiones de Strabonis aliorumque rerum Gallicarum auctorum fontibus' (diss. Marpurg. 1886) p. 7—22.
2) In Philolog. vol. XLI p. 519 sqq.

sed quaecumque in geographicis ad Caesarem redeunt, petita
esse ex hypomnematis historicis. Hoc idem rectissime suspi-
catus est iam Vogelius l. l. p. 521 sq., sed etiam alia usus
ratiocinatione, qua ad eundem finem perducimur.

Etenim locis illis, quamquam mirus inter Strabonem et
Caesarem consensus deprehenditur, tamen nonnumquam Strabo
a Caesaris memoria discrepat et haud raro singulas quasdam
res in ipsam narrationem ex Caesare petitam inseruit, quae
desiderantur apud Caesarem¹). Sic in fr. 156, 6 sqq. aperte
obloquitur Caesari, cum dicat Arduennam silvam fuisse *οὐ
τοσαύτην, ὅσην οἱ συγγραφεῖς εἰρήκασι, τετρακισχιλίων στα-
δίων*. Nam tantundem eam in longitudinem patere dixerat
Caesar. Vogelius l. l. ex Asinio Pollione hic Caesarem a Stra-
bone correctum esse suspicatur, sed potuit etiam ipse Strabo,
qui Romae commorabatur, verum cognoscere ex viris illustri-
bus Romanis, qui post Caesarem in Gallia versati erant. Ita-
que huic loco non tantum tribuam. Graviora sunt, quae
secuntur.

Etenim in fr. 150, 8 sqq. Strabo veterum inter Haeduos
et Sequanos inimicitiarum praeter causam ex Caesare depromp-
tam (quod Sequani Germanis se adiunxissent) etiam aliam
affert, quam ex Caesare non discimus, nimirum quod de Arari
flumine et de vectigalibus inde redeuntibus magna inter eos
fuisset contentio.

Porro in fr. 154 quae v. 10 sqq. de Venetorum navium,
quibus pugnam cum Caesare commiserunt, structura singulari
Strabo narrat, desunt apud Caesarem, ex quo reliqua omnia
hausit.

Saepius in fr. 155 recedit a Caesaris memoria. Nam
v. 4 sq. Caesarem dicit ex Britannia celeriter rediisse *διὰ τὰς
ἐν τοῖς Κελτοῖς γενομένας στάσεις τῶν τε βαρβάρων καὶ τῶν
οἰκείων στρατιωτῶν*, cum Caesar nihil commemoret nisi
ipsius Galliae motus; militum seditiones fortasse consulto
omisit Caesar; nam eiusmodi res invidiosas silentio solet prae-

---

1) Cf. de his Vogelium l. l. p. 520 sq.

terire. Deinde (vs. 19 sq.) hac in re discrepat a Caesare, quod
traiectum a continenti in Britanniam insulam facit stadiorum
CCCXX, qui Caesare teste fuit XXX milium passuum (= CCXL
stadiorum). Neque veri est simile, id quod statuit Millerus l. l.
p. 29, 36, Strabonem in numero afferendo errasse propterea,
quod alio loco (in eodem fragm. vs. 29) eundem exhibet nume-
rum. Denique accuratius quam Caesar, qui *meridiano fere
tempore* se ad Britanniam appulisse tradit, eum $\pi\varepsilon\varrho\grave{\iota}$ $\mathit{\dot{o}}\gamma\delta\acute{o}\eta\nu$
$\mathit{\ddot{\omega}}\varrho\alpha\nu$ (vs. 31) dicit ad insulam accessisse[1]).

Nolim tamen cum Vogelio inter hos locos recensere fr.
151, 7 sq., ubi Strabo ceteroquin egregie consentiens cum Cae-
sare Helvetiorum a Caesare in patrias sedes remissorum nume-
rum a Caesaris plane diversum exhibet. Nam secundum Cae-
sarem fuerunt millia CX[2]), in Strabonis autem libris legitur
$\mathit{\dot{o}}\kappa\tau\alpha\kappa\iota\sigma\chi\acute{\iota}\lambda\iota o\iota$. Frustra est Millerus, qui hunc numerum a
Strabone effectum esse ex Caes. b. G. VII 75 opinatur l. l.
p. 23, 17. Neque quidquam lucramur Wilkensii coniectura
(l. l. p. 21 sq.), qua Strabonem hoc loco non ipso Caesare,
sed alio auctore usum esse putat 'qui quasi primoribus tan-
tum labris gustaverat singula ex Caesaris commentariis'. Ne-
que cum Vogelio statuerim hunc numerum redire ad alium
fontem atque ad Caesarem, quoniam is solus de hac re ali-
quid memoriae poterat prodere, quippe qui ipse ad Helveti-
orum relictorum numerum reperiendum censum habuisset (b. G.
I 29). Itaque numerum, qui in Strabonis libris legitur, cor-
ruptum esse mihi persuasum est, praesertim cum nihil sae-
pius mendis inquinatum esse constet quam ipsos numeros[3]).
Hoc igitur loco praeter Caesarem nullum alium Strabo adiit
auctorem.

Reliquis autem locis apparet Caesarem non unicum fuisse
Strabonis fontem, sed ex aliis scriptoribus historicis eum et

---

[1] Ad alteram Caesaris in Britanniam expeditionem haec Strabonis
verba pertinere recte exposuit Millerus l. l. p. 23, 18.

[2] Cf. etiam Plut. Caes. 18. Oros. VI 7, 5.

[3] Ipsi hi numeri $\iota\bar{\alpha}$ (= 110 000) et η (= 8000) facile poterant inter
se permutari.

nonnulla addidisse et hic illic Caesarem correxisse. Verum haec cum adeo commixta essent cum Caesarianis atque in unum confusa, ut nisi Caesaris commentarii superessent, vix possent dignosci, recte conclusit Vogelius non ipsum Caesarem in geographicis a Strabone esse adhibitum, sed locos illos excerptos esse ex hypomnematis historicis, quo in opere Strabo praeter Caesarem aliis usus erat rerum scriptoribus ad bellum Gallicum describendum. Praeclare igitur id, quod iam saepius monuimus, hoc quoque confirmatur exemplo Strabonem non satis habuisse unum fontem sequi, sed semper quam plurimos adiisse. Unde apparet, magna in Strabonis fontibus investigandis opus esse cautione.

Quam cautionem desidero in dissertatione ceteroqui laude digna, quam nuper de Theophane Strabonis fonte scripsit Guilelmus Fabricius [1]). — Theophanem Mytilenaeum scimus descripsisse bellum a Pompeio cum Mithridate gestum, in quo ipse erat Pompei comes. Ad quod bellum pertinent fr. 99—139. Quae omnia fere [2]) ad Theophanem Fabricius rettulit et multos praeterea alios Strabonis geographicorum locos, quo in opere conscribendo rursus eum adiisse Theophanem sane veri simile est [3]) propterea, quod ille scriptor terras, quas ipse cum Pompeio visit, accuratissime descripsit, ut apparet ex fragmentis collectis a Muellero FHG vol. III p. 312 sqq. Neque potest dubitari, quin Strabo et in hypomnematis historicis et in geographicis permulta petiverit ex Theophane, quem saepius laudat: cf. fr. 101, 7; 111, 2; geogr. XI 2, 2 p. 493; 14, 4 p. 528; 14, 11 p. 530. Etiam hoc concedo terrarum circa Caucasum montem iacentium, imprimis Albaniae atque Iberiae, descriptiones maximam partem haustas esse ex Theophane, id quod iam ante Fabricium cognovit Ioannes Neumann [4]). Nam hae terrae antea satis

---

1) 'Theophanes von Mytilene und Quintus Dellius als Quellen der Geographie des Strabon' diss. Argentorat. 1888.
2) Fr. 97b. 99. 101—113. 115. 116. 129. 131—133. 134b. 135—139.
3) Cf. Fabricium l. l. p. 235.
4) In Fleckeisenii annal. suppl. vol. XIII 1883 p. 320 sqq.

obscurae primum ipsa Pompei expeditione accuratius cognitae
sunt, ut ipse dicit Strabo II 5, 12 p. 118. Neque quisquam
de populis illis accuratiora poterat docere quam Theophanes,
quoniam eo seculus erat Pompeium (cf. fr. 111, 2 sq.). Quam-
quam vel hic praeter Theophanem etiam aliis auctoribus usum
esse Strabonem elucet ex fr. 111, ubi de Amazonum sedibus
affert quidem Theophanis sententiam, sed ei opponit Metrodori
Scepsii et Hypsicratis Amiseni testimonia, quibus se non minus
quam Theophani tribuere indicat additis verbis οὐδὲ αὐτοὶ
ἄπειροι τῶν τόπων γεγονότες. In eis autem quae secuntur,
Strabo Metrodorum et Hypsicratem secutus res mythicas de
Amazonibus narrat. Itaque etiam aliae res mythicae, quas de
his populis Strabo passim profert[1]), utrum ex Theophane sint
petitae an ex aliis scriptoribus, ambiguum est. Inde vero,
quod Appianus et Plutarchus, quos Theophane usos esse pu-
tant, saepe his in rebus cum Strabone consentiunt, nihil licet
concludere. Nam non ex Theophane, sed ex ipso Strabonis
opere historico eos hausisse infra demonstrabo.

Quae praeterea ad Theophanem rettulit Fabricius, haec
plane incerta et ex parte etiam falso ei tributa esse mihi
videntur. Sic libri XI caput XIV, in quo Armeniam Strabo
describit, totum fere Theophani vindicavit (p. 24 sqq. 116 sqq.)
hoc maxime nisus argumento, quod Armenia ante Pompei ex-
peditionem non tam accurate fuisset nota. At iam Lucullus
Tigrani regi bellum inferens alte in hanc terram penetraverat
et certe iam Alexandri Magni aetate multa de ea innotuerunt,
qui in Syspiritidem misit Menonem teste Strabone XI 14, 9
p. 529. Hoc apparet ex Strabonis geogr. XI 14, 12 sq. p. 530/1
(cf. XI 4, 8 p. 503), ubi Cyrsilum Pharsalium et Medium Lari-
saeum ἄνδρας συνεστρατευκότας Ἀλεξάνδρῳ haec dicit nar-
rasse: Armeniae nomen derivatum esse ab Armeno Thessalo,
qui cum Iasone in Armeniam profectus esset; τῶν δὲ μετὰ
τοῦ Ἀρμένου τοὺς μὲν τὴν Ἀκιλισηνὴν οἰκῆσαι — — τοὺς
δὲ ἐν τῇ Συσπιρίτιδι ἕως τῆς Καλαχηνῆς καὶ τῆς Ἀδιαβηνῆς;

---

1) Cf. fr. 103 b c. 106 a, 5 sqq. b.

Thessalae autem originis multa exstare indicia; sic etiam Araxem flumen nomen accepisse ab Armeno propter similitudinem, quae ei intercederet cum Peneo, καλεῖσθαι γὰρ Ἀράξην κἀκεῖνον διὰ τὸ ἀπαράξαι τὴν Ὄσσαν ἀπὸ τοῦ Ὀλύμπου ῥήξαντα τὰ Τέμπη. Iam animum advertas ad verba sequentia, quae arte cohaerent cum antecedentibus: καὶ τὸν ἐν Ἀρμενίᾳ δὲ ἀπὸ τῶν ὀρῶν καταβάντα πλατύνεσθαί φασι τὸ παλαιὸν καὶ πελαγίζειν ἐν τοῖς ὑποκειμένοις πεδίοις οὐκ ἔχοντα διέξοδον, Ἰάσονα δὲ μιμησάμενον τὰ Τέμπη ποιῆσαι τὴν διασφάγα, δι᾽ ἧς καταράττει νυνὶ τὸ ὕδωρ εἰς τὴν Κασπίαν θάλατταν. Deinde addit Strabo probabiliora haec sibi videri quam quae de Araxe dicat Herodotus, quem secutus sit Callisthenes. Fabricius autem (p. 37 sq. 122 sqq.) praefracte negat Cyrsilo et Medio Armeniae provinciarum nomina et Araxis fluminis cursum fuisse nota, quae ante Pompei expeditionem nemo potuisset scire. Itaque duos illos locos, quos exscripsimus, non scriptos esse posse a Cyrsilo vel Medio, sed haec addita esse a Theophane, ex quo totum locum deprompsisse Strabonem; a Theophane laudatos esse et Cyrsilum et Medium et Herodotum et Callisthenem. — At quomodo Araxes a Cyrsilo et Medio poterat comparari cum Peneo (nam hanc comparationem iam ab eis ut Thessalis esse institutam etiam Fabricius debet concedere: cf. p. 124), nisi fauces illae, per quas Araxes in praeceps defertur, priusquam in Caspium mare se effundit, illis erant notae? Et si hoc eis erat compertum, cur singularum Armeniae regionum notitiam eis denegemus? — Denique quo iure statuit Fabricius tot fontibus usum esse Theophanem Cyrsilo, Medio, Callisthene, Herodoto? Quid Theophani cum Alexandri rerum scriptoribus rei est? Strabonem autem, qui hypomnemata de Alexandri rebus gestis composuit, Callisthene multisque aliis, qui de Alexandro scripserant, auctoribus usum esse constat. Itaque et hic ipsum Strabonem illos scriptores adiisse persuasum habeo et XI 13, 10 p. 526 et XI 7, 2 p. 508/9 et XI 14, 9 p. 529, quos locos omnes Theophani iniuria tribuit Fabricius. Herodoti autem et Ephori et Apollonidis testimonia etiam aliis locis Theophanem subministrasse Straboni contendit parum probabiliter (p. 135. 149. 166. 182. 215). Omnino multos a Theophane adhibitos esse scriptores vix credibile videtur, si nobiscum reputamus, quam brevi tempore totum opus a Theophane sit conscriptum. Nam inter ipsum bellum sane res memoria dignas breviter litteris mandasse putandus est, sed ad opus elaborandum ante belli finem certe non accessit. Cum vero anno 62 a. Chr. Theophanis historia iam in lucem esset emissa (Cic. pro Arch. 10, 24), una hieme (a. 63/2) eam confecit, ut recte exposuit Fabricius l. l. p. 5. 7. 8.

Quod autem omnes res historicas, imprimis quae pertinent ad rerum ordinem a Pompeio in Ponto, Cappadocia, Galatia constitutum, ex Theophane hausisse Strabonem affirmat, ne hac quidem in re eius sententiam possum amplecti. Nam hoc unum probavit belli Mithridatici Strabonem haec debere scriptori[1]). Sed quoniam has res Strabo haud dubie desumpsit ex hypomnematis historicis, ubi praeter Theophanem hac in parte etiam alios ab eo adhibitos esse auctores quovis pignore contenderim, ad quem potissimum scriptorem singula redeant, nullo modo potest diiudicari. Ordinem autem a Pompeio in Asia institutum, regnorum donationes, urbium constitutiones num Theophanes in opere suo quasi iam ratas omnino narraverit, priusquam senatus Romanus eas ratas esse iussisset, valde dubito, quia hac re senatum offendisset et Pompeio invidiam conflasset, id quod anxie cavebat.

Iam examinemus, quae in eadem dissertatione Fabricius de Dellio Strabonis fonte disputavit. Ac rectissime quidem demonstravit (p. 220. 235) Dellii librum a Strabone

---

1) In fr. 99 Fabricius (p. 73. 85 sq.) luculentum Theophaneae originis vestigium sibi videtur deprehendisse. Nam in commemorando colloquio Danalae inter Pompeium et Lucullum habito Strabonem nihil dicere de turpi altercatione inter duos illos imperatores tunc orta. Nimirum Theophanem, quaecumque Pompei gloriae potuissent officere, consulto omisisse. At ex Strabonis silentio plane nihil hic licet concludere. In hypomnematis historicis, unde brevem hanc mentionem petivit, certe etiam rixam illam enarravit (cf. fr. 100).

in geographicis conscribendis non denuo inspectum esse, sed
quaecumque ad eum redirent, petita esse ex hypomnematis
historicis. Rettulit autem ille ad Dellium (p. 220 sqq.) secu-
tus plerumque Buerckleinium[1]) fragmenta haec: 208. 209. 215.
223—226[2]). Atque quae de Antonii expeditione Parthica
Strabo narrat (fr. 223—227), maximam certe partem fluxerunt
ex Dellio, Antonii in hoc bello comite, quem ipse Strabo aucto-
rem perhibet fr. 225, 7. In reliquis autem fragmentis, quae
non pertinent ad hanc expeditionem et in eis locis, quos
Fabricius p. 81 sq. Dellio tribuit, res admodum incerta est.
Nihil enim perversius est in auctore, in quo miram fuisse
lectionem constat, quam ad unum omnia referre fontem. Adde
quod omnino dubium est, num res et ante Antonii expeditio-
nem et post eam gestas Dellius descripserit.

Cum Strabonis autem fragmentis 223—226, quae certe
ad Dellium redeunt, mire consentire videmus Plutarchum in
Antonii vita, ut aut ipso Dellio aut Strabonis hypomnematis
in Antonii bello Parthico enarrando eum usum esse neces-
sario sit statuendum, id quod iam Buerckleinius l. l. p. 15
et ib. adn. 1 recte cognovit. Sed utrum sit verum, diiudicare
non audeo.

Reliquos scriptores a Strabone in hypomnematis historicis
adhibitos, qui quidem in fragmentis laudati sint, breviter tan-
tum hic enumerabo.

Ac saepissime quidem Strabo usus esse videtur Posi-
donio, qui laudatur in fr. 21, 1; 27, 12. 17; 32, 12. 21;
37, 1; 45, 9. Praeterea ex Posidonio hausisse Strabonem in
fr. 11. 23. 26a adnotavi in commentariis ad hos locos additis.
Posidonii historiae uberrimus procul dubio Strabonis erat fons.
Sed etiam eiusdem auctoris libros περὶ ὠκεανοῦ, in quibus
multas res historicas ille tractaverat, videtur adiisse itemque

---

1) 'Quellen und Chronologie der roemisch-parthischen Feldzuege in
den Jahren 713—716 d. St.' diss. Berol. 1879.

2) Strab. XI 14, 9 p. 530 (de aquis Nisaeis), quem locum Dellio
tribuit Fabricius p. 226 sq., non est cur ex eo potissimum haustum esse
statuamus.

historiam, quam de Pompei rebus gestis scripsit Posidonius teste Strabone in geogr. XI 1, 6 p. 492.

Praeterea in fragmentis laudantur **Hypsicrates** (fr. 111, 7; 169, 5; 175, 21), **Timagenes** (fr. 32, 11; 33, 9), **Apollodorus Artemitenus** ὁ τὰ *Παρθικὰ ποιήσας* (fr. 5, 6. 13. 24; 6, 6 sq.), **Metrodorus Scepsius** (fr. 111, 7), **Apollonides** (fr. 45, 10), **Asinius Pollio** (fr. 169, 5), **Tanusius** (fr. 72, 1).

QUAESTIONES STRABONIANAE

Collectis Strabonis hypomnematorum historicorum reliquiis et huius operis indole satis explorata quaeritur, num rerum scriptores, qui post Strabonis aetatem floruerunt et quibus eaedem res erant tractandae, in eis enarrandis adhibuerint hunc Strabonis librum. Atque inter auctores recensetur Strabo — ut omittam Tertullianum — a Iosepho et a Plutarcho, quibus nonnulla huius operis debemus fragmenta. Itaque nostrum erit exquirere, quomodo hi auctores usi sint Strabone et numquae praeterea apud illos et omnino apud posterioris aetatis scriptores redeant ad Strabonis hypomnemata.

Inter eos autem scriptores, qui Strabonis servaverunt fragmenta, primum locum obtinet Flavius Iosephus non solum propterea, quod longe plurima tradidit fragmenta, verum etiam quia solus hic est auctor, qui ipsa Strabonis verba integra attulit. Itaque primo loco agatur:

DE STRABONIS QUAE EXSTANT APUD IOSEPHUM RELIQUIIS

Strabonis fragmenta quaecumque Iosephus servavit, inveniuntur in antiquitatum Iudaicarum[1]) libris XIII et XIV et primo libri XV initio. Quibus in libris ipsa Strabonis verba exscripsit Iosephus locis hisce: XIII 10, 4 (fr. 34). 11, 3 (fr. 33); XIV 3, 1 (fr. 119). 7, 2 (ubi duos locos affert = fr. 55. 56). 8, 3 (ubi item duo inveniuntur fragmenta = fr. 169); XV 1, 2 (fr. 214). — Praeterea, ut fidem faciat eis, quae narravit, Strabonem testem profert XIII 12, 6 (fr. 35) una cum Nicolao

---

1) Semel etiam in libris contra Apionem scriptis II 7 (fr. 1) Strabonem una cum multis aliis auctoribus testem citat.

Damasceno, XIV 4, 3 (fr. 124ᵇ) cum Nicolao et Livio, XIV 6, 4 (fr. 115) cum Nicolao.

Atque qui nuper in Iosephi fontes inquisiverunt, Heuricus Bloch[1]) et Iustus de Destinon[2]), etiam de Strabone Iosephi fonte nonnulla disputaverunt, sed cum rem non plane expedivisse mihi viderentur et cum etiam de rebus singulis haberem quae vel adderem vel emendarem, hanc quaestionem statui retractare.

Atque proximum est, ut exploretur, utrum ex ipso Strabone Iosephus hauserit, an illos Strabonis locos iam invenerit allatos in fonte illo, ex quo reliquam narrationem totam petivit. — Nam Iustus de Destinon in libello laudato argumentis, quae nihil dubii relinquunt, probavit Iosephum et in hac antiquitatum Iudaicarum parte, ubi Strabonis fragmenta inveniuntur inserta, et in belli Iudaici, quod antea composuerat, libro primo, ubi de eisdem rebus agitur, unum eundemque fontem exscripsisse, illo tantum discrimine interposito, quod in antiquitatibus plenius atque accuratius hunc auctorem expressit, in bello Iudaico eiusdem narrationem magis coartavit. Cum autem testimoniorum illorum, quae in antiquitatibus Iudaicis passim afferuntur non modo ex Strabone, sed etiam ex aliis auctoribus velut ex Polybio, Agatharchide, Nicolao, Livio, in bello Indaico nullum usquam exstet vestigium, vel inde oritur suspicio ea non ex communi illo antiquitatum bellique Iudaici fluxisse fonte, sed ab ipso Iosepho, cum antiquitates conscriberet, narrationi esse inserta. Huc accedit, quod Iosephus in his testimoniis afferendis eisdem semper utitur formulis sollemnibus velut: μαρτυρεῖ τοῦτο καὶ Στράβων λέγων οὕτως vel μαρτυρεῖ δέ μου τῷ λόγῳ Στράβων similibus. Sed manifesta fit res eo, quod saepe testimonia illa tantum absunt ut ea, quae Iosephus antea narravit, confirment, ut eis maxime repugnent et adversentur, id quod recte demonstravit Destinon l. l. p. 55 sqq.

---

1) 'Die Quellen des Flavius Iosephus in seiner Archaeologie' (Lips. 1879) p. 93 sq.

2) 'Die Quellen des Flavius Iosephus in der Juedischen Archaeologie Buch XII – XVII — jued. Krieg Buch I' (Kiel 1893) p. 53—60.

Ac luculentissimi exempli instar est Ios. A. I. XIII 11, 3 (fr. 33). Hoc loco postquam item atque in bello Iudaico Aristobulum, Iudaeorum regem, descripsit, qui tyrannus tantae fuisset crudelitatis, ut ne eis quidem, qui genere ei erant proximi, parceret, narrationem finit hisce verbis: ταῦτ' εἰπὼν ἐναποθνήσκει τοῖς λόγοις βασιλεύσας ἐνιαυτόν, et similiter B. I. I 3, 6: ταῦτ' εἰπὼν εὐθέως τελευτᾷ βασιλεύσας οὐ πλεῖον ἐνιαυτοῦ. At in antiquitatibus pergit in eodem enuntiato de regis illius moribus plane contrarie iudicans bunc in modum: πολλὰ εὐεργετήσας τὴν πατρίδα — — φύσει δ' ἐπιεικεῖ ἐκέχρητο καὶ σφόδρα ἦν αἰδοῦς ἥττων, ὡς μαρτυρεῖ τοῦτο καὶ Στράβων ἐκ τοῦ Τιμαγένους ὀνόματος λέγων οὕτως· 'ἐπιεικής τε ἐγένετο οὗτος ὁ ἀνὴρ καὶ πολλὰ τοῖς Ἰουδαίοις χρήσιμος κτλ.' Sequens deinde caput rursus cum bello Iudaico bene congruit. Elucet igitur Iosephum rerum diversitate ac repugnantia plane neglecta Strabonis locum in narrationem ex fonte illo, quem solet exscribere, depromptam suo Marte inculcasse ita quidem, ut primum Strabonis sententiam verbis eius leviter submutatis pro sua venderet, cui deinde fidem adderet in testimonium vocatis ipsis Strabonis verbis.

Eodem artificio usum esse Iosephum A. I. XV 1, 2 (fr. 214) sagaciter perspexit Destinon l. l. p. 57. In libro XIV extremo (cap. 16, 4) Iosephus fontem suum secutus narrat Antigono ab Herode ac Sosio capto Herodem, qui ab Antigono metueret, magnis pecuniis ab Antonio impetrasse, ut de illo supplicium sumeretur. Loco autem illo libri XV subito et plane ex abrupto aliam de Antigoni morte exhibet memoriam, cuius auctorem profert Strabonem: ipsum nimirum Antonium, cum Iudaeos prioris regis amore Herodis regnum detrectare videret, suopte consilio usum Antigonum securi percuti iussisse. Hic quoque Iosephus, ut Strabonis testimonium commode posset inserere, loci Straboniani praemisit paraphrasim.

Etiam A. I. XIII 10, 4 (fr. 34) non solum ipse locus ex Strabonis hypomnematis decerptus, sed haud dubie tota paragraphus 4 ad Strabonem est referenda, ut iam Destinon l. l. p. 58 coniecit. Etenim quae de Chelcia et Anania ducibus

Iudaeis, qui tum apud Cleopatram Aegypti reginam magna
fuerint in auctoritate, Iosephus ibi exponit, omnino non pertinent ad rem, de qua agitur, sed in fontis narrationem satis
moleste sunt inserta, id quod continuo ferit oculos, si initium
ac finem spectamus. Nam a fonte, quem quasi ducem sequitur, his digreditur verbis: καὶ τὰ μὲν περὶ Ὑρκανὸν ἐν
τούτοις ἦν. — Κατὰ δὲ τοῦτον ἔτυχε τὸν καιρὸν κτλ., et in
§ 5 ad fontem illum sic revertitur: ταῦτα μὲν οὖν ὁ Στράβων
φησίν. — Ὑρκανῷ δὲ φθόνον ἐκίνησεν ἡ εὐπραγία παρὰ
τῶν Ἰουδαίων: cf. B. L I 2, 8 πρὸς δὲ τὰς εὐπραγίας αὐτοῦ
δὲ Ἰωάννου καὶ τῶν παίδων φθόνος ἐγείρει στάσιν ἐν ἐπιχωρίων. Sed qua tandem causa commotus est Iosephus, ut
narrationem tam foede interrumperet? En habes causam dignam mediusfidius misello hoc scriptore! Nimirum quia in
fonte suo Ioannis Hyrcani εὐπραγία erat commemorata,
praeclaram doctrinae suae effundendae se nactum esse occasionem arbitratus Strabonis locum, ubi ille duos Iudaeos apud
Aegypti reginam in honore fuisse tradiderat, in suum usum
convertit, ut inde efficeret tunc non solum Hierosolymis, sed
etiam Alexandriae Iudaeos fortuna prospera esse usos (εὐπραγεῖν). Conferas enim haec Iosephi verba, quibus hoc satis
diserte indicat: Κατὰ δὲ τοῦτον ἔτυχε τὸν καιρὸν μὴ μόνον
τοὺς ἐν Ἱεροσολύμοις καὶ τῇ χώρᾳ Ἰουδαίοις εὐπραγεῖν,
ἀλλὰ καὶ τοὺς ἐν Ἀλεξανδρείᾳ κατοικοῦντας καὶ ἐν Αἰγύπτῳ
καὶ Κύπρῳ κτλ.
  Eiusdem generis excursus invenitur A. I. XIV 7, 2 (fr. 55.
58), ubi postquam narravit divitias templi Hierosolymitani a
Crasso esse exhaustas, cupide arripit occasionem, ut duobus
testimoniis ex Strabonis hypomnematis allatis doceat, quantae
Iudaeorum sint opes quantaque per totum orbem terrarum
potentia[1]). Tertia autem paragraphus commode se applicat
ad primae finem sicut in B. I. I 8, 8.

---

1) Post primum testimonium ex Strabone allatum Iosephus interpretis munere infelicissime functus est. Dixerat enim Strabo Mithridatem
ex Co insula Cleopatrae divitias et Iudaeorum octingenta talenta abstulisse. Quinam erant hi Iudaei? Iosephus confidenter contendit fuisse

De A. I. XIV 8, 3 (fr. 169), ubi duobus locis Strabonianis Iosephus studet demonstrare non solum Antipatrum, sed etiam Hyrcanum belli Alexandrini a Caesare gesti fuisse socium, nihil habeo quod moneam.

Restat ut de uno loco sententiam meam expromam, qui maioribus intricatus est difficultatibus. A. I. XIV 3, 1 (fr. 119) Iosephus Strabonis locum, quo donum pretiosissimum ab Aristobulo ad Pompeium missum describitur, inseruit narrationi, qua re haec vehementer est perturbata. Nam sicut nunc apud Iosephum res narrantur, earum ordo erat hic: Pompeio, ubi Damascum venit, per Iudaeorum legatos splendidum Aristobuli donum traditur. Paulo post alii legati ab Hyrcano et Aristobulo missi eum adeunt, quos ineunte vere rursus ad se venire iubet. Ipse exercitu ex hibernis educto in agrum Damascenum proficiscitur, eiusque per Apameam, Heliopolim, Chalcidem iter accuratissime a Iosepho describitur. Damasci autem Iudaeorum legati et ipsi fratres regii ei praestolantur. Damasco igitur ex hibernis profectus Damascum contendit Pompeius. At scimus non ante anni 63 a. Chr. ver Pompeium venisse Damascum, hiberna autem a. 64/3 non Damasci, sed in Syria habuisse, fortasse Antiochiae, id quod etiam ex itinere a Iosepho enarrato dilucide apparet.

Itaque Benedictus Niese¹) rem sic explicandam esse existimat: hiberna a Iosepho commemorata esse Syriaca; Strabonis

hanc pecuniam Iudaeorum in Asia habitantium, qui metu Mithridatis in illam insulam sua transtulissent; neque enim veri simile esse eos, qui Iudaeam incolerent, pecunias illic deposuisse, cum urbem munitissimam et templum haberent, neque Iudaeos, qui Alexandriae habitarent, quibus Mithridates non fuisset metuendus. Haec omnia perversissima sunt. Nam stulti hercle fuissent Iudaei in Asia habitantes, si in Co insulam bona sua contulissent, cum Mithridatis classis totum mare teneret atque in Graeciam, quin etiam in Hispaniam ad Sartorium navigaret. Immo, intellegendi sunt Iudaei Alexandrini, qui non sane Mithridatem, sed Ptolemaeum Lathurum a Cleopatra ex Aegypto electum metuebant. Ill enim, imprimis οἱ ἐκ τῆς Ὀνίου λεγόμενοι ducibus Chelcia et Anania, a Cleopatrae partibus stabant, ut ipse Iosephus Strabonem secutus narravit XIII 10, 4. Hi igitur reginae exemplum imitati pecunias in Co insulam miserant.

1) In Herm. vol. XI p. 471.

antem illud de Aristobuli dono Damascum misso testimonium falso loco a Iosepho esse insertum, quod si eiciatur, narrationem esse integram atque omni ex parte perfectam. Itane vero? Immo, aut hic falsus est vir doctissimus aut in eis, quae antea dicit: 'Nimmt man die Zutbaten heraus, so wird die Hauptquelle hergestellt, ohne auch nur die geringste Luecke zu zeigen.' Nam si primam huius capitis paragraphum[1]) exterminaremus, narratio inciperet a verbis μετ' οὐ πολὺ δὲ ἧκον πάλιν πρέσβεις πρὸς αὐτόν, ubi neque illud πρὸς αὐτὸν haberet, quo referretur, neque vocabulum πάλιν sententiae conveniret. Ex omnibus autem, de quibus disseruimus, locis hoc certissime intellegitur, Iosephum, ubicumque aliena inseruit, fontis sui primarii narrationem numquam mutilasse. Itaque Niesii de hoc loco sententia non potest esse recta.

Sed collatis, quae Iosephus de eadem re disserit in bello Iudaico I 6, 4, verum haud dubie cognoscitur. Ibi nimirum non solum illa de Aristobuli dono narratiuncula, verum etiam Pompei itineris descriptio omnino desideratur et narratio statim incipit a Pompei in urbem Damascenorum adventu, ubi Hyrcanus et Aristobulus ipsi eum adeunt. Quodsi mecum statuis etiam Pompei itineris descriptionem ex Strabone additam esse a Iosepho, omnia iam plana esse contendo. In Iosephi fonte res ante Pompei adventum gestae non erant expositae. Iam apud Strabonem legebat illam de Aristobuli dono narratiunculam, quae ei memoratu videbatur digna. Cum autem Strabo in Syriam missum esse illud donum tradidisset, quo modo haec insereret dubius haerebat bonus Iosephus, quoniam in fonte suo de his nihil inveniebat. Qua igitur ratione ex his angustiis se expedivit? Ex fonte suo prima verba deprompsit μετ' οὐ πολὺ δὲ Πομπηίου εἰς Δαμασκὸν ἀφικομένου καὶ Κοίλην Συρίαν ἐπιόντος, quae fere ad verbum consentiunt cum B. I. I 6,4 καὶ ἐπειδὴ Πομπήιος ἐπιὼν τὴν Συρίαν εἰς Δαμασκὸν ἧκεν; deinde de temporis ac loci ratione plane securus Strabonis testimonium inserit et, ut rursus in gratiam

---

[1]) Verba μετ' οὐ πολὺ δὲ Πομπηίου εἰς Δαμασκὸν ἀφικομένου usque ad finem τοῦτο λέγεται πέμψαι τὸν Ἰουδαίων δυνάστην.

redeat cum fonte suo, pergit Strabonem exscribere usque ad Pompei Damascum in urbem adventum i. e. usque ad verba ἀπὸ τῆς Πέλλης εἰς Δαμασκὸν ἧκεν. Iam relicto Strabone ad fontem suum revertitur, cuius quasi in servitium se addixit.

Nec deest indicium, quo demonstretur in illa parte Iosephum non suum fontem secutum esse, sed aliunde hausisse. Iudaeorum enim legati cum Pompeio conqueruntur ut rem notissimam, Gabinium trecentis talentis corruptum esse, cuius rei neque in antiquitatibus neque in bello Iudaico antea fit mentio. Singulae autem res bene cum Strabonis fragmentis conveniunt: de Ptolemaeo, Mennaei filio, a quo Pompeius per Apameam, Heliopolim, Chalcidem profectus poenas repetit, conferas fr. 120, et de Lysiadis praedonum arcis expugnatione cf. fr. 124, 17.

Iam igitur omnibus his locis diligenter examinatis pro certo licet affirmare ipsum Iosephum testimonia ex Strabonis hypomnematis desumpta fontis sui narrationi inseruisse et saepe quidem loco minime idoneo et ratione plane inepta, ut in complurium fontium memoriis complectendis hospes omnino atque tiro sit indicandus. Similis etiam testimoniorum, quae ex aliis scriptoribus attulit, est ratio. Nimirum, ut recte exposuit Destinon p. 59, Iosephus cum ad antiquitates Iudaicas conscribendas se accingeret, Strabonis, Nicolai Damasceni, aliorum opera perlustravit et cum fontis sui, quem iam in bello Iudaico secutus erat, narratione contulit. In quibus si quid memorabile inveniebat, quod in fonte illo non erat narratum, excerpsit et, ubi aliquo modo poterat fieri, inseruit. Ubi vero illos auctores cum fonte suo videbat consentire, testibus saltem eis usus est praesertim ad rei parum credibilis fidem augendam [1]).

Sed priusquam haec longius persequamur, necessarium erit fontem illum, quem potissimum exscripsit Iosephus, accuratius cognoscere.

Ac Destinon in libello suo demonstravit et in antiquitatum libris XII et XIII et in belli Iudaici libro I unum eundemque a Iosepho expilatum esse fontem, in quo cum rebus Iudaicis

---

1) Cf. XIII 12, 6 ((fr. 35). XIV 4, 3 (fr. 124 b).

iam coniuncta erat rerum Syriacarum atque Aegyptiacarum brevis expositio. Nam formulas illas, quibus Iosephus rerum exterarum narrationem solet praecidere ad res Iudaicas iam transiturus (ὡς καὶ ἐν ἄλλοις δεδηλώκαμεν vel ὡς καὶ ἐν ἄλλοις δεδήλωται) recte monuit Destinon non Iosephi esse proprias (nam nusquam alibi neque in antiquitatibus neque in bello Iudaico neque in alio opere de his rebus exposuit), sed eas quoque a Iosepho ex fonte suo una cum narratione esse descriptas¹).

Hic Anonymus a Iosepho exscriptus in Iudaicis quidem rebus ex primo Maccabaeorum libro hausit ea, quae tractat Iosephus in A. I. XII—XIII 6, 6 (cf. Destinon p. 60—91), quae in A. I. XIII 7, 1—XIII 16, 6 exposuit, ex fonte Iudaeo satis exili, in quo rerum memoria fabulis immixtis iam erat depravata (cf. Destinon p. 40—45).

Quae vero de rebus Syriacis in libris XII—XIII narrat Iosephus, in his Anonymus ille fontibus usus est Polybio et Posidonio (cf. Destinon p. 45—53).

In libris autem antiquitatum XIV—XVII — B. I. I 6, 1— 33, 9 Iosephum putat hausisse ex ipsis Nicolai Damasceni historiis (cf. p. 91—120, imprimis p. 102 sqq.) propterea, quod in hac parte conspiciatur apertum Antipatri eiusque filii Herodis studium, quorum memoriam Nicolaus, Herodis regis amicus, haud dubie maxime celebravit.

Ac de libris XII—XIII quidem rectissime mihi videtur iudicasse Destinon, sed quae de librorum XIV—XVII fonte disseruit, cur magnam partem mihi non probentur, iam erit explicandum.

Atque initio certe antiquitatum libri XIV — B. I. I 6, 2 Nicolaum non esse fontem Iosephi manifesto intellegitur ex loco, quem Destinon (p. 103) levi pede transiluit. Nam A. I. XIV 1, 3 dicit Antipatrum fuisse Idumaeum, hominem magnis opibus praeditum, sed natura seditiosum. Sed statim addit haec: *Νικόλαος μέντοι φησὶν ὁ Δαμασκηνὸς τοῦτον εἶναι γένος ἐκ τῶν πρώτων Ἰουδαίων τῶν ἐκ Βαβυλῶνος εἰς τὴν Ἰουδαίαν ἀφικομένων. Ταῦτα δὲ λέγει χαριζόμενος Ἡρώδῃ*

---
1) Cf. Destinon p. 19—29 et 39.

τῷ παιδὶ αὐτοῦ κτλ. In bello autem Iudaico I 6, 2 prior illa memoria a Nicolao longe abhorrens sola invenitur. Haec igitur una in communi fonte fuit narrata, alteram Nicolai in antiquitatibus conscribendis postea inseruit Iosephus; quam ob rem nihil certius est quam hoc, praecipuum Iosephi fontem hic non fuisse Nicolaum.

Praeterea hoc Destinonis sententiae repugnat, quod Iosephus in libro XIV Nicolaum saepius una cum Strabone testem profert (XIV 4, 3 et 6, 4) pariter atque in libro XIII (c. 12, 6). Numquam autem Iosephum fontem eum, quem ducem sequitur, hac ratione laudat; sic in ea parte, ubi non potest dubitari, quin Nicolaum exscripserit, nusquam hunc citavit auctorem uno excepto loco (XVI 7, 1), cuius tamen plane alia est ratio. Nam ibi quod minimi pretii fabulam, quae alicunde innotuit Iosepho, silentio praeteriit Nicolaus, hanc occasionem arripit, ut graviter eum accuset atque vituperet.

Adde quod formulae illae, quibus in libris antecedentibus utitur ad rerum exterarum narrationem praecidendam (ὡς καὶ ἐν ἄλλοις δεδήλωται etc.), similiter etiam in libro XIV inveniuntur adhibitae eo tantum intercedente discrimine, quod hic non de rebus Syriacis agitur, sed de rebus Romanis. Atque solis in antiquitatibus hae formulae leguntur XIV 11, 1 et 12, 2. Sed id quod multo gravius est, hic, ubi belli Iudaici aliquanto uberior atque copiosior est rerum expositio, bis etiam fit, ut formulae illae eodem narrationis loco inveniantur et in antiquitatibus et in bello Iudaico:

B. I. I 8, 8 διαβὰς δὲ τὸν Εὐφράτην αὐτός τε (sc. ὁ Κράσσος) ἀπώλετο καὶ ὁ στρατὸς αὐτοῦ, περὶ ὧν οὐ νῦν καιρὸς λέγειν.

A. I. XIV 7, 3 καὶ αὐτὸς μὲν δὴ σὺν παντὶ διεφθάρη τῷ στρατῷ, ὡς καὶ ἐν ἄλλοις δεδήλωται.

ib. I 8, 9 Κάσσιος δὲ — — ἐπὶ τὸν Εὐφράτην ὑπέστρεψε Πάρθους διαβαίνειν ἀνείρξων, περὶ ὧν ἐν ἑτέροις ἐροῦμεν.

ib. XIV 7, 3 Κάσσιος μὲν οὖν — — ἐπὶ τὸν Εὐφράτην ἠπείγετο ὑπαντιάσων τοῖς ἐκεῖθεν ἐπιοῦσιν, ὡς καὶ ὑπ' ἄλλων δεδήλωται.

Quod casu evenisse non potest, sed recte Niesius[1]) et Destinon[2]) inde effecerunt, iam in Iosephi fonte his locis formulas eas fuisse usurpatas.

Quid igitur? Nonne veri est simillimum eum fontem, cuius maximo proprius erat harum formularum usus, quem Iosephus adhibuit in libris XII—XIII, etiam in libro XIV, ubi plane idem deprehenditur scribendi mos, a Iosepho esse exscriptum? Huc accedit, quod libri XIII narratio in libro XIV sicut etiam in bello Iudaico uno tenore continuatur, neque ullum fontis mutati exstat indicium. Itaque Anonymo illo in quarto decimo quoque antiquitatum libro itemque in belli Iudaici parte ea, quae huc pertinet, usum esse Iosephum persuasum habeo.

Iam quaerendum est, num in antiquitatum libris XV—XVII et in B. I. I 18, 4 usque ad primi libri finem ex ipso Nicolao hauserit Iosephus, ut Destinoni videtur. Nam quin aliqua certe ratione ac via ad Nicolaum haec redeant, dubium esse non potest propter insignes Herodis laudes.

Quodsi antiquitatum hac in parte cum belli Iudaici comparamus narrationem, unum statim in propatulo est, scilicet hoc, quod in rerum expositione ceteroqui satis simili magnum inter utriusque operis ordinem intercedit discrimen. In bello enim Iudaico Herodis regis historiae duae magnae distinguuntur partes, quarum in altera res ab eo gestae usque ad mortem deinceps enarrantur (I 18, 4—21), in altera Herodis res domesticae memoriae traduntur (I 22, 1 usque ad libri finem). At vero in antiquitatibus hae duae partes in unum sunt conflatae ita, ut universa Herodis vita secundum temporis ordinem sit disposita[3]). Ac Destinon quidem (p. 101) belli Iudaici ordinem statuit esse genuinum, qualem ipse Nicolaus in opere suo historico adhibuerit, in antiquitatibus autem materiam in alium ordinem redegisse Iosephum temporis rationem secutum.

Quae longe mihi videntur abhorrere a vero. Nam primum quidem parum est probabile Nicolaum, qui universam, non

---
1) In Herm. vol. XI p. 469.
2) L. l. p. 18 et 19 adn. 1.
3) Cf. Destinon l. l. p. 16 et 101.

Iudaeorum separatim scripsit historiam, in ingenti suo opere in Herodis rebus gestis enarrandis singula genera distinxisse neque, id quod naturae maxime est conveniens, temporis ordinem servasse. Qua re non possum adduci, ut ordinem, qualis exstat in bello Iudaico, a Nicolao credam esse institutum.

Verum ut hoc ipsum interim concedam Iosephum apud Nicolaum illum rerum ordinem invenisse, cur tandem in antiquitatibus eum mutavit? Atque hercle omnino nego sine ullo subsidio atque adiumento Iosephum res dissipatas neque certo semper tempori attributas in singulos annos tam apte potuisse digerere, praesertim si nobiscum reputamus, quam hebetis hic scriptor fuerit ingenii, id quod non solum ex eis locis, de quibus supra disseruimus, sed etiam inde luculenter apparet, quod decreta atque senatusconsulta, quae antiquitatibus Iudaicis ipse inseruit, in quibus tempus, ad quod pertinent, accuratissime indicatur, plane nullo ordine ac consilio disposuit[1]).

Iam dixerit quispiam, qui in antiquitatibus Iudaicis traditur rerum ordo, fortasse ad Nicolaum Damascenum esse referendum, quem in bello Iudaico ita mutasse Iosephum, ut primum de Herodis rebus gestis, deinde de vita privata ageret. At ne haec quidem ratio videtur probabilis. Nam in bello Iudaico, praesertim sub alterius partis finem (cap. 21) omnia eo redeunt, ut Herodis virtus in caelum efferatur. Quid? Ab ipsone Iosepho hoc ita institutum esse putemus, qui quanto Herodis odio sit inflammatus, satis saepe indicat[2])? Hoc nemo serio contenderit. Quae cum ita sint, illum Anonymum, quem Iosephus in praecedentibus belli Iudaici capitibus est secutus, etiam Herodis aetatem fonte adhibito Nicolao Damasceno suspicor tractasse, sed temporis ordine, quem ille instituerat, non observato inter duas illas partes singulas res distribuisse. Hunc igitur Anonymum in bello quidem Iudaico Iosephus perrexit exscribere. In antiquitatibus autem Iudaicis inde a libro XV abiecto illo fonte ipsum Nicolaum adiit hac nimirum commotus causa, quod Herodis regis historiam, quae apud Iosephum

---

1) Cf. Niese in Herm. vol. XI p. 466 sqq.
2) Cf. Destinon l. l. p. 101.

incipit ab ipso libro XV, multo uberius atque accuratius expositam inveniebat apud Nicolaum, qui cum huius regis gratia floreret, singulari cura ac diligentia in opere suo eius memoriam coluisse putandus est. Hac ratione optime explicatur et quod belli Iudaici multis locis cum antiquitatum consentit narratio et quod rerum ordo in utroque opere plane est diversus. Simul autem intellegitur, qui factum sit, ut in antiquitatibus multo plenius quam in bello Iudaico omnia perscripserit Iosephus praesertim Herodis res domesticas¹).

Sed redeamus ad libros XIII et XIV. In his Anonymum illum exscriptum esse a Iosepho supra exposuimus. Sed iam oritur quaestio, quibusnam ex fontibus ille sua hauserit.

Ac primum quidem ad librum XIII animum attendamus.

---

1) Sic etiam una res facillime expeditur, quae Destinonem vehementer vexavit (p. 113 adn. 1): A. I. XV 3, 5—7. 9 et XV 6, 5; 7, 1—4 leguntur duae narratiunculae, inter quas similitudo quaedam intercedit. Altero loco narratur Herodem, cum a. 35 a. Chr. ad Antonium in Aegyptum esset profecturus, Mariammen uxorem tradidisse Iosepho, Salomae sororis marito, ut illam interficeret, si quid in itinere sibi accidisset; quod iussum quia effutisset, ab Herode eum esse interfectum. Altero loco similiter Herodem egisse exponitur, cum a. 31 a. Chr. ad Octavianum el iter esset faciendum. Mariammen cum eius matre Alexandrei inclusam in custodiam dat Iosepho quaestori et Soëmo Ituraeo, quibus idem mandat. Cum autem domum revertisset, de Soëmo, qui rem ad feminas detulerat, et de ipsa Mariamme supplicium sumi iussit. — In bello autem Iudaico I 22, 4 sq. altera narratiuncula plane desideratur et Mariammen statim post iter ad Antonium factum necatam esse narratur. Qua re quae posteriore loco in antiquitatibus traditur narratio, nihil aliud esse suspicatur Destinon nisi malam prioris repetitionem, quam ex alio nescioquo fonte inseruisse Iosephum, cum non animadverteret se bis eadem narrare. Quae sententia mihi videtur perversissima. Nam duae illae narratiunculae, ut sint similes, tamen etiam multis in rebus inter se different. In Iosephi certe nomine bis commemorato nihil est offensionis, quoniam altero loco est ὁ θεῖος Herodis, altero loco ὁ ταμίας. Fontis autem illius a Destinone ficti nusquam apparet nec vola nec vestigium. — Immo persuasum habeo in bello Iudaico illas narratiunculas in unum coaluisse sive Iosephi, id quod mihi quidem videtur veri similimum, sive eius auctoris incuria, cuius historia usus est. In antiquitatibus autem Nicolaum secutus suo loco utramque recte tradidit Iosephus. —

Omissis autem rebus Iudaicis solum hoc quaeramus, quibus
fontibus usus sit Anonymus in rebus Syriacis et Aegyptiacis
enarrandis, quas non ex eodem fonte desumptas esse atque
res Iudaicas manifestum est. Atque in Syriacarum quidem,
quae his in libris continentur, rerum fontes iam inquisivit
Mauricius Nussbaum [1]), cui omnibus fere in rebus astipulatur
Destinon (p. 46 sqq.). Ille autem v. d. demonstrat Polybium
esse fontem in A. I. XII 3, 1—XIII 4, 8 i. e. inde ab Antiocho
Magno usque ad Alexandri Balae et Ptolemaei Philometoris
mortem (a. 146 a. Chr.); quae vero de rebus Syriacis expo-
nantur in A. I. XIII 4, 9—XIII 13 i. e. inde a Demetrii Nica-
toris regni initio usque ad a. 95 a. Chr., ex Posidonio esse
hausta.

Quae mihi quoque in universum recte disputata esse vi-
dentur, nisi quod, quae extremo loco Posidonio vindicat, in
his ambiguum esse potest iudicium. Atque A. I. XIII 8, 2 sq.,
ubi, quo modo Hierosolyma ab Antiocho Sideta capta sint,
enarratur, veri simillimum est redire eum ad Posidonium prop-
terea, quod haec accurate consentiunt cum Diodori XXXIV
fr. 1. Sed A. I. XIII 13, 4 sine causa idonea ad Posidonium
rettulit Nussbaumius (p. 39 sq.). Itaque si iam in rebus paulo
ante narratis alium ab Anonymo illo adhibitum esse fontem
apparuerit, nihil obstabit, quin hunc quoque locum ei tribuamus.

Iam vero in cap. 12, ubi Ptolemaei Lathuri, Aegypti
regis, expeditio adversus Iudaeos facta describitur, manifestum
novi fontis deprehenditur vestigium. Nam in § 5 numerus
Iudaeorum in pugna ad Iordanem fluvium commissa occisorum
his verbis affertur: τρισμυρίους γοῦν ἔφασαν αὐτῶν ἀποθα-
νεῖν, Τιμαγένης δὲ τετρακισμυρίους εἴρηκε. Quod ne cre-
das ab ipso Iosepho esse adiectum! Is enim, si quid ex alio
auctore inserit, plane alia ratione hoc solet indicare. Neque
Anonymus ille in his rebus externis, quas non tractat nisi
in transitu, ex compluribus fontibus materiam conquisivisse

---

1) 'Observationes in Flavii Iosephi antiquitat. XII 3—XIII 14' diss.
Gotting. 1875.

putandus est. Quem igitur ab eo statuemus adhibitum esse fontem? An Posidonium? At is quidem non poterat laudare Timagenem, qui aetate scripsit aliquanto posterior. Atqui cognitum habemus scriptorem, qui Timagene frequentissime est usus. Nam loco, quo praeterea Timagenis mentionem facit Iosephus, diserte dicit, apud quem auctorem eum invenerit laudatum: XIII 11, 3 (fr. 33) ὡς μαρτυρεῖ τοῦτο καὶ Στράβων ἐκ τοῦ Τιμαγένους ὀνόματος λέγων οὕτως κτλ. Ipse vero Strabo Timagenem testem citat fr. 32, 11 et in geogr. XV 1, 57 p. 711. Atque omnino Strabonem in diversorum scriptorum memoriis colligendis multam collocasse operam iam supra demonstravimus p. 5 sqq. 215 sqq. Ad quem igitur potius haec referamus quam ad Strabonem? Quid? quod § 6 extr. cum eis, quae de Ptolemaei crudelitate exposuerit, consentire Strabonem ipse testatur Iosephus, cui non venit in mentem ex ipso illo scriptore fontem suum haec petivisse. At etiam Nicolaus Damascenus a Iosepho testis profertur. Sane quidem, sed mox apparebit in his certe Nicolaum ab Anonymo non esse adhibitum. Iam vero animum advertas, quam praeclare in Strabonem omnia quadrent.

In eiusdem capitis § 4 duplex de Alexandri militum numero traditur memoria, qua in re Strabonis agnoscitur diligentia[1]).

Sequenti statim capite (XIII 13, 1 sq.) narratur Cleopatram, Aegypti reginam, Chelciam et Ananiam Iudaeos universo praefecisse exercitui. Deinde Chelciae vitae exitus commemoratur. In § 2 autem quantam Ananias apud Cleopatram habuerit auctoritatem, exemplo illustratur. Quae omnia mirum in modum consentiunt cum eis, quae XIII 10, 4 (fr. 34) ex Strabonis hypomnematis historicis attulit Iosephus (cf. supra p. 227 sq.). Quid? Quod In § 1 Cleopatra Ptolemaei metu res pretiosissimas atque nepotes in Co insulam misisse dicitur, nonne haec ipsa narraverat Strabo, ut intellegitur ex testimonio,

---

1) Συνήθροισε καὶ αὐτὸς περὶ πέντε μυριάδας τῶν ἐπιχωρίων, ὥς δ' ἔνιοι συγγραφεῖς εἰρήκασιν ὀκτώ.

quod XIV 7, 2 (= fr. 55) ex Strabone Iosephus inseruit (cf. supra p. 228 et Ib. adn. 1)?

Porro XIII 16, 4 agitur de Tigranis, Armeniae regis, bello Syriaco. Ptolemais oppidum ab eo obsidetur, cuius Incolae iussu Cleopatrae Selenes, Syriae reginae, portas ei clauserant. Sed vix oppidum expugnavit, cum nuntius ad Tigranem affertur Lucullum devicto Mithridate depopulari Armeniam; quibus cognitis statim domum revertitur. De his quoque rebus in hypomnematis accurate exposuisse Strabonem, qui omnino in bellis Mithridaticis enarrandis singularem locavit operam, apparet ex fr. 86, 21 sqq. et 90, 3 sqq., ubi et Tigranis in Syriam expeditionis et Cleopatrae Selenes a Tigrane captae inicit mentionem.

Quae cum ita sint, quin Strabonis hypomnematis usus sit Anonymus, ubicumque in libri XIII capp. 12—16 exterarum gentium res attinguntur, eo minus dubito, quod etiam in libro XIV, ad quem iam accedamus, idem fons etiam apertius cognoscitur.

Atque initio quidem libri XIV (c. 1—2, 2) res Iudaicae exponuntur, quas unde petiverit Anonymus, hic non quaerimus. Sed c. 2, 3—6, 4, ubi uno tenore Pompei atque Gabinii res in Iudaea gestae describuntur, ex alio fonte fluxerunt. Qua in parte narrationem suam consentire cum Strabone et cum Nicolao Damasceno ipse Iosephus bis testatur: XIV 4, 3 de Iudaeorum, qui in templo Hierosolymitano a Pompeio obsidebantur, constantia ac religione et XIV 6, 4, ubi de tota hac parte affirmat haec: *περὶ δὲ τῆς Πομπηίου καὶ Γαβινίου στρατείας ἐπὶ Ἰουδαίους γράφει Νικόλαος ὁ Δαμασκηνὸς καὶ Στράβων ὁ Καππάδοξ οὐδὲν ἕτερος ἑτέρου καινότερον λέγων.* Quae verba si ad amussim exigimus, hoc dicit Iosephus: fontis sui, quem religiose exscripsit, narrationem cum Strabone et Nicolao ita consentire, ut nihil novi ex his auctoribus potuerit adicere. Itaque, ut doctrinam suam ostenderet, nomina saltem eorum protulit. Alterum igitur certe fontem secutus est Anonymus, sed utrum adhibuerit, Strabonem an Nicolaum, difficile videtur esse ad diiudicandum, cum ipse Iosephus dicat *οὐδὲν ἕτερον*

ἑτέρου καινότερον λέγειν. Verumtamen quoniam et in libro
XIII vidimus Iosephum compluribus locis cum Strabone consentire et hic etiam minimis in rebus accurate eos inter se
congruere videbimus, probabilius utique esse censeo ex Strabone hausisse Anonymum quam ex Nicolao, qui quid de his
rebus narraverit, omnino ignoramus. Ceteroquin moneo, ne quis
nimium illis Iosephi verbis tribuat, quasi nihil prorsus inter
Strabonis ac Nicolai narrationem interfuerit.

Iam autem videamus, quae inter Iosephum et Strabonem
conveniant. Qua in re non opus erit totos locos exscribere,
sed breviter, quibus in rebus consentiant, indicabo, quoniam
ipsos locos iam composui in fragmentis, quae velim inspicias.

Iosephus A. I. XIV 4, 1 sqq. — B. I. I 7, 1 sqq. multis in
rebus congruit cum Strabonis fr. 124ª. Uterque narrat templum Hierosolymitanum, quo Iudaei a Pompeio oppugnati confugerant, natura egregie fuisse munitum fossa vel potius voragine ingentis et altitudinis et latitudinis et praeterea muro
lapideo admodum firmo. Deinde consentiunt de ratione, qua
usus Pompeius templum expugnaverit, per eos dies, quibus
Iudaei propter religionem ab omni opere solent abstinere, fossa
completa machinisque admotis. De Iudaeorum autem religione, qui ne tum quidem, cum Romani iam irruentes omnia
caede implerent, sacra facere destiterint, ipse Iosephus testem
citat Strabonem. Sed longe gravissimum illud est, quod uterque tradit Hierosolyma capta esse τῇ τῆς νηστείας ἡμέρᾳ,
id quod nusquam alias memoriae traditum est.

Porro conferas Iosephi locos A. I. XIV 4, 4 et B. I. I 7, 6 sq.
cum Strabonis fr. 126, ubi mire consentientes narrant Pompeium
ademptis oppidis quibusdam, quae antea a Iudaeis vi erant
subacta, Hyrcanum praefecisse sacerdotio.

Iam venio ad locum satis memorabilem: A. I. XIV 4, 1
— B. I. I 6, 6, ubi Pompeium, antequam Hierosolyma peteret,
apud Hierichuntem castra posuisse narrat, quasi praeteriens
Iosephus monet illam regionem fertilem esse palmarum et balsami, quod quomodo ex arboribus paretur ab incolis, breviter
exponit. Quae eisdem paene verbis etiam apud Strabonem

leguntur in fr. 125. Qui consensus, quo levior est ipsa res, in qua conspicitur, eo maioris mihi videtur momenti esse ad fontem agnoscendum.

Etiam de Nabataeis a Scauro et a Gabinio subactis (A. I. XIV 5, 1; 6, 4) Strabonem in hypomnematis historicis exposuisse colligitur ex fr. 127. Quas autem Gabinius suscepit expeditiones et in Parthos et in Aegyptum, ut Ptolemaeum in regnum restitueret, commemoratas a Iosepho A. I. XIV 6, 2 = B. I. I 8, 7, de his conferas Strabonis fr. 146.

Idcirco iure mihi videor statuere ad Strabonem redire Iosephi A. I. XIV 2, 3—6, 4 quaeque in bello Iudaico his respondent. Iam quaeritur, num etiam ultra hunc terminum Strabone usus sit Anonymus.

Certe post cap. 6 manifesto, ut ita dicam, incisa est narratio. Nam postquam Pompei et Gabinii expeditiones accurate descripsit, iam inde a cap. 7 rebus Romanis breviter tantummodo perstrictis multo diligentius ipsas res Iudaicas tractat. In ultima autem libri XIV parte tam manifestum Herodis eiusque patris Antipatri per totam narrationem conspicitur studium[1], ut non possit dubitari, quin Nicolaum Damascenum secutus sit Anonymus[2]. Cum vero iam inde a cap. 7 narratio ita sit comparata, ut Antipatri virtus quam maxime eniteat, hic primum relictis aliis fontibus Anonymum totum se dedisse Nicolao veri est simillimum, ex quo etiam, quae de rebus Romanis breviter adnotat, haud dubie petivit.

Ad Strabonem igitur ultra cap. 6 nihil omnino mihi videtur redire apud Anonymum, id quod alia quoque ratione probatur. Nam in cap. 7 § 1 Anonymum secutus in transitu monet Iosephus Crassum ex templo Hierosolymitano duo milia talentum sustulisse et praeterea omne aurum, quod fuisset ad octo milia

---

1) Cf. A. I. XIV 9, 2 — B. I. I 10, 5. A. I. XIV 11, 4. 12, 1. 13, 1. 13, 9 sq. 14, 1. 15, 8.

2) Cf. Destinon l. l. p. 103 sqq. — Strabonem multo integrius atque incorruptius de Herode iudicasse apparet ex fr. 204 (παραδὺς εἰς τὴν ἱερωσύνην).

talentum[1]). Quod ne cui videatur incredibile, in § 2 ipse Iosephus duobus locis Strabonianis studet demonstrare, quantae Iudaeorum tum fuerint opes. Quid? Si ea ipsa, quae in § 1 traduntur, apud Strabonem invenisset scripta, nonne hoc potius Strabonis testimonio usus esset ad rei fidem augendam, quam duobus illis, quae longe sunt repetita et minus apta ad persuadendum? Qua re non est veri simile paragraphum primam fluxisse e Strabone.

Uno tamen loco libri XIV extremi Strabonem cognosco. Vidimus supra p. 240 verba τῇ τῆς νηστείας ἡμέρᾳ, quo die Hierosolyma a Pompeio expugnata esse feruntur A. I. XIV 4, 3, Strabonis maxime esse propria. Quem locum totum hic apponam: καὶ γὰρ ἁλούσης τῆς πόλεως περὶ τρίτον μῆνα τῇ τῆς νηστείας ἡμέρᾳ κατὰ τὴν ἐνάτην καὶ ἑβδομηκοστὴν καὶ ἑκατοστὴν ὀλυμπιάδα ὑπατευόντων Γαίου Ἀντωνίου καὶ Μάρκου Τυλλίου Κικέρωνος κτλ. Quae si ex Strabone desumpta sunt, idem necessario statuendum est, ut iam Blochius recte monuit l. l. p. 105, de loco plane gemello A. I. XIV 16, 4, ubi eodem modo tempus significatur, quo Hierosolyma ab Herode ac Sossio capta sint a. 37 a. Chr., alterius loci habita ratione: τοῦτο τὸ πάθος συνέβη τῇ Ἱεροσολυμιτῶν πόλει ὑπατεύοντος ἐν Ῥώμῃ Μάρκου Ἀγρίππα καὶ Κανινίου Γάλλου ἐπὶ τῆς πεμπτῆς καὶ ὀγδοηκοστῆς καὶ ἑκατοστῆς ὀλυμπιάδος τῷ τρίτῳ μηνὶ τῇ ἑορτῇ τῆς νηστείας, ὥσπερ ἐκ περιτροπῆς τῆς γενομένης ἐπὶ Πομπηίου τοῖς Ἰουδαίοις συμφορᾶς· καὶ γὰρ ὑπ' ἐκείνου τῇ αὐτῇ ἑάλωσαν ἡμέρᾳ, μετὰ ἔτη εἴκοσι καὶ ἑπτά. Cum autem haec in parte ad Nicolaum Damascenum, non ad Strabonem omnis redeat narratio, verba illa e Strabone hoc loco putanda sunt esse inserta aut ab Anonymo aut ab ipso Iosepho, cum antiquitates conscriberet (nam in bello Iudaico I 18, 3 haec verba omnino desiderantur). Et sane aut egregie fallor aut additamenti speciem haec verba prae se ferunt. Huc accedit, quod quae hic de expugnationis tempore traduntur,

[1] Quae deinde narrantur de trabe aurea ab Eleazaro Crasso tradita, ab ipso Iosepho ex alio fonte addita sunt, ut docuerunt Niesius in Herm. vol. XI p. 470 et Destinon I. l. p. 105.

pugnant cum fontis praecipui narratione [1]). Nam secundum hoc Strabonis testimonium tertio mense urbs capta est [2]), in bello autem Iudaico legitur I 15, 2 πέντε μησὶ διήνεγκαν τὴν πολιορκίαν et V 9, 4 ἐπὶ μῆνας ἓξ ἐπολιορκοῦντο.

Haec sunt, quae apud Iosephum ex Strabonis hypomnematis historicis fluxisse mihi videntur.

Restat ut, quae inter Strabonem et Nicolaum Damascenum intercesserit ratio, disquiratur. Quos auctores in his rebus enarrandis mirum quantum inter se consensisse apparet et ex illis, quae supra p. 239 attulimus, Iosephi verbis et ex A. I. XIII 12, 6 et XIV 4, 3, ubi de eisdem rebus uterque testis citatur. Quam ob rem Arnoldus Schaefer [3]) aliique statuerunt Strabonem in hypomnematis historicis fonte usum esse Nicolao.

Atque in geographicis quidem semel Nicolaum laudat Strabo XV 1, 72 sq. p. 719/20, ubi Indorum ad Augustum legationem (a. 20 a. Chr.), quam ille ipse suis oculis viderat, ipsis eius verbis enarrat [4]). In hypomnematis autem historicis Nico-

---

1) Haec discrepantia sane tolleretur, si vera esset Blochii sententia, qua statuit (p. 105 et 106 adn. 1) tertium mensem et hoc loco et A. I. XIV 4, 3 non esse tertium obsidionis, sed tertium anni Attici mensem, Boëdromionem, qui Iudaeis sit Tischri, in quem incidat ἡ . τῆς νηστείας ἡμέρα ('Versoehnungsfest'). Quae ratio omni caret probabilitate. Quis enim credat Strabonem in rebus Romanis enarrandis usum esse mensibus Atticis? Sed ut sit usus, certe non dixisset τῷ τρίτῳ μηνί, sed suo nomine mensem appellasset. Hierosolyma autem re vera tertio obsidionis mense a Pompeio esse expugnata duobus belli Iudaici locis diserte dicitur: I 7, 4 τρίτῳ γὰρ μηνὶ τῆς πολιορκίας — — εἰσέπιπτον εἰς τὸ ἱερόν, et V 9, 4 τρισὶ γοῦν μησὶ πολιορκηθέντες κτλ.: cf. Suid. s. v. Πομπήιος. Liv. ap. Eutr. VI 14 et ap. Oros. VI 6, 4.

2) Nisi forte verba τῷ τρίτῳ μηνί falso hic irrepserunt ex XIV 4, 3 aut Anonymi aut Iosephi culpa.

3) 'Abriss der Quellenkunde der griechischen und roemischen Geschichte' part. II p. 68.

4) Ne in geographicis quidem Nicolao usus esse videtur excepto ipso hoc loco, quem a Strabone, postquam totam hunc geographicorum librum iam confecit, hic in Indiae descriptionis fine ex Nicolao postea additum esse suspicari licet e verbis, quibus Nicolai narratio ad antecedentia agglutinatur: προσθείη δ' ἄν τις τούτοις καὶ τὰ παρὰ τοῦ Δαμασκηνοῦ Νικολάου. Tunc igitur primum Nicolai opus innotuit Straboni.

laum ab eo esse adbibitum propterea nego, quod eodem fere tempore uterque opus suum composuit. Nam Nicolaus ad scribendam historiam accessit inter annos 16, quo in Asia apud Agrippam versabatur [1]), et 12 a. Chr., quo cum Herode Romam profectus est [2]). Quo in opere peramplo, in quo centum quadraginta quattuor libris historia ab eo deducta erat usque ad annum circiter quartum a. Chr. n. [3]), per longum tempus desudavit Nicolaus [4]). Res autem, de quibus hic agitur, in posterioribus narratae erant libris, scilicet inter libros CX, ubi Luculli ex Asia reditus erat commemoratus, et CXIV, ubi de Crasso erat sermo. Itaque Strabonem, quem eodem fere tempore hypomnemata conscripsisse supra demonstravimus p. 12, non veri simile est ex Nicolao sua petivisse.

Quae cum ita sint, horum auctorum consensum ita explicandum esse arbitror, ut eosdem ab eis adhibitos esse fontes statuamus.

Indolis plane diversae et multo maioris quam Iosephus ingenii auctor est Plutarchus, cuius inter fontes fuit etiam Strabo, quem laudat in vitis Sullae c. 26 (fr. 65ᵃ), Luculli c. 28 (fr. 88), Caesaris c. 63 (fr. 187.) Qui scriptor cum in vitis, qua erat lectionis ubertate, ex multis fontibus, quidquid ad usum suum idoneum videbatur, collegisset neque fere sine arte inter se contexuisset, difficillimum esset, quae Straboni potissimum deberet, diiudicare, nisi alius auctor servatus esset, inter quem et Plutarchum certa quaedam intercedit ratio, Appianum dico, quem multis in partibus totum pendere ex Strabone videbimus.

Itaque simul quaerendum est:

1) Nicol. de vita sua fr. 3 (FHG III p. 350); cf. Ios. A. I. XVI 2, 2.
2) Nicol. de vita sua fr. 4. Ios. A. I. XVI 4, 1.
3) Cf. Mueller FHG III p. 344 sq. Destinon l. l. p. 99 sq.
4) Nicol. de vita sua fr. 4.

DE STRABONE APPIANI ET PLUTARCHI FONTE

I

De Appiani bellorum civilium libro II et de Plutarchi vitarum particulis quae huc pertinent

Appianum in bellorum civilium libro II et Plutarchum in Caesaris maxime ac Pompei vitis sat multis locis et in rebus narratis et in ipsis etiam verbis mirum in modum inter se congruere iam pridem viri docti animadverterunt omnesque in eo consenserunt, communem aliquem utriusque narrationi subesse fontem. Quem esse Asinium Pollionem post Wijnnii librum publici iuris factum[1]) inveteravit opinio, quam primus Paulus Baillen[2]) accuratius definire et argumentis stabilire conatus est. Cuius viri docti cum omnes fere subscripsissent sententiae, Thoureto[3]) laudi dandum est, quod falsam eam esse princeps luculentissime demonstravit. Gravissimum autem argumentum inde repetit (p. 333 sq.), quod et Appianus II 82 et Plutarchus in vita Pomp. c. 72 et similiter in vit. Caes. c. 46 — quem locum miror Thouretum plane fugisse — uno eodemque narrationis loco de Pompeianorum in pugna Pharsalica occisorum numero testem citant Asinium Pollionem et ratione quidem prorsus simili:

App. b. c. II 82	Plut. Pomp. 72	Plut. Caes. 46
Ἐκ δὲ τῆς ἄλλης στρα- τιᾶς οἱ μὲν ἐπαίροντές φασι δισμυρίοις ἐπὶ πεντακισχιλίοις. Ἀσι-	Στρατιώτας δὲ μό- νους ἑξακισχιλίους φησὶ πεσεῖν Ἀσίν- νιος Πολλίων	Στρατιώτας δὲ μὴ πλείους ἑξα- κισχιλίων πεσεῖν sc. φησι Πολ-

---

[1] 'De fide et auctoritate Appiani in bellis Romanorum civilibus narrandis exploratis fontibus, quibus usus esse videtur' Groning. 1855.
[2] 'Quomodo Appianus in bell. civ. libr. II—V usus sit Asinii Pollionis historiis' diss. Gotting. 1874.
[3] 'De Cicerone Asinio Pollione C. Oppio rerum Caesarianarum scriptoribus' in stud. Lips. vol. I 1878 p. 303 sqq.

νιος δὲ Πολλίων | μεμαχημένος | λίων Ἀσίν-
ὑπὸ Καίσαρι τῆς | ἐκείνην τὴν μά- | τιος.
μάχης ἐκείνης στρα- | χην μετὰ Καί-
τηγῶν ἑξακισχιλίοις | σαρος.
ἀναγράφει νεκροὺς εὑρε-
θῆναι τῶν Πομπηίου.

Unde efficitur neutrum ex ipso Asinio hausisse, sed in communi utriusque fonte illud Asinii testimonium iam exstitisse.

Qui nuper spretis, non refutatis Thoureti argumentis ad tritam illam ac pervulgatam rediit sententiam, qua Asinium fontem statuunt, Ottonem Basiner[1] non opus est multis refellere, cum iam Iudeichius[2] hoc munere strenue functus sit, qui Thoureti causam suscepit et egregie contra Basinerum defendit.

Sed Thouretus non modo negavit Asinio auctore usos esse Appianum et Plutarchum, verum etiam qualis fuisset ille fons, ex quo illi sua hauserunt, diligenter exploravit. Etenim ad Graecum scriptorem utriusque narrationem redire rectissime cognovit. Quod quin iure contenderit, nemini puto fore dubium, qui, quanta inter eorum narrationes intercedat similitudo, animum adverterit, quippe qui saepenumero easdem res eisdem propemodum verbis exponant. Et quamquam iam Paulus Bailleu l. l. p. 9 sqq. multos locos, ubi singularis inter Appianum et Plutarchum deprehenditur consensus, inter se comparavit, tamen, quoniam ille neque omnes attulit neque quos attulit integros exscripsit, operae pretium esse existimo omnes hos locos in unum colligere, ut in uno quasi conspectu ponantur. Ipsa autem verba Graeca cum propter magnam locorum multitudinem non possint apponi, locos saltem quam accuratissime significabo, ut facili negotio possint inveniri; in paginis autem et versibus numerandis sequor editiones Appiani Mendelssohnianam et Plutarchi Sintenisianam minorem:

---

[1] 'De bello civili Caesariano' Quaestiones Caesarianae pars I. Dorpat. 1883.
[2] 'Caesar im Orient' (Lipsiae 1885) p. 33 sqq.

App. 8 p. 694, 10 sq. 14 sq. — Plut. Caes. 11 p. 374, 9—11: Caesar ne in Hispaniam proficiscatur, a creditoribus impeditur.

App. 8 p. 694, 24—695, 9 — Plut. Caes. 13 p. 375, 19—29: Caesar dimisso triumpho consulatum petiturus urbem intrat.

App. 10 p. 696, 13—19 — Plut. Caes. 14 p. 376, 18—26: Caesar rogationes a Pompeio et Crasso collaudatas ad populum fert.

App. 12 p. 698, 14—16 — Plut. Caes. 14 p. 377, 12—16: Bibulus per reliquum consulatus sui tempus domi se continet.

App. 13 p. 699, 13—15 — Plut. Caes. 14 p. 377, 18—20: Caesari Gallia citerior ulteriorque in quinquennium cum quattuor legionibus datur.

App. 14 p. 699, 18—700, 2 — Plut. Caes. 14 p. 377, 1—12: Caesar nuptiis Pompeium ac Pisonem sibi devincit: Catonis dictum.

App. 14 p. 700, 3—11 — Plut. Caes. 14 p. 378, 3—7: Clodium tribunum plebis Caesar facit, ut Ciceronem evertat.

App. 17 p. 702, 11—13 — Plut. Caes. 21 p. 385, 22—24. Pomp. 51 p. 242, 17—20: De lictorum senatorumque, qui Lucam ad Caesarem convenerant, numero.

App. 19 p. 704, 11—15 — Plut. Caes. 28 p. 392, 12—15: De rei publicae statu corrupto ac depravato.

App. 20 p. 705, 2—11 — Plut. Caes. 28 p. 392, 21—27: Quasi φάρμακον a multis commendatur Pompei dictatura, quam ut adipiscatur, ille omnibus viribus contendit.

App. 23 p. 708, 1—9 — Plut. Caes. 28 p. 392, 27—393, 3: Pompeius Catone auctore consul sine collega creatur eumque accipit provincias.

App. 25 p. 711, 1—6 — Plut. Caes. 29 p. 394, 8—12. Pomp. 56 p. 250, 19—23: Caesar frustra a senatu petit, ut imperium sibi prorogetur; eius dictum.

App. 26 p. 711, 6—15 — Plut. Caes. 29 p. 393, 9—14: Marcellus civem Novi Comi, quod oppidum iure Latii Caesar donaverat, virgis verberatum ad Caesarem mittit.

App. 26 p. 712, 4—10 — Plut. Caes. 29 p. 393, 17—20. Pomp. 58 p. 250, 15—17: Paulum et Curionem Caesar largitione redimit.

App. 27 p. 713, 10—12 — Plut. Caes. 30 p. 394, 21—22: Curio tamquam athleta floribus obrutus a populo deducitur.

App. 29 p. 715, 14—16 — Plut Caes. 29 p. 393, 25—27: Caesar legionem magnis pecuniis donatam Pompeio remittit.

App. 30 p. 716, 7—17 —. Plut. Caes. 30 p. 394, 29—31. Pomp. 58 p. 251, 3—9: Senatus de Caesare et Pompeio sententiae.

App. 31 p. 716, 26—717, 5 — Plut. Pomp. 59 p. 251, 19—24: Claudius et Lentulus Pompeium patriam contra Caesarem defendere iubent.

App. 32 p. 717, 17—19 — Plut. Caes. 32 p. 395, 23—24. Pomp. 60 p. 352, 13—14: De Caesaris copiarum numero.

App. 32 p. 717, 25—718, 3 — Plut. Caes. 31 p. 395, 5—8: Pacis conditiones a Caesare propositae.

App. 33 p. 719, 3—16 — Plut. Caes. 31 p. 395, 18—21. Ant. 5 p. 351, 5—11: Antonius et Curio Cassiusque servorum vestibus induti Romam ad Caesarem fugiunt.

App. 35 p. 720, 11—721, 2 — Plut. Caes. 32 p. 396, 5—29. Pomp. 60 p. 252, 18 - 25: Quomodo Caesar Rubiconem transierit.

App. 36 p. 721, 9—11 — Plut. Caes. 33 p. 397, 27—29. Pomp. 61 p. 253, 24—25: Pompeium non sinunt sua uti sententia.

App. 37 p. 722, 6—8 — Plut. Caes. 33 p. 397, 21—26. Pomp. 60 p. 253, 4—8: Favonius Pompeium irridet.

App. 38 p. 723, 16—19 — Plut. Caes. 35 p. 399, 7—9: Pompeius consules cum exercitus parte Dyrrhachium praemittit.

App. 40 p. 725, 5 sq. — Plut. Pomp. 62 p. 254, 26: Pompeius Brundisium διατασφενέει.

App. 40 p. 725, 22—726, 5 — Plut. Cat. min. 53 p. 87, 1—15: Cato Asinio Pollioni in Siciliam provinciam misso cedit.

App. 41 p. 726, 10—12 — Plut. Caes. 35 p. 399, 30—400, 4: Caesar aerarii claustra effringit Metello reluctanti mortem minatus.

App. 41 p. 726, 17—19 — Plut. Ant. 6 p. 351, 31—352, 1: Caesar Lepidum urbi Romae, Antonium Italiae praeficit.

App. 48 p. 733, 19—25. 734, 5—11 — Plut. Caes. 37 p. 400, 23—30: Caesaris dictatoris edicta: post undecim dies dictatura se abdicat consulesque facit semet ipsum et Servilium Isauricum.

App. 49 p. 734, 22—24 — Plut. Pomp. 64 p. 255, 27—30: Pompeius copias exercens ipse labores subit.

App. 49 p. 735, 7 sq. — Plut. Pomp. 64 p. 255, 25 sq.: Equitum VII milia in Pompei sunt exercitu.

App. 54 p. 739, 14—18 — Plut. Caes. 37 p. 400, 31 sq.: De numero copiarum, quas Caesar tempore brumali navibus imposuit.

App. 57 p. 742, 13—743, 12 — Plut. Caes. 38 p. 401, 30—402, 17: Caesar solus navigio infirmo Brundisium traicere conatur.

App. 61 p. 746, 4—7 — Plut. Caes. 39 p. 402, 27—403, 5: Caesaris milites pane e radicibus quibusdam cocto vescuntur: Pompei dictum.

App. 61—62 p. 746, 19—749, 6 — Plut. Caes. 39 p. 403, 8—27. Pomp. 65 p. 257, 20—26: Proelii descriptio, in quo Caesaris exercitus paene deletur: Caesaris dictum.

App. 63 p. 749, 7 sq. — Plut. Pomp. 66 p. 257, 27—30: Pompeius victoriae nuntium omnibus regibus urbibusque mittit.

App. 64 p. 749, 19—23 — Plut. Caes. 41 p. 405, 15—20: Gomphis expugnatis Caesaris milites vino fiunt ebrii.

App. 65 p. 750, 7—15 — Plut. Pomp. 68 p. 258, 16—23: Afrani consilium a Pompeio repudiatum.

Quaestiones Strabonianae

App. 67 p. 752, 11—18 = Plut. Caes. 41 p. 404, 31—405, 4. Pomp. 67 p. 259, 11—16: Pompeius a suis per ludibrium vocatur βασιλεὺς βασιλέων et Agamemno.

App. 68 p. 753, 9—11 = Plut. Caes. 43 p. 406, 26—29. Pomp. 68 p. 260, 27—30: Prodigium ante pugnam Pharsalicam factum: fax caelestis visa est.

App. 68 p. 753, 17 = Plut. Caes. 43 p. 406, 29—31. Pomp. 68 p. 260, 25 sq.: terror πανικὸς Pompei copiis obicitur.

App. 69 p. 753, 20 sq. = Plut. Pomp. 68 p. 260, 19—22: Pompei somnium.

App. 69 p. 753, 27—754, 1 = Plut. Caes. 42 p. 405, 26—29. Pomp. 67 p. 260, 4—6: Pompeiani de Caesaris pontificatu inter se pugnant.

App. 70 p. 754, 25—755, 3 = Plut. Caes. 42 p. 406, 1—7. Pomp. 69 p. 262, 16—18: Caesaris et Pompei copiarum numerus.

App. 73 p. 757, 23 sq. = Plut. Pomp. 69 p. 261, 6—8: Caesaris dictum.

App. 76 p. 760, 17—761, 9 = Plut. Caes. 44 p. 407, 6—20 et 45 p. 408, 17—27. Pomp. 69 p. 261, 15—262, 2: Quomodo utraque acies instructa sit; Caesar suos equitum Pompeianorum ora ferire iubet.

App. 77 p. 761, 16—22 = Plut. Pomp. 70 p. 262, 25—29: Quibus in cogitationibus duces ante pugnam consertam sint versati.

App. 78 p. 763, 2—11 = Plut. Caes. 45 p. 408, 15—409, 2. Pomp. 71 p. 264, 3—22: Caesariani equitatus hostium impetum quo erant iussi modo repulsant.

App. 79 p. 763, 11—21 = Plut. Caes. 44 p. 407, 24—31. Pomp. 69 p. 262, 8—16: Pompei pugnae consilium a Caesare in epistolis vituperatum.

App. 81 p. 765, 8—12 = Plut. Caes. 45 p. 409, 2—7. Pomp. 72 p. 264, 23—265, 1: Pompeius mentis iam non compos in tabernaculum se recipit Aiacis similis.

App. 81 p. 766, 4—7 = Plut. Caes. 45 p. 409, 10—13. Pomp. 72 p. 265, 3—6: Pompei dictum eiusque fuga.

App. 82 p. 766, 22—25 = Plut. Pomp. 72 p. 265, 8—10. Caes. 46 p. 409, 23, 27 sq.: Asinii Pollionis de mortuorum ex Pompei castris numero testimonium.

App. 82 p. 767, 3—8 = Plut. Caes. 44 p. 407, 31—408, 11. Pomp. 71 p. 263, 19—27: De Crassinii virtute.

App. 85 p. 769, 14—17 = Plut. Pomp. 78 p. 271, 27—31: Pompeius citat versus quosdam Sophocleos.

App. 85 p. 769, 22—25 = Plut. Pomp. 79 p. 272, 1—5. 14 sq.: Pompeius salutat Septimium, a quo primam accipit plagam.

App. 87 p. 771, 16—20 = Plut. Cat. min. 57 p. 91, 11—15: Qua de causa Cato imperium recusaverit.

App. 91 p. 775, 19 sq. — Plut. Caes. 50 p. 413, 10-13: Caesaris dictum: 'Veni, vidi, vici.'

App. 93 p. 777, 24—778, 1 — Plut. Caes. 51 p. 413, 22 sq.: Caesar milites rebellantes castigat non milites, sed Quirites eos appellans.

App. 95 p. 779, 23—780, 3 — Plut. Caes. 52 p. 415, 5-7: Caesar aquiliferum fugientem retrahit in aciem.

App. 98 p. 781, 22 sq. — Plut. Cat. m. 58 p. 92, 30 sq.: Cladis apud Thapsum acceptae tertio die Uticam affertur nuntius.

App. 98—99 p. 782, 6—783, 19 — Plut. Cat. m. 67—69 p. 101, 5—102, 24; 70 p. 104, 6—20; 73 p. 105, 16 sq.: Catonis mors.

App. 99 p. 784, 5 sq. — Plut. Caes. 54 p. 416, 7 sq. Cat. 72 p. 105, 9—12: Caesaris de Catone mortuo dictum.

App. 99 p. 784, 6-9 — Plut. Caes. 54 p. 416, 16—23: Caesar contra Ciceronis Catonem scripsit Anticatonem.

App. 102 p. 786, 18—21 — Plut. Caes. 55 p. 417, 9—15: Caesar censu habito civium numerum dimidio minorem quam ante bellum civile invenit[1]).

App. 104 p. 788, 16—18 — Plut. Caes. 56 p. 417, 25—30: Caesaris de pugna ad Mundam commissa dictum.

App. 107 p. 791, 2—9 — Plut. Caes. 60 p. 421, 25—422, 3: Caesar senatui non assurgit[2]).

App. 108 p. 792, 1—4 — Plut. Caes. 60 p. 421, 24—27: Caesaris dictum: οὐκ εἰμὶ βασιλεύς, ἀλλὰ Καῖσαρ.

App. 109 p. 792, 24-793, 3 — Plut Caes. 57 p. 419, 8-11: Caesaris de corporis stipatoribus dictum.

App. 110 p. 794, 1—3 — Plut. Caes. 60 p. 421, 19—23: Fama Romae divolgatur e libris Sibyllinis Parthos vinci non posse nisi a rege.

App. 112 p. 795, 11—18 — Plut. Caes. 62 p. 423, 30—424, 2. Brut. 7 p. 57, 1—14: Caesaris de Bruto Cassioque dictum.

App. 112 p. 795, 20—24 — Plut. Brut. 5 p. 55, 1—9: Brutus Caesaris ex Servilia filius fuisse dicitur, qua re is in pugna Pharsalica Bruto parcere iussit duces.

App. 112 p. 796, 4-9 — Plut. Brut. 9 p. 60, 9—15: Verba irritantia, quae Bruti antiqui statuis et Bruti praetoris tribunali ascribebantur

---

1) Hoc loco uterque in eundem incidit errorem e communi fonte haud dubie iam commissum, ut elucet ex Cass. Dione XLIII 21: cf. Thouret l. l. p. 337. Iudeich l. l. p. 34 sqq.

2) Notandum est, quod discrepant a memoria Liviana; nam pro rostris id accidisse tradunt, cum Cassius Dio XLIV 8, Livius per. 116, Suetonius Caes. 78 pro Veneris Genetricis aede Caesarem faciant sedentem: cf. Bailleu l. l. p. 23.

Quaestiones Straboniauae   251

App. 113 p. 796, 11—797, 2 = Plut. Brut. 10 p. 59, 29—64, 13: Colloquium inter Brutum et Cassium habitum.

App. 114 p. 798, 12-16 = Plut. Brut. 19, p. 67, 6-13: Brutus Antonium una cum Caesare interfici non sinit.

App. 115 p. 798, 20—25 = Plut. Caes. 63 p. 425, 13—18: Caesaris de optimo mortis genere dictum.

App. 115 p. 799, 5—6 = Plut. Caes. 63—64 p. 426, 7 sqq 25—27: Decimus Brutus Caesari suadet, ut ipse senatum dimittat.

App. 115 p. 799, 11 26 = Plut. Brut. 14—15 p. 63, 25—64, 23: Brutus et Cassius ante facinus perpetratum e nonnullorum dictis suspicantur rem esse proditam.

App. 116 p. 800, 1- 6 = Plut. Caes. 64 p. 426, 28—427, 2: Servus Caesarem, quem ut caveret praemoniturus erat, domi non invenit.

App. 116 p. 800, 7—11 = Plut. Caes. 65 p. 427, 15—17: Artemidorus Cnidius Caesarem praemoniturus sero advenit.

App. 116 p. 800, 11—20 = Plut. Brut. 16 p. 65, 17—66, 3: Popilii Laenatis cum Caesare colloquium coniuratis suspectum.

App. 116 p. 800, 22-25 = Plut. Caes. 63 p. 425, 4-6: Caesaris victimae cor defuit, signum letale.

App. 117 p. 801, 10-802, 11 = Plut. Caes. 66 p. 428, 1—429, 6. Brut. 17 p. 66, 11 29: Quomodo Caesar sit interfectus.

App. 119 p. 832, 6—13 et 150 p. 836, 5—9 = Plut. Caes. 63 p. 425, 8—13: Caesar irridet vatem, a quo Idus Martias ut caveret admonitus erat.

App. 149 p. 832, 16 sq. = Plut. Caes. 69 p. 431, 6 sq.: Caesar duodesexagesimo aetatis anno moritur.

In hoc locorum numero invenies qui adeo inter se sint similes, ut eaedem narratiunculae apud utrumque scriptorem eadem dubiae fidei nota insignitae sint addito vocabulo λέγεται vel φασίν: cf. App. 25 extr. = Plut. Caes. 29 extr. Pomp. 58, ubi Appianus utitur verbo φασί, Plutarchus verbis λέγεται et ἐλέχθη; App. 95 extr. = Plut. Caes. 52 extr.; App. 112 = Plut. Caes. 62; App. 112 = Plut. Brut. 5, ubi apud utrumque narratio incohatur a vocabulo λέγεται.

Graecum autem statuendum esse fontem, qui locos, quos in unum congessi, evolverit atque inter se comparaverit, facile concedet. Duo exempla satis habeo attulisse maxime insignia propterea, quod ibi consentiunt in vocabulis haud ita communis monetae: alter locus, quem omnino praeteriit Paulus Bailleu, est de nuptiis, quibus Caesar Pompeium et Pisonem sibi devincit:

App. 14.
— βοώντος Κάτωνος διαμαστροπεύεσθαι γάμοις τὴν ἡγεμονίαν.

Plut. Caes. 14.
— μαρτυρομένου Κάτωνος καὶ βοῶντος οὐκ ἀνεκτὸν εἶναι γάμοις διαμαστροπευομένης τῆς ἡγεμονίας.

Altero loco agitur de plausu, quo populus prosequitur Curionem, qui de imperio et Caesari et Pompeio abrogando dixerat sententiam:

App. 27.
— καί ποτε καὶ παρέπεμψαν ἀνθοβολοῦντες ὥσπερ ἀθλητὴν μεγάλου καὶ δυσχεροῦς ἀγῶνος.

Plut. Caes. 30.
— οἱ δὲ καὶ στεφάνοις ἐπ' αὐτὸν ὥσπερ ἀθλήτην ἀνθοβολοῦντες ἠφίεσαν.

Porro Graecus auctor manifesto tenetur App. 81 init. — Plut. Pomp. 72 init., ubi Pompeius de rebus suis desperans comparatur cum Aiace medios inter hostes a Iove pavore perculso, qualem descripsit Homerus, cuius versus ipsos laudat Plutarchus[1]). An putemus apud Latinum nescioquem scriptorem tale quid invenisse Appianum et Plutarchum?

Ad eundum adducimur finem loco Plutarchi recte explicato, id quod primum contigit Thoureto l. l. p. 336 sqq.[2]). Plutarchus enim in Caes. c. 46 dicto quodam Caesaris commemorato sic pergit: ταῦτά φησι Πολλίων Ἀσίνιος τὰ ῥήματα Ῥωμαϊστὶ μὲν ἀναφθέγξασθαι τὸν Καίσαρα παρὰ τὸν τότε καιρόν, Ἑλληνιστὶ δ' ὑπ' αὐτοῦ γεγράφθαι. Et deinde in eodem pergens enuntiato subnectit Asinii illud de Pompeianis occisis testimonium, quod idem apud Appianum legitur. Quod cum non ex ipso Asinio, sed ex communi fonte petiverit, ut supra vidimus p. 245 sq., eundem fontem etiam antecedentia, quae artissime cum his cohaerent, ei subministrasse consentaneum est, quae ab Appiano omissa sunt. Illud vero ὑπ' αὐτοῦ neque ad Caesarem neque ad Asinium Pollionem posse

---

1) Cf. Iudeich l. l. p. 37 sq., qui etiam nonnulla alia Graeci fontis indicia addidit.
2) Iudeich l. l. p. 36 sq. Thoureti sententiam merito tuetur.

referri, Thouretus argumentis minime ambiguis demonstravit. Itaque magna cum probabilitate ille quidem statuit totum hunc locum ex Graeco auctore a Plutarcho esse depromptum: qui cum mi excusandi causa dixisset ‛Ελληνιστὶ δ' ὑπ' ἐμοῦ γέγραπται, Plutarchum in errorem inductum illud ὑπ' ἐμοῦ falso rettulisse ad Asinium Pollionem. Hac quidem ratione et omnes difficultates de medio tolluntur et optime confirmatur, quod iam antea cognoveramus, Graecum fuisse illum fontem, ex quo Appiani et Plutarchi manavit narratio.

Sed iam oritur quaestio, **quisnam fuerit ille auctor Graecus**, ad quam solvendam nihil omnino contulit Thouretus, nec mirum, quippe cui cum uno Asinio res esset. Videndum igitur erit, appareantne apud Appianum et Plutarchum certa quaedam indicia, quibus fons cognoscatur.

Sed priusquam ad hanc rem perquirendam aggrediamur, necesse erit circumspicere, quomodo omnino Appianus et Plutarchus fontibus suis uti soleant. — Atque Appianum quidem miserum fuisse compilatorem, qui unum semper sine proprio iudicio exprimeret auctorem, inter omnes iam constat. Plane alienum a se ille quidem indicabat complures simul adire fontes et, quae illi narrarent, inter se perpendere et una narratione complecti. Quod optime intellegitur ex eis partibus, ubi Polybio usus est Appianus, quem neglegentissime quidem, sed tanta exscripsit constantia, ut alius fontis nusquam ullum appareat vestigium [1]).

Longe aliter de Plutarchi in fontibus adhibendis ratione iudicandum est. Nam vel consilium eius plane erat diversum, quippe qui non historiam, sed vitas singulorum virorum conscribere sibi proposuisset. Ad hos illustrandos omnia referebat atque, ut eorum virtutes ac mores maxime eniterent, singulas narratiunculas, in quibus inerat δήλωσις ἀρετῆς ἢ κακίας, et facete dicta undique conquirebat [2]); qua in re magna litterarum scientia et plurima lectione adiuvabatur. Magna igitur

---

1) Cf. Nissen ‛Kritische Untersuchungen ueber die Quellen der IV. und V. Dekade des Livius' (Berol. 1863) p. 114 sq.

2) Cf. Plut. Alex. 1.

in Plutarchi fontibus explorandis opus est cautione, ne sicubi fontis cuiusdam apud eum deprehenderimus indicium, ex eodem fonte etiam reliqua omnia hausta esse praepropere iudicemus.

Iam videamus, quid inde sequatur ad nostram quaestionem recte instituendam. Quoniam igitur Appianum et Plutarchum ex communi fonte Graeco hausisse satis constat, cuius vestigia haud obscura apud Appianum per capp. 8—117 sparsa agnovimus ita quidem, ut in unoquolibet fere horum capitum singularis inter Appiani et Plutarchi verba consensus inveniatur, praeter hunc ipsum fontem nullum alium hac in parte ab Appiano esse inspectum ex eius consuetudine confidenter licet affirmare, id quod ex eis, quae infra expositurus sum, spero fore etiam manifestius. — Contra de Plutarcho nihil poterit iudicari nisi hoc unum: usum esse cum illo fonte eis ipsis locis, ubi concinit cum Appiano; aliis locis certa quaedam accedant necesse est argomenta.

Quae cum ita sint, in communi illo fonte indagando ab Appiani potissimum capp. 8—117 proficiscendum erit.

Ac de parte quidem horum capitum, scilicet de Appiani capp. 61—91 et de Plutarchi vitarum Caesaris et Pompei capitibus eis, quibus idem tractatur tempus inde a Pompei post pugnam Pharsalicam fuga usque ad belli cum Pharnace gesti finem, iam Iudeichius l. l. p. 38—48 tam diligenter tamque prudenter disseruit, ut plane me habeat assentientem [1]). Neque mihi in animo est, quae ille vir doctus magna sagacitate exposuit, omnia hic repetere, sed ad eius librum delego, qui accuratius volunt scire. — Sed quid novi discimus ex Iudeichii commentatione? Coniecit nimirum ille v. d. in capitibus illis, quae ei erant tractanda, Appianum et Plutarchum hausisse e Strabonis hypomnematis historicis argumentis usus maxime hisce: Strabo ipse, inquit, a Plutarcho laudatur in Caes. c. 63 (= fr. 167); idem in Caes. c. 49 extr. narrat a Caesare Cleopatram arcessitam esse Alexandriam, id quod

---

1) De una re, de qua mihi non convenit cum Iudeichio, infra uberius dicam p. 262 sq.

nemo praeterea memoriae prodidit nisi Strabo, qui eadem fere habet verba in fr. 168, 3 sq.; Caesaris erga Graecos, imprimis eos, qui Asiam incolebant, benevolentia ab Appiano et Plutarcho compluribus locis cum voluptate quadam praedicatur; quod Appianus c. 69 init. Asiam appellat τὴν μεγάλην χερρόνησον, plane ex Strabonis est more.

Quae argumenta quamquam fortasse non sufficiunt ad rem probandam (neque hercle fieri potest, ut ex paucis illis capitibus res ad liquidum confessumque perducatur), tamen coniectando verum assecutum esse Iudeichium nos demonstrabimus tota illa, quam supra p. 254 circumscripsimus, parte diligenter explorata ac pervestigata.

Iam supra p. 245 sq. vidimus Asinium Pollionem et ab Appiano (c. 82) et a Plutarcho (Pomp. 72 Caes. 46) eodem narrationis loco laudari. Similiter etiam Caesarem (ἐν ταῖς ἐπιστολαῖς, ut dicit Appianus) de eadem re testem citant App. c. 79 et Plut. Caes. 44. Pomp. 69. In communi igitur fonte et Asinius et Caesar adhibiti erant. Atque Asinius Pollio certe fuit inter Strabonis fontes, qui laudatur fr. 169, 5 et in geogr. IV 3, 3 p. 192. Caesaris autem de bello Gallico commentariis cum largissime usus sit Strabo (cf. fr. 149 et supra p. 216 sqq.), etiam reliqua Caesaris scripta ei fuisse nota veri est simillimum.

Omnino autem Strabo diligens si quis alius erat in auctoribus laudandis et plurimum operae studiique in hoc maxime locabat, ut varias scriptorum memorias quam plenissime colligeret (cf. supra p. 5 sqq. 215 sqq.) Quae Strabonis in materia congerenda diligentia etiam apud Appianum in capp. 8—117 multis locis apparet, nisi forte quis putat Appianum, auctorem neglegentissimum, tantae fuisse doctrinae tantaeque industriae, ut ipse ex tot fontibus materiam multo labore et sudore conquireret.

Age denuo consideremus locum illum Appiani (c. 82), ubi laudat Asinium Pollionem. Nam non solum huius scriptoris, sed etiam aliorum de militum in pugna Pharsalica caesorum numero profert memorias. Ceciderant enim, inquit, Caesarianorum τριάκοντα λοχαγοὶ καὶ ὁπλῖται διακόσιοι ἢ, ὥς ἐτέροις δοκεῖ, χίλιοι καὶ διακόσιοι, Pompeianorum autem, praeter senatores et equites, οἱ μὲν ἐπαίροντές φασι δισμυρίους ἐπὶ πεντακισχιλίοις, Ἀσίνιος δὲ Πολλίων — — ἑξακισχιλίους ἀναγράψει κτλ. Asinii testimonium etiam Plutarchum eisdem fere verbis exhibere (Pomp. 72. Caes. 46) vidimus p. 215 sq. Ut igitur hoc non ipse indagavit, sed ex communi fonte exscripsit Appianus, ita haud dubie etiam reliqua apud eundem auctorem iam collecta invenit. Neque mirandum est, quod Plutarchus ceteris omissis unum Asinii attulit testimonium, quippe cuius ut vitarum auctoris minime interesset, ut omnia exhauriret. Sed id potissimum elegit testimonium, cui ab auctore suo maxima tribuebatur fides.

Quod idem etiam ex alio loco prorsus simili licet cognoscere, quem integrum huc apponam, quod ibi Strabonis in diversis memoriis colligendis diligentia manifestissime conspicitur; agitur autem de Caesaris atque Pompei copiarum numeris: App. c. 70 στρατιὰ δ' ἦν, ὡς ἐμοὶ δοκεῖ, πολλῶν ἀμφίλογα εἰπόντων ἑπομένῳ μάλιστα Ῥωμαίοις τοῖς τὰ πιθανώτατα γράφουσι περὶ τῶν ἐξ Ἰταλίας ἀνδρῶν, οἷς δὴ καὶ μάλιστα θαρροῦντες τὰ συμμαχικὰ οὐκ ἀκριβοῦσιν οἱ δὲ ἀναγράφουσιν ὡς ἀλλότρια καὶ ὀλίγην ἐν αὐτοῖς ἐς προσθήκην χώραν ἔχοντα, Καίσαρι μὲν ἐς δισχιλίοις ἐπὶ δισμυρίοις, καὶ τούτων ἱππεῖς ἦσαν ἀμφὶ τοὺς χιλίους, Πομπηίῳ δὲ ὑπὲρ τὸ διπλάσιον, καὶ τούτων ἱππεῖς ἐς ἑπτακισχιλίους. Ὧδε μὲν τοῖς τὰ πιθανώτατα λέγουσι δοκεῖ μυριάδας ἑπτὰ ἀνδρῶν Ἰταλῶν συμπεσεῖν ἀλλήλοις ἐς μάχην· οἱ δ' ὀλιγωτέροις ἑξακισμυρίων φασίν, οἱ δ' ὑπερεκαίροντες τεσσαράκοντα μυριάδας γενέσθαι λέγουσιν. Καὶ τούτων οἱ μὲν ἡμιόλιον, οἱ δὲ ἐκ τριῶν νομίζουσιν ἀμφὶ τὰ δύο τῷ Πομπηίῳ γενέσθαι μέρη. — Quid vero apud Plutarchum legitur (Caes. 42. Pomp. 69)? Ceteris nimirum omnibus neglectis ea sola narrat, quae Appiano teste tradiderant οἱ τὰ πιθανώτατα λέγοντες, in his autem egregie et paene mirifice concinit cum Appiano. Apparet igitur iam in communi fonte, quem esse Strabonem nunc puto patere, e diversis sententiis unam praeter ceteras ut maxime fide dignam fuisse notatam.

Complures a communi fonte adhibitos esse auctores intellegitur etiam ex Appiani c. 48, ubi narrat per undecim tantummodo dies Caesarem fuisse dictatorem, id quod apud Plutarchum quoque legitur (Caes. 37). Appianus autem addidit verba ὧδε γάρ τισι δοκεῖ.

Duplex memoria apud Appianum exstat praeterea c. 116 de prodigio, quo Caesaris mors portendebatur: τῶν ἱερῶν ἦν τῷ Καίσαρι τὸ μὲν πρῶτον ἄνευ καρδίας ἤ, ὡς ἕτεροι λέγουσιν, ἡ κεφαλὴ τοῖς σπλάγχνοις ἔλειπεν. Quod prodigium invenitur etiam apud Plutarchum (Caes. 63 — fr. 187), qui e Strabone se id desumpsisse disertis verbis profitetur [1]). Quae praeterea ex Strabone hoc loco ille attulit portenta, ab Appiano omissa sunt. En rursus habes Strabonem, ad quem undique viae nos ducunt.

Quid? quod aliis quoque locis, ubi Strabo et Appianus inter se possunt conferri, magnus inter eos reperitur consensus?

App. c. 23 et Strabo fr. 144 eodem modo narrant Cyprum insulam misso M. Catone a Romanis Ptolemaeo esse ereptam auctore P. Clodio Pulchro, qui Ptolemaeo graviter irasceretur, quod sibi a piratis capto, cum eum orasset, ut se redimeret, pretium vilissimum misisset. Quam rem tradidit quidem etiam Cassius Dio XXXVIII 30, sed paulo aliter, cum diceret nihil omnino fecisse Ptolemaeum, ut Clodium a piratis liberaret.

Porro conclnit App. c. 103 cum Strabonis fr. 179, id quod eo est notabilius, quia inter se consentientes cum reliqua memoria discrepant. Nam uterque Caesarem Roma in Hispaniam Baeticam (teste quidem Strabone Obulconem) viginti septem diebus venisse tradit. Alium numerum habet Suetonius Caes. 56: 'ab urbe in Hispaniam ulteriorem quarto et vicensimo die per-

---

[1] Quod eiusdem portenti mentionem faciunt etiam Cic. de div. I 52, 119. II 16, 36 sq., Val. Max. I 6, 13, Plin. N. H. XI 186, Suet. Caes. 77, Obseq. 67, hi tamen omnes una in re vehementer discrepant ab Appiani memoria, scilicet, quod id accidisse dicunt, quo die primum veste purpurea Caesar processisset et in sella aurea consedisset, cum hic factum memoret ipso die fatali, antequam Caesar curiam intrasset.

venit'. Orosius autem et in numero et in itineris termino differt, cum dicit VI 16, 6: 'septimo decimo quam egressus ab urbe fuerat die Saguntum pervenit.'

Deinde simili ratione narrant, quomodo Cato Marciam uxorem Hortensio tradiderit (App. c. 99 = Strab. fr. 158), cum Plutarchus Cat. min. 25, Thrasea Paeto usus, rem multo uberius et paulo aliter exponat.

Porro magna intercedit similitudo inter App. c. 84 et Strab. fr. 167ª, ubi exponunt, quo statu res Aegyptiacae fuerint, cum Pompeius ad Casium navem appulisset.

Denique conferas, quae uterque habet de Cn. Pompei, Magni filii, fuga (App. c. 105 = Strab. fr. 160) et de Amiso urbe a Pharnace obsessa (App. c. 91 = Strab. fr. 171).

Neque inutile videtur observare, quemadmodum uterque explicet ius Latii:

App. 26.	Strab. fr. 164.
Πόλιν δὲ Νεόκωμον ὁ Καῖσαρ ἐς Λάτιον δίκαιον ἐπὶ τῶν Ἄλπεων ᾠκίκει· ὧν ὅσοι κατ' ἔτος ἦρχον, ἐγίγνοντο Ῥωμαίων πολῖται· τόδε γὰρ ἰσχύει τὸ Λάτιον.	(Νέμαυσος) ἔχουσα καὶ τὸ καλούμενον Λάτιον, ὥστε τοὺς ἀξιωθέντας ἀγορανομίας καὶ ταμιείας ἐν Νεμαύσῳ Ῥωμαίοις ὑπάρχειν.

Memorabilis est etiam ille inter App. c. 101 et Plut. Caes. c. 55 consensus, ubi in Caesaris triumpho Africano enarrando honorificam Iubae minoris iniciunt mentionem:

App.	Plut.
Ἔνθα καὶ Ἰόβα παῖς Ἰόβας ὁ συγγραφεὺς βρέφος ὢν ἔτι παρεγένετο.	Τότε καὶ Ἰόβας υἱὸς ὢν ἐκείνου κομιδῇ νήπιος ἐν τῷ θριάμβῳ παρήχθη μακαριωτάτην ἁλοὺς ἅλωσιν, ἐκ βαρβάρου καὶ Νομάδος Ἑλλήνων τοῖς πολιμαθεστάτοις ἐναρίθμιος γενέσθαι συγγραφεῦσι.

Etiam in his Strabo fons cognoscitur, quem studium singulare Iubae regi navasse inde apparet, quod vel in geographicis saepius eius mentionem facit et eius πρὸς Ῥωμαίους εὔνοιάν τε καὶ φιλίαν laudat (VI 4, 2 p. 268) eiusque mortem bis commemorat (XVII 3, 7 p. 828. XVII 3, 9 p. 829).

Una praeterea res haec Appiani capita diligenter perscrutantem non potest fugere, quae ad fontem eius investigandum haud parvi est momenti. Nonnullis enim locis mira quaedam in eo comparet doctrina, quae ex Romano certe non fluxit auctore. Nam Graecas enarrat fabulas, quibus πόλεων κτίσεις explicantur, et urbes mariaque unde nomen acceperint exponit.

Sed exemplo res fiet planior! Agedum inspiciamus Appiani c. 39! Toto hoc capite agitur de Dyrrhachio, quod oppidum non idem esse atque Epidamnum uberrime docet: Epidamnum regem urbem prope mare condidisse, quam suo nomine ornasset; cui urbi Dyrrhachum, eius nepotem, navale addidisse de eo appellatum Dyrrhachium. Qui cum a fratribus bello peteretur, Herculem ei auxilium tulisse; quam ob rem Herculem magis quam Dyrrhachum ab incolis conditorem perhiberi. In ea vero pugna Ionium, Dyrrhachi filium, ab Hercule imprudenti interfectum et in mare proiectum huic mari nomen indidisse. Aliquanto post Dyrrhachinos a Brigibus e Phrygia reversis, deinde a Taulantiis et postremo a Liburnis eiectos Corcyraeis in auxilium vocatis patriam recuperasse: his cum Corcyraei admixti essent coloni, ab eis Dyrrhachium navale, quod nomen videretur ominosum, Epidamnum esse appellatum, quo nomine etiam a Thucydide significari. Sed pristinum nomen praevaluisse et tum certe Dyrrhachium esse nominatum [1]).

Cuius loci indoles talis est, ut ad nullum auctorem aptius possit referri quam ad Strabonem. Namque ad πόλεων κτίσεις et μετονομασίας Strabo intentum si quis alius habet animum et omnino singularum urbium historiam inde a primordiis usque ad suam aetatem solet persequi, ut ex eius geographicis luculentissime apparet. Quibus rebus cum tantopere delectaretur, etiam in historicis hypomnematis, et in his

1) Cass. Dio XLI 49, qui de eiusdem oppidi nomine quaestionem instituit, plane aliter rem enarrat.

vel magis, singularem curam atque operam in eis posuisse
Strabonem consentaneum est. Singulae autem quaedam res,
quas Appianus hoc loco commemorat, etiam apud Strabonem
inveniuntur. Atque totius capitis quasi summa legitur VII 5, 8
p. 316 Ἐπίδαμνος, Κερκυραίων κτίσμα, ἡ νῦν Δυρράχιον —
— λεγομένη. Ibidem § 9 p. 317 mare Ionium ab Ionio quodam
Illyrio nomen traxisse tradit Theopompum testem laudans.
Taulantios et Brygos¹) prope Epidamnum habitantes comme-
morat VII 7, 8 p. 326. Thucydides autem, qui apud Appianum
testis profertur, a Strabone multis geographicorum locis lau-
datur.

Eandem Strabonis doctrinam agnosco in Appiani c. 20
extr., ubi dicit Lanuvium, quod CL stadia a Roma abesset, a
Diomede post Troiam excisam per maria errante primam in
Italia conditam esse urbem. Nam fabulas illas, quibus Grae-
corum duces Troia redeuntes in omnibus litoribus urbes con-
didisse perhibentur, Strabo bene noverat²).

Denique huc adiungam Appiani locum satis memorabilem
in c. 102, ubi fori Caesaris apud Romanos usum explicat
simili Persarum instituto; nam eos quoque foro uti ad ius et
dicendum et discendum. Quae hausta esse ex auctore, qui
populorum mores atque instituta accurate cognoverat, mani-
festum est. Ipsum autem Strabonem in hypomnematis histo-
ricis singulorum populorum νόμιμα diligenter descripsisse eius
ipsius testimonio scimus (cf. fr. 7).

Gravissimum vero argumentum, quo sententia nostra prae-
clare confirmatur, praebent Appiani capp. 149—154. Cap. 149
incipit ab his verbis: οὕτω μὲν δὴ Γάϊος Καῖσαρ ἐτελεύτησεν
— — ἀνὴρ ἐπιτυχέστατος ἐς πάντα καὶ δαιμόνιος καὶ μεγα-
λοπράγμων καὶ εἰκότως ἐξομοιούμενος Ἀλεξάνδρῳ.
Iam in eis, quae secuntur, capitibus comparationem inter Cae-
sarem et Alexandrum instituit accuratissimam; unde apparet

---

1) Quos eosdem esse atque Briges demonstravit Zippel 'Die roemische
Herrschaft in Illyrien' (Lips. 1877) p. 11 sq.

2) Diomedis per Italiam errores urbesque nonnullas ab eo illic con-
ditas commemorat Strabo in geogr. VI 3, 9 p. 283/4.

Appiani auctorem non solum Caesaris, sed etiam Alexandri Magni historiae fuisse peritissimum; nam mores eius ac res gestas singulas scite cum Caesaris componit. Quid igitur? Nonne Strabonem de Alexandri rebus scimus scripsisse hypomnemata diligentissime composita? Neque ullum praeterea rerum scriptorem, quo quidem uti potuerit Appianus, et Caesaris et Alexandri res gestas memoriae prodidisse compertum habemus. Itaque dubium esse non potest, quin Appianus totam hanc comparationem debeat Straboni[1]), id quod iam Luedeckius acute demonstravit[2]).

Quodsi haec certe Appiani capita e Strabonis hypomnematis fluxerunt, hinc rursus antecedentibus nova lux affulget. Nam quae hic de Caesare profert, maximam partem iam antea eisdem fere verbis narravit Appianus. Si igitur haec e Strabone manaverunt, procul dubio idem statuendum est de eis, quae cum his ad verbum congruunt. Sic c. 150 eisdem verbis atque c. 57 narratur Caesarem solum navigium conscendisse, c. 150 — c. 90 Caesarem Alexandriae nando mortis periculum effugisse, c. 152 — c. 104 de Caesaris in Hispania cum Pompeio bellum gerentis audacia, c. 153 — c. 116 et c. 149 de vaticiniis a Caesare spretis.

Quae cum ita sint, Strabonem Appiani in capp. 8—117 et 149—154 ac Plutarchi, ubi cum illo consentit, fuisse fontem satis demonstrasse mihi videor.

Quos vero Strabo ipse in hac hypomnematorum parte adhibuerit auctores et quid cuique debeat, vix potest accuratius cognosci. Iam vidimus laudatum esse ab eo Caesarem, laudatum etiam Asinium Pollionem (p. 255). Ex hoc auctore certe multa Strabo in suum usus convertit. Itaque

---

1) Strabo quam fuerit propensus ad Caesarem et Alexandrum inter se comparandos, cognoscitur etiam ex geogr. XIII 1, 27 p. 594/5, ubi utriusque viri erga Ilienses benevolentiam commemorat, Alexandri ut Aeacidae, Caesaris ut ab Aenea oriundi (cf. App. c. 151). Et Caesar ab eo dicitur φιλαλέξανδρος ὤν (fr. 156, 5) et paulo ante ζηλώσας ἅμα καὶ Ἀλέξανδρον (fr. 156, 2 sq.).

2) 'De fontibus quibus usus Arrianus Anabasin composuit' in stud. Lips. vol. XI 1888 p. 49.

ubicumque in rebus gestis enarratis ipse Asinius Pollio agens
aut consilii particeps introducitur, ubi eius potissimum virtus
enitet, velut in Appiani c. 40 et 45 sq. et in Plutarchi Caes.
c. 32 et 52, ibi Strahonem usum esse Asinio magna cum pro-
babilitate statuemus: cf. Bailleu L l. p. 27 et 29.

Iam vero Iudeichius l. l. p. 47 suspicatus est etiam Livium
a Strabone esse adhibitum, qua in re frustra esse mihi videtur
ille vir doctissimus. Livii enim neque in geographicis neque
in hypomnematorum fragmentis apparet nec vola nec vesti-
gium. Neque causae, quibus Iudeichius (p. 39 sq.) commotus
est, ut hic Livio usum esse Strahonem statueret, sufficere mihi
videntur ad id demonstrandum. Nam quod Appianus in paucis
quibusdam rebus cum Livii memoria consentit ceteroquin ab
ea plane dissentiens, hoc profecto non mirandum est facillime-
que ita licet explicari, ut Strabonem fontem, ex quo Livius
hausit, hic illic adiisse putemus. Plutarchum autem quod non-
numquam propius ad Livii narrationem accedere videmus,
causa in promptu est: nam ille quidem praeter Strabonem
ipso Livio, ut infra exponemus p. 263 sq., usus est fonte, ex quo
eum etiam illis locis, ubi imprimis Strahonem sequitur, multa
addidisse, multo plura, quam videtur Iudeichio, persuasum
habeo. At in cogitationibus quibusdam, inquit Iudeichius, simi-
litudo inter Appianum Liviumque conspicitur, quas, etiamsi
fortasse in fonte repperit Livius, tamen vix inde deprompsit.
Sed in altero, quod attulit, exemplo (App. c. 85 — Lucan.
Phars. VIII 572 sqq.), ubi uterque narrat Pompeium miratum
esse, quod non ipse Ptolemaeus ad se veniret, cur negemus
ex fonte, qui Straboni quoque erat notus, Livium id hausisse,
non intellego. Neque magis altero exemplo Iudeichii sententia
commendatur. Nam quae App. c. 86 et Cass. Dio XLII 5, 1 sqq.
Pompei morte enarrata de eius fortuna ac rebus gestis prae-
dicant, tam trita sunt, ut ne necesse quidem sit statuere ex
communi hic Strahonem et Livium hausisse fonte.

At propter temporum rationes omnino non veri est simile
Livio in hypomnematis historicis usum esse Strahonem. Nam
etiamsi belli civilis libros CIX — CXVI ante opus absolutum

a Livio separatim esse editos concedimus, tamen non multo ante Augusti mortem (a. 14 p. Chr.) publici iuris facti esse possunt, quoniam librum CXXI post excessum Augusti editum esse scimus ex huius libri periochae titulo [1]). Strabo autem, cum annis 18 p. Chr. sqq. iam libris geographicis conscribendis fuisset occupatus [2]), illo quo Livius belli civilis libros edidit tempore hypomnemata historica si non ad finem perducta, at certe paene absoluta habuisse censendus est. Aliquantum enim temporis inter duo haec opera maxima intercessisse consentaneum est.

Plutarchum, ubicumque cum Appiani narratione concinit, ad Strabonis hypomnemata vidimus redire. Ubi plura habet quam Appianus, eorum quoque haud pauca e Strabone deprompta esse perquam veri simile est. Nam Strabonem ab Appiano non omni ex parte accurate esse expressum, sed uberrimam eius narrationem non modo coartatam atque contractam, verum etiam saepius mutilatam esse ab illo auctore intellegitur ex universa Appiani ratione [3]). Quid vero Plutarchus debeat Straboni, quid aliunde desumptum adiecerit, plerumque diiudicari nequit, nisi certis indiciis origo Straboniana cognoscitur velut illis locis, quos Iudeichius Straboni vindicavit, quamquam vel hic haud scio an Plutarchus aliena quaedam intermiscuerit. Etenim versamur in scriptore omni doctrina ac litterarum studiis erudito, qui non sicut Appianus unum semper sequatur auctorem, sed qui in fontibus adhibendis suo utatur iudicio.

Inter Plutarchi autem auctores certe praeter Strabonem numerandus est Livius, quem ipse bis laudat. — In Caes. c. 63 enarrato Calpurniae somnio alteram eiusdem rei memoriam affert, scilicet Livii. Alteram narrationem a Livio discrepantem unde petiverit, utrum ex Strabone, an ex alio fonte, nescio. In Caes. autem c. 47 duo narrat prodigia ad pugnae

---
1) *Ex libro CXXI qui editus post excessum Augusti dicitur.*
2) Cf. Niese in Herm. vol. XIII p. 33—36.
3) Cf. Nissen 'Kritische Untersuchungen ueber die Quellen der IV. und V. Dekade des Livius' p. 115. Iudeich l. l. p. 48.

Pharsalicae exitum spectantia, quorum alterius testem profert Livium. Sed alterum quoque ex Livio depromptum esse a Plutarcho recte iam perspexit Peterus[1]), nimirum quod haec omina eodem ordine inter se coniuncta etiam a Cassio Dione XLI 61 et ab Obsequente 65 traduntur. Hic locus aptus si quis alius est ad Plutarchi scribendi rationem dispiciendam. Nam postquam Strabonem secutus pugnam Pharsalicam narravit et, quae ille collegerat omina, exposuit in c. 43, iam in c. 47 quasi appendicis loco, quae in altero fonte invenerat prodigia, addit. — Alterius autem ominis narratio incipit a verbo ίστορεϊται, et omnino eiusmodi vocabulis velut λέγεται, λέγουσι, φασί Plutarchum uti solere, quoties ex Livio aliquid inserit, recte monuit Indeichius l. l. p. 42 et 45. Quo indicio fretus in Plutarchi Caes. 18 sq. et Pomp. 74—80 nonnulla ad Livium redire aliqua cum probabilitate ille v. d. statuit (p. 45—47 et 42—45).

Etiam in vita Catonis minoris Plutarchum usum esse Strabone inde iure videtur effici, quod multis locis (c. 57. 67—73) consentit cum Appiano, ut supra vidimus p. 249 sq. Praeterea Plutarchus in huius vitae c. 56 aliquatenus concinit cum Strabonis fr. 177 de Catonis circa Syrtim itinere, id quod iam a Iudeichio animadversum est l. l. p. 49 et 176 adn. 1. Psylli bestiarum morsus venenatos sanantes, quorum mentionem facit Plutarchus, Straboni quoque bene noti sunt: cf. XVII 1, 44 p. 814. XIII 1, 14 p. 588. Et quod in eodem capite Catonem post cladem Pharsalicam sedentem consuevisse dicit coenare, etiam ab Appiano traditur c. 98, ubi Strabonem exscripsit (cf. Plut. Cat. min. 67).

At inter omnes fere viros doctos convenit unum in tota hac vita a Plutarcho adhibitum esse fontem, Thraseam Paetum, qui Munatii Planci libellum de Catone compositum exscripserat, ut ipse profitetur Plutarchus in Cat. m. 25 et 37[2]). Quodsi saepenumero magna inter Appiani Plutarchique narrationes

---

[1] 'Die Quellen Plutarchs in den Biographien der Roemer' p. 123 sq.
[2] Cf. Peter l. L. p. 66 sqq.

deprehenditur concordia, id, simodo vera est illa sententia, non aliter poterit explicari nisi ita, ut ipsum quoque Strabonem, Appiani fontem, ex Munatio Planco hausisse ponamus[1]), ut hoc sit fontium stemma:

In hanc quominus abeam sententiam, hac maxime impedior causa, quod duobus diversis interpositis fontibus non credo tantam inter Appianum ac Plutarchum intercedere potuisse similitudinem. Huc accedit, quod uno loco (Plut. Cat. 51) certissime potest demonstrari ipsum Strabonem etiam in hac vita adiisse Plutarchum. Nam illius capitis (51) initium ad Tanusium redire apparet ex vit. Caes. c. 22, ubi de eadem re Tanusium laudat[2]). Hunc vero auctorem Plutarchum non habuisse cognitum nisi e Strabone infra p. 285 sqq. accuratius docebo. — Itaque mihi non est dubium, quin etiam illis vitae Catonis locis, ubi cum Appiano concinit, Strabonem secutus sit Plutarchus.

Prorsus idem iudico de vitae Bruti locis cum Appiano congruentibus, qui in capp. 5—17 inveniuntur (cf. p. 250 sq.). Wichmannus quidem[3]) Plutarchum hac in parte Empylo maxime usum esse arbitratus Appiani Plutarchique consensum ita studet explicare, ut alia ex Asinio utrumque petiisse statuat, alia Plutarchum habere ex Empylo, Appianum ex Asinio, cuius auctor fuerit Empylus. Atque Asinium quidem non esse fontem abunde iam demonstratum est. Iste vero Empylus num omnino ab ipso Plutarcho adhibitus sit, ex uno illo loco, ubi

---

[1] Hanc fere sententiam sibi informavit Bailleu l. l. p. 26.

[2] Ubi tandem Peterus (l. l. p. 67) in vita Catonis Tanusium invenerit laudatum, scire velim.

[3] 'De Plutarchi in vitis Bruti et Antonii fontibus' (diss. Bonn. 1874) p. 9 sq. et 17 sq.

commemoratur (Brut. c. 2), cognosci nequit; et sit licet adhibitus, quo tandem iure unicum illum in his capitibus Plutarchi fuisse fontem contendit Wichmannus? Vides, opinor, quam infirma sit Wichmanni ratiocinatio. — Quoniam autem multi vitae Bruti loci, qui cum Appiano conveniunt, eisdem fere verbis etiam in vita Caesaris leguntur et quoniam ibi certe Straboнem communem Appiani et Plutarchi fontem esse probavimus, etiam in vita Bruti haec ex Strabone esse petita satis probabiliter mihi videor statuere.

Sed redeamus, si placet, ad Appianum. Capita 8—117 et 149—154 tota atque integra ad Strabonis hypomnemata historica rettulimus. Una tamen res videtur esse excipienda, scilicet orationes Caesari et Pompeio tributae, quas Appianus data occasione narrationi inserit capp. 43. 47. 50 sq. 53. 72 sqq. Supra enim p. 7 iam negavimus Strabonem orationes perpolitas exhibuisse. Ipse igitur Appianus illas orationes composuisse putandus est, id quod ingenio eius plane conveniens ac congruens est. Nam omnes isti compilatores ut materiae congerendae et rerum memoriae diligenter perscrutandae minime erant curiosi, ita speciosa ac nitida narratione laudem et gloriam quaerebant. Ac maxime quidem splendidis orationibus narrationi insertis artem suam ostentabant. Qua re fit, ut fere nihil novi ex declamationibus illis discamus, id quod in Appiani quoque cadit orationes, in quibus paulo aliis verbis solet repetere, quae iam antea dixerat. Unum exemplum instar omnium afferam: in c. 69 narrat Pompeium amicorum insolentiam indignatum tacuisse: κατεσιώπα — — ὥσπερ οὐ στρατηγῶν ἔτι, ἀλλὰ στρατηγούμενος. Eadem sententia bis redit in orationibus ab Appiano insertis; nam c. 72 Pompeium facit dicentem: ὑμεῖς, ὦ συστρατιῶται, στρατηγεῖτε τοῦ πόνου μᾶλλον ἢ στρατεύεσθε, et c. 74 eadem iactat Caesar: (Πομπήιον), ὃν ἐγὼ πυνθάνομαι δεδιότα καὶ ἄκοντα χωρεῖν ἐπὶ τὸ ἔργον — καὶ οὐδὲ στρατηγοῦντα ἔτι μᾶλλον ἢ στρατηγούμενον.

Exceptis igitur his orationibus capp. 8—117 et 149—154 e Strabonis hypomnematis historicis manaverunt. In eis quae restant capitibus, 2—7 et 118—148, Strabonianae originis nullum certum potui invenire iudicium. Et hercle mirum est, quam facili negotio hae particulae salvo rerum conexu a reliquis possint seiungi. Nam capp. 2—7, in quibus coniuratio Catilinaria tractatur, quamquam inter se optime cohaerent, tamen plane ex abrupto incohantur verbis Γάϊος δὲ Κατιλίνας κτλ., cum in cap. 1 Appianus de Caesaris et Pompei inimicitiis se dicturum esse indicaverit. Item capitis 8 initium cum eis, quae antecedunt, minime cohaeret. Immo hoc caput, quod incipit a verbis ὁ δὲ Καῖσαρ στρατηγὸς ἐς Ἰβηρίαν αἱρεθεὶς ἐπὶ μέν τι πρὸς τῶν χρηστῶν διεκρατεῖτο ἐν Ῥώμῃ, commode se applicat ad cap. 1 finem, ubi Caesaris mores depinguntur eiusque liberalitas commemoratur, quae tanta fuerit ὡς ἀγορανομῶν ἔτι καὶ στρατηγῶν εἶναι κατάχρεως.

Manifestior etiam res est in capp. 117 sqq. Postquam enim c. 117, quomodo Caesar interfectus esset, Appianus exposuit, optime potuit pergere c. 149: οὕτω μὲν δὴ Γάϊος Καῖσαρ ἐτελεύτησεν ἐν ἡμέραις αἷς καλοῦσιν Εἰδοῖς Μαρτίαις κτλ. Haec egregie adnectuntur mortis descriptioni, et hic quidem bene locum habet praeclara illa inter Caesarem et Alexandrum comparatio (c. 149—154), quae interiectis tot capitibus (118—148), in quibus res post Caesaris mortem usque ad coniuratorum fugam gestae enarrantur, minus apta videtur.

Itaque suspicio non abest, quin ex alio fonte narrationi ex Straboni desumptae haec inseruerit Appianus. Quod quominus statuamus, nihil certe obstat. Quamquam enim ex compluribus fontibus narrationem contexere ab Appiani ingenio alienum indicavimus, tamen si duo ei in promptu erant auctores, alterum ducem secutus ex altero maiores particulas potuit decerpere locoque idoneo infercire. Hanc ad rem non magna opus erat arte. Et profecto harum particularum alia est indoles atque earum quae Straboni debentur.

Appiani de Catilinae coniuratione narrationem (c. 2—7) e Sallustio et ex Ciceronis hypomnemate esse consutam luculenter docuit Carolus Buresch [1]). Ille vero, qui Sallustii atque

---

[1] 'Die Quellen zu den vorhandenen Berichten von der Catilinarischen Verschwoerung' in commentat. Ribbeck. p. 220 sqq.

Ciceronis narrationes contaminavit, Sallustii verbis non recte intellectis tam foedos commisit errores et rerum ordinem adeo perturbavit[1]), ut neglegentissimus auctor habendus sit. Quae cum ita sint, de Strabone cogitari omnino nequit. Utrum vero ignoto alicui Appiani fonti crimen sit impingendum, an ipse semel praeter suam consuetudinem duorum fontium confundendorum fecerit periculum, diiudicari nequit. Quodsi hoc factum esse putamus, hinc quoque cognoscitur, quam miser Appianus fuerit historicus.

Etiam cap. 118—145 a Strabone videntur esse aliena. Nam longe maxima horum capitum pars impleta est orationibus, quarum parcissimum fuisse Strabonem demonstravimus. Sed cohibeo iudicium, cum res non satis liqueat.

II
De Appiani bellorum civilium libro IV et de Plutarchi vita Bruti

Misso interim libro III statim accedamus ad Appiani bell. civ. librum IV.

Qui liber in duas magnas divisa est partes, quae ab Appiano clare distinguuntur, quarum in altera (c. 2—51) agitur de Octaviani Antonii Lepidi triumviratu atque de misera proscriptione ab eis instaurata, in altera (c. 57—138) de Bruti Cassiique rebus post Caesaris necem usque ad lugubrem eorum exitum gestis. Inter quas partes media collocata sunt capp. 53—56, quibus bellum cum Cornificio in Africa a Statio gestum describitur.

Atque cum id imprimis hoc libro spectet Appianus, ut Brutus et Cassius quo pacto perierint, enarret (cf. cap. 1 init.), primum de parte extrema, de capp. 57—136, quaestionem instituamus; quorum indoles cum earum libri II partium, quas Straboni vindicavimus, perquam sit similis ac paene gemina, in his quoque e Strabonis hypomnematis Appianum hausisse spero me esse persuasurum.

---
1) Cf. Buresch l. l. p. 232.

Atque Graecum certe ab Appiano adhibitum esse auctorem vel inde apparet, quod Plutarchus in vita Bruti multis locis mirum quantum cum Appiano conspirat, non solum in rebus, sed in ipsis adeo verbis; qui loci cum fere omnes collecti sint in Wichmanni dissertatione[1]), ubi nonnullos etiam exscriptos invenies, et cum postea de singulis accuratius nobis sit dicendum, hic enumerare supersedeo. Multa insuper accedunt indicia, quae mox proferam. Sed vel ea de causa reicienda est Pauli Bailleu coniectura, qua Asinium Pollionem omnem materiam Appiano etiam hic praebuisse statuit, quamquam ne minimum quidem huius auctoris vestigium potest indagari.

Cum Strabone autem consentit Appianus, ubicumque inter se possunt comparari.

Appianus cap. 58 sq. narrat, quomodo Caecilius Bassus a Statio Murco et a M. Crispo sit obsessus. Conferendum est Strabonis fr. 191, qui quamquam multo plura habet quam Appianus, tamen in rebus gravioribus cum eo conspirat. Congruenter enim tradunt cum duobus tantum legionibus Bassum a duobus maximis exercitibus obsessum diu restitisse, donec ultro se dedidisset. Quod autem Strabonis narrationem tantopere contraxit Appianus et tam multa praeteriit, profecto non mirabimur in auctore tam indiligenti[2]). Quid? quod ne oppidi quidem, in quo Bassus obsidebatur, scilicet Apameae, ei libuit commemorare nomen?

Porro quae profert Appianus c. 60—62 de Dolabellae misera sorte, qui Laodiceae a Cassio oppugnatus, oppido capto militi cervices dedit, accuratissime consentiunt cum Strabonis fr. 193. Uterque dicit magnum ex hac obsessione Laodiceam oppidum accepisse damnum: Strab. ἐλύπησε δ' οὐ μετρίως Δολοβέλλας καταφυγὼν εἰς αὐτήν — — συνδιαφθείρας ἑαυτῷ καὶ τῆς πόλεως πολλὰ μέρη; App. c. 62 extr. (Κάσσιος) τὴν πόλιν περιήνεγκεν ἐς ἔσχατον κακοῦ. Qui consensus eo est notabilior, quod plane contrarium legitur apud Cassium

---
[1] 'De Plutarchi in vitis Bruti et Antoni fontibus' (Bonn. 1874) p. 38—39.
[2] Cf. Nissen 'Krit. Untersuchungen etc.' p. 115.

Dionem XLVII 30 extr.: *οὐ μέντοι οὐδ' οἱ Λαοδικεῖς κακόν τι πλὴν συντελείας χρημάτων ἔπαθον.*

Cap. 84 sq. Appianus exponit, quo pacto Sextus Pompeius ex Hispania profectus Siciliam insulam in suam redegerit potestatem, quae res breviter tangitur a Strabone in fr. 197. Quo in bello Rhegium, quod oppidum Octavianus in suas traxisset partes, magni fuisse momenti uterque monet, App. c. 86 init. et Strab. fr. 197^d.

Multo gravior alius videtur esse inter utrumque auctorem consensus. Appianus in c. 105, ubi de Philippis disserit, pristinum huius oppidi affert nomen, quod erat *Κρηνίδες*, cuius nominis originem explicat hunc in modum: *κρῆναι γάρ εἰσι περὶ τῷ λόφῳ ναμάτων πολλαί.* Idem testatur Strabo in fr. 198, ubi etiam cladis a Bruto et Cassio hac in regione acceptae facit mentionem: *οἱ δὲ Φίλιπποι Κρηνίδες ἐκαλοῦντο πρότερον· ηὐξήθη δὲ μετὰ τὴν περὶ Βροῦτον καὶ Κάσσιον ἧτταν.* Maxime autem Straboni convenit, quod hic apud Appianum in Graeci nominis etymon inquiritur; nam nominibus explicandis et derivandis Strabo in geographicis sexcentis locis navavit operam.

Luculentum eiusdem rei exemplum praebet Appiani cap. 105 extr., ubi Zygactes flumen unde nomen habeat exponitur sic: *ἐν ᾧ τοῦ θεοῦ* (sc. *Ἄιδου*) *πετρῶντος τὸ ἅρμα τὸν ζυγὸν ἆξαι λέγουσι καὶ τῷ ποταμῷ γενέσθαι τὸ ὄνομα.* Hic tam manifesto Strabonis doctrina cognoscitur, ut ex eo quin tota Appiani fluxerit narratio, nullus dubitem. An vero in Romano auctore, veluti in Asinio Pollione, talia putas invenisse Appianum?

Appiani capp. 105—106 gravissimi omnino sunt momenti ad eius fontem cognoscendum. Etenim bellum Philippense narraturus accuratam illius regionis hic proponit descriptionem. Ipsius oppidi in colle praerupto situs et quae circumiacent loca dilucide describuntur: a septentrione esse saltus, a meridie paludem usque ad mare pertinentem, ad orientem versus Sapaeorum et Corpilorum fauces, versus occidentem latum patere campum ad Murcinum usque Drabiscumque oppida et ad Stry-

monem fluvium declivem; haud procul Philippis alium esse
tumulum, ὃν Διονυσίου λέγουσιν, ἐν ᾧ καὶ τὰ χρύσειά ἐστι τὰ
Ἄσυλα καλούμενα (c. 106); paulo longius duos abesse colles,
inter quos quasi per portam transitus sit ex Asia in Europam
et ex Europa in Asiam proficiscentibus; quos praeterfluere
amnem, cuius nominis duas Appianus profert formas: ὃν Γάγ-
γαν τινές, οἱ δὲ Γαγγίτην λέγουσι. — Quae loca quantum inter
se distent, diligentissime Appianus adnotat stadiorum usus
ratione, nec minus quam sex intervalla in duobus his capiti-
bus hac ratione computantur.

Magnam igitur rerum geographicarum habuisse putandus
est notitiam, quicumque haec conscripsit. Fuitne ea in Appi-
ano? Immo vero hic earum rerum plane erat ignarus atque
rudis[1]). Ex fonte igitur hanc petivit doctrinam. Quam quis
potuit melius ei subministrare quam Strabo, quem pro suo in-
genio etiam in opere historico magnam in res geographicas
impendisse curam per se intellegitur?

Porro egregie convenit cum Strabonis consuetudine, quod
Appianus hoc loco cum rerum geographicarum scientia coniun-
git insignem veterum illius oppidi rerum notitiam[2]). Pristinum
enim nomen Crenides mutatum esse docet in Datum, Philip-
pos autem appellatum esse a Philippo, Macedonum rege, qui
hunc locum opportunum communivisset adversus Thraces.

Quid? quod etiam res mythologicae, quas Strabo habet
in deliciis, ab Appiano hic proferuntur. Nam in campo fertili,
quod ad occasum versus patet, Proserpinam, cum flores legeret,

---

1) Cf. Hannak 'Appian und seine Quellen' (Wien 1869) p. 10. Non-
nulla afferam exempla, quorum partem debeo Hannakio. — Hisp. 5. 28.
31. 65. Hannib. 2: Gades oppidum situm esse putat in septentrionali
Africae ora. — Hisp. 6: Iberum flumen in Atlanticum, qui dicitur, Oce-
anum influere tradit. — Hisp. 7: Saguntum inter Pyrenaeum saltum et
Iberum flumen esse situm. — Hisp. 12. 19. 72: Saguntum oppidum ever-
sum ab Hannibale ab eodem denuo esse exstructum et appellatum Car-
thaginem Novam.   B. c. I 39: Lirim et Liternum unum eundemque
esse fluvium. — Ib. I 109: Padi et Rhodani fontes haud multum inter se
distare.

2) Conferas quae diximus supra p. 259.

raptam esse tradit a Plutone; quem, cum Zygactem amnem
traiceret, currus iugum fregisse.

Ex omnibus igitur his valde fit probabile Strabonis hypomnemata historica Appiani fuisse fontem. Atque hercle dolendum est, quod non tulit aetatem ea potissimum septimi geographicorum libri pars, in qua Macedoniam Strabo descripserat, quam si integram haberemus, certe plura cum Appiano congruere videremus.

Quae vero hic apud Appianum rerum geographicarum et singulorum oppidorum historiae veteris enitet notitia, etiam alias in hac, de qua agitur, libri IV parte saepe comparet. Sic in cap. 88 dicit Appianus Lysimachiam et Cardiam oppida Cherronesi Thraciae isthmum intercipere velut portas. In cap. 102 autem orae circa Serrium promonturium iacentis historiam, sicut Strabonis est mos, ab antiquissimis temporibus usque ad Bruti Cassiique aetatem persequitur; quam regionem fertilissimam diu incultam fuisse, cum Thraces maris imperiti oram vitassent ob metum incursionum; deinde cum ab aliis Graecis, tum a Chalcidensibus occupatam floruisse, quoad Philippus eiectis incolis eam vastasset, ut nihil nisi templorum ruinae superessent. Etiam hoc animum advertas, quam bene de Rhodiorum rebus Appianus se praebeat instructum c. 66—73: duae in urbe sunt factiones, nobiles, qui bellum cum Cassio detrectant, et plebs ab Alexandro et Mnasea concitata, quae pugnandi cupiditate flagrat; Alexander prytanis creatur, $\H{η}περ\ εστιν\ αρχὴ\ παρ'\ αὐτοῖς\ μάλιστα\ αὐτοκράτωρ$; Archelaus ad Cassium, cuius olim fuerat praeceptor, legatus mittitur. Commemoratur etiam Rhodios olim Demetrii et Mithridatis classibus fortiter restitisse.

Gravissima vero sunt, quae Appianus c. 76—80 in Xanthi excidio enarrando profert. Atque locorum peritum fuisse eius auctorem inde apparet, quod Sarpedonium in urbe commemoratur (c. 78 et 79) et vetus Oenandensium in Xanthios odium. Sed inspiciamus cap. 80 extr. Postquam narravit Xanthios oppido capto suos omnes interfecisse et succensis rogis, quos in domibus suis exstruxissent, se ipsos voluntaria morte interemisse, sic pergit: Ξάνθιοι μὲν δὴ τρίτον ὑπὸ σφῶν αὐτῶν ἀπώλλυντο ἐλευθερίας οὕνεκα. Καὶ γὰρ ἐπὶ Ἁρπάγου τοῦ Μήδου Κύρῳ τῷ μεγάλῳ στρατηγοῦντος ὧδε σφᾶς ἀντὶ δουλοσύνης διέφθειραν — — καὶ ἐπὶ Ἀλεξάνδρου τοῦ Φιλίππου φασὶν ὅμοια παθεῖν οὐχ ὑποστάντας οὐδὲ Ἀλεξάνδρῳ μετὰ τοσῆσδε γῆς ἀρχὴν ὑπακοῦσαι. Item Strabo, si qua urbs eandem saepius accepit calamitatem, similiter solet iudicare velut in fr. 84, ubi de Sinope dicit haec: τοιαύτη δὲ οὖσα δὶς ὅπως ἑάλω, πρότερον μὲν τοῦ Φαρνάκου παρὰ δόξαν αἰφνιδίως ἐπιπεσόντος, ὕστερον δὲ ὑπὸ Λευκόλλου, et de Amiso cf. fr. 171. Adde quod hoc loco ex Alexandri Magni historia rei cuiusdam mentio inicitur, quam quis melius potuit Appiano tradere quam Strabo, qui de Alexandri quoque rebus gestis hypomnemata ipse composuerat doctrinae plena?

Neque desunt diversae eiusdem rei relationes, quo indicio etiam in Appiani bell. civ. libro II Strabonem fontem agnovimus (cf. supra p. 255 sqq.). Atque unius quidem loci iam facta est mentio p. 271 in cap. 106, ubi fluvius commemoratur, ὃν Γάγγαν τινές, οἱ δὲ Ἰαγγίτην λέγουσι. Deinde in cap. 101 de duabus aquilis, quae argenteas Romanorum aquilas laeserunt, diversa a scriptoribus dicit tradi: ἐκόλαπτον αὐτοὺς ἤ, ὡς ἑτέροις δοκεῖ, περιέσκεπον. De Cassii autem morte in cap. 113 duplicem vel potius triplicem exhibet memoriam: nam nonnullos ait prodidisse Cassium, ubi Brutum victis hostibus castra eorum diripere comperisset, ut ignominiam effugeret, Pindaro armigero auxiliante in gladium incubuisse; καί τισιν οὕτως ἀποθανεῖν δοκεῖ Κάσσιον. Ἕτεροι δὲ αὐτὸν οἴονται Bruti equitibus, ut victoriam nuntiarent, advolantibus hostes eos esse ratum ultro iugulandum se tradidisse Pindaro, ne in hostium manus perveniret. Pindarum autem nusquam postea esse visum; διὸ καὶ νομίζουσί τινες οὔπω κεκελευσμένον ἐργάσασθαι.

Denique satis est memorabile, quod Appianus ut librum II, sic etiam librum IV concludit quasi epilogo, quo Bruti Cassiique res gestas breviter complectitur (c. 132—134), ab eisdem fere verbis exorsus, quibus II 149 de Caesare utitur (cf. p. 260):

ὧδε μὲν δὴ Κάσσιος καὶ Βροῦτος ἐθνησκέτην, ἄνδρε 'Ρωμαίων
εὐγενεστάτω τε καὶ περιφανεστάτω κτλ. Atque ut illic comparationem inter Caesarem et Alexandrum instituit, ita hic inter Brutum et Cassium. Utroque autem loco multus est in prodigiis enarrandis. Quodsi illam comparationem absque dubio e Strabone hausit Appianus, eundem fontem etiam hic propter rerum similitudinem summa cum probabilitate statuemus.

Si vero omnia, quae adhuc collegimus, comprehenderimus indicia, nemini iam credo fore dubium, quin Appiani libri IV capp. 57—136 e Strabonis hypomnematis fluxerint.

Age nunc consideremus, qui factum sit, ut Plutarchus in vita Bruti tam accurate multis locis cum Appiani narratione consentiat.

Ac rarus quidem consensus in rebus ante bellum Philippense gestis. Unus tamen locus memoratu valde dignus mihi videtur, Plut. Brut. 31 extr., ubi de Xanthiorum interitu sermo est. Atque quae Plutarchus de oppidi expugnatione refert, ab Appiani memoria discrepare recte monuit Wichmannus l. l. p. 32 sq. Nam quae habet Appianus, desiderantur apud Plutarchum, et quae a Plutarcho traduntur, frustra quaerimus in Appiano. Ubi vero de eadem re loquuntur, diversa referunt. Nam Plutarcho teste ignis ab operibus Romanorum incensis vento in domos pulsus oppidi incendium excitat, Appianus ab ipsis incolis de salute desperantibus oppidum dicit esse incensum. E Strabone igitur haec certe non hausit Plutarchus. Eo magis mirandum est, quod cap. 31 extr. subito plane consentit cum Appiano (c. 80). Eundem enim Xanthiorum superstitum exhibet numerum CL et Xanthi pristinae, cum a Persis oppugnaretur, eversionis inicit mentionem. Ex alio autem quam reliqua haec a se deprompta esse fonte ipse sat manifesto indicat addito vocabulo φασί. Itaque persuasum habeo Plutarchi cap. 31 inde a verbis φασὶ δὲ usque ad finem redire ad Strabonem.

Sed multo saepius multoque accuratius Plutarchus congruit cum Appiano in bello Philippensi describendo (App. c. 101—135 = Plut. Brut. 36—53). Neque tamen potest negari non minus saepe eorum narrationes inter se discrepare, ut demonstravit Wichmannus l. l. p. 40 sqq. Quae res inter se contrariae qua ratione sint explicandae, iam oritur quaestio subdifficilis.

Ac duos quidem hac in parte Plutarchus laudat auctores, **Messalam et Volumnium**, qui cum Bruto Cassioque familiaritate coniuncti his pugnis ipsi interfuerant. Atque mirum utique videtur, quod duobus locis, ubi Messala et Volumnius a Plutarcho testes proferuntur, Appianus et in re prorsus consentit et formulis utitur, e quibus apparet, eum in fonte suo, i. e. apud Strabonem, eosdem auctores invenisse laudatos.

Plut. c. 45. init. militum in pugna Philippensi priore occisorum numeri Messalam citat auctorem his verbis: $M\varepsilon\sigma\sigma\acute{\alpha}\lambda\alpha\varsigma$ $\varphi\eta\sigma\grave{\iota}\nu$ $o\check{\iota}\varepsilon\sigma\vartheta\alpha\iota$ (sc. $\pi\varepsilon\sigma\varepsilon\tilde{\iota}\nu$) $\varkappa\tau\lambda$. Eosdem Appianus c. 112 extr. exhibet numeros haec praeponens verba: $\tau\grave{o}\nu$ δ' $\dot{\alpha}\varrho\iota\vartheta\mu\grave{o}\nu$ $\tau\tilde{\omega}\nu$ $\dot{\alpha}\pi o\vartheta\alpha\nu\acute{o}\nu\tau\omega\nu$ $\varepsilon\dot{\iota}\varkappa\acute{\alpha}\zeta o\upsilon\sigma\iota$ $\varkappa\tau\lambda$.

Plut. 51 init. Volumnium laudat, qui testetur Brutum post pugnam commissam classe versum illum Euripideum: $Z\varepsilon\tilde{\upsilon}$, $\mu\grave{\eta}$ $\lambda\acute{\alpha}\vartheta o\iota$ $\sigma\varepsilon$ $\tau\tilde{\omega}\nu\delta'$ $\ddot{o}\varsigma$ $\alpha\check{\iota}\tau\iota o\varsigma$ $\varkappa\alpha\varkappa\tilde{\omega}\nu$. Idem plane cum ipso adeo versu legitur apud Appianum c. 130, qui totam narrationem incipit a vocabulo $\varphi\alpha\sigma\acute{\iota}\nu$.

Accedit locus tertius Plut. c. 48, ubi hic ex Volumnio tria profert prodigia, quorum postremum etiam ab Appiano c. 125 narratur.

Iam quaeritur, unde has Messalae atque Volumnii narrationes petiverit Plutarchus. Atque quoniam illos auctores laudat eisdem narrationis locis, quibus etiam Appianus eos in fonte suo inveniebat laudatos, secundum notissimam illam legem statuendum erit Plutarchum non eos ipsos inspexisse, sed deprompsisse haec testimonia ex eodem quo Appianus fonte, i. e. ex Strabone. Sed legem illam ceteroqui rectissimam hic non valere certis argumentis demonstrabo.

Etenim praeter locum supra laudatum Messala bis testis citatur a Plutarcho: c. 40 Cassii dictum ab eo traditum commemorat et c. 42 Messalam dicit victoriam adiudicasse Bruto, quod is tres aquilas multaque hostium signa cepisset, hostes

vero nullum. De his rebus nihil legitur apud Appianum. Sed
dixerit fortasse quispiam Appiani silentium non ita magni
esse momenti; nam fieri potuisse, ut haec, quamquam a Strabone fuissent tradita, omitterentur ab Appiano, qui est sane
auctor minime diligens.

At una res vehementer obstat. Illud enim Cassii dictum,
quod Plutarchus c. 40 ex Messala affert, spectat ad ea, quae
in capite antecedenti narrata sunt, neque omnino intellegi potest sine eis. Nam antea invito Cassio, Bruti potissimum opera
et consilio decretum erat, ut postridie pugna cum hostibus committeretur. Qua re sollicitudine affectus Cassius illa verba
perhibetur dixisse. Iam vero si cum hac narratione Strabonianam conferimus memoriam, qualem tradidit Appianus c. 109 sqq.,
toto caelo eam videmus distare. Hic enim dicit pugnae illius
committendae omnino non rationem initam esse neque a Bruto
neque a Cassio, sed Antonii impetu invitis imperatoribus tamquam casu eam esse ortam. Strabo igitur illud Messalae testimonium omnino non potuit afferre, quod in eius narrationem
nullo pacto quadrat. Quae cum ita sint, Plutarchus hoc certe
testimonium non potuit haurire e Strabone, sed ipsum Messalam inspexisse putandus est, ex quo et Cassii dictum et narrationem illam a Strabone discrepantem, cum qua arte cohaeret
illud dictum, desumpsit. Idem de reliquis locis, ubi Messalam
laudat, statui par est.

Quodsi iam constat Plutarchum Messalam ipsum adiisse,
quid praeterea ab illo auctore mutuatus sit, est indagandum. En loci, quibus Messalam secutus esse videtur Plutarchus:

Cap. 40 integrum ex Messala fluxisse veri est simillimum.
Nam initio capitis diserte laudatur et in fine honorifica de eo
fit mentio, cum in dextro cornu cum praestantissima exercitus
parte a Cassio eum esse collocatum Plutarchus enarret. Quae
media intercedit pars, expletur colloquio inter Brutum et Cassium, antequam pugnam cum hostibus consererent, habito,
cuius arbiter haud dubie erat Messala, quippe qui cum utroque imperatore, imprimis autem cum Cassio amicitia fuisset

coniunctus[1]). Horum omnium apud Appianum exstat nec vola nec vestigium; nec mirum, quoniam eius auctor negabat pugnandi consilium a Bruto et Cassio antea esse captum.

Cap. 45 totum Messalae videtur tribuendum, qui in primo capite testis citatur et cuius in lepida illa de punita captivorum insolentia narratione partes sunt praecipuae. Omnino eiusmodi narratiunculae ad Messalae, qui ipse his rebus interfuit, bene videntur quadrare commentariorum indolem. Appianus autem ne de his quidem rebus quidquam tradit.

Eadem de causa cap. 53 initium ad Messalam est referendum, quod hic quoque Messala primas agit partes. Dicitur enim Stratonem adduxisse ad Octavianum et lacrimans his eum commendasse verbis: οὗτός ἐστιν, ὦ Καῖσαρ, ὁ ἀνὴρ ὁ τῷ ἐμῷ Βρούτῳ τὴν τελευταίαν ὑπουργήσας χάριν. Quod si iure contendimus, etiam in cap. 52 extr. verba οἱ δέ φασιν κτλ. Messalae sunt attribuenda[2]) propterea, quod hoc loco Stratonem Bruto mortem oppetenti operam suam commodasse narratur. — Appianus, qui cetera omnino non tradit, hac in re a Plutarcho paulum dissentit: nam dicit (c. 131) Brutum a Stratone gladio esse transfixum, Plutarchus autem Brutum ipsum in gladium, quod a Stratone teneretur, incubuisse.

Volumnium a Plutarcho in c. 48 auctorem laudari supra vidimus p. 275: praeterea cap. 51 et cap. 52 praeter ultima verba οἱ δέ φασιν κτλ., quae ex Messala hausisse Plutarchum probavimus, ad Volumnium redire mihi persuasum est. Nam c. 51 init. diserte laudatur et in narratione sequenti Volumnius tam saepe commemoratur et ita ad eum omnia referuntur, ut is ipse necessario auctor sit statuendus. Volumnium autem, sicut Messalam, ab ipso Plutarcho fontem esse adhibitum, cum per se satis sit veri simile, etiam hinc apparet, quod Appianus harum rerum nusquam facit mentionem. Et hercle ne conveniunt quidem cum Strabonis narratione. Secundum

---

1) Cf. Plut. Brut. 40 init. 53 init. Vell. II 71, 1: *Messala, fulgentissimus iuvenis, proximus in illis castris Bruti Cassiique auctoritati.*

2) Cf. Peter 'Plutarchs Quellen in d. Biogr. d. Roem.' p. 139. Wichmann l. l. p. 46 sq.

hanc enim (App. c. 131) Brutus cum quattuor fere legionibus
e pugna evaserat neque spem bonam abiecerat, priusquam a
suis destitueretur. Plutarchus autem cum paucis tantummodo
amicis Brutum dicit effugisse et statim ab initio mortem cupide
expetivisse.

Haec sola apud Plutarchum magna cum probabilitate ad
Messalam et ad Volumnium referuntur. Ex eis autem, quae
huc usque exposuimus, luculentissime apparet Plutarchum, ubi-
cumque illos auctores secutus est, a Strabonis memoria, quam
praebet Appianus, toto caelo discrepare duobus exceptis locis
(Plut. 45 — App. 112 et Plut. 51 — App. 130), ubi tamen Mes-
salam et Volumnium nominatim a Strabone fuisse laudatos ex
Appiani verbis intellegitur (cf. p. 275)[1]. Unde hoc certis-
sime licet concludere Strabonem in bello Philippensi descri-
bendo nec Messalae nec Volumnii commentarios elegisse, qui-
bus potissimum sequeretur, sed narrationi aliunde petitae
singulas res ex illis decerptas hic illic inseruisse.

Quae Plutarchus debeat Messalae et Volumnio, supra
accurate, quoad eius fieri potest, definire studuimus. Cetera
unde sumpserit Plutarchus, si certa desunt indicia, nos nescire
confitendum est, praesertim in auctore tantae lectionis, quantae
fuit Plutarchus. Itaque praepropere iudicasse putandi sunt
Peterus l. l. p. 137 sqq. et Wichmannus l. l. p. 43 sqq., qui
Plutarchum in capp. 38—53, ubi non Volumnium secutus sit,
omnia censent debere Messalae, et Appianum, ubicumque cum
Plutarcho consentiat, ipsum quoque hausisse ex Messala, quae
sententia omni caret fundamento. Immo iam animadvertimus

---

[1] Etiam in cap. 128 (= Plut. c. 48; cf. p. 275) haud scio an Volum-
nium apud Strabonem laudatum invenerit Appianus. — Ceterum haud ita
mirum est, quod duobus illis locis et Strabo et Plutarchus suo quisque
Marte auctores suos attulerunt: nam altero loco (Plut. 45 = App. 112)
militum caesorum numerus profertur, qua in re omnino scriptores fontis
auctoritatem solent afferre, et hic praesertim auctor erat nominandus, quod
eum numerum computatione effecerat ipse Messala. Altero autem loco
(Plut. 51 = App. 130) agitur de versu a Bruto recitato, qua in re Volumnii
eo magis mentio erat facienda, quod is coram ex ipso Bruto affirmaverat
se audivisse et hunc versum et alterum, cuius esset oblitus: cf. Plut. l. l.

Plutarchum, ubi re vera Messalam et Volumnium exscripsit, non consentire, sed plerumque valde dissentire cum Appiano.

Accedit illud etiam, quod nonnulli loci, ubi Plutarchus et Appianus concinunt, propter argumentum haud commode ad Messalae auctoritatem referuntur.

Appianus c. 110 extr. et Plutarchus c. 41 extr. congruenter narrant Octavianum non fuisse in castris, cum tristi amici somnio perterritus esset, et uterque hac de re ipsius Octaviani ἐν τοῖς ὑπομνήμασιν testimonium affert, unde patet in communi fonte id iam exstitisse. Appianus autem ut reliqua omnia, sic etiam hoc testimonium debet Straboni, qui haud dubie ipse Octaviani commentarios adiit, cum etiam Caesaris commentarios in bello Gallico enarrando adhibuisset (cf. p. 216 sqq.). Quid igitur? Nonne etiam Plutarchum, quem aliis quoque locis in hac vita Strabone usum esse vidimus p. 265 sq. et p. 274, ad eundem atque Appianum fontem hic redire consentaneum est? Cur idem testimonium ex diversis fontibus derivemus?

Item alio loco, ubi cum Appiano mirum in modum consentit Plutarchus, spero me probaturum non Messalam, sed Strabonem eius fuisse fontem. Plut. c. 48 init. narrat nocte ea, quae ultimam pugnam antecedebat, iterum Bruto apparuisse malum eius genium, quae res pertinet ad cap. 36, ubi primum cum se obtulisse Bruto, cum ex Asia in Europam esset transgressurus, Plutarchus tradit[1]). Eadem res eisdem fere verbis legitur in vita Caesaris c. 69. Appianus autem (c. 134) non modo in re, sed etiam in ipsis verbis adeo cum Plutarcho consentit, ut eisdem quibus Plutarchus usus vocabulis dubiam reddat memoriam: nam in priore visu describendo utitur oratione obliqua, quae pendet a vocabulo φασί, Plut. c. 36 init. verbo λέγεται, in altero visu apponit φασίν sicut Plut. c. 48. In communi igitur fonte haec res ut λεγόμενον iam erat notata, id quod in Messalam minime convenit; qui cum familiarissime

---

1) Quod Plut. c. 36 ad Bibulum redire dicit Wichmannus l. l. p. 34, mera est hariolatio. Hoc caput et cap. 48 init. ex eodem hausta esse fonte liquet.

uteretur Bruto et Cassio (v. p. 277 adn. 1), rem aut certo habuit compertam, aut si erat falsa, omnino non narravit. Omnia autem plana sunt, si e Strabone hanc narrationem deprompsisse Plutarchum existimamus.

Quae si recte disputavimus, etiam ceteris locis, ubi consensus inter Appianum, qui ipse certe omnia sua debet Straboni, et Plutarchum deprehenditur, Strabonem multo maiore cum probabilitate Plutarchi fontem statuemus quam Messalam. Duos tantum locos, qui ad exemplum illorum, quos supra p. 275 recensuimus, comparati sunt, aut ad Messalam aut ad Volumnium redire fortasse licet conicere.

Plut. c. 46 init. et App. c. 118 extr. similiter narrant Brutum esse pollicitum militibus Thessalonicam et Lacedaemonem urbes diripiendas se daturum. Quae ex fonte secundario petita esse a Strabone patet ex verbis, quibus Appianus narrationem incipit, δοκεῖ δέ τισι. Plutarchus autem rem simpliciter refert et Brutum, quantum fieri potest, culpa studet liberare.

Idem poterit cogitari simili loco, ubi Appianus (c. 113) duas de morte Cassii profert relationes, quarum altera, quae incipit a verbis ἕτεροι δὲ αὐτὸν οἴονται, eisdem fere verbis legitur etiam apud Plutarchum in c. 43 et haec quidem sola. Itaque licet suspicari Appiani verbis ἕτεροι δέ significari aut Messalam aut Volumnium, quo ipso hic usum esse Plutarchum.

Haec quamquam pro certo affirmari non posse bene intellego, tamen aliquam certe habent probabilitatem. Omnibus autem reliquis locis, ubi Plutarchus cum Appiano consentit, ex eodem quo ille auctore hauserit, id est e Strabone.

Sic Straboni debet Plutarchus totum cap. 50, ubi cum Appiano (c. 129) accuratissime conspirans lepidam illam de Lucilli fidelitate tradit narratiunculam, quae ita apud Plutarchum orationi inserta est, ut salvo rerum conexu facillime possit a reliquis separari[1]) et ad alium fontem referri.

---

1) Nam plane ex abrupto incipit a verbis: ἦν δέ τις Ἰουνίλλιος ἀνὴρ ἀγαθὸς ἐν τοῖς ἑταίροις κτλ.

Praeterea multa prodigia, in quibus enarrandis mire consentit cum Appiano, Plutarchum existimo sumpsisse e Strabonis hypomnematis, qui omnino prodigia et omina diligenter videtur collegisse [1]). Haec igitur prodigia Strabonem et Appiano et Plutarcho praebuisse dico:

Plut. c. 37 extr. et App. c. 101 extr. narrant duas aquilas argenteas signiferorum aquilis insedisse et exercitum esse comitatas, sed pridie, quam pugna committeretur, avolasse.

Plut. c. 39 et App. c. 134 quattuor prodigia, quibus Cassius praemonetur, eodem plane proferunt ordine. Quae res eo est memorabilior, quod omen secundo loco ab utroque recensitum, si tempus spectamus, antecedit illud, quod primo loco commemoratur[2]). Cassius Dio XLVII 10 et Obsequens 70 eadem afferunt prodigia, sed ordine plane diverso, qualem in communi suo fonte, quem constat fuisse Livium, invenerunt.

Plut. c. 48 nihil est nisi prodigiorum congeries. Ac primum quidem prodigium, quod etiam apud Appianum legitur in c. 134, iam supra p. 279 sq. ad Strabonem rettulimus. Quod vero in capite extremo narrat Aethiopa exeunti exercitui obviam factum a militibus esse occisum, idem in Appiani capite laudato statim subsequitur prodigium illud antea commemoratum. Itaque non est dubium, quin hoc quoque ostentum e Strabone petitum sit a Plutarcho. Quae autem media interposuit prodigia, ex Volumnio se inseruisse ipse apertis verbis profitetur.

In eodem capite (134) Appianus Strabonem secutus Brutum tradit diem natalem celebrantem sine ulla causa versum pronuntiasse ominosum: ἀλλά με μοῖρ᾽ ὀλοὴ καὶ Λητοῦς ἔκτανεν υἱός. Quae cum simillime enarret Plutarchus c. 24, qui ipsum adeo hunc versum eadem affert forma, etiam eum hic Strabone esse usum coniceris, quamquam quo errore factum

---

1) Cf. Strab. fr. 167 et quae App. b. c. II 152 sq. narrantur prodigia, quae ad Strabonem rettulimus.

2) Cf. Plutarchi verba, quibus secundi prodigii descriptionem incipit, λέγεται δὲ καὶ πρότερον κτλ.

sit, ut Appianus Sami, Plutarchus Carysti rem accidisse dicat, nescio. —

Appiani libri IV alteram partem (c. 57—138) adhuc solam tractavi, quam e Strabonis hypomnematis fluxisse docui. — Altera pars, quae clare distincta est, complectitur capp. 2—51 (v. p. 268), in quibus agitur de altero, qui dicitur, triumviratu et de proscriptionibus. Quae unde hausta sint, in dubio est relinquendum, cum certis indiciis destituti simus. Neque hoc potest diiudicari, capp. 52—56, quibus bellum a Statio in Africa gestum enarratur, utrum ad Strabonem, an ad alium quendam fontem redeant.

Memoratu autem videtur dignum, quod in c. 57, inde a quo capite certe Strabone usus est Appianus, narratio ab eo incipit temporis vestigio, ad quod in libri II particulis eis, quas certo iudicio ad Strabonem rettulimus, erat deducta, nimirum a morte Caesaris.

III

De Appiani bellorum civilium libro III

Appiani librum tertium supra transeundum putavimus non sine causa: nam si quaerimus, quosnam in his rebus conscribendis Appianus adhibuerit auctores, tantis hanc quaestionem videmus involutam tenebris, ut vix certi quidquam possit erni.

Nos, qui id unum agimus, ut Strabo ubi apud Appianum fons lateat investigemus, etiam in hoc libro uno certe loco hunc auctorem agnoscimus. Si enim libri IV cap. 58 sq. iure ad Strabonem rettulimus (v. p. 269), necessario statuendum est etiam libri III capp. 77—78 ex eodem fluxisse fonte; nam quae illo loco de Caecilii Bassi obsidione exponit Appianus, hic eisdem paene verbis, sed etiam accuratius enarrata legimus. Atque ex eis ipsis, quae hic accuratiora profert Appianus, etiam evidentius Strabo fons cognoscitur. Duas enim in c. 77 Appianus de Caecilio Basso affert relationes et alterius insuper auctorem nominatim citat. Quis non agnoscit Strabonis, quam iam saepius laudavimus, in fontibus adhibendis diligentiam? Atque secundum alteram quidem relationem, quam IV 58 solam praebet Appianus, nulla Caecilii culpa factum est, ut Sextus interficeretur. Iam sic pergit Appianus: ὧδε μέν τισι περὶ τοῦ Βάσσου δοκεῖ· Λίβωνι δ' ὅτι — — διέφθειρέ τινας τοῦ τέλους, καὶ διεχρήσαντο τὸν Σέξτον καὶ τῷ Βάσσῳ σφᾶς ἐνεχείρισαν. — Perizonius, quem secutus est Peterus hist. Rom. rell. p. CCCLXVI, Λίβωνι, quod nomen in omnibus Appiani libris manuscriptis traditur, mutare voluit in Λιβίῳ nulla alia commotus causa nisi, quod apud Livium hanc ipsam exstitisse memoriam e perioch. 114 et e Cass. Dione XLVII 26 sq. cognoscitur. Sed ut hoc taceam non veri esse simile notissimum Livii nomen corruptum esse in obscurum Libonis, non est omnino, cur librorum lectionem sollicitemus. Neque enim quidquam obstat, quominus in L. Scribonii Libonis annalibus rem fuisse narratam credamus, ut ipse Peterus l. l. p. CCCLXV extr. concedit, ubi de illo historico accurate disputat. Strabonem autem, cui Appianus haec debet, Livio omnino non esse usum supra docui p. 262 sq.

Haec igitur capita cum ad Strabonem magna cum probabilitate referantur, tamen de reliqua huius libri parte nihil inde licet concludere. Facillime enim a finitimis capitibus possunt separari ac disiungi, cum sicut excursus narrationi sint inclusa. Nam c. 77 ab his incipit verbis: τῷ δ' αὐτῷ χρόνῳ περί τε Συρίαν καὶ Μακεδονίαν τοιάδε ἐγίγνετο κτλ. et c. 60 init., unde egressus est, eo revertitur Appianus eisdem fere verbis: τοιαῦτα μὲν δὴ καὶ τὰ περὶ Συρίαν καὶ Μακεδονίαν ἦν· ἐν δὲ τῇ Ἰταλίᾳ κτλ.

Similiter res se habet in c. 26, ubi Appianus narrat, quo modo Trebonius Smyrnae a Dolabella sit interfectus, quam rem etiam a Strabone in hypomnematis fuisse descriptam apparet e fr. 192. Sed hoc quoque loco, si Appianus fortasse Strabonem adhibuit, idcirco non necesse est etiam, quae antecedunt vel quae secuntur, eidem auctori vindicare. Nam hoc quoque caput ita insertum est narrationi, ut nullo negotio possit eximi (ὧδε μὲν εἶχε τὰ ἐν Ῥώμῃ. — Κάσσιος δὲ καὶ Βροῦτος κτλ.)

Haec habui, quae de libro III proferrem: reliquam huius libri partem longe maximam ipsam quoque e Strabonis hypomnematis fluxisse, cum certa desint indicia, neque affirmari potest neque negari.

Eadem de causa etiam de quinto bellorum civilium libro cohibeo iudicium, quamquam uno certe loco manifesta Strabonianae originis indicia deprehenduntur. Nam quod in cap. 144 Sextum Pompeium a ducibus Antonianis captum Mileti interfectum esse narrat Appianus, hoc nusquam praeterea legitur nisi in Strabonis fr. 230, ubi velim inspicias, quae dixi in adnot. crit. ad v. 4. — Huc accedit, quod magnam in hoc capite diversissimarum de Pompei morte relationum Appianus praebet congeriem[1]). Haec igitur quin Straboni debeat Appianus, nullus dubito. In reliquis autem quatenus hoc auctore usus sit, nos nescire fatendum est.

Neque certiora de Appiani bellorum civilium libro I licet affirmare. Multi quidem viri docti nonnullas Appiani particulas ad Posidonium redire suspicati sunt — et exstant sane quaedam Graeci fontis in hoc libro indicia — et facillum esset coniectura Strabonem Posidonii memoriam subministrasse Appiano[2]). Sed res mihi tam dubia tamque impedita videtur, ut satius esse existimem haec omittere, ne certa incertis miscentes rem obscuremus.

---

1) Τίτιος δὲ — — Πομπήιον ἐν Μιλήτῳ κατέκανεν εἴτε δι' αὐτοῦ — — εἴτε καὶ ἐπιστείλαντος Ἀντωνίου. Εἰσὶ δ' οἱ Πλάγκον, οὐκ Ἀντώνιον λέγοντες ἐπιστεῖλαι. — — Καὶ Πλάγκον δὲ γράψαι νομίζουσιν οἱ μὲν συνειδότος Ἀντωνίου — — οἱ δὲ αὐτὸν ἐφ' ἑαυτοῦ Πλάγκον.

2) Sic nuperrime Benedictus Niese in Herm. vol. XXIII 1888 p. 413 adn. 2 Appiani c. 7 sq. et Plutarchi Tib. Gracch. c. 8 e Posidonio fluxisse statuit ita quidem, ut illi fortasse haurirent ex hypomnematis Strabonis, qui ipse adiisset Posidonium.

IV

De Appiani libro Gallico et de Plutarchi vit. Caes. c. 15-27

Appiani Κελτική quamquam temporum iniuria maximam partem amissa est, tamen vel ex perpaucis, quae servata sunt, excerptis cognoscitur similem inter hunc Appiani librum et Plutarchi Caes. capp. 15—27 intercessisse rationem atque inter bell. civ. libr. II et IV et Plutarchi vitas Caesaris, Pompei, aliorum. Nam in paucis illis fragmentis, quae sunt de Caesaris expeditionibus Gallicis, tam accurate cum Plutarcho consentit, ut quin communis ab utroque fons sit adhibitus, dubitari nequeat. Et quoniam illic e Strabonis hypomnematis eos hausisse demonstravimus, suspicio non abest, quin hic quoque eundem auctorem adlerint. Quae suspicio, si singula perscrutamur, egregie confirmatur.

Inter locos illos, quibus consensus inter Appianum et Plutarchum deprehenditur, unus ad fontem indagandum gravissimi est momenti, App. Gall. 18 = Plut. Caes. 22, ubi non solum in rebus et verbis mirum quantum concinunt, verum etiam eosdem auctores de eisdem rebus laudant. Agitur autem de ingenti Usipetum et Tencterorum caede, quam fecerat Caesar. De qua ipsum Caesarem ἐν ταῖς ἐφημερίσι, ut dicit Plutarchus, vel — quae sunt Appiani verba — ἐν ταῖς ἰδίαις ἀναγραφαῖς τῶν ἐφημέρων ἔργων[1]) haec memoriae tradidisse: illos missis legatis per indutias octingentis equitibus suum equitatum aggressos in fugam vertisse; itaque cum iterum legatos ad se misissent, his retentis in illos exercitum se duxisse, cum tam perfidos se praebuissent. Contra hanc Caesaris sententiam uterque profert testimonium Tanusii[2]), qui narret Catonem in senatu sententiam dixisse deden-

---

1) Haec lectio, quam omnes Appiani libri exhibent, non est sollicitanda. Neque de alio nescioquo Caesaris opere cogitem, sed referas ad bell Gallici commentarios (IV 11—13), qui etiam apud Symmachum et Sidonium Apollinarem et in nonnullis libris manuscriptis dicuntur *ephemerides*: cf. Nipperdey 'Quaest. Caesarianae' (quas praemisit editioni Lips. 1847) p. 5.

2) Appianus nomine, sicut solet, omisso dicit τῶν τις συγγραφέων.

dum esse barbaris Caesarem, quippe qui sancta foedera nefarie violasset. —

Quis igitur fuit ille auctor, qui haec testimonia et Appiano et Plutarcho praebuit? Atque uno iam loco, ubi Caesar et apud Appianum et apud Plutarchum laudatus invenitur, Strabonem communem fuisse fontem vidimus p. 255, qui omnino in bellis Gallicis enarrandis Caesarem fontem secutus est v. p. 216 sqq.

Tanusius autem quis fuit? Ac Sonnenburgius[1]) quidem luculentissime demonstravit Tanusii Gemini annales non eosdem esse atque 'annales Volusi' a Catullo irrisos, id quod vulgo credebatur. Tanusius autem hic nusquam praeterea commemoratur nisi apud Suetonium et in Senecae epistula quadam et — apud Strabonem. Tanusii enim nomen in fr. 72, 1 rectissime ex optimo codice Vaticano F restituit Niesius[2]) pro Gabinii, quae lectio deteriorum codicum nititur auctoritate et vel hanc ob causam est reicienda. Sed accedit, quod Gabinius historicus prorsus est ignotus[3]). Quid igitur? Nonne veri est simillimum etiam illud Tanusii testimonium, quod

---

1) 'Der Historiker Tanusius Geminus und die annales Volusi' in 'Historische Untersuchungen A. Schaefer gewidmet' (Bonn. 1882) p. 168 sqq.
2) In mus. Rhen. vol. XXXVIII p. 601.
3) Cum hoc Strabonis fragmento quoniam accuratissime conveniunt, quae Plutarchus Sertor. c. 9 § 5 exponit de Antaei ossibus a Sertorio effossis, necessario statuendum est haec quoque redire ad Tanusium. Sed ut illo vitae Caesaris loco non ipse Plutarchus Tanusium adiit, sic etiam hic e Strabonis hypomnematis Tanusii verba eum desumpsisse consentaneum est, id quod Niesius l. l. p. 601 sq. acute cognovit. Cum his artissime cohaerent, quae in §§ 6—7 adicit Plutarchus: Τιγγενῖται δὲ μυθολογοῦσιν Ἀνταίου τελευτήσαντος τὴν γυναῖκα Τίγγην Ἡρακλεῖ συνελθεῖν, Σόφακα δ' ἐξ αὐτῶν γενόμενον βασιλεῦσαι τῆς χώρας καὶ πόλιν ἐπώνυμον τῆς μητρὸς ἀποδεῖξαι, Σόφακος δὲ παῖδα γενέσθαι Διόδωρον — — Ἀλλὰ ταῦτα μὲν ἀνακείσθω τῇ Ἰόβα χάριτι τοῦ πάντων ἱστορικωτάτου βασιλέων· ἐκείνου γὰρ ἱστοροῦσι τοὺς προγόνους Διοδώρου καὶ Σόφακος ἀπογόνους εἶναι. Quae utrum Tanusio an Straboni an ipsi Plutarcho tribuenda sint, dubium videtur. Ac Niesius quidem magis eo inclinat, ut haec quoque Tanusii esse arbitretur, quamquam etiam Strabonem auctorem esse posse concedit. At Tanusium Iubae tempora vidisse non est, cur

Appiano commune est cum Plutarcho, a Strabone bis esse
subministratum, praesertim cum Tanusius a paucis tantum scriptoribus adhibitus esse videatur?

Haec omnia si nobiscum reputaverimus et si insuper consideraverimus tam accuratam diversorum fontium collationem
Strabonis maxime esse propriam, vix hercle poterit dubitari,
quin Strabo communis Appiani et Plutarchi fuerit fons.

Ad alium vero finem pervenit Thouretus in dissertatione
iam saepius laudata (in stud. Lips. vol. I p. 350 sqq.). Hic
enim v. d. C. Oppio fonte usos esse Appianum et Plutarchum
suspicatur. Sed si accuratius eius argumenta perpenderimus,
satis infirma ea esse intellegemus.

Ac maxime quidem nititur (p. 355 sq.) Plut. Caes. cap. 17,
ubi semel Oppius testis laudatur et deinde duae secuntur narratiunculae, quarum altera teste Suetonio ex Oppio hausta est,
altera eidem sine dubio tribuenda est auctori, quippe in qua
primas partes agat Oppius. Haec sane rectissima sunt. Neque
tamen inde licet concludere etiam in sequentibus capitibus ex
Oppio sua hausisse Plutarchum, immo plane contrarium. Nam
ex alio fonte vel ex aliis fontibus narrationi inserta esse capp.
16—17 manifestum est, in quibus militum erga Caesarem studium ac benevolentia et ipsius Caesaris virtus singulis exemplis undique collectis illustrantur. Iam cap. 18 verbis ἀλλὰ
γὰρ redit ad propositum et ad fontem primarium. Aptissime
autem cap. 18 se applicat ad cap. 15, ubi de Caesaris bellis
Gallicis in universum dixerat; nam hoc capite ad primum
bellum accuratius enarrandum accedit.

Quae praeterea Thouretus attulit indicia (p. 357 sq.) levioris

---

statuamus: Immo ex eius fragmentorum argumentis superioribus temporibus videtur assignandus. Contra in Strabonem haec eximie quadrant, qui
quanti Iubam aestimaverit, iam supra exposuimus p. 256 sq. Itaque quin
haec non minus quam antecedentia Straboni debeat Plutarchus, non dubito. — Etiam quae in cap. 8 Plutarchus de beatorum insulis exponit, ex
Graeco derivata sunt auctore et mire concinunt cum Strab. geogr. I 1, 4 sq.
p. 213 et III 2, 13 p. 223, qui affert ipsos illos Homeri versus (δ 563 sqq.),
quos prosa oratione Plutarchus in insulis illis describendis expressit. Qua
re haec quoque ad Strabonem mihi videntur referenda.

sunt momenti et per se nihil valent. De communi Appiani et Plutarchi fonte inde certe nihil colligendum est.

Porro non possum adduci, ut credam Oppium, Caesaris amicum familiarissimum, illud Tanusii testimonium Caesaris odio plenum in opus suum recepisse, quo nihil aliud agebat, nisi ut Caesaris gloriae ac famae serviret. Nam quod Thoureus opinatur Oppium hac re voluisse irridere Catonem et ironiam quandam in his verbis latere putat, hanc nusquam video ironiam. Immo Tanusii testimonium ipsius Caesaris relationi in aequo ponitur. Et si omnino Catonem perstringere volebat Oppius, quid erat, cur tam religiose Tanusium testem citaret?

Itaque refutata Thoureti sententia teneo meam, qua Strabonem pro communi fonte habeo. Atque Appianus quidem pro sua consuetudine in Caesaris bellis Gallicis describendis unum Strabonem secutus esse putandus est, Plutarchus, ubicumque cum Appiano consentit.

Qui consensus eo notabilior est, quod non solum in rebus ex Caesaris commentariis depromptis, sed etiam in rebus alioquin ignotis concinunt. Iam supra autem p. 217 sqq. demonstravi Strabonem in bellis Gallicis enarrandis praeter Caesarem etiam aliis scriptoribus usum esse, unde haec res optime explicatur. Iam breviter recensebo locos, ubi Plutarchus et Appianus consentientes conspiciuntur.

Non leguntur apud Caesarem, quae congruenter narrant Plut. c. 15 extr. et App. fr. 1, 2 Caesarem decem illis annis, per quos Galliam provinciam administravit, expugnasse plus quam DCCC urbes, gentes subegisse CCCC (apud Plutarchum legitur CCC), cum CCCC hostium μυριάσι (apud Plutarchum CCC) manum conseruisse, quarum C in acie occidisset, totidem cepisset. Quod in Plutarchi codicibus bis legitur τριακόσια, cum Appianus habeat τετρακόσια[1]), librariorum procul dubio

---

[1]) Etiam b. c. II 150 Appianus affirmat CCCC Gallorum gentes a Caesare esse perdomitas. Quo loco cum Strabonem adhibitum esse ab Appiano iam demonstratum sit, vide quam praeclare sententia nostra hac re confirmetur.

incuria factum est[1]). Omnino constat nihil saepius nihilque foedius a librariis corruptum esse quam numeros, qua re ne numerorum differentiis nimium tribuamus, cavendum est. Ceteroqui numerum ab Appiano traditum verum esse patet, quod idem alio loco exstat[2]).

Deinde conferas, quae de bello cum Helvetiis gesto narrant Plut. c. 18 et App. fr. 1, 3 et 15: etiam numerum eorum, qui arma ferre poterant, eundem tradunt (Plut. εἴκοσι μυριάδας μιᾶς δέουσαι, App. ἀμφὶ τὰς εἴκοσι μυριάδας). Cum Plutarchi narratione plane consentit Strabo in fr. 151, si numeros non respicis, de quibus quid iudicem, supra exposui p. 218.

Plut. c. 19 — App. fr. 16—17: Ariovistum a Caesare consule amicum populi Romani appellatum esse: cf. Caes. b. G. I 35.

Plut. c. 19 extr. — App. fr. 1, 3: ex Ariovisti exercitu LXXX milia hominum esse occisa. Cum autem in Caesaris commentariis Germanorum, qui in pugna perierunt, numerus omnino non traditus sit, ex alio fonte Strabonem eum petivisse apparet, id quod Plutarchi verbis comprobatur, qui addito vocabulo λέγουσι hanc memoriam aliunde esse derivatam significat.

Plut. c. 20 — App. fr. 1, 4: Appianus dicit, cum Belgae flumen transituri essent, tantam eorum caedem fecisse Caesarem, ὡς τὸν ποταμὸν γεγυρωθέντα τοῖς σώμασι περᾶσαι. Plutarchus rem auxit et amplificavit, cum ex uno flumine λίμνας καὶ ποταμοὺς βαθεῖς effinxisset. Sed vel sic communis error subest[3]); nam teste Caesare (b. G. II 10) non Romani hoc modo flumen transgressi sunt, sed Belgae per corpora suorum transire conabantur. Qui error utrum iam a Strabone sit admissus, an fortasse ambiguis Strabonis verbis uterque in eundem errorem adductus sit, diiudicari nequit.

Plut. c. 20 — App. fr. 1, 4: de pugna cum Nerviis commissa mire conspirant: cf. Caes. b. G. II 28.

---

1) Cf. Peter 'Die Quellen Plutarchs in d. Biogr. d. Rom.' p. 126.
2) Conferas supra p. 294 adn. 1.
3) Cf. Thouret l. l. p. 352.

Plut. c. 22 = App. fr. 1, 4 et 16: Usipetum et Tencterorum CCCC milia esse occisa, qui numerus non invenitur apud Caesarem; nam is universam tantum illarum gentium summam commemorat (b. G. IV 15).

Ili sunt loci, quibus Plutarchus cum Appiani fragmentis congruit, cuius liber si integer nobis esset servatus, certe multo plura possent afferri. Reliquam quoque Plutarchi belli Gallici narrationem (c. 18—27) maximam partem e Strabone haustam esse veri simillimum est. Etiam hic Plutarchus partim consentit cum Caesaris commentariis, partim ab eius memoria abhorret vel plura tradit, ut exposuit Thoureius l. l. p. 352—355. Verum certiora de his non possunt affirmari.

V
De Appiani Mithridaticis et de vitis Sullae, Luculli, Pompei Plutarcheis Mithridatica enarrantibus

Reliquum est, ut de Strabone Appiani et Plutarchi in bellis Mithridaticis enarrandis fonte dicam. Nam inter Plutarchi certe auctores hic quoque Strabonem esse numerandum inde intellegitur, quod et in Sullae et in Luculli vita ab eo laudatur (vide fr. 65ª et 88). Neque hoc potest quemquam fugere inter Appiani et Plutarchi bellorum Mithridaticorum narrationes singularem quandam intercedere necessitudinem.

Ipsa autem bella Mithridatica insigni cura atque diligentia a Strabone in historicis hypomnematis fuisse descripta vel inde apparet, quod nihil saepius in Strabonis geographicis commemoratur quam haec bella, ad quae pertinent fr. 41—67 et 78—140. Itaque eximium his potissimum rebus Strabo videtur tribuisse studium, id quod profecto non est mirandum, quoniam patria eius erat Amasia, Ponti urbs nobilissima, quae biennio ante, quam natus est Strabo, etiam in ipsius Mithridatis fuerat ditione. Haec est causa, quod morum institutorumque Ponticorum tam peritum se praestat et quod res Mithridaticas tam accurate exponit. Sed accedit aliud multo gravius:

nimirum gentis illius, ex qua orta erat Strabonis mater, fortuna artissime coniuncta erat cum ipsius Mithridatis variis casibus, ut ipse Strabo identidem narrat. Nam Dorylaus, ὅς ἦν πρόπαππος τῆς μητρὸς ἡμῶν, ut dicit Strabo fr. 43, 32, erat ἀνὴρ τακτικός et Mithridatis Euergetae amicus. Alter autem Dorylaus, tactici fratris filius, qui una cum Mithridate Eupatore erat educatus, cum tota eius gente summis a Mithridate honoribus affectus ipse quidem Comanorum factus est sacerdos, qui honor regii erat instar¹). Cum autem patefactum esset eum regnum sollicitare, ut ad Romanos deficeret, et ipse et propinqui eius honoribus delecti sunt (fr. 43). Similiter Strabonis avus (ὁ πάππος ἡμῶν ὁ πρὸς μητρός) regi iratus ad Romanos transiit et quindecim castella Lucullo prodidit (fr. 93). Postremo autem Moaphernes (ὁ θεῖος τῆς μητρὸς ἡμῶν) denuo Mithridatem habuit propitium adeo, ut ab eo Colchidi praeficeretur (fr. 93. 46ᵈ). Quae cum ita sint, iam puerum Strabonem multa de Mithridate ex matre audiisse et, cum postea opus historicum pararet, ad huius maxime regis fortunas describendas singulare studium attulisse consentaneum est.

Haec igitur Strabonis bellorum Mithridaticorum historia quatenus Appiani libro, qui inscribitur *Μιθριδάτειος*, et Plutarchi vitis supra commemoratis subsit, nunc accuratius expositurus sum. Atque iuvabit utique proficisci ab Appiano, quippe qui scriptores, quibus utitur, neglegenter quidem, sed constantius, ut iam saepius vidimus, transscripserit quam Plutarchus, qui semper fere e compluribus auctoribus propria usus arte narrationem solet contexere.

Ac statim in primis Appiani capitibus (1—9) tam manifesta Strabonianae originis exstant indicia, ut iam ante nos vir doctissimus Franclinus Arnold²) haec ipsa Appiani capita e Strabonis hypomnematis hausta esse docuerit. Quibus in capitibus Appianus Bithyniae (c. 1—7) et Cappadociae Pontique (c. 6—9) ante Mithridatis Eupatoris aetatem historiam

1) Cf. fr. 134, 8 sq.
2) 'Untersuchungen ueber Theophanes v. Mytilene u. Posidonius v. Apamea' in Fleckeisenii annal. vol. suppl. XIII p. 146 sq.

breviter enarrat. Similem autem προπαρασκευήν Strabonem
quoque bellorum Mithridaticorum descriptioni praemisisse colligitur e fr. 41—42. Ipsa vero haec fragmenta et ea, quae de
eisdem rebus habet Appianus, praeclare et paene mirandum
in modum concinunt.

Sic quod Appianus c. 9 narrat Mithridatis, qui postea
Κτίστης cognominabatur, fugam regnique Pontici occupationem
somnio indicatam esse Antigono, hoc idem legitur in Strabonis fr. 41. Quod somnium eisdem fere verbis quibus Appianus
exponit Plutarchus in vita Demetrii c. 4. Qui cum in priore
huius vitae parte usus sit imprimis Hieronymi Cardiani historiis[1]) et cum in Hieronymi fr. 3 Mithridatis fugae fiat mentio,
vix poterit dubitari, quin etiam illam de Antigoni somnio
narratiunculam Hieronymo debeat Plutarchus. Neque alio auctore Strabo hic videtur esse usus, cui quam notus fuerit Hieronymus apparet ex geographicis, ubi ter eum laudat[2]). Quid?
quod Appianus c. 8 eundem hunc Hieronymum praeter morem
suum testem profert? Neque solam Hieronymi affert memoriam, verum etiam aliam plane contrariam. Iam vero identidem monuimus neminem in diversis memoriis congerendis
diligentiorem fuisse quam Strabonem. Adde quod ipsa res,
de qua hic agitur apud Appianum, ad Alexandri Magni spectat
res gestas, quas in peculiari opere copiosissime exposuerat
Strabo. Dicit enim Appianus Alexandrum sibi videri (μοὶ
δοκεῖ) Cappadociae civitates stipendiarias fecisse, cum contra
Dareum proficisceretur, et Amisum, Ponti urbem Atticae originis, libertate donasse: Hieronymi autem sententia Alexandrum ne attigisse quidem illas gentes, sed Ciliciae et Pamphyliae oram secutum contra Dareum profectum esse.

Porro Appianus c. 9 mirum quantum consentit cum Strabonis fr. 42. Uterque enim narrat Mithridatem illum Κτίστην,
postquam Antigonum effugisset, castellum quoddam occupasse,

---

1) Cf. Brueckner 'De usu qui Hieronymi historiarum fuerit apud
posterioris aevi scriptores' in Zeitschrift f. Altertumswissensch. 1842
p. 282 sqq.

2) Vide Hieron. fr. 5, 11. 12 apud Muellerum FHG vol. II p. 453 sqq.

unde totam Cappadociam et Pontum expugnasset: a quo ortos reliquos Mithridates continua serie regnasse usque ad Eupatorem.

Accedunt alia eiusdem fontis in his Appiani capitibus indicia. Etenim quae in capp. 2—7 de Prusiae, Bithyniae regis, rebus gestis narrat, magnam partem fere ad verbum consentiunt cum Polybio[1]). Ut vero Hieronymum non ipse inspexit Appianus, ita haud dubie ne Polybio quidem ipso usus est, praesertim cum in c. 7 extr. etiam de Nicomede II et de Nicomede III Philopatore ageret, de quibus nihil poterat invenire apud Polybium. Quoniam igitur nihilo minus vel in minimis convenit cum Polybio, hausisse statuendus est o scriptore Graeco, qui Polybii historias continuavit. Itaque hinc quoque ad Strabonem fontem ducimur.

Quid? Nonne statim primum Appiani caput Strabonis redolet doctrinam? Etenim de Bithyniae nominis origine tres diversae scriptorum sententiae sollemnibus illis formulis[2]) proferuntur, qua in re Appianus plane ex more Straboniano ab Homeri carminibus orditur: docet nimirum Thraces, qui cum Rheso Troiam venissent, rege per Diomedem interfecto, ut narratum esset apud Homerum, ad Ponti ostium fugisse et occupata Bebrycia hanc terram appellasse Bithyniam. Adde quod ipse Strabo in geographicis (XII 3, 3 p. 541) similiter exponit Bebryces, qui antiquitus illam regionem tenuissent, eiectos esse a Bithynis Thracibus, qui suum nomen terrae indidissent.

Quodsi Appiani libri Mithridatici prooemium certissime e Strabone fluxit, iam per se veri est simillimum etiam ipsam bellorum descriptionem ex eodem auctore ab Appiano esse petitam; potius mirum esset, si res aliter se haberet. Atque

---

1) App. 2 = Pol. XXX 19 (Hultsch); App. 3 = Pol. XXXII 27. XXXIII 9. 12—13; App. 6 = Pol. XXXVII 6: cf. Iordan 'De fontibus Appiani in bellis Mithridaticis enarrandis' (diss. Gotting. 1872) p. 24 sqq., qui locos exscripsit.

2) Θρᾷκας Ἕλληνες ἡγοῦνται — — οἱ μὲν — — οἱ δὲ κτλ. Ὧδε μὲν ἔνιοι νομίζουσιν· ἕτεροι δὲ κτλ.

Graecum certe fontem per totum librum Appiani subesse narrationi iam Arnoldus l. l. p. 80 sq. 116 recte demonstravit e Graecis quibusdam artis vocabulis, quae ex Latino scriptore non possunt esse recepta. Exempla autem ab illo v. d. ex Appiano allata facili negotio possunt augeri. Idem inde quoque necessario sequitur, quod Appianus saepius in ipsis adeo vocabulis cum Plutarcho consentit, quae res non aliter licet explicari nisi ita, ut ex communi utrumque fonte et illo quidem Graeco hausisse statuamus. Sed comparatis inter se et Appiani narratione et Strabonis fragmentis, quae pertinent ad bella Mithridatica, tam mirus inter eos deprehenditur consensus, ut dubitari non possit, quin ipsa Strabonis hypomnemata unicus Appiani fuerit fons.

Atque unum maxime ex magna locorum copia eligam consensum, qui mihi videtur esse inter gravissimos. Appianus c. 67 et 102 Achaeos Ponticos dicit esse ortos ab Achaeis, qui Troia deleta in patriam redituri tempestatibus ad illam oram delati essent. Prorsus eadem traduntur in Strabonis fr. 78, ubi postquam de Orchomeno, Boeotiae urbe, exposuit, sic pergit: ἱστοροῦσι δὲ τοὺς ἐν τῷ Πόντῳ καλουμένους Ἀχαιοὺς ἀποίκους Ὀρχομενίων εἶναι τῶν μετὰ Ἰαλμένου πλανηθέντων ἐκεῖσε μετὰ τὴν τῆς Τροίας ἅλωσιν. Καὶ περὶ Κάρυστον δ᾽ ἦν τις Ὀρχομενός. Εὖ γὰρ τὴν τοιαύτην ὕλην ὑποβεβλήκασιν ἡμῖν οἱ τὰ περὶ τῶν νεῶν συγγράψαντες κτλ. Quibus verbis Apollodori in Homeri navium catalogum a Strabone significari commentarium demonstravit Benedictus Niese[1]). Nec solum quae de duabus Orchomenis affert, sed etiam quae de Achaeorum origine dicit, huic Apollodoro debet Strabo, ut idem Niesius l. l. recte docuit. Apollodori autem libro illo praeter Strabonem etiam alios, qui quidem ut Appiani fontes in censum possunt venire, usos esse rerum scriptores vix credibile est. Itaque hic Strabonem adhibitum esse ab Appiano necessario est statuendum [2]).

---

1) In mus. Rhen. vol. XXXII p. 274.
2) Strabo fr. 103 b alium fontem secutus Achaeos Ponticos dicit originem ducere a Phthiotis Achaeis, qui cum Iasone illuc venerint. In

Reliquos locos, ubi Appianus et Strabo inter se consentientes inveniuntur, quam brevissime hic recenseam ceterum relegans ad Strabonis fragmenta a me collecta, ubi et Strabonis et Appiani locos invenis exscriptos. De eis tantummodo rebus accuratius disseram, quaecumque aliqua de causa memoratu sunt dignae.

Ac primum quidem agitur de bello Mithridatico primo.

App. c. 18 et 20 = Strab. fr. 48: de pugna ad Amniam flumen commissa. Uterque diserte dicit non ipsum Mithridatem huic pugnae interfuisse, sed per duces eius Nicomedem esse devictum, ut cum paucis tantum ex hostium manibus evaderet. Quo facto Mithridatem uno impetu et Bithyniam et totam Asiam usque ad Lyciam occupasse.

App. c. 23 extr. — fr. 55: de thesauris, quos Cleopatra in Coo insula deposuerat, a Mithridate asportatis, cuius rei apud nullum alium auctorem exstat mentio [1]). Ab Appiano autem illi Cleopatrae thesauri commemorantur praeterea in c. 115 et 117.

App. c. 28 — fr. 56: de Delo insula per Mithridatis duces devastata. Hoc loco Appiani verba egregie explicantur et illustrantur ipso Strabonis fragmento. Nam quod Appianus narrat Archelaum, Mithridatis legatum, vi et armis subegisse Delum insulam ἀφισταμένην ἀπὸ Ἀθηναίων, hoc aliunde non notum est. Ac Niesius [2]) quidem Appiani verba studet explicare e Posidonii fr. 41, ubi haec fere narrantur: Athenionem [3]), qui belli Mithridatici initio Athenis tyrannidem occupaverat, multis civibus interfectis, quorum fortunas diripuisset, etiam thesauros Deliacos appetivisse. Quos ut Athenas transportaret,

historico igitur opere duas de hac re videtur protulisse memorias, quarum alteram tantum servavit Appianus.

1) Nam Iosephus A. I. XIII 13, 1 ad Strabonem redit: vide supra p. 239 sq.

2) In mus. Rhen. vol. XLII p. 576 sq.

3) Hunc non, ut vulgo credebatur, eundem esse atque Aristionem, qui a Strabone et Appiano commemoratur, rectissime exposuit Niesius l. l. p. 574 sqq.

missum esse Apellicontem, quem tamen ab Orbio, Romanorum
legato, qui noctu navibus ad Insulam accessisset, oppressum
copiis deletis vix ipsum se servasse. At haec non poterat dici
Deliorum defectio! Iam vero comparato Strabonis loco statim
Appiani verbis nova lux affulgebit. Apud hunc enim l. l. legun-
tur haec: ἐπελθόντες δ᾽ οἱ τοῦ Μιθριδάτου στρατηγοὶ καὶ ὁ
ἀποστήσας τύραννος αὐτήν (sc. τὴν Δῆλον) διελυμήναντο
πάντα. Ad vocabulum ἀποστήσας autem ex eis, quae antece-
dunt, nihil aliud licet supplere nisi ἀπὸ τῶν Ἀθηναίων. Ita-
que necessario statuendum est, ut Athenis Athenionem et Ari-
stionem, Trallibus Cratippi filios (Strab. fr. 52), ita etiam Deli
post illam Apellicontis expeditionem inter turbas bello Mithri-
datico concitatas tyrannum quendam exstitisse, qui insulam ab
Atheniensibus abalienasset. Hic, ut Athenio et ut omnino erat
tyrannorum, viris strenuis de medio sublatis et civium divi-
tum bonis direptis putandus est διαλυμήνασθαι πάντα, ut ait
Strabo. Nec minus postea insulam afflixerunt Mithridatis legati,
qui tyranno illo exstincto eam vastam ac desertam Athenien-
sibus reddiderunt.

App. c. 30 — fr. 57[b]: Uterque auctor narrat longos mu-
ros, quibus urbs cum Piraeo erat coniuncta, deiectos esse
a Sulla. Qui consensus eo est notabilior, quod res non ita
est, ut dicunt. Nam muri illi iam anno 200 a. Chr. n. erant
semiruti [1]). Itaque hi Sullae non erant diruendi, sed eorum
ruinis ac lapidibus dispersis usus est ad aggerem exstruendum.
Nonnulli etiam praeterea in hoc Appiani capite deprehendun-
tur errores. Etenim Piraei murorum altitudinem dicit fuisse
quadraginta fere cubitorum et ipsos hos muros a Pericle esse
aedificatos. Apparet igitur fontem minus bonum his in rebus
enarrandis adhibitum esse a Strabone [2]).

---

1) Liv. XXXI 26: cf. Arnold l. l. p. 137.
2) Ceterum quam ignari vel potius quam neglegentes fuerint harum
rerum vel ipsi Athenienses intellegitur ex Andocid. III 4 et Aeschin. II
172, qui et Piraei muros et τὸ μακρὸν τεῖχος τὸ βόρειον exstructos esse
docent per indutias quinque annorum factas a Cimone a. 450/491

App. c. 33 — fr. 58: Lucullum a Sulla Athenas obsidente missum esse in Aegyptum et Cyrenen.

App. c. 39 — fr. 57ᵃ: accuratissime congruunt Sullam Aristionem tyrannum supplicio affecisse, ceteris autem Atheniensibus veniam dedisse narrantes.

App. c. 45 — fr. 59: de pugna ad Chaeroneam commissa. Uterque diserte monet ex infinita militum Ponticorum multitudine vix paucos navibus Chalcidem effugisse.

App. c. 51—53 — fr. 62: Flaccum in Bithynia occisum esse a Fimbria, et quomodo Ilium oppidum a Fimbria sit captum.

App. c. 59 sq. — fr. 62: Fimbria a Sulla interimitur.

App. c. 61 — fr. 62. 63: Ilium et Magnesia ad Sipylum sita libertate a Sulla donantur.

Iam videamus, quibus in rebus Appianus et Strabo consentiant in enarrando bello a Lucullo cum Mithridate gesto.

Ac de Appiani c. 67, ubi de Achaeorum Ponticorum origine disserit secutus Strabonem, iam supra diximus p. 294. In eodem capite[1]) plane congruenter cum Strabonis fr. 69ᵇ tradit Mazacenos Cappadoces a Tigrane, cum Cappadociam incursionibus depopularetur, e suis sedibus abductos esse in Mesopotamiam et ex his maxime ab eo conditam esse Tigranocerta urbem. Atque hic quoque notatu est dignum, quod praeter Strabonem et Appianum nullus alius auctor hanc rem memoriae prodidit.

App. c. 69 — fr. 79: de campis Themiscyriis ad Thermodontem fluvium sitis, Amazonum olim sede.

App. c. 72—76 — fr. 60: Cyzici urbis obsidio simillime ab utroque narratur, quamquam apparet Appianum Strabonis narrationem accuratissimam valde contraxisse multaque plane omisisse. Atque ad hoc maxime animum advertas, quod uterque dicit Mithridatem terra marique Cyzicum oppugnasse et postea etiam Dindymum occupasse montem urbi imminentem,

---

1) Conferas etiam App. c. 115.

quа in re conspicitur Strabonis locorum peritia. Etiam cuniculi a Mithridate contra urbem et a Cyzicenis contra Mithridatis aggerem acti et ab Appiano [1]) et a Strabone [2]) commemorantur, nec minus fames, qua maxima exercitus Pontici pars periit et qua ipse ab urbe depulsus est.

App. c. 76 — fr. 135: de Eupatoria a Mithridate condita atque cognominata.

App. c. 83 — fr. 84: de Sinopa a Lucullo expugnata Appianus mirum quantum cum Strabone congruit. Atque ipsam quidem urbis obsidionem paucissimis verbis Appianus decidit: eo diligentius autem fabulas a Strabone prolatas exponit. Apud utrumque magni momenti est Autolyci statua, quam Lucullus visu nocturno commotus secum aufert. Hunc Autolycum inter Herculis [3]) contra Amazones proficiscentis fuisse comites et tempestate in illam oram deiectum Sinopam urbem condidisse. Qua re divinos ei apud incolas haberi honores eiusque in urbe esse oraculum. Qui consensus profecto tam egregius est, ut nihil veri similius sit quam ipsum Strabonem ab Appiano esse adhibitum.

App. c. 78 et 83 — fr. 83: de Amiso urbe a Lucullo obsessa. Uterque hoc loco monet Amisum Atheniensium fuisse coloniam, quam rem apud Theopompum invenit Strabo, ut ipse testatur. Adde quod hic, ut in c. 8, Appianus narrat Amisum, quae urbs in regum Persarum venerat potestatem, ab Alexandro Magno libertate esse donatam.

Tertio loco dicendum est de bello piratico et de bello Mithridatico a Pompeio gesto.

---

1) Cf. c. 75 et 70.
2) Cf. fr. 50, 10 sq.
3) Sic Appianus et Plutarchus unum eundemque auctorem, i. e. Strabonem, secuti perhibent. Quodsi Strabo in geographicis non Herculis, sed Iasonis comitem dicit Autolycum, aut per errorem lapsus est aut alteram hic attulit relationem (sicut de Achaeis Ponticis diversis locis diversa tradidit: vide fr. 103 b et c et supra p. 294 adn. 2) aut diversas fabulas confudit: nam Autolycus ille postea a Sinopa urbe cum Iasone dicitur in Graeciam rediisse: cf. Apoll. Rhod. II 955 sqq. cum scholio.

App. c. 96 et 115 = fr. 97: de piratarum reliquiis a Pompeio partim Soli*, quae ab eo appellata est Pompeiopolis, partim Dymae aliisque in oppidis collocatis.

App. c. 101 = fr. 106: Appianus hoc loco tres de Iberum ad Caucasum habitantium nomine profert sententias, quarum duae etiam apud Strabonem inveniuntur: nam colonos eos esse Iberum occidentalium dicit fr. 106^b; sed in fr. 106^a extr. eos suspicatur ὁμωνύμως τοῖς ἑσπερίοις καλεῖσθαι ἀπὸ τῶν ἑκατέρωθι χρυσείων.

App. c. 102 = fr. 103: de Mithridatis per Heniochorum et Achaeorum fines fuga; quod de Achaeorum origine eadem tradunt, de hac re iam supra p. 294 monuimus. Sed hoc quoque notandum, quod uterque Dioscuros cum Argonautis has regiones adiisse narrat.

App. c. 103 = fr. 106^a: hoc loco Appianus fere ad verbum transscripsit, quae Strabo dixit de Caucasi fluminibus aurum deferentibus, unde ortam esse pellis aureae fabulam.

App. c. 103 = fr. 106: Cyrus flumen ab utroque eodem modo describitur, quem amnem multis exceptis fluviis duodecim ostiis in mare Caspium exire [1]). At una in re a Strabone vehementer videtur discrepare Appianus, nimirum quod Araxem in ipsum Cyrum tradit influere, cum Strabo eum dicat haud procul a Cyro in mare Caspium erumpere. Quae discrepantia quomodo sit explicanda, elucebit comparato Plutarcho. Qui auctor in vita Pompei c. 33 ut Strabo in mare Caspium Araxem facit influentem. In c. 34 autem primum quidem narrat ut Appianus Araxem in Cyrum infundi, sed statim addit haec: οἱ δὲ οὔ φασι τούτῳ συμφέρεσθαι τὸν Ἀράξην, ἀλλὰ καθ' ἑαυτόν, ἐγγὺς δὲ ποιεῖσθαι τὴν ἐκβολὴν εἰς ταὐτὸ πέλαγος. Iam vero Plutarchus his locis adeo consentit et cum

---

1) Quanta Appianus in excerpendo usus sit neglegentia, hic locus egregie si quis alius demonstrat: nam e Strabonis ostiis caecis et limosis illa effecit δώδεκα στόματα πλωτά, quod Strabo de fluviis in Cyrum influentibus praedicaverat, eo male translato ad duodecim ostia: cf. Ioann. Neumann in Fleckeisenii annal. vol. suppl. XIII p. 346 adn. 240; Guil. Fabricius 'Theophanes v. Mytil. u. Q. Dellius etc.' p. 138.

Appiano et cum Strabone, ut e Strabone eum hausisse necessario sit statuendum. Itaque veri simillimum est ipsum Strabonem in amplo opere historico duas de Araxe attulisse memorias, quarum alteram solam in geographica recepit, fortasse eam, quae ei videbatur verior. Sic omnia facillime explicantur. — Aliter de hac re indicavit Neumannus l. l. et, qui eum sequitur, Fabricius. Neumannus Theophanem et Strabonis et Appiani et Plutarchi communem esse fontem arbitratus sic fere ratiocinatur. Theophanem, quippe qui ipse illas regiones adiisset et Cyrum haud longe ab eius ostio cum Pompeio transgressus esse videretur, non, ut Plutarchum, rem in dubio relinquere potuisse, sed quae ipse oculis suis vidisset, ea haud dubie memoriae tradidisse. Quoniam vero Plutarchus loco priore id unum doceat Araxem in mare Caspium effundi, valde probabile esse Theophanem huius sententiae esse auctorem. Plutarchum autem et Appianum hic suo utrumque Marte ex auctoribus recentioribus fontem suum correxisse[1]). — Quam sententiam plane a vero abhorrere facile est ad demonstrandum. Nihil enim minus videtur credibile quam duos scriptores eodem narrationis loco sua sponte a fontis, quem ceteroquin usque quaque secuntur, recessisse memoria, praesertim cum constet, quam ignarus rerum maxime geographicarum fuerit Appianus. — Itaque teneo meam sententiam. Neque quidquam impedit, quominus iam Theophanem statuamus tradidisse in Cyrum influere Araxem; Strabo autem ex fonte vetustiore, ut solet, alteram in hypomnematis historicis addidit de Araxis cursu memoriam et hanc etiam potiorem, ut videtur, habuit quam Theophanis. Neque plus valuisse apud Strabonem Theophanis auctoritatem quam aliorum auctorum apparet ex geogr. XI 5, 1 p. 503/4 = fr. 111.

App. c. 104 = fr. 105: Tigranem a Pompeio sex milibus

---

1) Constat enim Araxem olim re vera in mare Caspium se effundisse, postea cursu mutato in Cyrum flumen influxisse, in quod usque ad hunc diem defertur. Ac Theophanis quidem aetate in mare exiisse Araxem statuit Neumannus, mutatum esse alveum certe ante Plinii tempora (cf. N. H. VI 26).

talentum multatum statim magnas militibus largitum esse pecunias. Quid cuique donaverit, hoc mire inter utrumque auctorem convenit.

App. c. 105 = fr. 101: de Nicopoli urbe in Armenia minore a Pompeio condita.

App. c. 105 = fr. 129: Cappadocum regi Castabala aliaque Ciliciae oppida a Pompeio esse data.

App. c. 112 Mithridatem narrat LXVIII vel LXIX annos vixisse, regnasse annos LVII. Pervenit igitur ad regnum undecim annos natus, id quod egregie convenit cum Strabonis fr. 43, 18, cum omnes ceteri scriptores dissentiant [1]). Totum autem hoc Appiani caput omnino originem Strabonianam aperte prodit. Enarrato enim Mithridatis vitae exitu hic eius res gestas quasi uno in conspectu ponit moresque eius describit similiter atque in bell. civ. libr. II et IV fine Caesaris et Bruti Cassiique vitarum imagines expressit, ubi Strabone cum usum esse supra demonstravimus p. 260 sq. et 273 sq.

Porro mirandum est, quam accurate Appianus in capp. 114 sq. exponat, quo modo Pompeius Asiam constituerit, quibus regibus singula regna dederit, quas urbes ipse condiderit. Quid? Nonne his agnoscitur Strabo, cui ut ex Ponte oriundo hae res maxime erant cordi? Atque quantam ille his potissimum rebus navaverit operam, vel ex geographicis apparet, ubi multus est in eis, quae Pompeius in Asia novavit, enarrandis. Sic inter Appianum et Strabonem conveniunt haec:

App. c. 105 = fr. 129: Ariobarzani Castabala aliaque Ciliciae oppida donantur.

App. c. 114 = fr. 125: Antiocho Commageno Seleucia Mesopotamiae a Pompeio datur.

App. c. 114 = fr. 131: de Galatia inter tetrarchas a Pompeio distributa, quorum unus erat Deiotarus.

App. c. 114 = fr. 134: Archelaum Pompeius praeficit Comanorum sacerdotio, quae dignitas post regiam erat summa.

---

1) Memno c. 30 τὴν ἀρχὴν τρισκαιδεκαετὴς παραλαβών; Livius apud Eutr. VI 12 et Oros. VI 5, 7 dicit eum vixisse annos LXXII, regnasse LX.

App. c. 115 — fr. 101: Nicopolis in Armenia minore a Pompeio conditur.

App. c. 115 — fr. 135: Eupatoria a Mithridate condita amplificatur a Pompeio et appellatur Magnopolis¹).

App. c. 115 — fr. 89ᵇ: Mazaca oppidum bello devastatum restituitur.

App. c. 115 — fr. 97: Soli, Ciliciae urbs, a Pompeio appellatur Pompeiopolis.

In duobus ultimis capitibus (120 sq.) Appianus quasi appendicis loco rerum Ponticarum per sequentia tempora historiam breviter exponit. Neque quidquam fere hac in parte legitur apud Appianum, quod non apud Strabonem quoque eodem modo inveniatur narratum. Haec enim velim inter se conferas:

App. c. 120 — fr. 171: de Amiso urbe a Pharnace expugnata.

App. c. 120 — fr. 175ᵃ: Pharnaces rex ab Asandro interficitur.

App. c. 121 — fr. 175ᵃ: Mithridates Pergamenus a Caesare rex Borpori constituitur.

App. c. 121 — fr. 169: de Mithridate Pergameno Caesaris in bello Alexandrino socio.

App. c. 121 — fr. 116: Pontus Romanorum est provincia coniuncta cum Bithynia.

App. c. 121 — fr. 174: Lycomedes Comanorum fit sacerdos.

App. c. 121 — fr. 3S: Cyrene Ptolemaei Apionis testamento populo Romano obvenit.

Quodsi, quae hucusque disputavimus breviter complectimur, hoc iam constat Appiani prooemium certe fluxisse e

---

1) Una in re videntur paulum inter se differre: nam Strabo dicit urbem a Mithridato conditam fuisse semiperfectam (ἡμιτελῆ), Appianus ab ipso Mithridato, cum Romanos recepisset, eam esse deletam. Fortasse utrumque verum est: urbs nondum perfecta erat, cum a Romanis caperetur (cf. App. c. 78); Mithridates autem regno recuperato eam non modo non perfecit, sed etiam incolis iratus partem eius destruit. Strabo in geographicis res historicas saepe parum accurate narrat.

Strabonis hypomnematis, per totum autem libellum praeclarum
atque saepe etiam singularem inter utrumque auctorem esse
consensum. Si praeterea recordamur, quomodo alioquin Appianus fontibus uti consuerit, iam pro certo licet affirmare
Strabonis hypomnemata unicum Appiani in bellis Mithridaticis
enarrandis fuisse fontem. Quae sententia multis rebus egregie
confirmatur.

Iam saepius monuimus Strabonem, utpote qui peculiare
opus de Alexandri Magni rebus gestis summa diligentia condidisset, etiam in historicis hypomnematis, ut est consentaneum, haud raro oblata occasione earum rerum iniecisse mentionem. Quod hic quoque, ubi Strabone usus est Appianus,
videmus factum in c. 8 et c. 63, in quibus sermo est de Amiso
urbe ab Alexandro in libertatem restituta, ut iam supra memoravimus. Huc accedunt duo loci, quibus insignis rerum ad
Alexandrum pertinentium apparet notitia. Nam in c. 20 narratur Mithridatem, cum Phrygiam invaderet, devertisse ἐς τὸ
τοῦ Ἀλεξάνδρου πανδοκεῖον αἰσιούμενον ἄρα, ἵνθαπερ Ἀλέξανδρος ἀνεπαύσατο, καὶ Μιθριδάτην σταθμεῦσαι. Alter locus
est in c. 69, ubi haec dicit Appianus: Mithridatem, dum Romanos fugientes persequeretur, a centurione graviter vulneratum a suis ex acie esse ablatum; qua re sollicitus cum exercitus Ponticus trepidaret, Timotheum medicum, ut animis
sollicitudinem eximeret, cohibito sanguine sublimem eis regem
ostendisse, οἷόν τι καὶ Μακεδόσιν ἐν Ἰνδοῖς ὑπὲρ Ἀλεξάνδρου δεδιόσιν ὁ Ἀλέξανδρος αὐτὸν ἐπὶ νεὼς θεραπευόμενον
ἐπέδειξεν [1]).

Porro Strabonem in hypomnematis historicis, cum res imprimis memorabiles ei erant exponendae, interdum addidisse,
quanam olympiade ea, quae modo narravit, essent facta, vidimus
supra p. 242; cf. fr. 124, 27. Idem mos in Appiani Mithridaticis conspicuus est. Nam in c. 17 extr. totius belli initium cum
gravitate quadam indicatur his verbis: τοσαύτη μὲν ἦν ἑκατέροις ἡ παρασκευή, ὅτε πρῶτον ᾖεσαν ἐς ἀλλήλους Ῥωμαῖοι

---

1) De qua re cf. Arrian. anab. VI 13. Plut. Alex. 63.

τε καὶ Μιθριδάτης ἀμφὶ τὰς ἑκατὸν καὶ ἑβδομήκοντα τρεῖς ὀλυμπιάδας. Et in c. 53 extr., ut Strabo apud Iosephum A. I. XIV 16, 4 de Hierosolymis iterum captis, ita Appianus Illi per Fimbriam excidio enarrato dicit haec: τάδε μὲν δὴ Φιμβρίας ἐς Ἴλιον εἰργάζετο ληγούσης ἄρτι τῆς τρίτης ἑβδομηκοστῆς καὶ ἑκατοστῆς ὀλυμπιάδος. Καί τινες ἡγοῦνται τὸ πάθος αὐτῇ τόδε μετὰ Ἀγαμέμνονα χιλίοις καὶ πεντήκοντα [1]) ἔτεσι γενέσθαι μάλιστα.

Manifesto etiam Strabo fons agnoscitur eo c. 76 extremi loco, ubi Appianus narrat Cyzicenos a Lucullo obsidione liberatos gratos ei se praestitisse ἀγῶνά τε αὐτῷ θέμενοι μέχρι νῦν τελοῦσι τὰ Λευκόλλεια καλούμενα. Mira ac paene inaudita hercle haec in Appiano diligentia! Haud dubie igitur e viris rerum Asiaticarum peritis percontatus est, num ludi illi sollemnes etiamtum celebrarentur. Credat Iudaeus Apella! Nam ut taceam hoc plane ab Appiani consuetudine abhorrere, omnino non credibile est ludos illos usque ad Appiani tempora permansisse. Libertatem enim, quam fortitudine sua in bello Mithridatico Lucullo auctore acceperant et quae iam ab Augusto eis per quinquennium erat adempta [2]), plane amiserunt Cyziceni per Tiberium a. 24 p. Chr. n.[3]). Atque una cum libertate etiam ludos illos interiisse consentaneum est. Itaque verba illa μέχρι νῦν τελοῦσι ab Appiano e fonte suo descripta sunt. Atque hic auctor statuendus est scripsisse aliquanto post bella Mithridatica et res Asiaticas bene habuisse cognitas. Quid? Nonne haec optime cadunt in Strabonem? Quid? Si ex ipso Strabone locum afferam plane gemellum? Nam perlegas velim, quae narrat Strabo XI 8, 4 p. 512: ἀπέδειξάν τε (sc. οἱ Πέρσαι) πανήγυριν κατ' ἔτος ἱερὰν τὰ Σάκαια, ἣν μέχρι νῦν ἐπιτελοῦσιν οἱ τὰ Ζῆλα ἔχοντες, unde apparet cum talibus rebus intentum habuisse animum.

---

1) Numerus hic utrum recte se habeat an vitium traxerit, diiudicari nequit: cf. Iordan l. l. p. 50 adn. 3.
2) Cf. Cass. Dio LIV 7. 23.
3) Cf. Cass. Dio LVII 24. Suet. Tib. 37. Tac. ann. IV 36.

Haec insignis rerum Asiaticarum notitia per totum Appiani librum enitet. Quae ad quem potius referenda est auctorem quam ad Strabonem, qui ipse ex Ponto oriundus et loca et mores et instituta illorum populorum pariter cognita habebat? Sic in c. 19 singula loca accuratissime commemorantur: Mithridates Scorobam montem ascendit, ὃ τέλος ἐστὶ Βιθυνῶν καὶ τῆς Ποντικῆς ἀρχῆς; Manius a Mithridatis legatis vincitur ἀμφὶ τὸ πρῶτον Πάχιον χωρίον; Cassius et Nicomedes castra movent ἐς Λεόντων κεφαλήν, ὃ τῆς Φρυγίας ἐστὶν ὀχυρώτατον χωρίον. In c. 20 sq. rerum Rhodiarum se praebet gnarissimum: nam mentionem facit montis cuiusdam, in quo fuerit Iovis Atabyrii templum, de qua re conferas Strabonem XIV 2, 12 p. 655, praeterea Isidis in Rhodo urbe templi et Latonae Patarensis lucus. In c. 61—63 urbium Asiaticarum miseriae, in quas bello Mithridatico inciderant, magna cura et non sine dolore quodam enarrantur. In c. 61 extr. Comana oppidum breviter describitur: cf. Strab. fr. 131ᵃ. Gravissimi momenti est etiam locus in c. 66, ubi accuratissime Appianus exponit de sacris sollemnibus a Mithridate in Cappadocia Iovi Στρατίῳ factis, quorum ritus confert cum regum Persarum sacrificiis, quae Pasargadis fiant[1]). Quae vero hic profert Appianus multis in rebus egregie consentiunt cum eis, quae Strabo de Persarum sacris narrat XV 3, 13 sq. p. 732/3. In § 15 autem Strabo diserte dicit etiam in Cappadocia esse πολλὰ τῶν Περσικῶν θεῶν ἱερά, quae ipse suis oculis viderit. In c. 70 ineunte eiusdem Iovis sacrum commemoratur et praeterea Neptuni, cui Mithridates quadrigas equorum alborum in mare demittit. Porro in c. 77 narratur Lemni etiamtum superfuisse Philoctetae calamitatis monumenta, aram huius herois et serpentem aëneum et arcum thoracemque fasciis revinctum. In c. 84 Tigranocerta urbs a Tigrane condita satis accurate describitur. Denique quae Appianus c. 107 init. et c. 108 init. dicit de Panticapaeo et Phanagoria emporiis, congruunt cum Strabone XI 2, 10 p. 495.

---

1) Οἷόν τι καὶ ἐν Πασαργάδαις ἐστὶ τοῖς Περσῶν βασιλεῦσι θυσίας γένος.

Etiam fabulas et αἴτια plane ut Strabo saepenumero profert Appianus, velut In c. 75, ubi eam rem, quod Cyziceni Proserpinam imprimis colunt, inde explicat, quod Cyzicus urbs in dotem huic deae data sit a Iove. In c. 78 Themiscyram urbem ad Thermodontem sitam illud nomen accepisse docet ab una ex Amazonibus. In c. 101 Dioscuriadem oppidum ex Colchorum sententia conditum esse dicit a Dioscuris, Argonautarum comitibus, et Bosporum nomen traxisse ab Ione, quae a Iunone in bovem mutata fretum illud transnasset. In c. 102, ubi de Achaeis Ponticis cum Strabone consentit, alias praeterea res fabulosas de eis narrat explicare studens, cur illi Graecos illuc delatos immolare soleant.

Strabo, ut supra exposui p. 291, certis de causis singularem curam et studium haud mediocre in ipsum Mithridatem regem contulit. Itaque mirum non est, quod etiam apud Appianum, qui totus pendet e Strabone, insigne Mithridatis studium deprehenditur. Nam Mithridatis potissimum res accuratissime exponuntur, multo accuratius quam Romanorum, et multa de ipso Mithridate narrantur, quae apud nullum alium auctorem leguntur.

Statim hoc notandum est, quod apud Appianum magna diligentia Mithridatis duces semper nominatim appellantur [1], apud reliquos scriptores vix commemorantur. Praeterea nonnullas res afferam imprimis memorabiles. In c. 21 narrat Mithridatem Stratonicea oppido expugnato Monimam, Philopoemenis filiam, inter uxores recepisse. In c. 46—48 fuse exponitur, quomodo Mithridates Galatarum tetrarchas necaverit et Chios castigaverit, quomodo Zenobius ab Ephesiis interfectus sit, denique quomodo Mithridates coniurationem oppresserit, qua in re hoc maxime notandum est, quod coniuratorum

---

[1] Cap. 17 extr. Neoptolemus, Archelaus, Arcathias, Dorylaus, Craterus; 18 sq. eidem et Nemanes; 27 Pelopidas, Archelaus; 29 Metrophanes; 32 Dromichaetes; 41 Arcathias; 46 Eumachus, Zenobius; 49 Dorylaus, Diogenes, Archelai filius; 65 Gordius; 70 Taxiles, Hermocrates; 75 Eumachus; 76 sq. Varius, Alexander Paphlago, Dionysius; 78 Diocles; 79 Phoenix; 84 Mithrobarzanes, Mancaeus.

nomina et, quae cuiusque fuerit patria, curiose indicatur. In c. 66 extr. describitur convivium, quod Mithridates altero bello finito omnibus cum Ponticis tum Romanis praebuit, cum certaminibus coniunctum praemio eis proposito, qui vel bibacitate vel edacitate vel dicacitate vel cantu vel aliis eiusmodi artibus vincerent [1]). In c. 69 magnus invenitur index populorum, quicumque Mithridati copias miserunt. In c. 79 praetor consilium interficiendi Luculli ab Olcaba Scytha initum narratur hunc, ubi ad Mithridatem rediisset, alium Scytham, nomine Sobadacum, Mithridati suspectum reddidisse. Alia coniuratio in Mithridatis caput facta, cuius princeps erat Attidius quidam, senator Romanus, enarratur in c. 90. In c. 68 traditur regem saucium curatum esse ab Agaris, quae erat gens Scythica, *τοῖς ὄφεων ἲς τὰς θεραπείας χρώμενοι καὶ ἐπὶ τῷδε ἀεὶ βασιλεῖ συνόντες*, et in capite sequenti regis medicus nomine Timotheus commemoratur. Porro animum advertas, quanta diligentia in c. 104 Mithridatis nepotum, filiorum Tigranis, descriptae sint sortes variae. Non minus accurate Mithridatis e regno suo fuga et, quae vel fugiens molitus sit, in c. 101 sq. exponuntur. Maxime autem in c. 107—111 illud Mithridatis studium conspicuum est, in quibus uberrime agitur de ultimis Mithridatis casibus et de eius vitae exitu: hoc unum moneo, quam diligenter in c. 108 Mithridatis filii filiaeque enumerentur, quorum vel aetas memoriae traditur. Hoc quoque notabile est, quam saepe et in ipsis his capitibus et in antecedentibus eunuchorum fiat mentio, qui plurimum apud Mithridatem valebant, id quod aegre ferebant Pontici [2]). Sic in c. 76 inter Mithridatis legatos commemoratur Dionysius eunuchus, cuius mors in c. 77 enarratur. Bacchus eunuchus mittitur ad regis sorores, uxores pelicesque interficiendas (c. 62). Mithridates cum morbo faciei ulceroso laboret, a tribus eunuchis curatur (c. 107 extr.). Castor Phanagorensis Tryphonem, regis eunuchum, a quo

---

1) Hoc quoque notandum, quod Appianus dicit Mithridatem hos agonas instituisse *ὥσπερ εἰώθει*.

2) Cf. App. c. 108 *ἀεὶ πρὸς εὐνούχοις κρατοῦντας τοῦ Μιθριδάτου πεπολεμωμένοι*.

contumeliam acceperat, occidit (c. 109). Mithridates filias ad
Scytharum reges mittit per eunuchos, qui a militibus Ponticis
interimuntur (c. 108).

Sic omnia optime videmus convenire in Strabonem, quem
unicum Appiani in libro Mithridatico conscribendo fuisse fon-
tem tot argumentis certissimis atque indiciis minime fallacibus
collectis pro certo licet affirmare. Neque opus est sententias
ab aliis viris doctis prolatas multis refellere velut Reinhardi
Iordan[1]), qui Appianum nullum alium auctorem adhibuisse
nisi Livium studuit probare locis quibusdam, quibus Appiani
Liviique memoria congruit, in unum collectis, sed plane ne-
glectis discrepantiis. Quam sententiam iam Franclinus Arnold
l. l. p. 79 sqq. in universum recte redarguit.

Ipse autem hic vir doctus partem veri iam cognovit, cum
Appiani fontes inter Graecos scriptores esse quaerendos rectis-
sime demonstrasset. Sed quos ipse statuit Appiani fontes, hos
ab ipso Appiano inspectos esse praefracte nego.

Atque in tertio bello Mithridatico enarrando, quod pri-
mum Lucullo, deinde Pompeio duce gestum est, omnia ex
Theophane hausisse Appianum existimat. Unde hoc conclusit
Arnoldus? Nimirum inde, quod Appianus multis in rebus con-
sentit cum Strabonis geographicis, quem putat hac in parte
omnia fere petivisse ex Theophane. At hanc sententiam non
esse veram iam supra exposui p. 219 sqq. Nam multas res
historicas ex hypomnematis suis historicis desumpsit, ubi prae-
ter Theophanem etiam aliis usus est rerum scriptoribus.

Certissime autem potest demonstrari Theophanem ipsum
neque ab Appiano neque a Plutarcho esse adhibitum, sed
eorum narrationes redire ad Strabonem, qui ipse cum aliis
fontes, tum Theophanem adiit. Atque luculentissime hoc ap-
paret e loco, quo maxime nititur ipse Arnoldus. Nimirum in
c. 103 extr. Appianus narrat pugnae a Pompeio cum Albanis
factae etiam Amazones interfuisse; multas enim post proelium

---

1) In dissertatione iam saepius laudata, quae inscribitur 'De fon-
tibus Appiani in bellis Mithridaticis enarrandis' Gotting. 1872.

inventas esse mulieres non minoribus quam viros oneratas
vulneribus. Eandem rem memoriae tradidit Plutarchus in vitae
Pompei c. 35, neque potest dubitari, quin ex eodem fonte flu-
xerit utriusque auctoris narratio [1]). In eodem fonte uterque
etiam de Amazonum sedibus nonnulla invenit, quae misere
mutilata apud Appianum accuratius exponuntur a Plutarcho.
Iam vero recte animadvertit Arnoldus p. 84, quae Plutarchus
de Amazonum sedibus proferat, accuratissime consentire cum
Theophanis verbis a Strabone in fr. 111 allatis. Itaque Theo-
phanem Plutarchi et Appiani fontem esse statuit: cautius de-
bebat dicere: Theophanem aut alium auctorem, qui Theopha-
nem adhibuit. Post verba autem illa, quae concinunt cum
Theophanis fragmento, sic pergit Plutarchus: καὶ τούτοις (sc.
cum accolis suis) ἴσους ἑκάστου δύο μῆνας εἰς ταὐτὸ φοιτῶσαι
περὶ τὸν Θερμώδοντα ποταμὸν ὁμιλοῦσιν, εἶτα καθ' αὑτὰς
ἀπαλλαγεῖσαι βιοτεύουσιν. Quid? Etiamne haec hausta sunt
ex Theophane? Haud vidi magis. Etenim Strabo l. l., sicut
eius est mos, non uno contentus fonte Theophanis sententiae
opponit Metrodori Scepsii et Hypsicratis, qui Amazonas Gar-
garensium vicinas esse tradiderint, et ex Metrodoro et Hypsi-
crate, non ex Theophane, consuetudinem illam, quae Amazo-
nibus cum finitimis suis intercesserit, describit eisdem fere
quibus Plutarchus verbis usus. Necessario igitur sequitur Plu-
tarchum non ipsum Theophanem adhibuisse, sed Strabonis
hypomnemata, ubi et Theophanis et Metrodori Hypsicratisque
memorias invenit allatas, quas ipse conflavit et inter se con-
fudit. Qua ratione etiam error, quem commisit Plutarchus,
optime explicatur. Nam Amazonas dicit Albanis auxilio venisse
ἀπὸ τῶν περὶ τὸν Θερμώδοντα ποταμὸν ὀρῶν καταβάσας et
cum finitimis eas conventus habere περὶ τὸν Θερμώδοντα
ποταμόν. At gentes illae et ipsae Amazones in Caucaso monte
habitabant; Thermodon autem flumen, quod Themiscyram

---

1) Quod Plutarchus peltas Amazonicas et cothurnos reperta esse
dicit, non ipsa Amazonum corpora, sicut Appianus testatur, hinc, ut ex
multis aliis exemplis, cognoscitur, quam incuriose et parum diligenter
Appianus fontem expresserit.

praeterfluit, longe distat. Nimirum Plutarchus duas res inter
se confudit; nam Strabo l. l. § 2 Metrodorum et Hypsicratem
secutus narrat Gargarenses olim cum Amazonibus habitasse
Themiscyrae ad Thermodontem flumen, deinde cum eis in
Caucasum montem commigrasse et ibi per duos menses cum
eis quotannis prolis procreandae causa consuescere. Haec duo
loca, ubi diversis temporibus illarum gentium erant sedes,
Plutarchus commiscuit.

Sed multis praeterea rebus demonstratur Theophanem non
esse Appiani neque Plutarchi fontem. — Appianus c. 101 et
Plutarchus Pomp. c. 32 castellum illud, in quod Mithridates
fugiens primum devertit, non Σινορίαν appellant, quae nomi-
nis forma Theophanis erat propria teste Strabone in fr. 101,
sed Σινορίαν, sicut Strabo l. l.¹). — Porro Arnoldus p. 83 scite
suspicatur Plutarchi (Pomp. c. 46) verbis ὡς μὲν οἱ κατὰ
πάντα τῷ Ἀλεξάνδρῳ παραβάλλοντες αὐτὸν (sc. τὸν
Πομπήιον) καὶ προσβιβάζοντες ἀξιοῦσι significari ipsum Theo-
phanem. Atqui neque apud Appianum neque apud Plutarchum
praeter paucos illos locos ab Arnoldo L l. allatos hoc studium,
quo Theophanes erat insignis, usquam manifesto conspicitur.
Hauserunt igitur non ex ipso Theophane, sed e Strabone, qui
sane usus est Theophane, sed qui huius auctoris vitia bene
perspexerat et nonnumquam etiam notabat, ut ex illis Plu-
tarchi verbis elucet.

Valde memorabilis est etiam Appiani locus in c. 104, ubi
narrat Tigranem regem, cum ad Pompeium proficisceretur, ut
in eius potestatem se permitteret, honorifice ab eo esse ex-
ceptum, qui tribunos et praefectos equitum honoris causa regi
obviam misisset. Deinde pergit: εἰσὶ δ᾽ οἳ λέγουσιν ὑπὸ ῥα-
βδούχοις αὐτὸν ἀχϑῆναι μετάπεμπτον ὑπὸ τοῦ Πομπηίου γε-
νόμενον. Quid? Theophanes, qui semper erat inter Pompei
comites et quem ille in consilia omnia adhibebat, ignorabat,
quomodo Tigranes a Pompeio esset exceptus? Qua re quid

¹) Formae Σινόρηγα, quam habet Appianus, et Σίνωρα, quae legitur
apud Plutarchum, corruptae sunt ex vera scriptura Σινορίαν.

potest dici absurdius? Theophanes absque dubio unam tantummodo tradidit narrationem, Strabo autem, qui diligentissimus erat in diversis memoriis congerendis, alteram ex alio fonte addidit.

Denique ordinem a Pompeio in Asia constitutum, quem Appianus ultimis capitibus exponit, a Theophane omnino non esse enarratum iam supra p. 222 probavi.

Quod vero etiam in bello, quod Lucullus cum Mithridate gessit, Theophanem Appiani fontem esse Arnoldus contendit, haec vana est ariolatio, ut iam Fabricius[1]) recte demonstravit. Nam Theophanes semper inter Pompei rerum scriptores recensetur et Luculli res gestas, si omnino eas commemoravit, in praefatione breviter tantum perstrinxisse putandus est.

In primo autem bello Mithridatico enarrando duos Arnoldus statuit Appianum adiisse fontes: Posidonium, ex quo longe plurima fluxerint; praeterea agnoscere sibi videtur auctorem Romanum, qui usus sit Sullae commentariis, annalium scriptore (fortasse Claudio Quadrigario), aliis: hunc esse Livium, qui etiam Posidonii narrationem partim subministraverit. Livii autem memoriam Appiano traditam esse per Strabonem[2]).

Ac statim hoc moneo non esse, quod Appianum praeter Strabonem etiam ipso Posidonio usum esse statuamus, quoniam Strabo in hypomnematis haud dubie Posidonium maxime secutus est. In summa igitur fere convenit res inter me et Arnoldum; in singulis rebus magnopere ab eo dissentio. Etenim quod Livii memoriam per Strabonem in Appianum putat manasse, hoc prorsus nego; nam supra p. 262 sq. probavi Livium a Strabone omnino non esse adhibitum. Immo ipse Strabo ex diversis fontibus summa diligentia omnem materiam congessit. Quos fontes ultimos in singulis rebus investigare perdifficile est ac ne Arnoldo quidem hoc puto contigisse, qui singula Appiani capita inter diversos fontes distribuit.

---

1) 'Theophanes v. Mytil. u. Q. Dellius' p. 5 sqq.
2) Vide Arnoldum p. 145 sqq.

Consentaneum est Strabonem praeter ceteros Posidonium
adiisse fontem, in quo laudando multus est in geographicis.
Atque sagaciter Arnoldus (p. 114 sqq.) mihi videtur perspexisse,
quae Appianus de Rhodiorum a Mithridate obsessorum rebus
narrat, redire ad Posidonium. Etiam Appiani c. 18 locum cum
probabilitate quadam ad Posidonium rettulit idem (p. 120)
propterea, quod mire consentit cum Diodori libr. XXXVII fr. 20.
Quae vero praeterea Posidonio tribuit ille v. d., desidero causas
idoneas, cur huic potissimum adiudicentur auctori; nam quae
affert argumenta, non satis firma sunt ad probandum. Neque
magis hoc mihi persuasit Arnoldus, quod in Piraei obsidione
enarranda annalium scriptorem (Claudium Quadrigarium) putat
esse adhibitum (p. 139. 146).

Mirum esset, nisi Strabo Sullae commentarios adiisset.
Et manifesto tenetur hic auctor in Appiani c. 45 initio, quod
egregie concinit cum Sullae fr. 15 Peter[1]). Ad eundem fontem
Arnoldus (p. 140 sq.) certis nisus indiciis Appiani c. 42—45 init.
et 49—50 iusto iure rettulit. Quae in capitibus sequentibus
de Fimbria narrat Appianus, num ex Sulla hauserit Strabo,
ut videtur Arnoldo, diiudicari nequit. — Haec sunt quae de
Strabonis hac in parte fontibus pro certo possunt affirmari.

Vidimus ergo totum Appiani librum ex uno fonte fluxisse,
e Strabonis hypomnematis historicis, quae ille pro suo more
neglegenter excerpsit. Contra hanc sententiam Arnoldus initio
commentationis nonnulla protulit argumenta satis imbecilla,
quae paucis verbis possunt refelli. — Ac primum quidem Appiani
narrationem ex uno fonte haustam esse negat (p. 82)
propterea, quod discrepantia sit inter Appiani capita 24 et 112.
Nam in c. 112 tradit L. Cassium a Mithridate captum postea
Sullae iussu ab eo esse redditum, in c. 24 autem hunc Cassium
dicit Rhodum confugisse, quam urbem Mithridates non
poterat expugnare. Concedamus interim haec inter se pugnare!
Num inde sequitur Appianum diversis in partibus diversos adhibuisse
fontes? Nonne constat Strabonem in diversis memoriis

---

1) Ex Plut. Sull. c. 19: cf. Arnold p. 121.

colligendis fuisse diligentissimum? At omnino non est, quod illa capita inter se pugnare statuamus. Nam quid impedit, quominus L. Cassium postea aliquo modo in hostium manus incidisse credamus?

Non probabiliores sunt causae, quibus commotus Arnoldus p. 89 sq. Appianum in tertio bello Mithridatico enarrando negat usum esse Strabone. Etiam hic discrepantiam sibi videtur deprehendisse inter Appiani c. 85 sq. et Strabonis fr. 68. Age inspiciamus, si placet, hos locos. Appianus l. l. pugnam ad Tigranocerta commissam sic describit: Tigranes cum ingenti exercitu Romanos numero multo inferiores aggreditur; Lucullus equites hostibus opponit et eos fugam simulare iubet; ipse cum peditibus tumulo, qui a tergo erat hostium, occupato inde impetum facit in Armenios, qui equites Romanos persecuntur; τροπή τε ἦν εὐθὺς ὁλοσχερής: barbari quamquam multitudine longe superant, ne resistere quidem audent, sed summa ignavia praecipites fugae se mandant et a Romanis persequentibus trucidantur. Quibus narratis nonne aptissime poterat addere Strabo Romanos post pugnam αἰσχύνεσθαι καὶ καταγελᾶν ἑαυτῶν ἐπ᾽ ἀνδράποδα τοιαῦτα δεηθέντας ὅπλων? Equidem non video, quomodo haec inter se pugnent.

Denique Arnoldus duos affert locos, ubi tam falsa memoriae tradiderit Appianus, ut e Strabonis, scriptoris diligentissimi, ea hausta esse opere non sit credibile. Nimirum in c. 117 dicit Appianus captivos in triumpho ductos a Pompeio in patrias esse remissos exceptis regiis. Ad quae Arnoldus adnotat haec: 'Dies ist nicht richtig. Vielmehr blieben viele Juden, die von Pompeius freigelassen wurden, in Rom und bildeten den Grundstock der dortigen Gemeinde.' Mirum profecto est, quam sagax sit Arnoldus ad discrepantias odorandas, ubi re vera nullae sunt. Quasi hac re ea, quae narrat Appianus, irrita fiant! Captivorum Pompeius ingentem numerum Romam duxerat[1], quorum Iudaei erant pars minima; et hi quidem haud dubie ultro Romae manserunt, non coacti. —

---

[1] Cf. App. c. 116 extr.

Alter locus est in eodem capite, ubi dicit Appianus Aristobulum statim post triumphum interfectum esse, id quod sane falsum est. Scimus enim Aristobulum clam Roma fugisse et aliquanto post a Pompeianis veneno esse interemptum. Sed hic Appianum excerpendo rem confudisse veri est simile. Nam cur hunc errorem manifestum fonti eius potius impingamus, quam ipsi Appiano, quem constat neglegentia multum peccasse [1])?

Postquam demonstratum est Strabonis hypomnemata historica Appiani narrationi subesse, iure sperare possumus hoc fundamento nisis nunc melius rem esse successuram nobis quaerentibus, quaenam Plutarchus in bellis Mithridaticis enarrandis debeat Straboni.

Ac primum quidem agitur de vita Sullae Plutarchea. Qua in vita Plutarchum longe plurima petiisse ex ipsius Sullae commentariis, quos saepissime laudat, inter omnes viros doctos constat [2]). Qui fons cum etiam a Strabone passim adhibitus sit, cavendum est, ne, ubi Plutarchus cum Appiano consentit, e Strabone eum hausisse praepropere statuamus. Praeterea multa Plutarchus hac in vita narrat sermone hominum memoriae tradita, quae auditione accepit, cum in ea regione natus esset, ubi tum maxime pugnatum est [3]).

Strabo semel laudatur in c. 26 (v. fr. 65) de Sulla podagrae doloribus cruciato, qui Aedepsi thermis utitur. Sed etiam ea, quae proxime antecedunt, deprompta esse e Strabone, optime demonstravit Arnoldus p. 124 sqq. Nam quod ibi narrat Sullam, cum Athenas rediisset, sibi sumpsisse Apelliconis Teii

---

1) Vide etiam supra p. 299 adn. 1.
2) Cf. Peter 'Die Quellen Plutarchs in den Biographien der Roemer' p. 57 sqq.; Arnold l. l. p. 123 saeplus.
3) Cf. c. 14 ὡς Ἀθηναίων οἱ πρεσβύτατοι διεμνημόνευον; ib. ὥστε ἀριθμὸν μηδένα γενέσθαι τῶν ἀποσφαγέντων, ἀλλὰ τῷ τόπῳ τοῦ ῥυέντος αἵματος ἔτι νῦν μετρεῖσθαι τὸ πλῆθος; c. 17 περὶ ὧν οἱ μὲν ἐπιχώριοι πλείονα λέγουσιν; ib. ὁ μέντοι τόπος, ἐν ᾧ κατεσκήνωσεν (sc. ὁ Ἀρχέλαος), ἄχρι νῦν Ἀρχέλαος ἀπ' ἐκείνου καλεῖται; ib. ὄρος δ᾽ καλοῦμεν Ὀρθόπαγον κτλ.; c. 19 de Sullae tropaeis etc.

bibliothecam, in qua Aristotelis et Theophrasti libri fuissent, quos Romam translatos primus Tyrannio tractasset, haec accuratissime conveniunt cum Strabonis fr. 64. Totum igitur caput 26 excepta parte extrema, quae unde hausta sit nescimus, ad Strabonem redit. — Eidem auctori videntur esse tribuenda ultima c. 14 verba, ubi dicit Plutarchus Piraeum a Sulla igne esse deletum cum ipsa hoplotheca, clarissimo Philonis opere. Quae a Sulla, qui operum et artificiorum conservatorem se iactabat, tradita esse non posse commode monuit Arnoldus p. 136; bene autem haec congruunt cum Appiani c. 41 [1]), qui Strabone usus est. — Denique ad Strabonem referendum esse Plutarchi c. 12 medium et c. 19 extr. idem Arnoldus rectissime cognovit p. 130 sq. Etenim quae illis locis narrat Plutarchus de Epidauri, Olympiae, Delphorum sacris thesauris a Sulla direptis, fere ad verbum consentiunt et cum Appiani c. 54 et cum Diodori l. XXXVIII fr. 7. Diodorus autem Posidonio fonte usus est, unde per Strabonem haec et in Appianum et in Plutarchum venerunt. His addendum est etiam proxime antecedentia Plutarchi verba [2]) ex eodem fonte esse petita, quippe quae propter eandem causam, quam supra attuli, e Sulla hausta esse non possint et quae concinant cum Appiani c. 30 extr. — Haec in Sullae vita Straboni sunt attribuenda.

Transeamus nunc ad vitam Luculli, ubi in c. 6—37 agitur de bello Mithridatico. Quibus in capitibus Sallustii historiis, quae laudantur c. 11 et c. 33, Plutarchum maxime usum esse optimo iure contendit Peterus l. l. p. 106 sqq., quae sententia omnibus viris doctis placuit. Cognoscitur hoc et e ratione, qua Sallustius laudatur, et inde, quod cum Sallustii fragmentis Plutarchi verba saepe conveniunt et quod Plutarchi de Luculli rebus gestis iudicium plane e Sallustii est sententia. Sed unum argumentum gravissimum, quo Peteri coniectura praeclare confirmatur, nemo adhuc vidit. — In c. 33 Plutarchus

---

1) Cf. Arnold p. 132.
2) Ἐπιλειπούσης δὲ τῆς ὕλης — — ἐπεχείρησε (sc. ὁ Σύλλας) τοῖς ἱεροῖς ἄλσεσι καὶ τήν τε Ἀκαδήμειαν ἔκειρε δενδροφορωτάτην προαστείων οὖσαν καὶ τὸ Λύκειον.

Luculli mores accuratissime describit haud dubie Sallustium
secutus, qui hac in arte maxime excellit et cuius fr. V 6 (IV 8)
optime consentit cum Plutarchi descriptione. Luculli autem
mores non minimam dicit fuisse causam, cur milites in Gor-
dyena recusassent, quominus longius contra hostes procede-
rent. Deinde pergit: Σαλούστιος μὲν οὖν φησι χαλεπῶς δια-
τεθῆναι τοὺς στρατιώτας πρὸς αὐτὸν εὐθὺς ἐν ἀρχῇ τοῦ
πολέμου πρὸς Κυζίκῳ καὶ πάλιν πρὸς Ἀμισῷ. Itaque quod
iam diserte Sallustium huius rei auctorem profert, hoc Sal-
lustii proprium fuisse videtur. Et sane, si Appiani narratio-
nem perlustramus, nusquam legimus milites infenso fuisse in
Lucullum animo aut imperata detrectasse neque apud Cyzicum
neque apud Amisum neque in Gordyena: hoc unum narrat in
c. 90, postquam iam in Pontum rediisset Lucullus, cum per
praecones nuntiatum esset senatum Luculli exercitum missum
facere, milites statim imperatorem suum deseruisse. Plutar-
chus autem quomodo rem enarravit? Nimirum plane ut Sal-
lustius a belli statim initio milites facit frementes et per totam
huius belli narrationem etiam atque etiam militum male paren-
tium inicit mentionem. Omnibus igitur his locis e Sallustio
eum hausisse consentaneum est; sunt autem hi. In c. 6, cum
Lucullus Cottae Chalcedone obsesso auxilium esset laturus, mi-
lites dicit esse indignatos, quod non statim in Pontum se du-
ceret[1]). Qua in re notandum est, quod et militum et Luculli
ipsa verba afferuntur[2]), ut Sallustii mos est, qui orationibus
insertis narrationem solet ornare atque distinguere. Etiam dic-
tum illud Luculli, quod in eodem capite profert Plutarchus,
'οὐκ ἔφη δειλότερος εἶναι τῶν κυνηγῶν, ὥστε τὰ θηρία παρ-
ελθὼν ἐπὶ κενοῖς αὐτῶν τοὺς φωλεοὺς βαδίζειν' haud dubie
petitum est e Sallustio, qui dicteriis aliisque orationis orna-
mentis valde gaudebat. Deinde in c. 14 apud Amisum milites
eadem Lucullo facit exprobrantes, quae in c. 33 e Sallustio

---

1) Etiam Livius hic ex Sallustio hausisse videtur: cf. per. 94 *Po-
scentesque pugnam milites a seditione inhibuit (Lucullus).*

2) Τῶν στρατιωτῶν οὗτος ἦν ὁ λόγος ἀγανακτούντων κτλ. — —
Λούκουλλος δὲ πρὸς μὲν τούτους δημηγορῶν εἶπεν κτλ.

affert; et hic quoque ipsas militum voces contumeliosas exhibet et Luculli longam orationem, quae artis Sallustianae est specimen. Etiam in Amisi urbis expugnatione (c. 19), in qua enarranda Sallustium adhibuit[1]), militum contumaciam commemorat, qui contra Luculli iussum urbem diripiunt et igne delent. Et ne hic quidem Sallustius praetermisit occasionem dicti cuiusdam Luculli inserendi. Porro in c. 24, cum Lucullus ad Euphratem versus proficisceretur, Plutarchus dicit τοὺς στρατιώτας, οὐδ᾿ ἄλλως ὄντας εὐτάκτους, ἄκοντας ἕπεσθαι καὶ ζυγομαχοῦντας. Ceterum etiam in hoc capite extremo Luculli habes dictum! Sallustii autem narrandi ars hinc maxime cognoscitur, quod militum indignationem ac contumaciam paulatim facit ingravescentem. In c. 30 tradit Plutarchus milites in Ponto relictos Sornatii imperia detrectasse, quibus compertis etiam Luculli milites seditiosis increpuisse imperatorem vocibus, quas oratione obliqua exponit. In c. 32 militum tumultum semper crescentem[2]) et Luculli preces irritas accuratissime describit. De c. 33 iam supra diximus. Etiam c. 34 totum ad Sallustium auctorem est revocandum, in quo fuse exponitur, quomodo P. Clodius, cuius mores breviter adumbrantur, Luculli milites orationibus seditiosis ad defectionem sollicitaverit. Denique in c. 35 Lucullum a militibus, a quibus aegre impetrasset, ut in castris manerent, ad postremum male ludibrio habitum solum relictum esse narratur. Haec omnia colorem Sallustianum manifesto prae se ferunt.

Neque tamen unicus Plutarchi fons est Sallustius, ut recte monuit Arnoldus p. 68 sqq., qui nonnullis locis etiam Graecum ab eo adhibitum esse fontem demonstravit. Ipse Plutarchus praeter Sallustium laudat Livium bis (c. 26 et c. 31) et semel Strabonem (c. 29)[3]). Plutarchus igitur hic quoque pro sua

---

1) Cf. Sall. IV fr. 43 (69).
2) Πρῶτον δεόμενοι καὶ τοὺς χιλιάρχους προσπέμποντες, ἔπειτα θορυβωδέστερον συνιστάμενοι καὶ κατὰ σκηνὰς νυκτὸς ἀλαλάζοντες, ὅπερ εἶναι δοκεῖ σύμβολον ἀποστατικῶς ἐχούσης στρατιᾶς.
3) Antiochum philosophum, quem eodem loco citat, praeterea non videtur adhibuisse.

consuetudine ex variis fontibus, quae memoratu digna ei videbantur, collegit et loco idoneo inseruit narrationi e Sallustio petitae.

Ac Livium quidem praeter duos illos locos passim a Plutarcho adhibitum esse certo potest demonstrari. Ad eum referenda sunt duo prodigia in c. 10 enarrata. Totum hoc caput nihil continet nisi portenta et hanc ipsam ob causam alienum est a Sallustio, qui ut erat omnis superstitionis expers, talia contemnebat [1]). Atque in primo prodigio describendo mire consentit cum Obsequente c. 60, discrepat multis in rebus ab Appiano, qui in c. 75 idem prodigium aliter narrat; in altero portento ita congruit cum Obsequente l. l., ut paronomasiam Latinam (*tubicinem* — *tibicinem*) vertendo corruperit (σαλπιγκτὴν — αὐλητήν). Nihil igitur certius quam Plutarchum haec deprompsisse e Livio. Quod tertio loco profert prodigium [2]), Graeco videtur debere scriptori, ex quo etiam simile prodigium in c. 12 init. narratum ab eo petitum esse veri simile est; nam hoc quoque in Troade factum esse fertur, et Graeco hexametro Venus Lucullum alloquitur. — Deinde in c. 11 extr. haud dubie ad Livium referenda sunt verba λέγονται δ' ἐκ τοῦ παντὸς ἀκολούθων τε καὶ μαχίμων ὄχλου μυριάδες οὐ πολὺ δὴ τῶν τριάκοντα λείπουσαι διαφθαρῆναι, quibuscum conferas Orosii VI 2, 19. Livius enim hostium caesorum numerum solet incredibile quantum augere, Romanorum quam maxime imminuere. Vocabulo autem λέγονται vel λέγεται Plutarchum omnino uti solere, cum ex alio fonte, praesertim e Livio, aliquid inseruit, iam saepius vidimus. Easdem ob causas Livio tribuo, quod in c. 17 Plutarchus narrat: οὗτοι πάντες (sc. οἱ Ποντικοί), ὥς λέγεται, πλὴν δυοῖν κατεκόπησαν ὑπὸ τῶν Ῥωμαίων. Atque etiam manifestius Livius agnoscitur in c. 28, ubi Plutarchus tradit haec de militibus in pugna ad Tigranocerta commissa occisis: λέγεται δὲ τῶν μὲν πεζῶν ὑπὲρ δέκα μυριάδας διαφθαρῆναι, τῶν δ' ἱππέων

---

1) Cf. Sall. Catil. 30.
2) Ἱστορεῖται δὲ τῶν ἐν Ἰλίῳ πολλοῖς καθ' ὕπνον ὀφθῆναι τὴν Ἀθηνᾶν κτλ.

ὀλίγοις παντάπασι διαφυγεῖν. Ῥωμαίων δ᾽ ἑκατὸν ἐτρώθησαν, ἔπεσον δὲ πέντε. Haec nolo nunc longius persequi, quamquam multis praeterea locis Livium vel certe Romanum auctorem subesse potest probari.

Veniamus tandem aliquando ad Strabonem Plutarchi fontem, qui semel ab eo nominatim citatur in c. 28 de pugna ad Tigranocerta commissa. In ipsa vero hac pugna describenda Strabonem non secutus est; multa enim fontis Romani apparent vestigia. Neque hoc magni videtur esse momenti, quod in c. 27 Tigranis dictum[1]) narrat, quod idem legitur apud Appianum (c. 65), qui e Strabone sine dubio desumpsit. Nam dictum illud erat notissimum, quippe quod commemoraretur etiam a Cassio Dione XXXVI fr. 3ᵃ et a Memnone c. 57; et ipse Plutarchus dicit: Τιγράνης — — εἶπε τὸ θρυλούμενον. — Plutarchus igitur Strabone, sicut Livio, fonte subsidiario, ut ita dicam, usus est, ex quo res memorabiles hic illic in narrationem Sallustianam insereret. Itaque quaeritur, quae praeterea Plutarchus debeat Straboni.

Quae in c. 9 extr. narrantur de Demonacte nuntio et de militibus navigio e Dascylitide lacu apportato in Cyzicum urbem noctu a Lucullo immissis, non e Sallustio, sed ex Graeco auctore hausta esse rectissime exposuit Arnoldus p. 69. Strabonem autem hunc esse fontem inde apparet, quod hic quoque (fr. 80), ut Plutarchus, tradit ad postremum Lucullo contigisse, ut noctu insciis hostibus paucos milites auxiliarios in urbem mitteret, id quod apud nullum praeterea scriptorem legitur. — Porro in c. 11 med. quae narrat de Ponticorum ad Rhyndacum flumen captorum numero, e Strabone videtur hausisse, quia in his accuratissime consentit cum Appiani c. 75. Mirus etiam est consensus inter Appiani c. 76 et Plutarchi c. 14 init., ubi eisdem verbis narrant Luculli milites in regnum Ponticum incurrentes adeo praeda abundasse, ὥστε τὸν μὲν βοῦν ἐν στρατοπέδῳ δραχμῆς, τὸ δ᾽ ἀνδράποδον τεττάρων ὤνιον εἶναι,

---

[1] Εἰ μὲν ὡς πρεσβευταί, πολλοὶ πάρεισιν (sc. οἱ Ῥωμαῖοι), εἰ δ᾽ ὡς στρατιῶται, ὀλίγοι.

τὴν δ' ἄλλην λείαν ἐν οὐδενὶ λόγῳ τοὺς μὲν ἀπολείπειν, τοὺς δ' ἀναλίσκειν· διάθεσις γὰρ ἦν οὐδενὸς πρὸς οὐδένα πάντων εὐπορούντων, ut ait Plutarchus. Quae e Strabone addita esse a Plutarcho, cum per se satis veri simile sit, etiam eo confirmatur, quod haec vehementer pugnant cum eis, quae continuo secuntur. Nam statim in proximo enuntiato Sallustium, ut supra demonstratum est, secutus dicit Plutarchus milites graviter accusasse Lucullum, quod praeter omnia oppida se transduceret οὐδὲ παρέσχηκεν αὐτοῖς ὠφεληθῆναι διαρπάσασιν, eosdem videlicet milites, qui modo adeo affluebant opibus, ut praedam viliorem fastidirent! Inde autem, quod initio huius capitis Sallustium reliquit Plutarchus, etiam factum est, ut a rerum contextu abductus, cum ad eundem fontem rediret, nonnulla omitteret. Nam milites facit imperatorem vituperantes, quod Amisi urbis oppugnatione desistere statuerit, quamquam antea non narravit Lucullum ad eam urbem accessisse eamque obsidione cinxisse. Porro capitis 15 pars media inde a verbis ἐβάδιζεν ἐπὶ Μιθριδάτην ad Strabonem est referenda propterea quod in ipsis verbis Graecis congruit cum Appiano[1]). Capitis autem initium sumptum est e Sallustio, ad quem deinde revertitur verbis Φλάγον δὲ λέγεται κτλ.[2]). — Sequens caput 16, in quo agitur de Olthaco Scytha, qui Luculli interficiendi consilium inierat, velut embolium narrationi insertum est. Nam incipit plane ex abrupto a verbis ἦν δέ τις ἐν τῷ Μιθριδάτου στρατοπέδῳ Δανδαρίων δυνάστης Ὀλθακός; c. 17 autem excipit narrationem, quae c. 15 extr. abrompitur. Quae vero de Olthaco exponit Plutarchus, cum similiter legantur apud Appianum in c. 79, dubium esse nequit, quin Strabonem in his enarrandis secutus sit[3]). — Minus certa res est in c. 17 sq.,

---

[1]) De Mithridatis copiarum multitudine cf. App. 78 extr.; de proelio equestri et de Pompei dicto cf. c. 79; de Artemidoro in specu capto itineris duce cf. c. 80.

[2]) Cf. Arnold p. 88 et 92.

[3]) Huius fontis indicium latet etiam in Plutarchi verbis hisce: γένος δ' εἰσὶν οἱ Δανδάριοι βαρβάρων τῶν περὶ τὴν Μαιῶτιν οἰκούντων, quibuscum conferas Strab. XI 2, 11 p. 495 τῶν Μαιωτῶν δ' εἰσὶν αὐτοί τε οἱ Σινδοὶ καὶ Δανδάριοι.

quod Appianus, qui in c. 81 sq. eadem tractat, hic Strabonis
narrationem valde amputavit. Attamen capitis 17 posteriorem
certe partem inde a verbis ὅπου καὶ Δορύλαος στρατηγὸς —
— ἀπώλετο κτλ. et cap. 18 totum ad Strabonem redire per-
quam mihi videtur veri simile esse. Nam quod Plutarchus in
c. 17 tradit Mithridatem paene captum esse a Romanis, nisi
hi in persequendo incidissent in mulum auro onustum, in his
consentit cum Appiani c. 82. Praeterea hoc Strabonianae ori-
ginis est indicium, quod hic multo fusius res Ponticas enarrat
quam res Romanas. Commemorat enim occisos esse e Mithri-
datis castris Dorylaum ducem, Hermaeum sacerdotem, Calli-
stratum τὸν ἐπὶ τῶν ἀποῤῥήτων τοῦ βασιλέως ὄντα; Mithri-
datem vero in fuga adiutum esse a Ptolemaeo eunucho. Idem
dicendum est de c. 18, in quo, sicut Appianus in c. 82, narrat,
quomodo Mithridatis sorores et uxores per Bacchidem eunu-
chum perierint, sed quod ille breviter significat verbis ξίφεσι
καὶ φαρμάκοις καὶ βρόχοις, accuratissime exponit. Quae nam
apud Sallustium invenerit, valde dubito. — In c. 19 deinde ad
Sallustium fontem revertitur, quem secutus est in Amisi expu-
gnatione describenda. Sed hic quoque e Strabone aliquid in-
seruit, scilicet ea, quae de urbe ab Atheniensibus condita et
a Lucullo instaurata dicit, quae eisdem fere verbis narrat Ap-
pianus c. 83 (cf. Strab. fr. 83). Fortasse etiam quae Plutarchus
de Tyrannione grammatico Amisi capto in extremo hoc capite
addit, manaverunt e Strabone, quem scimus Tyrannione usum
esse magistro[1]): certe Stoicam doctrinam Plutarchi verba aperte
produnt. — Proximus locus[2]), ubi manifesto tenetur Strabo,

---

1) Cf. Strab. XII 3, 16 p. 548.
2) Quae in c. 22 Plutarchus tradit de Metrodori Scepsii morte, quam-
quam nonnullis in rebus conveniunt cum Strabonis fr. 87, tamen in summa
ita ab eo discrepant, ut ex alio auctore a Plutarcho hausta esse statuenda
sint, fortasse e Sallustio. Certe non e Sallustio fluxerunt, quae in capite
extremo narrat de Amphicratis rhetoris morte, id quod vel inde apparet,
quod haec ad antecedentia adiungit verbis *ei dei kai toutou mnēmēn tina
genesthai dia tas Athēnas*. Graecum subesse fontem elucet e verbis ὡς
οὐδὲ λεκάνη δελφῖνα χωροίη, quae Amphicrates Seleucensibus respondisse
fertur. Quis autem fuerit auctor, cognosci nequit.

est in c. 23. Nam quae ibi memoriae prodit de Sinopa urbe capta, de Luculli somnio, de Autolyci statua a Sthenide facta, de urbe ab Autolyco condita, mirum quantum consentiunt et cum Appiani c. 83 et cum Strabonis fr. 84. Huic auctori Plutarchus debet etiam fabulas, quas narrat de Autolyci adventu et de Syria, quibus Sinopam ille fertur eripuisse. Quod vero his expositis pergit Plutarchus: ταῖτ᾿ ἀκούων ὁ Λούκουλλος ἀνεμιμνήσκετο τῆς Σύλλα παραινέσεως κτλ., hoc de suo addidit e vita Sullae c. 6.

Inde a c. 24 rarius videtur usus esse Strabone. Tribus tantum locis hic fons manifesto deprehenditur¹). In c. 31 narrationi e Sallustio haustae verbis λέγεται δ᾿ Ἀννίβαν κτλ. inseruit fabulam e Strabone petitam (cf. fr. 91), qua Artaxata urbs ab Hannibale condita esse dicitur. — Deinde in c. 32 haud dubie e Strabone addidit Mygdoniae, regionis fertilissimae, caput a barbaris Nisibin, a Graecis Antiochiam Mygdonicam nominari: cf. Strabonis fr. 92. — Denique in c. 35 init. ad Strabonem revocanda sunt verba haec: Τριάριος δ᾿ ὡς ἕτοιμον ἁρπάσαι τὸ νίκημα, πρὶν ἐπελθεῖν Λούκουλλον ἐγγὺς ὄντα, φιλοτιμούμενος ἵσταται μάχῃ μεγάλῃ. Λέγονται γὰρ ὑπὲρ ἑπτακισχιλίοις Ῥωμαίων ἀποθανεῖν, ἐν οἷς ἑκατόνταρχοι μὲν ἑκατὸν πεντήκοντα, χιλίαρχοι δ᾿ εἴκοσι καὶ τέσσαρες· τὸ δὲ στρατόπεδον εἷλε Μιθριδάτης, quae accuratissime consentiunt cum Appiani c. 89. Quam rem plane aliter narratam esse a Livio, qui in Luculli rebus gestis describendis secutus est Sallustium²), apparet e Cassio Dione XXXVI 14. Nam cum Appianus et Plutarchus Triarium Lucullo victoriae gloriam praeripere cupientem temere pugnam cum Mithridate conseruisse tradant, hic narrat Triarium, quamquam omni modo a Mithridate ad proelium esset provocatus, tamen in castris se

---

1) Quae Plutarchus in c. 26 init. et in c. 29 med. tradit de Tigranocertis urbe, sane eodem modo narrantur a Strabone et ab Appiano (de incolis a Tigrane undique coactis, a Lucullo in patrias remissis cf. Strab. fr. 69, de urbis divitiis cf. App. c. 86 extr.). Verum haud scio an Sallustius ipse quoque similiter de his exposuerit.

2) Cf. Arnold p. 59 et quae supra dixi p. 316 adn. 1.

continuisse, ut Lucullum advenientem exspectaret, donec Invitus ad pugnam coactus esset.

Explorata Luculli vita nunc accedamus **ad vitam Pompei**.

Atque in bello quidem piratico (c. 24—29) quin Romanum maxime Plutarchus adhibuerit scriptorem, non potest dubitari; ex multis autem indiciis Peterus l. l. p. 114 optimo iure collegit e Sallustii historiis fluxisse Plutarchi narrationem. Haec etiam est causa, quod cum eis, quae Appianus de bello piratico exponit, paucis tantum in rebus convenit neque eis tam gravibus, ut e Strabone eas depromptas esse necessario statuendum sit [1]).

Deinde in capp. 30—42 describit bellum, quod Pompeius cum Mithridate gessit. Qua in parte nonnulla sane redeunt ad Theophanem, verum Theophanem ipsum Plutarchus non inspexit, sed eius memoriam una cum aliorum scriptorum memoriis petivit e Strabonis hypomnematis historicis, ut supra p. 309 sq. demonstravi, ubi quae Plutarchus in c. 35 extr. de Amazonibus, Albanorum sociis, narrat, hausta esse docuimus e Strabone, qui diversas Theophanis, Metrodori, Hypsicratis attulerat memorias, quas in unum contraxit Plutarchus. Itaque etiam capitis 46 initium, ubi verbis οἱ κατὰ πάντα τῷ Ἀλεξάνδρῳ παραβάλλοντες αὐτὸν Theophanem significari supra vidimus p. 310, ad Straboneam est revocandum. Idem Theophanes semel etiam nominatim laudatur in Plutarchi c. 37, ubi narrat in Novo castello (ἐν τῷ Καινῷ φρουρίῳ) a Romanis expugnato secretas Mithridatis repertas esse litteras; Θεοφάνης δὲ καὶ Ῥουτιλίου λόγον εὑρεθῆναί φησι παροξυντικὸν ἐπὶ τὴν ἀναίρεσιν τῶν ἐν Ἀσίᾳ Ῥωμαίων. Quodsi ex eis, quos tractavimus, locis apparet ipsum Theophanem a Plutarcho non esse adhibitum, hoc quoque loco eum Theophanis memoriam eidem debere fonti, unde reliqua locis eam petivit, consentaneum est, nimirum Straboni, quem in hypomnematis de Novi castelli,

---

1) Cf. imprimis Plut. c. 28 extr. — App. c. 96 et 115 — Strab. fr. 97 de piratarum reliquiis Solis aliisque Ciliciae in oppidis et Dymae a Pompeio collocatis.

quod apud nullum praeterea scriptorem commemoratur, egisse expugnatione elucet e fr. 115. Quae sententia etiam alia re egregie confirmatur. Etenim Plutarchus non satis habet Theophanis memoriam simpliciter referre, sed vehementer eam impugnat verbis hisce: ὃ καλῶς εἰκάζουσιν οἱ πλεῖστοι κακοήθευμα τοῦ Θεοφάνους εἶναι τάχα μὲν οὐδὲν αὐτῷ τὸν Ῥουτίλιον ἐοικότα μισοῦντος, εἰκὸς δὲ καὶ διὰ Πομπήιον, οὗ τὸν πατέρα παμπόνηρον ἀπέδειξεν ὁ Ῥουτίλιος ἐν ταῖς ἱστορίαις. Quid? Nonne hic locus simillimus est illi de Amazonibus[1]), ubi Theophanis sententiae Strabo opponit Metrodori Hypsicratisque? Illi vero, qui a Plutarcho dicuntur οἱ πλεῖστοι, quinam sunt? Peterus l. l. p. 115 Timagenem huius sententiae esse auctorem probabiliter coniecit comparato loco in c. 49 extr., ubi Timagenis laudantur verba, e quibus apparet eum Theophanis malitiam bene perspexisse et libere notasse[2]). Atqui nusquam praeter hunc locum Timagenes a Plutarcho citatur nec fuit hercle auctor idoneus, quo Plutarchus in vitiis conscribendis uteretur[3]). A Strabone autem Timagenem saepissime adhibitum esse certis testimoniis constat[4]). Itaque veri simillimum est Plutarchum hoc loco ut Theophanis, ita etiam Timagenis memoriam e Strabone petivisse. Qua ratione etiam una res optime explicatur, quae aliter iudicanti haud mediocrem affert difficultatem. Nam si Plutarchus ipsum Timagenem inspexit, quomodo de hoc uno scriptore potuit dicere εἰκάζουσιν οἱ πλεῖστοι? Nimirum Timagenes et Strabo, qui Timagenis amplexus erat sententiam, Plutarcho sunt οἱ πλεῖστοι. Quae si recte disputavimus, etiam c. 49 extremum fluxit e Strabonis hypomnematis.

---

1) Plut. c. 35 extr. — Strab. fr. 111.

2) Τιμαγένης δὲ καὶ ἄλλως τὸν Πτολεμαῖον οὐκ οὔσης ἀνάγκης ἀπελθεῖν φησι καὶ καταλιπεῖν Αἴγυπτον ὑπὸ Θεοφάνους πεισθέντα πράττοντος Πομπηΐῳ χρηματισμοὺς καὶ στρατηγίας καινῆς ὑπόθεσιν. Ἀλλὰ τοῦτο μὲν οὐχ οὕτως ἡ Θεοφάνους μοχθηρία πεποίηκε πιθανὸν ὡς ἄπιστον ἡ Πομπηΐου φύσις κτλ.

3) Cf. Peter l. l. p. 116.

4) Vide supra p. 224. 235.

Neque tamen Strabo in his capitibus praecipuus fuit Plutarchi fons, nedum unicus. Nam si Plutarchum comparamus cum Strabonis fragmentis et cum Appiani narratione, satis raro eum videmus consentientem cum illis. Immo ex Livio potius longe plurima videtur hausisse propterea, quod saepe, ubi discrepat ab Appiano, consentit cum Cassio Dione, Orosio, aliis scriptoribus, qui Livii historias exscripserunt. Saepe etiam in ambiguo res est. Itaque iam singula capita perlustremus, ut quoad fieri poterit, investigemus, quae redeant ad Strabonem.

Capita 30 et 31 maximam certe partem e Livio videntur fluxisse [1]), ac ne capitis 31 initium quidem, ubi de Luculli in Asia constitutionibus a Pompeio ad irritum redactis consentit cum Strabonis fr. 100, ad hunc auctorem rettulerim, quoniam Livius quoque haud dubie similiter de his exposuit [2]).

In c. 32, quo pugnam ad Nicopolim commissam describit Plutarchus, multis in rebus congruit cum Appiano; narrat enim Mithridatem a Pompeio undique circumvallatum quadraginta quinque dies restitisse, donec inopia laborans fugisset (cf. App. c. 99); deinde Pompeium ad Euphratem aggressum esse Mithridatem in castris (cf. App. c. 99 sq.), non in itinere, ut tradit Cassius Dio XXXVI 4ʰ; Mithridatis autem castra esse capta et occisos esse πολὺ πλείονας μυρίων (cf. App. c. 100 ἐς μυρίους), cum Livius tradidisset periisse quadraginta milia (cf. Eutr. VI 12. Oros. VI 4, 5). In ipsa vero pugna enarranda Plutarchus mire consentit cum memoria Liviana; nam ut Cassius Dio l. l. c. 49 et Orosius VI 4, 4 noctu pugnam commissam esse dicit et Ponticos deceptos esse Romanorum umbris, cum luna eis a tergo fuisset [3]); contra Appianus c. 100 proelium consertum esse narrat ἅμα ἡμέρᾳ. Quae cum ita sint,

---

1) Cap. 30 extr. de Pompei dicto cf. Cass. Dion. XXXVI 45; c. 31 de conviciis a Lucullo et Pompeio sibi invicem ingestis cf. Cass. Dion. Ib. 46. Vell. II 33.

2) Vide Cassium Dionem l. 1 c. 46.

3) In hac una re paulum discrepant, quod Plutarchus ad occasum vergentem, Cassius Dio et Orosius orientem faciunt lunam.

Plutarchum e Strabone et e Livio hic narrationem contexuisse manifestum est. Quae in eodem capite Plutarchus de Mithridatis fuga narrat, haud dubie sumpta sunt e Livio; etenim cum Appianus c. 101 Mithridatem cum hypaspistis et tribus milibus peditum nonnullisque equitibus Sinoriam fugisse memoriae prodat, Plutarcho teste Hypsicratia uxor et duo tantum comites regem secuti sunt, quod idem tradunt Eutropius VI 12, Rufus Festus 16, Valerius Maximus IV 6 ext. 2.

In capite sequenti (33) agitur de Tigranis deditione. Quo in capite duae res certissime ad Strabonis referendae sunt auctoritatem, primum quae initio capitis exponit Plutarchus de Araxis fluminis cursu, quibuscum conferas Strabonis fr. 108 et Appiani c. 103, de qua re iam supra verba fecimus p. 299 sq. Praeterea e Strabone petita sunt verba haec: ἐπὶ τούτοις ὁ μὲν Τιγράνης ἠγάπησε καὶ τῶν Ῥωμαίων ἀσπασαμένων αὐτὸν βασιλέα περιχαρὴς γενόμενος ἐπηγγείλατο στρατιώτῃ μὲν ἡμίμναιον ἀργυρίου δώσειν, ἑκατοντάρχῃ δὲ μνᾶς δέκα, χιλιάρχῳ δὲ τάλαντον, quae accuratissime conveniunt ot cum Strabonis fr. 105 et cum Appiani c. 104. In reliquis autem rebus omnibus ab Appiano discrepans adeo consentit cum Cassio Dione XXXVI 51—53, ut dubitari non possit, quin in his Livio usus sit fonte.

Alia ratio est capitum 34—36, quibus describuntur Pompei in Albanos Iberesque expeditiones, ubi nihil non e Strabone videtur esse petitum. Etenim in c. 34 quae dicit Plutarchus de Iberum et Albanorum sedibus, leguntur in Strabonis fr. 107. Quae ibidem exponit de Cyro et Araxe fluminibus, accuratissime congruunt cum Strabonis fr. 108[1]). Denique extrema huius capitis verba Strabonianae originis praebent indicium, ubi Iberes gentem bellicosissimam fuisse narrat: οὔτε γὰρ Μήδοις οὔτε Πέρσαις ὑπήκουσαν Ἴβηρες, διέφυγον δὲ καὶ τὴν Μακεδόνων ἀρχὴν Ἀλεξάνδρου διὰ ταχέων ἐκ τῆς Ὑρκανίας ἀπάραντος. — Deinde in c. 35 tradit Albanos Pompeio obviam processisse cum LX milibus peditum et XII milibus

---

1) Vide supra p. 299.

equitum, sed male armatis pellibus ferarum. Quae egregie congruunt cum Strabonis fr. 110. Quae vero in extremo capite de Amazonibus dicit, iam supra vidimus (p. 309) deprompta esse e Strabonis hypomnematis (cf. fr. 111. App. c. 103). Denique quod in c. 36 init. narrat in Albania serpentium venenatarum multitudine Pompeium prohibitum esse, quominus ultra procederet, de his conferas Strabonis fr. 112. Omnia igitur haec e Strabone hausit Plutarchus. Unde vero petiverit, quae in c. 36 copiosissime narrat de Stratonica, Mithridatis uxore, nescio.

Totum deinde caput 37 e Strabone desumptum esse supra p. 323 sq. exposui.

In eis autem, quae reliqua sunt, capitibus (38—42) certum Strabonis indicium nusquam potui investigare; nonnullis locis Livius manifesto tenetur, quem auctorem in hac parte Plutarchus maxime videtur esse secutus.

ADDENDA ET CORRIGENDA

Pag. 25 in adn. crit. ad fr. 5, 28 adde: προσανακαλύπτει (κρεῖττον) τῶν πρ. ἐγνωσμένων Piccolos in Philol. vol. XVI p. 729, (πλεῖον) τ. πρ. ἐγν. optime Miller 'Blaetter f. bayr. Gymn.' vol. X 1874 p. 146.

p. 25 in adn. crit. ad fr. 6, 7 adde: πολλῷ ἐκεῖνοι μᾶλλον Madvig advers. crit. vol. I p. 529.

p. 26 in adn. crit. ad fr. 9, 10 adde: ἀπειλοῦντας van Herwerden in Mnemosyn. N. S. vol. XV p. 454.

p. 34 in adn. crit. ad fr. 16, 5 adde: λιμῷ διεφθάρησαν Cobet miscell. crit. p. 120, διεκαρτέρησαν (ἕως οἱ πλεῖστοι vel πάντες λιμῷ διεφθάρησαν) πλὴν ὀλίγων Bernardakis symbolae crit. in Strab. (Lips. 1877) p. 27 sq.

p. 35 in fr. 17, 21 lege ἐπελθών pro ἐπελθῶν.

p. 38 fr. 19 in testimon. vs. 2 lege εὑροοῦντων pro εὑροοῦντων.

p. 41 in adn. crit. ad fr. 23, 11 adde: διὰ δὲ αὐτὴν τὴν ἀρετὴν v. Herwerden l. l. p. 439.

p. 42 in fr. 25, 4 lege ἀναμὶξ pro ἀναμίξ.

p. 43 in adn. crit. ad fr. 25, 33 adde: ὁμώνυμον] ἐπώνυμον Cobet l. l. p. 122.

p. 46 fr. 26 in testimon. vs. 12 lege ταῖς pro ταὶς.

p. 46 in adn. crit. ad fr. 27, 2 adde: ἀπιθανότητας Cobet l. l. p. 135 sq.; sed v. Bernardakis l. l. p. 37 sq. — Ibid. ad vs. 6 adde: τὸ φυσικῷ καὶ αἰωνίῳ πάθει — — προσοργισθέντας ἀπελθεῖν Niese emendat. Strab. (ind. lect. Marburg. 1878) p. 9.

p. 47 in adn. crit. ad fr. 27, 19 adde: κατὰ θαλάττης ἔξοδον οὐ κ(ατὰ τὸ εἰωθὸς ἀλλ') ἀθρόαν συμβᾶσαν Cobet l. l. p. 114, οὐκ delevit Vogel in Philol. vol. XXXIX p. 348, neuter prospere; cf. Bernardakis l. l. p. 22 sqq.

p. 48 in adn. crit. ad fr. 28, 5 et p. 54 in adn. crit. ad fr. 37, 5 adde: μεταβῆναι Cobet l. l. p. 138; sed v. Bernardakis l. l. p. 39.

p. 50 in adn. crit. ad fr. 31, 6 adde: πέρα τοῦ μετρίου Cobet l. l. p. 127.

p. 52 in adn. crit. ad fr. 32, 28 adde: καί τι ἱερὸν v. Herwerden l. l. p. 438.

p. 60 in adn. crit. ad fr. 43, 4 adde: παρα τοις ⟨ἐκ⟩ τῆς Κρήτης ἰοῦσιν v. Herwerden l. l. p. 446. — Ibid. ad vs. 10 adde: ἥρατο] εὕρετο Cobet l. l. p. 183; sed v. Bernardakis L l. p. 49.

p. 66 in adn. crit. ad fr. 47, 10 sqq. adde: οἱ δ' ἐθαύμασαν — — ἐπέτρεψαν δ' οὖν Cobet l. l. p. 186, δ' ἐθαύμασαν μὲν — — ἐπίτρ. δ' οὖν Vogel l. l. p. 350, οἱ δὲ θαυμάσαντες — — ἐπίτρ. ὅμως Bernardakis l. l. p. 50.

p. 70 in adn. crit. ad fr. 56, 4 adde: καὶ ἀποστήσαντες τυράννοις αὐτὴν Madvig l. L p. 558.

p. 75 in adn. crit. ad fr. 62, 12 adde: οὐ γὰρ ἦν Ἕκτωρ τάδε (Eurip. Andromach. 168), verba ὁ ὑπερμαχῶν τῆς πόλεως ut glossemata electis, Cobet l. l. p. 190 (cf. var. lect. 1873² p. 360); sed v. Bernardakis l. L p. 52.

p. 77 in adn. crit. ad fr. 64, 29 adde: ὃ delet v. Herwerden l. l. p. 449.

p. 78 in adn. crit. ad fr. 66, 4 et p. 130 in adn. crit. ad fr. 134, 17 et p. 158 in adn. crit. ad fr. 146, 42 adde: οὗτος ὁ Ἀρχέλαος vel Ἀρχέλαος v. Herwerden L L p. 449.

p. 80 in adn. crit. ad fr. 69, 9 adde: οὕτως εὑροσύντας Meltzer in Fleckeisenii annal. 1875 p. 193, ὁμοίως θαρροῦντας Bernardakis in eisdem annal. 1976 p. 504 et Cobet l. l. p. 129.

p. 81 in adn. crit. ad fr. 70, 5 adde: πλεῖστον delevit Cobet L l. p. 129.

p. 83 in adn. crit. ad fr. 72, 1 vs. 3 lege p. 600 sqq. pro p. 606 sqq.

p. 84 in adn. crit. ad fr. 75, 1 adde: ἱετροπῶν] ἑκρωῶν Madvig l. l. p. 534.

p. 99 in adn. crit. ad fr. 95, 20 adde: ἄλυτον] ἀνώλυτον Cobet l. L p. 196; sic vel ἄνετον legendum esse putat etiam Bernardakis symb. crit. p. 53.

p. 100/1 in adn. crit. ad fr. 96, 4 sq. adde: ἑλόντος δὲ τὸ ὄρος τοῦ Ἰσαυρικοῦ et deinde κανουσί Cobet L L p. 196; sed v. Bernardakis l. l. p. 54.

p. 110 in adn. crit. ad fr. 106, 9 adde: quod conieci scribendum esse καὶ δὴ καί, video iam Vogellum l. l. p. 334 proposuisse.

p. 127 in adn. crit. ad fr. 130, 5 adde: ἀνὴρ ἀξιόλογος ⟨ὅς⟩ καὶ Cobet L l. p. 197; sed v. Bernardakis l. l. p. 54.

p. 135 in adn. crit. ad fr. 144, 12 adde: ῥύσασθαι] λύσασθαι Cobet l. l. p. 197.

p. 140 in adn. crit. ad fr. 148, 7 adde: sed v. Madvigium l. L p. 540, qui servata hic codicum memoria deinde pro καὶ τοὔνομά γε scribit καινὸν τοὔνομά γε.

p. 140 in adn. crit. ad. fr. 150, 1 adde: Αἴθονοι ⟨ἀδελφοί⟩ καὶ συγγενεῖς Miller 'Blaetter f. bayr. Gymn.' XIV 1878.

p. 142 in adn. crit. ad fr. 152, 2 adde: κατοικοῦσι) παροικοῦσι Madvig l. l. p. 537.

p. 150 in adn. crit. ad fr. 158, 5 adde: κατά (τι) παλαιον Ῥωμαίων ἔθος Cobet l. l. p. 185; sed v. Bernardakis l. l. p. 49 sq.

p. 162 in adn. crit. ad fr. 178, 8 adde: ταῖς ἄλλαις) ταῖς ἅλαις (i. e. salinis) Madvig l. l. p. 137 sq.

p. 167 in adn. crit. ad fr. 185, 3 adde: ἐπιστὰς ἐπὶ τὴν — — προστασίαν v. Herwerden l. l. p. 442. — Ibid. ad vs. 5 adde: πράγμασι defendit Cobet l. l. p. 123 sq., idem vs. 6 pro κατεστήσατο scribit κατεκτήσατο; sed v. Bernardakis l. l. p. 29 sq.

p. 174 in fr. 194, 1 lege IV 6, 7 pro IV 6, 1.

p. 181 in adn. crit. ad fr. 206, 30 sq. adde: ὥρμησε (πέντε — τ') τάγματα ἔχων Cobet l. l. p. 195; sed v. Millerum 'Bl. f. bayr. Gymn.' XIV 1878.

CONSPECTUS FRAGMENTORUM*)

Strab. geogr.	fr.	Strab. geogr.	fr.
I 2, 1 p. 14	6ª. 45ʰ	IV 3, 2 p. 192 . . 150 (p. 217). 195
3, 21 p. 81 106ᵇ (p. 209). 107ᵇ		3 p. 193 37ᵇ. 151 (p. 218.
(p. 326)		269). 155ᵉ
II 1, 16 p. 73	45ᶠ	4 p. 193/4 152. 153ᵈ (p. 218)
3, 6 p. 102	27ᵇ	4 p. 191 . . . . 156ᵃ. 213ᵉ
5, 12 p. 118	6ᵇ	5 p. 194 . . 156ᵇ (p. 217)
III 1, 6 p. 139	13ᶜ	4, 1 p. 194,5 . . 154 (p. 217)
5 p. 140	212	3 p. 196 . . . . 37ᶜ. 153
2, 1 p. 141	76. 181	5, 2 p. 199 . . 155ᵇ (p. 218)
2 p. 141 180ᵉ (p. 258). 187ᵃ		3 p. 200 . . 155ᵃ (p. 217)
230 (p. 284)		6, 3 p. 203 . . . . . 25ᵃ
3, 1 p. 152	15ᵃ	7 p. 205 . . 12. 194. 224
2 p. 152	15ᵈ	10 p. 207 . . 232ᵃ. 233ᵃ
3 p. 152	13ᵉ	V 1, 1 p. 210 199
4 p. 153 15ᵇ (p. 215. 219 sq.)		6 p. 213 . . 148. 166ᵃ
5 p. 154	13ᵇ	8 p. 214 . . . . . 28ᵇ
7 p. 155	15ᶜ	11 p. 217 31
4, 5 p. 158	14ᵃ	2, 6 p. 223 71
6 p. 158	74ᵇ	3, 8 p. 235 236
7 p. 159	75	10 p. 237 22
9 p. 160	179 (p. 257)	10 p. 238 . . . . . 69ᵇ
10 p. 161 74ᵃ. 162 180ᵇ (p. 258)		11 p. 238/9 70
		4, 2 p. 241 40
13 p. 162	16. 73	4 p. 243 . . . . . 197ᵇ
5, 1 p. 167/8	23	9 p. 248 256
3 p. 169	106	11 p. 249/50 . . . . 69ᵃ
11 p. 175,8	39	VI 1, 6 p. 258 . . 197ᵈ (p. 270)
IV 1, 1 p. 176/7 149 (p. 218. 255)		6 p. 259 220
5 p. 180	25ᵇ	2, 3 p. 268 . . . . . 197ᶜ
5 p. 180/1	163	6 p. 272/3 10
8 p. 163	36	11 p. 277 21
11 p. 185	26ᵇ	3, 4 p. 281 24
11 p. 186	26ᵉ	4, 2 p. 287 . . . . . 14ᵇ
12 p. 186/7 164 (p. 258)		VII 1, 3 p. 290 . . . . 213ᵇ
13 p. 188 . 32 (p. 215. 238)		2, 1 sq. p. 292/3 . . . 27ᵃ
2, 3 p. 191 . . . 26ᵃ. 157		2 p. 293 . . . . . 28ᵃ

*) Numeris cancellis inclusis indicantur paginae, ubi de singulis fragmentis agitur.

Strab. geogr.	fr.	Strab. geogr.	fr.
VII 2, 2 p. 293/4	37 [a]	XI 5, 1 sq. p. 503/4	111 (p. 215
3, 5 p. 297/8	188 [b]		220. 300. 309)
11 p. 303/4	186 [e]	4 p. 505	79 (p. 297)
13 p. 305	186 [f]	8 p. 506	172
16 p. 306	45 [c]	8, 4 p. 512	138 [a]
17 p. 306	45 [d]	9, 1 p. 515	158 (p. 258)
18 p. 307	45 [e]	2 sq. p. 515	4 (p. 215)
4, 3 p. 308/9	45 [a]	3 p. 515	7 (p. 7 sq. 17 sq.)
4 p. 309/10	45 [b]	11, 1 sq. p. 516/7	6 [a]
6 p. 311	45 [i]. 175 [c]	13, 2 p. 523	228 (p. 223)
7 p. 312	45 [c]	3 p. 523	225 (p. 223)
5, 2 p. 313	186 [d]. 233 [b]	4 p. 524	224 [a] (p. 223)
4 p. 314	232 [b]	14, 2 p. 527	108 [c]
5 p. 315	235	5 p. 528	88 [b]
6 p. 315	68 [a]	6 p. 528/9	81 (p. 322)
11 p. 317/8	68 [b]	8 p. 529	227 (p. 223)
6, 1 p. 319	77	9 p. 530	223 (p. 223)
7, 6 p. 324	239 [b]. 241	10 p. 530	105 (p. 300. 326)
6 p. 325	239 [c]	15 p. 531/2	68 [a] (p. 239)
fr. 41	196 (p. 270)	15 p. 532	89 [c]. 226 (p. 223)
VIII 4, 3 p. 359	237	XII 1, 4 p. 534/5	129 (p. 301)
6, 23 p. 381	2. 184 [a]	2, 1 p. 535	94
7, 5 p. 387	239 [a]	5 p. 537	102
5 p. 387/8	97 [a] (p. 299. 302)	8 p. 539	89 [b] (p. 297. 302)
IX 1, 15 p. 396	57 [b] (p. 298)	11 p. 540	47. 218
20 p. 398	57 [a] (p. 297)	3, 1 p. 540/1	46 [a]. 116 [a] (p. 302)
2, 37 p. 414	69 (p. 297)	1 p. 541	131 [b] (p. 301)
42 p. 418	78 (p. 294. 298 adn. 3). 103 [c]	2 p. 541	46 [b]. 116 [b] (p. 302)
X 1, 9 p. 447	65 [b] (p. 14)	6 p. 542/3	251
2, 2 p. 450	238 [c]	8 p. 543	116 [c] (p. 302)
13 p. 455	181	9 p. 544	46 [c]. 116 [d] (p. 302)
21 p. 460	239 [b]	11 p. 545	44
4, 9 p. 477	97 [d]. 155	11 p. 546	94 (p. 273. 298. 322). 182
10 p. 477/8	43 [c] (p. 291. 301)	13 p. 547	131 [a] (p. 301)
5, 4 p. 486	55 (p. 295)	14 p. 547	63 (p. 209. 321). 171. 259. 273. 302). 220. 242
XI 1, 6 p. 491/2	107 [a]		
6 p. 492	95	18 p. 549	102
2, 11 p. 495	173. 175 [b]	28 p. 555	46 [c]. 101 (p. 301 sq. 310)
12 p. 495/6	103 [b] (p. 294 adn. 2; 298 adn. 3; 299)	30 p. 556	82. 135 (p. 298. 302)
13 p. 496	103 [a] (p. 299)		
14 p. 496/7	104	31 p. 556/7	115 (p. 324)
17 p. 498	176	31 p. 557	136
18 p. 498/9	46 [d] (p. 291)	32 p. 557	134 [a] (p. 291. 301. 305)
19 p. 499	106 [a] (p. 299)		
3, 2 p. 500	108 [a] (p. 299. 326)	33 p. 557	43 [b] (p. 291)
4 sq. p. 500/1	109. 215 (p. 223)	33 p. 557/8	92 (p. 291)
4, 1 p. 501	107 [a] (p. 326)	33 p. 558	100 (p. 325). 115
2 p. 501	108 [b] (p. 299. 326)	34 p. 558	66 [b]. 134 [b] (p. 301). 146 [b] (p. 241)
3 p. 502	113		
5 p. 502	110 (p. 327)	35 p. 558	174 (p. 302)
6 p. 503	112 (p. 327)		

Strab. geogr.	fr.	Strab. geogr.	fr.
XII 3,35 p. 558/9	252	XIV 5, 2 p. 668/9	93 [a]
37 p. 560	138 [b]	3 p. 669	216 [a]
38 p. 560/1	137, 211	4 p. 670	255
38 p. 561	221	6 p. 671	217 [a]
39 p. 561	55, 222	7 p. 671	96 [a]
40 p. 562 49 (p. 295).	139	8 p. 671 97 [b] (p. 299.	302)
41 p. 562 42 (p. 292).	219	10 p. 672	203 [a]
4, 3 p. 564	81, 143	14 p. 674	159
5, 1 p. 566/7 131 [a] (p. 301)		14 p. 674/5 . 253 (p. 16)
1 p. 567	169, 217	18 p. 676	130
2 p. 567 99 (p. 220 adn. 1).		6, 6 p. 684/5 . 144 (p. 257)
	132, 133	XV 1, 3 p. 685/6	5 [b]
3 p. 568	190	XVI 1,16 p. 743	8
4 p. 568	217 [b]	18 p. 744	9
6, 1 p. 568 203 [b]. 217 [d]		19 p. 745	56 [c]
2 p. 568/9	96 [b]	23 p. 747 82 (p. 322).	160 [a]
3 sq. p. 569	217 [c]	24 p. 747	58 [c], 114
9, 8 sq. p. 574	205	28 p. 748 160 [b], 209 [b].	224 [b]
9 p. 574/5	243		(p. 223)
11 p. 575/6 80 (p. 297, 319)		2, 3 p. 749 90 (p. 239).	129
16 p. 578	50, 210		(p. 301)
18 p. 579	49	7 p. 751	118
XIII 1,27 p. 594 62 (p. 297)		8 p. 751 117, 208, 209 [a] (p. 223)
27 p. 594/5 166 (p. 261 adn. 1)		9 p. 752 . 193 (p. 269 sq.)
28 p. 595	61	10 p. 752	10 [a]
30 p. 595	248	10 p. 752/3 . 191 (p. 269)
54 p. 608/9 84 (p. 315)		10 p. 753 . 120 (p. 231)
55 p. 609/10 87 (p. 321 adn. 2)		18 p. 755	121
66 p. 614 53, 60		19 p. 755	10 [a]
2, 3 p. 617/8	140	23 p. 757	122
3, 5 p. 621 83 (p. 297)		26 p. 758	11
4, 1 sq. p. 623/4	17	33 p. 760	167 [b]
3 p. 624 . 175 [a] (p. 302)		34 p. 760	20
3 p. 625	264	34—37 p. 760/1	123
9 p. 628	54	39 p. 762	166 [c]
17 p. 631	67	40 p. 762/3 124 [a] (p. 14.	231,
XIV 1, 7 p. 635	141		240)
14 p. 637	249	41 p. 763 . . 125 (p.	241)
23 p. 641 61, 200		46 p. 764/5 . 126 (p.	240)
37 p. 646 . 192 (p. 283)		46 p. 765	204
38 p. 646	18	4,21 p. 779 . 127 (p.	241)
41 p. 648	201	XVII 1, 6 p. 792	170
42 p. 649 . 52 (p. 296) 231		9 p. 794	244
46 p. 650	142	10 p. 795	245 [b]
2, 9 p. 654	67 [c]	11 p. 795/6 . 146 [a] (p. 241)
15 p. 655	188	11 p. 796 66 [a]. 134 [a] (p. 301).
19 p. 657	250	167 [a] (p. 258).	188
19 p. 658	207		(p. 255)
24 p. 659/60	306	11 p. 797	245 [a]
3, 2 p. 664	95 [b]	12 sq. p. 797/8	246 [a]
3 p. 665 96 [a]. 97 [a] (p. 299.		13 p. 798	147
302). 240		53 p. 819 246 [b].	247
5, 2 p. 668	10 [b]	3, 7 p. 828 . . 165,	178 [c]

Strab. geogr.		fr.	Strab. geogr.		fr.
XVII 3, b p. 829	. .	72 (p. 256)	XVII 3,15 p. 833	. .	29°. 154ᵇ
9 p. 829	. .	29ᵇ. 178ᵇ	20 p. 836	. .	177. (p. 264)
12 p. 831	. .	30. 178ᵃ	21 p. 837	. .	38 (p. 302)
13 p. 832	. . .	2. 29ᶜ	25 p. 840	. .	257 (p. 13)

Mueller FHG

fr. 1 ex Ios. c. Ap. II 7 1
2 ex Strab. geogr. XI 9, 3 p. 515   7 (p. 7 sq. 17 sq.)
3 ex Ios. A. L XIII 10, 4 . . 34 (p. 227. 238)
4 ex Tertull. de anim. 46 . . 41 (p. 202)
5 ex Ios. A. L XIV 7, 2 . . . 55 (p. 225. 239. 295)
6 ex Ios. A. L XIV 7, 2 . . . 55 (p. 228. 297)
7 ex Plut. Sull. 28 . . . . . 65ᵇ (p. 14. 314)
8 ex Plut. Luc. 24 . . . . . 89 (p. 313)
9 ex Ios. A. L XIII 11, 3 . . 33 (p. 6. 227. 234)
10 ex Ios. A. L XIII 12, 6 . . 35 (p. 231 adn. 1)
11 ex Ios. A. L XIV 3, 1 . . 119 (p. 229)
12ᵃ ex Ios. A. L XIV 4, 3 . . 124ᵇ (p. 14. 231 adn. 1. 242. 243 adn. 1. 303)

12ᵇ ex Ios. A. L XIV 6, 4 . . 145 (p. 239 sq.)
13 ex Ios. A. L XIV 8, 1 . . 169 (p. 6. 215. 229. 302)
14 ex Plut. Caes. 63 . . . . 197 (p. 254. 257. 258 adn. 1)
15 ex Ios. A. L XV 1, 2 . . . 214 (p. 227)

INDEX NOMINUM
QUAE IN FRAGMENTIS INVENIUNTUR

Aba Olbae regina 203, 9.
Abascus Siracum rex 172, 1.
Abretlene Mysiae regio 243, 9.
Abrettanus 243, 6.
Abus Armeniae m. 108, 15.
Academia 60, 4.
Acarnanes 239, 3; 257, 28.
Achaei 97, 13; 103, 11; Pontici 78, 2; 103, 7, 16; 104, 3, 7.
Achaia 257, 27; Pontica 103, 11.
Achilles 253, 18, 22.
Acholla Africae opp. 178, 9.
Acilisene Armeniae regio 86, 34; 101, 15.
Acisene? Armeniae regio 86, 27.
Actia certamen quinquennale 238, 26. 29.
Actiacus 226, 6; 237, 3; 239, 2; 242, 3; 243, 1; 245, 4; 251, 8.
Actium 234, 38; 241, 6; 251, 10.
Adherbal 30, 5.
Adiatorix 251, 8; 252, 3, 5.
Adobogione Mithridatis Pergameni mater 175, 3.
Adonis 121, 14.
Adramyttenus sinus 17, 46; orator 53, 1.
Adramyttium 60, 1.
Adrapsa opp. Bactriae 5, 18.
Adrastea mons prope Cyzicum 80, 15.
Aedepsus opp. Euboeae 65, 4.
Aedui pop. Galliae 150, 1, 5, 9.
Aegus? opp. Hispaniae 180, 3.
Aegyptii 58, 20, 23; 123, 2, 4, 9; 146, 48; 167, 12; 186, 23; 239, 19; 246, 31.
Aegyptus 58, 11, 15, 20; 64, 6; 93, 17; 119, 4, 7; 144, 3; 147, 1; 169,

3; 168, 4, 6; 156, 14; 245, 6; 246, 7, 31; 247, 2; 248, 4, 7.
Aemilia via 31, 7.
Aeneas 168, 8, 11.
Aeschines Milesius 141, 2.
Aesculapii aedes in Co ins. 250, 2.
Aeserniā opp. Samnitium 69, 21, 24.
Aethiopes 246, 29.
Aethiopia 246, 13, 28.
Aetoli 257, 29.
Afranius (L.) 162, 1.
Agamemno 62, 9; 253, 18, 21.
Agathoclea Ptolemaei Philopat. mater 146, 3.
Agathocles Lysimachi p. 17, 6.
Agathocles Lysimachi f. 17, 20.
Agrianes Thraces 68, 20.
Agrippa (M. Vipsanius) 213, 5; 236, 5; 237, 1.
Aiax Telamonius 246, 3.
Aiax Teucri f. 203, 3, 6.
Alazonius fl. Albaniae 108, 5.
Albani 86, 10; 107, 2, 8; 110, 1; 111, 3, 1; 112, 1; 113, 3.
Albania 108, 2; 109, 4; 111, 1.
Alchaedamnus rex 191, 13.
Alesia opp. Mandubiorum 157, 8.
Alexander Magnus 5, 7; 17, 7; 40, 5; 61, 3; 146, 2; 166, 3; 200, 3.
Alexander Hala 17, 56.
Alexander Hyrcani f. 35, 2; 124, 3.
Alexandria 64, 34; 226, 4; 241, 2, 7; 245, 10; 255, 5.
Alexandrini 58, 16; 146, 14; 167, 1; 169, 2.
Alexandrinum bellum 169, 3.
Alexandrinum cast. Iudaeae 124, 17.
Allifae opp. Samnii 69, 24.

Allobroges Galli 26, 31.
Alpes m. 25, 3. 25; 26, 21. 33; 26, 5; 37, 12 a.; 199, 3.
Amanides portae 130, 1; 208, 3.
Amanus m. 130, 2; 205, 2.
Amazones 85, 2; 137, 6; 211, 1.
Amasia opp. Ponti 60, 9; 135, 3; 222, 1.
Amastris u. Paphlagoniae 46, 4; 116, 4.
Amazones 79, 2; 111, 2. 3. 6. 28.
Ambracia 235, 2.
Ambracicus sinus 238, 1. 31.
Ambrones Galli 16, 5.
Amiseni 131, 25; 137, 1.
Amisus u. Ponti 63, 2; 171, 2; 220, 2; 242, 2.
Amolas fl. Paphlagoniae 44, 2.
Amphistratus auriga 103, 12.
Amyntas rex Galatiae 217, 3. 8. 12. 20, 25; 257, 21.
Anactorium opp. Acarnaniae 238, 35.
Ananias Iudaeus 34, 4. 13.
Anas fl. Hispaniae 13, 22.
Anaxenor citharoedus 201, 1.
Angolisene regio Armeniae min. 101, 13.

Anterus gigas 72, 3.
Antigonus rex Iudaeorum 214, 2. 4. 7.
Antigonus ab Apelle pictus 250, 3.
Antiochia u. Mygdoniae 92, 5.
Antiochia ἡ πρὸς τῇ Ἰσαιδίᾳ 217, 15.
Antiochia ad Daphnen 118, 2; 214, 5. 6.
Antiochia Achaei filia 17, 31.
Antiochus (Soter) Seleuci f. 17, 31.
Antiochus Magnus 9, 6; 17, 42 s.; 47, 2; 86, 4. 25.
Antiochus Epiphanes 1, 5. 2. 14; 17, 56.
Antiochus Demetrii f. (Sidetes) 10, 17.
Antipater Derbetes 129, 4; 217, 11. 13.
Antipater Sisidis f. 46, 31.
Antipater procurator Iudaeae 169, 10.
Antipolis opp. Galliae 25, 24.
Antitaurus m. 86, 35.
Antonius, C. 121, 28; 161, 2.
Antonius, M. 161, 2 s.; 171, 4; 200, 6; 201, 2; 203, 12; 204, 5; 205, 9; 210, 5; 214, 1. 7; 216, 5. 6; 218, 4; 220, 2; 223, 1; 224, 1. 12; 225, 3. 7; 226, 3; 230, 3; 237, 2; 239, 18; 243, 2. 4; 244, 4; 245, 2. 13 s.; 244, 3; 249, 4; 251, 6. 10; 253, 2. 17. 21.

Aorsi pop. Asiae 172, 3 s.
Apamea u. Syriae 10, 2. 5. 9; 120, 1; 191, 2. 8.
Apamea (Cibotus) u. Phrygiae 49, 1; 143, 1; 217, 16.
Apelles pictor 250, 3.
Apellicon Teius 61, 18. 17. 26.
Apollo 77, 3. 5; Actius 238, 3. 25. 27.
Apollodorus Artemitenus 5, 6. 24; 6, 6.
Apollodorus Atheniensis 107, 6.
Apollodorus Pergamenus 251, 2. 4; Apollodorea secta 254, 3.
Apollonia u. ad Pontum 77, 1.
Apollonia u. Syriae 10, 9.
Apollonias opp. Phrygiae 217, 15.
Apollonides scriptor 45, 10.
Apollonis Cyzicena Attali uxor 17, 38.
Apollonis opp. Lydiae 18, 8.
Apollonius Nysaënsis 142, 2.
Aquillius, M.' 18, 19.
Aquitani 149, 2.
Arabes 121, 4.
Arabia felix 127, 2.
Aragus fl. Iberiae 109, 8; 215, 4.
Arar fl. Galliae 150, 3. 11; 195, 2.
Araxenus campus 91, 5.
Araxes fl. Armeniae 91, 4; 107, 5; 108, 11. 18; 225, 5.
Arbela opp. Assyriae 86, 12.
Archelaus Mithridatis dux 66, 1. 5; 134, 19. 20; 146, 24. 42.
Archelaus eius filius 66, 1. 4; 134, 12. 17. 20; 146, 22. 35. 418.; 174, 1.
Archelaus rex Cappadociae 129, 2; 134, 22; 146, 253.; 217, 23; 218, 3.
Arcton m. prope Cyzicum 50, 7.
Ardea opp. Latii 69, 2.
Ardiaei pop. Dalmatiae 68, 2. 8. 15.
Arduenna silva 156, 10.
Arecomisci pop. Galliae 164, 1.
Arethusa opp. Syriae 191, 5.
Argonautae 60, 9.
Aria regio Persidis 5, 2.
Ariana 5, 3. 14.
Ariarathes rex Cappadociae 17, 51.
Ariobarzanes rex Capp. 47, 14; 218, 2.
Aristio tyrannus Athenarum 57, 3.
Aristobulus Hyrcani f. 33, 2.
Aristobulus Alexandri f. 119, 5; 124, 3.
Aristodemus Nysaënsis Pompei magister 142, 5.
Aristodemus Nysaënsis Pompei liberorum magister 142, 2 ss.

Aristonicus Pergamenus 18, 2, 15.
Aristotelea Stagirita 64, 3, 5, 16.
Arius Augusti amicus 255, 7.
Armenia magna 80, L 10, 17, 23;
  91, 1; 101, 6; 105, 2; 107, 6; 108,
  2, 3, 11; 109, 6; 215, 3; 225, 5.
Armenia minor 46, 7, 27; 66, 33;
  101, 2, 15, 18; 116, 7, 9; 131, 27;
  135, 9; 138, 9.
Armenii 46, 3, 29; 86, 35; 87, 12;
  89, 11; 95, 29; 109, 11; 114, 5;
  116, 3; 215, 6; 224, 3, 12; 225, 2, 5.
Arsaces I rex Parthorum 4, 5, 21.
Arsaces Pharnacis f. 137, 13; 211, 6.
Arsinoë Lysimachi uxor 17, 17.
Arsinoë Cleopatrae soror 216, 2.
Arsinoë opp. Ciliciae 216, 1.
Artabri pop. Lusitaniae 13, 5; 39, 2.
Artanes Sophenus 86, 12.
Artavasdes rex Armeniae 105, 3;
  223, 1; 224, 4; 226, 1; 227, 2.
Artaxata opp. Armeniae 86, 28; 91,
  2, 5; 227, 2.
Artaxias rex Armeniae 86, 6, 2, 24;
  91, 3.
Artaxiasata = Artaxata 91, 2.
Artemidorus Ephesius 104, 1.
Artemidorus Cnidius 188, 3.
Aruaci pop. Hispauiae 16, L
Arupini opp. Iapodum 232, 5, 8.
Arverni Galli 26, 2, 11; 157, L 6, 9.
Arxata opp. Armeniae 91, 3a.
Asander rex Bospori 173, 3; 175, 9,
  21.
Ascalon opp. Iudaeae 160, 10.
Asia 17, 53; 47, 2; 48, 8; 53, 3;
  64, 4; 80, 10; 131, 9; 146, 6; 205,
  11; 206, 6, 24, 31, 35; 209, 9;
  250, 3; 245, 2; 257, 20.
Asianus 45, 73; 53, 2.
Asinius (C. Pollio) 169, 5.
Asplonae satrapia 5, 20.
Ategua opp. Hispaniae 180, 3.
Ateporix 138, 13.
Athenae 64, 29; 65, 2; 255, 5.
Athenaeus Attali I f. 17, 39.
Athenaeus Seleucensis 255, 3.
Athenienses 56, L 7; 57, 2; 83, 4.
Athenocles Atheniensis 63, 4.
Athenodorus Cordyllo 169, 2a.; 253, 3.
Athenodorus Cananites Sandonis f.
  253, 4, 26, 41.
Atrebatii Galli 156, 7.
Atropatene 91, 4; 224, 9; 225, 6.

Atropateni 86, 20; 223, 1; 225, L
Attalicus 17, 3; 64, 12; 131, 6.
Attalus Attali I pater 17, 28, 33.
Attalus I 17, 31.
Attalus II 17, 31, 53.
Attalus III Philometor 17, 50, 60;
  18, 2.
Augustus Imperator 140, 5; 197, 12;
  200, 9; 204, 6; 210, 5; 226, 7;
  228, 5; 220, 2; 232, 4, 7; 235, 6;
  238, 15, 31, 37; 242, 3; 243, 3, 5;
  246, 6, 11; 246, 7a.; 247, 3; 248,
  5; 249, 5; 250, 5; 252, 4, 14; 253,
  1, 24, 39; 254, 8; 255, 7; 256, 4;
  257, 2, 12ss. 32.
Autariatae Illyrii 68, 9, 13, 19.
Autolycus 84, 13.
Azara opp. Elymaidis 9, 12.

Babyloun 86, 35.
Dabyrsa cast. Armeniae 227, 3.
Bacchides dux Mithridatis 64, 7.
Bactra opp. Bactriae 5, 16.
Bactria 5, L
Bactriani 4, 4, 13; 5, 14, 23, 25; 6,
  2, 8.
Bactriani 4, 24; 5, 11.
Baenis fl. Lusitaniae 15, 12.
Baetis fl. Hispaniae 257, 24.
Baetis? opp. Hispaniae 181, 5.
Balbura opp. Lyciae 67, 4, 10.
Balbus Gaditanus (L. Cornelius) 196,
  2a. 10.
Balearides Insulae 23, 3.
Bambyce opp. Syriae 118, 2.
Basgoedariza cast. Armeniae 101, 6.
Basoropeda regio Armeniae 86, 30.
Bata opp. Ponti 104, L
Belgae 37, 18; 149, 2; 153, 2, 5, 9;
  154, 2.
Bello fl. Lusitaniae 15, 11.
Bellovaci Galli 153, 5.
Belus 9, 7.
Berenice opp. Cyrenaicae 177, 2.
Beroea opp. Syriae 118, 2.
Berytus opp. Phoenices 10, 23; 121,
  12.
Bibilis opp. Celtiberorum 73, 2.
Billarus artifex 84, 12.
Bithyni 40, 11; 45, 3; 116, 19, 21;
  131, 7; 132, 1.
Bithynia 46, 14; 48, 7; 62, 9; 118,
  12, 24, 27; 257, 2L 30.
Bitultus rex Arvernorum 20, 13.

Illaëne regio Paphlagoniae 48, 2.
Blucium cast. Galatiae 132, 3.
Bocchus rex Mauritaniae 165, 2.
Boerebistas rex Getarum 196, 2. 15.
40. 15.
Boethus Tarsensis 253, 5.
Bogus rex Mauritaniae 165, 2; 237, 3.
Bolanum opp. Samnii 69, 21.
Boii Galli 28, 2. 4; 37, 2. 4; 68, 9;
150, 11. 51. 60.
Borrhama arx Libani 121, 7.
Borysthenes fl. 45, 4.
Bosporani 173, L
Bosporus (Cimmerius) 45, 11. 13; 101,
17; 103, 3; 171, 2; 172, 2; 175,
9. 11.
Botrys cast. Syriae 121, 8.
Britanni 155, 5.
Britannia 30, 15; 154, 4; 155, 2. 12.
21. 26. 25.
Brogitarus tetrarcha Galatiae 133, 4.
Brutus Callaicus 15, 2. 13. 16.
Brutus (D. Iunius) 104, 5.
Brutus (M. Iunius) 195, 3.
Bubo opp. Lyciae 67, 4. 10.
Buthrotum opp. Epiri 241, 1.
Byblus opp. Phoenices 121, 13.
Byzeres Pontici 102, 6.

Cabira opp. Ponti 82, 1; 115, 3;
136, 1.
Cadena opp. Cappadociae 202, 5.
Caecilius Bassus 191, 1. 12. 16.
Caeni Thraces 17, 51.
Caepio (Q. Servilius) 32, 4. 7.
Caesar, C. Iulius 26, 1; 149, 4; 149,
3; 151, 5; 154, 3; 155, 1. 18. 26;
157, 48.; 162, 5; 163, 1. 4; 166, 1.
5; 168, 1; 170, 2; 171, 3;
175, 6; 179, 2. 8. 10. 20; 179, 1;
180, 13; 181, 4; 184, 2. 8; 186,
41; 187, 2. 6; 188, 2; 192, 3; 220,
1; 234, 4; 236, 0; 245, 1; 250, 1.
Calaguris opp. Hispaniae 74, 7.
Calamis statuarius 77, 5.
Callaici pop. Hispaniae 15, 16. 18.
Callydium cast. Mysiae 205, 9.
Calydon opp. Aetoliae 239, 5.
Camisa cast. Ponti 138, 10.
Camisene 138, 5.
Campania 69, 3.
Campus Martius 60, 13.
Canidius (P. Crassus) 215, 9.
Cantium prom. Britanniae 155, 21.

Capitolium 77, 4; 115, 11; 249, 6.
Cappadoces 17, 51; 18, 12; 12, 5;
83, 3; 94, 2. 4; 134, 22; 146, 26;
202, 4; 215, 2.
Cappadocia 40, 12; 89, 11; 99, 2;
129, 3; 133, 2; 134, 3; 217, 5. 10.
Capreae insulae 256, 1. 4.
Capsa opp. Numidiae 30, 9; 178, 8.
Carana opp. Ponti 138, 17.
Caranitis 138, 15.
Carbo (Cn. Papirius) 28, 9.
Carduchi 114, 2.
Carcuitis regio Armeniae 88, 31.
Caria 48, 5.
Caricus imperator (Hybreas) 206, 29.
Carrhae opp. Mesopotamiae 160, 1.
Carteia opp. Hispaniae 180, 6.
Carthaginienses 14, 2; 29, 2.
Carthaginiensia bella 30, 4.
Carthago 2, 7 s.; 30, 2; 95, 13; 184, 6.
Carthago Nova 74, 13.
Casiana cast. Syriae 10, 4. 5.
Casius m. Aegypti 20, 2; 167, 2. 9.
Caspiana regio Albaniae 86, 30.
Caspii 172, 5.
Caspium mare 98, 4; 107, 3. 9;
108, 6.
Cassiterides insulae 30, 1.
Cassius (C.) 193, 3; 198, 3.
Cassopaei Epirotae 235, 9.
Castabala opp. Ciliciae 129, 4.
Castor Saocondarius (Tarcondarius)
190, 18.
Castor rex Paphlagoniae et Galatiae
219, 2.
Cataones pop. Asiae 86, 34.
Catinienses incolae Catanae 19, 6.
Cato, M. Porcius 144, 17. 19; 158,
4; 159, 3; 177, 2 s.; 253, 3.
Caucasus m. 101, 10; 108, 2; 111, 9.
Cavari Galli 26, 22.
Celtae 149, 3.
Celtiberi 16, 12; 73, 1; 74, 9.
Celtibericum bellum 16, 3.
Celtici populi 13, 23.
Celtoligyes 25, 7.
Cemmenus m. Galliae 26, 9. 27.
Cephallenia ins. 161, 2. 4.
Ceraunia m. pars Caucasi 111, 10.
Cercetae pop. Asiae 104, 2. 8.
Cercinna ins. ad Syrtim 178, 10.
Cereris templum Ennae 19, 2.
Chabum opp. Cherronesi Taur. 45, 32.
Chaeronea opp. Boeotiae 59, 7.

Chalcedon opp. Bithyniae 46, 10; 87, 5; 116, 18.
Chalcidenses in Euboea 65, 7.
Chalcis opp. Syriae 120, 2; 121, 2; 191, 14.
Chaldaei Pontici 46, 20, 30.
Chalybes Pontici 86, 32.
Chanes fl. Albaniae 108, 8.
Chelcias Iudaeus 34, 3, 13.
Cherronesitae 45, 13, 15, 71.
Cherronesus (Taurica) 45, 30; 175, 22.
Cherronesus opp. 45, L. 7.
Chordiraza opp. Mesopotamiae 160, 2.
Chorzene regio Armeniae 86, 31.
Cibyra opp. Pisidiae 67, L. 6.
Cicero, M. Tullius 124, 28; 147, 2; 191, 4.
Cilices 10, 12, 19; 95, L. 31, 46; 97, 26 a.; 144, 11; 217, 17 a. Tracheotae 95, 12.
Cilicia 10, 21; 95, 4; 97, 12; 129, 2; 130, 3. Tracheotis 203, 4; 217, 23 a.
Cimbri 27, L. 13, 16, 18; 28, 3, 10; 37, 3, 11, 18, 21; 151, 3; 153, 6.
Cimiata cast. Paphlagoniae 42, 2.
Cimiatene 42, L.
Cimmericus Bosporus 27, 15.
Cimmerii 27, 15.
Cinyras tyrannus Bybli 121, 13.
Cirta opp. Numidiae 20, 11.
Cleo latro 205, 5; 243, 2.
Cleopatra Ptol. Lathuri mater 34, 2, 6, 10; 55, 8.
Cleopatra Selene 90, 4.
Cleopatra Ptol. Auletae filia 144, 5; 146, 8, 35, 47, 49; 147, 3; 167, 3 a.; 165, 3; 203, 12; 210, 5. 9; 217, 25; 239, 19; 215, 4, 14.
Clodius, P. Pulcher 144, 10.
Cnosaii in Creta 41, 6.
Cnosasus 43, 13, 23, 26; 155, L.
Coelesyria 119, 2.
Cogaeonus m. et fl. in Getis 186, 32.
Col 207, 2; 250, L. 8.
Colchi 45, 68; 104, 6.
Colchicus 107, 4; 109, 3.
Colchis 46, 8, 9, 19, 32; 56, 11; 101, 17; 108, 14; 116, 8, 10, 17; 131, 27; 176, 2.
Comana opp. Ponti 43, 35; 134, 2, 11, 23; 138, 12; 146, 27, 10; 174, 2; 243, 9; 252, 2.

Comarus portus Epiri 238, 32.
Commagene regio Syriae 128, L.
Commagenus 90, 3; 128, 5.
Comum opp. Galliae Cisalp. 149, L.
Coracesium opp. Ciliciae 10, 13; 216, L.
Corduba opp. Hispaniae 70, 1; 180, 4, 9; 181, 1; 197, 2.
Corônium opp. 40, 9.
Corinthus 3, 9; 95, 54; 164, 2, 7.
Coriscus Scepsius philos. 64, 2.
Corsica 237, 25.
Corycus prom. Ciliciae 96, 6.
Cos insula 55, 7.
Crassus (P. Licinius) 18, 14, 18.
Crassus (P. Licinius) 90, 11.
Crassus (M. Licinius) 55, 3; 100, 2, 7; 209, 8.
Cratippus Trallianus 52, 2.
Crocas auriga 103, 12.
Crenides — Philippi 198, L.
Creta 38, 3; 43, 4; 67, 22, 29; 257, 20.
Critasirus rex Bolorum 150, 12, 32.
Clonus portus Cherronesi T. 45, 38, 43.
Ctesipho opp. Assyriae 8, 2.
Culupene regio Ponti 138, 8.
Cyaneae insulae 44, 3.
Cybistra opp. Cataoniae 129, 4.
Cyme opp. Aeolidis 18, 6.
Cyprii 144, 2.
Cyprus 34, 10; 95, 17; 144, 3, 17, 19; 216, 10; 257, 30.
Cyrenaei 38, 2; 58, 8.
Cyrene 58, 4, 11, 22; 257, 30.
Cyrrhestica pars Syriae 209, 2.
Cyrus fl. Iberias et Albaniae 46, 32; 107, 6; 108, L. 9, 14; 109, 6, 9; 215, 3, 6.
Cyzicent 80, 18.
Cyzicus 80, 2.

Daae Scythae 4, 6, 20 aa.
Daci 186, 51, 57, 61, 63; 233, 4, 7.
Daedala opp. Cariae 95, 30.
Daedala m. Lyciae 95, 37.
Dalmatae 235, L.
Damascus opp. 119, 2.
Darala cast. Galatiae 90, 4; 133, 6.
Dandarii Scythae 173, 1.
Dardanii Illyrii 64, 10.
Dardanus opp. Troadis 61, L.
Dastira opp. Armeniae mtn. 101, 14

22*

Decaeneus vates Getarum 156, 13.
41, 43.
Deiotarus rex Galatiae 131, 25; 132,
4; 182, 4; 190, 2; 217, 2.
Deiotarus Philadelphus rex Paphla-
goniae 219, 2.
Dellius (Q.) historicus 225, 7.
Delphi 32, 2, 16, 20.
Delus 56, 2; 95, 10.
Demetrius (Soter) 10, 17; 17, 55.
Demetrius Euthydemi f. 5, 10.
Derbe opp. Lycaoniae 129, 5; 217,
10, 12.
Dertona opp. Italiae 31, 2.
Diana 9, 12; Ephesia 71, 15; 200, 2.
Dianium opp. Hispaniae 74, 18.
Diegylis rex Caenorum 17, 57.
Dindymene mater deorum 80, 8.
Dindymus m. prope Cyzicum 30, 6.
Dio Academicus 146, 33.
Diodorus Zonas 54, 2.
Diodorus Adramytticuus 60, 3.
Diodotus rex Bactriae 4, 23.
Diodotus Trypho 10, 2, 14, 19, 23;
95, 2.
Dionysius Heracleonis f. 118, 2.
Diophantus dux Mithridatis 45, 33.
61.
Dioscuri 103, 13.
Dioscurias opp. Colchidis 101, 5;
106, 3.
Diospolis — Cabira 136, 2.
Diotrephes Antiochleusis 206, 2.
Dolabella (P. Cornelius) 192, 7; 193, L.
Domanitis regio Paphlagoniae 48, 2.
Domitius, Cn. Ahenobarbus 26, 6, 9,
14, 21.
Domitius, Cn. Ahenobarbus 231, 4.
Domnecleus tetrarcha Galatiae 251, 7.
Dorylaus tacticus 43, 1, 8, 20, 31.
Dorylaus eius fratris f. 43, 19, 21, 33.
Druentia fl. Galliae 26, 20.
Drynemetum in Galatia 131, 15.
Duria fl. Italiae 12, 4.
Durius fl. Hispaniae 15, 2.
Dyme opp. Achaiae 97, 9, 18; 240, 1.
Dyteutus Adiatorigis f. 139, 18; 262,
2, 10.

Eburones Galli 156, 7.
Ebusus una de Pityussis ins. 21, 7.
Ecbatana 5, 10.
Elaiticus sinus 17, 45.
Elymais 9, 1.

Emiseni Syri 191, 10.
Emporium Alexandriae 214, 2.
Enna opp. Siciliae 19, 2, 14.
Ephesii 18, 6.
Ephesus 51, 2; 200, 2.
Epirotae 235, 5; 257, 28.
Epirus 257, 27.
Erastus Scepsius philos. 64, 2.
Etruria 31, 3.
Etrusci 71, 6; 97, 26.
Euboenses 171, 29.
Eucratidas rex Bactriae 4, 14; 5, 21.
30.
Eucratidia opp. Bactriae 5, 18.
Eudoxus Cnidius 188, 2.
Eumenes Eumenis I p. 17, 27.
Eumenes I 17, 22.
Eumenes II 17, 39, 41.
Eumenes Cardianus 202, 2.
Eunus servorum dux 19, 5, 13.
Euonymus ins. Liparaeorum 21, 3.
Eupatoria opp. Ponti 135, 6.
Eupatorium opp. Cherronesi T. 45, 33.
Euphrates 4, 12; 56, 22; 89, 3; 90,
2; 92, 3; 94, 2; 95, 27; 101, 13;
108, 15; 115, 7; 124, 3; 191, 4;
224, 5; 227, 4.
Europa 257, 23.
Euthydemus rex Bactriae 4, 5; 5, 10.
Euthydemus Mylasensis 206, 3, 11, 18.
Euxinus Pontus 88, 11.

Fabius, Q. Maximus Aemilianus 26,
5, 7, 14, 27.
Fimbria (C.) 62, 2, 4.
Flaccus (L. Valerius) 62, 4.
Flaminius, T. 21, 15.
Fortuna 3, 6.
Fregellae opp. Latii 22, 1.
Frontani pop. Italiae 40, 2.

Gabinius (A.) 131, 18; 145, 2; 146,
27, 35, 43, 53.
Gades 20, 4; Nova 196, 3; Didyma
196, 4, 9.
Gadiluni 181, 2; 196, 2.
Galatae 17, 35; 99, 3; 116, 15; 131,
2, 5, 22, 29; 133, 8; 138, 14; 175,
3; 251, 7; 257, 21.
Galatia 131, 7; 169, 2; 217, 2, 4.
Galilaea 124, 15.
Galli 25, 11; 26, 23, 25; 28, 4, 6;
37, 4, 6; 68, 5; 156, 4; 186, 10.
55; 189, 3.

Quaestiones Strabonianae   341

Gallia 131, 4; 155, 20; 213, 11;
  Transalpina 149, 2; Narbonensis
  257, 23.
Gallici populi 156, 52.
Gallinaria silva in Campania 197, 7.
Gallograecia = Galatia 131, 9.
Gallus, Cn. Cornelius 217, 1.
Gangra opp. Paphlagoniae 219, 3.
Gargarensos pop. Caucasi 111, 2, 20,
  27.
Garumna fl. Galliae 155, 14.
Gazaca opp. Mediae 225, 2.
Gazelon opp. Ponti 87, 1.
Gazelonitis 131, 25.
Gelae Scythae 111, 4.
Gergovia opp. Arvernorum 157, 6.
Germani 37, 21; 150, 5; 151, 8; 153,
  4; 213, 2.
Germanici populi 152, 2; 156, 2;
  bellum 213, 4.
Getae 156, 1. 3. 7. 21. 37. 40. 47. 63.
Gigartum cast. Syriae 121, 9.
Gindarus opp. Syriae 209, 1.
Gogarene regio Armeniae 66, 31.
Gorbeus opp. Phrygiae 100, 1.
Gordium opp. Phrygiae 205, 6.
Gordyaei pop. Mesopotamiae 56, 20;
  59, 16; 114, 1. 2.
Gortynii in Creta 43, 9.
Graeci 3, 4. 19. 26; 25, 18.; 27, 16;
  29, 14; 44, 4; 97, 24; 123, 9; 130,
  0; 148, 3; 238, 1.
Graecia 43, 4; 54, 3; 62, 10.
Graecus (adj.) 69, 6.
Gymnesiae Insulae 23, 2. 4.

Halys fl. 46, 3. 14. 16; 116, 2. 21.
  30; 137, 2; 139, 1; 257, 20.
Hamaxia opp. Ciliciae 216, 2.
Hannibal 31, 2; 91, 2.
Hannibalicum bellum 24, 1.
Harmozica opp. Iberiae 109, 9; 215, 7.
Hector 62, 12.
Hedypho fl. Babyloniae 9, 13.
Heliopolis opp. Syriae 120, 2; 191,
  10.
Heliopolitae 18, 8.
Heliopolites pagus 34, 5.
Helvetii 37, d. S. 15; 151, 1; 152, 1.
Hemeroscopium opp. Hispaniae 74,
  9. 14.
Heniochi pop. Asiae 103, 1. 13; 104,
  4. 8.
Heniochia 103, 12.

Heptacometae pop. Ponti 102, 1.
Heraclea opp. Ponti 40, 5. 9. 15;
  116, 5. 17. 21. 23. 28; 251, 1.
Heraclea opp. Syriae 114, 2.
Heracleo Dionysii p. 118, 3.
Heracleotae Pontici 251, 8.
Heracleum cast. Syriae 209, 2.
Heraeum Sami 249, 1.
Hercules 20, 30; 249, 6.
Hercynia silva 78, 2; 17, 2.
Herodes rex 204, 2; 214, 4. 11. 15.
Heroum urbs in Aegypto 247, 3.
Hiera Insula 21, 3.
Hiericho opp. Iudaeae 124, 16; 125, 1.
Hiero Laodicenus 210, 1.
Hierosolyma 34, 5; 123, 2. 22; 124,
  6. 26.
Hierosolymitanum templum 1, 2;
  55, 3.
Hispalis opp. Hispaniae 191, 2.
Hispani 14, 2; 25, 23; 106, 13; 150,
  10; 197, 3.
Hispania 14, 5; 23, 1. 25; 25, 12. 23;
  H. ulterior 257, 21.
Hispanici populi 13, 2.
Homerus 253, 18. 21.
Hortensius (Q. Hortalus) 158, 4.
Hybreas Mylasensis 206, 2. 6. 14. 25.
  27.
Hydara cast. Armeniae 101, 5.
Hydarnes Persa 66, 3.
Ύδατος ποταμοί = Seleucia Pieriae
  117, 2.
Hypanis fl. Indiae 5, 8.
Hypanis fl. Sarmatiae 173, 4.
Hypsicrates historicus 111, 7; 169,
  8; 175, 21.
Hyrcania 6, 1. 8; 8, 10.
Hyrcanium cast. Iudaeae 124, 17.
Hyrcanus rex 124, 9; 128, 9; 169, 2.
  7. 13.

Iaccetani Hispani 74, 2. 9; 160, 11.
Ialmenus Orchomenus 78, 2; 103, 17.
Iamblichus rex Emisenorum 191, 9.
Iapodes Illyrii 232, 1. 6; 233, 1.
Iason 84, 15; 103, 10.
Iberes pop. Caucasi 86, 11. 30; 100,
  10; 107, 2. 5. 9s.; 109, 2; 110, 2.
  6; 215, 2.
Iberus fl. Hispaniae 74, 8; 75, 1.
Icizari cast. Ponti 137, 1.
Iconium opp. Lycaoniae 203, 18.
Idumaei 20, 2s.

Ilerda opp. Hispaniae 74, 4; 162, L
Hergetae pop. Hispaniae 74, 5.
Ilienses 62, 2, 7. 12. 15; 186, 2. 5.
Ilium 62, 7.
Illyria 186, 9; 257, 20.
Illyrici popull 180, 85.
Illyrii 65, 2. 14. 72; 186, 10.
Indi 5, 6.
India 5, 286.
Iris fl. Ponti 135, 4.
Isamus fl. Indiae 5, 2.
Isara fl. Galliae 26, 5. 21. 26.
Isaura opp. Isauriae 96, 2. 20; 217, 12. 14.
Isaurica 96, 9; 217, 2.
Issus opp. Ciliciae 97, 12.
Ister fl. 29, 4; 37, 7; 65, 20; 186, 5. 84. 60; 233, 7.
Itali 40, 10; 69, 7; 199, 2. 4.
Italia 25, 35; 37, 12; 45, 6; 69, 16; 95, 49; 150, 6.
Italica — Corduban 40, 11.
Italica opp. Hispaniae 150, L
Itium portus Galliae 155, 17.
Ituraea 33, 4.
Iturael 33, 12; 120, 3; 121, 4; 191, 12.
Iuba I 178, 3. 16. 20.
Iuba II 178, 17. 19; 257, 19.
Iudaea 20, 1; 33, 5; 35, 4; 58, 24; 119, 4. 5; 121, 2; 169, 10.
Iudaei 1, 3. 15; 20, 4; 33, 7. 11; 34, 12; 55, 8; 58, 9. 13 ss. 21; 121, 3; 124, 12; 126, 2; 145, 3; 169, 7; 204, 3; 214, 6. 9.
Iugurtha 30, 5. 9; 178, 5.
Iulia Ioza opp. Hispaniae 214, 4.
Iullopolis opp. Phrygiae 205, 7.
Iulius 166, 2.
Iulus Aeneae f. 166, 2.
Iuppiter 203, 3; 219, 6; Abrettenus 243, 6; Casius 167, 11; Larissaeus 231, 1.

Labienus (T. Atius) 205, 10; 206, 22.
Lacedaemonii 57, 2. 13; 103, 12; 239, 27.
Lagetas Strabonis avus 43, 15. 24. 26.
Lagidae Aegypti reges 245, 15.
Lamus opp. Ciliciae 97, 11.
Laodicea opp. ad Lycum fl. 50, 1; 210, 2.
Laodicea opp. Syriae 193, 2.
Laranda opp. Lycaoniae 217, 12.

Larisa cast. Syriae 10, 5.
Latium 69, 2; Ius Latii 164, 8.
Lavinianene regio Cappadociae 135, 2.
Legae Scythae 111, 5.
Lelantus campus Euboeae 85, 5.
Leonnorius dux Galatarum 131, 2.
Leucae opp. Ioniae 15, L 18.
Leuco rex Bospori 45, 19. 21.
Leucothea 178, 2.
Libanus m. 121, 7.
Libya 2, 4; 161, 10; 257, 18.
Libyes 123, 2.
Liger fl. Galliae 37, 20; 153, 3; 155, 11.
Ligures 25, 5. 12. 25.
Liguria 25, 8.
Limaeas fl. Lusitaniae 15, 11.
Lindos opp. Rhodi 97, 11.
Lipara insula 21, 2. 18.
Liris fl. Latii 77, 1.
Lucullus (L. Licinius) 3, 6.
Lucullus (L. Licinius) 59, 4; 60, 22; 63, 7; 64, 5. 12; 69, 6; 93, 7. 10; 97, 4; 99, 5; 100, 2. 5; 143, 2. 5; 171, L
Lucullus (M. Licinius) 77, 3.
Luerio 25, 7.
Luerius Arvernus 26, 15.
Lugdunum opp. Galliae 195, L
Luna opp. Ligurum 31, 8.
Lusitani 13, 23; 15, 3. 20.
Lusitania 13, 7.
Lycaones 217, 21.
Lycaonia 96, 5; 203, 15; 217, 18.
Lycia 48, 5; 67, 3; 95, 31 s.; 96, 3.
Lycii 67, 9; 95, 47; 96, 17; 97, 2.
Lyclus (adi.) 95, 35. 51.
Lycomedes sacerdos Comanorum 174, 3; 211, 9; 252, 2.
Lycus fl. Ponti 135, 3.
Lycus fl. Coelesyriae 10, 22.
Lynx opp. Mauritaniae 72, 3.
Lyslas cast. Iudaeae 124, 17; 191, 7.
Lysimachus rex 17, 6. 18. 19.

Macedones 5, 30; 9. 5; 69, 11; 68, 2; 92, 4; 239, 15.
Macedonia 166, 9; 257, 27. 29.
Machaerus cast. Iudaeae 124, 17.
Macras campus Syriae 126, L
Maeotae 45, 68.
Maeotis 4, 23; 27, 14; 45, 21. 61; 175, 22.
Magnesia opp. ad Sipylum 63, 2.

Magnopolis opp. Ponti 135, 2.
Mandubii Galli 157, 8.
Marcellus (M. Claudius) 76, 2.
Marcellus (M. Claudius) Octaviae f. 253, 19.
Marcia Catonis uxor 159, 4.
Marius, C. 36, L.
Marius (C.) eius filius 70, 4.
Marrucini 40, 2.
Mars 20, 30.
Marsi 10, 2.
Maraicum bellum 40, 8. 15; 69, 25.
Masaesyli Numidae 29, 8; 179, 11.
Masinissa rex 29, 3. 5. 9. 12; 178, 15.
Massilia opp. 25, 2. 32. 36; 26, 12.
Massilienses 25, 8. 21. 37. 41; 36, 4; 74, 13; 163, 2.
Massyas campus Syriae 120, 3; 121, 1. 3; 191, 11.
Masyllenses Numidae 30, 3.
Mauritani 237, 2.
Mauritania 30, 1; 77, 3; 105, 2; 178, 20.
Mazaceni Cappadoces 89, 11.
Medi 86, 29. 31.
Media 1, 3; 80, 3. 10; 227, 3.
Mediomatrici Galli 152, 2. 1; 213, 1.
Megalopolis opp. Ponti 138, 1.
Megara opp. Syriae 10, 8.
Menander rex Bactriae 5, 2.
Menapii Galli 155, 16; 156, 2. 6.
Menodorus Trallianus 237, 2.
Menodotus Pergamenus 175, 2.
Mermadalis fl. apud Amazones 111, 5.
Mesopotamia 58, 21; 69, 13; 90, 2; 92, 2; 114, 9; 128, 1; 191, 16.
Messala (M. Valerius Corvinus) 233, 1.
Messana opp. Siciliae 197, 11.
Metellus (Q. Caecilius) Balearicus 23, 2. 23.
Metellus (Q. Caecilius) Pius 73, 2.
Methone opp. Messeniae 237, 1.
Metrodorus Scepsius 87, 2; 111, 7.
Metulum opp. Iapodum 232, 5. 8.
Micipsa 29, 1. 9. 14; 178, 15.
Mileati 44, 2; 45, 19; 77, 1; 83, 3.
Miletus 141, 2; 230, 1.
Milyas regio Asiae 87, 3; 90, 1.
Minerva 9, 11; 249, 8.
Minius fl. Hispaniae 15, 11.
Minturnae opp. Latii 22, 2.
Misenum prom. Campaniae 197, 5.
Mithridates Ctistes 41, 3; 42, 2.
Mithridates Euergetes 43, 2. 11. 17.

Mithridates Eupator 42, 3; 43, 17. 34; 44, 6 s.; 45, 3. 22. 27. 32. 34. 48. 52. 56. 67. 69. 72; 40, 2. 9. 15. 19. 32; 48, 3; 49, 2; 50, 4; 51, 4; 54, 1; 55, 7; 56, 3; 58, 3; 59, 3; 61, 3; 67, 6. 14; 82, 2; 83, 6; 87, 8. 13; 89, 6; 93, 3; 94, 5; 98, 3; 101, 1. 17; 103, 2; 115, 10; 116, 2. 17. 28. 32; 138, 4; 148, 21. 51; 175, 4; 200, 1.
Mithridates Pergamenus 169, 8. 9; 175, 2; 178, 3; 254, 2.
Mithridatica bella 57, 3; 57, 1; 60, 2; 62, 3; 80, 12; 85, 3; 104, 8.
Μιθριδατισμός 53, 1.
Mithridatium cast. Galatiae 99, 4; 133, 1.
Moagetes tyrannus Cibyrae 67, 8.
Moaphernes praefectus Colchidis 16, 22; 93, 1.
Monetium opp. Iapodum 232, 5. 8.
Monoeci portus Liguriae 25, 2.
Morene regio Mysiae 243, 1.
Morimene regio Cappadociae 217, 6.
Morini Galli 155, 17; 156, 1.
Moron opp. Lusitaniae 15, 1.
Morzeus 219, 3.
Moschi 101, 8.
Moschica regio Colchidis 176, 2; Moschici montes 107, 2.
Moses 123, 4.
Mosynoeci Pontici 80, 31.
Mummius (L.) 3, 5. 3.
Munda opp. Hispaniae 179, 1; 180, 3. 3 s.
Mundas fl. Lusitaniae 15, 2.
Murena (L.) 67, 9.
Mutina opp. Italiae 191, 5.
Mygdones pop. Mesopotamiae 92, 3.
Mygdonia 92, 5.
Mylasa opp. Cariae 208, 2.
Myro statuarius 249, 3.
Mysia 243, 1.
Mysius 243, 1.
Mytilene 110, 2.

Nabataei Arabes 20, 3; 127, 1.
Narbo opp. Galliae 28, 12; 161, 3; 195, 1.
Neapolis opp. Cherronesi T. 45, 32.
Neapolis — Phazemon 137, 4; Neapolitis — Phazemonitis 137, 2.
Neapolitani in Italia 256, 2.
Neleus Coriaci f. 81, 2. 1.

Nemausus opp. Galliae 161, 2, 7.
Neocomitae 148, 9.
Neoptolemus dux Mithridatis 45, 58, 66.
Neptunus 244, 2.
Nerossus = Nora 202, 1.
Nervii Germani 136, 1.
Nestor Tarsensis 253, 38.
Nicaea opp. Massiliensium 25, 24.
Nicephorium opp. Mygdoniae 160, 1.
Nicephorium lucus Pergami 17, 17.
Niclas Cous 207, 2, 4.
Nicomedes II Prusiae f. 17, 59; 18, 11.
Nicomedes III 48, 2.
Nicopolis opp. Armeniae min. 101, 10.
Nicopolis opp. Epiri 238, 5, 12, 20, 28, 34, 37.
Nicopolis opp. Aegypti 245, 9.
Nivia opp. Dalmatiae 273, 5.
Ninus opp. Assyriae 86, 10.
Nisibis opp. Mesopotamiae 92, 4.
Nomades 175, 13.
Nora cast. Cappadociae 202, 1.
Noreia opp. Norici 28, 9.
Novum castellum (Καινὸν χωρίον) 115, 1.
Novum Comum opp. Galliae 148, 10.
Numantia opp. Hispaniae 16, 2.
Numantini 14, 7; 16, 5, 7.
Numidae 29, 6.
Nysa opp. Cariae 142, 2.
Nysaenses 142, 1.

Oblivionis fl. Hispaniae 15, 10.
Obulco opp. Hispaniae 179, 2.
Ochus fl. Bactriae 4, 7.
Octavia Augusti soror 253, 39.
Odomantis regio Armeniae 86, 27.
Oenoanda opp. Lyciae 67, 5.
Olane cast. Armeniae 227, 1.
Olbe opp. Ciliciae 203, 2.
Olbia opp. Massiliensium 25, 24.
Olgassys m. Paphlagoniae 42, 2; 139, 2.
Olympicum certamen 238, 26.
Olympus m. et opp. Lyciae 98, 2.
Olympus m. Mysiae 205, 1.
Olysipo opp. Lusitaniae 15, 5.
Onias Iudaeus 34, 4, 12.
Orchomenii 78, 2; 103, 16.
Orchomenus opp. Boeotiae 59, 1.
Orontes Persa 86, 3.
Osca opp. Hispaniae 74, 6, 9.
Oxus fl. Bactriae 5, 12.

Pacorus dux Parthorum 209, 4, 9.
Padus fl. Italiae 31, 1, 4s.
Pagrae cast. Syriae 208, 1.
Palacium opp. Cherronesi T. 45, 32.
Palacus Scytha 45, 9, 10.
Palaepharsalus opp. Thessaliae 167, 6.
Palma opp. Balearidum 23, 5.
Pamphyli 95, 42; 96, 5.
Pamphylia 95, 45; 96, 4.
Panna opp. Samnii 69, 21.
Pannonii 233, 5.
Panticapaeum opp. Cherronesi T. 45, 13, 38.
Paphlagones 116, 13; 131, 1, 20.
Paphlagonia 40, 4; 116, 4, 25; 219, 1.
Parii Daae 5, 2.
Parisades I rex Cherronesi T. 45, 20, 24.
Parisades II 45, 12, 21, 25.
Parisus fl. Pannoniae 186, 33.
Parma opp. Galliae Cisalp. 31, 4.
Parni Daae 4, 8, 20.
Parthi 5, 21; 6, 1; 7, 5; 8, 3; 9, 3, 9; 80, 16, 38; 95, 27; 136, 29; 160, 3, 5; 200, 24; 208, 5; 209, 4, 6; 224, 2; 225, 1, 8; 226, 3; 228, 2, 7.
Parthia 4, 1, 23.
Parthicus 5, 23; 6, 6; 7, 2; 8, 5; 146, 45; 200, 23, 27.
Parynddres m. Armeniae 86, 31; 101, 8.
Patalene regio Indiae 5, 11.
Patrae opp. Achaiae 239, 1, 6.
Pelum cast. Galatiae 132, 2.
Peligni 40, 2, 2.
Pelodes portus Epiri 241, 1.
Pelusium opp. Aegypti 107, 6.
Pergamum 17, 2, 6, 29, 44, 45; 64, 13.
Perperna, M. 18, 14, 17.
Persae 9, 5; 86, 1, 4.
Perseus rex Macedonum 17, 42.
Petreius (M.) 102, 2.
Phanagoria opp. Bosporanorum 45, 57.
Phanaroea regio Ponti 134, 1; 135, 1; 137, 5.
Pharae opp. Africae 175, 12.
Pharnaces I 44, 6; 54, 4.
Pharnaces II 137, 12; 171, 2; 172, 2; 173, 3; 175, 19; 176, 4; 211, 5.
Pharnacia opp. Ponti 46, 25, 31; 131, 20.

Pharus ins. prope Alexandriam 170, 1.
Phaselis opp. Lyciae 96, 6.
Phasis opp. Colchidis 103, 8.
Phaunitis regio Armeniae 80, 30.
Phazemon opp. Ponti 137, 3.
Phazemonitis 137, 2, 5, 18; 221, 2.
Philadelphia opp. Iudaeae 124, 15.
Philetaerus Tianus 17, 11. 13.
Philetaerus Attali I T. 17, 39.
Philetaerus Dorylai frater 43, 10. 33.
Philippi opp. Macedoniae 198, 1; 245, 2; 253, 10.
Philippus V rex Macedonum 17, 36.
Phocenses 32, 17.
Phoenice 68, 22; 98, 9; 95, 29; 123, 31.
Phoenices 23, 13; 39, 3.
Phraata opp. Mediae 225, 3.
Phraniceates dux Parthorum 208, 5.
Phrixus 176, 3.
Phryges 217, 14.
Phrygia Magna 217, 7; Epictetus 132, 2.
Phrynae pop. Indiae 5, 15.
Phthiotae Achaei 103, 11.
Phthirophagi pop. Caucasi 104, 2.
Piceum 40, 1.
Pieria regio Syriae 117, 2.
Pimolisa cast. Ponti 139, 3.
Pimolisena 139, 6.
Pinaca opp. Mesopotamiae 114, 3.
Piraeus portus 57, 10. 12.
Piraeus — Amisus 63, 5.
Pisae opp. Etruriae 31, 8.
Pisidae 217, 14.
Pisidia 67, 2; 96, 4.
Pithecussae insulae 236, 3.
Pityus magnus portus Colchidis 104, 5.
Pityussae insulae 23, 2.
Placentia opp. Galliae Cisalp. 31, 4.
Polemo rex Ponti et Bospori 173, 3; 210, 4; 211, 6.
Polemo rex Olbae 203, 18.
Pollentia opp. Balearidum 23, 5.
Polybius historicus 7, 3.
Pompaedius dux Marsorum 40, 16.
Pompeiopolis opp. Ponti 139, 3.
Pompeiopolis — Soli 97, 5. 10.
Pompeius Strabo (Cn.) 148, 2.
Pompeius (Cn. Magnus) 74, 11; 75, 3; 90, 3; 93, 12; 98, 20 s.; 97, 5. 14. 19; 98, 2; 99, 3; 100, 1; 101, 13. 17; 102, 1; 105, 2; 107, 1; 109, 10; 110, 3; 111, 3; 114, 10;

115, 11; 116, 8; 117, 4; 119, 2; 121, 10, 14; 124, 4. 36; 126, 1; 128, 5; 131, 21. 26; 133, 4; 134, 11; 135, 6; 136, 1; 137, 2. 16; 138, 2. 5; 140, 3; 141, 4; 142, 5. 7; 143, 1; 145, 2; 146, 10. 40; 148, 2; 162, 2; 163, 1; 167, 5. 10. 12; 180, 2. 12 s.; 211, 11; 216, 8; 221, L
Pompeius, Cn., Magni filius 180, 7; 197, 1; 230, 1.
Pompeius, S., Magni filius 180, 2. 13; 197, 2. s. 10. 16; 229, 1; 230, 2.
Pompeius, M., Theophanis filius 140, 2.
Pontici 100, 6; 143, 6.
Ponticum regnum 101, 12; 133, 5; Pontica provincia 110, 21. 30; 139, 2.
Pontus 41, 4; 42, 4; 46, 1. 7; 60, 6; 74, 1; 87, 7; 99, 2; 103, 15; 106, 14; 116, 1. 2. 21; 133, 2; 134, 2. 23; 146, 26; 174, 2; 243, 9; 257, 31.
Populoelum opp. Etruriae 31, 9.
Posidium prom. Aegypti 244, 1.
Posidonius 7, 6; 27, 1; 27, 12. 17; 28, 1; 32, 12; 37, 1; 45, 9; 98, 4; 107, 1.
Praeneste 70, 1.
Praenestiol 70, 6.
Priamon opp. Dalmatiae 235, 4.
Propontis 50, 1; 257, 22. II.
Prusias rex Bithyniae 17, 39.
Prusienses Bithyni 51, 2.
Pseudophilippus 17, 57.
Ptolemaeuses in Phoenicia 11, 2.
Ptolemais opp. Phoeniciae 11, 3.
Ptolemaei Aegypti reges 144, 2.
  Ptolemaeus Lagi 146, 1.
  Ptolemaeus Philadelphus 146, 2.
  Ptolemaeus Euergetes 146, 3. 9.
  Ptolemaeus Philopator 146, 3. 10.
  Ptolemaeus Epiphanes 146, 3.
  Ptolemaeus Philometor 146, 1.
  Ptolemaeus Euergetes II Physcon 146, 5 s. 10.
  Ptolemaeus Lathurus 34, 2. 11; 35, 1; 146, 6.
  Ptolemaeus Auletes 146, 7. 11. 30. 35. 47. 54; 147, 3; 167, 2.
Ptolemaeus Auletae frater, Cypri rex 141, 5 ss.
Ptolemaeus Ceraunus 17, 22.

Ptolemaeus Menoaei fil. 120, 2; 191, 11.
Ptolemaeus Iubae f. 257, 19.
Pylaemenes rex Paphlagonum 116, 14; 131, 22.
Pyrene m. 26, 13; 74, 3; 75, 2.
Pyrrhus rex Epiri 238, 12.
Pythagoras 166, 22.
Pythagoreus 160, 21.
Pythodoris regina Ponti 136, 2; 138, 19.
Pythodorus Trallianus 231, 1.

Quinda cast. Ciliciae 203, 2.

Rhaeti 148, 2.
Rhamhaei pop. Syriae 191, 13.
Rhegini 197, 11.
Rhegium 229, 2.
Rhenus fl. 26, 13; 37, 19; 152, 2, 5; 153, 3; 155, 13, 15. 22 a.; 156, 3; 213, 2. 6. 9 a.
Rhodanus fl. 25, 5; 26, 8 ss. 22 ss. 26; 36, 2; 193, 2.
Rhodii 17, 36; 67, 3; 95, 18, 37; 97, 11.
Rhodus 98, 1; 106, 32.
Rhoetaces fl. Albaniae 108, 6.
Rhoeteenses 248, 1.
Rhoeteum opp. Troadis 248, 1 a.
Roma 3, 2, 4; 14, 16; 20, 11; 64, 27; 69, 9; 112, 7; 136, 30; 164, 5; 179, 2; 236, 3; 250, 5; 255, 6.
Romani 2, 3; 4, 18; 17, 12, 16; 13, 2, 11, 24; 15, 6; 16, 3, 1; 17, 35, 42 a. 56, 62; 14, 13; 19, 5, 6; 22, 3; 23, 25; 24, 2; 25, 10, 28, 35; 26, 3; 27, 2; 30, 0; 32, 1. 26; 37, 10; 45, 2; 38, 5. 10; 39, 5; 43, 1. 25, 38; 44, 5; 45, 5. 26; 47, 1. 6; 50, 5; 57, 5. 7. 9. 11; 59, 2; 61, 2; 62, 2; 63, 3; 65, 10; 68, 3. 11, 25; 69, 2, 19; 70, 6; 72, 1; 76, 1, 5; 80, 22. 25 a.; 81, 1; 86, 5. 7; 89, 6; 95, 13, 21. 32; 96, 12. 14, 17; 97, 2, 2, 25; 105, 5; 114, 6, 10; 115, 7; 116, 20, 30; 122, 3; 127, 3 a.; 129, 1; 130, 6; 134, 22; 135, 11, 15; 141, 1, 5, 21; 146, 25; 150, 1, 1, 12; 151, 7; 157, 3; 158, 5; 160, 6; 163, 1; 165, 5; 166, 16.; 178, 16; 181, 3; 182, 1; 183, 2; 184, 3; 185, 1; 186, 5. 19;

191, 14; 191, 2; 195, 2, 6; 198, 1, 4; 204, 3; 206, 31, 209, 7; 217, 2; 213, 3, 11; 214, 9; 217, 14; 224, 7; 226, 2, 6; 229, 5; 235, 3; 238, 13; 239, 2, 1, 7; 240, 1; 241, 3; 246, 12, 22, 28, 32; 251, 46. 9; 257, 12.
Romana castra 191, 2.
Roxolani pop. Sarmatiae 45, 17.
Rusplnum opp. Numidiae 178, 2.

Sabaei Arabes 127, 2.
Sabata opp. Liguriae 31, 8.
Sagylium cast. Ponti 137, 9; 211, 2.
Salassi Galli 12, 1 a. 13; 191, 3; 234, 2.
Salon opp. Dalmatiae 235, 2, 4.
Salyes Galli 25, 2, 2, 25, 31.
Samnites 69, 1, 16, 20.
Samniticus 40, 2; 69, 21.
Samosata opp. Syriae 126, 2.
Sampsiceramus rex Emisenorum 191, 9.
Samus 249, 1.
Sandobanes fl. Albaniae 108, 2.
Sandon Athenodori p. 233, 1.
Saramene regio Ponti 63, 1.
Saraoatus rex Indiae 5, 12.
Sarapanae cast. Colchidis 109, 2; 213, 2.
Sardes opp. Lydiae 17, 31; 51, 2.
Sardinia 257, 25.
Sarisa opp. Gordyenae 114, 2.
Sarpedon dux Syrorum 11, 4.
Sataica opp. Mesopotamiae 114, 2.
Satyrus rex Bospori 45, 19.
Savus fl. Pannoniae 233, 2.
Scaurus (M. Aemilius) 31, 2, 2.
Screpsis opp. Troadis 64, 1, 9; 67, 1.
Scilurus rex Scytharum 45, 2, 31, 49.
Scipio Aemilianus 95, 22.
Scipio, C. 149, 2.
Scipio (Q. Caecilius Metellus) 178, 2, 6. 12, 21.
Scordisci Galatae 28, 1; 37, 1; 69, 22 a.; 150, 51.
Scordistae = Scordisci 68, 2.
Scythae 4, 2, 11, 23; 6, 2; 45, 7, 12; 111, 5.
Scythicus 4, 18; 8, 1.
Scythopolis opp. Galilaeae 124, 19.
Segestica opp. Pannoniae 233, 2, 2.
Segobriga opp. Celtiberiae 73, 1.
Seleucia opp. ad Hedyphontem 9, 12.

Seleucia opp. ad Calycadnum 217, 24; 255, 1.
Seleucia opp. Pieriae 117, 2.
Seleucia opp. ad Tigrim 9, 1. 3.
Seleucia cast. Mesopotamiae 90, 2; 128, 1.
Seleucus Nicator 5, 27; 17, 20.·31; 95, 25.
Seleucus (Philopator) 17, 55.
Sequana fl. Galliae 155, 14. 21. 25.
Sequani Galli 150, 3; 152, 1.
Seres Indi 5, 15.
Sertorius 14, 8; 72, 4; 73, 2; 74, 6. 10. 16; 150, 12.
Servilius Isauricus (P.) 96, 5. 7. 13. 19; 97, 1.
Seusamora opp. Iberiae 109, 9; 215, 7.
Sextius (C.) 25, 11.
Sicilia 19, 1; 21, 14; 180, 10; 197, 3. 5. 17; 229, 1; 230, 2; 257, 26.
Side opp. Pamphyliae 96, 15.
Sigerdis rex Indiae 5, 15.
Sindice regio ad Bosporum Cimm. 45, 14.
Sinnaca opp. Mygdoniae 160, 2.
Sinnas cast. Libani 121, 7.
Sinope opp. Ponti 43, 12; 44, 1; 81, 1; 182, 2.
Sinopis 139, 3.
Sinoria cast. Armeniae min. 101, 5.
Sinotium opp. Dalmatiae 236, 5.
Sinuessa opp. Latii 197, 5.
Siraces pop. Caucasi 172, 1.
Sisines rex Cappadocum 202, 3.
Siais Antipatri pater 40, 11.
Smyrna 18, 1; 192, 1.
Soanes pop. Caucasi 104, 9; 106, 1.
Socraticus 61, 1.
Bogdiana 5, 22.
Soli opp. Ciliciae 97, 2. 11. 20; 203, 2.
Soloce opp. Elymaeorum 9, 14.
Sophax rex 29, 9; 178, 15.
Sophene regio Armeniae 46, 29; 66, 27.
Sophenus 66, 12; 94, 3.
Sostratus Nysaensis 142, 4.
Spadines rex Aorsorum 172, 3.
Steropa uxor Dorylai tactici 43, 14.
Sthenis statuarius 84, 13.
Stiphane lacus Ponti 137, 6.
Stratarchas 43, 15.
Strato tyrannus 242, 1.
Stratonice uxor Eumenis 17, 51.
Sucro opp. Hispaniae 23, 4; 74, 12.

Suessiones Galli 153, 8.
Suevi Germani 213, 7.
Sulgas fl. Hispaniae 26, 10. 23.
Sulla (L. Cornelius) 57, 5. 10. 14; 55, 3; 61, 2; 62, 13; 64, 28; 65, 1. 10; 69, 6; 71, 7; 134, 18. 21; 146, 21. 42.
Surenas dux Parthorum 160, 3.
Syene opp. Aegypti 246, 13.
Symbace opp. Mediae 228, 4.
Synoria — Sinoria 101, 7.
Syri 5, 26; 10, 3; 66, 35; 95, 10; 127, 4.
Syria 4, 2; 9, 6; 10, 14. 21; 80, 2. 21, 89, 9; 90, 5; 96, 4; 119, 3; 123, 42; 127, 1; 146, 15. 44; 167, 5; 209, 5.
Syriaci reges 146, 19.
Syrtis 177, 2.

Tagus fl. Hispaniae 13, 1. 5. 10. 20. 24; 15, 4. 6. 8.
Tanais fl. 173, 2.
Tanusius historicus 72, 1.
Tapyri pop. Asiae 158, 7.
Tarcondimotus rex Ciliciae 130, 7.
Tarentini 24, 2.
Taronitis regio Armeniae 66, 35.
Tarraco opp. Hispaniae 23, 3; 74, 8; 75, 3.
Tarsenses 250, 12. 14.
Tarsus opp. Ciliciae 159, 1; 253, 1.
Tasius dux Roxolanorum 45, 19.
Tatta lacus Phrygiae 217, 5.
Taurisci Galli 25, 5; 37, 5; 166, 12. 51. 60.
Tauroëntium opp. Galliae 25, 21.
Tauromenitae in Sicilia 19, 6.
Taurus mons 4, 2; 11, 44; 95, 21. 29; 96, 1; 130, 2; 217, 7. 17; 257, 20.
Taurus cast. Iudaeae 124, 16.
Tavium cast. Galatiae 99, 4; 133, 4.
Teotosages Galatae 32, 1; 131, 4.
Telesia opp. Samnii 89, 21.
Teucer 203, 3. 5. 8.
Teuristae Galli 25, 5; 37, 5.
Teutones 37, 21; 153, 5.
Thala opp. Numidiae 30, 5; 178, 4.
Thales Milesius 141, 2.
Thapsus opp. Africae 178, 8.
Thebais regio Aegypti 247, 4.
Themiscyra opp. Ponti 79, 1; 111, 27.
Thena opp. Africae 175, 10.

Theomnestus Cous 207, 2.
Theophanes Mytilenaeus 101, 7;
111, 2; 140, 2.
Theophilus 93, 5.
Theophrastus 64, 3 a. 8. 9. 16. 21.
Theopompus Chius 63, 2.
Theopompus Cnidius 168, 2.
Thermodon fl. Ponti 79, 2.
Thessalia 257, 25.
Θεοῦ πρόσωπον prom. Syriae 121, 10.
Thraces 65, 10. 22; 111, 20; 186, 10.
Thracia 17, 5; 43, 4; 156, 2.
Thracii populi 156, 18.
Threx cast. Iudaeae 124, 16.
Thyatira opp. Lydiae 18, 2.
Tibareni Pontici 46, 3. 21. 30; 116, 2.
Tiberius imperator 140, 2.
Tiblus 93, 8.
Tigranes 50, 2. 11. 40; 87, 12; 69,
 2. 11. 15; 90, 4; 105, 5; 114, 9 s.;
 117, 5; 226, 2; 227, 2.
Tigranocerta 88, 2; 89, 4. 13 ss.
Tigris fl. 114, 1.
Tigurini Helvetii 37, 2.
Timagenes historicus 32, 11; 33, 2.
Timonium Alexandriae 243, 5. 6.
Tingis opp. Mauritaniae 212, 1. 3.
Tiresias vates 198, 16.
Tisiaua opp. Numidiae 30, 8; 178, 4.
Tolistobogii Galatae 131, 8. 29; 132, 1.
Tolosa opp. Galliae 32, 4. 12. 28.
Tomisa cast. Cappadociae 94, 2.
Toygeni Helvetii 36, 5; 37, 2.
Tralles opp. Lydiae 62, 2; 231, 2.
Trapezon collis Syriae 208, 1.
Trapezus opp. Ponti 46, 26. 31; 131,
 28.
Trebia fl. Galliae Cisalp. 31, 5.
Trebonius (C.) 192, 2.
Treviri Galli 152, 5; 156, 1; 213, 2.
Triballi Thraces 68, 10. 20.
Tribocci Germani 152, 3 s.; 213, 2.
Trocmi Galatae 99, 1; 131, 3; 133, 1.
Troia 76, 3; 103, 17.
Trypho v. Diodotus.
Tuccis opp. Hispaniae 160, 3.
Turius? regio Bactriae 5, 21.
Tyrannio grammaticus 64, 30.
Tyras fl. Sarmatiae 46, 63. 67.

Tyril 122, 2.
Tyrus opp. Phoeniciae 11, 3.

Ubii Germani 213, 4.
Ulia opp. Hispaniae 160, 3.
Ulixes 253, 18.
Urso opp. Hispaniae 160, 3.
Utica opp. Africae 2, 1; 30, 6.
Uzita opp. Numidiae 178, 7.

Vaccaei Hispani 15, 12.
Vaga opp. Numidiae 30, 8; 178, 4.
Vardaei — Ardiaei 65, 1.
Vascones Hispani 74, 1.
Venafrum opp. Campaniae 69, 22.
Voudon opp. Iapodum 232, 5. 8.
Veneti pop. Galliae Cisalp. 28, 7;
 190, 1.
Veneti pop. Galliae Belgicae 154, 2.
Ventidius (P.) 208, 4; 209, 3.
Venus Anadyomene 250, 4.
Vercingetorix Arvernus 26, 5; 157,
 5. 7.
Vestini 40, 1.
Vindalum opp. Galliae 26, 24.
Viriathus 14, 4. 7.
Volaterrani 71, 1.

Xandii Dasse 4, 21.
Xenarchus Seleucensis 255, 3 s.
Xenocles Adramyttenus 53, 2.
Xerxene regio Armeniae min. 86, 33.

Zama opp. Numidiae 30, 10; 178, 5.
 15.
Zamolxis Geta 186, 16. 22. 47.
Zariadris dux Armeniorum 86, 6. 12.
 24.
Zariaspa — Bactra 5, 18.
Zela opp. Ponti 139, 2. 6. 13.
Zelis opp. Mauritaniae 212, 1.
Zella opp. Numidiae 178, 6.
Zeniceles Cilix 96, 2.
Zeno Laodicenus 206, 25; 210, 3.
Zenophanes tyrannus Ciliciae 203, 8.
Zeugma Euphratis 89, 3; 90, 1; 92,
 3; 128, 3; 224, 6.
Zincha opp. Numid. 30, 10; 178, 6.
Zygi pop. Caucasi 103, 4; 104, 7.

TABULA ARGUMENTI

De Strabonis hypomnematorum historicorum
indole, argumento, reliquiis . . . . 3—19
    De universa operis indole ac ratione p. 3-7. —
De operis partitione p. 7 sq. — De librorum quattuor
primorum argumento p. 8-10. — Quo tempore con-
scripta sint hypomnemata p. 10-12. — Ad quem
usque terminum rerum historiam Strabo perduxerit
p. 12 sq. — De hypomnematorum reliquiis in geogra-
phicis maxime latentibus p. 13-15. — Quam secutus
sim rationem in fragmentis colligendis p. 15-19.

A. Hypomnematorum historicorum reliquiae . . . . 20—213

De fontibus a Strabone adhibitis capita
selecta . . . . 215—224
    Caesaris de bello Gallico commentarii p. 216-219.
— Theophanes Mytilenaeus p. 219-222. — Q. Dellius
p. 222 sq. — Reliqui scriptores a Strabone laudati
p. 223 sq.

B. Quaestiones Straboninae 225-327
  I. De Strabonis quae exstant apud Iosephum
    reliquiis . . . . 225—244
  II. De Strabone Appiani et Plutarchi fonte. . 245—327
    1. De Appiani bellorum civilium libro II et de
       Plutarchi vitarum particulis quae huc pertinent 245—268
    2. De Appiani bellorum civilium libro IV et de
       Plutarchi vita Bruti . . . . 268—282

3. De Appiani bellorum civilium libro III . . . 252—284
   De libris V et I monenda 284
4. De Appiani libro Gallico et de Plutarchi vit.
   Caes. c. 15-27 . . . . 285—290
5. De Appiani Mithridaticis et de vitis Sullae, Lu-
   culli, Pompei Plutarcheis Mithridatica enarran-
   tibus . . . . 290—327

Addenda et corrigenda. . . . . 328—330
Conspectus fragmentorum . . . . 331—334
Index nominum quae in fragmentis inveniuntur 335—348

www.ingramcontent.com/pod-product-compliance
Lightning Source LLC
Chambersburg PA
CBHW032359230426
43672CB00007B/751